Rüdiger Engel | Torsten Heilshorn

Kommunalrecht
Baden-Württemberg

10. Auflage

Die Deutsche Nationalbibliothek verzeichnet diese Publikation in
der Deutschen Nationalbibliografie; detaillierte bibliografische
Daten sind im Internet über http://dnb.d-nb.de abrufbar.

ISBN 978-3-8329-7658-3

10. Auflage 2015
© Nomos Verlagsgesellschaft, Baden-Baden 2014. Printed in Germany. Alle Rechte, auch die
des Nachdrucks von Auszügen, der fotomechanischen Wiedergabe und der Übersetzung,
vorbehalten. Gedruckt auf alterungsbeständigem Papier.

Vorwort

Das zum Pflichtstoff für die beiden juristischen Staatsprüfungen in Baden-Württemberg zählende Kommunalrecht ist nicht nur im Alltag jedes Einzelnen von großer Bedeutung, sondern bietet auch wie kaum ein anderes Rechtsgebiet zahlreiche Anwendungsfelder für die juristische Ausbildung. Die Kommunen nehmen sich auf der untersten Verwaltungsebene unseres Staates aller Angelegenheiten der örtlichen Gemeinschaft an, so dass die in der Kommune tätigen Juristen in einem letzten Generalisten-Refugium tätig sind. Die Gemeinden sind zugleich lebendige demokratische Gemeinwesen, in denen sich politische Prozesse nahe am Menschen und an dessen Bedürfnissen abspielen. Aktuelle rechtliche und politische Entwicklungen spiegeln sich unmittelbar auf Gemeindeebene wider, was insbesondere für die „Europäisierung der Rechtsordnung" gilt, ebenso wie z.b. für Forderungen nach einer verstärkten Bürgerbeteiligung oder den verstärkten Trend zu einer Rekommunalisierung bereits aufgegebener Tätigkeitsfelder. Vor allem die langsame Erholung der Gemeinden von der finanziellen Ausblutung, die sie jahrzehntelang erfahren haben, eröffnet ihnen wieder etwas größere Handlungsspielräume.

Das vorliegende Kompendium greift die langjährige Tradition des 2010 verstorbenen Lahrer Kommunaljuristen Prof. Dr. Alfons Gern auf. Ein knappes Jahrzehnt nach dem Erscheinen der von ihm betreuten 9. Auflage erscheint es angezeigt, den Stoff neu zu strukturieren und teilweise auch zu straffen. Nicht examensrelevante Bereiche wie das Abgabenrecht weichen etwa den aktuellen Themen des Europa- und des Vergaberechts. Insgesamt greifen wir auf vieles zurück, das seit 2004 in unserer zuletzt gemeinsam gehaltenen Vorlesung an der Albert-Ludwigs-Universität Freiburg entstanden ist, sowie auf unsere langjährige Erfahrung in der rechtlichen Beratung der Stadt Freiburg und ihrer Gesellschaften bzw. der anwaltlichen Beratung zahlreicher Gemeinden. Wir wollen sowohl den Studierenden wie den kommunalen Praktikern und Wissenschaftlern einen fundierten, aktuellen und systematischen Überblick des Kommunalrechts verschaffen, und damit den Zugang zu diesem heterogenen Rechtsgebiet erleichtern. Besonderer Wert wird dabei auf die Lösung der im kommunalen Alltag auftauchenden Probleme gelegt.

Das Buch ist ein Gemeinschaftswerk, das von beiden Autoren insgesamt verantwortet wird. Bei der nebenberuflichen Arbeit hieran haben wir sehr viel Unterstützung erfahren. Herzlich danken möchten wir neben den Kolleginnen und Kollegen in der Sozietät Sparwasser & Heilshorn und der Stadtverwaltung, die unter anderem mit ihrer Diskussionsfreude zum Gelingen beigetragen haben, insbesondere Frau Sina Häßler für die Ausdauer und Geduld bei der Betreuung des Manuskripts.

Eine derart umfassende Neuauflage ist nicht frei von Fehlern und Unstimmigkeiten. Für entsprechende Hinweise sind wir dankbar. Sie können an folgende Anschriften gerichtet werden: Dr. Rüdiger Engel, Stadt Freiburg i.Br. – Baurechtsamt –, Fehrenbachallee 12, 79106 Freiburg, Ruediger.Engel@stadt.freiburg.de oder Rechtsanwalt Dr. Torsten Heilshorn, SHP Rechtsanwälte, Mozartstraße 30, 79104 Freiburg, info@shp-rechtsanwaelte.de.

Rechtsetzung, Rechtsprechung und Literatur befinden sich auf dem Stand vom 1. Mai 2014, spätere Änderungen konnten in der Drucklegung nicht mehr berücksichtigt werden.

Freiburg i.Br., im Mai 2014 *Rüdiger Engel* *Torsten Heilshorn*

Inhaltsverzeichnis

Abkürzungsverzeichnis	19
TEIL A GRUNDLAGEN	25
§ 1 Kommunalrecht in Studium, Wissenschaft und Praxis	25
I. Die Bedeutung der Gemeinden	25
II. Kommunalrecht in Ausbildung und Praxis	26
1. Kommunalrecht in der juristischen Ausbildung	26
2. Arbeitsmittel	27
III. Kommunalwissenschaften und Kommunalrecht	28
IV. Die Rolle der kommunalen Spitzenverbände	29
§ 2 Geschichtliche Entwicklung	30
I. Ursprung der kommunalen Selbstverwaltung	30
II. Das Mittelalter	31
III. Absolutismus	32
IV. Auf dem Weg in die Moderne	32
V. Die Zeit nach dem II. Weltkrieg	34
§ 3 Nationale Rechtsquellen des Kommunalrechts	36
I. Gemeinden und Bundesrecht	36
II. Gemeinden und Landesrecht	39
§ 4 Europarechtliche Vorgaben	41
I. Primärrecht	42
II. Sekundärrecht	44
TEIL B DIE STELLUNG DER GEMEINDEN IM STAAT	47
§ 5 Das Recht auf kommunale Selbstverwaltung	47
I. Die bundesverfassungsrechtliche Selbstverwaltungsgarantie der Gemeinden	47
1. Selbstverwaltungsbegriffe	47
2. Verfassungsrechtliche Bezüge	48
a) Demokratie- und Freiheitlichkeitsprinzip	48
b) Verhältnis zur bundesstaatlichen Verwaltung	49
c) Selbstverwaltungsgarantie als Bestimmung der Verbandskompetenz	49
3. Schutzwirkungen und Garantieebenen	50
a) Institutionelle Rechtssubjektsgarantie	50
b) Objektive Rechtsinstitutionsgarantie	51
c) Subjektive Rechtsstellungsgarantie	51
4. Angelegenheiten der örtlichen Gemeinschaft	52
a) Abgrenzungskriterien	52
b) Abgrenzung zu den staatlichen Aufgaben	54

  c) Doppel-, Teil-, und Subsidiärkompetenzen   56
  d) Betätigung außerhalb des eigenen Gemeindegebiets   57
 5. Allzuständigkeit   59
 6. Eigenverantwortlichkeit   59
  a) Pflichtaufgaben   59
  b) Weisungsaufgaben   60
  c) Regelungskompetenz der Kommunen   61
 7. Anspruch auf finanzielle Mindestausstattung   61
 8. Rechtswirkungen: Einzelfragen   62
 9. „Im Rahmen der Gesetze": Einfachgesetzliche Ausgestaltung   62
  a) Eingriff   63
  b) Kernbereich   63
  c) Relativer Schutz   65
 10. Die kommunale Verfassungsbeschwerde   67
  a) Beschwerdegegenstand und -befugnis   68
  b) Prüfungsmaßstab   68
  c) Subsidiarität und Rechtswegerschöpfung   69
  d) Beschwerdeberechtigung   69
  e) Form und Frist   70
  f) Innergemeindliche Zuständigkeit   70
II. Die landesverfassungsrechtliche Selbstverwaltungsgarantie der Gemeinden   70
 1. Das Verhältnis der Landesverfassungen zu Art. 28 Abs. 2 GG   70
 2. Inhalte der Landesverfassung BW   71
  a) Präzisierungen   71
  b) Erweiterungen   72
III. Die Selbstverwaltungsgarantie der Gemeindeverbände   73
 1. Gemeindeverbände   73
 2. Gewährleistungsinhalt   73
  a) Institutionelle Rechtssubjektsgarantie   73
  b) Rechtsinstitutionsgarantie   73
 3. Die landesverfassungsrechtliche Selbstverwaltungsgarantie der Gemeindeverbände   74
 4. Die Selbstverwaltungsgarantie im Verhältnis zwischen Gemeinden und Landkreisen   75
IV. Einzelfälle für gesetzliche Regelungen   76
 1. Keine Verletzung von Art. 28 GG   76
 2. Verletzung von Art. 28 Abs. 2 GG   77

§ 6 Gewährleistung der Kostendeckung bei Aufgabenübertragungen   78
I. Bundesrechtliches Konnexitätsprinzip   78
II. Landesrechtliche Kostendeckungspflicht   78
 1. Aufgabenübertragung durch Landes- bzw. Bundesgesetz   78
 2. Spätere Änderung der Aufgaben/Kosten   80
 3. Kostenregelung: Zeitpunkt und Inhalt   81
 4. Allgemeine Finanzausstattungspflicht   81
 5. Beteiligung der Kommunen   82

§ 7 Die Hoheitsrechte der Gemeinde   83
I. Gebietshoheit   83

II. Finanzhoheit	84
1. Gesetzgebungshoheit für kommunale Abgaben	85
2. Verwaltungshoheit für kommunale Abgaben	86
3. Ertragshoheit für kommunale Abgaben	86
III. Planungshoheit	87
1. Inhalt	87
2. Durchsetzung	88
IV. Satzungshoheit	89
V. Organisationshoheit und Kooperationshoheit	90
VI. Personalhoheit	91
VII. Umweltschutzhoheit?	91
§ 8 Systematik gemeindlicher Aufgaben	**92**
I. Allgemeines	92
II. Weisungsfreie Angelegenheiten	93
1. Freiwillige Aufgaben	93
2. Pflichtaufgaben	94
III. Weisungsangelegenheiten	95
1. Landesrecht	96
2. Bundesrecht	98
§ 9 Die Stellung der Gemeinden im Verwaltungsaufbau	**100**
I. Allgemeines	100
II. Die Verwaltungsorganisation des Landes Baden-Württemberg	102
III. Gemeinden zwischen Landesverwaltung und Eigenverwaltung	103
§ 10 Die Gemeinden als Gebietskörperschaften und juristische Personen	**106**
I. Gebietskörperschaft	106
II. Juristische Person des öffentlichen Rechts	108
1. Juristische Person…	108
a) Rechtsfähigkeit	108
b) Parteifähigkeit	111
c) Prozeßfähigkeit	111
2. … des öffentlichen Rechts	111
a) Aufgaben	111
b) Befugnisse	111
3. Öffentlich-rechtliche Bindungen	113
a) Verbandskompetenz	113
b) Grundrechtsbindung	114
4. Grundrechtsberechtigung	115
III. Rechtsfolgen der Verletzung der Verbandskompetenz	115
1. Hoheitliche Tätigkeiten	116
2. Privatrechtliche Tätigkeiten	117
§ 11 Die Aufsicht über die Gemeinden	**118**
I. Rechtsaufsicht (Kommunalaufsicht)	120
1. Information und Beratung	121
2. Repressive Aufsichtsmittel	121
a) Beanstandung (§ 121 GemO)	122
b) Anordnung (§ 122 GemO)	122
c) Ersatzvornahme (§ 123 GemO)	123

d) Weitere Aufsichtsmittel	123
3. Präventive Aufsichtsmittel	124
4. Sonderregelungen	125
II. Fachaufsicht	125
III. Rechtsschutzfragen	126

Teil C Die innere Organisation der Gemeinde 128

§ 12 Gemeindeverfassungssysteme im politischen Wandel der Zeit 128
- I. Einleitung 128
- II. Traditionelle Gemeindeverfassungssysteme 129
  1. Süddeutsche (Gemeinde-)Ratsverfassung 129
  2. Die (rheinische) Bürgermeisterverfassung 129
  3. Die Magistratsverfassung 129
  4. Die norddeutsche Ratsverfassung 130
- III. Aktuelle Entwicklungen 130
  1. Privatisierung von Aufgaben (New Public Management) 130
  2. Das Neue Steuerungsmodell 132
  3. Bürgerschaftliche Partizipation 132
  4. Folgen moderner Informationstechnologie 133

§ 13 Die Gemeindeorgane und ihre Wahl 135
- I. Die Gemeindeorgane Gemeinderat und Bürgermeister 135
- II. Einwohner, Bürgerrecht und Wahlen 136
  1. Einwohner 136
  2. Bürgerrecht 137
     a) Bürgerrecht und Melderecht 137
     b) Bürgerrecht und Wählbarkeit 138
     c) Ausländerwahlrecht 139
  3. Gemeinderatswahl 140
  4. Wahlverfahren 140
     a) Allgemeines 140
     b) Unechte Teilortswahl 141
  5. Wahlgrundsätze und Wahlfehler 142
  6. Wahlperiode 145

§ 14 Der Gemeinderat und seine Organisation 146
- I. Zusammensetzung 147
  1. Gewählte Mitglieder 147
  2. Bürgermeister als Vorsitzender 147
- II. Aufgaben und Kontrollfunktion 148
  1. Aufgaben 148
  2. Kontrollfunktion 148
- III. Rechtsstellung der Mitglieder 150
  1. Rechte 150
     a) Organschaftliche und individuelle Rechte 150
     b) Freies Mandat und seine Absicherung nach außen 151
  2. Pflichten 154
     a) Pflichten ehrenamtlich Tätiger, insbesondere Verschwiegenheit, Vertretungsverbot, Mitwirkungsverbot bei Befangenheit 154

	b) Spezielle Pflichten der Gemeinderäte	166
IV.	Hauptsatzung und Geschäftsordnung	167
	1. Hauptsatzung	167
	2. Geschäftsordnung	168
	3. Ortschaftsverfassung	170
V.	Untergliederungen des Gemeinderats: Ausschüsse und sonstige Gremien	171
	1. Ausschussbesetzung	172
	2. Beschließende Ausschüsse, §§ 39, 40 GemO	173
	3. Beratende Ausschüsse § 41 GemO	174
	4. Ortschaftsräte	174
	5. Sonstige Gremien	175
	a) Ältestenrat (§ 33a GemO)	175
	b) Jugendvertretung (§ 41a GemO)	175
	c) Beirat für geheimzuhaltende Angelegenheiten (§ 55 GemO)	175
	d) Andere Beiräte	175
VI.	Fraktionen	176
	1. Fraktionsbildung	176
	2. Fraktionsausschluss und Spiegelbildlichkeitsgrundsatz	177
	3. Finanzierung	179
VII.	Die Gemeinderatssitzung	180
	1. Sitzungsvorbereitung	180
	a) Rolle des Bürgermeisters	180
	b) Einladung, Tagesordnung und Sitzungsunterlagen	181
	2. Sitzungsablauf	185
	a) Öffentlichkeitsprinzip	185
	b) Sitzungsleitungsbefugnis des Bürgermeisters	188
	c) Antragsrecht	191
	d) Abstimmungen und Wahlen	191
	e) Fragestunde und Anhörung	193
	3. Nach der Sitzung	194
	a) Umsetzung der Beschlüsse und Wahlen	194
	b) Niederschrift	194
VIII.	Fehlerfolgenrecht	195

§ 15 Der Bürgermeister und die Gemeindeverwaltung 197

I.	Allgemeines	197
II.	Bürgermeister und Gemeindeverwaltung	198
	1. Rechtsstellung des Bürgermeisters	198
	2. Zuständigkeiten des Bürgermeisters	199
	a) Vorsitzender des Gemeinderats	199
	b) Gesetzliche Zuständigkeiten	199
	c) Durch den Gemeinderat übertragene Zuständigkeiten	204
	d) Leitung der Gemeindeverwaltung	204
	e) Vertretung der Gemeinde	206
	3. Beigeordnete und Bürgermeisterstellvertreter	206
	4. Gemeindeverwaltung	208
III.	Fehlerfolgenregime bei der Vertretung der Gemeinde	208
IV.	Haftung der Gemeinde	210

§ 16 Bürgerbeteiligung — 212
- I. Bürgerbegehren und Bürgerentscheid — 212
  1. Gegenstand des Bürgerentscheids — 213
  2. Bürgerbegehren — 215
  3. Durchführung des Bürgerentscheids — 217
  4. Rechtswirkungen des Bürgerentscheids — 217
  5. Vollzugshemmung des Gemeinderatsbeschlusses bei erfolgreichem Bürgerbegehren — 218
- II. Gesetzlich geregelte Mitwirkungsmöglichkeiten — 218
  1. Beteiligung im Gemeinderat — 218
  2. Mitwirkungsmöglichkeiten außerhalb des gemeinderätlichen Verfahrens — 219
- III. Informelle Mitwirkungsmöglichkeiten — 220

§ 17 Das Kommunalverfassungsstreitverfahren — 224
- I. Begriff und Wesen des Kommunalverfassungsstreits — 224
- II. Zulässigkeit einer Klage — 225
  1. Verwaltungsrechtsweg, § 40 Abs. 1 S. 1 VwGO — 225
  2. Beteiligungsfähigkeit, § 61 VwGO — 225
  3. Statthafte Klageart — 226
     a) Keine Klage sui generis und keine allgemeine Gestaltungsklage — 226
     b) Keine Anfechtungs- und Verpflichtungsklage — 226
     c) Allgemeine Leistungsklage und Feststellungsklage — 226
  4. Klagebefugnis, § 42 Abs. 2 VwGO analog — 227
     a) Innenrechtsposition — 228
     b) Wehrfähigkeit — 228
     c) Eigene Rechtsposition — 230
  5. Bei Feststellungsklage: Feststellungsinteresse, § 43 Abs. 1 VwGO — 231
  6. Allgemeines Rechtsschutzbedürfnis — 231
- III. Begründetheit einer Klage — 231
  1. Passivlegitimation, § 78 VwGO — 231
  2. Prüfungsmaßstab — 232
  3. Kosten des Verfahrens — 232
- IV. Vorläufiger Rechtsschutz — 232
- V. Normenkontrolle — 232

Teil D Formen gemeindlichen Handelns — 234

§ 18 Rechtsformen kommunalen Handelns, insbesondere Satzungen — 234
- I. Allgemeines — 234
- II. Rechtssetzung durch Satzungen — 234
  1. Satzungen und Satzungsrecht — 237
  2. Verfahren — 237
     a) Allgemeines — 237
     b) Ausfertigung — 237
     c) Bekanntmachung und Bekanntmachungssatzung — 239
  3. Materiellrechtliche Anforderungen — 240
     a) Gesetzliche Grundlage für Grundrechteingriffe — 240

b) Rückwirkung von Satzungen	242
4. Fehlerfolgenrecht	242
III. Rechtssetzung durch Verordnungen	244
IV. Formvorschriften	245

§ 19 Wirtschaftliche Betätigung der Gemeinde — 247

I. Kommunale Wirtschaftstätigkeit	247
1. Unionsrecht	248
2. Nationales Verfassungsrecht	249
3. §§ 102 ff. GemO BW	250
a) Zielsetzungen	250
b) Systematik, Anwendungsbereich, Begriffe	250
c) Schrankentrias	251
d) Gebietsbezug (§ 102 Abs. 7 GemO)	257
e) Nichtwirtschaftliche Unternehmen, Einrichtungen und Hilfsbetriebe	259
f) Unternehmensformen	260
g) Notwendige Einfluss- und Beteiligungsrechte in kommunalen Unternehmen	268
h) Mitbestimmungsrecht	273
i) Weitere Vorgaben	273
4. Rechtsschutz	274
a) §§ 102 ff. GemO	274
b) Grundrechte	275
c) Anspruchsinhalt	276
d) Wettbewerbs-, Kartell- und Zivilrecht	276
5. Privatisierung	278
a) Formelle Privatisierung	278
b) Funktionale Privatisierung	279
c) Materielle Privatisierung	279
d) Rekommunalisierung	281
II. Kommunale Auftragsvergabe	281
1. Vergaberecht oberhalb der Schwellenwerte	282
a) Anwendungsbereich	282
b) Grundsätze	283
c) Verfahren	283
d) Verordnungen	284
e) Nachprüfungsverfahren	284
f) Einzelfragen	285
2. Vergaberecht unterhalb der Schwellenwerte	287
a) GemHVO	288
b) § 106b GemO	289
c) Folgen von Verstößen, Rechtsschutz	290
3. Weitere Rechtsbindungen	291
a) Gemeinschaftsrecht	291
b) Nationales Recht	291
III. Beihilfenrecht	292
1. Unionsrechtliche Vorgaben	292
2. Nationale Vorschriften	294

§ 20 Allgemeine Wirtschafts- und Haushaltsgrundsätze 295
I. Begriff der Gemeindewirtschaft 295
II. Haushaltsziele, Wirtschaftlichkeitsgrundsatz 295
III. Rechtsqualität und Kontrolldichte 296
IV. Rangfolge und Kollisionen 296
V. Systeme der Haushaltsführung 297
VI. Grundsätze der Einnahmebeschaffung 297
   1. Finanzierung der Gemeinden und Ausgabenlast 297
      a) Grundlagen der Finanzierung 298
      b) Ausgabenlast 299
      c) Einnahmequellen 299
   2. Öffentliche Abgaben 299
      a) Grund- und Gewerbesteuer 299
      b) Einkommens- und Umsatzsteuer 300
      c) Kommunalabgaben 300
   3. Finanzzuweisungen 301
      a) Finanzausgleich 301
      b) Sonstige Zuweisungen 303
   4. Kredite 304
   5. Privatrechtliche Einnahmen und Finanzierungsmodelle 304
      a) Grundsatz 304
      b) Spezielle Finanzierungsformen 304
   6. Die Rangfolge der Einnahmequellen 308
      a) Sonstige Einnahmen 308
      b) Entgelte für Leistungen 308
      c) Kommunale Steuern 309
      d) Kreditaufnahme 309
      e) Rechtsnatur der Rangfolge und Kontrolldichte 310
VII. Der Haushalt 310
   1. Die Haushaltssatzung 310
      a) Rechtsgrundlage und Inhalt 310
      b) Rechtsnatur und Rechtsschutz 312
      c) Erlass der Haushaltssatzung 313
      d) Nachtragshaushaltssatzung 313
      e) Vorläufige Haushaltsführung 313
   2. Haushaltsplan 314
      a) Bestandteile des Haushaltsplans 314
      b) Bindungswirkung und Planabweichungen 316
      c) Haushaltsausgleich 316
   3. Haushaltsgrundsätze 319
      a) Jährlichkeit des Haushaltsplans 319
      b) Vorherigkeit 319
      c) Vollständigkeit 319
      d) Klarheit und Wahrheit 320
      e) Kassenwirksamkeit/Ergebniswirksamkeit 320
      f) Grundsatz der Gesamtdeckung 320
      g) Bruttoveranschlagung 321
      h) Einzelveranschlagung und sachliche Bindung 321
      i) Publizitätsprinzip 321
   4. Kassengeschäfte 322
   5. Finanzplanung 322

Inhaltsverzeichnis

6. Gemeindevermögen	322
a) Vermögensbegriff	322
b) Vermögenserwerb, -veräußerung und -verwaltung	324
c) Sicherheiten	325
7. Rücklagen und Rückstellungen	326
a) Rücklagen	326
b) Rückstellungen	326
8. Rechnungswesen und Jahresrechnung	327
a) Kameralistik	327
b) Doppik	328
VIII. Kommunales Prüfungswesen	329
1. Örtliche Prüfung	329
2. Überörtliche Prüfung	330
IX. Genehmigungsbedürftige und nichtige Rechtsgeschäfte	331
1. Genehmigungspflichtige Rechtsgeschäfte	331
2. Nichtige Rechtsgeschäfte	331
X. Zwangsvollstreckung gegen die Gemeinde	332
1. Gesetzliche Grundlagen	332
2. Vollstreckung wegen Geldforderungen nach § 127 GemO	333
a) Voraussetzungen der Zulassungspflicht	333
b) Zulassungsverfügung	334
3. Kein Insolvenzverfahren	335

§ 21 Öffentliche Einrichtungen   336

I. Schaffung öffentlicher Einrichtungen für die Einwohner	336
1. Begriff der öffentlichen Einrichtung	336
2. Errichtung öffentlicher Einrichtungen	338
3. Wahlfreiheit hinsichtlich der Organisationsform	338
4. Widmung	339
5. Die Zulassung zur Einrichtung	341
a) Zulassungsanspruch	341
b) Zulassung gebietsfremder Personen	341
c) Zulassungsanspruch von Grundstücksbesitzern und Gewerbetreibenden	342
d) Zulassungsanspruch juristischer Personen	343
e) Grenzen der Zulassung zu öffentlichen Einrichtungen	343
6. Regelung des Benutzungsverhältnisses	346
a) Wahlfreiheit der Kommune	346
b) Inhaltliche Ausgestaltung	347
c) Haftungsfragen	348
7. Rechtsschutz	349
8. Schließung und Privatisierung einer öffentlichen Einrichtung	350
II. Teilhabe der Einwohner an kommunalen Vergünstigungen	351
III. Anschluss- und Benutzungszwang	352
1. Allgemeines	352
2. Gegenstände des Anschluss- und Benutzungszwangs	353
a) Der Volksgesundheit dienende öffentliche Einrichtungen	353
b) Öffentliches Bedürfnis	355
3. Satzungserfordernis	356
4. Anschluss- und Benutzungsverpflichtete	357

5. Ausnahmen vom Anschluss- und Benutzungszwang ... 358
   a) Grundsatz ... 358
   b) Einzelfälle von Ausnahmen ... 359
6. Vereinbarkeit mit den Grundrechten ... 360
   a) Art. 14 GG ... 360
   b) Art. 12 GG ... 361
   c) Art. 2 Abs. 1 GG ... 361
7. Unionsrechtliche Zulässigkeit des Anschluss- und Benutzungszwanges ... 361
8. Haftungsbeschränkungen, Rechtsschutz ... 362
9. Muster einer Satzung für eine Wasserversorgungssatzung – ohne Bereitstellungsgebühren – (Auszug) ... 362

Teil E Weitere kommunale Träger der Selbstverwaltung ... 367

§ 22 Landkreisrecht ... 367
I. Bestand und verfassungsrechtlicher Schutz der Kreise ... 367
II. Aufgaben des Landkreises ... 368
   1. Allgemeines ... 368
   2. Freiwillige Aufgaben ... 369
   3. Pflichtaufgaben ... 370
III. Binnenorganisation des Landkreises ... 371
   1. Verwaltungsorgane des Landkreises ... 371
   2. Doppelfunktion des Landratsamts und prozessuale Folgerungen ... 372
IV. Das Wirtschaftsrecht der Landkreise ... 373

§ 23 Interkommunale Zusammenarbeit ... 376
I. Hintergrund ... 376
II. Verfassungsrechtlicher Rahmen ... 376
   1. Schutz und Grenzen der Kooperationshoheit ... 376
   2. Einschränkungen der Kooperationshoheit ... 377
III. Typen der Zusammenarbeit: Überblick ... 378
   1. Innerhalb der Landesgrenzen ... 378
      a) Freiwillige Zusammenarbeit ... 378
      b) Zwangsweise Zusammenarbeit ... 378
   2. Landesgrenzen überschreitende Zusammenarbeit ... 379
   3. Bundesgrenzen überschreitende Zusammenarbeit ... 380
IV. Zweckverband ... 381
   1. Grundsätzliches ... 381
   2. Bildung ... 381
      a) Freiverband ... 381
      b) Pflichtverband ... 382
   3. Aufgaben ... 382
   4. Interne Organisation ... 382
   5. Auflösung, Ausscheiden und Kündigung ... 383
V. Die öffentlich-rechtliche Vereinbarung (Zweckvereinbarung) ... 384
   1. Grundsätzliches ... 384
   2. Abschluss ... 384
      a) Freiwillige Vereinbarung ... 384
      b) Pflichtvereinbarung ... 384

Inhaltsverzeichnis

3. Aufgaben und interne Organisation	384
4. Beendigung und Kündigung	385
VI. Gemeindeverwaltungsverband	385
1. Grundsätzliches	385
2. Bildung	385
3. Aufgaben	386
4. Interne Organisation	387
5. Auflösung und Austritt	387
VII. Vereinbarte Verwaltungsgemeinschaft	387
1. Grundsätzliches	387
2. Bildung	387
3. Aufgaben und interne Organisation	387
4. Auflösung und Austritt	388
Literaturverzeichnis	389
Stichwortverzeichnis	391

Abkürzungsverzeichnis

a.A.	anderer Ansicht
a.a.O.	am angegebenen Ort
AblEU	Amtsblatt der Europäischen Union
a.E.	am Ende
AEUV	Vertrag über die Arbeitsweise der Europäischen Union
a.F.	alte Fassung
Abs.	Absatz
AbwS	Abwassersatzung
AG	Aktiengesellschaft, Amtsgericht, Ausführungsgesetz
AG BGB	Ausführungsgesetz zum BGB
AG GVG	Gesetz zur Ausführung des Gerichtsverfassungsgesetzes und von Verfahrensgesetzen der ordentlichen Gerichtsbarkeit
AG PStG	Ausführungsgesetz zum Personenstandsgesetz
AG VwGO	Ausführungsgesetz zur VwGO
allg.	allgemein/e
Alt.	Alternative
Anh.	Anhang
Anm.	Anmerkung
AöR	Archiv des öffentlichen Rechts (Zeitschrift)
Art.	Artikel
Aufl.	Auflage
ausf.	ausführlich
Az.	Aktenzeichen
Beschl. v.	Beschluss vom
BAnz.	Bundesanzeiger
BauGB	Baugesetzbuch
BauNVO	Baunutzungsverordnung
BauR	Baurecht (Zeitschrift)
Bay	Bayern
bay.	bayerisch
BayObLG	Bayerisches Oberstes Landesgericht
BayStrWG	Bayerisches Straßen- und Wegegesetz
BayVBl.	Bayerische Verwaltungsblätter (Zeitschrift)
Bbg	Brandenburg, brandenburgisch/e/es
BBodSchG	Bundes-Bodenschutzgesetz
Bd.	Band
Beck-OK	Beck'scher Online-Kommentar
Bek.	Bekanntmachung
BestattG	Bestattungsgesetz
BGB	Bürgerliches Gesetzbuch
BGBl. I	Bundesgesetzblatt, Teil 1
BGBl. II	Bundesgesetzblatt, Teil 2
BGH	Bundesgerichtshof
BGHZ	Entscheidungen des BGH in Zivilsachen (Amtl. Sammlung)
BImSchG	Bundes-Immissionsschutzgesetz
BImSchV	Verordnung zur Durchführung des BImSchG
Bln	Berlin, berlinisch

BNatSchG	Bundesnaturschutzgesetz
BR-Drs.	Bundesratsdrucksache
BSHG	Bundessozialhilfegesetz
BT-Drs.	Bundestagsdrucksache
BVerfG	Bundesverfassungsgericht
BVerfGE	Entscheidungen des BVerfG (Amtl. Sammlung)
BVerfGG	Bundesverfassungsgerichtsgesetz
BVerwG	Bundesverwaltungsgericht
BVerwGE	Entscheidungen des BVerwG (Amtl. Sammlung)
BW	Baden-Württemberg
BWaldG	Bundeswaldgesetz
BWGZ	Die Gemeinde (Zeitschrift)
BWVBl	Baden-Württembergisches Verwaltungsblatt (Zeitschrift 1956–1973)
BWVPr	Baden-Württembergische Verwaltungspraxis (Zeitschrift 1974–1996)
bzgl.	bezüglich
bzw.	beziehungsweise
ca.	circa
d.h.	das heißt
DB	Der Betrieb (Zeitschrift)
ders.	derselbe
dies.	dieselbe
DIN	Deutsches Institut für Normung
Diss.	Dissertation
DJT	Deutscher Juristentag
DÖV	Die öffentliche Verwaltung (Zeitschrift)
DSchG	Denkmalschutzgesetz
DV	Die Verwaltung (Zeitschrift)
DVBl.	Deutsches Verwaltungsblatt (Zeitschrift)
DVO	Durchführungsverordnung
ebda.	ebenda
ebso.	ebenso
EGMR	Europäischer Gerichtshof für Menschenrechte
EigBG	Eigenbetriebsgesetz
EMRK	Europäische Menschenrechtskonvention
Entsch. v.	Entscheidung vom
EnWG	Gesetz über die Elektrizitäts- und Gasversorgung
EStG	Einkommensteuergesetz
EuGH	Gerichtshof der Europäischen Gemeinschaft
EuGRZ	Europäische Grundrechte-Zeitschrift
EuR	Europarecht (Zeitschrift)
EUV	Vertrag über die Europäische Union
EUZBLG	Gesetz über die Zusammenarbeit von Bund und Ländern in Angelegenheiten der Europäischen Union
EuZW	Europäische Zeitschrift für Wirtschaftsrecht
evtl.	eventuell
ff.	und folgende Seiten
FFH-RL	Fauna-Flora-Habitat-Richtlinie 92/43/EWG zur Erhaltung der natürlichen Lebensräume sowie wildlebende Tiere und Pflanzen

FG	Finanzgericht
FluglärmG	Fluglärmgesetz
Fn.	Fußnote
FS	Festschrift (für ...)
FStrG	Bundesfernstraßengesetz
FwG	Feuerwehrgesetz
GABl.	Gemeinsames Amtsblatt
GastG	Gaststättengesetz
GastV	Gaststättenverordnung
GBl.	Gesetzblatt
gem.	gemäß
GemO	Gemeindeordnung
GemHVO	Gemeindehaushaltsverordnung
GenTG	Gentechnikgesetz
GewArch	Gewerbearchiv (Zeitschrift)
GG	Grundgesetz für die Bundesrepublik Deutschland
ggf.	gegebenenfalls
GKZ	Gesetz über kommunale Zusammenarbeit
GMBl.	Gemeinsames Ministerblatt
GO	Geschäftsordnung
GS	Gedächtnisschrift
GVBl.	Gesetz- und Verordnungsblatt
GWB	Gesetz gegen Wettbewerbsbeschränkungen
Hess	Hessisch/er
HGrG	Haushaltsgrundsätzegesetz
H.i.O.	Hervorhebung im Original
h.L.	herrschende Lehre
h.M.	herrschende Meinung
ha	Hektar
Hrsg.	Herausgeber
Hs.	Halbsatz
i.d.F.	in der Fassung
i.d.R.	in der Regel
i.E.	im Ergebnis
i.e.S.	im engeren Sinn
IFG	Informationsfreiheitsgesetz
insb.	insbesondere
i.S.	im Sinne
i.V.m.	in Verbindung mit
i.w.S.	im weiteren Sinn
JA	Juristische Arbeitsblätter (Zeitschrift)
JAPrO	Juristenausbildungs- und Prüfungsordnung
Jh.	Jahrhundert
juris	Juristisches Informationssystem für die Bundesrepublik Deutschland
Jura	Juristische Ausbildung (Zeitschrift)
JuS	Juristische Schulung (Zeitschrift)
JZ	Juristenzeitung
KAG	Kommunalabgabengesetz
Kap.	Kapitel
krit.	kritisch

KrWG	Kreislaufwirtschaftsgesetz
Komm.	Kommentar
KommJuR	Kommunaljurist (Zeitschrift)
KomWG	Kommunalwahlgesetz
KomWO	Kommunalwahlordnung
KStZ	Kommunale Steuerzeitschrift
LAbfG	Landesabfallgesetz BW
LBO	Landesbauordnung
LEntG	Landesenteignungsgesetz
LG	Landgericht
LKrO	Landkreisordnung
LPlG	Landesplanungsgesetz
LT-Drs.	Landtagsdrucksache
Lit.	Literatur
lit.	Buchstabe
LKrO	Landkreisordnung
LKRZ	Zeitschrift für Landes- und Kommunalrecht Hessen, Rheinland-Pfalz, Saarland
LKV	Landes- und Kommunalverwaltung (Zeitschrift)
Losebl.	Loseblatt
LS	Leitsatz
LSA	Land Sachsen-Anhalt
LUBW	Landesamt für Messungen, Umwelt und Naturschutz
LuftVG	Luftverkehrsgesetz
LuftVZO	Luftverkehrszulassungsordnung
LUVPG	Landesgesetz BW über die Umweltverträglichkeitsprüfung
LV	Landesverfassung
LVerfG	Landesverfassungsgericht
LVG	Landesverwaltungsgesetz
LVwVfG	Verwaltungsverfahrensgesetz eines Landes
MiFöG	Mittelstandsförderungsgesetz
MRRG	Melderechtsrahmengesetz
MV	Mecklenburg-Vorpommern
m.w.N.	mit weiteren Nachweisen
m.z.N.	mit zahlreichen Nachweisen
MWSt.	Mehrwertsteuer
n.F.	neue Fassung
Nachw.	Nachweise
NatSchG	Naturschutzgesetz (Land)
Nds	Niedersachsen
NdsVBl	Niedersächsische Verwaltungsblätter (Zeitschrift)
NJW	Neue Juristische Wochenzeitschrift
NordÖR	Zeitschrift für Öffentliches Recht in Norddeutschland
NRG	Nachbarrechtsgesetz
NuR	Natur und Recht (Zeitschrift)
NVwZ	Neue Zeitschrift für Verwaltungsrecht
NVwZ-RR	NVwZ-Rechtsprechungs-Report
NW	Nordrhein-Westfalen
NWVBl	Verwaltungsblätter für Nordrhein-Westfalen (Zeitschrift)
NZBau	Neue Zeitschrift für Baurecht und Vergaberecht
OLG	Oberlandesgericht

OVG	Oberverwaltungsgericht
PBefG	Personenbeförderungsgesetz
PlanzV	Planzeichenverordnung
PolG	Polizeigesetz
PPP	Public Private Partnership
RdE	Recht der Energiewirtschaft (Zeitschrift)
RP	Rheinland-Pfalz, Regierungspräsidium
Rn.	Randnummer/n
Rs.	Rechtssache
Rspr.	Rechtsprechung
S.	Seite, Satz, Siehe
s.	siehe
s.a.	siehe auch
Saarl	Saarland
Sächs.	Sächsische/r/s
SächsVBl	Sächsische Verwaltungsblätter (Zeitschrift)
SchfG	Schornsteinfegergesetz
SGB	Sozialgesetzbuch
SH	Schleswig-Holstein
Slg.	Sammlung
s.o.	siehe oben
sog.	sogenannte
SparkG	Sparkassengesetz
StGB	Strafgesetzbuch
StGH	Staatsgerichtshof
StGHG	Gesetz über den Staatsgerichtshof
StiftG	Stiftungsgesetz BW
st. Rspr.	ständige Rechtsprechung
str.	streitig
StrG	Straßengesetz
StVG	Straßenverkehrsgesetz
StVO	Straßenverkehrsordnung
StVOZustG	Gesetz über Zuständigkeiten nach der Straßenverkehrs-Ordnung
s.u.	siehe unten
Thür	Thüringische/r/s
ThürVBl	Thüringer Verwaltungsblätter (Zeitschrift)
u.a.	unter anderem
u.ä.	und ähnliche(s)
u.a.m.	und anderes mehr
UA	Urteilsabdruck
UIG	Umweltinformationsgesetz
UmwRG	Umweltrechtsbehelfsgesetz
UPR	Umwelt- und Planungsrecht (Zeitschrift)
Urt.	Urteil
usw.	und so weiter
UVP	Umweltverträglichkeitsprüfung
UWG	Gesetz gegen den unlauteren Wettbewerb
v.	von, vom
VBlBW	Verwaltungsblätter für Baden-Württemberg (Zeitschrift)
Verf.	Verfasser

VerfG	Verfassungsgericht
VerfGH	Verfassungsgerichtshof
VergabeR	Vergaberecht (Zeitschrift)
VerwArch	Verwaltungsarchiv (Zeitschrift)
VG	Verwaltungsgericht
VGH	Verwaltungsgerichtshof
VK	Vergabekammer
VO	Verordnungen
VVDStRL	Veröffentlichungen der Vereinigung der Deutschen Staatsrechtslehrer
VwGO	Verwaltungsgerichtsordnung
VwV	Verwaltungsvorschriften
VwVfG	Verwaltungsverfahrensgesetz des Bundes
WaldG	Waldgesetz
WG	Wassergesetz
WHG	Wasserhaushaltsgesetz
WiVerw.	Wirtschaft und Verwaltung (Zeitschrift)
WM	Wertpapier-Mitteilungen (Zeitschrift)
z.B.	zum Beispiel
ZHR	Zeitschrift für das gesamte Handels- und Wirtschaftsrecht
Ziff.	Ziffer
ZUR	Zeitschrift für Umweltrecht
zust.	zustimmend
zutr.	zutreffend
zw.	zweifelnd

Teil A
Grundlagen

§ 1
Kommunalrecht in Studium, Wissenschaft und Praxis

Literatur zur Vertiefung: *Schrader*, Die kommunalen Spitzenverbände und der Schutz der kommunalen Selbstverwaltungsgarantie durch Verfahren und Verfahrensgestaltung, 2004; *Mann/Püttner* (Hrsg.), Handbuch der kommunalen Wissenschaft und Praxis, Band I, 3. Aufl. 2007, S. 937 ff. (Beiträge von *Articus*, *Henneke*, *Landsberg* zu den kommunalen Spitzenverbänden); *Henneke*, Die kommunalen Spitzenverbände, 2. Aufl. 2012; *Bogumil/Holtkamp*, Kommunalpolitik und Kommunalverwaltung, 2013.

I. Die Bedeutung der Gemeinden

In Baden-Württemberg gibt es derzeit 1.101 Gemeinden. Ihre Einwohnerzahl liegt zwischen weniger als 100 (Gemeinde Böllen im Landkreis Lörrach) und mehr als 600.000 (Landeshauptstadt Stuttgart).[1] In neun Großstädten (Stuttgart, Karlsruhe, Mannheim, Freiburg, Heidelberg, Ulm, Heilbronn, Pforzheim, Reutlingen) leben jeweils mehr als 100.000 Einwohner. Es gibt zwei gemeindefreie Gebiete mit einem Teil des früheren Truppenübungsplatz Münsingen[2] und Grundstücken der französischen Gemeinde Rhinau im Taubergießen, die unter Verwaltung der Landkreise stehen.[3] 93 Gemeinden hatten am 01.08.2014 den Status einer kreisangehörigen Großen Kreisstadt und neun[4] den Status eines kreisfreien Stadtkreises (vgl. § 3 GemO, § 15 LVG). Auf der höheren Kreisebene ist das Land in 35 Landkreise und 9 Stadtkreise untergliedert (letztere sind identisch mit den Gemeinden). **1**

Die Stadt Freiburg hat z.B. etwa 220.000 Einwohner und bewirtschaftet einen Haushalt von etwa 1 Mrd. EUR/Jahr. In der Stadtverwaltung sind etwa 3.600 Menschen beschäftigt, in den privatrechtlich organisierten Gesellschaften, die jährlich ebenfalls mehr als 1 Mrd. EUR Umsatz machen, sind über 4.000 Personen tätig. Das illustriert die bedeutende Rolle der Gemeinden im Wirtschaftsleben. **2**

Das Kommunalrecht ist vor allem deshalb von Bedeutung, weil wir mit dem Begriff „öffentliche Verwaltung" in erster Linie die Behörden der Gemeinde oder Stadt, in der wir wohnen, identifizieren. Das, was Studierende im Staatsorganisationsrecht als „Staat" kennenlernen, ist in der täglichen Praxis meist die „Gemeinde". Tagtäglich ist jeder Mensch mit kommunalem Handeln konfrontiert, von der Geburt in einem kommunalen Krankenhaus über den Besuch von Kindergarten und Schule bis zur Einäscherung auf dem Gemeindefriedhof. Vieles in unserem Lebensalltag wird von **3**

---

1 www.statistik-bw.de/BevoelkGebiet/Landesdaten/geb00.asp.
2 Vgl. dazu LT-Drs. 14/7161, Ges. vom 20.12.2010, GBl. S. 1064.
3 Der Bodensee gehört ebenfalls nicht zum Gebiet einer Gemeinde, vgl. VGH BW, Urt. v. 07.07.1995 – 5 S 3071/94, juris Rn. 38 m.w.N.; VGH BW, Urt. v. 15.01.1997 – 2 S 999/94, juris Rn. 25 ff.
4 Stuttgart, Karlsruhe, Mannheim, Freiburg, Heidelberg, Ulm, Heilbronn, Pforzheim, Baden-Baden, vgl. § 12 LVG.

den Gemeinden (mit-)gestaltet, darunter wichtige Infrastrukturleistungen wie Wasser- und Stromversorgung, Abfall- und Abwasserentsorgung oder Bau und Unterhaltung vieler Verkehrswege. Zumindest größere Städte müssen sich laufend mit nahezu dem gesamten Spektrum des Verwaltungsrechts und mit weiten Bereichen des Zivilrechts befassen. Für den Juristen sind deshalb Kenntnisse des Kommunalrechts unerlässlich, deshalb ist es Pflichtfach im juristischen Studium.

II. Kommunalrecht in Ausbildung und Praxis

4 Unter Kommunalrecht versteht man den Teil des Besonderen Verwaltungsrechts, der sich der Entstehung, der Rechtsstellung, der Organisation und den Handlungsformen kommunaler Gebietskörperschaften widmet.[5] Das Kommunalrecht ist damit **Innenrecht** (Verwaltungsorganisationsrecht) und **Außenrecht** (Staat-Bürger-Verhältnis, Gemeinde-Staat-Verhältnis). Kommunale Gebietskörperschaften sind in erster Linie die *Gemeinden* und *Landkreise* (hierzu §§ 5, 22), dazu kommen Sonderformen wie *Verwaltungsgemeinschaften* und *Zweckverbände* (hierzu § 23). Die Etablierung des Kommunalrechts als eigenständiges Rechtsgebiet im Rahmen des Besonderen Verwaltungsrechts zeigt sich unter anderem daran, dass die meisten Universitäten eigenständige Vorlesungen zum Kommunalrecht anbieten und in den letzten Jahren viele Lehrbücher zum Kommunalrecht neu verfasst wurden.

1. Kommunalrecht in der juristischen Ausbildung

5 Nach §§ 8 Abs. 2 Nr. 9, 51 Abs. 1 Nr. 9 JAPrO ist das Kommunalrecht (ohne Kommunalwahlrecht und Kommunalabgabenrecht) **Pflichtstoff** für die beiden juristischen Staatsprüfungen in Baden-Württemberg. Als heterogen strukturiertes Rechtsgebiet stellt es *hohe Anforderungen* an den Studierenden, die aber durch „Systembildungen" und *ständige Querverbindungen* zu anderen Rechtsmaterien des Öffentlichen Rechts „belohnt" werden. Viele Examensklausuren haben einen Bezug zu oder sogar ihren Schwerpunkt in kommunalrechtlichen Fragestellungen. Das Kommunalrecht ist z.B. sehr gut verknüpfbar mit bauplanungs- und polizeirechtlichen Fragestellungen und eignet sich für verfassungsprozessuale Fragen des Bund-Länder-Verhältnisses sowie die Diskussion institutioneller Garantien.

6 An den **Universitäten** des Landes trägt zwar nur ein Lehrstuhl das Kommunalrecht in seiner Bezeichnung (Lehrstuhl für Staats- und Verwaltungsrecht, Öffentliches Wirtschaftsrecht, Kommunalrecht an der Universität Tübingen, *Prof. Dr. Barbara Remmert*), es wird aber vielfach intensiv zum Kommunalrecht geforscht oder publiziert, so z.B. in Freiburg (*Prof. Dr. Friedrich Schoch,* Institut für Öffentliches Recht, Abt. 4 Verwaltungsrecht) und in Konstanz (Lehrstuhl *Prof. Dr. Hans Christian Röhl* für Staats- und Verwaltungsrecht, Europarecht und Rechtsvergleichung). Verschiedene Schriftenreihen zum Kommunalrecht[6] belegen seine Eigenständigkeit.

7 In Baden-Württemberg bieten schließlich auch die zwei **Hochschulen für öffentliche Verwaltung** in Kehl und Ludwigsburg praxisbezogene Ausbildungsgänge, aus denen die Gemeinden mit Personal für den gehobenen Beamtendienst versorgt wer-

---

5 *Geis*, Kommunalrecht, § 1 Rn. 1; *Röhl*, in: Schoch (Hrsg.), Besonderes Verwaltungsrecht, 1. Kap Rn. 1.
6 Kommunalrecht – Kommunalverwaltung (Nomos); Schriften zum deutschen und europäischen Kommunalrecht (Boorberg); Wissenschaft und Praxis der Kommunalverwaltung (Kommunal- und Schulverlag) usw.

den. Die Absolventen der Hochschulen bilden das Rückgrat der öffentlichen Verwaltung im Land und stellen den Großteil der Bürgermeister in den Gemeinden. Das Land nimmt inzwischen 700 Personen jährlich in den Ausbildungsgang auf, die dabei den Status eines Beamten auf Widerruf haben. Die Studenten absolvieren nach einem halbjährlichen Einführungspraktikum einen dreijährigen Studiengang, der mit einem Bachelor-Grad (B.A. – Public Management) abschließt, wobei das 3. Studienjahr, an dessen Ende die Bachelor-Arbeit verfasst wird, als Praxisjahr in der Verwaltung geleistet wird. Darauf aufbauend werden praxisbegleitende und eigenständige Master-Studiengänge mit den Abschlüssen M.A. Public Administration und M.A. European Public Administration angeboten. Wünschenswert wäre eine stärkere Abstimmung der Ausbildungsgänge zwischen den Universitäten und den Hochschulen für öffentliche Verwaltung sowie eine eindeutige Öffnung der Laufbahn des höheren Verwaltungsdienstes für Absolventen des Master-Studiengangs.

2. Arbeitsmittel

Für die Arbeit mit dem Kommunalrecht steht inzwischen ein gut aufgefächertes Spektrum spezieller Arbeitsmittel zur Verfügung:

Lehrbücher:

Burgi, Kommunalrecht, 4. Aufl. 2012, 325 S.

Geis, Kommunalrecht, 3. Aufl. 2013, 297 S.

Lange, Kommunalrecht, 2013, 1347 S.

Schmidt, Kommunalrecht, 2011, 330 S.

Beiträge in Sammelwerken des Besonderen Verwaltungsrechts:

Mann, Kommunalrecht, in: Tettinger/Erbguth/Mann, Besonderes Verwaltungsrecht/1, Kommunalrecht, Polizei- und Ordnungsrecht, Baurecht, 11. Aufl. 2012, S. 3–166.

Röhl, Kommunalrecht, in: Schoch (Hrsg.), Besonderes Verwaltungsrecht, 15. Aufl. 2013, S. 12–124.

für Baden-Württemberg ferner:

Dols/Plate/Schulze, Kommunalrecht Baden-Württemberg, 7. Aufl. 2011, 227 S.

Ennuschat, Kommunalrecht, in: Ennuschat/Ibler/Remmert (Hrsg.), Öffentliches Recht in Baden-Württemberg, 2014, S. 1–111.

Handbücher:

Mann/Püttner (Hrsg.), Hdb. der kommunalen Wissenschaft und Praxis (HKWP), Band 1: Grundlagen und Kommunalverfassung, 3. Aufl. 2007, 1120 S., Band 2: Kommunale Wirtschaft, 3. Aufl. 2011, 736 S.

Hoppe/Uechtritz/Reck (Hrsg.), Hdb. Kommunale Unternehmen, 3. Aufl. 2012, 896 S.

Henneke/Pünder/Waldhoff (Hrsg.), Recht der Kommunalfinanzen, 2006, 841 S.

Henneke/Diemert (Hrsg.), Recht der kommunalen Haushaltswirtschaft, 2008, 549 S.

13 Kommentare:

Ade/Faiß/Waibel/Stehle, Kommunalverfassungsrecht Baden-Württemberg, Loseblattslg.

Aker/Hafner/Notheis, Gemeindeordnung, Gemeindehaushaltsverordnung, 2013.

Kunze/Bronner/Katz, Gemeindeordnung für Baden-Württemberg, Loseblattslg.

14 Fachzeitschriften:

Unter den verwaltungsrechtlichen Zeitschriften finden sich Abhandlungen zum Kommunalrecht vor allem in der speziell auf die kommunale Praxis ausgerichteten Zeitschrift Kommunaljurist (KommJur) sowie in „Die Öffentliche Verwaltung" (DÖV). Die Rechtslage des Landes wird allgemein in den Verwaltungsblättern Baden-Württemberg (VBlBW) und speziell in der Gemeindetagszeitschrift „Die Gemeinde" (BWGZ) widergespiegelt.

15 Internetdienste:

- Beck-Kommunalpraxis Baden-Württemberg PLUS,
- VD-BW Rechts- und Vorschriftendienst,
- Gemeindetag und Städtetag haben Internetdienste mit beschränktem Zugang für Mitglieder.

III. Kommunalwissenschaften und Kommunalrecht

16 Die Gemeinden und die Gemeindeverbände, die zusammen mit dem Oberbegriff „Kommune" bezeichnet werden, bilden die **unterste Stufe im Staatsaufbau** und genießen durch Art. 28 Abs. 2 GG **besonderen verfassungsrechtlichen Schutz**. Im allgemeinen Sprachgebrauch werden größere Gemeinden oft als Stadt bezeichnet. Nach § 5 Abs. 2 GemO kann die Landesregierung diese Namensbezeichnung Gemeinden verleihen, die nach Einwohnerzahl, Siedlungsform und ihren kulturellen und wirtschaftlichen Verhältnissen städtisches Gepräge tragen.[7] Im Übrigen führen diejenigen Gemeinden die Bezeichnung als Stadt, denen diese nach badischem, württembergischem oder hohenzollerischem Recht zustand.[8] Mit besonderen Befugnissen ausgestattet sind bestimmte rechtliche Kategorien der Städte, nämlich Große Kreisstädte und Stadtkreise (vgl. § 3 GemO, §§ 15 ff. LVG).

17 Neben der Rechtswissenschaft befassen sich insbesondere die **Politikwissenschaft** und die **Verwaltungswissenschaften** mit den Besonderheiten der Kommunen. Kommunalrecht ist vorwiegend „Praktikerrecht" der Verwaltung. Dies liegt einerseits daran, dass das Innenrecht der Kommunen aufgrund der vorhandenen „checks and balances" nur selten justiziabel wird, und andererseits sich die universitäre Lehre und Forschung zunehmend aus dem immer spezieller werdenden Kommunalrecht (wie auch aus dem Baurecht) zurückzieht und die wissenschaftliche Diskussion sowie die Lehrtätigkeit weitgehend Praktikern überlässt. Die Politikwissenschaften hinterfragen die Stellung der Gemeinden im Staat und die Binnenstrukturen der Gemeinden, beschäftigen sich mit bürgerschaftlicher Mitwirkung und den Funktionsweisen der Gemeindeorgane. Die Modernisierung der Verwaltungsorganisation

---

[7] VG Dessau, Urt. v. 18.07.2001 – 1 A 267/00, juris Rn. 17: Einwohnerzahl von nicht wesentlich weniger als 10.000 Einwohnern erforderlich.

[8] Diese 294 Gemeinden sind in Anlagen 1 und 2 des 1. Runderlasses zur GemO (GABl. 1955, S. 494) bezeichnet.

sowie die Privatisierung staatlicher (gemeindlicher) Aufgaben haben in den letzten beiden Jahrzehnten die Verwaltungswissenschaften beschäftigt.

IV. Die Rolle der kommunalen Spitzenverbände

Eine bedeutsame Rolle spielen die sog. **kommunalen Spitzenverbände**. Dies sind neben dem *Gemeindetag* mit seinen 1.055 Mitgliedern[9] der baden-württembergische *Städtetag* mit 181 Mitgliedern[10] sowie der *Landkreistag* als politische Lobbyorganisation der Landkreise.[11] Die kommunalen Spitzenverbände sind als Vereine organisiert, in denen z.B. auch kommunale Gesellschaften Mitglieder sind. Da die Kommunen nicht an der Gesetzgebung beteiligt sind, vertreten diese Zusammenschlüsse die kommunalen Interessen, indem sie Stellungnahmen im Gesetzgebungsverfahren und zu aktuellen politischen Problemen abgeben. Die Landesverfassung anerkennt ihre Existenz, indem sie ihnen im Gesetzgebungsverfahren ausdrücklich ein Anhörungsrecht zubilligt (Art. 71 Abs. 3 und 4 LV, ferner § 50a GO LTag).

18

Seit 1999 unterhält der Städtetag zusammen mit dem baden-württembergischen Gemeindetag und dem baden-württembergischen Landkreistag in einer Bürogemeinschaft mit dem bayerischen und dem sächsischen Städtetag ein Büro in Brüssel,[12] um **auf europäischer Ebene** die Normsetzungsverfahren zu beeinflussen und die Mitglieder frühzeitig über einzelne Entwicklungen zu informieren. Der Gemeindetag schließlich unterhält als Fortbildungseinrichtung die Verwaltungsschule des Gemeindetags Baden-Württemberg in Karlsruhe mit einem auf die kommunale Praxis bezogenen Aus- und Fortbildungsprogramm und gibt die Zeitschrift „Die Gemeinde" (BWGZ) heraus.

19

---

9   www.gemeindetag-bw.de.
10 www.staedtetag-bw.de.
11 www.landkreistag-bw.de.
12 www.europabuero-bw.de.

§ 2
Geschichtliche Entwicklung

Literatur zur Vertiefung: *Haas,* Die Selbstverwaltung der badischen Gemeinden im 19. Jahrhundert, 1947; *Engeli/Haus* (Bearb.), Quellen zum modernen Gemeindeverfassungsrecht in Deutschland, 1975; *Ellwein,* Perioden und Probleme der deutschen Verwaltungsgeschichte, VerwArch 87 (1996), 1 ff.; *Mann/Püttner* (Hrsg.), Handbuch der kommunalen Wissenschaft und Praxis, Band I, 3. Aufl. 2007, S. 57 ff. (Artikel *v. Unruh, Hofmann, Rudloff, Matzerath, Groh*).

I. Ursprung der kommunalen Selbstverwaltung

1 Die **dörfliche Siedlungsgemeinschaft** entwickelte sich in Deutschland als *Genossenschaft* auf der Grundlage sesshaften Ackerbaus und aus dem Bedürfnis, die gemeinsame Heimat vereinigt vor fremden Eroberern zu schützen sowie aus der Einsicht in die Vorteile nachbarlichen Zusammenstehens zum Zwecke gegenseitiger Hilfe in den Wechselfällen des Lebens. Die *Vollversammlung* der stimmberechtigten Bauern entschied über die wichtigsten Angelegenheiten der Gemeinschaft, speziell die Ordnung des Zusammenlebens, die Nutzung und Erhaltung des Gesamtvermögens, die Verteidigung des Dorfes und die Bestrafung von Übeltätern. Aus ihrer Mitte wählte sie einen *Vorsteher* (Dorfmeister, Bauermeister, Heimbürger u.a.), der die laufenden Geschäfte der Gemeinschaft erledigte. Oft gab es auch vom Ortsherrn eingesetzte *Verwaltungsträger* (Amtmann, Meier, Schultheiß usw.).

2 Mit der Entwicklung und Erstarkung des *Grundherrentums* und des *Lehenswesens* im frühen Mittelalter und dem Aufkommen der Landeshoheit um das Jahr 1200 ging die Freiheit der Dorfgemeinschaft weitgehend verloren. Die Bauern gerieten in die Abhängigkeit der Grundherrschaft. Nur landstrichweise gab es noch freie Dörfer mit in der Regel durch Siedlungsprivilegien eingeräumten Dorffreiheiten der Bauern ohne grundherrschaftliche Bindung.

3 Während die **Germanen** keine Städte kannten,[13] schufen die **Römer** solche während ihrer Besatzungszeit in Germanien. Schon im Jahre 44 v. Chr. wurde einer römischen Kaufmannssiedlung mit dem Namen Colonia raurica in der Nähe von Basel, dem heutigen Augst, das römische Stadtrecht verliehen. Danach folgten Köln, Trier, Bingen, Mainz, Worms, Speyer, Augsburg und viele andere Städte.

4 Die **Stadtverfassung der Römerstädte** (*colonia, municipium, civitas*) war weitgehend einheitlich: Es gab zwei Gruppen freier Bürger, die *cives* und die *incolae.* Erstere hatten Heimatrecht, letztere nur Wohnsitz in der Stadt. Das aktive Wahlrecht stand beiden Gruppen zu, das passive Wahlrecht nur den *cives.* Die Bürger wählten die – in der Regel vier – leitenden Beamten der Stadt, die *„duoviri iure dicundo",* die den römischen Konsuln entsprechen, sowie die *„duoviri aediles",* die Ädilen. Grundsätzlich wählten die duoviri alle 5 Jahre den in der Regel aus 100 Personen bestehenden Stadtrat (Senat), beriefen ihn und die Volksversammlung ein, verwalteten das Gemeindevermögen, schätzten die Bürger ein und übten die Gerichtsbarkeit aus. Den Ädilen war das Polizei-, Straßen-, Bau- und Marktwesen übertragen. Der *Stadtrat* war Hauptorgan, vertrat die Stadt nach außen, übte das Beschlussrecht in allen Angelegenheiten der Stadt aus, verfügte über das Gemeindevermögen, kon-

---

13 Vgl. *Tacitus,* Germania, XVI Kap.: „Nullas Germanorum populis urbes habitari satis notum est.".

trollierte die Beamten und nahm die Rechnungslegung der Beamten entgegen. Sämtliche Ratsmitglieder mussten mindestens 25 Jahre alt, frei und unbescholten sein, sowie ein gewisses Vermögen besitzen. Die Ratsmitglieder hafteten persönlich für die Entrichtung der Steuern durch die Bürger. Mitglieder des Stadtrats waren auch die Beamten.

II. Das Mittelalter

Mit der Völkerwanderung begann im 3. Jahrhundert der **Untergang der römischen Städte** auf deutschem Boden. Während der Merowingerzeit wurde die Selbstverwaltung in den noch fortbestehenden Siedlungen durch die Macht königlicher Beamten (Grafen) und Bischöfe ersetzt. Die Städte verödeten weitgehend, die Befestigungen wurden zurückgebaut, im alten Siedlungsgebiet wurde Ackerbau betrieben. Erst im **10. Jahrhundert** entwickelte sich dann als Gemeinwesen besonderer Art wieder die Stadt, und mit dem wirtschaftlichen Aufschwung erfolgten im 12. Jahrhundert erneute *planmäßige Stadtgründungen* (z.B. Freiburg im Breisgau). Die Städte bildeten sich häufig im Schutze einer Burg. Teilweise wurde die Siedlung nicht mehr nur durch einen Erdwall, sondern durch eine Mauer umgeben, und es siedelten sich neben den Handelsleuten auch Handwerker an. Die Bürgerschaft der Stadt gliederte sich in *Zünfte und Gilden* nach verschiedenen Erwerbszweigen, die untereinander um die politische Leitung der Stadt rangen. Der wesentliche Impuls für die Städte war seit dem **13. Jahrhundert** die Autonomie ihrer Rechtssetzung und die Freiheit vom feudalen Prinzip („*Stadtluft macht frei*").[14] Die *Privilegien der Städte* waren regelmäßig durch den feudalen Landesherrn verliehen, dies konnte der Kaiser (freie Reichsstädte) oder der jeweilige Landesfürst (Landstädte) sein. 5

Die Städte wurden von gewählten *Stadträten* regiert, wobei ein unterschiedliches aktives und passives Wahlrecht bestand und sich die Stadträte nach römisch-italienischem Vorbild aus den Reihen der Patrizier rekrutierten. Die wichtigsten *Aufgaben der städtischen Selbstverwaltung* waren die Ausübung der Gerichtsbarkeit, der Schutz der Bürger, die Erhebung von Steuern und sonstigen Abgaben, die Sicherung von Handel und Handwerk, die Fürsorge für Arme und Kranke (Spitäler). 6

Die *Stadt Freiburg* z.B. ist eine Gründung der Zähringer, die seit etwa 1090 planmäßig angelegt wurde und seit 1120 mit Stadtrechten ausgestattet war.[15] Große Bekanntheit erlangte das 1520 von *Ulrich Zasius*[16] geschaffene Freiburger Stadtrecht, das römisches Recht mit deutschem Recht verschmolz, und dessen gesetzestechnische Klarheit eine Vorbildstellung im gesamten südwestdeutschen und schweizerischen Raum einnahm. 7

Die mittelalterlichen Städte bildeten schnell *Städtebünde*, die 1356 mit der Goldenen Bulle zwar verboten wurden, aber zunächst fortbestanden. Der bekannteste Städtebund, die Deutsche Hanse, hatte im 12.-15. Jhdt. große politische und wirtschaftliche Macht, die erst mit dem Aufkommen des Überseehandels niederging.[17] 8

---

14 Nach Ablauf eines Jahres. – Ursprung war das „statutum in favorem principum" Friedrichs II. aus dem Jahr 1231.
15 Überblick bei *Schuster*, freilaw 2007, www.freilaw.de/journal/de/ausgabe 5/5_schuster – Gruendung Freiburgs.html (23.11.2013). Zähringer Städte haben eine Kreuzform als Grundriss mit Kirche und Rathaus in unterschiedlichen Quartieren. Die Zähringer Herzöge versuchten durch planmäßige Stadtgründungen, ihre Herrschaft zu einem einheitlichen Territorium vergrößern.
16 Kritisch zu dessen Wirken Wagner, freilaw 2007, www.freilaw.de/journal/de/ausgabe 5/5_wagner – Ulrich Zasius.html (23.11.2013).
17 *Geis*, Kommunalrecht, § 2 Rn. 15.

III. Absolutismus

9 Im Anschluss an Reformation und den dreißigjährigen Krieg war ein Niedergang der Städte zu verzeichnen, die mehr als die Hälfte ihrer Einwohner verloren. Im beginnenden Zeitalter des **Absolutismus** waren die Landstädte in die Territorialstaaten eingebunden, nur die Residenzstädte der Fürsten entwickelten sich weiter.

10 Die Rechtsverhältnisse der Gemeinden waren in der **Markgrafschaft Baden** zusammen mit der Landesverwaltung seit 1517 in einer *Landesordnung* geregelt.[18] Die Gemeinden waren nicht befugt, sich selbstständig – ohne Genehmigung der Staatsbehörde – zu versammeln. Aufgrund der *absoluten Landesmacht* standen die Landgemeinden weitgehend unter obervormundschaftlicher Kuratel der Landesfürsten. Nach einer Hofratsinstruktion für die badische Markgrafschaft von 1794 sowie nach Ziff. 11 des 2. Konstitutionsedikts des Großherzogtums Baden vom 1.8.1807 (RegBl., S. 326) hatten sie die Stellung von „Waisen". Der Gemeindevorsteher in den Dörfern war überwiegend Befehlsempfänger des Landesherrn. Die Verwaltungshandlungen unterlagen „dem oberherrlichen Recht der Minderung und Mehrung, um stets im gemeinen Einklang mit dem Staatswohl erhalten werden zu können".[19] Auch viele alte Stadtrechte wurden beschnitten.

11 Die ersten *selbstständigen Gemeindeordnungen* entstanden in Baden und Württemberg wieder Mitte des 18. Jahrhunderts. Zeugnis dieses Zustandes ist die durch den aufgeklärten Publizisten Johann Jakob Moser unter Rückgriff auf ältere Edikte für **Württemberg** konzipierte *Communeordnung* von 1758. Sie regelt handbuchartig Organisation und Funktion der Kommunen und gibt detaillierte Anweisungen an die Gemeindebeamten zur ordentlichen Verwaltungsführung. An Selbstverwaltung ist nur erkennbar, dass die Kommunen berechtigt sind, ihre „Gemeindevorsteher, Officianten und gemeinen Bedienten" selbst zu wählen.

12 Historisches Dokument für **Baden** ist die *Communordnung* des Markgrafen von Baden von 1760. Sie beruht auf einer Zusammenfassung der um 1700 geltenden Vorschriften und gibt Anweisungen für die (ober-)amtliche Bestellung der vorgesetzten „Schultheißen oder Vögten, Anwälden oder Stabhaltern und Burgermeistern, den Gemeinschaffnern oder Heimbürgern" sowie für die Rechnungsführung hinsichtlich der gemeindlichen Einnahmen und Ausgaben. Von Selbstverwaltungsrechten der Kommunen ist nicht die Rede. Der Gemeindeversammlung ist ausdrücklich nur das Recht eingeräumt, Einwendungen gegen die Jahresrechnung der Gemeindebeamten zu erheben sowie über die Besoldung der Vorgesetzten zu beschließen.

IV. Auf dem Weg in die Moderne

13 Mit der **Mediatisierung** infolge des Napoleonischen Krieges (1803/1806) wurden die Reichsstädte dann in die Territorialstaaten eingegliedert. Übrig blieben nur die Hansestädte sowie die Bundesstadt Frankfurt. Die katastrophale Niederlage gegen Napoleon belebte aber auch die Idee der gemeindlichen Selbstverwaltung, beginnend in Preußen mit den sog. **Stein-Hardenberg'schen Reformen**, die Preußen neu organisieren sollten.[20] In der *preußischen Städteordnung* vom 19.11.1808 wird deren Sinn darin gesehen, „den Städten eine selbstständigere und bessere Verfassung zu geben, in der Bürgergemeinde einen festen Vereinigungspunkt gesetzlich zu bilden,

---

18 Abgedruckt bei *Fröhlich*, Badische Gemeindegesetze, 1853, S. 10 f.
19 Vgl. *Stiefel*, Baden, Band 2, 1978, S. 168.
20 Zur Entwicklung im 19. und frühen 20. Jh. *Knemeyer*, FS Gmür, 1983, S. 137 (138 ff.).

ihnen eine tätige Einwirkung auf die Verwaltung des Gemeinwesens beizulegen und durch diese Teilnahme Gemeinden zu erregen und zu erhalten".[21]

14 Nicht die freie Gemeinde im Sinne liberaler Ideen war das Ziel, sondern die *Festigung des Staats*.[22] Die Nation sollte daran gewöhnt werden, ihre eigenen Geschäfte zu verwalten.[23] Die preußischen Städte erhielten durch die Städteordnung das Recht, *ihre Angelegenheiten in eigener Verantwortung und in eigenem Namen zu erledigen* und damit die Selbstverwaltung, wobei allerdings dieser Begriff nicht expressis verbis verwendet wurde. Das *Polizeiwesen*, zu verstehen im heutigen Sinne als Ordnungsverwaltung, blieb staatliche Aufgabe. Es konnte jedoch dem Magistrat der Stadt „vermöge Auftrags" übertragen werden. Damit zeigte sich erstmals die heute noch bestehende Unterscheidung zwischen *eigenem und übertragenem Wirkungskreis* der Gemeinden.

15 Der Gedanke der Selbstverwaltung wurde in Süddeutschland überlagert von der durch die Romantik beeinflussten Vorstellung eines *vorstaatlichen Status* der Gemeinden.[24] Die **Paulskirchenverfassung** von 1849 (§ 184) und die **Weimarer Reichsverfassung** von 1919 (Art. 127) zählten die Selbstverwaltung der Gemeinden zu den *Grundrechten* (die dem staatlichen Zugriff entzogen sein sollen). Unbeschadet dessen setzte sich in der Staatsrechtslehre des 19. Jahrhunderts und dann auch in der Rechtsprechung der Weimarer Republik[25] eine *staatsorganisatorische Deutung* der gemeindlichen Selbstverwaltung (als institutionelle Garantie der Gemeinden) durch; Preußentum und Kaiserreich hatten mit einer Demokratisierung von unten wenig im Sinn.[26] Der vom Deutschen Städtetag im Jahre 1930 vorgelegte Entwurf einer Reichsstädteordnung, der die in den Ländern bestehenden unterschiedlichen Gemeindeverfassungssysteme zu vereinheitlichen suchte, blieb ohne praktische Wirkung.

16 Die *liberalen Reformen* zu Beginn des 19. Jahrhunderts führten im Königreich Württemberg zu dem Organisationsedikt von 1818 und dem Gemeindeedikt von 1822, im Großherzogtum Baden zu den Edikten von 1807, 1808 und 1809[27] und dem liberalen Gemeindegesetz von 1832. In Württemberg wurde der Bürgermeister, der bis 1930 Schultheiß genannt wurde, nunmehr unmittelbar gewählt (wie noch heute), in Baden indirekt von der (im üblichen Zensuswahlrecht) direkt gewählten Gemeindeversammlung. Hieran änderte sich auch in der Weimarer Republik – trotz verfassungsrechtlicher Verankerung der kommunalen Selbstverwaltungsgarantie in Art. 127[28] sowie der Egalisierung des Wahlrechts – nichts Grundlegendes. Die *Verfassung von Baden vom 21.03.1919* (GuVBl. S. 279) ging in ihren Garantien über die Gewährleistungen der WRV hinaus, in dem sie die einzelnen Gemeinden in ihrem „dermaligen Bestand" gewährleistete.

17 Im **Nationalsozialismus** wurde die kommunale Selbstverwaltung durch die *Deutsche Gemeindeordnung von 1935* rechtlich und praktisch in Vollzug des Führerprinzips beseitigt.[29] Bürgermeister und Gemeinderäte wurden durch Staat und NSDAP ernannt.

---

21 Mitwirkungsbefugt wurden hierdurch aber nur ca. 6 % der Bevölkerung, vgl. *Henneke/Ritgen*, DVBl. 2007, 1253 (1256).
22 *Knemeyer*, FS Gmür, 1983, S. 137 (138).
23 So *Stein* in der Denkschrift über die Einrichtung der ländlichen und städtischen Gemeinde- oder Kreisverfassung, Nassau 10.10.1815, zit. nach *Berg*, BayVBl 1990, 33 (34).
24 Dazu insbesondere die Arbeiten v. Gierkes, s. *Hufen*, FS Maurer, 2001, S. 1177 (1178).
25 StGH in RGZ 126, Anhang S. 22.
26 *Hufen*, FS Maurer, 2001, S. 1177 (1180). – *Forsthoff*, Die Krise der Gemeindeverwaltung im heutigen Staat, 1932, S. 21, sieht Demokratie und Selbstverwaltung noch als inkompatibel an.
27 Prägender Politiker war Freiherr *Sigismund von Reitzenstein (1766–1847)*.
28 Der Staatsgerichtshof sah – von *Carl Schmitt* inspiriert – hierin eine *objektivrechtliche institutionelle Garantie*, RGZ 126, Anh. 26. Zur Entwicklung zwischen den Weltkriegen vgl. *Gorka*, Die Entwicklung der Kreisselbstverwaltung in Baden von 1919 bis 1939, 2004.
29 Hierzu *Geis*, § 2 Rn. 28 ff.; monographisch *Mecking/Wirsching*, Stadtverwaltung im Nationalsozialismus, 2005.

V. Die Zeit nach dem II. Weltkrieg

18 Als sich nach dem II. Weltkrieg in den von den westlichen Alliierten besetzten Ländern die Staatlichkeit neu bildete, waren die Gemeinden erster und wichtiger **Grundpfeiler des** neu erwachten **demokratischen Lebens**. Die Organisation der Kommunen war nicht nur von den in der Weimarer Republik entwickelten Entwürfen[30], sondern auch von den in den USA, Großbritannien und Frankreich bekannten Strukturen mit beeinflusst[31]. So entwickelten sich zunächst *vier Grundtypen der Kommunalverfassung*,[32] die herkömmlicherweise als (britisch geprägte) Norddeutsche Ratsverfassung, als (französisch geprägte) Bürgermeisterverfassung, als auf die Stein'sche Städteordnung von 1808 zurückgehende Magistratsverfassung sowie (in Bayern, später auch in Baden-Württemberg) als Süddeutsche Ratsverfassung bezeichnet werden.[33]

19 Nachdem die neuen Bundesländer sich überwiegend am Modell der Süddeutschen Ratsverfassung orientierten, vollzogen auch die großen norddeutschen Flächenstaaten in den letzten beiden Jahrzehnten einen Schwenk zu einer Gemeindeverfassung, die *zwei unmittelbar vom Gemeindevolk gewählte Organe*, den Bürgermeister und den Gemeinderat, kennt.[34]

20 In Württemberg-Baden wurde 1946 das Gesetz über die Verwaltung und Wahlen in den Gemeinden (für Nordbaden) erlassen;[35] in Württemberg-Hohenzollern 1947 die Gemeindeordnung für Württemberg-Hohenzollern[36] und in Baden 1948 die Gemeindeordnung.[37] Alle drei Gesetze wurden schließlich 1956 abgelöst durch die *Gemeindeordnung für Baden-Württemberg*,[38] die seither zahlreichen Änderungen unterworfen wurde. Die jüngste Änderung stammt von 2013.

21 Die Entwicklung nach 1956 war geprägt durch die **kommunale Gebietsreform** Ende der 1960er und Anfang der 1970er Jahre, durch die kleinere selbstständige Gemeinden in größeren Städten aufgingen oder sich zu neuen Gemeinden zusammenschlossen.[39] Ihr Ziel war es, „Mini-Gemeinden" mit nicht ausreichender Verwaltungskraft neu zu strukturieren und damit den Einwohnern eine langfristig leistungsfähige örtliche Verwaltung zur Verfügung zu stellen. In Baden-Württemberg reduzierte sich die Zahl der Gemeinden hierdurch von 3.379 auf heute 1.101 und die der Landkreise von 63 auf 35.

22 Die kommunale Gebietsreform erfolgte durchgehend über (mehr oder minder freiwillige) **Gebietsänderungen** aufgrund von Vereinbarungen der betroffenen Gemeinden nach § 8 Abs. 2 GemO. Art. 74 Abs. 1 LV lässt Gebietsänderungen seit 1971[40] *aus*

---

30 Z.B. der Reichsstädteordnung, Entwurf und Begründung, Schriftenreihe des Deuff.tschen Städtetags, 1930.
31 Vgl. *Ipsen*, in: Mann/Püttner (Hrsg.), HKWP I, S. 565 ff.
32 Vgl. *Burgi*, Kommunalrecht, § 10 Rn. 2 ff.; *Geis*, Kommunalrecht, § 2 Rn. 33 ff.
33 S. § 12 Rn. 4 ff.
34 Alle Flächenländer orientieren sich an diesem Modell, das in leicht abgewandelter Form mit einem Magistrat als „hauptberuflichem" Verwaltungsorgan auch in Hessen und Rheinland-Pfalz zu erkennen ist. Die Gemeindeverfassungen der Bundesländer sind heute damit nur noch von der Unterscheidung zwischen dem sog. „monistischen" und dem „dualistischen" Selbstverwaltungsmodell (hierzu § 8 Rn. 1 ff.) gekennzeichnet.
35 Reg.Bl. Württ.-Baden 1946, S. 35.
36 Reg.Bl. 1948 S. 1.
37 GVBl. S. 177.
38 GBl. 1956, S. 129.
39 Überblick bei *Mecking/Oebbecke* (Hrsg.), Zwischen Effizienz und Legitimität. Kommunale Gebiets- und Funktionalreformen in der Bundesrepublik Deutschland in historischer und aktueller Perspektive, 2009.
40 Ges. v. 26.07.1971, GBl. S. 313.

V. Die Zeit nach dem II. Weltkrieg

Gründen des öffentlichen Wohls zu.[41] Diese Voraussetzung liegt vor, wenn Änderungen des Gemeindegebiets der Stärkung der kommunalen Leistungs- und Verwaltungskraft dienen, zur Schaffung einer einheitlichen Lebens- und Umweltqualität sowie zum Abbau des Leistungs- und Ausstattungsgefälles zwischen Verdichtungsräumen und dünn besiedelten Gebieten beitragen oder die Wirtschaftlichkeit der Gemeindeverwaltung erhöhen.[42] Das Vorliegen von Gründen des öffentlichen Wohls unterliegt einer Einschätzungsprärogative des Gesetzgebers.[43]

Die **Eingemeindungsvereinbarung** bedarf der Genehmigung der Rechtsaufsichtsbehörde, die durch Verwaltungsakt mit konstitutiver Wirkung erteilt wird.[44] Eine Gemeinde, die infolge der Gebietsänderung rechtlich untergegangen ist, kann Rechte aus der Vereinbarung geltend machen, denn sie gilt insoweit als fortbestehend.[45] Die in den Eingemeindungsverträgen enthaltenen Verpflichtungen sind auch noch nach Jahrzehnten gültig und stehen nur unter dem Vorbehalt der „clausula rebus sic stantibus" (vgl. § 60 VwVfG).[46]

23

Die **aktuellen Entwicklungen** des Kommunalrechts betreffen zunächst die sich auch im Kommunalrecht wiederfindende *Europäisierung* der Rechtsordnung.[47] Seit den 1990er Jahren bauen Kommunalverfassungsreformen vor allem in anderen Bundesländern als Baden-Württemberg die *Bürgerbeteiligung* aus und führen bundesweit zur Urwahl des Bürgermeisters und zu einer „dualistischen Rat-Bürgermeister-Verfassung".[48] Die Haushaltskrise veranlasste ab Mitte der 1990er Jahre den Versuch, die Gemeinden unter dem Stichwort „*neues Steuerungsmodell*" zu einem betriebsähnlichen Dienstleistungsunternehmen umzustrukturieren.[49] Dies erwies sich aufgrund der nichtwirtschaftlichen Aufgaben der Gemeinde bald als Sackgasse,[50] führte aber verbreitet zur *Privatisierung* von bestimmten Dienstleistungen, insbesondere zur Privatisierung der Wasser- und Abwasserversorgung, der Abfallentsorgung, der Stromversorgung oder der Stadtreinigung usw.[51] Die anhaltende kommunale Haushaltskrise veranlasste eine *Reform der Gemeindefinanzen* im Rahmen der Föderalismusreform 2006.[52] Ein verfassungsrechtlich verankertes Verbot der Übertragung neuer Aufgaben durch den Bund (Art. 84 Abs. 1 S. 7 GG) wurde auf Landesebene mit einem Ausbau der Regelungen des sogen. Konnexitätsgrundsatzes verbunden.[53]

24

---

41 S. hierzu § 5 Rn. 107, 130, § 7 Rn. 6.
42 StGH, Urt. v. 14.02.1975 – GR 11/74, ESVGH 25, 1.
43 StGH, Urt. v. 14.02.1975 – GR 11/74, ESVGH 25, 1 (9); krit. *Wieland*, FS Bull 2011, S. 923 (940).
44 VGH BW, Urt. v. 01.03.1977 – I 881/76, ESVGH 27, 150.
45 VGH BW, Urt. v. 29.03.1979 – I 1367/78, DÖV 1979, 605; VGH BW, Urt. v. 15.07.1983 – 1 S 634/81; VG Freiburg, Urt. v. 02.02.2005 – 7 K 1212/04, juris Rn. 15.
46 VG Freiburg, Urt. v. 02.02.2005 – 7 K 1212/04, juris Rn. 21 m.Anm. *Kupfer*, VBlBW 2006, 41 ff.; Sächs. OVG, Beschl. v. 04.01.2008 – 4 BS 449/07, juris Rn. 10; Sächs. OVG, Beschl. v. 25.07.2013 – 4 A 218/13, juris Rn. 23; s.a. *Aker/Hafner/Notheis*, § 8 GemO Rn. 11.
47 Vgl. *Schoch*, in: Henneke (Hrsg.), Kommunen und Europa – Herausforderungen und Chancen, 1999, S. 11 ff. S. hierzu § 4 Rn. 5 ff.
48 *Knemeyer*, JuS 1998, 193.
49 Zurückgehend auf den KGSt-Bericht Nr. 5/1993.
50 S. hierzu § 12 Rn. 15 f.
51 *Schoch*, DVBl. 1994, 962 ff.; *Burgi*, Funktionale Privatisierung und Verwaltungshilfe, 1999. S. hierzu § 19 Rn. 170 ff.
52 *Selmer*, JuS 2006, 1052 ff.; *Söbbeke*, KommJuR 2006, 402 ff.
53 S. hierzu § 6 Rn. 1 ff.

§ 3
Nationale Rechtsquellen des Kommunalrechts

Literatur: *Maurer,* Die Ausführung der Bundesgesetze durch die Länder, JuS 2010, 945 ff., *Hebeler,* Die Gesetzgebungskompetenzen des Bundes und der Länder, JA 2010, 688 ff.
Zur Vertiefung: *Schoch,* Rechtsdogmatische Fundierung der kommunalen Selbstverantwortung nach der Föderalismusreform I, in: Henneke (Hrsg.), Kommunale Selbstverwaltung in der Bewährung, 2013, S. 11 ff.

I. Gemeinden und Bundesrecht

1 Das **Grundgesetz** beinhaltet nur wenige Vorschriften, in denen die Gemeinden unmittelbar erwähnt werden. Dies sind neben der Grundnorm des Art. 28 Abs. 1 und 2 GG über die demokratische Verfasstheit und das kommunale Selbstverwaltungsrecht[54] das in Art. 84 Abs. 1 S. 7, Art. 85 Abs. 1 S. 2 GG verankerte Aufgabenübertragungsverbot[55] und einzelne Bestimmungen der Finanzverfassung (Art. 105 Abs. 3, 106 Abs. 6–9, 107 Abs. 2, 109 Abs. 4 S. 1 Nr. 1 GG[56]). Prozessuale Absicherung erfährt das Recht auf Selbstverwaltung nach Art. 28 Abs. 2 S. 1 GG durch die kommunale Verfassungsbeschwerde in Art. 93 Abs. 1 Nr. 4b GG.

2 Nach der Zuständigkeitsverteilungsregel des Art. 70 Abs. 1 GG haben die Länder das Recht der Gesetzgebung, soweit das Grundgesetz nicht dem Bund eine Gesetzgebungskompetenz verleiht. Die Art. 72 ff. GG beinhalten keine ausdrücklichen Gesetzgebungskompetenzen im Bereich des Kommunalrechts, das damit wie das Polizeirecht eines der wenigen Rechtsgebiete ist, für die der **Bund keine Gesetzgebungskompetenz** besitzt. Dies steht vor dem Hintergrund des Befundes, dass die Gemeinden im föderativen Staatsaufbau *Teil der Bundesländer* sind (Art. 28 GG steht im Abschnitt Bund-Länder)[57] und die Organisationsgewalt insofern strukturell bei den Ländern liegen muss. Nur punktuell finden sich Bezüge zu den Gemeinden in einzelnen Sachmaterien wie dem städtebaulichen Grundstücksverkehr (Art. 74 Abs. 1 Nr. 18 GG) oder den Statusrechten der Gemeindebeamten gem. Art. 74 Abs. 1 Nr. 27 GG.

3 Das Grundgesetz kennt daneben noch **stillschweigende Gesetzgebungskompetenzen** kraft Sachzusammenhangs oder Annexkompetenz,[58] soweit diese für den wirksamen Vollzug eines Bundesgesetzes notwendig sind. Zudem konnte der Bund lange Zeit auf das Kommunalrecht über Art. 84 Abs. 1 GG a.F. zugreifen, indem ausnahmsweise **Vollzugsregelungen** mit Zustimmung des Bundesrats getroffen wurden, die das Verwaltungsverfahren oder die Einrichtung von Behörden betrafen. Als dort genannte „Einrichtung von Behörden" wurde auch die Zuweisung an eine bestimmte Behörde des Landes verstanden, was es ermöglichte, einzelne Aufgaben unmittelbar an die Gemeinden zu übertragen, bspw. die Kreise als Träger der Sozial-

---

54 S. hierzu § 5 Rn. 4 ff., 12 ff.
55 S. hierzu Rn. 7 f. u. § 5 Rn. 85 f.
56 S. hierzu § 7 Rn. 8 ff.
57 *Lange,* Kommunalrecht, Kap. 2 Rn. 86; BVerfG, Urt. v. 30.07.1958 – 2 BvG 1/58, BVerfGE 8, 122 (132).
58 *Jarass,* NVwZ 2000, 1089 (1990); *Hebeler,* JA 2010, 688 (693).

hilfe gem. § 96 SGB XII zu bestimmen.[59] Desgleichen wurde die Bestimmung der Gemeinden als Träger der Bauleitplanung aus einer Annexkompetenz zu Art. 74 Abs. 1 Nr. 18 GG abgeleitet.[60] Derartige Aufgabenübertragungen sind vor dem Hintergrund des Art. 28 Abs. 2 S. 1 GG rechtfertigungsbedürftig (und –fähig).[61]

Beispiele für bundesgesetzliche Annexregelungen: §§ 1 Abs. 3, 46, 123, 140, 165 Abs. 3, 172 ff. BauGB, § 96 SGB XII (BSHG), § 47e Abs. 1 BImSchG. **4**

Obwohl das BVerfG den Anwendungsbereich des Art. 84 Abs. 1 GG a.f. als *Ausnahmebestimmung* eng auslegte,[62] wurden Annexkompetenz und Art. 84 GG in der Staatspraxis zum Einfallstor des Bundes mit der Folge *kostenträchtiger Aufgabenübertragungen* zulasten der Gemeinden, weil dem Bund-Länder-Verhältnis zugleich ein Verbot der unmittelbaren Bundesfinanzierung kommunaler Aufgaben entnommen wurde und die landesverfassungsrechtlichen Bestimmungen über die Finanzierung neuer gemeindlicher Aufgaben nicht griffen. Diese Schutzlücke ist durch das in Art. 84 Abs. 1 S. 7, 85 Abs. 1 S. 2 GG enthaltene **absolute Verbot**,[63] **Aufgaben** durch Bundesgesetz auf Gemeinden und Gemeindeverbände **zu übertragen**, weitgehend geschlossen worden. Neue Aufgaben können heute nur noch durch die Länder übertragen werden mit der Folge, dass diese die hierbei entstehende finanzielle Kostenlast gem. Art. 71 Abs. 3 LV übernehmen müssen.[64] **5**

Adressat des Art. 84 Abs. 1 S. 7 GG ist der Bundesgesetzgeber. Als „Aufgabe" ist die außenwirksame Gesetzesausführung im Sinne der verwaltungsmäßigen Wahrnehmung gegenüber dem Bürger zu verstehen.[65] Übertragen wird die Aufgabe durch Begründung der Zuständigkeit.[66] Nach geltendem Verfassungsrecht wäre bspw. § 1 Abs. 3 BauGB nicht mehr zulässig.[67] Nicht nur die erstmalige bundesgesetzliche Aufgabenübertragung ist vom Aufgabenübertragungsverbot erfasst, sondern auch Aufgabenänderungen in Sachbereichen, in denen bereits vor Inkrafttreten des Art. 84 Abs. 1 S. 7 GG (01.09.2006) die entsprechende Aufgabenwahrnehmung auf die Gemeinden übertragen worden war. In diesem Zusammenhang ist die Zuweisung *qualitativ neuer Aufgaben* nach h.M. vom Verbot erfasst, weshalb im Rahmen des Kinderförderungsgesetzes (= § 24 SGB VIII) die alte Zuständigkeitsübertragung des § 69 Abs. 1 S. 2 SGB VIII, wonach Kreise und kreisfreie Städte Träger der öffentlichen Jugendhilfe waren, aufgehoben wurde.[68] Die bloße *quantitative Erweiterung* bereits bestehender Aufgaben (Erhöhung von Standards oder des Ausgabenniveaus) soll nach h.M. demgegenüber keinen Anwendungsfall des Art. 84 Abs. 1 S. 7 GG darstellen, weil der Bund nur von seiner Sachregelungsbefugnis Gebrauch ma- **6**

---

59 BVerfG, Urt. v. 18.07.1967 – 2 BvF 3–8, 139, 140, 334, 335/62, BVerfGE 22, 180 (210).
60 BVerfG, Beschl. v. 09.12.1987 – 2 BvL 16/84, BVerfGE 77, 288 (299).
61 Vgl. z.B. BVerfG, Urt. v. 15.10.1985 – 2 BvR 1808/82, BVerfGE 71, 25 (36). S.a. § 5 Rn. 85.
62 *Burgi/Maier*, DÖV 2000, 579 (584).
63 BVerfG, Urt. v. 20.12.2007 – 2 BvR 2433/04, BVerfGE 119, 331 (359).
64 Vgl. § 6 Rn. 3 ff.; *Maurer*, JuS 2010, 945 (951 f.); aus der Rspr. VerfGH NW, Urt. v. 12.10.2010 – VerfGH 12/09, JuS 2011, 860 ff. – Art. 84 Abs. 1 S. 7 GG ist eine Schutzbestimmung zugunsten der Länder vor bundesrechtlichen Eingriffen in ihre Verwaltungs- und Organisationshoheit, durch die mittelbar den fiskalischen Interessen der Kommunen Rechnung getragen wird, s. *Kallerhoff*, DVBl. 2011, 6 (7).
65 *Hömig*, Art. 84 GG Rn. 12; *Schoch*, DVBl. 2007, 261 (263).
66 *Burgi*, DVBl. 2007, 70 (77).
67 *Kallerhoff*, DVBl. 2011, 6 (8); *Meßmann*, DÖV 2010, 726 (729); *Schoch*, in: Hennecke (Hrsg.), Kommunale Selbstverwaltung in der Bewährung, 2013, S. 11 (18); a.A. *Ingold*, DÖV 2010, 134 (137).
68 BT-Drs. 16/9299, S. 17; zust. *Huber/Wollenschläger*, VerwArch 100 (2009), 305 (307); *Hömig*, Art. 84 GG Rn. 12; *Schoch*, in: Hennecke (Hrsg.), Kommunale Selbstverwaltung in der Bewährung, 2013, S. 11 (21).

che und eine neue Aufgabenübertragung nicht erfolge.[69] Das Problem betrifft in erster Linie die Frage der Reichweite des Übergangsrechts des Art. 125a Abs. 1 GG.[70]

7 Nach der Übergangsvorschrift des Art. 125a Abs. 1 S. 1 GG gilt Recht, das als Bundesrecht erlassen worden ist, aber wegen der Einfügung des Art. 84 Abs. 1 S. 7 GG nicht mehr als Bundesrecht erlassen werden könnte,[71] als Bundesrecht fort. Die Sachregelungsbefugnis bleibt dabei unangetastet, es geht in der Übergangsregelung allein um den Fortbestand der bunderechtlichen Zuständigkeitsnormen.[72] Die bloße Erweiterung bestehender Aufgaben lässt nach dem Wortlaut des Art. 125a Abs. 1 GG die „alte" Zuständigkeitsregelung also unberührt. Dies führt zu der Frage, ob ein systematisches Unterlaufen des Schutzzwecks des Art. 84 Abs. 1 S. 7 GG durch Inanspruchnahme der Übergangsregelung des Art. 125a Abs. 1 GG durch teleologische Reduktion dieser Bestimmung entgegenzuwirken ist.[73] Der Streit besteht vor allem darin, wo die Grenze der Zulässigkeit bei einer Änderung materiellrechtlicher Vorgaben zu bestehenden gemeindlichen Aufgaben liegt. Das betrifft etwa die Frage, ob der Bund verfahrensrechtliche Pflichten oder materielle Prüfstandards in der Bauleitplanung[74] bzw. die gesetzlichen Standards in der Kinderbetreuung verändern darf[75] oder im Zuge der Energiewende die Kommunen verpflichten kann, in Bestandsgebäuden erneuerbare Energien einzusetzen.[76]

8 Für eine sehr enge Auslegung[77] spricht der Charakter als Ausnahmeregelung. Es entspricht aber kaum dem historischen Willen des seinerzeit die Bundeskompetenzen *erweiternden* verfassungsändernden Gesetzgebers, das bisherige Recht zu „versteinern".[78] Zutreffend erscheint der Ansatz, auf die Rechtsprechung zu Art. 125a Abs. 2 GG zurückzugreifen, auf die auch der Verfassungsgesetzgeber Bezug genommen hat.[79] Aus der Entscheidung des BVerfG zum Begriff der Aufgabenübertragung gem. Art. 87d GG anlässlich der Überprüfung des Gesetz zur Neuregelung von Luftsicherheitsaufgaben, der systematisch auch für die Auslegung von Art. 84 Abs. 1 S. 7 GG heranzuziehen ist, folgt noch keine klare Abgrenzung zwischen einer Aufgabenübertragung und einer Aufgabenerweiterung. Das BVerfG stellt aber klar, dass eine bloße „quantitative Erhöhung der Aufgabenlast" nicht ausreicht, um die Übertragung einer neuen Aufgabe zu bejahen.[80] In Fortentwicklung dessen erscheint eine übliche Anpassung[81] an geänderte Verhältnisse grundsätzlich möglich. Diese Fortentwicklungskompetenz ist allerdings eng auszulegen, und an die *Beibehaltung der wesentlichen Elemente der Ursprungsregelung* ge-

---

69 *Huber/Wollenschläger*, VerwArch 100 (2009), 305 (307); *Meßmann*, DÖV 2010, 726 (728); *Zieglmeier*, NVwZ 2008, 270 (271); ähnlich *Hömig*, Art. 84 GG Rn. 12.
70 BVerfG, Urt. v. 20.12.2007 – 2 BvR 2433/04, BVerfGE 119, 331 (359).
71 Vgl. hierzu die Übersicht in BT-Drs. 17/12826, S. 4 ff.
72 *Schoch*, in: Henneke (Hrsg.), Kommunale Selbstverwaltung in der Bewährung, 2013, S. 11 (26).
73 *Schoch*, in: Henneke (Hrsg.), Kommunale Selbstverwaltung in der Bewährung, 2013, S. 11 (26 f.).
74 Befürwortend (allerdings im Ansatz zu weitgehend) *Ingold*, DÖV 2010, 134 (137 ff.).
75 *Aker*, VBlBW 2012, 121 ff.; *Huber/Wollenschläger*, VerwArch 100 (2009), 305 (330 ff.).
76 Befürwortend *Kahl/Schmittchen*, LKV 2011, 439 (441); *Schoch*, in: Henneke (Hrsg.), Kommunale Selbstverwaltung in der Bewährung, 2013, S. 11 (18); a.A. *Burger/Faber*, KomJuR 2011, 161 (164).
77 *Knitter*, Das Aufgabenübertragungsverbot des Art. 84 Abs. 1 S. 7 GG, 2008, S. 101 ff., 154, 199, 216.
78 So in anderem Zusammenhang BVerfG, Urt. v. 09.06.2004 – 1 BvR 636/02, BVerfGE 111, 10 (29).
79 *Huber/Wollenschläger*, VerwArch 100 (2009), 305 (309); *Schoch*, in: Henneke (Hrsg.), Kommunale Selbstverwaltung in der Bewährung, 2013, S. 11 (26 f.). – BT-Drs. 16/813, S. 20: „Auch in den neu erfassten Fällen gilt bereits erlassenes Bundesrecht zunächst fort, kann aber durch Landesrecht ersetzt werden, ohne dass es einer Ermächtigung durch den Bundesgesetzgeber bedarf. Der Bundesgesetzgeber bleibt nur zur Änderung einzelner Vorschriften im Sinne der Ladenschluss-Entscheidung des Bundesverfassungsgerichts (BVerfGE 111, 10) sowie dazu befugt, das von ihm erlassene Recht wieder aufzuheben, um ein dauerhaftes Nebeneinander von Landes- und partiellem Bundesrecht zu vermeiden.".
80 BVerfG, Beschl. v. 04.05.2010 – 2 BvL 8/07, juris Rn. 145.
81 *Lange*, Kommunalrecht, Kap. 2 Rn. 90.

II. Gemeinden und Landesrecht

bunden.[82] Eine grundlegende Neukonzeption ist dem Bundesgesetzgeber verwehrt.[83] Ihn trifft zudem die Darlegungslast, dass sich die Anpassung im üblichen Rahmen bewegt.

II. Gemeinden und Landesrecht

Die **Landesverfassung** Baden-Württemberg enthält mit den Art. 71–76 LV ebenso wie die Verfassungen anderer Flächenstaaten und das Grundgesetz ergänzende Regelungen für Gemeinden und Gemeindeverbände.[84] Besonders hervorzuheben sind die seit jeher strenge Regelung zur *Vollfinanzierung neuer Aufgaben*, die später andere Bundesländer übernommen haben (heute Art. 71 Abs. 3 LV),[85] und das *Anhörungsrecht der kommunalen Spitzenverbände* im Gesetzgebungsverfahren (Art. 71 Abs. 4 LV).[86] Sie werden ergänzt durch Art. 25 Abs. 3 S. 3 und Art. 69 LV, die bestimmen, dass die Verwaltung nicht nur durch die landesunmittelbare Verwaltung (Regierung und nachgeordnete Behörden), sondern auch durch Träger der Selbstverwaltung ausgeübt wird.

Im Zentrum der **einfachgesetzlichen Bestimmungen** stehen die *Gemeindeordnung*[87] und die *Landkreisordnung*[88]. Neben der Gemeindeordnung sind wichtige einfachgesetzliche Rechtsquellen das Kommunalwahlgesetz,[89] das Eigenbetriebsgesetz,[90] das Kommunalabgabengesetz,[91] das Sparkassengesetz,[92] das Gesetz über die kommunale Zusammenarbeit[93] und das Landesverwaltungsgesetz.[94] Die Gemeindeordnung wird zudem ergänzt durch Verordnungen, die auf Rechtsgrundlage des § 144 GemO erlassen wurden, wie die Durchführungsverordnung[95], die Gemeindehaushaltsverordnung[96] und die Gemeindekassenverordnung[97].

In anderen Spezialgesetzen finden sich Bezüge zum Kommunalrecht durch Inpflichtnahme der Gemeinden oder Landkreise für die Erfüllung bestimmter Aufgaben: So

---

82 So zutr. *Huber/Wollenschläger*, VerwArch 100 (2009), 305 (310).
83 Z.B. die Umwandlung einer bisher freiwilligen Aufgabe in eine Pflichtaufgabe, s. *Hömig* Art. 84 GG Rn. 12; *Lange*, Kommunalrecht, Kap. 2 Rn. 90; *Meßmann*, DÖV 2010, 726 (729).
84 Hierzu näher § 5 Rn. 101 ff.
85 S. hierzu § 6 Rn. 3 ff.; *Ammermann*, Das Konnexitätsprinzip im kommunalen Finanzverfassungsrecht, 2007; *Aker*, VBIBW 2008, 258 ff.; *Kluth*, LKV 2009, 337 ff. – Auch wenn EU-Richtlinien eine Aufgabe regeln, diese landesrechtlich den Kommunen auferlegt wird und dies zu deren wesentlicher Mehrbelastung führt, löst das nach allen Landesverfassungen die Konnexitätspflichten nach der Grundregelung aus, s. *Engelken*, NVwZ 2010, 618 (620). – Aus der Rspr. VerfGH NW, Urt. v. 12.10.2010 – VerfGH 12/09, JuS 2011, 860 ff.; BbgVerfG, Urt. v. 30.04.2013 – VfGBbg 49/11 (Kindertagespflege).
86 Vgl. hierzu *Schrader*, Die kommunalen Spitzenverbände und der Schutz der kommunalen Selbstverwaltungsgarantie durch Verfahren und Verfahrensgestaltung, 2001.
87 GemO i.d.F. v. 24.07.2000 (GBl. S. 581, ber. S. 698), zuletzt geändert durch Ges. vom 16.04.2013 (GBl. S. 55).
88 LKrO i.d.F. v. 19.06.1987 (GBl. S. 289), zuletzt geändert durch Ges. vom 16.04.2013 (GBl. S. 55).
89 KomWG i.d.F. v. 01.09.1983 (GBl. S. 429), zuletzt geändert durch Ges. vom 16.04.2013 (GBl. S. 55); ergänzt durch die KomWO v. 02.09.1982 (GBl. S. 459), zuletzt geändert durch VO v. 22.01.2014 (GBl. S. 74).
90 EigbG i.d.F. v. 08.01.1992 (GBl. S. 22), zuletzt geändert durch Ges. vom 04.05.2009 (GBl. S. 185), ergänzt durch die EigbVO v. 07.12.1992 (GBl. S. 776).
91 KAG v. 17.03.2005 (GBl. S. 206), zuletzt geändert durch Ges. vom 19.12.2013 (GBl. S. 491).
92 SpG i.d.F. v. 19.07.2005 (GBl. S. 587), zuletzt geändert durch Ges. vom 03.12.2013 (GBl. S. 329).
93 GKZ i.d.F. v. 16.09.1974 (GBl. S. 408), zuletzt geändert durch Ges. vom 04.05.2009 (GBl. S. 185).
94 LVG v. 14.10.2008 (GBl. S. 313), zuletzt geändert durch Ges. vom 03.12.2013 (GBl. S. 449).
95 DVO GemO v. 11.12.2000 (GBl. 2001, S. 2), zuletzt geändert durch Ges. vom 14.10.2008 (GBl. S. 313).
96 GemHVO v. 11.12.2009 (GBl. S. 770), zuletzt geändert durch Ges. vom 16.04.2013 (GBl. S. 55).
97 GemKVO v. 11.12.2009 (GBl. S. 791), zuletzt geändert durch Ges. vom 16.04.2013 (GBl. S. 55).

etwa im Polizeigesetz,[98] Straßengesetz,[99] Schulgesetz,[100] Kindertagesbetreuungsgesetz,[101] ÖPNVG,[102] LAbfG.[103]

---

[98] § 62 Abs. 4 PolG: Gemeinde als Ortspolizeibehörde.
[99] §§ 43, 44 StrG zum Bau und der Unterhaltung von Gemeinde- und Kreisstraßen und bestimmten Ortsdurchfahrten überörtlicher Straßen.
[100] § 28 Abs. 1 SchulG: Gemeinden als Schulträger der Grund-, Haupt- und Realschulen, Gymnasien und Sonderschulen; nach Abs. 3 auch der berufsbildenden Schulen.
[101] § 3 Abs. 1 u. 2 KiTaG: Durchführung von Aufgaben der Förderung von Kindern in Tageseinrichtungen und in Kindertagespflege.
[102] § 5 ÖPNVG: Sicherstellung ausreichenden Personennahverkehrs als Kreisaufgabe.
[103] § 6 Abs. 1 LAbfG: Abfallentsorgung als Kreisaufgabe.

§ 4
Europarechtliche Vorgaben

Literatur: *Knemeyer*, Die Europäische Charta der kommunalen Selbstverwaltung, DÖV 1988, 997 ff.; *Bergmann*, Deutsche Kommunen und Europa, BWGZ 2009, 300 ff.; *Blanke*, Kommunale Selbstverwaltung und Daseinsvorsorge nach dem Unionsvertrag von Lissabon, DVBl. 2010, 1333 ff.; *Steiner*, Die deutschen Gemeinden in Europa, DVP 2010, 2 ff.; *Stern*, Kommunale Selbstverwaltung in europäischer Perspektive, NdsVBl 2010, 1 ff.
Zur Vertiefung: *Tettinger*, Europarecht und kommunale Selbstverwaltung, GS Burmeister, 2005, S. 439 ff.; *M. Möller*, Subsidiaritätsprinzip und kommunale Selbstverwaltung, 2009, S. 206 ff., 277 ff.
Fallbearbeitungen: *Wollenschläger/Lippstreu*, Zweitwohnungssteuer, JuS 2008, 529 ff.

Für das Kommunalrecht ist das Unionsrecht von erheblicher Bedeutung. Die Kommunen sind als Teil der mittelbaren staatlichen Verwaltung von der zunehmenden *Europäisierung des Rechts* stark berührt. Einerseits werden als Folge wachsender europäischer Integration immer mehr Kompetenzen auf die EU verlagert. Andererseits besteht bisher **keine** dem deutschen Recht entsprechende **unionsverfassungsrechtliche Garantie der kommunalen Selbstverwaltung**. Weil das Europarecht gegenüber jeglichem mitgliedsstaatlichen Recht einen prinzipiellen Anwendungsvorrang genießt,[104] bietet auch Art. 28 Abs. 2 GG gegen Verkürzungen der kommunalen Selbstverwaltung durch Normen des europäischen Primär- und Sekundärrechts keinen Schutz (fehlende „Europarechtsfestigkeit" der kommunalen Selbstverwaltung).[105] Die Übertragung von Hoheitsrechten auf die EU kann nach Art. 24 Abs. 1 GG auch *verfassungsrechtliche Regelungen* erfassen, soweit sie nicht unter die Ewigkeitsgarantie des Art. 79 Abs. 3 GG fallen. Die kommunale Selbstverwaltung nach Art. 28 Abs. 2 GG gehört *nicht* zu den ewig garantierten Verfassungsprinzipien.[106] Die Struktursicherungsklausel des Art. 23 Abs. 1 GG erfasst zwar nach überwiegender Auffassung über den Grundsatz der Subsidiarität die kommunale Selbstverwaltung in der Facette der *institutionellen Rechtssubjektsgarantie*,[107] dies begründet jedoch kein Abwehrrecht der Gemeinden gegenüber europäischen Rechtsakten.

1

Für das europäische Rechtssetzungsverfahren hat sich der Bund jedoch in § 10 Abs. 1 EUZBLG den Gemeinden gegenüber objektivrechtlich verpflichtet, bei Vorhaben der Europäischen Union das Recht der Gemeinden und Gemeindeverbände zur Regelung der Angelegenheiten der örtlichen Gemeinschaft zu wahren und ihre Belange zu schützen. Der **Bund** hat somit bei seinem Handeln auf europäischer Ebene auch kommunale Belange als **Sachwalter der Gemeinden** mit zu vertreten,[108] ohne dass damit verfahrensrechtliche Positionen der Gemeinden

2

---

104 S. dazu *Terhechte*, JuS 2008, 403 ff. – Der europarechtliche Anwendungsvorrang erstreckt nach in Deutschland herrschender Ansicht nicht auf sogen. „ausbrechende Rechtsakte", vgl. BVerfG, Urt. v. 30.06.2009 – 2 BvE 2/08, juris Rn. 240 (Lissabon-Vertrag); BVerfG, Urt. v. 12.09.2012 – 2 BvE 6/12, juris Rn. 98 (Fiskalpakt); *Schoch*, VerwArch 81 (1990), 18 (19); *Gern*, Deutsches Kommunalrecht, Rn. 109; a.A. *Calliess*, FS Merten, 2007, S. 305 (309 m.w.N.).
105 Analyse bei *Tettinger*, GS Burmeister, 2005, S. 439 (444 ff.).
106 Z.B. *Papier*, DVBl. 2003, 686 (691).
107 BT-Drs. 12/6000, S. 20 f.; *Hübner*, Normative Auswirkungen des Grundsatzes der Subsidiarität gemäß Artikel 23 Abs. 1 S. 1 GG auf die Verfassungsposition der Kommunen, 2000, S. 224 ff.; *Möller*, Subsidiaritätsprinzip und kommunale Selbstverwaltung, 2009, S. 229 ff.; *Hömig/Risse*, GG, Art. 23 Rn. 5; s.a. *Calliess*, FS Merten, 2007, S. 305 (309); *Hellermann*, Daseinsvorsorge, S. 67 ff. m.w.N.; *Hobe/Biehl/Schroeter*, DÖV 2003, 803 (808); *Papier*, DVBl. 2003, 686 (691); *Schink*, DVBl. 2005, 861 (864). Näher dazu § 5 Rn. 13 ff.
108 Vgl. dazu *Hobe/Biehl/Schroeter*, DÖV 2003, 803 (811); *Stirn*, Lokale und regionale Selbstverwaltung in Europa, 2012, S. 340.

begründet würden. Der Deutsche Bundestag und die Bundesregierung haben zudem im Jahre 2006 eine Vereinbarung über die Zusammenarbeit in Angelegenheiten der europäischen Union in Ausführung des § 6 EUZBLG getroffen, in der erweiterte und zeitlich gestraffte Unterrichtungspflichten für die Bundesregierung festgehalten werden.[109]

3 Die **Europäische Charta der kommunalen Selbstverwaltung**[110] beruht auf einem völkerrechtlichen Vertrag, den ein Komitee von Regierungsexperten innerhalb des *Europarates* unter der Aufsicht des Steuerausschusses für regionale und kommunale Angelegenheiten ausgearbeitet hat. Alle EU-Mitgliedsstaaten haben die Charta ratifiziert und in Kraft gesetzt.[111] Die Charta versteht die Gebietskörperschaften als eine der wesentlichen Grundlagen eines demokratischen, dezentralisierten Staatsaufbaus und orientiert sich in vielen Punkten an dem in Art. 28 Abs. 2 S. 1 GG verankerten Selbstverwaltungsrecht der Kommunen. Zum Regelungs- und Gestaltungsauftrag der Kommunen gehören eine Allzuständigkeitsvermutung, eine ausreichende finanzielle Ausstattung und deren verfahrensrechtliche Absicherung durch ein Klagerecht der betroffenen Gemeinden.[112] Die EU ist nicht Vertragspartner, was nach Art. 15 der Charta auch nicht möglich ist. Demzufolge begründet die Charta auch *keinen allgemeinen Rechtsgrundsatz* des Unionsrechts.[113] Die Charta entfaltet aufgrund der Ratifizierung aber Rechtswirkung im Range eines einfachen Bundesgesetzes und begründet subjektive Rechte der Gemeinden.[114]

4 Gemeinden haben schließlich auch *kein Recht auf Individualbeschwerde* zum Europäischen Gerichtshof für Menschenrechte nach Art. 34 EMRK,[115] auch wenn eine Entscheidung nicht in angemessener Frist nach Art. 6 EMRK ergeht.[116]

I. Primärrecht

5 Vor dem Vertrag von Lissabon beinhaltete nur das **Subsidiaritätsprinzip** des Maastricht-Vertrages (Art. 5 Abs. 2) einen rudimentären Schutz der Kommunen, weil sich europarechtliche Regelungen vor ihm rechtfertigen mussten. In der Rechtsprechung war zudem der *Grundsatz gemeindefreundlicher Auslegung* verbleibender gesetzgeberischer Umsetzungsspielräume[117] fruchtbar gemacht worden.

6 Der am 01.12.2009 in Kraft getretene **Vertrag von Lissabon** hat den Status der Kommunen deutlich verbessert: Nach Art. 4 Abs. 2 EUV achtet die Union die Gleichheit der Mitgliedstaaten vor den Verträgen und ihre jeweilige nationale Identität, die in deren grundlegenden politischen und verfassungsrechtlichen Strukturen einschließlich der regionalen und kommunalen Selbstverwaltung zum Ausdruck kommt.[118] Die **Achtungspflicht** der nationalen Identität bedingt einen auf den jeweiligen Mitgliedsstaat bezogenen individuellen Prüfungsmaßstab, der für Deutschland neben der *föderalen Gliederung* auch die *kommunale Selbstverwaltung* als identi-

---

109 *Meyer*, NVwZ 2007, 20 (24).
110 Ges. v. 22.01.1987, BGBl. II, 65; abgedruckt in NVwZ 1988, 1111; hierzu *Schaffarzik*, Handbuch der Europäischen Charta der kommunalen Selbstverwaltung, 2002.
111 Unterzeichnungsstand unter http://conventions.coe.int. Am 01.08.2014 hatten 47 Staaten die Konvention in Kraft gesetzt.
112 *Tettinger*, GS Burmeister, 2005, S. 439 (447).
113 *Möller*, Subsidiaritätsprinzip und kommunale Selbstverwaltung, 2009, S. 239 ff.; *Papier*, DVBl. 2003, 686 (695); *Tettinger*, GS Burmeister, 2005, S. 439 (448).
114 *Lange*, Kommunalrecht, Kap. 1 Rn. 164.
115 *Lange*, Kommunalrecht, Kap. 1 Rn. 168.
116 EGMR (II. Sektion), Entsch. v. 23.10.2010 – 50108/06, NVwZ 2011, 479.
117 VerfGH RP, Urt. v. 11.07.2005 – VGH N 25/04, juris Rn. 57 f.
118 S. hierzu *Blanke*, DVBl. 2010, 1333 ff.

I. Primärrecht

tätsstiftendes Merkmal mit umfasst[119] und die eine *Kompetenzausübungsschranke* (unter Beachtung des Verhältnismäßigkeitsgrundsatzes) darstellt.[120] In ihrer Wirkung bleibt die Achtenspflicht jedoch im Hinblick auf die gesamteuropäische Verfassungswirklichkeit deutlich hinter der deutschen Selbstverwaltungsgarantie des Art. 28 Abs. 2 S. 1 GG zurück und konstituiert kein Abwehrrecht der Kommunen.[121] Das Prinzip der kommunalen Selbstverwaltung wird als *Strukturprinzip eines Mitgliedsstaats* jedoch objektivrechtlich abgesichert. Nach dem klarer gefassten **Subsidiaritätsprinzip** des Art. 5 Abs. 3 EUV[122] wird die Union nur tätig, sofern und soweit die Ziele der in Betracht gezogenen Maßnahmen von den Mitgliedsstaaten weder auf zentraler noch auf regionaler oder lokaler Ebene ausreichend verwirklicht werden können.

Seit dem Vertrag von Maastricht (1993) gibt es einen **Ausschuss der Regionen** (Art. 263 UAbs. 3 AEUV). Er ist kein Organ der EU, wie aus Art. 13 EUV hervorgeht, jedoch müssen Parlament, Rat und Kommission den Ausschuss zumindest in den vertraglich vorgesehenen Fällen anhören, darüber hinaus können sie ihn anhören. Zudem besitzt er ein eigenes *Klagerecht* hinsichtlich seiner Verletzung in eigenen Rechten, also zur Absicherung seines Anhörungsrechts.[123] Die deutschen Gemeinden haben jedoch lediglich drei der 24 Sitze inne, die anderen Sitze teilen sich die Bundesländer auf, § 14 Abs. 2 EUZBLG. Der Ausschuss ist durch Art. 8 des Subsidiaritätsprotokolls gestärkt worden, indem er Klagen in Bezug auf Gesetzgebungsakte, für deren Erlass die Anhörung des Ausschusses vorgeschrieben ist, erheben kann.[124]

7

Mit dem Maastricht-Vertrag einigten sich die EG-Mitgliedsstaaten auf die Einführung der ergänzenden Unionsbürgerschaft. Art. 22 AEUV bestimmt seitdem, dass jeder Unionsbürger mit Wohnsitz in einem Mitgliedsstaat, dessen Staatsangehörigkeit er nicht besitzt, in dem Mitgliedsstaat, wo er seinen Wohnsitz hat, das **aktive und passive Wahlrecht bei Kommunal- und Europawahlen** hat.[125] Inzwischen haben das aktive und passive Wahlrecht auch Eingang als Bürgerrechte in die Art. 39 und 40 der EU-Grundrechte-Charta gefunden. Das Bundesverfassungsgericht hielt, nachdem es ein kommunales Ausländerwahlrecht aufgrund einer interpretatorischen Beschränkung des Volksbegriffs auf das „deutsche Volk" als unzulässig angesehen hatte, die Einführung des auf EU-Bürger bezogenen Kommunalwahlrechts für einen

8

---

119 *v. Bogdandy/Schill*, in: Grabitz/Hilf/Nettesheim, Das Recht der EU, Stand 7/2010, Art. 4 EUV Rn. 16; GA Trstenjak, Schlussantrag Rs. C-324/07 (Coditel Brabant), Slg. 2008, I-8457 Rn. 85 f.
120 So auch *Schwind*, FS Schmidt-Jortzig, 2011, S. 133 (136); *Kahl*, in: Calliess/Ruffert, EUV/EGV, Art. 10 EGV Rn. 72.
121 *Schwind*, FS Schmidt-Jortzig, 2011, S. 133 (137); a.A. wohl *Stirn*, Lokale und regionale Selbstverwaltung in Europa, 2012, S. 286 ff., die die lokale Selbstverwaltung als allgemeinen Rechtsgrundsatz des Europarechts ansieht. – Der Mitgliedstaat kann sich gegenüber den EU-Organen hingegen auf Art. 4 Abs. 2 EUV berufen; die Kommunen können dies – zumindest objektivrechtlich – nach § 10 Abs. 1 EUZ-BLG gegenüber dem Bund geltend machen.
122 Hierzu *Möller*, Subsidiaritätsprinzip und kommunale Selbstverwaltung, 2009, S. 280 ff.
123 Nach Art. 8 des Protokolls Nr. 2 über die Anwendung der Grundsätze der Subsidiarität und der Verhältnismäßigkeit kann er auch bei Verletzung dieser Grundsätze durch Gesetzgebungsakte, zu denen er anzuhören ist, Klage erheben.
124 *Schwind*, FS Schmidt-Jortzig, 2011, S. 133 (141 ff.).
125 Hierzu: *Pieroth/Schmülling*, DVBl. 1998, 365 ff.; *Schunda*, das Wahlrecht von Unionsbürgern bei Kommunalwahlen in Deutschland, 2003. – Ausführungsbestimmungen enthält die Richtlinie 94/80/EG v. 19.12.1994 über die Einzelheiten der Ausübung des aktiven und passiven Wahlrechts bei den Kommunalwahlen für Unionsbürger mit Wohnsitz in einem Mitgliedsstaat, Amtsblatt Nr. L 368/38.

Gegenstand einer nach Art. 79 Abs. 3 GG zulässigen Verfassungsänderung,[126] worauf Art. 28 Abs. 1 GG seine heutige Fassung erhielt.[127]

9 Nach Art. 45 Abs. 2 AEUV umfasst die **Freizügigkeit** die Abschaffung jeder auf der Staatsangehörigkeit beruhenden unterschiedlichen Behandlung der Arbeitnehmer in Bezug auf Beschäftigung, Entlohnung und sonstige Arbeitsbedingungen. Zwar klammert Art. 45 Abs. 4 des Vertrags die *öffentliche Verwaltung* ausdrücklich aus dem Freizügigkeitsgebot aus. Nach dem EuGH gilt dies jedoch nur für solche Stellen mit Hoheitsfunktionen, die nach einem besonderen Treueverhältnis verlangen.[128] Bewerber aus anderen EU-Mitgliedstaaten könnten nur von *eindeutig hoheitlichen Aufgaben* ausgeschlossen werden.[129] Der Ansatz des EuGH ist streng funktionell.[130] Insbesondere mit Blick auf das Schulwesen, das Gesundheitswesen, die Versorgung mit Wasser, Gas und Elektrizität oder kommunale Orchester seien diese Voraussetzungen nicht ohne Weiteres gegeben.[131]

II. Sekundärrecht

10 In der Praxis beeinflusst das Europarecht das Verwaltungshandeln der Gemeinden in vielen Bereichen durch den erforderlichen Vollzug der **Verordnungen, Richtlinien und Entscheidungen**, insbesondere im Bereich des kommunalen Wirtschaftsrechts und des Umweltrechts. *Verordnungen* sind unmittelbar geltendes Recht (Art. 288 Abs. 2 AEUV), bei zeitlichem Verzug sind aufgrund des Anwendungsvorrangs des Europarechts auch *Richtlinien* (Art. 288 Abs. 3 AEUV)[132] und *Beschlüsse* (Art. 288 Abs. 4 AEUV, das sind quasi europäische Verwaltungsakte mit z.T. legislativem Charakter)[133] von den Gemeinden als Teil des Mitgliedsstaates in bestimmten Fällen unmittelbar anzuwenden. Der Anwendungsvorrang gilt selbst vor Bestimmungen des *Grundgesetzes*.[134]

11 Im Ergebnis müssen die Gemeinden heute vor allem im kommunalen Wirtschaftsrecht, im Planungs- und Umweltrecht sowie dem öffentlichen Dienstrecht zumindest auch umgesetztes Europarecht anwenden. Das Europarecht hat weite Aufgabenbereiche[135] umstrukturiert wie

---

126 BVerfG, Urt. v. 31.10.1990 – 2 BvF 2/89, juris Rn. 74.
127 Zum Ausländerwahlrecht s. § 13 Rn. 17 ff. u. zuletzt StGH Bremen, Urt. v. 31.01.2014 – St 1/13.
128 EuGH, Urt. v. 03.07.1986 – Rs. C-66/85, juris Rn. 27.
129 EuGH, Urt. v. 02.07.1996 – Rs. C-290/94, juris Rn. 34.
130 *Brechmann*, in: Calliess/Ruffert, EUV/AEUV, AEUV Art. 45 Rn. 108.
131 EuGH Urt. v. 02.07.1996 – Rs. C-290/94, juris Rn. 34; *Brechmann*, in: Calliess/Ruffert, EUV/AEUV, AEUV Art. 45 Rn. 108.
132 Zur richtlinienkonformen Auslegung s. BVerwG, Beschl. v. 16.01.2013 – 4 B 15.10, juris Rn. 14; EuGH, Urt. v. 15.09.2011 – Rs. C-53/10, juris Rn. 32 ff.; zur unmittelbaren Geltung BVerwG, Urt. v. 19.05.1998 – 4 A 9.97, juris Rn. 71; BVerwGE 107, 1 (22); EuGH, Urt. v. 11.08.1995 – Rs. C-431/91, Slg. I 2189; bereits frühzeitig bejahte der EuGH auch einen Anspruch eines Privaten gegenüber der Gemeinde auf ordnungsgemäße Auftragsvergabe: EuGH, Urt. v. 22.6.1989 – Rs. C-103/88 (Costanzo), Slg. 1989, 1839, Rn. 28 ff.
133 Vgl. *Mager*, EuR 2001, 661 ff.
134 EuGH, Urt. v. 11.01.2000 – Rs. C-285/98 (Kreil), Slg. 2000 I, 69 m.Bespr. *Streinz*, JuS 2000, 489 ff. – Zu den bislang praktisch nicht wirksam gewordenen Vorbehalten des BVerfG – „Solange" – vgl. *Masing*, NJW 2006, 264 ff. u. BVerfG, Beschl. v. 14.01.2014 – 2 BvE 13/13, JuS 2014, 373.
135 Rechtsprechungsüberblick bei *Bergmann*, BWGZ 2009, 300 ff.; ferner *Dollinger*, VBlBW 2002, 225 ff.; *Kolb*, LKV 2006, 97 ff.; *Meyer*, NVwZ 2007, 20 (21); *Knemeyer*, BayVBl. 2000, S. 449 ff. Monographisch *Terhechte* (Hrsg.), Verwaltungsrecht in der EU, 2011.

II. Sekundärrecht

- die **Vergabe öffentlicher Aufträge**, die durch verschiedene Vergaberichtlinien geregelt wurden.[136] Es dürfen nicht nur Bau- oder Beschaffungsaufträge, sondern z.b. auch ein Auftrag an eine privatisierte, aber kommunal beherrschte Gesellschaft (z.b. der Abfallentsorgung) grundsätzlich nicht ohne öffentlichen Wettbewerb erteilt werden.[137] Bereits die Suche nach einem Mitgesellschafter hat in einem transparenten Wettbewerb stattzufinden.[138] In diesen Themenkreis gehört zudem die sehr umstrittene Frage der Ausschreibungspflicht sogen. städtebaulicher Verträge (§ 11 BauGB), die mit Verkauf eines gemeindlichen Grundstücks verbunden sind,[139] und der Zulässigkeit sogen. Einheimischenmodelle bei der Baulanderschließung (Weinheimer Modell);[140]
- der **Wirtschaftsförderung** (Beihilfen, primärrechtlich geregelt in Art. 107 AEUV),[141]
- das europäisches **Wettbewerbsrecht** und hier z.B. das für die Kommunen wichtige Personenbeförderungsrecht,[142]
- das traditionell auf kommunale Versorgungsgebiete ausgerichtete System der **Energieversorgung**, etwa durch die Elektrizitätsbinnenmarkt- und die Erdgasbinnenmarkt-Richtlinie[143], mit der Folge der Auflösung bestehender kommunaler Versorgungsmonopole durch Gemeinde- oder Stadtwerke sowie der Pflicht zur Ausschreibung von Konzessionsverträgen, mit denen das (ausschließliche) Recht verbunden wird, Energieversorgungsleistungen im öffentlichen Straßenraum zu verlegen (§ 46 Abs. 3 EnWG i.V.m. Art. 102 AEUV);[144]
- die früher bestehende Gewährträgerhaftung der Gemeinden für die **Sparkassen** (die zu günstigeren Refinanzierungszinsen der Sparkassen auf dem Kapitalmarkt

---

136 Näher dazu unter § 19 Rn. 188 ff.
137 EuGH, Urt. v. 11.01.2005 – Rs. C-26/03 (Stadt Halle), juris Rn. 46 ff., zu den Ausnahmen EuGH, Urt. v. 13.10.2005 – Rs. C-458/03 (Parking Brixen), juris Rn. 44 ff. (näher dazu unter § 19 Rn. 213 ff.). – Deshalb ist auch die Vergabe von Reinigungsarbeiten durch den Landkreis an ein kommunales Reinigungsunternehmen ausschreibungspflichtig, EuGH, Urt. v. 13.06.2013– Rs. C-386711 (Piepenbrock).
138 EuGH, Urt. v. 10.11.2005 – Rs. C-29/04, juris Rn. 31 ff.
139 Dazu unter § 19 Rn. 215.
140 EuGH, Urt. v. 08.05.2013 – Rs. C-197/11 m.Bespr. *Ruffert*, JuS 2013, 1051 ff.; zur bundesrechtlichen Zulässigkeit BVerwG, Urt. v. 11.02.1993 – 4 C 18.91, BVerwGE 92, 56; BGH, Urt. v. 29.11.2002 – V ZR 105/02, BGHZ 153, 93.
141 Z.B. Entscheidung der Kommission v. 16.01.2004 über die Anwendung von Art. 86 EGV auf staatliche Beihilfen, die bestimmten Unternehmen als Ausgleich für die Erbringung von Dienstleistungen von allgemeinem wirtschaftlichen Interesse gewährt werden; Leitfaden der EU-Kommission v. 29.04.2013 zur Anwendung der Vorschriften der Europäischen Union über staatliche Beihilfen, öffentliche Aufträge und den Binnenmarkt auf Dienstleistungen von allgemeinem wirtschaftlichem Interesse inklusive Sozialdienstleistungen, SWD (2013) 53 final/2, www.ec.europa.eu/services_general_interest/sgei_guide_de.htm. Näher dazu unter § 19 Rn. 255.
142 BVerwG, Urt. v. 19.10.2006 – 3 C 33.05, NVwZ 2007, 330; VGH BW, Urt. v. 31.03.2009 – 3 S 2455/06; zum steuerlichen Querverbund von kommunalem ÖPNV mit Energieversorgung vgl. OVG RP, Beschl. v. 04.11.2005 – 7 B 11329/05, juris Rn. 10 ff.; *Guckelberger*, VerwArch 104 (2013), 161 (182 ff. – Aspekt des europ. Beihilferechts).
143 Richtlinie 96/92/EG des Europäischen Parlaments und des Rates v. 19.12.1996 betr. gemeinsame Vorschriften für den Elektriziätsbinnenmarkt (ABlEG Nr. L 27/20) und Richtlinie 98/30/EG des Europäischen Parlaments und des Rates v. 22.06.1998 betr. gemeinsame Vorschriften für den Erdgasbinnenmarkt (ABlEG Nr. L 204/1). Dem folgte in den 1990er Jahren verbreitet die Veräußerung der Gemeindebetriebe, inzwischen Jahren ist ein Trend zur Rekommunalisierung zu verzeichnen, s. *Guckelberger*, VerwArch 104 (2013), 161 ff.; *Bauer*, DÖV 2012, 329 ff.; *Burgi*, NdsVBl 2012, 225 ff.; *Bauer/Büchner/Hajasch*, Rekommunalisierung öffentlicher Daseinsvorsorge, 2012.
144 *Sauer*, Das Recht der Vergabe von Strom- und Gas-Konzessionsverträgen im EnWG, 2012; *Hofmann*, NZBau 2012, 11 ff.

führte), welche als unzulässige Beihilfe i.S.d. Art. 107 AEUV eingestuft wurde.[145] In der Folge ist das SparkassenG geändert worden;
- **soziale Dienstleistungen**, bei denen streitig war, ob sie als privilegierte Dienstleistungen von allgemeinem wirtschaftlichen Interesse i.S.d. Art. 106 Abs. 2 AEUV gelten können[146]
- und schließlich das **Arbeitsrecht** und damit auch das öffentliche Dienstrecht. Neben den primärrechtlichen Bestimmungen über die Freizügigkeit und das allgemeine Diskriminierungsverbot sind sekundärrechtlich vor allem *Arbeitszeitrichtlinien* praktisch bedeutsam geworden, mit denen Bereitschaftsdienste für Ärzte[147] und Feuerwehrleute[148] auf die 48-Stunden-Arbeitszeit anzurechnen sind.

12 Weite Teile der kommunalen Verwaltungstätigkeit werden also durch europarechtliche Vorgaben bestimmt. Eine Garantie der kommunalen Selbstverwaltung auf europäischer Ebene besteht nicht. Damit die Kommunen den oft beklagten Status des „wehrlosen Verwalters"[149] verlieren, wäre eine über Art. 4 Abs. 2 EUV hinausgehende Verankerung der kommunalen Selbstverwaltung im Primärrecht erforderlich; diese ist jedoch politisch nicht zu erwarten.

---

[145] EuGH, Urt. v. 20.09.2001 – Rs. C-209/00, Slg. 2002 I-11695 (WestLB). – Aus politikwissenschaftlicher Sicht *Seikel*, Der Kampf um öffentlich-rechtliche Banken: wie die Europäische Kommission Liberalisierung durchsetzt, 2013.
[146] S. *Engler*, Die Leistungserbringung in den Sozialgesetzbüchern II, III, VIII und XII im Spannungsverhältnis zum europäischen und nationalen Vergaberecht, 2009; *Heinemann*, Die Erbringung sozialer Dienstleistungen durch Dritte nach deutschem und europäischem Vergaberecht, 2009.
[147] EuGH, Urt. v. 09.09.2003 – Rs. C-151/02 (Jaeger), Rn. 58 f.
[148] EuGH, Urt. v. 25.11.2010 – Rs. C-429/09, juris Rn. 49 ff.; OVG NW, Urt. v. 18.08.2005 – 1 A 2722/04, juris Rn. 38 ff.; OVG Nds, Urt. v. 18.06.2007 – 5 LC 225/04, juris Rn. 41 ff.; BVerwG, Urt. v. 22.01.2009 – 2 C 93/07 (Polizeidienst).
[149] So *Knemeyer*, BayVBl 2000, 449 (452).

Teil B
Die Stellung der Gemeinden im Staat

§ 5
Das Recht auf kommunale Selbstverwaltung

Literatur: *Schoch*, Zur Situation der kommunalen Selbstverwaltung nach der Rastede-Entscheidung des Bundesverfassungsgerichts, VerwArch. 81 (1990), 18 ff.; *Ehlers*, Die verfassungsrechtliche Garantie der kommunalen Selbstverwaltung, DVBl. 2000, 1301 ff.; *Knemeyer/ Wehr*, Die Garantie der kommunalen Selbstverwaltung in der Rspr. des BVerfG, VerwArch 92 (2001), 317 ff.; *Schoch*, Der verfassungsrechtliche Schutz der kommunalen Selbstverwaltung, Jura 2001, 121 ff.
Zur Vertiefung: *Grupp/Ronellenfitsch* (Hrsg.), Kommunale Selbstverwaltung in Deutschland und Europa, 1995; *Hendler*, Das Prinzip Selbstverwaltung, HStR VI, 3. Aufl. § 143; *Nierhaus* (Hrsg.), Kommunale Selbstverwaltung, Europäische und nationale Aspekte, 1996; *Ehlers/Krebs*, (Hrsg.), Grundfragen des Verwaltungsrechts und des Kommunalrechts, 2000; *Dieckmann*, Kommunale Selbstverwaltung in: Festgabe 50 Jahre Bundesverwaltungsgericht, 815 ff.; *Waechter*, Verfassungsrechtlicher Schutz der gemeindlichen Selbstverwaltung gegen Eingriffe durch Gesetz, AöR 135 (2010), 327 ff.
Fallbearbeitungen: *Hartmann/Meßmann*, JuS 2006, 246 ff.; *Halbig*, JuS 1999, 468 ff.; *Bausback/Poplatz*, JA 2004, 897 ff.

I. Die bundesverfassungsrechtliche Selbstverwaltungsgarantie der Gemeinden

Die kommunale Selbstverwaltung ist sowohl grundgesetzlich als auch landesverfassungsrechtlich abgesichert. Nach Art. 28 Abs. 2 S. 1 GG muss den Gemeinden das Recht gewährleistet sein, **alle Angelegenheiten der örtlichen Gemeinschaft** im Rahmen der Gesetze in eigener Verantwortung zu regeln. Die Gewährleistung der Selbstverwaltung umfasst auch die Grundlagen der finanziellen Eigenverantwortung; zu diesen Grundlagen gehört eine den Gemeinden mit Hebesatzrecht zustehende wirtschaftskraftbezogene Steuerquelle (Art. 28 Abs. 2 S. 3 GG). 1

1. Selbstverwaltungsbegriffe

Selbstverwaltung **im politischen Sinn** ist die Mitwirkung der mit den örtlichen Verhältnissen besonders vertrauten Bürgerinnen und Bürger an der Wahrnehmung öffentlicher Aufgaben.[1] Die „bürgerschaftliche Selbstverwaltung" i.S.v. § 1 Abs. 2 GemO soll von den Gemeindebürgern getragen werden und damit *Bürgernähe*, *Überschaubarkeit*, *Akzeptanz* und *Flexibilität* der Aufgabenerfüllung gewährleisten.[2] 2

Juristisch bedeutet Selbstverwaltung die eigenverantwortliche Wahrnehmung öffentlicher Verwaltungsaufgaben durch *selbstständige Verwaltungseinheiten* aufgrund gesetzlicher Ermächtigung oder Zuweisung unter staatlicher Rechtsaufsicht. In die- 3

---

[1] Dazu BVerfG, Urt. v. 02.11.1960 – 2 BvR 504/60, juris Rn. 35.
[2] *Brohm*, DÖV 1986, 397 (398).

sem Sinne ist „Selbstverwaltung" ein Gegenbegriff zur „Staatsverwaltung" als staatsunmittelbare Verwaltung durch staatliche Behörden. Zu unterscheiden sind

- die **kommunale Selbstverwaltung** (kreisangehöriger Gemeinden sowie von Stadt- und Landkreisen) und
- die **funktionale Selbstverwaltung** sonstiger nicht kommunaler juristischer Personen des öffentlichen Rechts (z.B. Hochschulen, Wasserverbände).[3]

2. Verfassungsrechtliche Bezüge

a) Demokratie- und Freiheitlichkeitsprinzip

4   Das kommunale Selbstverwaltungsrecht steht in einem engen Bezug zu den tragenden Verfassungsprinzipien der **Demokratie** und der **Freiheitlichkeit**.

5   Nach Art. 28 Abs. 1 S. 2 GG muss das Volk[4] in den Ländern, Kreisen und Gemeinden eine *Vertretung* haben, die aus allgemeinen, unmittelbaren, freien, gleichen und geheimen Wahlen hervorgegangen ist (Homogenitätsgebot).[5] Auf kommunaler Ebene wird dieses Prinzip repräsentativer Demokratie ergänzt durch die grundsätzliche Zulassung eines Elements unmittelbarer Demokratie, indem Art. 28 Abs. 1 S. 4 GG als Selbstverwaltungsorgan nach Maßgabe gesetzlicher Regelung auch die *Gemeindeversammlung* zulässt.

6   Das Bild der Selbstverwaltung wird wesentlich durch das **Demokratieprinzip** geprägt.[6] Die historisch gewachsene kommunale Selbstverwaltung bedeutet *Selbstbestimmung* der eigenen Angelegenheiten durch die Bürgerinnen und Bürger sowie *eigene Wahl* der sie vertretenden Gemeindeorgane. Die kommunale Selbstbestimmung gibt den Rahmen für eine *eigenverantwortliche Erfüllung öffentlicher Aufgaben*. Sie ist geeignet, die einzelnen Bürgerinnen und Bürger als Bestandteile der Gemeinschaft zu aktivieren und zu integrieren, den Gegensatz zwischen Gesellschaft und Staat zu überbrücken und die innere Identifikation zwischen Staatsvolk und Staatsgewalt zu fördern.[7] Die örtliche und sachliche Bürgernähe der Gemeindeorgane erleichtert die bürgerschaftliche Mitwirkung an der Gestaltung der örtlichen Lebensverhältnisse und stärkt das Verantwortungsbewusstsein der Bürger.[8]

7   Die Rechtsprechung leitet aus dem Demokratieprinzip unter anderem die Pflicht des Gesetzgebers ab, zu Kommunalwahlen auch *örtliche Wählervereinigungen* mit gleichen Wahlchancen zuzulassen.[9]

8   Die gemeindliche Selbstverwaltung hat zudem einen engen inneren Bezug zu dem tragenden Verfassungsgrundsatz der **Freiheitlichkeit** (für die Landesverfassung BW vgl. Art. 1 Abs. 1, Art. 2 Abs. 1 LV). Die Selbstbestimmung auf örtlicher Ebene dient der Förderung der Freiheit, indem sie innerhalb der vollziehenden Gewalt eine zusätzliche, vertikale Gewaltenteilung bewirkt. Dies schafft Freiräume von unmittelbar

---

3   Dazu BVerfG, Beschl. v. 05.12.2002 – 2 BvL 5/98, 2 BvL 6/98 (Wasserverbände); ferner *Becker*, DÖV 2004, 910 (913f.); umfassend *Kluth*, Funktionale Selbstverwaltung.
4   Zum Volksbegriff vgl. BVerfG, Urt. v. 31.10.1990 – 2 BvF 3/89, juris Rn. 43 (Ausländerwahlrecht); *Löwer*, in: von Münch/Kunig, GG, Art. 28 Rn. 26; näher hierzu unter § 13 Rn. 17 ff.
5   Hierzu BVerfG, Urt. v. 24.07.1979 – 2 BvK 1/78, juris Rn. 61.
6   Dazu etwa BVerfG, Beschl. v. 26.10.1994 – 2 BvR 445/91, DVBl. 1995, 290 (293) m.w.N.
7   *Brohm*, DÖV 1986, 397 (398).
8   StGH BW, Urt. v. 14.02.1975 – GR 11/74, NJW 1975, 1205, (1208 ff.); BVerfG, Beschl. v. 23.11.1988 – 2 BvR 1619/83, juris Rn. 52; differenzierend *Schmidt-Aßmann*, FS Sendler, S. 121 (123).
9   BVerfG, Urt. v. 02.11.1960 – 2 BvR 504/60, BVerfGE 11, 351 (361, 364); Hess StGH, Urt. v. 16.11.1995 – PSt 1171, DÖV 1995, 596 (597).

I. Die bundesverfassungsrechtliche Selbstverwaltungsgarantie der Gemeinden

staatlicher Einflussnahme: Das mittelalterliche Rechtssprichwort „Stadtluft macht frei" gewinnt auf diese Weise aktuelle Gestalt.

b) Verhältnis zur bundesstaatlichen Verwaltung

Der Inhalt der kommunalen Selbstverwaltung wird ferner durch ihr **Verhältnis zur staatlichen Verwaltung** bestimmt. Die Gemeinden gehören zum Verfassungsbereich der Länder[10] und sind so Teil einer ihrer Natur nach einheitlichen öffentlichen Verwaltung.[11] Zugleich sind sie Ausdruck des Prinzips der *Dezentralität*: Das Grundgesetz hat sich auch innerhalb der Länder für einen nach Verwaltungsebenen gegliederten, auf Selbstverwaltungskörperschaften ruhenden Staatsaufbau entschieden.[12] Tragendes Element dieses dezentralen Gefüges sind die Gemeinden.

9

c) Selbstverwaltungsgarantie als Bestimmung der Verbandskompetenz

Art. 28 Abs. 2 S. 1 GG legt die **kommunale Verbandskompetenz** fest. Die Verbandskompetenz nimmt die in einem in rechtlich selbstständige Verwaltungsträger gegliederten Staatswesen notwendige *Aufgabenabgrenzung zwischen* diesen *verselbstständigten Verwaltungseinheiten* vor.[13] Grundgesetzlich geschieht diese Abgrenzung neben der nach Materien und Funktionen differenzierten Kompetenzverteilung zwischen Gesamtstaat und Gliedstaaten[14] auf der innerstaatlichen Ebene vor allem durch Art. 28 Abs. 2 GG als Entscheidung für einen auch innerhalb der Länder nach Verwaltungsebenen gegliederten, auf Selbstverwaltungskörperschaften ruhenden Staatsaufbau.[15] Als Bestimmung des Aufgabenbereichs juristischer Personen des Öffentlichen Rechts ist die Verbandskompetenz abzugrenzen insb. von der Zuständigkeitsverteilung *innerhalb der Verwaltungsträger*, welche mit den Kategorien der sachlichen und örtlichen Zuständigkeit erfasst wird.[16]

10

Die verbandskompetenzielle Aufgabenbestimmung enthält zum einen die **Zuweisung** eines eigenen Wirkungskreises an einen bestimmten Verwaltungsträger.[17] Zugleich ergeben sich aus ihr **Kompetenzschranken**: Die Verwaltungsträger dürfen sich nicht außerhalb der ihnen zugewiesenen Verbandskompetenz betätigen. Art. 28 Abs. 2 S. 1 GG begrenzt somit zugleich die Handlungsbefugnis der Gemeinden.[18] Nicht zu den Angelegenheiten der örtlichen Gemeinschaft gehörende Materien kön-

11

---

10 BVerfG, Entsch. v. 18.07.1967 – 2 BvF 3/62 u.a., BVerfGE 22, 180 (210); vgl. auch Art. 106 Abs. 9 GG.
11 StGH BW, Urt. v. 14.02.1975 – GR 11/74, NJW 1975, 1205 (1208). Ausführlich zur Einheit der Verwaltung *Sachs*, NJW 1987, 2338 ff.
12 BVerfG, Beschl. v. 23.11.1988 – 2 BvR 1619/83 u.a., juris Rn. 54.
13 Zu Begriff und Wirkungsweise der Verbandskompetenz im einzelnen *Oldiges*, DÖV 1989, S. 873 ff.
14 Hierzu z.B. *Hesse*, Grundzüge, S. 104 ff.; zudem *Isensee*, in: ders./Kirchhof, HStR VI, § 126, Rn. 1 ff.
15 BVerfG, Beschl. v. 23.11.1988 – 2 BvR 1619/83, BVerfGE 79, 127 (148).
16 Zu dieser Abgrenzung *Oldiges*, DÖV 1989, S. 873 (875 ff.).
17 Art. 28 Abs. 2 S. 1 GG ermächtigt jedoch nicht zu *Grundrechtseingriffen*, vgl. BVerwG, Beschl. v. 07.09.1992 – 7 NB 2.92, juris Rn. 13 (zum Regelungsvorbehalt des Art. 12 Abs. 1 S. 2 GG); VGH BW, Urt. v. 28.02.2005 – 1 S 1312/04, juris Rn. 27.
18 Siehe nur *Löwer*, in: von Münch/Kunig, GG, Art. 28 Rn. 39; *Röhl*, in: Schoch (Hrsg.), Besonderes Verwaltungsrecht, Kap. 1 Rn. 32; zu den Rechtsfolgen einer Kompetenzüberschreitung näher unter § 10 Rn. 44 ff.

nen die Gemeinden nicht zum Gegenstand ihrer Aktivitäten machen, außer der Gesetzgeber hat ihnen diese zusätzlich zugewiesen.[19]

3. Schutzwirkungen und Garantieebenen

12 Der Gewährleistungsgehalt des Art. 28 Abs. 2 S. 1 GG umfasst **drei Garantieebenen**:[20] Gewährleistet werden die *Existenz von Gemeinden* (institutionelle Rechtssubjektsgarantie), gewisse *inhaltliche Elemente* eigenverantwortlicher Aufgabenerfüllung (objektive Rechtsinstitutionsgarantie) und eine *subjektive Rechtsposition* der Gemeinden zur Abwehr von Eingriffen in den gewährleisteten Bereich (subjektive Rechtsstellungsgarantie).

a) Institutionelle Rechtssubjektsgarantie

13 Die **institutionelle Rechtssubjektsgarantie** gewährleistet das *Vorhandensein von Gemeinden* (und Gemeindeverbänden) als Bausteine der Verwaltungsorganisation.[21] Garantiert ist die Gemeinde als „ein auf personaler Mitgliedschaft zu einem bestimmten Gebiet beruhender Verband, der die Eigenschaft einer (rechtsfähigen) Körperschaft des Öffentlichen Rechts besitzt".[22] Die Gewährleistung gilt grundsätzlich nicht dem einzelnen Rechtssubjekt, sondern wirkt *institutionell*.[23] Die Gemeinden dürfen also weder gänzlich abgeschafft noch durch unselbstständige staatliche Verwaltungseinheiten ersetzt werden,[24] Art. 28 Abs. 2 GG enthält jedoch keine Bestandsgarantie der einzelnen Gemeinde.[25]

14 Für ihre Existenz, ihr Gebiet und ihren Namen gewährt die Subjektsgarantie prozeduralen und materiellen Schutz, der an die verwaltungsgerichtliche Kontrolle planerischer Entscheidungen angelehnt ist: Staatliche Maßnahmen, die die Rechtssubjektsgarantie betreffen, bedürfen der *vorherigen Anhörung* der Gemeinde, einer zutreffenden und vollständigen *Sachverhaltsermittlung*, der *Abwägung* der für die Regelung sprechenden Gemeinwohlgründe sowie der Vor- und Nachteile der gesetzlichen Regelung und müssen dem Gebot der *Verhältnismäßigkeit* entsprechen.[26] Die *Auflösung* einer Gemeinde oder die Veränderung ihrer Gebietsgrenzen ist deshalb nur aus Gründen des öffentlichen Wohls und nach vorheriger Anhörung der betroffe-

---

19 BVerfG, Urt. v. 30.07.1958 – 2 BvG 1/58, BVerfGE 8, 122 (134); siehe auch BVerfG, Beschl. v. 23.11.1988 – 2 BvR 1619/83, BVerfGE 79, 127 (147) (zur sog. Universalität des gemeindlichen Wirkungskreises).
20 Grundlegend *Stern*, Staatsrecht I, § 12 II 4, S. 408 ff. mit zahlreichen Nachweisen; zudem etwa *Dreier*, in: ders., GG, Art. 28 Abs. 2 Rn. 99 ff. m.w.N.
21 *Stern*, Staatsrecht I, § 12 II 4 b, c (S. 409 f.); *Röhl*, in: Schoch (Hrsg.), Besonderes Verwaltungsrecht, Kap. 1 Rn. 21 f.
22 So *Stern*, in: Bonner Kommentar, Art. 28 Rn. 80; vgl. auch *Löwer*, in: v. Münch/Kunig, GG, Art. 28, Rn. 45 f.
23 Dazu *Stern*, Staatsrecht I, § 12 II 4 a (S. 408 f.) m.w.N.; allgemein zu dieser Rechtsfigur auch *ders.*, Staatsrecht III/1, § 68 (S. 751 ff.); zur Landesverfassung etwa *Braun*, Verfassung BW, Art. 71 Rn. 6 f.
24 *Dreier*, in: ders., GG, Art. 28 Abs. 2 Rn. 100.
25 *Stern*, Staatsrecht I, § 12 II 4 c (S. 409 f., Fn 70) mit umfangreichen Nachweisen.
26 Näher dazu *Mehde*, in: Maunz/Dürig, GG, Art. 28 Abs. 2 Rn. 155 ff. Landesverfassungsrechtlich wird dies durch Art. 74 LV präzisiert.

I. Die bundesverfassungsrechtliche Selbstverwaltungsgarantie der Gemeinden   51

nen Gemeinde zulässig.[27] Die *gemeindliche Binnengliederung* in Ortschaften, Bezirke und ähnliches ist durch Art. 28 Abs. 2 S. 1 GG jedoch nicht geschützt.[28]

b) Objektive Rechtsinstitutionsgarantie

Im Mittelpunkt der Gewährleistung des Art. 28 Abs. 2 S. 1 GG steht die **objektive Rechtsinstitutionsgarantie**.[29] Mit den „Angelegenheiten der örtlichen Gemeinschaft" wird den Gemeinden ein *bestimmter Aufgabenkreis* zugewiesen und verfassungsrechtlich garantiert.[30] Die verfassungsrechtliche Gewährleistung umfasst die Wahrnehmung der so beschriebenen Aufgaben *„in eigener Verantwortung"*. Sie gilt allerdings nur *„im Rahmen der Gesetze"*, so dass der Gesetzgeber die gemeindliche Selbstverwaltung sowohl hinsichtlich des Aufgabenumfangs als auch der Art und Weise der Aufgabenwahrnehmung ausformen darf.[31]

15

Da Art. 28 Abs. 2 S. 1 GG nur eine **Mindestgarantie** darstellt, ist auch Erweiterung des Aufgabenbereichs möglich.[32] Eine grundgesetzliche Erweiterung erfährt die Selbstverwaltungsgarantie durch die finanzverfassungsrechtlichen Garantien insb. in Art. 28 Abs. 2 S. 3 und Art. 106 GG.[33]

16

c) Subjektive Rechtsstellungsgarantie

Die **subjektive Rechtsstellungsgarantie** gibt den Gemeinden ein *Abwehrrecht* bei rechtswidriger Beeinträchtigung der institutionellen Rechtssubjektsgarantie oder der objektiven Rechtsinstitutionsgarantie. Dies umfasst das Recht, gegen solche Beeinträchtigungen auf dem *Rechtsweg* vorzugehen.[34] Der zentrale Rechtsbehelf ist die *kommunale Verfassungsbeschwerde* (Art. 93 Abs. 1 Nr. 4 b GG i.V.m. § 13 Nr. 8 a und § 91 BVerfGG).[35]

17

Die Gemeinde kann sich neben der Selbstverwaltungsgarantie auch auf Normen berufen, die geeignet sind, ihrem Inhalt nach das verfassungsrechtliche Bild der Selbstverwaltung mit zu bestimmen.[36] Art. 28 Abs. 2 S. 1 GG verleiht den Gemein-

18

---

27 Zu diesen Kontrollmaßstäben BVerfG, Beschl. v. 12.05.1992 – 2 BvR 470/90 u.a., juris Rn. 46 f.; vgl. auch *Röhl*, in: Schoch (Hrsg.), Besonderes Verwaltungsrecht, Kap. 1 Rn. 24: beschränkt individuelle Rechtssubjektsgarantie; zur Landesverfassung etwa *Braun*, Verfassung BW, Art. 71 Rn. 6. Zum Anhörungsrecht auch BVerfG, Beschl. v. 19.11.2002 – 2 BvR 329/97, juris Rn. 78 ff. Zur Gebietsneugliederung aus jüngerer Zeit auch Sächs VerfGH, Urt. v. 25.11.2005 – Vf. 119-VIII-04, juris Rn. 224 ff. (Braunkohlenabbau); MVVerfG, Urt. v. 26.07.2007 – 9/06 u.a., juris Rn. 117 ff. (Kreisreform). Zur LV SA vgl. VerfG SA, Urt. v. 19.02.2013 – LVG 62/10, KommJur 2013, 220 ff.
28 *Röhl*, in: Schoch (Hrsg.), Besonderes Verwaltungsrecht, Kap. 1 Rn. 122.
29 Vgl. etwa *Dreier*, in: ders., GG, Art. 28 Abs. 2 Rn. 102: Hiermit sei „das Wesen kommunaler Selbstverwaltung ausgesprochen".
30 Im Einzelnen dazu unter Rn. 19 ff. Nicht durchgesetzt haben sich die sog. *neuen Selbstverwaltungskonzeptionen*; dazu und der Kritik hieran vgl. *Stern*, Staatsrecht I, § 12 III (S. 424 ff.) m.w.N.
31 Näher zum Gesetzesvorbehalt des Art. 28 Abs. 2 S. 1 GG s.u. Rn. 66 ff.
32 BVerwG, Beschl. v. 11.03.1998 – 8 BN 6.97, NVwZ 1998, 952 – Satzungsrecht für gemeindefreies Grundstück; *Lange*, DÖV 2007, 820 (820 f.); *Löwer*, in: von Münch/Kunig, GG, Art. 28 Rn. 36; zurückhaltend VGH BW, Urt. v. 18.03.2004 – 1 S 2261/02, juris Rn. 31.
33 Dazu auch unter § 20 Rn. 14 ff.
34 Z.B. *Dreier*, in: ders., GG, Art. 28 Abs. 2, Rn. 103 ff.
35 Dazu näher unter Rn. 87 ff.; zu den maßgeblichen *verfassungsrechtlichen Rechtsbehelfen* der Gemeinden im Einzelnen *Schmidt*, JA 2008, 763 ff.; *Starke*, JuS 2008, 319 ff.
36 BVerfG, Urt. v. 20.03.1952 – 1 BvR 267/51, juris Rn. 25.

den allerdings *kein Grundrecht*.[37] Auch eine sonstige *Grundrechtsberechtigung* besteht mangels grundrechtstypischer Gefährdungslage i.S.d. Art. 19 Abs. 3 GG weder für die Gemeinden noch für gemeindliche Unternehmen.[38]

4. Angelegenheiten der örtlichen Gemeinschaft

19 „Angelegenheiten der örtlichen Gemeinschaft" i.S.v. Art. 28 Abs. 2 S. 1 GG sind diejenigen Bedürfnisse und Interessen, die in der örtlichen Gemeinschaft wurzeln oder auf sie einen spezifischen Bezug haben,[39] die also den Gemeindeeinwohnern gerade als solchen gemeinsam sind, indem sie das Zusammenleben und -wohnen der Menschen in der (politischen) Gemeinde betreffen; auf die Verwaltungskraft der Gemeinde soll es hierfür nicht ankommen.[40]

20 Die so beschriebene gemeindliche Aufgabenstellung soll insb. die Aufgaben der sog. **Daseinsvorsorge**[41] umfassen, zu denen sehr unterschiedliche Tätigkeitsbereiche gezählt werden.[42]

a) Abgrenzungskriterien

21 Für die Zuordnung von Aufgaben zum örtlichen oder überörtlichen Bereich und die Bestimmung des sog. Wesensgehalts der gemeindlichen Selbstverwaltung können

---

37 *Dreier*, in: ders., GG, Art. 28 Abs. 2 Rn. 87; *Löwer*, in: von Münch/Kunig, GG, Art. 28 Rn. 42 f.; *Mehde*, in: Maunz/Dürig, GG, Art. 28 Abs. 2 Rn. 43 ff., der auf die „Parallelität zu grundrechtlichen Gewährleistungen" hinweist, aber keine „Auffangfunktion" des Selbstverwaltungsrechts sieht; anders BayVerfGH, Entscheid. v. 13.07.1976 – Vf. 2-VII-74, BayVBl 1976, S. 589 (591 f.): „kein Grundrecht", aber „grundrechtsähnliches Recht" i.S. der Bayerischen Landesverfassung.
38 Dazu im Einzelnen unter § 10 Rn. 42 f.
39 So noch BVerfG, Urt. v. 24.07.1979 – 2 BvL 1/78, BVerfGE 52, 95 (120).
40 So das BVerfG in der *Rastede-Entscheidung* (Beschl. v. 23.11.1988 – 2 BvR 1619/83 u.a., juris Rn. 59); dem folgend z.B. BVerwG, Beschl. v. 28.02.1997, 8 N 1.96, juris Rn. 8; BVerwG, Urt. v. 20.01.2005 – 3 C 31.03, juris Ls. 2 stellt darauf ab, „ob ein Bezug zur Gemeindebevölkerung oder zum Gemeindegebiet besteht, wem also die im Rahmen der Daseinsvorsorge wahrgenommene Tätigkeit zugute kommt (funktionsbezogene Betrachtungsweise)". Zur Analyse und Bedeutung der Rastede-Entscheidung im einzelnen *Schoch*, VerwArch. 81 (1990), S. 18 ff. m.z.N. Zu anderen überholten Definitionen des Selbstverwaltungsrechts vgl. etwa *Roters*, in: v. Münch (Hrsg.), GG, 2. Aufl. 1983, Art. 28 Rn. 46 (Funktionales Selbstverwaltungsverständnis); *Burmeister*, Verfassungstheoretische Neukonzeption der kommunalen Selbstverwaltungsgarantie, 1977, S. 9 ff.
41 Der Begriff der Daseinsvorsorge wurde entwickelt von *Forsthoff* (vgl. *ders.*, Die Verwaltung als Leistungsträger, S. 1 ff.); näher zur Entwicklung dieses Begriffs und seiner mehrfachen Modifikation durch Forsthoff etwa *Scheidemann*, Daseinsvorsorge, S. 6 ff., 172 ff. Zu den unterschiedlichen Auffassungen zum Inhalt und der rechtlichen Bedeutung des Begriffs vgl. etwa *Ossenbühl*, DÖV 1971, 513 ff.; *Bull*, Staatsaufgaben, S. 240 ff.
42 Z.B. BVerfG (K), Beschl. v. 16.05.1989 – 1 BvR 705/88, juris Rn. 5 (Wasser- und Energieversorgung); BVerwG, Urt. v. 18.05.1995 – 7 C 58.94, juris Rn. 14 (örtliche Energieversorgung); BVerwG, Urt. v. 20.01.2005 – 3 C 31.03, juris Rn. 34 (Wasserversorgung); VGH BW, Urt. v. 28.02.2005 – 1 S 1312/04, juris Rn. 26 (Friedhofswesen); OLG Hamm, DVBl. 1998, S. 792 (gemeindlicher Gartenbaubetrieb zähle nicht zur Daseinsvorsorge). Zur Daseinsvorsorge als Element des gemeindlichen Selbstverwaltungsrechts vgl. auch *v. Mutius*, Gutachten E zum 53. DJT 1980, S. 106 ff.

vor allem die **geschichtliche Entwicklung** und die verschiedenen Erscheinungsformen der Selbstverwaltung herangezogen werden.[43]

Beispiel: Mit Blick auf diese historische Sichtweise zählt das BVerfG etwa die Befugnis des Staates zur **Organisation der äußeren Kommunalverfassung**, also namentlich die Entscheidung des Landesgesetzgebers über das Gemeindeverfassungssystem, die Schaffung von Organen und deren Zuständigkeitsbereich nicht zum Schutzbereich der Selbstverwaltungsgarantie. Die Organisationshoheit sei nur partiell Angelegenheit der örtlichen Gemeinschaft.[44] 22

Weitere Sachkriterien zur Bestimmung der Aufgabenstellung sollen zudem etwa die **Einwohnerzahl**, die **flächenmäßige Ausdehnung** und die **Struktur der Gemeinde** sein.[45] Da die spezifischen Bedürfnisse und Interessen nach Art einer Gemeinde unterschiedlich sein können, kann dieselbe Aufgabe in einer Gemeinde örtlich, in einer anderen überörtlich sein (**gespaltener Örtlichkeitsbegriff**). 23

Beispiel: Die kommunale **Elektrizitätsversorgung** gehört herkömmlich zu den „typischen, die Daseinsvorsorge betreffenden Aufgaben" der Kommunen.[46] Auch mit Blick auf die großräumige Verflechtung der Elektrizitätserzeugung und -vermarktung kann sie zumeist noch durch eine einzelne Gemeinde oder durch Gemeindeverbände mit kommunalen Blockheizkraftwerken, Wasserkraft-, Solar- und Windenergieanlagen ordnungsgemäß erfüllt werden. Daher ist sie eine Angelegenheit der örtlichen Gemeinschaft i.S.v. Art. 28 Abs. 2 S. 1 GG.[47] 24

Der sich aus den genannten Maßstäben ergebende Zuständigkeitskatalog ist gegenständlich nicht abschließend bestimmt und nicht nach feststehenden Merkmalen bestimmbar, sondern variabel und **in die Zukunft hinein offen**.[48] Änderungen können sich etwa aus ökonomischen, wissenschaftlich-technischen oder sozialen Entwicklungen ergeben.[49] 25

Grenzfälle sind nach dem *Schwerpunkt* der kompetenziellen Bezogenheit zu entscheiden, soweit eine Verteilung der Kompetenzen durch Aufgabendifferenzierung nicht möglich ist. Ist ein solcher Schwerpunkt nicht feststellbar, besteht im Zweifel eine *Vermutung* für die Befassungs- und Erledigungskompetenz der Gemeinden.[50] 26

Gesetzliche Änderungen des kommunalen Aufgabenzuschnittes sind nach Auffassung des Bundesverfassungsgerichts zulässig, soweit sie „in der Linie einer vernünftigen Fortentwicklung des überkommenen Systems liegen und nicht zu einer Aushöhlung der Selbstverwaltung" führen.[51] Der Gesetzgeber habe zudem im Rahmen 27

---

43 BVerfG, Entscheidg. v. 29.01.1958 – 2 BvL 25/56, BVerfGE 7, 358 (364); Beschl. v. 26.10.1994 – 2 BvR 445/91, BVerfGE 91, 228 (238); VGH BW, Urt. v. 28.02.2005 – 1 S 1312/04, juris Rn. 28 (zu Regelungen des Leichenwesens); vgl. auch *Dreier*, in: ders., GG, Art. 28 Abs. 2 Rn. 113 („Tradition und gängige Praxis"), 125; zugleich die *Entwicklungsoffenheit* dieser verfassungsrechtlichen Gewährleistung betonend *Erichsen*, Kommunalrecht, § 16 B 2 a (S. 365); kritisch zur historischen Betrachtungsweise *Stober*, Kommunalrecht, § 7 II 1 c bb (S. 68 f.).
44 BVerfG, Beschl. v. 26.10.1994 – 2 BvR 445/91, juris Rn. 27 ff.
45 BVerfG, Beschl. v. 23.11.1988 – 2 BvR 1619/83 u.a., juris Rn. 59; dem folgend etwa OVG NW, Urt. 19.01.1995 – 15 A 569/91, juris Rn. 16.
46 BVerfG (K), Beschl. v. 16.05.1989 – 1 BvR 705/88, juris Rn. 5.
47 BVerwG, Urt. v. 18.05.1995, 7 C 58.94, juris Rn. 13 ff.; *Schmidt-Aßmann*, FS Fabricius, 1989, S. 251 (258); a.A. *Löwer*, DVBl. 1991, 132 (140 ff.); differenzierend *Ossenbühl* DÖV 1992, 1 (8 f.) für die Stromerzeugung einerseits und die Stromverteilung andererseits.
48 *Dreier*, in: ders., GG, Art. 28 Abs. 2 Rn. 112.
49 BVerfG, Urt. v. 30.01.1973 – 2 BvH 1/72, BVerfGE 34, 216 (233); *Ossenbühl*, DÖV 1992, 1 (8 f.) zur Stromerzeugung.
50 BVerfG, Beschl. v. 23.11.1988 – 2 BvR 1619/83.
51 BVerfG, Urt. v. 24.07.1979 – 2 BvK 1/78, BVerfGE 52, 95 (117); vgl. auch BVerfG, Beschl. vom 27.01.2010 - 2 BvR 2185/04, juris Rn. 92; dazu im Einzelnen unten Rn. 66 ff.

des Vertretbaren einen **Einschätzungsspielraum** bei der Ermittlung des Umfangs der kommunalen Verbandskompetenz.[52]

b) Abgrenzung zu den staatlichen Aufgaben

28 Keine Angelegenheiten der örtlichen Gemeinschaft sind die **staatlichen Aufgaben**, die zum ausschließlichen Kompetenzbereich des Bundes oder der Länder zählen. Im Bereich bundes- und landesrechtlicher Regelungs-, Ausführungs- und Vollzugskompetenz fehlt den Gemeinden grundsätzlich ein allgemeinpolitisches Mandat.[53]

29 Soweit jedoch ein *hinreichend konkreter örtlicher Bezug* vorhanden ist, schließt das bloße Vorhandensein einer bundesrechtlichen Regelung ein kommunales Tätigwerden nicht aus, solange der Bund nicht ausnahmsweise (auch in Übereinstimmung mit Art. 83 ff. GG) ein kommunales Tätigwerden ausgeschlossen hat. Der Landesgesetzgeber kann durch Zuständigkeitsregelungen gemeindliche Betätigungen ausschließen, die entsprechenden Regelungen sind jedoch vor dem Hintergrund des Art. 28 Abs. 2 GG und Art. 71 LV auszulegen.[54]

30 Beispiel: Die Regelungskompetenz für den Verkehr mit Tabak und Alkohol sowie für die Wirtschaftswerbung liegt beim Gesetzgeber (Art. 72 Abs. 2, 74 Abs. 1 Nr. 11, 20 GG). Der Erlass eines **Werbeverbots für Tabak und Alkohol** kann daher nicht auf Art. 28 Abs. 2 S. 1 GG gestützt werden.[55]

31 Beispiel Ergänzung des allgemeinen staatlichen **Familienlastenausgleichs** durch Zahlung einer Aufwendungsbeihilfe für das „3. Kind"; solche Leistungen fallen in die konkurrierende Gesetzgebungszuständigkeit des Bundes für die öffentliche Fürsorge nach Art. 72 Abs. 2, 74 Abs. 1 Nr. 7 GG.[56]

32 Auch ohne eine Erledigungskompetenz kann im Bereich staatlicher Aufgaben eine kommunale **Befassungskompetenz** bestehen.[57] Eine kommunale Stellungnahme, die den Kompetenzbereich sonstiger Stellen hoheitlicher Gewalt betrifft, muss jedoch *in spezifischer Weise ortsbezogen* sein.[58] Dies ist der Fall, wenn aus dem Selbstverwaltungsrecht abzuleitende Rechtspositionen der Gemeinden in spezifischer Weise konkret gegenwärtig[59] oder zumindest abstrakt künftig betroffen werden (können).

33 Beispiel: Eine kommunale Befassungskompetenz besteht etwa für Angelegenheiten der **Landesverteidigung**, soweit durch den Bund als Träger der Verteidigungshoheit (vgl. Art. 73 Nr. 1, 87 a und 87 b GG) militärische Einrichtungen oder Maßnahmen auf der Gemarkung einer Gemeinde vorhanden oder geplant sind (vgl. etwa § 1 Abs. 2 Landbeschaffungsgesetz; § 17 Schutzbereichsgesetz; § 37 Abs. 2 BauGB; § 30 Abs. 3 LuftVG).[60] Bei hinreichender Substanti-

---

52 BVerfG, Beschl. v. 23.11.1988 – 2 BvR 1619/83, BVerfGE 79, 127 (153 f.); zudem BVerfG (K), Beschl. v. 07.01.1999 – 2 BvR 929/97, juris Rn. 37; VerfGH NW, Urt. v. 17.12.1990 – 2/90, DVBl. 1991, 488.
53 BVerfG, Urt. v. 30.07.1958 – 2 BvG 1/58, juris Rn. 16 ff.; *Röhl*, in: Schoch (Hrsg.), 1. Kap, Rn. 15; zum fehlenden allgemeinpolitischen Mandat der Gemeinden auch BVerfG, Beschl. v. 23.11.1988 – 2 BvR 1619/83, BVerfGE 79, 127 (147); BVerwG, Urt. v. 14.12.1990, 7 C 37.89, juris Rn. 20 (dazu *Schoch*, JuS 1991, S. 728 ff.).
54 So zutr. *Burgi*, VerwArch. 90 (1999), 70.
55 VGH BW, Urt. v. 14.08.1992 – 10 S 816/91, juris Rn. 23 f.
56 Dazu OVG NW, Urt. v. 19.01.1995 – 15 A 569/91, juris Rn. 18 ff.; dagegen lässt *Burgi* (VerwArch. 90 [1999], 70 [85]) das „Hineingeborenwerden" der Kinder als Anknüpfungspunkt genügen.
57 BVerwG, Urt. v. 14.12.1990 – 7 C 40.89, juris Rn. 7; BVerwG, Beschl. vom 13.12.2006 – 4 B 73.06, juris Rn. 6.
58 BVerwG, Urt. v. 14.12.1990 – 7 C 37.89, juris Rn. 20, 23.
59 So VGH BW, VBlBW 1988, 217 (218 f.) m.w.N.
60 Dazu VGH BW, VBlBW 1988, 217 (218 f.) m.w.N.

I. Die bundesverfassungsrechtliche Selbstverwaltungsgarantie der Gemeinden 55

ierung der örtlichen Relevanz muss der Bürgermeister daher Anträgen auf Aufnahme solcher Verhandlungsgegenstände in die Tagesordnung des Gemeinderats stattgeben.

34 Beispiel: Bei einem lediglich *abstrakten Betroffensein* können für mögliche Auswirkungen auf die Angelegenheiten der örtlichen Gemeinschaft (z.b. Planungshoheit, öffentliche Einrichtungen) unter Umständen sog. „**Vorratsbeschlüsse**" gefasst werden.[61] Auch diese setzen jedoch einen spezifischen Bezug zur konkreten Gemeinde voraus. Nicht zulässig ist z.b. die „Erklärung des Gemeindegebiets zur atomwaffenfreien Zone", da eine Gemeinde durch die Stationierung von Atomwaffen im Bundesgebiet grundsätzlich nicht anders betroffen wird als jede andere Gemeinde in der Bundesrepublik, die der Verteidigungshoheit des Bundes untersteht (unspezifisches Betroffensein).[62]

35 Beispiel: Bei überörtlichen Planungen, die durch unmittelbare Einwirkung auf das Gemeindegebiet die gemeindliche Planungshoheit beeinträchtigen, besteht zugunsten der Gemeinden ein **formelles Recht auf Befassung und Beteiligung** auch ohne einfachrechtliche Normierung.[63] Im luftverkehrsrechtlichen Verfahren können die Gemeinden sogar verlangen, dass das Genehmigungsverfahren durchgeführt und mit einer Sachentscheidung abgeschlossen wird, wenn und soweit dies zur Koordinierung der örtlichen und der militärischen Planung erforderlich ist.[64]

36 Beispiel: Bei der **Festlegung von An- und Abflugverfahren** eines Flughafens (§ 32 Abs. 4 Nr. 8, Abs. 4c LuftVG i.V.m. § 27a Abs. 2 LuftVO) soll sich aus Art. 28 Abs. 2 S. 1 GG grundsätzlich kein Beteiligungsrecht ergeben, da die Festlegung von Flugverfahren – anders als etwa die fachplanerische Festlegung des Standortes eines Vorhabens – nicht unmittelbar auf das Gebiet der jeweiligen Gemeinden zugreife.[65]

37 Beispiel: Bei **staatlichen Maßnahmen gegenüber ortsansässigen Betrieben** besitzen die Gemeinden eine Befassungskompetenz, soweit diese Maßnahmen zugleich die örtlichen Angelegenheiten konkret oder abstrakt betreffen. Droht einem Unternehmen in der Gemeinde etwa die staatliche Gewerbeuntersagung wegen illegaler Waffengeschäfte, so hat der Gemeinderat das Recht, sich mit den Folgen einer Gewerbeuntersagung auf die heimische Wirtschaft, die Arbeitsplatzsituation und den Gemeindehaushalt zu befassen. Kein kommunales Befassungsrecht besteht dagegen in Bezug auf ein **rechtswidriges Verhalten einer Bundes- oder Landesbehörde** im Gemeindegebiet Dritten gegenüber, ohne dass ein spezifischer Bezug zu den örtlichen Aufgaben besteht.[66]

38 Beispiel: Eine Gemeinde beschließt, in neue Landpachtverträge über gemeindeeigene Flächen eine Klausel zum Verbot des Anbaus **gentechnisch veränderter Organismen** aufzunehmen.[67] Ein Verstoß gegen diese Klausel soll künftig einen wichtigen Grund darstellen, welcher die Gemeinde zu einer außerordentlichen Kündigung gegenüber dem Pächter berechtigt. Dadurch soll der Anbau möglicherweise gesundheitsschädlicher gentechnisch veränderter Pflanzen und

---

61 BVerwG, Urt. v. 14.12.1990 – 7 C 37.89, juris Rn. 23; BVerwG, Urt. v. 14.12.1990 – 7 C 40.89 –, juris Rn. 7.
62 BVerwG, Urt. v. 14.12.1990 – 7 C 37.89, juris Rn. 30, 32; zur Bekämpfung von *Kinderarbeit* als allgemeinpolitischer Zielsetzung BayVGH, Beschl. v. 27.07.2009 – 4 N 09.1300, juris Rn. 18 (nachfolgend BVerwG, Beschl. v. 07.01.2010 – 7 BN 2.09; BayVerfGH, Entsch. v. 07.10.2011 – Vf. 32-VI-10); anders nun BVerwG, Urt. v. 16.10.2013 – 8 CN 1.12, juris Rn. 17 ff.
63 BVerfG, Urt. v. 07.10.1980 – 2 BvR 584/76, juris Rn. 58 ff. (Festsetzung eines Lärmschutzbereichs); BVerwG, Urt. v. 18.03.1987 – 7 D 28.85, juris Rn. 20 ff. (Planfeststellung für Breitbandverkabelung); BVerwG, Urt. v. 14.12.2000 – 4 C 13.99, juris Rn. 31 ff. (künftige militärische Nutzung eines ehemaligen Truppenübungsplatzes). Zu luftverkehrsrechtlichen Genehmigungen BVerwG, Urt. v. 14.02.1969 – IV C 82.66, juris Rn. 22 ff.; BVerwG, Urt. v. 16.12.1988 – 4 C 40./86, juris Rn. 41 ff.; BVerwG, Beschl. v. 13.12.2006 – 4 B 73.06 –, juris Rn. 6. Vgl. dazu auch *Schmidt-Aßmann* AöR 191 (1976), 520 (522 ff.).
64 BVerwG, Urt. v. 16.12.1988 – 4 C 40.86, juris Rn. 41 ff.
65 BVerwG, Urt. v. 26.11.2003 – 9 C 6.02, juris Rn. 32 ff. (Bestimmung eines Anfangsanflugpunktes und eines Warteraumes); Hess VGH, Urt. v. 17.04.2013 – 9 C 147/12.T, juris Rn. 23 ff.
66 Zu weiteren schwierigen Beispielen der Befassungskompetenz vgl. OVG NW, Beschl. v. 12.07.2005 - 15 B 1099/05, juris Rn. 17 ff. und BayVerfGH, Beschl. v. 07.11.1997 - Vf. 144-VI-94, juris Rn. 36 ff. (Warnung vor ortsansässigen Vereinen mit verfassungsfeindlichem Bezug bzw. vor bestimmten Religionen); OVG RP, Urt. v. 15.03.1988 – 7 A 63/87 (zu § 116 AFG); des Weiteren *v. Komorowski*, Der Staat 37 (1998), 122 ff.
67 Zu den kommunalen und anderen Aktivitäten in diesem Bereich vgl. http://www.gentechnikfreie-regionen.de.

Lebensmittel verhindert werden. Die Zulässigkeit gemeindlicher Beschlüsse und Maßnahmen in diesem Bereich ist differenziert zu bewerten: Die *eigene Flächenbewirtschaftung* nach diesen Maßstäben durch kommunale Einrichtungen ist ohne Weiteres zulässig. Darüber hinausgehende *rechtliche Vorgaben* für die Flächenbewirtschaftung durch Dritte würden jedoch eine eigene, von der Wertung des zuständigen Gesetzgebers abweichende „Gemeindepolitik" darstellen. Die Voraussetzungen für die Freisetzung und das Inverkehrbringen genetisch veränderter Organismen sind bereits unionsrechtlich durch die Freisetzungsrichtlinie (Richtlinie 2001/18/EG) und national (vgl. GenTG vom 01.04.2008) näher geregelt. Allgemeinpolitische gemeindliche Beschlüsse zum Anbau gentechnisch veränderter Organismen sind daher nicht zulässig. Der erforderliche *spezifisch örtliche Bezug* ergibt sich nicht allein aus der Beschränkung auf das eigene Gebiet.[68] Dabei kommt es nicht entscheidend darauf an, ob es sich um einen öffentlich-rechtlichen[69] oder einen privatrechtlichen Vertrag handelt. Die Gemeinde ist auch im Bereich fiskalischer Hilfsgeschäfte an die öffentlich-rechtliche Kompetenzordnung gebunden.[70]

39 Aus der verfassungsrechtlichen Selbstverwaltungsgarantie werden auch sog. **Erstreckungsgarantien** abgeleitet. Dazu zählt die Pflicht anderer Hoheitsträger zu *gemeindefreundlichem Verhalten*.[71] Bei bestehenden Handlungs- und Entscheidungsspielräumen soll danach gemeindlichen Interessen tendenziell der Vorrang vor anderen Interessen einzuräumen sein.[72] Eine konkrete Ableitung aus dieser Pflicht ist z.B. die Anhörungspflicht vor dem Erlass von Weisungen.[73]

c) Doppel-, Teil-, und Subsidiärkompetenzen

40 **Doppelkompetenzen** können hinsichtlich derselben öffentlichen Aufgabe nicht bestehen. *Teilbereiche* einer grundsätzlich überörtlichen Angelegenheit können jedoch örtlich begründet sein und damit in der Zuständigkeit der Gemeinde liegen.

41 Beispiel: Die **Krankenhausversorgung** des Kreisgebiets ist eine überörtliche kreisbezogene Angelegenheit. Die Versorgung einzelner Gemeinden im Kreisgebiet kann jedoch unter bestimmten Voraussetzungen auch durch die jeweilige Gemeinde für ihr Gebiet sachgerecht bewältigt werden. Soweit nicht überwiegende Gründe des Gemeinwohls für die ausschließliche Zuweisung der Versorgung an die Landkreise gegeben sind (vgl. § 2 Abs. 2 LKrO), dürfen die einzelnen Kommunen für ihr Gebiet damit auch eigene Krankenhäuser betreiben.[74]

42 Daneben können Teilkompetenzen der Kommunen begründet werden, indem eine (überörtliche) Aufgabe nur teilweise oder subsidiär auf die Kommunen *übertragen* oder diesen eine örtliche Aufgabe (nur) teilweise *entzogen* wird (Teilhochzonung).

43 Beispiel: Übertragung der Unterbringungspflicht von Asylbewerbern auf die Kommunen, soweit nicht ein Bundesland die Asylbewerber selbst unterbringt.[75]

44 Ebenso darf der Gesetzgeber im Bereich der örtlichen Aufgaben aus Gründen des öffentlichen Wohls eine *Subsidiärkompetenz* der Landkreise zur Erfüllung von Ausgleichs- und Ergänzungsaufgaben begründen.[76]

---

68 Dazu VGH BW, Urt. v. 14.08.1992 – 10 S 816/91, juris Rn. 23.
69 Zu einer solchen Konstellation VGH BW, Urt. v. 14.08.1992 – 10 S 816/91.
70 Dazu unter § 10 Rn. 35 ff.
71 *Dreier*, in: ders., GG, Art. 28 Abs. 2 Rn. 105.
72 *Mehde* in: Maunz/Dürig, GG, Art. 28 Abs. 2 Rn. 176 f.
73 *Vietmeier*, DVBl. 1993, 190 (191).
74 BVerfG, Beschl. v. 07.02.1991 – 2 BvL 24/84, juris Rn. 70 ff.
75 Hierzu VGH BW, Beschl. v. 07.06.1986 – A 12 S 618/86, VBlBW 1987, 30 (31); *Schoch*, in: ders. (Hrsg.), Selbstverwaltung, 1996, 25 (42 f.).
76 BVerwG, Beschl. v. 24.04.1996 – 7 NB 2.95, juris Rn. 12 (bei mangelnder Leistungskraft der Gemeinden). Vgl. auch *Dreher*, Der Landkreis 1996, 313.

I. Die bundesverfassungsrechtliche Selbstverwaltungsgarantie der Gemeinden

d) Betätigung außerhalb des eigenen Gemeindegebiets

Eine strenge Bindung der gemeindlichen Aufgabenwahrnehmung an das **eigene** **Gemeindegebiet** besteht grundsätzlich nicht. Art. 28 Abs. 2 S. 1 GG benennt mit den Angelegenheiten der „örtlichen" Gemeinschaft zwar eine räumliche Komponente. Deren Bezugspunkt ist mit der „Gemeinschaft" jedoch eine bestimmte *Personengruppe*, aber kein Gebiet.[77] Auch soweit einfachgesetzliche oder landesverfassungsrechtliche Vorschriften zur Aufgabenbeschreibung des gemeindlichen Handlungsmandats das *Gemeindegebiet* in Bezug nehmen,[78] ergibt sich daraus keine über die grundgesetzlichen Einschränkungen hinausgehende *Kompetenzbeschränkung*. 45

Die Ausübung *hoheitlicher Befugnisse* ist aufgrund der Gebietshoheit jedoch auf das Gemeindegebiet beschränkt.[79] Zudem führen verschiedene andere verfassungsrechtliche Vorgaben zu einer eingeschränkten Zulässigkeit überörtlicher Betätigungen.[80] 46

aa) Zweckbindung

Sämtliche Betätigungen eines Verwaltungsträgers müssen durch einen **öffentlichen** **Zweck** gerechtfertigt sein.[81] Für die Gemeinden ist der personale Bezugspunkt dieser Zwecksetzung besonders bedeutsam: Die Erfüllung öffentlicher Zwecke muss auf die *Bürger der Gemeinde* ausgerichtet sein.[82] Dies steht vielfach einer außergebietlichen Tätigkeit entgegen, auch weil die *reine Gewinnerzielungsabsicht* keinen zulässigen öffentlichen Zweck darstellt.[83] 47

bb) Demokratieprinzip

Für außergebietliche Tätigkeiten ist zudem das Spannungsfeld von kommunaler Selbstverwaltung und **Demokratieprinzip** zu beachten. Auf der einen Seite wurzelt der moderne Selbstverwaltungsgedanke zu wesentlichen Teilen im Demokratieprinzip.[84] Dieses Prinzip *begrenzt* jedoch zugleich die kommunalen Handlungsbefugnisse, da die geforderte politische Selbstbestimmung die Beteiligung der jeweils von 48

---

77 Vgl. auch BVerwG, Urt. v. 20.01.2005 – 3 C 31.03, juris Rn. 36: Entscheidend ist der Bezug zur Einwohnerschaft, nicht der Standort einer Einrichtung.
78 Vgl. z.B. Art. 71 Abs. 2 S. 1 LV BW, Art. 137 Abs. 1, 2 Verf. Hess., § 2 Abs. 1 GemO BW. Aus solchen Aufgabenbeschreibungen eine Handlungsbefugnis für die Gemeinden nur „innerhalb ihrer Markungsfläche" ableitend (bzgl. Art. 71 Abs. 2 S. 1 LV BW) *Feuchte*, LV BW, Art. 71 Rn. 8; wohl auch *Braun*, LV BW, Art. 71 Rn. 8.
79 Zur Begrenzung der *Satzungs- und Abgabenhoheit* auf das Gemeindegebiet etwa BVerwG, Urt. v. 03.06.2010 – 9 C 3.09, juris Rn. 21.
80 Am Beispiel der kommunalen Wirtschaftstätigkeit näher *Heilshorn*, Gebietsbezug, S. 100 ff.
81 So etwa BVerfG, Urt. v. 17.05.1961 – 1 BvR 561/60, BVerfGE 12, 354 (364 ff.); näher zur Bestimmung des öffentlichen Zwecks unter § 19 Rn. 24 ff.
82 Vgl. dazu *Schmidt-Jortzig*, DÖV 1993, 973 mit Fn. 2; des weiteren *Hidien*, Betätigungen, S. 153 ff.; vgl. auch z.B. § 1 Abs. 2 GemO BW, wonach die Gemeinde „in bürgerschaftlicher Selbstverwaltung das gemeinsame Wohl *ihrer Einwohner*" fördert.
83 Dazu etwa *Isensee*, DB 1979, S. 145 (149); *Stober*, BB 1989, S. 716 (719 f.); *Hösch*, WiVerw. 2000, 159 (160); a.A. *Emmerich*, Wirtschaftsrecht, S. 86 ff. Zur Erlaubnis erwerbswirtschaftlicher *Randnutzungen* BVerwG, Urt. v. 21.04.1989 – 7 C 48.88, BVerwGE 82, 29 (33 f.); im Einzelnen zur kommunalen Wirtschaftstätigkeit vgl. unter § 19 Rn. 39 ff.
84 Vgl. *Scheuner*, in: *ders.*, Staatstheorie und Staatsrecht, 1978, S. 567 ff.; siehe auch § 1 Abs. 1 GemO BW: „Die Gemeinde ist Grundlage und Glied des demokratischen Staates."

den zu entscheidenden Angelegenheiten Betroffenen an der politischen Willensbildung notwendig macht.[85]

cc) Das Selbstverwaltungsrecht betroffener Gemeinden

49 Schließlich sind auch die berechtigten Interessen **anderer Gemeinden** verfassungsrechtlich durch deren Selbstverwaltungsrecht abgesichert. Mit einer überörtlichen Tätigkeit einhergehende Eingriffe in die Kompetenzen fremder Gemeinden sind nur aufgrund gesetzlicher Ermächtigung zulässig. Andernfalls hat die betroffene Gemeinde unmittelbar aus Art. 28 Abs. 2 S. 1 GG abzuleitende Abwehransprüche.[86]

dd) Kooperationen

50 Zulässig kann eine außergebietliche Tätigkeit insb. auf der Grundlage **interkommunaler Kooperationen** sein.[87] Gemeinden erfüllen ihre Aufgaben in vielen Fällen gemeinsam – z.B. im Rahmen eines Zweckverbandes, der Führung gemeinsamer Gesellschaften oder auf der Grundlage öffentlich-rechtlicher Vereinbarungen.[88]

51 Auch bei solchen zwischengemeindlichen Kooperationen ist jedoch ein besonderes Augenmerk auf die jeweilige *Verbandskompetenz* zu richten. Die Kooperationshoheit und deren einfachgesetzliche Umsetzung[89] führen zu keiner inhaltlichen Erweiterung der gemeindlichen Aufgabenstellung, sondern gewährleisten lediglich eine *gemeinsame Aufgabenerfüllung* und stellen dafür *spezielle Kooperationsformen* zur Verfügung. Daher muss es sich auch bei einer gemeinsamen Aufgabenwahrnehmung um eine „Angelegenheit der örtlichen Gemeinschaft" der jeweiligen Gemeinde handeln, soweit nicht ausnahmsweise weitere Aufgaben einfachgesetzlich zugewiesen wurden.

52 Gemeindliche Tätigkeiten **im Ausland** sind im Rahmen der kommunalen Verbandskompetenz zulässig.[90] Diese müssen einen Bezug zur *örtlichen Aufgabenwahrnehmung* aufweisen und dürfen nicht in *Bundes- oder Landeskompetenzen* eingreifen. Dies gilt etwa für die Zuständigkeit des Bundes zur Pflege der auswärtigen Beziehungen nach Art. 32 Abs. 1, 59, 73 Nr. 1, 87 GG. Einer einzelfallbezogenen Betrachtung bedarf das Eingehen von *Städtepartnerschaften* und Patenschaften zu humanitären, kulturellen, allgemein- oder etwa entwicklungspolitischen Zwecken. Soweit

---

85 Zu den Folgen für die kommunale Wirtschaftstätigkeit vgl. *Heilshorn*, Gebietsbezug, S. 101 ff.
86 Zur überörtlichen Wirtschaftstätigkeit § 102 Abs. 7 GemO; zuvor auch *Ehlers*, NWVBl. 2000, 1 (6); *Schink*, NVwZ 2002, 129 (136); a.A. *Hellermann*, Daseinsvorsorge, S. 212 f.
87 Zur Kooperationshoheit vgl. unter § 7 Rn. 38; zu den einzelnen Handlungsformen in § 23.
88 Zur Rechtsnatur von Partnerschaftsverträgen und zu dem auf diese Verträge anzuwendenden Recht *Heberlein*, DÖV 1990, 374 (380 f.). Zur rechtsbetreuenden Verwaltungshilfe einer Gemeinde gegenüber einem Landkreis in Ansehung des Rechtsberatungsgesetzes vgl. BGH, Urt. v. 16.03.2000 – I ZR 214/97.
89 Vgl. etwa das Gesetz über kommunale Zusammenarbeit (GKZ).
90 Hierzu *Beyerlin*, Rechtsprobleme der lokalen grenzüberschreitenden Zusammenarbeit, 1988. Zur kommunalen Zuständigkeit für Entwicklungszusammenarbeit vgl. *Schmidt-Jortzig*, DÖV 1989, 142 (148 f.); vgl. auch *Heberlein*, DÖV 1990, 374 (377 ff.).

I. Die bundesverfassungsrechtliche Selbstverwaltungsgarantie der Gemeinden

hierin z.B. eine Förderung des kulturellen Wohls der *eigenen Einwohner* gesehen werden kann, handelt es sich um eine Angelegenheit der örtlichen Gemeinschaft.[91]

5. Allzuständigkeit

Die Zuweisung „aller" Angelegenheiten der örtlichen Gemeinschaft gibt den Gemeinden die Allzuständigkeit (**Universalitätsprinzip**).[92] Sie bedürfen damit anders als andere Verwaltungsträger keines speziellen Kompetenztitels (Spezialitätsprinzip), sondern sind befugt, sich – im Rahmen ihrer Verbandskompetenz – mit allen kompetenziell nicht anderweitig besetzten örtlichen Angelegenheiten zu befassen und diese materiell wahrzunehmen.[93] Die Allzuständigkeit der Gemeinden gehört zum verfassungsrechtlich geschützten, unentziehbaren Kern des kommunalen Selbstverwaltungsrechts.[94]

53

6. Eigenverantwortlichkeit

Die Selbstverwaltungsgarantie nach Art. 28 Abs. 2 S. 1 GG beinhaltet auch die Befugnis der Gemeinden, die Angelegenheiten der örtlichen Gemeinschaft „**in eigener Verantwortung**" zu regeln.[95] Dies umfasst die grundsätzliche *Freiheit von staatlicher Reglementierung* bezüglich der Art und Weise der Aufgabenerledigung sowie die *Organisation der Gemeindeverwaltung* einschließlich der Entscheidungen über die Aufstellung des Haushalts und die Auswahl und Verwendung des Personals.[96] Eigenverantwortlichkeit bezieht sich auf das Ob, das Wann und das Wie der Erledigung kommunaler Aufgaben.[97]

54

Aus dem Grundsatz der Eigenverantwortlichkeit werden sogenannte **Gemeindehoheiten** abgeleitet, die sowohl Bestandteil des Kern- als auch des Randbereichs der Selbstverwaltungsgarantie sein können: Gebiets-, Planungs-, Personal-, Organisations-, Kooperations-, Rechtssetzungs- und Finanzhoheit.[98]

55

a) Pflichtaufgaben

Bei der Erfüllung von **Pflichtaufgaben** ist die gemeindliche Entscheidung über das „Ob" der Aufgabenwahrnehmung eingeschränkt. Eine solche Wahrnehmungs- oder

56

---

91 Vgl. BVerwG, Urt. v. 14.12.1990 – 7 C 40.89, juris Rn. 7: Befassungs- und Äußerungskompetenz für „ortsbezogene Fragen" (Städtepartnerschaft Fürth-Hiroshima); *Dauster*, NJW 1990, 1084 (1085); *Heberlein*, BayVBl. 1990, 268 (269 f.); *Wohlfarth*, NVwZ 1994, 1072 (1074); *Pfeil*, NVwZ 2006, 787 ff.; *Peine/Starke*, LKV 2008, 402 ff.; *Brüning*, VBlBW 2011, 46 ff.; abl. *Gern*, NVwZ 1991, 1147 (1148); einschränkend *Schmidt-Jortzig*, DÖV 1989, 142 (144 ff.).
92 BVerfG, Beschl. v. 23.11.1988 – 2 BvR 1619/83 u.a., juris Rn. 47 ff.; *Dreier*, in: ders., GG, Art. 28 Abs. 2 Rn. 110.
93 BVerfG, Beschl. v. 23.11.1988 – 2 BvR 1619/83, NVwZ 1989, 347 (349) m.w.N.; vgl. auch BVerfG, Urt. v. 26.10.1994 – 2 BvR 445/91, juris Rn. 35: Allzuständigkeit bezieht sich nicht auf die gemeindliche Organisationshoheit.
94 Zum Kernbereich unter Rn. 70 ff.
95 Dazu etwa BVerfG, Beschl. v. 23.11.1988 – 2 BvR 1619/83 u.a., juris Rn. 41.; BVerfG (K), Beschl. v. 07.01.1999 – 2 BvR 929/97, juris Rn. 32.
96 BVerfG, Beschl. v. 19.11.2002 – 2 BvR 329/97, juris Rn. 46; BVerfG, Urt. v. 20.12.2007 – 2 BvR 2433/04 u.a., juris Rn. 146.
97 Dazu auch BVerfG, Urt. v. 20.12.2007 – 2 BvR 2433/04, juris Rn. 224.
98 Dazu auch Rn. 55.

Regelungspflicht kann sich aus *einfachgesetzlichen Vorgaben* oder der Überlagerung der gemeindlichen Selbstverwaltungsgarantie durch *sonstiges Verfassungsrecht* ergeben, insb. durch die Gemeinwohlverpflichtung der Kommunen aus Art. 28 Abs. 2 GG, das Sozial- und Rechtsstaatsprinzip sowie die Grundrechte. Dementsprechend kann auch eine Überlassung der Aufgabenerfüllung an nichtstaatliche Rechtssubjekte (sog. *materielle Privatisierung*) in bestimmten Fällen ausgeschlossen sein.[99]

b) Weisungsaufgaben

57 Der eigenverantwortlichen Aufgabenwahrnehmung entspricht die grundsätzliche Beschränkung der staatlichen Aufsicht auf eine reine **Rechtsaufsicht**.[100] Die Übertragung von *Zweckmäßigkeitserwägungen* auf höherstufige Verwaltungsträger widerspricht ebenso wie staatliche *Weisungs- oder Mitwirkungsrechte* (z.B. Genehmigungs- oder Bestätigungsvorbehalte) grundsätzlich einer eigenverantwortlichen kommunalen Aufgabenerledigung.[101]

58 Dementsprechend umfasst die Selbstverwaltungsgarantie des Art. 28 Abs. 2 S. 1 GG nicht die gemeindliche Erfüllung von *Pflichtaufgaben nach Weisung* („Weisungsaufgaben" i.S.v. § 2 Abs. 3 GemO). Nach der herrschenden **dualistischen Sichtweise** sind kommunale Selbstverwaltungsangelegenheiten einerseits und Auftragsangelegenheiten andererseits zu unterscheiden. Für *Aufgaben im übertragenen Wirkungskreis* und für *Pflichtaufgaben nach Weisung* besitzen die Gemeinden nach dieser Sichtweise zwar die Erledigungskompetenz. Es handelt sich jedoch nicht um *Selbstverwaltungsangelegenheiten*, die dem Schutzbereich des Art. 28 Abs. 2 GG unterfallen würden.[102] Staatliche Maßnahmen in diesem Bereich haben daher grundsätzlich keine Außenwirkung und greifen grundsätzlich nicht in das Selbstverwaltungsrecht ein. Auch hier können den Gemeinden jedoch *subjektive Rechte* erwachsen, etwa bei Beeinträchtigung der Organisationshoheit.[103]

59 Beispiel: Die Aufgaben der Ortspolizeibehörde gehören aus historischer Sicht zu den auf die Gemeinden übertragenen staatlichen Aufgaben, die durch die Selbstverwaltungsgarantie nicht geschützt sind.[104]

60 Der baden-württembergischen Ausgestaltung gemeindlicher Aufgaben liegt dagegen eine **monistische Sichtweise** zugrunde.[105] Nach § 2 Abs. 1 GemO BW verwalten die Gemeinden in ihrem Gebiet alle öffentlichen Aufgaben allein und unter eige-

---

99 Dazu BVerwG, Urt. v. 27.05.2009 – 8 C 10.08, juris Rn. 29 ff. (Verbot der Vollprivatisierung eines Weihnachtsmarktes) mit Anm. *Ehlers*, DVBl. 2009, S. 1456 f.; hierzu *Katz*, NVwZ 2010, 405 ff. m.w.N.; kritisch *Schoch*, DVBl. 2009, 1533 ff. und *Burgi*, Kommunalrecht, § 17 Rn. 85.
100 BVerfG, Beschl. v. 21.06.1988 – 2 BvR 602/83, juris, Rn. 27 (Kommunalaufsicht als „das verfassungsrechtlich gebotene Korrelat der Selbstverwaltung"). Näher dazu unter § 11.
101 Anders *Vietmeier* DVBl. 1992, 413 (419); VerfG Bbg., Urt. v. 17.07.1997 – 1/97, LKV 1997, 449 (452 f.).
102 Vgl. BVerwG, Urt. v. 29.06.1983 – 7 C 102.82, juris Rn. 11 m.w.N.; BVerfG, Beschl. v. 21.06.1988 – 2 BvR 602/83, juris, Rn. 28; Hess VGH, Beschl. v. 02.10.1990 – 10 TG 2854/90, juris Rn. 7; BVerfG, Beschl. v. 19.11.2002 – 2 BvR 329/97, juris Rn. 60; VGH BW, Urt. v. 28.02.2005 – 1 S 1312/04, juris Rn. 29 f.
103 BVerfG, Beschl. v. 21.06.1988 – 2 BvR 602/83, juris Rn. 28; *Wolff/Bachof/Stober/Kluth*, VerwR II, § 97 Rn. 176.
104 Vgl. VGH BW, Urt. v. 28.02.2005 – 1 S 1312/04, juris Rn. 28, 30; ähnlich BVerwG, Urt. v. 29.06.1983 – 7 C 102.82, juris Rn. 11 (für die Aufgaben der Straßenverkehrsbehörde).
105 VGH BW, Urt. v. 28.02.2005 – 1 S 1312/04, juris Rn. 30; zur Unterscheidung dualistischer und monistischer Systeme vgl. *Burgi*, Kommunalrecht, § 8 Rn. 1 ff.; zu BW instruktiv *Kunze/Bronner/Katz*, GemO, § 2 Rn. 1 ff.; *Lange*, Kommunalrecht, Kap. 11 Rn. 43 ff.

I. Die bundesverfassungsrechtliche Selbstverwaltungsgarantie der Gemeinden

ner Verantwortung, soweit die Gesetze nichts anderes bestimmen (vgl. auch § 71 Abs. 2 S. 1 LV BW).[106] Darin kommt ein *einheitlicher Begriff* der öffentlichen Aufgaben der Gemeinden zum Ausdruck. Zu den Selbstverwaltungsangelegenheiten zählen hier damit sowohl *freiwillige weisungsfreie Aufgaben*[107] als auch *Pflichtaufgaben* nach § 2 Abs. 2 GemO[108] und *Weisungsaufgaben* nach § 2 Abs. 3 GemO.[109] Dies ändert an den Einwirkungsmöglichkeiten der Fachaufsicht bei Weisungsaufgaben grundsätzlich nichts. Diese bestehen in der monistischen Aufgabenstruktur jedoch nur, wenn und soweit sie ausdrücklich *gesetzlich festgelegt* sind (vgl. Art. 75 Abs. 2 LV, § 2 Abs. 3 GemO). Die Überschreitung beschränkter Aufsichtsrechte kann die Gemeinde in eigenen Rechten verletzen.[110] Aufgrund ihrer Einordnung als gemeindliche Aufgaben steht den Gemeinden für sämtliche genannten Aufgaben auch die *Personal- und Organisationshoheit* zu.[111]

c) Regelungskompetenz der Kommunen

Die den Gemeinden zustehende Regelungskompetenz beinhaltet das Recht zum **Einsatz aller zulässigen Handlungsformen** des öffentlichen und des privaten Rechts. So können die Gemeinden *Verwaltungsakte* oder *Satzungen* erlassen (Satzungshoheit),[112] aber auch *schlicht hoheitlich* und *privatrechtlich* tätig werden.[113]

7. Anspruch auf finanzielle Mindestausstattung

Art. 28 Abs. 2 S. 1 GG enthält zudem einen Anspruch der Gemeinden auf eine **finanzielle Mindestausstattung**, die den Gemeinden die Gelegenheit zur „kraftvollen Betätigung" sichert.[114] Den Gemeinden muss auch nach der Erfüllung der Pflichtaufgaben genug finanzieller Spielraum verbleiben, freiwillige Selbstverwaltungsaufgaben zu erfüllen.[115] Der Gesetzgeber hat bezüglich der Gewährleistung dieser Mindestausstattung einen Gestaltungsspielraum.[116] Die Auferlegung einzelner Ausgabepflichten greift nicht in Art. 28 Abs. 2 GG ein, wenn die Finanzausstattung der Gemeinden selber nicht in Frage gestellt wird.[117]

---

106 Ebenfalls monistisch ausgestaltet sind § 3 Abs. 1 Bbg GemO, § 4 Hess GemO, § 2 GemO NW, § 2 GemO Sachs, § 2 Abs. 1 GemO SH.
107 Z.B. Betrieb eines Schwimmbads oder eines Theaters.
108 Z.B. § 2 Abs. 1 BauGB, § 41 StrG.
109 Z.B. § 62 Abs. 4 PolG, § 47 Abs. 4 S. 1, Abs. 5 S. 1 LBO.
110 VGH BW, Urt. v. 28.02.2005 – 1 S 1312/04, juris Rn. 30; vgl. auch Hess VGH, Beschl. v. 02.10.1990 – 10 TG 2854/90, juris LS 2.
111 *Kunze/Bronner/Katz*, GemO, § 2 Rn. 6, 30.
112 BVerwG, Urt. v. 07.03.1958 – VII C 84.57, BVerwGE 6, 247 (252); Bay VerfGH, Entsch. v. 15.12.1988 – Vf. 70 – VI/86, NVwZ 1989, 551 (553); im Einzelnen dazu in § 18.
113 Zur kommunalen Wirtschaftstätigkeit im Einzelnen unten § 19.
114 BVerwG, Urt. v. 25.03.1998 – 8 C 11.97, juris Rn. 21; BVerwG, Urt. v. 31.01.2013 – 8 C 1.12, juris Rn. 11 („aufgabenadäquate Finanzausstattung"), Rn. 20 ff.; offen gelassen von BVerfG, Urt. v. 15.10.1985 – 2 BvR 1808/82 u.a., juris Rn. 37 m.w.N.; vgl. auch VGH BW, Urt. v. 28.02.2005 – 1 S 1312/04, juris Rn. 38 (jedenfalls kein „Anspruch auf ganz bestimmten Einnahmen"); ferner BVerwG, Urt. v. 15.11.2006 – 8 C 18.05. Zu den landesverfassungsrechtlichen Vorgaben vgl. unter Rn. 113.
115 BVerwG, Urt. v. 31.01.2013 – 8 C 1.12, juris LS 1 (Verstoß, wenn die gemeindliche Verwaltungsebene „auf Dauer strukturell unterfinanziert ist"), Rn. 19 ff.
116 Vgl. auch BVerwG, Urt. v. 31.01.2013 – 8 C 1.12, juris Rn. 13 (Gleichrangigkeit des Finanzbedarfs von Land, Kreisen und Gemeinden).
117 BVerfG, Beschl. v. 07.02.1991 – 2 BvL 24/84, juris Rn. 79; BVerfG (K), Beschl. v. 26.02.1999 – 2 BvR 1268/96 (Kreisumlage).

8. Rechtswirkungen: Einzelfragen

63 Zugunsten **privater Dritter** entfaltet die Selbstverwaltungsgarantie keine Rechtswirkungen.[118] Eine Verletzung des Selbstverwaltungsrechts kann daher nur von der Gemeinde selbst, nicht aber von den Bürgern geltend gemacht werden.[119] Umgekehrt ist die Gemeinde nicht befugt, **Individualrechte** und Interessen der Einwohner als solcher wahrzunehmen.[120]

64 Das Selbstverwaltungsrecht ist vom *Gesetzgeber*, der *Exekutive* und *anderen Hoheitsträgern* zu beachten. Dies gilt auch für andere Kommunen, die etwa durch eigene Planungen oder wirtschaftliche Betätigungen die Rechte von Nachbarkommunen beeinträchtigen können.[121]

65 Nach **Art. 28 Abs. 3 GG** gewährleistet der Bund, dass die verfassungsmäßige Ordnung der Länder den Bestimmungen der Art. 28 Abs. 1 und 2 GG entspricht. Der Bund hat bei Verstößen gegen Art. 28 Abs. 1 und 2 GG eine *Pflicht zum Einschreiten* gegenüber dem entsprechenden Land, ist aber in der Wahl der Mittel frei. Hier stehen neben den verfassungsgerichtlichen Verfahren nach Art. 93 Abs. 1 Nr. 2, 3 und 4 GG insb. die Bundesaufsicht nach Art. 84 Abs. 3 und 4, 85 Abs. 4 sowie der Bundeszwang nach Art. 37 GG zur Verfügung.[122] Aus Art. 28 Abs. 3 GG ergibt sich ein *Anspruch* der Kommunen auf Bundesintervention, wenn ein Land die Selbstverwaltungsgarantie missachtet. Im Hinblick auf die effektiveren eigenen verfassungsprozessualen Möglichkeiten der Gemeinden, sich gegen Verletzungen des Art. 28 Abs. 2 GG zu wehren, ist die Frage nach der prozessualen Durchsetzung dieses Anspruchs jedoch theoretischer Natur.[123]

9. „Im Rahmen der Gesetze": Einfachgesetzliche Ausgestaltung

66 Das Selbstverwaltungsrecht steht den Gemeinden nach Art. 28 Abs. 2 S. 1 GG „**im Rahmen der Gesetze**" zu. Dieser Gesetzesvorbehalt eröffnet ein beschränktes staatliches Eingriffsrecht in die Selbstverwaltungshoheit. Der Gesetzesvorbehalt bezieht sich auf **sämtliche Gewährleistungen** des Art. 28 Abs. 2 S. 1 GG, also sowohl auf das Recht zur *eigenverantwortlichen* Aufgabenwahrnehmung[124] als auch den *gegenständlichen Aufgabenbereich* der Gemeindetätigkeit.[125]

67 Eingriffe dürfen nur **durch oder aufgrund eines Gesetzes** erfolgen. Mit dieser Maßgabe umfasst der Gesetzesvorbehalt Landes- und Bundesgesetze in formellen Sinn,[126] Rechtsverordnungen i.S.v. Art. 80 GG,[127] Satzungen anderer Selbstverwal-

---

118 *Dreier*, in: ders., GG, Art. 28 Abs. 2 Rn. 107; a.A. *Schmidt/Jortzig*, Kommunalrecht, Rn. 523. Auch sind Private nicht an Art. 28 Abs. 2 S. 1 GG gebunden: *Lange*, Kommunalrecht, Kap. 1 Rn. 16 m.w.N.
119 BVerfG, Beschl. v. 21.06.1988 – 2 BvR 602/83, NVwZ 1989, 45 (46).
120 Bay VGH, Urt. v. 04.04.2013 – 22 A 12.40048, juris Rn. 38 f.
121 Zur Verpflichtung der Kreise als Satzungsgeber BVerwG, Urt. v. 31.01.2013 – 8 C 1/12, juris LS 2, Rn. 36 f.
122 Dazu etwa *Jarass/Pieroth*, GG, Art. 28 Rn. 33.
123 Einen solchen Anspruch befürwortend *Jarass/Pieroth*, GG, Art. 28 Rn. 32; ablehnend *Dreier/Dreier*, GG, Art. 28 Rn. 186; vgl. dazu auch *Tettinger* in: v. Mangoldt/Klein/Starck (Hrsg.) Art. 28 Rn. 260 f. m.w.N.
124 BVerfG, Urt. v. 07.10.1980 – 2 BvR 584/76 u.a., juris Rn. 43; BVerfG, Urt. v. 26.10.1994 – 2 BvR 445/91 Rn. 30 ff.
125 BVerfG, Beschl. v. 23.11.1988 – 2 BvR 1619/83 u.a., juris Rn. 41 ff.; *Schoch*, VerwArch. 81 (1990), 18 (28).
126 BVerwG, Urt. v. 31.08.1978 – VII B 127.77, juris Rn. 4.
127 BVerfG, Urt. v. 07.10.1980 – 2 BvR 584/76 u.a., juris Rn. 34; BVerfG, Beschl. v. 19.11.2002 – 2 BvR 329/97 Rn. 50.

tungskörperschaften (z.B. Haushaltssatzung des Landkreises)[128] sowie andere (auf einer hinreichenden Ermächtigung beruhende) untergesetzliche Rechtsnormen, etwa Raumordnungsprogramme.[129]

a) Eingriff

Ein **Eingriff** in das Selbstverwaltungsrecht liegt vor, wenn dieses durch ein auf nicht autonomer Entschließung der betroffenen Gemeinde beruhendes Handeln eines Hoheitsträgers verkürzt, beschnitten oder sonst eingeengt wird. Dies kann durch einen *Aufgabenentzug* (z.B. Übertragung der Abfallentsorgung von den Gemeinden auf die Landkreise), aber auch durch die *Übertragung von Pflichtaufgaben* (z.B. Anspruch auf einen Platz in einer Kindertageseinrichtung)[130] oder *sonstige Einschränkungen* des gemeindlichen Gestaltungs- und Handlungsspielraums erfolgen. Ein Eingriff in die *Eigenverantwortlichkeit* der Aufgabenwahrnehmung kann vorliegen, wenn der Gesetzgeber unmittelbar regelnde Vorgaben für die Art und Weise der Aufgabenwahrnehmung setzt oder zielgerichtet auf die Erfüllung der Aufgabe Einfluss nimmt.[131] 68

Besitzt eine Aufgabe keinen oder keinen relevanten örtlichen Charakter, fällt sie aus dem Schutzbereich des Art. 28 Abs. 2 GG heraus mit der Folge, dass der Gesetzgeber in der Zuordnungs- und Regelungsbefugnis im Rahmen des Willkürverbots frei ist.[132] 69

b) Kernbereich

Die staatlichen Eingriffsbefugnisse unterliegen einer *absoluten* und einer *relativen* Grenze. Der **Kernbereich** der Selbstverwaltungsgarantie darf nicht angetastet werden und stellt damit eine unüberwindbare Grenze dar (Wesensgehaltsgarantie).[133] Bei der Bestimmung des Kernbereichs ist in besonderer Weise der *geschichtlichen Entwicklung* und den *verschiedenen Formen* der Selbstverwaltung Rechnung zu tragen.[134] Eine neuartige Regelung ist aber nicht schon deshalb unzulässig, weil sie neu und ohne Vorbild ist. Andernfalls wäre eine *vernünftige Fortentwicklung* des überkommenen Systems ausgeschlossen.[135] 70

Nach der grundlegenden **Rastede-Entscheidung** des BVerfG gehört zum Wesensgehalt der gemeindlichen Selbstverwaltung kein gegenständlich bestimmter oder nach feststehenden Merkmalen bestimmbarer Aufgabenkatalog, wohl aber die Befugnis, sich aller Angelegenheiten der örtlichen Gemeinschaft, die nicht durch Ge- 71

---

128 BVerwG, Beschl. vom 24.04.1996 – 7 NB 2.95, juris Rn. 19.
129 BVerfG, Beschl. v. 23.06.1987 – 2 BvR 826/83, juris Rn. 33.
130 BVerfG, Beschl. v. 07.02.1991 – 2 BvL 24/84, juris Rn. 73 ff. (Krankenhausversorgung); VGH BW, Beschl. v. 03.12.2004 – 4 S 2789/03, juris Rn. 20 (Übernahme von Grundbuchamtsbezirken) m.w.N.; BVerfG, Urt. v. 20.12.2007 – 2 BvR 2433/04 u.a., juris, Rn. 118 f. (Aufgaben der Grundsicherung für Arbeitsuchende); des weiteren VerfGH RhPf, Urt. v. 16.03.2001 – VGH B 8/00, juris Rn. 27.
131 BVerfG (K), Beschl. v. 07.01.1999 – 2 BvR 929/97, juris Rn. 39.
132 BVerwG, Urt. v. 18.05.1995 – 7 C 58.94, juris Rn. 17; BVerwG, Beschl. v. 11.03.1998 – 8 BN 6.97, juris Rn. 61.
133 BVerfG, Urt. v. 20.03.1952 – 1 BvR 267/51, juris Rn. 10; BVerfG, Beschl. v. 23.11.1988 – 2 BvR 1619/83 u.a., juris Rn. 47; BVerfG, Urt. v. 26.10.1994 – 2 BvR 445/91, juris Rn. 31.
134 BVerfG, Beschl. v. 23.11.1988 – 2 BvR 1619/83 u.a., juris Rn. 47; BVerfG, Urt. v. 26.10.1994 – 2 BvR 445/91, juris Rn. 31 m.w.N.; BVerfG, Beschl. v. 27.01.2010, 2 BvR 2185/04, juris Rn. 92.
135 BVerfG, Urt. v. 24.07.1979 – 2 BvK 1/78, juris Rn. 70.

setz anderen Trägern öffentlicher Verwaltung übertragen sind, ohne besonderen Kompetenztitel anzunehmen („*Universalität*" des gemeindlichen Wirkungskreises).[136] Diese Universalität steht im Gegensatz zu den Befugnissen anderer Hoheitsträger nur kraft spezieller Kompetenztitel. Den Kernbereich kennzeichnet somit zunächst ein formales, im Ansatz unbegrenztes Zugriffsrecht der Gemeinde auf alle örtlichen Aufgaben. Neben diesem *formalen* Zugriffsrecht gibt es jedoch weitere – inhaltlich zu bestimmende – Gegenstände des Kernbereichs, die mit den „Angelegenheiten der örtlichen Gemeinschaft" beschrieben werden.[137]

72 Die in Art. 28 Abs. 2 S. 1 GG beinhalteten wesentlichen **Hoheitsrechte**, die der Staat den Gemeinden als Ausprägung der *Eigenverantwortlichkeit* garantiert, müssen den Gemeinden ebenfalls im Kern erhalten bleiben.[138] Dem Kernbereich zugehörige Hoheitsrechte sind nach herkömmlichen Verständnis die Gebietshoheit, die Organisationshoheit[139] und als besondere Ausprägung die Kooperationshoheit,[140] die Satzungshoheit,[141] die Personal- und Finanzhoheit[142] und die Planungshoheit.[143] Diese einen erhöhten Schutz genießenden Rechte der Gemeinde gehören in ihrer *Grundstruktur* zum Kernbereich, während *Einzelausformungen* durch oder aufgrund eines Gesetzes möglich sind.[144] So berührt z.B. die zwangsweise Zuordnung einer Gemeinde zu einer Verwaltungsgemeinschaft nicht den Kernbereich der Eigenverantwortlichkeit.[145] Eine Verletzung des Kernbereichs liegt jedenfalls vor, wenn nach dem Eingriff von dem betroffenen Bereich (z.B. der Personalhoheit) nichts mehr verbleibt („Subtraktionsmethode").[146]

73 Beispiel: Zum Kernbereich der **Organisationshoheit** gehört nach Auffassung des BVerfG nicht die grundsätzlich freie Bestimmung über die Organisation der Gemeinden überhaupt.[147] Die Festlegung und Konturierung der Gemeindeverfassungstypen werde ebenso wie die Entscheidung über plebiszitäre Beteiligungsmöglichkeiten nicht vom Kernbereich der kommunalen Selbstverwaltungsgarantie erfasst. Dieser werde erst verletzt, wenn eine *eigenständige organisatorische Gestaltungsfähigkeit* erstickt würde. Dies wäre etwa der Fall bei einer Regelungsdichte, die den Gemeinden die Möglichkeit nähme, eigenverantwortlich eine Hauptsatzung zu erlassen oder wenn die Organisation der Gemeinde durch staatliche Behörden beliebig steuerbar wäre. Bei der Ausgestaltung der Kommunalverfassung und der Gemeindeorganisation hat der Gesetzgeber der Gemeinde jedoch eine Mitverantwortung für die organisatorische Bewältigung ihrer Aufgaben einzuräumen und einen *hinreichenden organisatorischen Spielraum* bei der Wahrnehmung der einzelnen Aufgabenbereiche offenzuhalten. Zum Kernbereich soll

---

136 BVerfG, Beschl. v. 23.11.1988 – 2 BvR 1619/83 u.a., juris Rn. 47 ff.; im Anschluss z.B. BVerfG, Beschl. v. 19.11.2002 – 2 BvR 329/97, juris Rn. 45.
137 Dazu *Erlenkämper*, NVwZ 1991, 325 (326); *Schmidt-Aßmann*, FS Sendler, S. 121 (134); *Schoch*, VerwArch 81 (1990), 18 (28 ff.).
138 BVerfG, Beschl. v. 27.01.2010 - 2 BvR 2185/04, juris Rn. 93.
139 Dazu BVerfG, Urt. v. 26.10.1994 – 2 BvR 445/91 Rn. 32 ff.; vgl. auch StGH Nds, Urt. v. 14.02.1979 – 2/77, juris Rn. 729.
140 Zum Begriff der Kooperationshoheit BVerfG, Beschl. v. 27.11.1986 – 2 BvR 1241/82, juris Rn. 16.
141 Den Umfang der zum Kernbereich gehörenden Satzungshoheit offenlassend BVerfG, Beschl. v. 02.11.1981 – 2 BvR 671/81, juris Rn. 13.
142 VerfGH BY, NVwZ 1989, 551 (551 ff.); zum Inhalt der Finanzhoheit VGH BW, Urt. v. 28.02.2005 – 1 S 1312/04, juris Rn. 32 ff.
143 Offenlassend BVerfG, Beschl. v. 07.10.1980 – 2 BvR 584/76 u.a., juris Rn. 44; BVerfG, Beschl. v. 23.06.1987 – 2 BvR 826/83, juris Rn. 38; BVerfG, Beschl. v. 07.05.2001 – 2 BvK 1/00, juris Rn. 123 f. Zu den einzelnen Fallgruppen insgesamt *Arndt/Zinow*, JuS 1992, L 41 (43).
144 BVerfG, Beschl. v. 27.01.2010 – 2 BvR 2185/04, juris Rn. 93.
145 BVerfG, Beschl. v. 19.11.2002 – 2 BvR 329/97, juris Rn. 54 ff.
146 BVerfG, Beschl. v. 07.05.2001 – 2 BvK 1/00, juris Rn. 123.
147 Dazu und zum Folgenden BVerfG, Urt. v. 26.10.1994 – 2 BvR 445/91, juris Rn. 32 ff.; BVerfG, Beschl. v. 19.11.2002 – 2 BvR 329/97, juris Rn. 46 ff.

auch zählen, dass die verfassungsmäßigen Organe der Gemeinden und Landkreise funktionsfähig bleiben.[148]

Beispiel: Hinsichtlich der **Personalhoheit** haben Gemeinden grundsätzlich das Recht auf freie Auswahl, Anstellung, Beförderung und Entlassung ihrer Mitarbeiter. Zum Kernbereich der kommunalen Selbstverwaltungsgarantie gehören in diesem Zusammenhang die Dienstherrenfähigkeit und die eigene Personalauswahl.[149] 74

Beispiel: Da der Kernbereich nur institutionell gewährleistet sei, nicht jedoch für einzelne Gemeinden gewahrt sein müsse, ist er nach Auffassung des BVerfG jedenfalls dann nicht verletzt, wenn die **Planungshoheit** einzelner Gemeinden in räumlich abgegrenzten Gebieten eingeschränkt wird. Aber auch bei einer Beeinträchtigung der Planungshoheit aller Gemeinden umfasse der Kernbereich allenfalls den Wesensgehalt der Planungshoheit, nicht aber alle ihre Erscheinungsformen.[150] 75

Auch eine *finanzielle Mindestausstattung* zählt zum Kernbereich der Selbstverwaltungsgarantie.[151] 76

Im Bereich der *Rechtssubjektsgarantie* verletzt die Auflösung einer Gemeinde nicht zwangsläufig den Kernbereich der Selbstverwaltungsgarantie, weil der Schutz des Art. 28 Abs. 2 S. 1 GG nur institutionell wirkt.[152] Jedoch besteht ein verfahrens- und materiellrechtlicher Schutz, indem die *Anhörung* einer von staatlichen Eingriffen betroffenen Gemeinde verfahrensrechtlich erforderlich ist[153] und materiellrechtlich die Bindungen des planungsrechtlichen Abwägungsgebots einschließlich des Verhältnismäßigkeitsgrundsatzes eingehalten werden müssen.[154] Die Anhörung ist auch formlos möglich, wobei die Gemeinde durch rechtzeitige Kenntnis von Art und Umfang sowie den wesentlichen Grundlagen des Vorhabens befähigt werden muss, „ihre Einwendungen als amtliche Stellungnahme vortragen [zu] können".[155] 77

c) Relativer Schutz

Außerhalb des Kernbereichs darf der Gesetzgeber das Selbstverwaltungsrecht einschränken, näher ausgestalten und ausformen. Er muss dabei jedoch die *spezifische Funktion* des Art. 28 Abs. 2 GG als institutionelle Garantie berücksichtigen.[156] Die Rechtsprechung des BVerfG hatte dabei zunächst Eingriffe am Verhältnismäßigkeitsgrundsatz gemessen,[157] nach der Rastede-Entscheidung sich aber auf eine bloße Überprüfung der Vertretbarkeit der Regelungen (im Sinne einer Systemgerechtigkeit), ihrer Willkürfreiheit sowie der Einhaltung der Begründungspflicht des Gesetzgebers hinsichtlich überwiegender Gemeinwohlgründe beschränkt.[158] Inzwischen er- 78

---

148 BayVerfGH, Entsch. v. 29.08.1997 – Vf. 8-VII-96, juris Rn. 74 ff.
149 BVerfG, Urt. v. 20.12.2007 – 2 BvR 2433/04, juris Rn. 146.
150 BVerfG, Beschl. v. 07.05.2001 – 2 BvK 1/00, juris Rn. 123 f.; zur Planungshoheit vgl. auch oben Fn. 136.
151 BVerwG, Urt. v. 31.01.2013 – 8 C 1.12, juris Rn. 18 ff.; dazu auch unter Rn. 62.
152 BVerfG, Beschl. v. 27.11.1978 – 2 BvR 165/75, juris Rn. 1 ff.; *Dreier*, in: ders., GG, Art. 28 Rn. 101. Zur Rechtfertigung einer Gemeindeauflösung vgl. VerfGH SN, Urt. v. 25.11.2005 – Vf. 119-VIII-04, juris Rn. 223 ff. Näher zur institutionellen Rechtssubjektsgarantie oben Rn. 13 f.
153 BVerfG, Beschl. v. 19.11.2002 – 2 BvR 329/97, juris Rn. 79; *Mehde* in: Maunz/Dürig, Art. 28 Abs. 2 GG Rn. 156.
154 Dazu etwa *Mehde*, in: Maunz/Dürig, GG, Art. 28 Abs. 2 Rn. 155 ff.
155 BVerfG, Beschl. v. 19.11.2002 – 2 BvR 329/97, juris Rn. 82.
156 BVerfG, Beschl. v. 23.11.1988 – 2 BvR 1619/83 u.a., juris Rn. 40, 51 ff.
157 BVerfG, Beschl. v. 07.10.1980 – 2 BvR 584/76 u.a., juris Rn. 45 (und an dem „aus dem Rechtsstaatsprinzip abzuleitenden Willkürverbot"); BVerfG, Beschl. v. 02.11.1981 – 2 BvR 671/81, juris Rn. 15; BVerwG, Urt. v. 04.08.1983 – 7 C 2/81, juris Rn. 13; BVerfG, Beschl. v. 23.06.1987 – 2 BvR 826/83, juris Rn. 40.
158 BVerfG, Beschl. v. 23.11.1988 – 2 BvR 1619/83, juris Rn. 61 ff.

folgt wieder eine *Verhältnismäßigkeitsprüfung*,[159] wobei ein gesetzgeberischer *Beurteilungsspielraum* auf der Stufe der Erforderlichkeitsprüfung anerkannt wird.[160]

aa) Aufgabenentzug und -beschränkung

79 Will der Gesetzgeber einer Gemeinde eine örtliche Aufgabe **entziehen**, indem er die Zuständigkeit auf andere Verwaltungsträger verlagert (z.B. „Hochzonung" auf Land oder Landkreise, „Querzonung" auf andere Nachbargemeinden), müssen die den Aufgabenentzug tragenden Gründe des Gemeininteresses *gegenüber dem verfassungsrechtlichen Aufgabenverteilungsprinzip* des Art. 28 Abs. 2 S. 1 GG *überwiegen*.[161] Gleiches gilt, wenn der Gesetzgeber der Gemeinde die Aufgabe zwar formal belässt, aber durch Begründung von **Weisungsrechten** die gemeindliche „Eigenverantwortlichkeit" beschneidet und die Aufgabe damit aus dem Kreis der Selbstverwaltungsangelegenheiten herausnimmt.

80 Ein Entzug örtlicher Aufgaben ist insb. **zulässig**, wenn „anders die *ordnungsgemäße Aufgabenerfüllung* nicht sicherzustellen wäre".[162] *Wirtschaftlichkeitserwägungen* vermögen einen Aufgabenentzug hingegen nur dann zu rechtfertigen, wenn das Belassen der kommunalen Zuständigkeit zu einem „unverhältnismäßigen Kostenanstieg" führen würde. Eine bloße *Verwaltungsvereinfachung* oder *Zuständigkeitskonzentration* ist kein hinreichender Grund für einen Aufgabenentzug. Das Nichterreichen dieser Ziele ist durch die vom Grundgesetz gewollte dezentrale Aufgabenerledigung bedingt.

81 Beispiel: Im Bereich der **Versorgung mit leitungsgebundener Energie** soll aufgrund der besonderen rechtlichen Rahmenbedingungen auch die fehlende Leistungsfähigkeit einer Kommune nicht genügen, um eine Aufgabenzuweisung an die Landkreise zu rechtfertigen.[163]

82 Beispiel: Die Gründung von **Verwaltungsgemeinschaften** und die Zuordnung von Gemeinden zu einer solchen Gemeinschaft sind zur Aufrechterhaltung der gemeindlichen Leistungsfähigkeit zulässig. Dabei kommt es allerdings grundsätzlich nicht zu einem Entzug kommunaler Aufgaben, sondern nur zu einer veränderten verwaltungstechnischen Abwicklung dieser Aufgaben.[164]

---

159 BVerfG, Beschl. v. 07.05.2001 – 2 BvK 1/00, juris, Rn. 124 (zur Planungshoheit); BVerfG, Beschl. v. 27.01.2010 – 2 BvR 2185/04 u.a., juris Rn. 91, 94; vgl. auch LVerfG SH, Urt. v. 03.09.2012 – LVerfG 1/12, juris Rn. 46, hierzu und zur Anwendung z.B. *Burgi*, Kommunalrecht, § 6 Rn. 39 f.
160 BVerfG, Beschl. v. 19.11.2002 – 2 BvR 329/97 Rn. 49 (mit Ausführungen zur Typisierungsbefugnis des Gesetzgebers ebda. und Rn. 69); BVerfG, Beschl. vom 27.01.2010 – 2 BvR 2185/04, juris Rn. 91, 100 ff.; BVerwG, Urt. v. 16.12.2010 – 4 C 8.10, juris Rn. 19 (Einschätzungsprärogative); vgl. auch bereits Beschl. v. 07.02.1991 – 2 BvL 24/84, juris Rn. 68; zum Vorliegen von Gründen des öffentlichen Wohls BVerfG, Beschl. v. 12.01.1982 – 2 BvR 113/81, juris Rn. 35 („Einschätzungs- und Bewertungsvorrang" des Gesetzgebers).
161 BVerfG, Beschl. v. 23.11.1988 – 2 BvR 1619/83 u.a., juris Rn. 56, 61 f., 65; BVerfG, Beschl. v. 19.11.2002 – 2 BvR 329/97 Rn. 47; zu Einschränkungen der *Planungshoheit* BVerfG, Beschl. v. 23.06.1987 – 2 BvR 826/83, juris Rn. 40, 45; BVerfG, Beschl. v. 07.05.2001 – 2 BvK 1/00, juris Rn. 124; BVerwG, Urt. v. 16.12.2010 – 4 C 8.10, juris Rn. 17; vgl. auch BVerfG, Beschl. v. 07.02.1991 – 2 BvL 24/84, juris Rn. 68.
162 Dazu und zum Folgenden BVerfG, Beschl. v. 23.11.1988 – 2 BvR 1619/83 u.a., juris Rn. 62; (vgl. auch ebda. Rn. 52 zum Spannungsverhältnis von Verwaltungseffizienz und Bürgernähe); zur Teilhochzonung der Kreisabfallwirtschaft auf das Land vgl. *Bryde*, NVwZ 1991, 1152 (1153 f.).
163 Vgl. BVerwG, Urt. v. 18.05.1995 – 7 C 58.94, juris Rn. 20.
164 Dazu BVerfG, Beschl. v. 19.11.2002 – 2 BvR 329/97, juris Rn. 54 ff.; vgl. auch BVerfG, Urt. v. 26.10.1994 – 2 BvR 445/91, juris Rn. 36, wonach Organisationsvorgaben „etwa auch mit dem Ziel der Verwaltungsvereinfachung sowie der Wirtschaftlichkeit und Sparsamkeit der Verwaltung oder dem Wunsch nach Übersichtlichkeit begründet werden" können.

I. Die bundesverfassungsrechtliche Selbstverwaltungsgarantie der Gemeinden

Ausreichende überwiegende Gründe für einen Aufgabenentzug können zudem etwa Gesichtspunkte der *polizeilichen Gefahrenabwehr* (Umweltschutz, Seuchenabwehr, …) oder der *Landschaftspflege* sein.[165] 83

Auch bei einem zulässigen Aufgabenentzug kann den Kommunen mit Blick auf den Verhältnismäßigkeitsgrundsatz als **Kompensation** für den Zuständigkeitsverlust ein *Mitsprache- oder Anhörungsrecht* bezüglich der hochgezonten Entscheidungsprozesse zustehen.[166] 84

bb) Aufgabenübertragung

Will der Gesetzgeber der Gemeinde eine Aufgabe als Weisungsaufgabe oder als weisungsfreie Pflichtaufgabe **neu übertragen** (vgl. § 2 Abs. 2 u. 3 GemO), gelten grundsätzlich dieselben Grundsätze. Für die Übertragung müssen *überwiegende Gründe des öffentlichen Wohls* bestehen.[167] Nach Ergänzung des GG durch ein Verbot bundesgesetzlicher Aufgabenübertragung auf die Gemeinden (Art. 84 Abs. 1 S. 7 GG) können neue Aufgaben nur noch durch die Länder unter gleichzeitiger Beachtung des landesverfassungsrechtlichen Konnexitätsprinzips (Art. 71 Abs. 3 LV, s.a. § 2 Abs. 2 S. 2 u. 3 GemO) getroffen werden.[168] Zuvor waren die Gemeinden unzureichend geschützt, weil bundesrechtliche Aufgabenübertragungen als Annexregelungen zu einer bestehenden Gesetzgebungskompetenz als zulässig angesehen wurden, ohne dass der Bund für die dadurch verursachten Kosten hätte aufkommen müssen.[169] 85

Beispiel: Nach dem vom Bundestag 2008 beschlossenen **Kinderförderungsgesetz** erhalten Kinder unter drei Jahren einen Rechtsanspruch auf staatliche Betreuung.[170] Die Länder bestimmen die Träger der öffentlichen Jugendhilfe, die den Rechtsanspruch erfüllen. In der Entscheidung des Bundes über das „Ob" der Wahrnehmung dieser (zuvor freiwilligen) öffentlichen Aufgabe liegt ein Eingriff in das Selbstverwaltungsrecht. Die Kommunen können nicht mehr frei entscheiden, in welchem Umfang sie Kindergartenplätze zur Verfügung stellen. Die angestrebten Ziele der Förderung der Familie und der erleichterten Vereinbarkeit von Familie und Beruf sind jedoch verfassungsrechtlich abgesichert (Art. 6 und 12 GG) und rechtfertigen den Eingriff in das Selbstverwaltungsrecht. 86

10. Die kommunale Verfassungsbeschwerde

Literatur: *Benda/Klein*, Verfassungsprozessrecht, 3. Aufl. 2011, Rn. 631 ff.; *Voßkuhle*, in: von Mangoldt/Klein/Stark, GG, Art. 93 Rn. 196 ff.; *Lange*, Kommunalrecht, Kap. 1 Rn. 137 ff.; *Mückel*, in: Ehlers/Schoch (Hrsg.), Rechtsschutz im Öffentlichen Recht, Berlin 2009, § 14; *Rennert*, JuS 2008, 29 (31 ff.); *Schmidt*, JA 2008, 763 ff.; *Starke*, JuS 2008, 319 ff.

---

165 BVerfG, Beschl. v. 23.11.1988 – 2 BvR 1619/83 u.a., juris Rn. 71.
166 *Stüer*, Bau- und Fachplanungsrecht, Rn. 149; zur zwangsweisen Zuordnung einer Gemeinde zu einer Verwaltungsgemeinschaft BVerfG, Beschl. v. 19.11.2002 – 2 BvR 329/97, juris Rn. 64.
167 Vgl. BVerfG, Beschl. v. 07.02.1991 – 2 BvL 24/82, BVerfGE 83, 363 (Krankenhausvorhaltung).
168 Vgl. dazu und zu den Vorgaben der Landesverfassung ausführlich § 6.
169 Hierzu (und zur Aufnahme von Art. 84 Abs. 1 S. 7 GG) *Schoch*, DVBl. 2007, 261 ff.
170 Zum Inhalt des Rechtsanspruchs OVG NW, Beschl. v. 14.08.2013 – 12 B 793/13, juris Rn. 8 ff.; zu einem möglichen Aufwendungsersatz für einen privaten Ersatzkrippenplatz vgl. BVerwG, Urt. v. 12.09.2013 – 5 C 35/12; des Weiteren *Schübel-Pfister*, NVwZ 2013, 385; vgl. auch das Fallbeispiel bei *Hartmann/Meßmann*, JuS 2006, 246 ff. Zur Frage der Kostenerstattung des Landes gegenüber den Kommunen näher § 6 Rn. 3 ff.

87 Gemeinden können aufgrund ihrer fehlenden Grundrechtsberechtigung[171] grundsätzlich nicht die *allgemeine Verfassungsbeschwerde* nach Art. 93 Abs. 1 Nr. 4a GG erheben.[172] Rechtswidrige Eingriffe in die kommunale Selbstverwaltungshoheit können sie jedoch mit der **kommunalen Verfassungsbeschwerde** (Art. 93 Abs. 1 Nr. 4b GG i.V.m. §§ 13 Nr. 8a, 91 BVerfGG) abwehren. Neben dieser Beschwerde zum Bundesverfassungsgericht beinhalten mittlerweile auch alle Landesverfassungen der Flächenländer eine eigenständige kommunale *Landesverfassungsbeschwerde*.

88 In Baden-Württemberg können Gemeinden und Gemeindeverbände einen Antrag auf Normenkontrolle an den Staatsgerichtshof stellen (Art. 76 LV, § 54 StGHG).

a) Beschwerdegegenstand und -befugnis

89 Die Kommunalverfassungsbeschwerde kann sich gegen **Gesetze des Bundes oder Landes** richten. Dazu zählen alle vom Staat erlassenen Rechtsnormen, die Außenwirkung gegenüber einer Kommune entfalten. Gesetze in diesem Sinne sind somit auch *untergesetzliche Vorschriften*,[173] nicht aber Verwaltungsakte oder Gerichtsentscheidungen. Auch ein *Unterlassen* kann Gegenstand einer Kommunalverfassungsbeschwerde sein.[174]

90 Die Gemeinde muss durch die angegriffene Regelung **selbst, gegenwärtig** und **unmittelbar** betroffen sein.[175] Die *Unmittelbarkeit* der Betroffenheit bedeutet bei der Kommunalverfassungsbeschwerde jedoch nicht, dass die Gemeinde zunächst den gegen den *Vollziehungsakt* gegebenen Rechtsweg erschöpfen muss. Wenn ein Gesetz noch der *Konkretisierung* durch eine Rechtsverordnung bedarf, muss die Gemeinde jedoch gegen diese vorgehen.[176]

91 Die Gemeinde muss eine mögliche Verletzung verfassungsrechtlich geschützter Rechte ausreichend **substantiiert darlegen**.[177]

b) Prüfungsmaßstab

92 Prüfungsmaßstab ist in erster Linie die Verletzung von **Art. 28 Abs. 2 GG**. Geprüft wird daneben jedoch auch die Verletzung **sonstiger Normen**, die das verfassungsrechtliche Bild der Selbstverwaltung mitbestimmen. Dazu zählen *Art. 3 Abs. 1 GG*,

---

171 Dazu unter § 10 Rn. 42 f.
172 Eine Ausnahme gilt für die grundrechtsähnlichen Rechte der Art. 101 Abs. 1 S. 2 und Art. 103 Abs. 1 GG: BVerfG, Beschl. v. 08.07.1982 – 2 BvR 1187/80, juris Rn. 63 f. Zur Abgrenzung der Kommunalverfassungsbeschwerde von der Individualverfassungsbeschwerde vgl. *Guckelberger*, Jura 2008, 819 ff. Zur neu eingeführten Landesverfassungsbeschwerde BW vgl. *Zuck*, Die Landesverfassungsbeschwerde in Baden-Württemberg, Rn. 402.
173 Zu Rechtsverordnungen BVerfG, Urt. v. 15.10.1985 – 2 BvR 1808/82 u.a., juris Rn. 31 und BVerfG, Beschl. v. 19.11.2002 – 2 BvR 329/97, juris Rn. 31; vgl. auch BVerfG, Beschl. v. 23.06.1987 – 2 BvR 826/83, juris Rn. 18–20: Raumordnungsprogramme.
174 *Voßkuhle*, in v.Mangoldt/Klein/Stark, GG, Art. 93 Rn. 198; *Lange*, Kommunalrecht, Kap. 1 Rn. 141 m.w.N. auch zur Gegenansicht.
175 Z.B. BVerfG, Urt. v. 15.10.1985 – 2 BvR 1808/82 u.a., juris Rn. 31; BVerfG, Beschl. v. 19.11.2002 – 2 BvR 329/97, juris Rn. 31.
176 Näher BVerfG, Urt. v. 15.10.1985 – 2 BvR 1808/82 u.a., juris Rn. 32–35; zur Umsetzung durch eine *Haushaltssatzung* VerfG MV, Urt. v. 20.12.2012 – 13/11, juris Rn. 78–83.
177 BVerfG, Urt. v. 15.10.1985 – 2 BvR 1808/82 u.a., juris Rn. 36, 38; zudem aus jüngerer Zeit etwa VerfG MV, Urt. v. 20.12.2012 – 13/11, juris Rn. 60 ff.

I. Die bundesverfassungsrechtliche Selbstverwaltungsgarantie der Gemeinden   69

Art. 20 Abs. 1 GG und die *Gesetzgebungskompetenzen*.[178] Dies gilt jedoch nicht für Art. 84 Abs. 1 GG a.f.[179] und nur mit Einschränkungen für *Art. 106 Abs. 5 GG*.[180] Der durch die Föderalismusreform neugefasste *Art. 84 Abs. 1 S. 7 GG* kann dagegen Prüfungsgegenstand sein, da er die Gemeinde vor Aufgabenzuweisungen durch den Bund schützt. Die Verletzung *sonstiger* verfassungsrechtlicher Vorschriften wird vom BVerfG nicht geprüft.

Bei einer Rechtsschutzmöglichkeit vor einem **Landesverfassungsgericht** bildet die jeweilige *landesverfassungsrechtliche Selbstverwaltungsgarantie* den Prüfungsmaßstab.[181]   93

c) Subsidiarität und Rechtswegerschöpfung

Die Überprüfung von **Maßnahmen des Bundes** durch eine kommunale Verfassungsbeschwerde geschieht allein durch das BVerfG.   94

Bei **Maßnahmen der Länder** sind landesrechtliche Rechtsbehelfe gegenüber der bundesrechtlichen Kommunalverfassungsbeschwerde vorrangig, wenn sie im Wesentlichen gleichwertig sind (Art. 93 Abs. 1 Nr. 4b Hs. 2 GG, § 91 S. 2 BVerfGG).[182] In Baden-Württemberg kann der Staatsgerichtshof nur gegen *formelle Landesgesetze* angerufen werden (Art. 76 LV i.V.m. § 8 Abs. 1 Nr. 8 StGHG).[183] Für die Überprüfung untergesetzlicher Rechtsnormen steht damit der Rechtsweg zum BVerfG offen.[184]   95

Aufgrund der allgemeinen Subsidiarität der Verfassungsbeschwerde muss zunächst der **Rechtsweg** zu den Fachgerichten ausgeschöpft werden (§ 90 Abs. 2 BVerfGG), was insb. für eine mögliche *Normenkontrolle nach § 47 VwGO* gilt.[185]   96

d) Beschwerdeberechtigung

Die für eine kommunale Verfassungsbeschwerde erforderliche **Beschwerdeberechtigung** kommt *Gemeinden* und *Gemeindeverbänden* zu, nicht jedoch Zweckverbänden oder Verwaltungsgemeinschaften. *Untergegangene* oder *aufgelöste* Gemeinden sind im Streit um ihren Status aktivlegitimiert.   97

---

178 BVerfG, Urt. v. 20.03.1952 – 1 BvR 267/51, juris Rn. 25, 30 (Art. 120 GG); BVerfG, Beschl. v. 07.10.1980 – 2 BvR 584/76 u.a., juris Rn. 45 (Willkürverbot); BVerfG, Beschl. v. 26.10.1994 – 2 BvR 445/91, juris Rn. 40, 45 (Demokratieprinzip) und Rn. 46 (Willkürverbot); BVerfG, Kammerbeschl. v. 07.01.1999 – 2 BvR 929/97, juris Rn. 53; BVerfG, Beschl. v. 07.05.2001 – 2 BvK 1/00, juris Rn. 163 (Rechtsstaatsprinzip); BVerfG, Beschl. v. 19.11.2002 – 2 BvR 329/97, juris Rn. 51; BVerwG, Urt. v. 31.01.2013 – 8 C 1.12, juris Rn. 15, 26 ff. (Geltung des allgemeinen Gleichheitssatzes im Verhältnis kreisangehöriger Gemeinden untereinander). Für eine Erweiterung des Prüfungsmaßstabs *Lange*, Kommunalrecht, Kap. 1 Rn. 145.
179 Anders *Schoch*, DVBl. 2008, 937 (941 f.).
180 BVerfG, Urt. v. 15.10.1985 – 2 BvR 1808/82 u.a., juris Rn. 40 f. Nach BVerfG, Beschl. vom 27.01.2010 – 2 BvR 2185/04, juris Rn. 64 ist Art. 106 Abs. 6 S. 2 GG jedoch Prüfungsgegenstand.
181 Zur Landesverfassung als Prüfungsmaßstab für die Landesverfassungsgerichte BVerfG, Beschl. v. 07.05.2001 – 2 BvK 1/00, juris Rn. 63; zum Hineinwirken des GG in die LV ebda., Rn. 70 f., 81 ff.
182 Zum gleichwertigen Rechtsschutz der Landesverfassungsgerichte BVerfG, Beschl. v. 19.11.2002 – 2 BvR 329/97, juris Rn. 33 ff. Zur Anrufung des BVerfG als LVerfG (auf der Grundlage von Art. 44 Nr. 2 LV SH, Art. 99 GG) BVerfG, Beschl. v. 07.05.2001 – 2 BvK 1/00, juris Rn. 48 ff.
183 Zu den Rechtsschutzmöglichkeiten in den sonstigen Ländern *Lange*, Kommunalrecht, Kap. 1 Rn. 148 ff.
184 *Voßkuhle*, in v.Mangoldt/Klein/Stark, GG, Art. 93 Rn. 200; BVerfG, Beschl. v. 19.11.2002 – 2 BvR 329/97, juris Rn. 34 ff. (zu Sachsen-Anhalt).
185 BVerfG, Beschl. v. 23.06.1987 – 2 BvR 826/83, juris Rn. 22.

98 Wie bei der Individualverfassungsbeschwerde gibt es *keinen Antragsgegner*, so dass es sich nicht um ein kontradiktorisches Verfahren handelt.

e) Form und Frist

99 Die **Frist** für die Erhebung der Kommunalverfassungsbeschwerde beträgt ein Jahr (§ 93 Abs. 3 BVerfGG).[186]

f) Innergemeindliche Zuständigkeit

100 Die Einlegung der Beschwerde ist kein „Geschäft der laufenden Verwaltung", so dass der Bürgermeister nicht selbstständig entscheiden darf.[187] Notwendig ist ein *Beschluss des Gemeinderates*.

II. Die landesverfassungsrechtliche Selbstverwaltungsgarantie der Gemeinden

101 Sämtliche Bundesländer (außer Berlin und Hamburg) haben in ihre **Landesverfassungen** eine Garantie der kommunalen Selbstverwaltung aufgenommen. Diese landesrechtlichen Ausgestaltungen des kommunalen Selbstverwaltungsrechts weichen zum Teil erheblich voneinander ab und gehen zumeist über die grundgesetzliche Gewährleistung hinaus.[188]

1. Das Verhältnis der Landesverfassungen zu Art. 28 Abs. 2 GG

102 Art. 28 Abs. 2 GG ist – anders als Art. 28 Abs. 1 GG – keine bloße Normativbestimmung, sondern eine **Durchgriffsnorm**, die Gesetzgebung, Verwaltung und Rechtsprechung in Bund und Ländern als *unmittelbar geltendes und anwendbares Recht* bindet.[189] Die Garantien des Grundgesetzes und der Landesverfassungen stehen somit nebeneinander. Verbindliche Vorgaben für die Landesstaatsgewalt enthalten sowohl Art. 28 Abs. 2 GG als auch die jeweiligen landesverfassungsrechtlichen Vorschriften, der Bund hingegen ist allein an Art. 28 Abs. 2 GG gebunden.[190]

103 Die landesverfassungsrechtlichen Ausgestaltungen kommunaler Selbstverwaltung dürfen über den grundgesetzlich gewährleisteten Standard hinausgehen. Art. 28 Abs. 2 GG enthält nur eine **Mindestgarantie**, hinter der die landesverfassungsrechtlichen Vorschriften nicht zurückbleiben dürfen.[191] Bleiben die Landesverfassungen

---

186 Zur Jahresfrist BVerfG, Beschl. v. 23.06.1987 – 2 BvR 826/83, juris Rn. 25; BVerfG, Beschl. v. 19.11.2002 – 2 BvR 329/97, juris Rn. 32.
187 *Mückel*, Rechtsschutz, § 14 Rn. 14; zu Rechtsbehelfen gegen rechtsaufsichtliche Beanstandungen vgl. BayVGH, Beschl. v. 20.10.2011 – 4 CS 11.2047, juris Rn. 8.
188 *Geis*, Kommunalrecht, § 4 Rn. 7 f.; näher zu den Unterschieden der einzelnen landesverfassungsrechtlichen Vorgaben *Dreier*, in: ders., GG, Art. 28 Rn. 48 f., 90, 93, 158 ff.
189 Zur Landesgesetzgebung BVerfG, Urt. v. 20.03.1952 – 1 BvR 267/51, juris Rn. 9; vgl. zudem *Dreier*, in: ders., GG, Art. 28, Rn. 92; *Röhl*, in: Schoch, Besonderes Verwaltungsrecht, Kap. 1 Rn. 9; a.A. (Homogenitätsnorm und Normativbestimmung) *Löwer*, in: v. Münch/Kunig, GG, Art. 28 Rn. 35 ff. Zu Art. 28 *Abs. 1* GG siehe *Tettinger*, in: Mangoldt/Klein/Starck, GG II, Art. 28 Rn. 11 ff.; BVerfG, Beschl. v. 07.05.2001 – 2 BvK 1/00, juris Rn. 60.
190 *Erichsen*, Kommunalrecht, § 16 A 3 S. 361; *Dreier*, in: ders., GG, Art. 28 Rn. 92. Zum umstrittenen Prüfungsmaßstab der Landesverfassungsgerichte *Dreier*, ebda., Art. 28 Rn. 108 m.w.N.
191 *Stern*, Staatsrecht I, § 12 II 6 a S. 419; *Schmidt-Jortzig*, Kommunalrecht, Rn. 457.

II. Die landesverfassungsrechtliche Selbstverwaltungsgarantie der Gemeinden

hinter der Gewährleistung des Art. 28 Abs. 2 GG zurück, sind sie auf dessen Gewährleistungsumfang aufzufüllen[192] oder (wenn eine bundesverfassungskonforme Auslegung nicht möglich ist) als nichtig anzusehen.[193] Dabei ist zu beachten, dass das Mindestschutzniveau der Gemeinden auch durch eine Ausweitung der Rechtsposition der Kreise unterschritten werden kann.[194] Zweifelhaft erscheint, ob landesverfassungsrechtliche Beschränkungen des Gewährleistungsgehalts von Art. 28 Abs. 2 GG im Einzelfall die Voraussetzungen des in Art. 28 Abs. 2 S. 1 GG enthaltenen Gesetzesvorbehalts erfüllen können.[195]

104 Wohl auch aufgrund der Einordnung von Art. 28 Abs. 2 S. 1 GG als Mindestgarantie wird – ungeachtet des jeweiligen Wortlauts der Landesverfassungen – ganz überwiegend davon ausgegangen, dass die landesverfassungsrechtlichen Ausgestaltungen der gemeindlichen Selbstverwaltungsgarantie **gleichbedeutend** mit den Angelegenheiten der örtlichen Gemeinschaft i.S.v. Art. 28 Abs. 2 S. 1 GG sind.[196]

105 Ebenso wie auf grundgesetzlicher Ebene gilt die Bindung an die landesverfassungsrechtlichen Aufgabenzuweisungen **umfassend**, also z.B. auch für kommunalwirtschaftliche Betätigungen.[197]

2. Inhalte der Landesverfassung BW

106 In Baden-Württemberg ist die gemeindliche Selbstverwaltung in den Art. 71–76 LV geregelt. Diese Bestimmungen *verdeutlichen* einzelne bundesverfassungsrechtliche Elemente der Selbstverwaltungsgarantie und deren Einschränkungsmöglichkeiten. Zugleich *erweitern* sie das Selbstverwaltungsrecht in einzelnen Punkten über die Mindestgarantie des Art. 28 Abs. 2 GG hinaus.[198]

a) Präzisierungen

107 Art. 71 Abs. 4 LV sieht ein gemeindliches **Anhörungsrecht** bei gemeindebezogenen normativen Regelungen vor; zudem nennt die LV in Art. 74 LV die Voraussetzungen von **Gemeindegebietsänderungen**.

---

192 *Stern*, Staatsrecht I, § 12 II 6 a S. 419; *Erichsen*, Kommunalrecht, § 16 A 3 S. 361; ähnlich StGH Nds, Urt. v. 15.02.1973 – 2/72, juris Rn. 16 ff. Zu Fällen einer derartigen, an Art. 28 Abs. 2 GG orientierten Auslegung siehe VerfGH NW, Urt. v. 11.07.1980 – 8/79, DÖV 1980, 691 (692); VerfG Bbg., Urt. v. 19.05.1994 – 9/93, DVBl. 1994, 857 (858).
193 Dazu *Bartlsperger*, in: HStR VI, § 128, Rn. 51 (nichtig nach Art. 31 GG) und *Dreier*, in: ders., GG, Art. 28 Rn. 92 (nichtig unmittelbar nach Art. 28 Abs. 2 GG).
194 *Waechter*, Kommunalrecht, Rn. 169a.
195 Die Möglichkeit einer Erfüllung des Gesetzesvorbehalts unterstellend *Waechter*, Kommunalrecht, Rn. 169a; wohl auch *Stern*, Staatsrecht I, § 12 II 4 d γ) S. 415.
196 So etwa *Schmidt-Aßmann*, FS Sendler, S. 121 (131); zu Art. 78 Abs. 2 LV NW OVG NW, Urt. v. 19.01.1995 – 15 A 569/91, juris Rn. 11; zu Art. 71 LV BW *Feuchte*, LV BW, Art. 71 Rn. 3; *Braun*, Verf BW, Art. 71 Rn. 31. Ausdrücklich auf die „Angelegenheiten der örtlichen Gemeinschaft" Bezug nehmend Art. 72 Abs. 1 S. 1 LV MecklVorp und Art. 91 Abs. 1 LV Thür; ähnlich Art. 97 Abs. 2 LV Bbg: „alle Aufgaben der örtlichen Gemeinschaft". Zur landesrechtlichen monistischen Aufgabenstruktur vgl. unter Rn. 60 und § 11 Rn. 38.
197 Zur Bindungswirkung der grundgesetzlichen Kompetenzordnung siehe im einzelnen oben § 10 Rn. 35 ff.
198 Dazu StGH BW, Entsch. v. 06.05.1967 – 1/1966, ESVGH 18, 1 (2).

108 Eine klarstellende Funktion haben die Festlegung einer **Rechtsaufsicht** durch Art. 75 Abs. 1 S. 1 LV und die mögliche Begründung von **Weisungsrechten** bei der Übertragung staatlicher Aufgaben an die Gemeinden nach Art. 75 Abs. 2 LV.

b) Erweiterungen

109 Weitergehende Regelungen gegenüber Art. 28 Abs. 2 GG trifft die Landesverfassung in folgenden Punkten:

110 Nach Art. 71 Abs. 2 S. 1 LV sind die Gemeinden in ihrem Gebiet **Träger der öffentlichen Aufgaben**, soweit diese nicht in öffentlichem Interesse durch Gesetz anderen Stellen übertragen sind (Totalitätsprinzip). Der Wortlaut dieser Vorschrift legt nahe, dass den Gemeinden damit *alle öffentlichen Aufgaben*, nicht nur die eigenen örtlichen, zugewiesen sein. Grundsätzlich ordnet Art. 71 LV jedoch ebenso wie Art. 28 Abs. 2 S. 1 GG der gemeindlichen Verbandskompetenz nur die *Angelegenheiten der örtlichen Gemeinschaft* zu.[199] Aufgrund der monistischen Aufgabenstruktur zählen jedoch auch die *Pflichtaufgaben* (§ 2 Abs. 2 GemO) und die *Weisungsaufgaben* (§ 2 Abs. 3 GemO) landesrechtlich zu den Selbstverwaltungsangelegenheiten.[200]

111 Gegenüber Art. 28 Abs. 2 GG weitergehend ist die Regelung in Art. 72 Abs. 2 S. 1 LV, nach der bei mehreren Wahlvorschlagslisten bei Gemeinderatswahlen eine **Verhältniswahl** stattfinden muss; gleiches gilt für die Vorgabe, dass durch Gemeindesatzung **Teilorten** im Gemeinderat eine Vertretung gesichert werden und in kleineren Gemeinden an die Stelle einer gewählten Vertretung die **Gemeindeversammlung** treten kann (Art. 72 Abs. 2 S. 2 u. 3 LV).

112 Nach Art. 71 Abs. 3 S. 1 LV kann den Gemeinden und Gemeindeverbänden durch Gesetz die Erledigung bestimmter bestehender oder neuer öffentlicher **Aufgaben übertragen** werden. Art. 71 Abs. 3 S. 2–5 LV enthalten nähere Vorgaben zu den in diesen Fällen notwendigen Kostenregelungen.[201]

113 Eine Art. 28 Abs. 2 GG entsprechende[202] landesverfassungsrechtliche Bestimmung enthält Art. 73 Abs. 1 LV. Hiernach sorgt das Land dafür, dass die Gemeinden ihre Aufgaben erfüllen können – nach Auslegung des StGH BW in „angemessener und kraftvoller Weise".[203] Damit haben die Gemeinden einen – allerdings betragsmäßig nicht feststehenden und nicht unbedingt kostendeckenden – Anspruch auf **angemessene Finanzausstattung** hinsichtlich der zu erfüllenden Aufgaben unter Berücksichtigung der Belastungen des Landes.[204]

114 Nach Art. 73 Abs. 2 LV wird den Gemeinden und Kreisen zugestanden, **eigene Steuern und Abgaben** nach Maßgabe der Gesetze zu erheben. Durch Art. 73 Abs. 3 LV schließlich wird den Gemeinden und Gemeindeverbänden die **Beteiligung an den Steuereinnahmen** des Landes unter Berücksichtigung dessen Aufgaben garantiert.

---

199 *Maurer*, Baden-Württembergisches Staats- und Verwaltungsrecht, S. 189 f.
200 Siehe oben Rn. 60.
201 Näher zum Konnexitätsprinzip vgl. § 6.
202 Zu Art. 28 Abs. 2 GG unter Rn. 62.
203 So StGH BW, Urt. v. 10.11.1993 – 3/93, juris Rn. 75 m.w.N.; StGH BW, BWGZ 1998, 537 (545) – Verkehrslastenausgleich.
204 StGH BW, Urt. v. 14.10.1993 – 2/92, juris Rn. 46 ff.; StGH BW, Urt. v. 10.05.1999 – 2/97, juris Rn. 84 ff. Für *Art. 28 Abs. 2 GG* lässt das Bundesverfassungsgericht das Bestehen eines solchen Anspruchs bisher offen, vgl. BVerfG, Beschl. v. 27.11.1986 – 2 BvR 1241/82, juris Rn. 14.

III. Die Selbstverwaltungsgarantie der Gemeindeverbände

Nach Art. 28 Abs. 2 S. 2 GG haben **auch die Gemeindeverbände** im Rahmen ihres gesetzlichen Aufgabenbereichs nach Maßgabe der Gesetze das Recht der Selbstverwaltung.

115

1. Gemeindeverbände

Eine trennscharfe Abgrenzung des **Begriffs der Gemeindeverbände** i.S. des Art. 28 Abs. 2 S. 2 GG ist bislang nicht gelungen. Nach überwiegender Meinung sind Gemeindeverbände (alle) Gebietskörperschaften, deren Mitglieder Gemeinden, Gemeindeverbände oder deren Einwohner sind und die im Rahmen gesetzlicher Zuständigkeitsübertragung überörtliche, gemeindeverbandsgebietsbezogene Selbstverwaltungsaufgaben wahrnehmen.[205] Dies soll nur für Institutionen gelten, deren Aufgabenfeld nicht gegenstandsbezogen, sondern **gebietsbezogen** definiert ist.[206] Gemeindeverbände in diesem Sinne sind vor allem die *Landkreise*. Zweckverbände erfüllen diese Anforderungen wegen ihrer gegenstandsbezogenen Kompetenzzuordnung nicht.[207]

116

2. Gewährleistungsinhalt

a) Institutionelle Rechtssubjektsgarantie

Art. 28 Abs. 2 S. 2 GG gibt den Gemeindeverbänden eine **institutionelle Rechtssubjektsgarantie**. Danach muss es die Gemeindeverbandsebene als Rechtsinstitution im Staatsaufbau überhaupt geben. Als besondere Gemeindeverbandsform sind zumindest die Kreise garantiert.[208] Nur relativen bundesverfassungsrechtlichen Schutz im Rahmen der Gesetze genießen einzelne konkrete Gemeindeverbände als Institutionen.

117

b) Rechtsinstitutionsgarantie

Das Recht der Selbstverwaltung ist den Gemeindeverbänden nur „im Rahmen ihres gesetzlichen Aufgabenbereichs" gewährleistet. Art. 28 Abs. 2 S. 2 GG sichert damit – anders als S. 1 für die Gemeinden – den Landkreisen **keinen bestimmten Aufgabenbereich**.[209] Das Prinzip der Allzuständigkeit mit Kernbereichs- und Randbe-

118

---

205 *Dreier*, in: ders., GG, Art. 28 Rn. 166. Ausführlich zur Definition der Gemeindeverbände StGH NW, Urt. v. 26.06.2001, 28/00, juris Rn. 37 ff.; OVG RP, Urt. v. 28.07.1987 – 6 A 18/86, NVwZ 1988, 1145 (1145). Vgl. auch *Geis*, Kommunalrecht, § 4 Rn. 7, insb. Fn. 11; *Röhl*, in: Schoch (Hrsg.), Besonderes Verwaltungsrecht, Kap. 1 Rn. 224 ff. Zum Landkreis als Gemeindeverband vgl. *Geis*, Kommunalrecht, § 14 Rn. 2 und *Röhl*, a.a.O., Kap. 1 Rn. 208 ff.
206 OVG RP, Urt. v. 28.07.1987 – 6 A 18/86, NVwZ 1988, 1145; VerfGH Sachsen, DÖV 1999, 338 (339); a.A. *Mehde*, in: Maunz/Dürig, Art. 28 Abs. 2 GG Rn. 130.
207 OVG RP, Urt. v. 28.07.1987 – 6 A 18/86, NVwZ 1988, 1145 (1145); *Dreier*, in: ders., GG, Art. 28 Rn. 168; a.A. *Gönnenwein*, GemR, S. 433.
208 BVerfG (K), Beschl. v. 18.10.1994 – 2 BvR 611/91, juris Rn. 16 f; StGH BW, Urt. v. 08.09.1972 – 6/1971, ESVGH 23, 1 (3); *Mehde* in: Maunz/Dürig, Art. 28 Abs. 2 GG Rn. 130. Zu den Kreisen vgl. im Einzelnen § 22.
209 BVerfG, Urt. v. 20.12.2007 – 2 BvR 2433/04, juris Rn. 116; BVerfG(K), Beschl. v. 18.10.1994 – 2 BvR 611/91, juris Rn. 16 f.; *Dreier*, in: ders., GG, Art. 28 Rn. 174; *Mehde*, in: Maunz/Dürig, Art. 28 Abs. 2 GG Rn. 135.

reichsschutz gilt für die Gemeindeverbände also nicht; ihr Aufgabenbereich ergibt sich vielmehr aus speziellen Zuweisungen.[210] Dies gilt auch für Aufgaben, die die Leistungsfähigkeit der Gemeinden übersteigen.[211]

119 Aus der verfassungsrechtlichen Konstituierung der Gemeindeverbandsebene folgt jedoch, dass die Gemeindeverbände jedenfalls über einen **Mindestbestand** an Aufgaben verfügen müssen,[212] wobei es sich bei diesen nicht ausschließlich um Aufgaben des übertragenen Wirkungskreises (Weisungsaufgaben) handeln darf.[213] Weiterhin muss der Bestand der eigenen Aufgaben für sich genommen und im Vergleich zu den zugewiesenen staatlichen Aufgaben ein Gewicht haben, das der institutionellen Garantie der Gemeindeverbände als Selbstverwaltungskörperschaften gerecht wird.[214]

3. Die landesverfassungsrechtliche Selbstverwaltungsgarantie der Gemeindeverbände

120 Die bundesverfassungsrechtliche Selbstverwaltungsgarantie der Gemeindeverbände wird ergänzt durch Art. 71 Abs. 1 S. 1 LV, wonach das Land den Gemeinden und Gemeindeverbänden sowie den Zweckverbänden das Recht auf Selbstverwaltung gewährt.[215] Diese verwalten ihre Angelegenheiten im Rahmen der Gesetze unter eigener Verantwortung (Art. 71 Abs. 1 S. 2 LV). Das gleiche gilt für sonstige öffentlich-rechtliche Körperschaften und Anstalten in den durch Gesetz gezogenen Grenzen (Art. 71 Abs. 1 S. 3 LV).

121 Darüber hinaus genießen einzelne Gemeindeverbände insoweit erhöhten Schutz, als ihr Gebiet nur aus Gründen des öffentlichen Wohls durch Gesetz oder aufgrund eines Gesetzes **geändert** und die **Auflösung** von Landkreisen nur durch Gesetz vorgenommen werden kann (Art. 74 Abs. 1, Abs. 3 S. 1 u. 2 LV).

122 Nach Art. 71 Abs. 1 i.V.m. Art. 73 Abs. 1 LV wird die **finanzielle Leistungsfähigkeit** der Gemeindeverbände garantiert. Dies ist – ohne Kostendeckungsgarantie – auf eine finanzielle Ausstattung gerichtet, die eine „angemessene und kraftvolle" Erfüllung der Aufgaben der Gemeindeverbände erlaubt und nicht durch eine Schwächung der Finanzkraft zu einer Aushöhlung des Selbstverwaltungsrechts führt.[216]

123 Soweit die landesverfassungsrechtlichen Garantien mehr gewähren als Art. 28 Abs. 2 GG, ist dies auch hinsichtlich der Gemeindeverbände verfassungsrechtlich nicht zu beanstanden. Art. 28 Abs. 2 GG gibt auch insoweit nur eine **Mindestgarantie**.[217]

---

210 BVerfG, Urt. v. 20.12.2007 – 2 BvR 2433/04, juris Rn. 116; *Dreier*, in: ders., GG, Art. 28 Rn. 175; *Mehde* in: Maunz/Dürig, Art. 28 Abs. 2 GG Rn. 135.
211 BVerwG, Urt. v. 18.05.1995 – 7 C 58.94, juris Rn. 17 f. (zur Energieversorgung); *Dreier*, in: ders., GG, Art. 28 Rn. 175.
212 BVerfG, Urt. v. 20.12.2007 – 2 BvR 2433/04, juris Rn. 116; Vgl. auch *Maurer*, DVBl. 1995, 1037 (1046).
213 BVerfG, Beschl. v. 07.02.1991 – 2 BvL 24/84, NVwZ 1992, 365 (367).
214 BVerfG, Urt. v. 20.12.2007 – 2 BvR 2433/04, juris Rn. 117.
215 Gemeindeverbände sind auch die *Regionalverbände*; so für die vergleichbaren Landschaftsverbände StGH NW, Urt. v. 26.06.2001, 28/00, juris Rn. 37 ff.
216 Dazu bereits oben Rn. 62.
217 Vgl. *Dreier*, in: ders., GG, Art. 28, Rn. 94 (zu Art. 28 Abs. 2 GG insgesamt).

4. Die Selbstverwaltungsgarantie im Verhältnis zwischen Gemeinden und Landkreisen

Weiterführend: *Henneke*, Der Landkreis, 2008, 172 (zum verfassungsrechtlichen Verhältnis zwischen Städten, Gemeinden und Kreisen).

124 Ein besonderes Rechtsproblem stellt die Aufgabenverteilung nach Art. 28 Abs. 2 GG im **Verhältnis zwischen Gemeinden und Landkreisen** dar. Nach Auffassung des BVerfG gilt das zugunsten der Gemeinden im Verhältnis zum Staat bestehende Aufgabenverteilungsprinzip des Art. 28 Abs. 2 S. 1 GG auch im Verhältnis zu den *Kreisen*.[218] Angelegenheiten der örtlichen Gemeinschaft sind danach den Gemeinden zuzuordnen; die kommunale Verbandskompetenz hat in diesem Bereich Vorrang vor der Kreiszuständigkeit. Aus diesem Aufgabenverteilungsprinzip lassen sich jedoch keine Rückschlüsse auf eine entsprechende vorrangige Zuteilung knapper finanzieller Ressourcen zugunsten der Gemeinden herleiten.[219]

125 Die Auffassung des BVerwG,[220] nach der für die Abgrenzung an das Leistungsniveau anzuknüpfen ist, das im kreisfreien Raum von den Städten, im kreisangehörigen Raum dagegen von den Gemeinden und Kreisen gemeinsam zu erreichen sei, lehnt das BVerfG ab. Zwar könne den Kreisen eine gewisse Ausgleichs- und Ergänzungsfunktion im Hinblick auf leistungsstärkere Gemeinden zukommen; trotzdem blieben örtliche Angelegenheiten auch dann Gemeindeangelegenheiten, wenn sie die Leistungsfähigkeit und Verwaltungskraft einer Gemeinde übersteigen.

126 Im Hinblick auf dieses Kompetenzverständnis gelten für die Zulässigkeit eines Aufgabenentzugs (Hochzonung) zugunsten der Landkreise **dieselben Grundsätze** wie für den Aufgabenentzug zugunsten des Staates. Der Gesetzgeber darf einer Gemeinde eine Angelegenheit zugunsten der Landkreise nur entziehen, wenn die ordnungsgemäße Aufgabenerfüllung anders, etwa auch durch zwischengemeindliche Zusammenarbeit, nicht sicherzustellen wäre. Gesichtspunkte der Verwaltungsvereinfachung, Wirtschaftlichkeit und Sparsamkeit sowie der Zweckmäßigkeit rechtfertigen eine Hochzonung allein nicht. Hat eine Aufgabe einen relevanten örtlichen Charakter, so muss der Gesetzgeber beachten, dass sie grundsätzlich der Gemeindeebene zuzuordnen ist. Will er sie der Gemeinde dennoch entziehen, so kann er dies nur, wenn die den Aufgabenentzug tragenden Gründe gegenüber der Aufgabenverteilung des Art. 28 Abs. 2 Satz 1 überwiegen.[221]

127 Soweit vor der Rastede-Entscheidung des BVerfG Aufgaben allein mit Erwägungen der Leistungsfähigkeit, Wirtschaftlichkeit und Verwaltungsvereinfachung auf die Kreise hochgezont wurden, ist im Einzelfall zu überprüfen, ob die Zuständigkeitsübertragungen rechtswidrig sind.[222]

128 Kein Fall des Aufgabenentzugs ist nach Auffassung des Bundesverwaltungsgerichts die **Begründung von Subsidiärkompetenzen** zugunsten der Kreise zur Wahrnehmung von Ausgleichs- und Ergänzungsaufgaben im Bereich örtlicher Angelegenhei-

---

218 BVerfG, Beschl. v. 23.11.1988 – 2 BvR 1619/83 u.a., juris Rn. 56 f.; BVerwG, Urt. v. 18.05.1995 – 7 C 58/94, juris Rn. 17; vgl. auch BVerwG, Urt. v. 31.01.2013 – 8 C 1.12, juris Rn. 13.
219 BVerwG, Urt. v. 31.01.2013 – 8 C 1.12, juris Rn. 13.
220 BVerwG, Urt. v. 04.08.1983 – 7 C 2.81, NVwZ 1984, 176 (178).
221 BVerfG, Beschl. v. 23.11.1988 – 2 BvR 1619/83 u.a., juris Rn. 61 ff.; vgl. auch Hess VGH, Beschl. v. 12.02.1996 – 6 N 3392/94, NVwZ 1996, 481 (482).
222 Vgl. Rn. 79 ff.; Für eine entsprechende Überprüfung *Schoch*, VerwArch. 81 (1990), 18 (43 ff.); einschränkend *Schink*, VerwArch 82 (1991), 385 (411). Die entsprechenden Ermächtigungen in den Landkreisordnungen selbst sind im Lichte der Rechtsprechung *verfassungskonform zu reduzieren* (so zu Recht *Schmidt-Aßmann*, FS Sendler, 1991, S. 121 [130 f.]).

ten.[223] Diese soll bereits dann zulässig sein, wenn der sachliche, gemeinwohlorientierte Grund der *mangelnden Leistungsfähigkeit* der Gemeinde in Bezug auf diese Angelegenheiten vorliegt. „Überwiegender Gründe des Gemeinwohls" wie beim Aufgabenentzug bedarf es nach dieser Auffassung nicht.

IV. Einzelfälle für gesetzliche Regelungen

1. Keine Verletzung von Art. 28 GG

129 Das **Selbstverwaltungsrecht** wird **nicht** verletzt

- durch die Verpflichtung zur Bestellung einer hauptamtlichen *Gleichstellungsbeauftragten* (BVerfG, Beschl. v. 26.10.1994 – 2 BvR 445/91; VerfGH NW, Urt. v. 15.01.2002 – 40/00).
- durch die Einschaltung der Kommunen in den *Vollzug von Weisungsaufgaben*. Diese Belastung der Kommunen ist historisch legitimiert (BVerfG, NVwZ 1989, 46).
- durch die *Einschränkung der Planungshoheit* einzelner Gemeinden durch Rechtsnormen, z.B. durch das Raumordnungsgesetz und die Landesplanung (BVerwG, NVwZ 1993, 167). Beispielsweise gilt dies, wenn die Planung Vorrangstandorte für groß-industrielle Anlagen in einer Gemeinde vorsieht, die durch überörtliche Interessen von höherem Gewicht gefordert werden (BVerfG, NVwZ 1988, 47) oder wenn eine Sondermülldeponie ausgewiesen wird, sofern die Planungshoheit einer betroffenen Gemeinde nicht „willkürlich und unverhältnismäßig" beschränkt wird (VerfGH NW, NVwZ 1991, 1173).
- durch die *Verlegung von Breitbandkabeln* durch die Bundespost (BVerwG, NJW 1987, 2096), sofern die Gemeinde rechtzeitig angehört und die tangierten kommunalen Belange sachgerecht abgewogen wurden.
- durch die *Bindung* der Kommunen *an die VOB* und damit an die dortige Gewährleistungsfrist. Sie greift weder in den Kernbereich ein noch ist sie unverhältnismäßig (VGH BW, DÖV 1988, 649; BVerwG, NVwZ-RR 1989, 377).
- durch die *Übertragung der Planfeststellung* und des Planfeststellungsermessens nach Landesstraßenrecht auf eine staatliche Behörde (VGH BW, VBlBW 1982, 202).
- durch *bundeseinheitliche AVB* für öffentliche Wasserversorgungsunternehmen der Gemeinde (BVerfG, NVwZ 1982, 306).
- durch die Weigerung des Staates, eine neugebildete Gemeinde ihren *Namen selbst bestimmen* zu lassen (BVerfG, DÖV 1979, 405).
- durch die gesetzliche Übertragung von bestimmten *Aufgaben der Abwasserbeseitigung* von den Gemeinden auf Abwasserverbände (VerfGH NW, NVwZ 1991, 467).
- bei zwangsweisem *Anschluss* einer Gemeinde *an einen Schulzweckverband* (BVerfGE 26, 228).
- durch *verkehrsordnende Verfügungen der Straßenverkehrsbehörde* und deren *faktische Auswirkungen* auf die Gefahrenlage für Verkehrsteilnehmer sowie die Steigerung des Verkehrslärms in einer Gemeinde (BVerwG, DVBl. 1984, 88).
- durch die Pflicht der kreisangehörigen Kommunen, den Bau von Kreiskrankenhäusern durch Zahlung einer *Kreis-Krankenhausumlage* zu fördern (BVerfG, NVwZ 1992, 365).

---

223 *Dreher*, Der Landkreis 1996, 313 (313 f.).

IV. Einzelfälle für gesetzliche Regelungen 77

- durch die Pflicht der Kommunen, *Asylbewerber* über die gesetzlich festgelegte Quote hinaus *unterzubringen* (vgl. VGH BW, VBlBW 1987, 30 m.w.N.) und diese nach Abschluss des Asylverfahrens in der Gemeinde zu behalten (BVerwG, NVwZ 1993, 786).
- durch die Verpflichtung der Gemeinden, die erforderlichen *Kindergartenplätze* bereitzustellen und die Überleitung der Beschäftigungsverhältnisse des pädagogischen Personals auf die Gemeinden (BVerfG, LKV 1994, 145).
- durch die Regelung zur *Kindergartenaufsicht* (VGH BW, VBlBW 1998, 383).
- durch die gesetzliche Verpflichtung, Gebühren für *Personalausweise unter der Kostendeckungsgrenze* zu erheben (BVerwG, NVwZ 1995, 1098; kritisch hierzu *Erlenkämper*, NVwZ 1996, 537).
- durch das gesetzliche Verbot kommunaler *Jubiläumsgaben an Beamte* (vgl. hierzu *Schneider/Gern*, VBlBW 1998, 164).
- durch die Pflicht, die *öffentlichen Verkehrswege unentgeltlich* zur Nutzung zu überlassen (BVerfG, NVwZ 1999, 520).

2. Verletzung von Art. 28 Abs. 2 GG

Die Selbstverwaltungshoheit wird dagegen **verletzt**   130

- durch die *Nichtgewährung von Anhörungs- und Informationsrechten* bei überörtlichen Planungen, die die Planungshoheit der Gemeinde tangieren, etwa im luftverkehrsrechtlichen Genehmigungsverfahren bei Planung eines Flughafens im Gemeindebereich (BVerwG, NVwZ 1988, 731); bei der wasserstraßenrechtlichen Planung (BVerwG, NJW 1992, 256) oder bei Verlegung von Telefonleitungen (BVerwG, NVwZ 1987, 590). Zur Begründung der Klagebefugnis muss aber dargelegt werden, dass sich der Verfahrensfehler möglicherweise auf die materiellen Selbstverwaltungsrechte ausgewirkt hat (BVerwG, NJW 1992, 256 (257)).
- wenn *Gebietsänderungen* von Gemeinden nicht aus Gründen des öffentlichen Wohls oder nicht nach vorheriger Anhörung der Gebietskörperschaften vorgenommen werden (BVerfG, NJW 1979, 413).
- durch eine gesetzliche Bestimmung, nach der zwangsweise eine *gemeinsame Datenverarbeitungszentrale* mehrerer Gemeinden einzurichten ist (VerfGH NW, DÖV 1979, 637).
- durch gänzliche *Entziehung des Rechts* der Gemeinden, *allgemeine Regelungen, etwa durch Satzung, zu erlassen* (BVerwGE 6, 247).
- durch *Versagung der Zustimmung der Denkmalschutzbehörde* zum Abbruch eines gemeindeeigenen denkmalgeschützten Hauses durch die Gemeinde, sofern das (öffentliche) Interesse an der Erhaltung des Kulturdenkmals gegenüber den durch das Selbstverwaltungsrecht geschützten Belangen der Gemeinde nicht überwiegt (vgl. VGH BW, NVwZ 1990, 586).
- durch Erteilung einer Baugenehmigung durch die Baugenehmigungsbehörde *ohne Erteilung des gemeindlichen Einvernehmens* (BVerwG, Beschl. v. 05.03.1999 – 4 B 62/98, juris Rn. 13; BVerwG, Beschl. v. 11.08.2008 – 4 B 25/08, juris Rn. 6).
- durch die *Nichtbeteiligung des Schulträgers* an der Einsetzung eines Schulleiters (hierzu *Wegge*, VBlBW 1993, 168).

§ 6
Gewährleistung der Kostendeckung bei Aufgabenübertragungen

Literatur: *Ammermann*, Das Konnexitätsprinzip im kommunalen Finanzverfassungsrecht, 2007; *Aker*, Die Neufassung der Konnexitätsregelung in der Verfassung des Landes Baden-Württemberg, VBlBW 2008, 258 ff.; *Zieglmeier*, Das strikte Konnexitätsprinzip am Beispiel der Bayerischen Verfassung, NVwZ 2008, 270 ff.; *Engelken*, Kommunen und bundesrechtliche Aufgaben nach der Föderalismusreform I, VBlBW 2008, 457 ff.; *Henneke*, Erfasst das runderneuerte Konnexitätsprinzip in Baden-Württemberg Aufgabenerweiterungen des Bundes nach der Föderalismusreform I?, VBlBW 2008, 321 ff.; *Kluth*, LKV 2009, 337 ff.; *Engelken*, Nochmals: Konnexität und Kinderbetreuung, VBlBW 2012, 325 ff.; *ders.*, Das Konnexitätsprinzip im Landesverfassungsrecht, 2. Aufl. Baden-Baden, 2012; *ders.*, Konnexitätsansprüche der Kommunen gegen die Länder eventuell weit über den Kita-Ausbau hinaus, NVwZ 2013, 1529 ff.
Fallbearbeitung: *Hartmann/Meßmann*, JuS 2006, 246 ff.

I. Bundesrechtliches Konnexitätsprinzip

1 Der **Bund und die Länder** tragen die sich aus der Wahrnehmung ihrer Aufgaben ergebenden Ausgaben grundsätzlich jeweils *selbst* (Art. 104a Abs. 1 GG). Handeln die Länder *im Auftrage* des Bundes, trägt der Bund die sich daraus ergebenden Ausgaben (Art. 104a Abs. 2 GG).

2 Dieses bundesstaatliche Konnexitätsprinzip gilt jedoch nur im Verhältnis zwischen Bund und Ländern.[224] Das Verhältnis von **Land und Kommunen** ist landesrechtlich abweichend geregelt.

II. Landesrechtliche Kostendeckungspflicht

1. Aufgabenübertragung durch Landes- bzw. Bundesgesetz

3 Den Gemeinden und Gemeindeverbänden kann durch Gesetz die Erledigung bestimmter bestehender oder neuer öffentlicher Aufgaben **übertragen** werden. Die Übertragung muss durch ein *formelles Gesetz* erfolgen (vgl. Art. 71 Abs. 3 S. 1 LV; § 2 Abs. 2 S. 1 GemO).[225] Eine Aufgabenübertragung durch Rechtsverordnung ist möglich, wenn diese den Vollzug einer gesetzlichen Regelung darstellt und inhaltlich keine darüber hinausgehenden Regelungen trifft.[226]

4 Bei der Aufgabenübertragung sind gleichzeitig Bestimmungen über die **Deckung der Kosten** zu treffen (Art. 71 Abs. 3 S. 2 LV).[227] Eine entsprechende einfachgesetzliche Regelung findet sich in § 2 Abs. 2 GemO, der in Ansehung der verfassungsrechtlichen Vorgaben auszulegen ist.

---

[224] StGH BW, Urt. v. 10.05.1999 – 2/97, VBlBW 1999, 294 (295, 300).
[225] Vgl. dazu umfassend *Schlarmann/Otting*, VBlBW 1999, 121 ff.
[226] LT-Drs. 14/2442, S. 7.
[227] Zur einschränkenden Auslegung des Art. 71 Abs. 3 LV vor der Neufassung durch Ges. vom 06.05.2008 vgl. *Schoch*, VBlBW 2006, 122 ff.

II. Landesrechtliche Kostendeckungspflicht

Auf **bundesrechtliche** Aufgabenübertragungen ist Art. 71 Abs. 3 S. 2 LV nicht anwendbar.[228] Eine solche bundesgesetzliche Aufgabenübertragung auf Gemeinden ist seit der Föderalismusreform 2006 jedoch *nicht mehr möglich* (Art. 84 Abs. 1 S. 7, Art. 85 Abs. 1 S. 2 GG).[229] Vor dieser Verfassungsänderung hatten zahlreiche kostenverursachende Regelungen des Bundes die Kommunen an den Rand ihrer finanziellen Handlungsfähigkeit gebracht.[230] 5

Die Nichtanwendbarkeit von Art. 71 Abs. 3 S. 2 LV auf bundesrechtliche Aufgabenübertragungen kann mit Blick auf das **Übergangsrecht** (Art. 125a Abs. 1 S. 1 GG) bedeutsam bleiben:[231] Geht man von einer Bundeskompetenz zur *Änderung einer früheren*, nach Art. 125a Abs. 1 S. 1 GG fortgeltenden *Aufgabenübertragung* aus,[232] so unterfällt eine daraus resultierende Mehrbelastung der Kommunen mangels Landesveranlassung[233] *nicht* der Regelung des Art. 71 Abs. 3 S. 2 LV. Die Kommunen sind mit Blick auf das Übergangsrecht somit nicht zwingend vor Mehrbelastungen durch den Bund ohne Ausgleichsregelung gegenüber dem Land geschützt.[234] *Neue Aufgaben* dürfen jedoch nur noch durch den Landesgesetzgeber übertragen werden, der an die Kostenregelungspflicht des Art. 71 Abs. 3 LV gebunden ist.[235] 6

Keine von Art. 71 Abs. 3 S. 2 LV und damit auch Art. 71 Abs. 3 S. 3 LV vorausgesetzte Aufgabenübertragung durch Landesgesetz ist eine **unmittelbare Pflichtenbegründung durch die EU** (insb. durch Verordnung).[236] 7

Anderes gilt für die **landesrechtliche Umsetzung europäischer Vorgaben**. Hier ist die erforderliche Landesveranlassung der Kosten grundsätzlich im jeweiligen Umsetzungsakt des Landes zu sehen.[237] Umstritten ist diesbezüglich, ob und gegebenenfalls in welchem Umfang ein *landesrechtlicher Umsetzungsspielraum* vorliegen muss.[238] 8

---

228 StGH BW, Urt. v. 10.11.1993 – 3/93, VBlBW 1994, 52 (55); StGH BW, Urt. v. 10.05.1999 – 2/97, VBlBW 1999, 294 (297 f.).
229 Kritisch hierzu: *Broß/Mayer*, in: v. Münch/Kunig, GG, 6. Aufl. 2012, Art. 84 Rn. 28–39.
230 Näher dazu *Schoch*, VBlBW 2006, 122 ff.; *ders.*, DVBl. 2008, 937, 942 f. („Aufgabenentzug durch Aufgabenüberlastung"); zur Entwicklung der kommunalen Aufgaben seit 1975 vgl. *Zacharias*, DÖV 2000, 56 ff.
231 Umfassend dazu *Ritgen*, LKV 2011, 481 ff.
232 Eine solche Bundeskompetenz ist nach wie vor streitig, vgl. *Engelken*, VBlBW 2012, 325 (328) unter Verweis auf die fehlende Klärung in BVerfG, Urt. v. 20.12.2007 – 2 BvR 2433, 2434/04, juris Rn. 136; *ders.*, Konnexitätsprinzip, Rn. 7 ff., 158; dazu auch *Burgi*, DVBl. 2007, 71 (76 f.); *Meßmann*, DÖV 2010, 726 (728); *Ritgen*, LKV 2011, 481 (484). Zur Fortgeltung von Bundesrecht mit Blick auf das Konnexitätsprinzip vgl. *Zieglmeier*, NVwZ 2008, 270 (271).
233 Zur Erforderlichkeit einer Landesverantwortung für die Aufgabenübertragung vgl. *Zieglmeier*, NVwZ 2008, 270 (271); *ders.*, NVwZ 2009, 1455 (1456 f.).
234 Vgl. näher hierzu § 3 Rn. 5 ff.; *Broß/Mayer*, in: v. Münch/Kunig, GG, 6. Aufl. 2012, Art. 84 Rn. 39; anders insoweit LT-Drs. 14/2442, S. 7.
235 *Burgi*, DVBl. 2007, 70 (76 f.); *Schoch*, DVBl. 2007, 261 ff.; *Pieroth*, FS Schnapp, 2008, S. 213 (221); *Huber/Wollenschläger*, VerwArch. 100 (2009), 305 (306 ff.); VerfGH NW, Urt. v. 12.10.2010 – 12/09, JuS 2011, 860 ff.; zu (grds. unzulässigen) Aufgabenerweiterungen durch den Bund und Art. 125a Abs. 1 S. 1 GG *Kallerhoff*, DVBl. 2011, 6 ff.
236 LT-Drs. 14/2442 S. 8; vgl. auch ebda. S. 7 zum Stufenverhältnis innerhalb des Art. 71 Abs. 3 LV.
237 *Engelken*, NVwZ 2010, 618 (619); *Jäger*, NWVBl 2013, 121 (122).
238 Vgl. *Engelken*, NVwZ 2010, 618 (619); *ders.*, DÖV 2011, 745 (747), der sich jeweils gegen das Erfordernis eines eigenen Umsetzungsspielraums ausspricht; vgl. zudem (am Bsp. der EU-DienstleistungsRL) *Zieglmeier*, NVwZ 2009, 1455 ff.; zur Rechtslage in NW *Jäger*, NWVBl 2013, 121 (122 ff.).

2. Spätere Änderung der Aufgaben/Kosten

9 Führen bereits übertragene Aufgaben, spätere vom Land veranlasste Änderungen ihres Zuschnitts oder der Kosten aus ihrer Erledigung oder später nicht vom Land veranlasste Änderungen der Kosten aus der Erledigung übertragener Pflichtaufgaben nach Weisung zu einer *wesentlichen Mehrbelastung* der Gemeinden oder Gemeindeverbände, so ist ein entsprechender finanzieller Ausgleich zu schaffen (Art. 71 Abs. 3 S. 3 LV). Dies beinhaltet ein **Recht auf volle Kostendeckung**.[239] Die Beschränkung auf wesentliche Mehrbelastungen klammert bloße *Bagatellbelastungen* aus.[240]

10 Art. 71 Abs. 3 S. 1 u. 2 LV beziehen sich nur auf die Übertragung bestehender oder neuer Aufgaben.[241] Die bloße Erweiterung des Aufgabenumfangs aus tatsächlichen oder rechtlichen Gründen *ohne Veranlassung durch das Land* ist grundsätzlich nicht erfasst.[242] Solche Mehrbelastungen werden erst im Rahmen von Art. 71 Abs. 3 S. 3 Var. 3 LV und folglich nur mit Blick auf *Pflichtaufgaben nach Weisung* relevant.[243]

11 Nach Art. 71 Abs. 3 S. 4 LV gelten die Sätze 2 und 3 entsprechend, wenn das Land freiwillige Aufgaben der Gemeinden oder Gemeindeverbände *in Pflichtaufgaben umwandelt* (z.B. Einführung einer Pflicht zur Vorhaltung von Kita-Plätzen für unter 3-jährige Kinder) oder *besondere Anforderungen* an die Erfüllung bestehender, nicht übertragener Aufgaben begründet (z.B. die Gruppengröße in Kindergärten bestimmt). Das Nähere zur Konsultation der in Absatz 4 genannten Zusammenschlüsse zu einer Kostenfolgeabschätzung kann durch Gesetz oder eine Vereinbarung der Landesregierung mit diesen Zusammenschlüssen geregelt werden.

12 Spätere Änderungen sind auch denkbar durch Verordnungen oder Erlasse von Landesministerien; ein Gesetz im formellen Sinne ist hierfür abweichend von Art. 71 Abs. 1 S. 1 LV nicht notwendig. Nicht unter Art. 71 Abs. 3 S. 4 Var. 2 LV fallen indes Weisungen auf dem Gebiet staatlicher Aufsicht, ausschließlich verwaltungsinterne Tätigkeiten und Förderrichtlinien.[244] Voraussetzung des Art. 71 Abs. 3 S. 4 Var. 2 LV ist nämlich, dass den betroffenen Aufgaben Außenwirkung zukommt und die entsprechenden Anforderungen verpflichtend sind.[245]

13 Die Übertragung bloßer „**Mitfinanzierungspflichten**" soll ohne Auslösung der Kostentragungsfolge nach Art. 71 Abs. 3 LV möglich sein.[246] Nach der Rechtsprechung

---

239 So *Brötel*, BWGZ 1992, 388 (390); *Mückl*, DÖV 1999, 841 (850); *Aker*, VBlBW 2008, 258 (260). Der StGH BW, VBlBW 1999, 18 (21) lässt den konkreten Umfang der Ausgleichspflicht offen, unterscheidet aber den „entsprechenden" von einem nur „angemessenen" Ausgleich.
240 LT-Drs. 14/2442 S. 7; *Aker*, VBlBW 2008, 258 (263). Zur Situation in NW VerfGH NW, Urt. v. 12.10.2010 – 12/09, JuS 2011, 860 ff. Zur früheren Rechtslage bereits StGH BW, Urt. v. 05.10.1998 – 4/97, VBlBW 1999, 18 (22): Mehrbelastungen müssen ins Gewicht fallen.
241 Entgegen der früheren Auffassung des StGH BW kommt es nicht mehr darauf an, dass die Aufgabe zuvor von einem anderen Verwaltungsträger erfüllt worden war, vgl. LT-Drs. 14/2442, S. 6 f. Es genügt also eine „Aufgabendifferenz" (*Aker*, VBlBW 2008, 258 [262]; a.A. insoweit *Dols/Plate/Schulze*, Kommunalrecht, Rn. 50). Zu späteren Kürzungen des Mehrbelastungsausgleichs VerfGH Sachsen, Beschl. v. 14.08.2012 – Vf. 97-VIII-11.
242 StGH BW, Urt. v. 10.05.1999 – 2/97, VBlBW 1999, 294 (299); StGH BW, Urt. v. 05.10.1998 – 4/97, VBlBW 1999, 18 (23); zum Begriff der Aufgabenübertragung vgl. auch StGH BW, Urt. v. 14.10.1993 – 2/92, VBlBW 1994, 12 (14 f.).
243 LT-Drs. 14/2442, S. 8.
244 LT-Drs. 14/2442, S. 9.
245 LT-Drs. 14/2442, S. 9.
246 Anders und insoweit für das Bundesgebiet einzigartig der eindeutige Wortlaut der Verfassung des Landes RP, Art. 49 Abs. 5 S. 1 Hs. 2 LV RP.

des StGH BW handelt es sich bei solchen rein finanziellen Leistungspflichten nicht um öffentliche Aufgaben.[247]

3. Kostenregelung: Zeitpunkt und Inhalt

Die Kostenregelung muss nicht in demselben Gesetz erfolgen,[248] nach Art. 71 Abs. 3 S. 2 LV aber „**gleichzeitig**".[249] **14**

Die **Art** der Kostenerstattung liegt im Ermessen des Gesetzgebers. So können beispielsweise neue kommunale Abgabenquellen erschlossen oder bereits bestehende erweitert, andere kommunale Leistungspflichten mit der Folge einer geringeren Ausgabenlast reduziert oder finanzieller Ersatz von Mehraufwendungen geleistet werden.[250] **15**

Bei einer Regelung der verfassungsrechtlich gebotenen Kostentragung im Rahmen des jeweiligen **Finanzausgleichs** zwischen dem Land und den Gemeinden[251] ist der Landesgesetzgeber nach der Rechtsprechung des OVG NW nicht verpflichtet, sich beim Erlass des Finanzausgleichsgesetzes die einzubeziehenden Aufgaben und ihre Kosten einzeln zu vergegenwärtigen und gesondert innerhalb des Finanzausgleichs auszuweisen.[252] **16**

4. Allgemeine Finanzausstattungspflicht

Auch außerhalb der Kostendeckungsregelung des spezielleren Art. 71 Abs. 3 S. 2 LV ist das Land nach Art. 71 Abs. 1 i.V.m. Art. 73 Abs. 1 und 3 LV im Rahmen seiner **allgemeinen**, aufgabeninakzessorischen **Finanzaustattungspflicht** gehalten, die finanzielle Leistungsfähigkeit der Gemeinden und Gemeindeverbände zu garantieren.[253] Dies kann speziell im Rahmen des kommunalen Finanzausgleichs geschehen.[254] **17**

Das Land hat in diesem Rahmen für eine Finanzausstattung zu sorgen, die den Kommunen eine angemessene und **kraftvolle Erfüllung ihrer Aufgaben erlaubt** und nicht durch eine Schwächung der Finanzkraft zu einer Aushöhlung des Selbstverwaltungsrechts führt.[255] Bei der Erfüllung dieses Verfassungsgebots kommt dem Landesgesetzgeber ein *weiter Gestaltungsspielraum* zu.[256] Den Gemeinden und Ge- **18**

---

247 StGH BW, Urt. v. 14.10.1993 – 2/92, VBlBW 1994, 12 (14); StGH BW, Urt. v. 10.05.1999 – 2/97, VBlBW 1999, 294 (299f.); a.A. BVerfG, Beschl. v. 07.02.1991 – 2 BvL 24/84, BVerfGE 83, 363 (385), *Mückl*, DÖV 1999, 841 (846ff.) – „Finanzierungsaufgabe als Fortsetzung der Sachaufgabe"; zur – im Ergebnis unveränderten – neuen Rechtslage *Aker*, VBlBW 2008, 258 (261).
248 VGH BW, Beschl. v. 03.12.2004 – 4 S 2789/03, DÖV 2005, 433 (436); dazu auch BVerfG, Beschl. v. 07.05.2001 – 2 BvK 1/00, juris Rn. 112ff.
249 Durch diese Formulierung (früher: „dabei") wollte der Gesetzgeber eine noch engere Verpflichtung von Aufgabenübertragung und Kostendeckungsregelung vorgeben (LT-Drs. 14/2442, S. 7).
250 *Mückl*, DÖV 1999, 841 (850).
251 Dazu *Braun*, LV, Art. 71 Rn. 64f.
252 OVG NW, Urt. v. 30.01.1987 – 15 A 1032/84, NVwZ 1988, 77 (79); hierzu *Vietmeier*, DVBl. 1993, 190 (195).
253 Vgl. StGH BW, Urt. v. 14.10.1993 – 2/92, VBlBW 1994, 12 (15); StGH BW, Urt. v. 10.11.1993 – 3/93, VBlBW 1994, 52 (53). Näher zu Art. 28 Abs. 2 GG vgl. § 5 Rn. 62, 76.
254 Hierzu unter § 20 Rn. 30ff.
255 StGH BW, Urt. v. 10.11.1993 – 3/93, VBlBW 1994, 52 (56); StGH BW, Urt. v. 10.05.1999 – 2/97, VBlBW 1999, 294 (300f.).
256 *Dols/Plate/Schulze*, Kommunalrecht, Rn. 34, 50.

meindeverbänden ist zwar eine finanzielle Mindestausstattung garantiert.[257] Das Land muss den Kommunen aber keine zweckgebundene Finanzausstattung in bestimmter Höhe im Sinne einer freien Spitze sichern, sondern verfügt über eine Pauschalisierungsbefugnis.[258]

19 Durch Art. 73 Abs. 3 S. 1 LV, der die Finanzgarantie der Gemeinden und Gemeindeverbände nur unter dem Vorbehalt der finanziellen Leistungsfähigkeit des Landes[259] gewährleistet, bringt die Verfassung die *Gleichwertigkeit von Landes- und Kommunalaufgaben* zum Ausdruck.[260] Im Kollisionsfall hat der Gesetzgeber das Spannungsverhältnis zwischen diesen Belangen im Finanzausgleich – unter prozeduraler Absicherung – durch geeignete Einnahmen- und Lastenverteilungsregeln zum Ausgleich zu bringen.[261] Der weite gesetzgeberische Gestaltungsspielraum findet seine Grenze erst in der Aushöhlung des garantierten Selbstverwaltungsrechts.[262]

5. Beteiligung der Kommunen

20 Mit der Einfügung des Art. 71 Abs. 3 S. 5 LV und dem Erlass des Konnexitätsausführungsgesetzes (KonnexAG) wurde die **Beteiligung** der Kommunen an der Erarbeitung von Gesetzesentwürfen gesetzlich verpflichtend geregelt (Art. 71 Abs. 4 LV). Dabei sollen die Kostenfolgen im Vorfeld gemeinsam abgeschätzt werden. Zeitgleich wurde § 54 StGHG ein zweiter Satz hinzugefügt. Dieser erlaubt den kommunalen Landesverbänden in Zukunft einem Verfahren vor dem StGH beizutreten, sofern vom Antragsteller eine Verletzung von Art. 71 Abs. 3 LV behauptet wird und dieses Verfahren aus Sicht des kommunalen Landesverbandes von grundsätzlicher Bedeutung ist.

---

257 StGH BW, Urt. v. 10.05.1999 – 2/97, VBlBW 1999, 294 (295); VerfGH RP, Urt. v. 14.02.2012 – VGH N 3/11, juris, Rn. 23; dazu auch Geis, Kommunalrecht, § 6 Rn. 25 ff.
258 StGH BW, Urt. v. 10.05.1999 – 2/97, VBlBW 1999, 294 (295).
259 StGH BW, Urt. v. 10.11.1993 – 3/93, VBlBW 1994, 52 (57); StGH BW, Urt. v. 10.05.1999 – 2/97, VBlBW 1999, 294 (301); vgl. auch VerfG Bbg, Urt. v. 16.09.1999 – 28/98, NVwZ-RR 2000, 129 (130); a.A. Thür VerfGH, Urt. v. 21.06.2005 – 28/03, NVwZ-RR 2005, 665 (668).
260 VerfGH RP, Urt. v. 14.02.2012 – VGH N 3/11, juris, Rn. 24.
261 StGH BW, Urt. v. 10.05.1999 – 2/97, VBlBW 1999, 294 (300 f.).
262 StGH BW, Urt. v. 10.05.1999 – 2/97, VBlBW 1999, 294 (300).

§ 7
Die Hoheitsrechte der Gemeinde

Literatur: *Lange,* Kommunalrecht, Kap. 1 Rn. 57 ff.
Weiterführend: *Birk,* Kommunale Selbstverwaltungshoheit und überörtliche Planung, NVwZ 1989, 905 ff.; *Küppers/Müller,* Kommunale Rechtssetzung im Kulturbereich, 1994; *Schoch,* Verfassungsrechtlicher Schutz der Kommunalen Finanzautonomie, 1997; *Kirchberg/Boll/Schütt,* Der Rechtsschutz von Gemeinden in der Fachplanung, NVwZ 2002, 550 ff.; *Jarass,* Interkommunale Abstimmung in der Bauleitplanung, 2003; *Schmidt,* Kommunale Kooperation, 2005; *Scheytt,* Kommunales Kulturrecht, 2005; *Werner-Jensen,* Planungshoheit und kommunale Selbstverwaltung, 2006; *Michler,* Die Rechtsstellung der Gemeinden bei der Ausweisung Europäischer Vogelschutzgebiete, VBlBW 2006, 449 ff.; *v. Schwanenflug,* Rechtsschutz von Kommunen in der Fachplanung NVwZ 2007, 1351 ff.; *Roßmüller,* Der Schutz der kommunalen Finanzausstattung durch Verfahren, 2009; *Wolff,* Die Personalhoheit als Bestandteil der kommunalen Selbstverwaltungsgarantie, VerwArch 2009 (100), 280 ff.; *Siepmann/Siepmann,* Stellenbewertung für Kommunalbeamte, 2010.

Die in Art. 28 Abs. 2 S. 1 GG enthaltene Garantie der *eigenverantwortlichen Aufgabenwahrnehmung* führt zu typischen Tätigkeitsfeldern der Gemeinde, die als sog. **Gemeindehoheiten** bezeichnet werden. Zumeist werden die *Gebiets-, Satzungs-, Planungs-, Finanz-, Organisations- und Personalhoheit* beschrieben, daneben auch die *Kultur- und Kooperationshoheit.* Der Kreis dieser Gemeindehoheiten ist nicht abschließend, sondern ergibt sich aus der Systematisierung der von den Gemeinden wahrgenommenen Aufgaben.[263] Inwieweit die einzelnen Gemeindehoheiten zum *Kernbereich* der Selbstverwaltungsgarantie gehören, ist noch nicht abschließend geklärt.[264] 1

I. Gebietshoheit

Die Gemeinde ist eine **Gebietskörperschaft** (§ 1 Abs. 4 GemO).[265] Ihr Gebiet bilden die *Grundstücke,* die nach geltendem Recht zu ihr gehören (§ 7 Abs. 1 S. 1 GemO). *Grenzstreitigkeiten* entscheidet die Rechtsaufsicht (§ 7 Abs. 1 S. 2 GemO). Das Gemeindegebiet ist nicht identisch mit der *Gemarkung.*[266] Zum Gemeindegebiet gehört auch das Erdinnere, nicht jedoch der Luftraum. 2

Jedes Grundstück soll zu einer Gemeinde gehören (§ 7 Abs. 3 S. 1 GemO). Aus besonderen Gründen können *„gemeindefreie Grundstücke"* außerhalb einer Gemeinde verbleiben (§ 7 Abs. 3 S. 2 GemO).[267] Die Pflichten der Gemeinde erfüllt in diesem Falle der Grundstückseigentümer, während eine Nachbargemeinde oder der Landkreis die Verwaltung übernehmen kann. 3

Die Gebietshoheit ist ein Ausfluss der *Allzuständigkeit.* Im Sinne einer territorialen Radizierung der Staatsgewalt sind danach alle Personen und Gegenstände im Gemeindegebiet *der Rechtsmacht der Gemeinde unterworfen.*[268] Einschränkend wirken 4

---

263 *Engels,* JA 2014, 7 (8); *Ziekow,* VerwArch 104 (2013), 529 (538) macht z.B. auch eine „kommunale Informationshoheit" aus.
264 Vgl. hierzu BVerfG, Beschl. v. 27.01.2010 – 2 BvR 2185/04, juris Rn. 90 ff.
265 Dazu näher unter § 10 Rn. 1 ff.
266 Dazu *Kunze/Bronner/Katz,* GemO, § 7 Rn. 1.
267 Hierzu *Zöllner,* BayVBl. 1987, 549; zu gemeindefreien Flächen vgl. auch unter § 1 Rn. 1.
268 BVerfG, Urt. v. 24.07.1979 – 2 BvK 1/78, juris Rn. 73.

jedoch der *Vorbehalt des Gesetzes* und die Beschränkung der gemeindlichen Zuständigkeit auf die *Angelegenheiten der örtlichen Gemeinschaft*.[269]

5 Die Gebietshoheit garantiert weder einen bestimmten *Bevölkerungsstand* der Gemeinde[270] noch einen Anspruch auf *Ausweitung* des Gemeindegebiets,[271] endet an der Gemeindegrenze und kann nicht weiter reichen als die jeweilige *Landeshoheit*.[272]

6 Die Gebietshoheit gehört insoweit zum **Kernbereich** der Selbstverwaltung, als sie die örtliche *Zuständigkeit* der Gemeinde zur Erfüllung kommunaler Aufgaben innerhalb der Gemeindegrenzen garantiert. Nicht zum Kernbereich der Garantie gehört der unveränderte Bestand der *Gemeindegrenzen*.[273] Gebietsänderungen sind deshalb im Rahmen von § 8 GemO zulässig.[274]

7 Die *Aufgabe von Gebietshoheitsrechten* und die *Ausdehnung* der Gebietshoheit über die Gemeindegrenzen hinaus ist kraft Gesetzes[275] und aufgrund einer *zwischengemeindlichen Zusammenarbeit* möglich.[276]

II. Finanzhoheit

8 Die Finanzhoheit beinhaltet das Recht der Gemeinden auf eine **eigenverantwortliche Einnahmen- und Ausgabenwirtschaft** einschließlich eigener Haushaltsführung und Vermögensverwaltung im Rahmen der vom Staat überlassenen Einnahmequellen.[277] Sie ist als spezielle Ausprägung des Selbstverwaltungsrechts seit 1994 durch *Art. 28 Abs. 2 S. 3 GG* ausdrücklich garantiert[278] und dem Bereich der *Eigenverantwortlichkeit* zuzurechnen.[279]

9 Art. 28 Abs. 2 S. 1 GG enthält zudem einen Anspruch der Gemeinden auf eine **finanzielle Mindestausstattung**, die den Gemeinden die Gelegenheit zur „kraftvollen Betätigung" sichert.[280] Die Landesverfassung sichert dies durch die Vorgabe ab, dass bei einer *Aufgabenübertragung* gleichzeitig Bestimmungen über die Deckung der Kosten zu treffen sind (Art. 71 Abs. 3 S. 2 LV).[281] Einen Schutz für *einzelne Vermögenspositionen* bietet die Finanzhoheit jedoch nicht.[282]

10 Die Finanzhoheit gehört in ihrem Grundbestand zum **Kernbereich** der Selbstverwaltung, während die Einzelausformungen dem weiteren Schutzbereich zuzuordnen

---

269 *Lange*, Kommunalrecht, Kap. 1 Rn. 58 f.
270 VGH BW, Urt. v. 21.07.1986 – 1 S 232/86, NVwZ 1987, 512 (513).
271 VerfGH Saarl, Urt. v. 27.04.1992 – Lv 2/90, NVwZ-RR 1993, 424 (425).
272 BVerfG, Beschl. v. 18.10.1994 – 2 BvR 611/91, juris Rn. 19 ff. (Landesgrenze Berlin).
273 Zur Auflösung und Neubildung von Gemeinden vgl. unter § 5 Rn. 14.
274 Zur Landesverfassung vgl. § 5 Rn. 107.
275 BVerwG, Beschl. v. 11.03.1998 – 8 BN 6.97, NVwZ 1998, 952 (Satzungsrecht für gemeindefreies Grundstück).
276 Dazu VGH BW, Urt. v. 06.11.1989 – 1 S 2842/88, juris Rn. 24 ff. – Friedhof auf fremder Gemarkung; dazu auch § 23.
277 Dazu BVerfG, Beschl. v. 27.11.1986 – 2 BvR 1241/82, juris Rn. 12 ff.; BVerfG, Beschl. v. 07.01.1999 – 2 BvR 929/97, juris Rn. 41 ff.; VGH BW, Urt. v. 28.02.2005 – 1 S 1312/04, juris Rn. 32 ff.; BVerfG, Beschl. vom 27.01.2010, 2 BvR 2185/04, juris Rn. 67.
278 Zur Verstärkung der kommunalen Finanzautonomie durch Art. 106 Abs. 6 S. 2 und 28 Abs. 2 S. 3 GG BVerfG, Beschl. vom 27.01.2010, 2 BvR 2185/04, juris Rn 65 ff.
279 BVerfG, Beschl. v. 07.01.1999 – 2 BvR 929/97, juris Rn. 32.
280 Dazu § 5 Rn. 62.
281 Dazu unter § 6.
282 BVerfG, Beschl. v. 07.01.1999 – 2 BvR 929/97, juris Rn. 44 f.

II. Finanzhoheit

sind.[283] Daher sind gesetzliche Ausformungen der Finanzhoheit möglich und Beschränkungen grundsätzlich zulässig.[284]

Die **Abgabenhoheit** ist ein Unterfall der Finanzhoheit. Sie umfasst die Befugnis zum Erlass von Abgabengesetzen, zur Verwaltung der Abgaben und zum Vollzug der Abgabengesetze sowie zur Vereinnahmung der Erträge aus einer Abgabe.[285] 11

Die Befugnis zum Erlass von Abgabensatzungen zählt zum *Kernbereich* des Selbstverwaltungsrechts.[286] *Art. 73 Abs. 2 LV BW* garantiert, dass das Land den Gemeinden und Landkreisen die Erhebung eigener Abgaben ermöglichen muss, was das Recht zum Erlass eigener Abgabensatzungen umfasst.[287] 12

1. Gesetzgebungshoheit für kommunale Abgaben

Die **Länder** haben nach Art. 105 Abs. 2a S. 1 GG die ausschließliche Gesetzgebungshoheit über die *örtlichen Verbrauchs- und Aufwandssteuern* (Vergnügungssteuer, Getränkesteuer usw.), solange und soweit sie nicht bundesgesetzlich geregelten Steuern gleichartig sind.[288] 13

Die **Gemeinden** besitzen nach dem GG als Teil der Bundesländer keine eigene Gesetzgebungshoheit. Sie können nur die *Hebesätze der Realsteuern* festsetzen (Art. 106 Abs. 6 S. 2 GG).[289] Darüber hinaus haben die Gemeinden als Abbild der Gesetzgebungshoheit die *Satzungshoheit für örtliche Verbrauchs- und Aufwandssteuern* (§ 9 Abs. 4 KAG BW). Die gemeindlichen Steuern dürfen landes- oder bundesgesetzgeberischen Steuerkonzepten (wozu auch bewusste Steuerbefreiungen gehören) *nicht zuwiderlaufen*.[290] 14

Die Gesetzgebungshoheit für **sonstige Abgaben** (Beiträge, Gebühren, Abgaben eigener Art, Sonderabgaben) richtet sich nach der *Gesetzgebungszuständigkeit* für das Sachgebiet, in dessen Rahmen die Abgaben erhoben werden.[291] Um eine Umgehung der Sonderzuständigkeiten im Steuerrecht zu vermeiden, werden an die Rechtfertigung von Sonderabgaben qualifizierte materielle Anforderungen gestellt.[292] Nicht dem Bund zugewiesene Sachgebiete fallen einschließlich der Abgabenhoheit in die Zuständigkeit der *Länder* (Art. 70 Abs. 1, 30 GG). Damit besitzen die Länder auch die Kompetenz zur Regelung der *Kommunalabgaben*. 15

Das *Erschließungsbeitragsrecht* fällt seit der Änderung des Grundgesetzes vom 27.10.1994 (BGBl I, 3146) in die Gesetzgebungszuständigkeit der Länder (vgl. Art. 74 16

---

283 BayVerfGH, Beschl. v. 15.12.1988 – Vf. 70-VI-86, NVwZ 1989, 551.
284 Dazu etwa BayVerfGH, Beschl. v. 28.11.2007, Vf. 15-VII-05, juris Rn. 220, 239; OVG NW, Beschl. v. 30.07.2004 – 9 A 3255/03, juris Rn. 8 ff. (Klagebefugnis einer Gemeinde gegen Kürzung der *Baugebühren*); VerfGH RP, Beschl. v. 05.07.2007 – VGH N 18/06, NVwZ-RR 2008, 435 (436 zur Geltung des Rückwirkungsverbots zugunsten der Kommunen). Zu den Voraussetzungen für gesetzliche Beschränkungen des Selbstverwaltungsrechts zudem § 5 Rn. 66 ff.
285 Zu den kommunalen Abgaben vgl. auch unter § 20 Rn. 21 ff.
286 BayVerfGH, Entsch. v. 27.03.1992 – Vf. 8-VII-89, NVwZ 1993, 163 (164); vgl. auch *Mehde*, in: Maunz/Dürig, GG, Stand 2013, Art. 28 II, Rn. 77.
287 StGH BW, Urt. v. 21.07.1956- 1/56, BWVBl. 1956, 153 (155); *Braun*, LV BW, Art. 73 Rn. 15.
288 Hierzu BVerfG, Urt. v. 06.12.1983 – 2 BvR 1275/79, juris Rn. 83 f.
289 Zu *Einschränkungen* des Hebesatzrechts BVerfG, Beschl. v. 27.01.2010 – 2 BvR 2185/04, juris Rn. 86 ff.; BVerwG, Urt. 27.10.2010 – 8 C 43.09.
290 VGH Bay, Urt. v. 22.03.2012 – 4 BV 11.1909, juris Rn. 43, 46.
291 BVerfG, Urt. v. 06.11.1984 – 2 BvL 19/83, juris Rn. 57.
292 BVerfG, Urt. v. 03.02.2009 – 2 BvL 54/06, juris Rn. 97 ff.; BVerfG, Urt. v. 06.11.1984 – 2 BvL 19/83, juris Rn. 57.

Ziff. 18 GG: „ohne das Recht der Erschließungsbeiträge".[293] Nach Art. 125a Abs. 1 GG gelten die erschließungsbeitragsrechtlichen Vorschriften des Bundes (§§ 127 bis 135 BauGB) fort, solange sie nicht durch Landesrecht ersetzt werden. In Baden-Württemberg kam es durch die Neufassung des KAG im Jahre 2005 zu einer solchen Ersetzung.

17 Führen die Länder nach **Art. 83 GG** Bundesgesetze als eigene Angelegenheit aus, so regeln sie auch die Einrichtung der Behörden und das Verwaltungsverfahren (Art. 84 Abs. 1 S. 1 GG). Dies schließt die Kompetenz der Länder zur Regelung des *Verwaltungsgebührenrechts* ein.[294] § 2 KAG gewährt den Gemeinden insoweit eine freilich nicht unbeschränkte Abgabensatzungshoheit. Wenn Bundesgesetze etwas anderes bestimmen, können die Länder davon abweichende Regelungen treffen (Art. 84 Abs. 1 S. 2 GG).

2. Verwaltungshoheit für kommunale Abgaben

18 Die Zölle, die Finanzmonopole und die bundesrechtlich geregelten Verbrauchssteuern sowie die EU-Abgaben werden durch den **Bund** verwaltet (Art. 108 Abs. 1 S. 1 GG), die übrigen Steuern durch die **Länder** (Art. 108 Abs. 2 S. 1 GG). Die Steuern, die dem Bund zufließen, verwalten die Länder im Auftrag des Bundes (Art. 108 Abs. 3 S. 1 GG). Für die den **Gemeinden** (Gemeindeverbänden) allein zufließenden Steuern kann die Verwaltung durch die Länder ganz oder zum Teil den Kommunen übertragen werden (Art. 108 Abs. 4 S. 2 GG). Im Bereich des Grund- und Gewerbesteuerrechts wurde die Verwaltungshoheit im Festsetzungs- und Erhebungsverfahren nach § 9 Abs. 2 S. 1 KAG auf die Gemeinden übertragen. Dasselbe gilt für die Verwaltung der örtlichen Verbrauchs- und Aufwandssteuern (vgl. § 9 Abs. 4 KAG).

19 Die Verwaltungshoheit für die übrigen Abgaben folgt der *allgemeinen Verwaltungszuständigkeit* für die Sachgebiete, in deren Rahmen die Abgaben erhoben werden (Art. 30, 83 f. GG).

3. Ertragshoheit für kommunale Abgaben

20 Die Ertragshoheit für **Steuern** ist aufgespalten. Kraft enumerativer Bestimmungen steht das Steueraufkommen teils dem Bund, teils den Ländern, teils beiden gemeinschaftlich zu (Art. 106 GG). Den Gemeinden steht der Ertrag aus den *Realsteuern* und grundsätzlich auch aus den *örtlichen Verbrauchs- und Aufwandssteuern* zu (vgl. Art. 106 Abs. 6 S. 1 GG). Sie können jedoch verpflichtet werden, Bund und Länder am Gewerbesteueraufkommen durch eine *Umlage* zu beteiligen (Art. 106 Abs. 6 S. 4 GG).

21 Daneben fließt den Kommunen (Gemeinden und Gemeindeverbänden) vom Länderanteil an den Gemeinschaftssteuern insgesamt ein landesgesetzlich zu bestimmender Prozentsatz zu. Im Übrigen bestimmt die Landesgesetzgebung, ob und inwieweit das Aufkommen der Landessteuern den Gemeinden (Gemeindeverbänden) zufließt (vgl. Art. 106 Abs. 7 S. 2 GG).

---

[293] Näher zur Entwicklung der Gesetzgebungszuständigkeit in diesem Bereich *Driehaus*, Erschließungs- und Ausbaubeiträge, § 1 Rn. 9 f.
[294] Dazu BVerwG, Urt. v. 01.12.1989 – 8 C 14.88, juris Rn. 12.

Die Ertragshoheit der **übrigen Abgaben** folgt der allgemeinen *Gesetzgebungs- und* 22 *Verwaltungskompetenz* der Sachgebiete, im Rahmen derer Abgaben erhoben werden. Die Ertragshoheit steht hiernach den Körperschaften zu, deren Behörden die öffentlichen Aufgaben erfüllen, für die Abgaben erhoben werden. Den *Gemeinden* steht die Ertragshoheit der Erschließungsbeiträge nach § 20 Abs. 2 KAG sowie der übrigen Kommunalabgaben nach § 11 ff. KAG und der in diesem Bereich bestehenden spezialgesetzlich geregelten Abgaben nach Maßgabe dieser Gesetze zu.

III. Planungshoheit

1. Inhalt

Die Planungshoheit der Gemeinde umfasst das ihr als Selbstverwaltungskörper- 23 schaft zustehende Recht auf **Planung und Regelung der Bodennutzung** in ihrem Gebiet.[295] Dies beinhaltet insbesondere das Recht der Gemeinden, die städtebauliche Entwicklung in eigener Verantwortung durch *Flächennutzungs- und Bebauungspläne* einschließlich der damit verbundenen finanziellen Entscheidungen zu ordnen.[296] Im Verhältnis der Gemeinden zum Staat gewinnt die Planungshoheit vor allem dann Bedeutung, wenn sie durch überörtliche Planungen beeinträchtigt wird. Neben dem Erlass von Bauleitplänen machen die Gemeinden von ihrer Planungshoheit Gebrauch etwa durch den Erlass von Infrastrukturplänen, Grünordnungsplänen, Kindergarten- und Altenheimplänen, Lärmaktionsplänen o.ä.

Das BVerfG hat bislang offengelassen, inwieweit die Planungshoheit zum unantast- 24 baren **Kernbereich** der Selbstverwaltungshoheit gehört.[297] Die Befugnis zur eigenverantwortlichen Planung ist für eine sachgerechte und eigenverantwortliche kommunale Aufgabenerfüllung jedoch *unverzichtbar*. Daher zählt der Grundbestand der Planungshoheit zum Kernbereich der Selbstverwaltungsgarantie. Ihr *gänzlicher Entzug* würde den Kernbereich der Selbstverwaltungsgarantie verletzen.[298]

Die **Randbereiche** der Planungshoheit sind dagegen einer näheren gesetzlichen 25 Ausgestaltung zugänglich („im Rahmen der Gesetze"). Die Zulässigkeit von Eingriffen in die Planungshoheit richtet sich nach den allgemeinen Grundsätzen für die Einschränkung des Selbstverwaltungsrechts.[299] Außerhalb des Kernbereichs sind das *verfassungsrechtliche Aufgabenverteilungsprinzip* hinsichtlich der Angelegenheiten der örtlichen Gemeinschaft sowie das *Verhältnismäßigkeitsprinzip* und das *Willkürverbot* zu beachten.[300] Entsprechend diesen Vorgaben ist die Planungshoheit erheblichen Einschränkungen insbesondere durch das *BauGB und die Baunutzungsverordnung sowie die Fachplanungsgesetze* unterworfen worden.

---

295 BVerwG, Urt. v. 16.12.1988 – 4 C 40.86, juris Rn. 43.
296 BVerwG, Urt. v. 11.04.1986 – 4 C 51.83, juris Rn. 17 ff. Hierzu zählt auch die Befugnis zu einer gemeindlichen *Verkehrspolitik*, BVerwG, Urt. v. 07.06.2001 – 4 CN 1.01, juris LS 3. Zu *Windkraftanlagen* vor dem Hintergrund des LPlG 2012 vgl. *Heilshorn/Schober*, VBlBW 2012, 330 ff.
297 BVerfG, Beschl. v. 07.05.2001 – 2 BvK 1/00, juris Rn. 123; VerfGH NW, Urt. v. 25.10.2011 – 10/10, juris Rn. 89. Vgl. dazu auch unter § 5 Rn. 72.
298 StGH BW, Urt. v. 04.06.1976 – GR 3/75, NJW 1976, 2205 (2206 f.); vgl. auch *Stober*, Kommunalrecht, § 7 II e m.w.N.
299 Zu diesen Anforderungen z.B. BVerfG, Beschl. v. 23.11.1988 – 2 BvR 1619/83, juris Rn. 68 ff.; vgl. zudem unter § 5 Rn. 66 ff..
300 Zutreffend VerfGH NW, Urt. v. 25.10.2011 – 10/10, juris Rn. 66.

26 Beispiel: Bsp.: Eine konkrete *Standortausweisung für Infrastrukturvorhaben* ist kein gänzlicher Entzug der Planungshoheit und kann durch überörtliche Interessen von höherem Gewicht gerechtfertigt sein.[301]

27 Aus der Planungshoheit ergeben sich sog. **Erstreckungsgarantien**.[302] Diese bestehen vornehmlich in *Beteiligungsrechten* an staatlichen oder anderen kommunalen Planungsentscheidungen, die die gemeindliche Planung oder die Infrastruktur betreffen. Dazu zählen insbesondere

- *Informations- und Anhörungsrechte* bei überörtlichen Planungen,[303]
- das Recht auf Durchführung und Abschluss bestimmter *Genehmigungsverfahren*,[304]
- das Recht auf *Berücksichtigung der kommunalen Belange* bei der Betätigung des Planungsermessens durch einen überörtlichen Planungsträger,[305]
- das Recht auf *interkommunale Abstimmung* der Planung von Nachbargemeinden mit der eigenen Planung (vgl. § 2 Abs. 2 BauGB),[306]
- das Recht auf *Beteiligung im Baugenehmigungsverfahren*, speziell in der Form des Rechts auf Erteilung oder Verweigerung des Einvernehmens nach § 36 BauGB,[307]
- ein *Abwehrrecht* der Gemeinde gegen die Genehmigung von Baumaßnahmen, die ihren planerischen Festsetzungen widersprechen[308] und
- das Recht auf angemessene Berücksichtigung der geordneten *städtebaulichen Entwicklung* durch die Straßenverkehrsbehörde.[309]

2. Durchsetzung

28 Verletzungen ihrer Planungshoheit kann die Gemeinde auf dem **Verwaltungsrechtsweg** geltend machen.[310]

29 Die mögliche Verletzung eines **Beteiligungsrechts**, das die kommunale Planungshoheit sichern soll, eröffnet ohne weitere Anforderungen die Klage- bzw. Antragsbe-

---

301 BVerwG, Urt. v. 15.05.2003 – 4 CN 9.01, juris Rn. 24 (Ausweisung eines Messestandorts durch Regionalplan); vgl. dazu auch unter § 5 Rn. 129.
302 Dazu auch unter § 5 Rn. 39.
303 BVerfG, Beschl. v. 07.10.1980 – 2 BvR 584/76, juris Rn. 58 ff.; BVerwG, Urt. v. 20.11.1987 – 4 C 39.84, juris Rn. 15.
304 BVerwG, Urt. v. 16.12.1988 – 4 C 40.86, juris Rn. 41 ff.
305 BVerwG, Urt. v. 18.03.1987 – 7 C 31.85, juris Rn. 13 (Planfeststellungsverfahren der Post); *Engel*, UPR 1993, 209 (211).
306 Dazu BVerwG, Urt. v. 15.12.1989 – 4 C 36.86, juris Rn. 30 ff.; BayVerfGH, Entsch. v. 29.04.1987 – Vf. 5-VII-86, juris Rn. 22; BVerwG, Beschl. v. 26.02.1990 – 4 B 31.90, juris Rn. 13.
307 Dazu BVerwG, Urt. v. 07.02.1986 – 4 C 43.83, juris Rn. 12; BVerwG, Urt. v. 12.12.1991 – 4 C 31.89, juris Rn 14; zur Identität von Baurechtbehörde und Gemeinde BVerwG, Urt. v. 19.08.2004 – 4 C 16.03, juris Rn. 8 ff.; VGH BW, Urt. v. 09.03.2013 – 1 S 3326/11, juris Rn. 62.
308 BVerwG, Urt. v. 11.02.1993 – 4 C 25.91, juris Rn. 14.
309 BVerwG, Urt. v. 20.04.1994 – 11 C 17.93, juris Rn. 15 ff.; zum (einfachgesetzlichen) Recht auf angemessene Berücksichtigung *der örtlichen Verkehrsplanung* VGH BW, Urt. v. 21.10.1993 – 5 S 646/93, juris Rn. 39 ff.
310 Zum Rechtsschutz gegen die Einstufung einer Gemeinde als *Kleinzentrum* vgl. Bay VGH, Urt. v. 14.12.1983 – 4 N 81 A.436, NVwZ 1985, 502.

fugnis (§ 42 Abs. 2 VwGO).[311] Davon abgesehen bejaht die Rspr. bei **überörtlichen oder nachbargemeindlichen Planungen** eine Klage- bzw. Antragsbefugnis (§§ 42 Abs. 2, 47 Abs. 2 VwGO) grundsätzlich nur in folgenden Fällen:

- Für das betroffene Gemeindegebiet liegt bereits eine *hinreichend bestimmte Planung* vor, die *nachhaltig gestört* wird.[312] Nicht ausreichend ist ein lediglich *abstraktes Interesse* der Gemeinde, einen Bereich des Gemeindegebiets von Bebauung freizuhalten.[313] Gleiches gilt für „außenbereichstypische" Darstellungen in einem Flächennutzungsplan.[314]
- Die überörtliche Planung beeinträchtigt ein Grundstück oder eine *öffentliche Einrichtung* der Gemeinde oder die *sonstige Infrastruktur* erheblich.[315]
- Wesentliche Teile des Gemeindegebiets werden *einer durchsetzbaren Planung der Gemeinde entzogen*.[316]

Im Rahmen des **nachbargemeindlichen Abstimmungsgebots** (§ 2 Abs. 2 BauGB) **30** können die Gemeinden *weitergehende Rechte* über die ihnen gewöhnlich gegenüber Fachplanungen zustehenden Rechtspositionen geltend machen. Anders als bei einem Vorgehen gegen die Fachplanung setzt eine Berufung auf das Abstimmungsgebot *keine hinreichend konkrete Planung* oder ähnliches voraus. Einer (materiellen) Abstimmung nach § 2 Abs. 2 BauGB bedarf es immer dann, wenn *unmittelbare Auswirkungen gewichtiger Art* in Betracht kommen – unabhängig davon, ob in der Nachbargemeinde bereits Bauleitpläne oder bestimmte planerische Vorstellungen bestehen.[317] Ausnahmsweise lassen sich auch aus der **Landesplanung** Abwehrrechte gegenüber Projekten angrenzender Gemeinden ableiten.[318]

IV. Satzungshoheit

Die Satzungsautonomie gibt den Gemeinden das Recht, die Angelegenheiten der **31** örtlichen Gemeinschaft **durch Satzung zu regeln**.[319] Dieses Recht ist grundsätzlich auf das *Gemeindegebiet* beschränkt.[320]

---

311 BVerwG, Urt. v. 27.11.1981 – 4 C 36.78, juris Rn. 14 (Erteilung einer Baugenehmigung ohne erforderliches Einvernehmen); BVerwG, Urt. v. 20.11.1987 – 4 C 39.84, juris Rn. 10 ff. (Nichtanhörung bei überörtlichen Planungen). Das BVerwG, Beschl. v. 15.10.1991 – 7 B 99.91, juris Rn. 3 hat später eine Klagebefugnis bei *ausschließlicher* Verletzung von Verfahrensvorschriften im Planfeststellungsverfahren verneint. Ob das auch für die Verletzung europarechtlich bedingter Vorschriften der UVP-Richtlinie gelten kann, hat der EuGH, Urt. v. 07.01.2013 – Rs. C-72/12 (Altrip), noch offen gelassen. Eine Klagebefugnis in diesem Fall bejahen z.B. *Ogorek*, NVwZ 2010, 401 (402); *Schlacke*, NVwZ 2014, 11 (15).
312 BVerwG, Urt. v. 11.05.1984 – 4 C 83.80, juris Rn. 13; BVerwG, Urt. v. 11.04.1986 – 4 C 51.83, juris Rn. 36; BVerwG, Beschl. v. 09.01.1995 – 4 NB 42.94, juris Rn. 7; VGH BW, Entsch. v. 07.04.1997 – 8 S 2550/96, juris Rn. 48; BVerwG, Beschl. v. 02.08.2006 – 9 B 9.06, juris Rn. 6; BVerwG, Beschl. v. 28.02.2013 – 7 VR 13.12, juris Rn. 23.
313 VGH BW, Urt. v. 06.11.1989 – 1 S 2842/88, juris Rn. 22.
314 VerfGH NW, Urt. v. 28.01.1992 – 2/91, juris Rn. 30.
315 BVerwG, 30.05.1984 – 4 C 58.81, juris Rn. 33 f.; BVerwG, Urt. v. 07.06.2001 – 4 CN 1.01, juris Rn. 10; vgl. auch BVerwG, Urt. v. 05.12.1986 – 4 C 13.85. Zur Inanspruchnahme eines gemeindlichen Grundstücks BVerwG, Urt. v. 27.03.1992 – 7 C 18.91.
316 BVerwG, Urt. v. 11.04.1986 – 4 C 51.83, juris Rn. 36; BVerwG, Urt. v. 07.06.2001 – 4 CN 1.01, juris Rn. 10; BVerwG, Beschl. v. 02.08.2006 – 9 B 9.06, juris Rn. 6.
317 BVerwG, Beschl. v. 09.01.1995 – 4 NB 42.94, juris Rn. 7; vgl. auch *Stüer*, NVwZ 2004, 814 (815 f.). Zur möglichen Erweiterung der Planungshoheit um *raumordnerische Belange* vgl. *Hoppe/Otting*, DVBl. 2004, 1125 ff.
318 OVG RP, Urt. v. 19.10.1988 – 10 C 27/87, NVwZ 1989, 983 f. – Bau eines *Supermarktes* in Nachbargemeinde.
319 Dazu im Einzelnen § 18.
320 BVerwG, Urt. v. 03.06.2010 – 9 C 3.09, juris Rn. 21 ff.

V. Organisationshoheit und Kooperationshoheit

32 Die Selbstverwaltungsgarantie umfasst auch die kommunale **Organisationshoheit**. Danach dürfen die Kommunen ihre *innere Verwaltungsorganisation* nach eigenem Ermessen regeln.[321] Diese Befugnis ist Teil der *eigenverantwortlichen* Regelung der Angelegenheiten der örtlichen Gemeinschaft und erstreckt sich auch auf die Erfüllung von *Weisungsaufgaben*.[322]

33 Auf der Grundlage einer historischen Sichtweise unterfällt die Regelung der **äußeren Kommunalverfassung**, also die Ausgestaltung des Gemeindeverfassungssystems, der Organe und ihrer Kompetenzen sowie der Zulassung plebiszitärer Elemente, nicht dem Kernbereich der Organisationshoheit. Sie unterliegt vielmehr einer *weiten Ausgestaltungsbefugnis* des Gesetzgebers.[323]

34 Bestandteil der Organisationshoheit sind insbesondere die Rechte der Kommunen
- zur Einrichtung der Gemeindeorgane, von Organteilen wie Ausschüssen, Beiräten usw.,
- zur Ausgestaltung der Binnengliederung, wie z.B. der Einrichtung der Ortschaftsverfassung,
- zur Gründung von Unternehmen und
- zur Regelung der weiteren inneren Organisation der Gemeinde (z.B. Geschäftsordnungsautonomie des Gemeinderats, Errichtung von Ämtern, Abteilungen, Sachgebieten, Fachbereichen usw. sowie der Sachausstattung, Geschäftsverteilung, Einsetzung und Umsetzung von Bediensteten).

35 Zuständig für die Ausübung der Organisationshoheit ist wie bei den anderen Gemeindehoheiten grundsätzlich der *Gemeinderat* (§ 24 Abs. 1 GemO). Die innere Organisation der Gemeindeverwaltung obliegt jedoch dem *Bürgermeister* (vgl. § 44 Abs. 1 S. 2 GemO).

36 Die Organisationshoheit bietet Schutz gegen *direkte Eingriffe* des Staates. Mittelbare Eingriffe vor allem durch Finanzierungsregelungen können durch sie jedoch nicht verhindert werden.[324]

37 In ihrem Grundbestand zählt die Organisationshoheit zum **Kernbereich** der Selbstverwaltungsgarantie. Ihr gänzlicher Entzug wäre daher verfassungswidrig. Unzulässig wären Regelungen, die die eigenständige organisatorische Gestaltungsfähigkeit der Kommunen im Ergebnis „ersticken" würden. Die konkreten Einzelausformungen gehören dagegen dem **weiteren Schutzbereich** an. Die Organisationshoheit kann hier „im Rahmen der Gesetze" beschränkt werden. Der Gesetzgeber muss den Gemeinden jedoch zumindest eine *Mitverantwortung* für die organisatorische Bewältigung ihrer Angelegenheiten einräumen.[325]

38 Eine besondere Ausprägung der Organisationshoheit ist die **Kooperationshoheit**. Diese umfasst das Recht der Gemeinden, für einzelne Aufgaben zusammen mit anderen Kommunen *gemeinschaftliche Handlungsinstrumente* zu schaffen.[326]

---

321 BVerfG, Beschl. v. 27.11.1986 – 2 BvR 1241/82, juris Rn. 16.
322 BVerfG, Beschl. v. 07.02.1991 – 2 BvL 24/84, juris Rn. 67; vgl. dazu auch BVerfG, Urt. v. 20.12.2007 – 2 BvR 2433/04 u.a., juris Rn. 146 f.
323 BVerfG, Beschl. v. 26.10.1994 – 2 BvR 445/91, juris Rn. 30 ff.; dazu auch § 5 Rn. 22.
324 BVerfG, Beschl. v. 27.11.1986 – 2 BvR 1241/82, juris Rn. 16.
325 Dazu BVerfG, Beschl. v. 26.10.1994 – 2 BvR 445/91, juris Rn. 33 und § 5 Rn. 73.
326 BVerfG, Beschl. v. 27.11.1986 – 2 BvR 1241/82, juris Rn. 16; BVerfG, Urt. v. 20.12.2007 – 2 BvR 2433/04, juris Rn. 146; näher dazu § 23.

VI. Personalhoheit

Die Gemeinden haben das Recht auf freie Auswahl, Anstellung, Beförderung und **39** Entlassung der **Gemeindebediensteten**.[327] Auch dieses Recht leitet sich aus der Garantie der *Eigenverantwortlichkeit* der Erledigung kommunaler Angelegenheiten ab und erstreckt sich auch auf die Erfüllung der *Weisungsaufgaben*.[328]

Zum **Kernbereich** der Selbstverwaltungsgarantie zählt, dass es den Gemeinden **40** grundsätzlich gestattet sein muss, *eigenes Personal* zu haben und es im Regelfall selbst auszuwählen.[329] Ebenfalls in diesem Sinne geschützt ist die *Dienstherrenfähigkeit* der Gemeinden.[330]

Die **übrigen Personalangelegenheiten** sind dem weiteren Bereich zuzuordnen und **41** bestehen nur im Rahmen der Gesetze. Gesetzliche Beschränkungen der Personalhoheit der Gemeinden sind *herkömmlich* und verstoßen grundsätzlich nicht gegen das Selbstverwaltungsrecht.[331] Beschränkend in diesem Sinne wirken die Gemeindeordnung, die arbeits- und beamtenrechtlichen Vorschriften sowie – ohne Bindung an die sich aus Art. 28 Abs. 2 S. 1 GG ergebenden Beschränkungen – das Unionsrecht.[332]

Beispiel: Zu einer Einschränkung der Personalhoheit führt die *Stellenobergrenzenverordnung*.[333]

VII. Umweltschutzhoheit?

Kein Bestandteil der Selbstverwaltungsgarantie nach Art. 28 Abs. 2 S. 1 GG ist die **42** **Umweltschutzhoheit**. Die Umweltvorsorge ist eine Primär- und Annexkompetenz zu anderen staatlichen oder kommunalen Kompetenzen, speziell des Bau- und Bodenrechts, des Immissionsschutzrechts, des Abfallrechts, des Wasserrechts und anderer Zuständigkeiten.[334] Auch *Art. 20 a GG* als Staatszielbestimmung ermächtigt die Gemeinde nicht, Aufgaben des Umweltschutzes losgelöst von ihrem Kompetenzbereich an sich zu ziehen.[335] Allerdings kann eine Gemeinde im Anwendungsbereich des *UmwRG* eine fehlende Umweltverträglichkeitsprüfung oder Vorprüfung des Einzelfalls (§ 4 Abs. 1 S. 1 Nr. 1 und 2, Abs. 3 UmwRG) und auch darüber hinausgehende Verfahrensverletzungen rügen.[336]

---

327 BVerfG, Beschl. v. 26.11.1963 – 2 BvL 12/62, juris Rn. 38; BVerfG, Urt. v. 20.12.2007 – 2 BvR 2433/04, juris Rn. 146.
328 BVerfG, Beschl. v. 07.02.1991 – 2 BvL 24/84, juris Rn. 67.
329 BVerfG, Urt. v. 20.12.2007 – 2 BvR 2433/04, juris Rn. 146; zu Beschränkungen der Personalhoheit auch BVerfG, Beschl. v. 26.10.1994 – 2 BvR 445/91, juris Rn. 49.
330 BVerfG, Urt. v. 20.12.2007 – 2 BvR 2433/04, juris Rn. 146.
331 BVerfG, Beschl. v. 26.11.1963 – 2 BvL 12/62, juris Rn. 38 ff.; zur Personalhoheit der Landkreise BVerfG, Beschl. v. 02.12.1958 – 1 BvL 27/55 Rn. 95 ff.
332 Einzelheiten dazu unter § 4 Rn. 9, 11 und § 15 Rn. 45 ff.
333 Zur Vereinbarkeit mit höherrangigem Recht BVerwG, Beschl. v. 13.03.1985 – 2 B 28.84 und VGH BW, Urt. v. 04.02.1993 – 1 S 1371/91. Zur Unzulässigkeit der Tätigkeit eines Amtsleiters als Rechtsanwalt BGH, Beschl. v. 26.11.2007 – AnwZ (B) 99/06.
334 Für die Bauleitplanung vgl. z.B. BVerwG, Urt. v. 28.02.2002 – 4 CN 5.01, juris Rn. 34.
335 BVerwG, Urt. v. 23.11.2005 – 8 C 14.04.
336 Zur Reichweite der Rügebefugnis und zum Kausalitätserfordernis vgl. EuGH, Urt. v. 07.11.2013 – Rs. C-72/12 (Altrip).

§ 8
Systematik gemeindlicher Aufgaben

Literatur: *Knemeyer*, Aufgabenkategorien im kommunalen Bereich, DÖV 1988, 397 ff.; *Vietmeier*, Die Rechtsstellung der Kommunen im übertragenen Wirkungskreis, DVBl. 1993, 190 ff.; *Maurer*, Verfassungsrechtliche Grundlagen der kommunalen Selbstverwaltung, DVBl. 1995, 1037 ff.; *Schaefer*, Die Verwaltungsorganisation und das System der verwaltungsbehördlichen Zuständigkeiten in Baden-Württemberg, VBlBW 2007, 447 ff.
Zur Vertiefung: *v. Lewinsky*, Grundfragen des Verwaltungsorganisationsrechts, JA 2006, 517 ff.; *Falk*, Die kommunalen Aufgaben unter dem Grundgesetz, 2006; *Lange*, Orientierungsverluste im Kommunalrecht: Wer verantwortet was?, DÖV 2007, 820 ff.; *Eggers*, Die Verzonung von Aufgaben, Zuständigkeiten, Kompetenzen und Befugnissen, 2011.

I. Allgemeines

1 Sowohl Art. 28 Abs. 2 GG als auch Art. 71 LV gehen von der traditionellen Differenzierung zwischen *eigenem* (verfassungsrechtlich geschütztem) und *übertragenem* Wirkungskreis der Gemeinden bzw. Selbstverwaltungsaufgaben und Auftragsangelegenheiten aus: Art. 71 Abs. 1 S. 2 LV benennt Selbstverwaltungsangelegenheiten der Gemeinden als „ihre Angelegenheiten" und Art. 71 Abs. 3 LV spricht von (weiteren) übertragenen Aufgaben.[337] Mit den Worten des BVerfG sind von Art. 28 Abs. 2 S. 1 GG geschützte **(Selbstverwaltungs-) Angelegenheiten** der örtlichen Gemeinschaft *„Aufgaben, ... die in der örtlichen Gemeinschaft wurzeln oder auf die örtliche Gemeinschaft einen spezifischen Bezug haben, ... indem sie das Zusammenleben und –wohnen in der (politischen) Gemeinde betreffen".*[338] **Auftragsangelegenheiten** sind überörtlicher Natur und den Gemeinden zugewiesen, weil sich der Staat auf örtlicher Ebene eine eigene Verwaltungsorganisation spart und die Erledigung der Aufgaben den Gemeinden als „bürgernaher" Verwaltungsorganisation überträgt.[339] Dieses Art. 28 Abs. 2 GG zugrunde liegende *„dualistische"* Aufgabenmodell ist in Baden-Württemberg zumindest in der Gemeindeordnung durch ein einheitliches *„monistisches"* Modell, das auf den Weinheimer Entwurf von 1948 zurückgeht, ersetzt worden.[340]

2 Im **monistischen Modell** werden auf gemeindlicher Ebene alle Aufgaben *einheitlich den Gemeinden als Selbstverwaltungsangelegenheiten zugewiesen.* Es wird nur zwischen *weisungsfreien Aufgaben* (die denen des eigenen Wirkungskreises entsprechen) und *Weisungsaufgaben* (die den Auftragsangelegenheiten entsprechen) differenziert. Staatliche Auftragsangelegenheiten werden damit zu *Selbstverwaltungsangelegenheiten* mit weitgehendem, zumeist „unbeschränktem" Weisungsrecht hinsichtlich der Erledigung dieser Aufgabe (deshalb auch als „unechte Selbstverwaltungsangelegenheiten bezeichnet), der Gemeinde verbleiben jedoch Finanz-, Perso-

---

337 StGH BW, Urt. v. 08.05.1976 – 2/75, 8/75, ESVGH 26, 1 = DÖV 1976, 595. – Auf landesverfassungsrechtlicher Ebene gehen Nordrhein-Westfalen und Brandenburg von einem monistischen Modell aus, s. BbgVerfG, Urt. v. 17.10.1996, 5/95, NVwZ-RR 1997, 352; OVG NW, Beschl. v. 16.03.1995, 15 B 2839/93, NVwZ-RR 1995, 502.
338 BVerfG, Beschl. v. 23.11.1988 – 2 BvR 1619/83, BVerfGE 79, 127 (151); BVerfG, Beschl. v. 18.05.2004 – 2 BvR 2374/99, BVerfGE 110, 370 (400); näher dazu unter § 5 Rn. 19.
339 *Maurer*, Allgemeines Verwaltungsrecht, § 23 Rn. 14.
340 S. hierzu § 5 Rn. 57 ff. – Insbesondere hat sich Art. 71 Abs. 3 LV n.F. von der herkömmlichen Sprachweise gelöst, ohne dass klar wird, ob die *monistische* Konzeption übernommen wird.

nal- und Organisationshoheit. Das monistische Modell erfordert für die den Gemeinden übertragenen Aufgaben eine *ausdrückliche gesetzliche Grundlage* für das Weisungsrecht (vgl. Art. 75 Abs. 2 LV, § 2 Abs. 3 GemO), während im dualistischen Modell geklärt werden muss, ob sachlich eine *überörtliche staatliche Aufgabe* vorliegt, die dann ein ungeschriebenes Weisungsrecht beinhaltet.

Nach im Vordringen befindlicher Auffassung kann die Gemeinde auch in Weisungsangelegenheiten *Rechtsschutz nach § 42 Abs. 2 VwGO* erhalten, wenn die Weisung ihre Personal- und Organisationshoheit beeinträchtigt.[341] Fraglich ist, ob sich die Gemeinde bei Eingriffen des Staates in den übertragenen (staatlichen) Wirkungsbereich (also insbes. dem Entzug von Weisungsaufgaben) auf eine Verletzung des Art. 28 Abs. 2 GG und des Art. 71 LV berufen kann, was die Rechtsprechung noch überwiegend ablehnt.[342]

3

Die *einfachgesetzlichen Regelungen* des gemeindlichen Wirkungskreises finden sich in § 2 GemO. Nach § 2 Abs. 1 GemO verwaltet die Gemeinde „in ihrem Gebiet alle öffentlichen Aufgaben allein und unter eigener Verantwortung, soweit die Gesetze nichts anderes bestimmen". Damit ist die Gemeinde nicht nur Trägerin der eigentlichen kommunalen Aufgaben, sondern erledigt auch alle staatlichen Aufgaben in der Gemeindeinstanz (Grundsatz der **funktionellen Einheit der Verwaltung** auf der Gemeindeebene). Staatliche Sonderbehörden dürfen durch Gesetz nur im Rahmen des Art. 71 Abs. 2 LV eingerichtet werden.

4

II. Weisungsfreie Angelegenheiten

Die weisungsfreien Aufgaben sind Selbstverwaltungsaufgaben im Sinne des Art. 28 Abs. 2 S. 1 GG. Sie werden unterteilt in *freiwillige Aufgaben* und *weisungsfreie Pflichtaufgaben*.

5

1. Freiwillige Aufgaben

Freiwillige Aufgaben sind die Aufgaben, zu denen die Gemeinde nicht verpflichtet ist, die sie aber jederzeit gem. Art. 28 Abs. 2 GG übernehmen *kann*. Die Gemeinde hat ein Aufgabenfindungsrecht hinsichtlich der Förderung des gemeinsamen Wohls ihrer Einwohner (vgl. § 1 Abs. 2 GemO). Es spricht eine widerlegbare gesetzliche Vermutung dafür, dass es sich bei einer Aufgabe der Gemeinde um eine freiwillige handelt. Bei den freiwilligen Aufgaben entscheidet die Gemeinde in pflichtgemäßem Ermessen über das „Ob", „Wann" und „Wie" der Aufgabenerfüllung.

6

---

341 S. § 8 Rn. 19, § 11 Rn. 38 f.
342 BVerwG, Urt. v. 29.06.1983 – 7 C 102/82, juris Rn. 11; StGH BW, Urt. v. 08.05.1976 – 2/75, 8/75, ESVGH 26, 1 = DÖV 1976, 595; differenzierend auch hier hinsichtlich Personal- und Organisationshoheit VGH BW, Urt. v. 03.12.2004 – 4 S 2789/03, juris Rn. 20. Bedarf die Übertragung eines Gesetzes, das zum Schutze der gemeindlichen Selbstverwaltungsgarantie dem Konnexitätsprinzip nach Art. 71 Abs. 3 LV gerecht werden muss, so gilt für die spiegelbildliche Situation u.E. auch, dass sie in den der Gemeinde eigenverantwortlich übertragenen Aufgabenbestand eingreift und sich deshalb vor Art. 28 Abs. 2 GG rechtfertigen muss.

7 Soweit in besonderen Ausnahmefällen eine *Aufgabenwahrnehmungspflicht* besteht,[343] ist eine materielle Privatisierung der Aufgabe,[344] d.h. eine Entlassung aus der kommunalen Verantwortung unzulässig.[345] Begrenzungen der Aufgabenwahrnehmungspflicht ergeben sich z.B. aus § 10 Abs. 2 S. 1 GemO („in den Grenzen ihrer Leistungsfähigkeit"). Bevor sich die Gemeinde freiwilligen Aufgaben zuwendet, muss die Erfüllung der Pflichtaufgaben gesichert sein.[346]

8 Beispiele freiwilliger Aufgaben sind
- kulturelle Angelegenheiten (Gemeindebücherei, Stadtarchiv, Museum, Theater, Musikschule, Volkshochschule, kommunales Kino);
- soziale Angelegenheiten (Jugendhaus, Altenheim, Stadtteiltreff, Begegnungsstätte);
- Sportanlagen (Freibad, Hallenbad, Sporthalle, Sportplatz);
- Erholungseinrichtungen (Grünanlage, Kinderspielplatz, Wanderweg, Loipe);
- Verkehrseinrichtungen (Straßenbahn, Verkehrslandeplatz, Hafen, Buslinie);
- Versorgungseinrichtungen (Fernwärme, Wasser, Strom, Gas);
- Reintegration Obdachloser;[347]
- Kommunale Wirtschaftsförderung;
- Vereinsförderung;
- Partnerschaften mit ausländischen Gemeinden;
- Einrichtung von Sparkassen (§ 2 SparkassenG).

2. Pflichtaufgaben

9 Nach § 2 Abs. 2 S. 1 GemO können die Gemeinden durch Gesetz zur Erfüllung bestimmter öffentlicher Aufgaben verpflichtet werden (Pflichtaufgaben). Werden neue Pflichtaufgaben auferlegt, sind dabei Bestimmungen über die Deckung der Kosten zu treffen (§ 2 Abs. 2 S. 2 GemO). Führen diese Aufgaben zu einer Mehrbelastung der Gemeinden, ist ein entsprechender finanzieller Ausgleich zu schaffen (§ 2 Abs. 2 S. 3 GemO).

10 Bei derartigen **weisungsfreien Pflichtaufgaben** kann die Verpflichtung unbedingt (die Aufgabe ist in jedem Fall zu erfüllen) oder bedingt (die Aufgabe ist bei Bedarf oder unter besonderen Voraussetzungen zu erfüllen) sein. Sie bezieht sich grundsätzlich nur auf das *„Ob"* der Aufgabenerfüllung, nicht auch auf das *„Wie"*. Die gesetzliche Bestimmung einer Aufgabe als *Pflichtaufgabe* ist ein rechtfertigungsbedürf-

---

343 Das Ermessen kann im Einzelfall zugunsten einer Aufgabenwahrnehmungspflicht reduziert sein, z.B. um gemeindliche Infrastruktur wie die Wasser- oder Abwasserversorgung sicherzustellen, vgl. *Mußgnug*, VBlBW 1984, 184 (187).
344 S. hierzu § 19 Rn. 179 ff.
345 Das BVerwG hat in der Vergangenheit mehrfach freiwillige Aufgaben vorschnell dem Staat vorbehalten und als nicht privatisierungsfähig angesehen, so BVerwG, Beschl. v. 17.12.1997 – 6 C 2.97, juris Rn. 52 (Wasserversorgung, krit. hierzu *Voßkuhle*, VVDStRL 62 [2003], 266 [275 Fn. 27]); BVerwG, Urt. v. 27.05.2009, 8 C 10.08 (Weihnachtsmarkt), krit. hierzu *Kahl/Weißenberger*, LKRZ 2010, 81 ff.; *Schoch*, DVBl. 2009, 1533 ff. Die Rechtsprechung der Instanzgerichte ist dem BVerwG zutr. nicht gefolgt. – Unstreitig ist, dass *Pflichtaufgaben* durch die Gemeinde nicht materiell privatisiert werden können.
346 S.a. § 5 Rn. 62.
347 Da die unfreiwillige Obdachlosigkeit eine Gefahr für die öffentliche Sicherheit darstellt, sind nach §§ 1, 3 PolG die Gemeinden als *Ortspolizeibehörden* für die Durchführung von Maßnahmen zur Vermeidung oder Beseitigung der Obdachlosigkeit sachlich zuständig, vgl. VGH BW, Beschl. v. 08.02.1996 – 1 S 147/96, juris Rn. 13; *Ruder*, NVwZ 2012, 1283 ff. – Zur Handlungspflicht der Gemeinden im Falle unfreiwilliger Obdachlosigkeit OVG MV, Beschl. v. 23.07.2009 – 3 M 92/09, juris Rn. 14; VGH BW, Beschl. v. 05.03.1996 – 1 S 470/96, juris Rn. 2.

tiger Eingriff in die nach Art. 28 Abs. 2 S. 1 GG geschützte Selbstverwaltungsgarantie. Art. 71 Abs. 3 LV und – insofern deklaratorisch – § 2 Abs. 2 GemO schützen die Gemeinde finanziell, indem der entstehende finanzielle Aufwand vom Land ausgeglichen werden muss, ohne dass die Kosten freiwilliger Leistungen dabei anzurechnen wären.[348]

Pflichtaufgaben ohne Weisung sind zum Beispiel **11**
- die Bauleitplanung, § 2 Abs. 1 BauGB,
- die Schaffung von Kindergartenplätzen und Tageseinrichtungen nach § 3 Abs. 1 KiTaG;
- die Aufstellung, Ausrüstung und Unterhaltung einer Feuerwehr (§ 3 Abs. 1 FeuerwehrG);
- die Anlage, Unterhaltung und Erweiterung von Friedhöfen (§ 1 Abs. 1 BestattungsG);
- der Erlass einer Friedhofsordnung als Satzung (§ 15 Abs. 1 BestattungsG);
- die Einrichtung und Unterhaltung bestimmter öffentlicher Schulen (§§ 27 Abs. 2, 28 Abs. 1, 48 Abs. 1 SchulG);
- die Straßenbaulast (§§ 9, 44 StraßenG) sowie Beleuchtungs-, Reinigungs-, Räum- und Streupflicht (§ 41 StraßenG);
- die Unterhaltung und der Ausbau Gewässer zweiter Ordnung (§§ 32 Abs. 2, 54 Abs. 1, 60 Abs. 3 WG);
- die Einstellung der zur Erfüllung der Aufgaben der Gemeinde erforderlichen geeigneten Beschäftigten (§ 56 Abs. 1 GemO);
- die Bestellung eines Gutachterausschusses mit Geschäftsstelle (§ 192 BauGB i.V.m. § 1 GutachterausschussVO);
- die Gemeindewahlen (§§ 23, 26 ff., 45 ff. GemO, KomWG, KomWO);
- die Abwasserbeseitigung (§ 46 Abs. 1 WG).

Alle weisungsfreien Angelegenheiten (freiwillige Aufgaben und Pflichtaufgaben ohne **12** Weisung) werden durch die Gemeinde *in eigener Verantwortung* im Sinne des Art. 28 Abs. 2 GG erledigt und unterliegen deshalb nur der Rechtsaufsicht (§ 118 Abs. 1 GemO[349]). Dritte haben kein subjektives Recht auf die Erfüllung von Pflichtaufgaben.

Nach § 73 Abs. 1 S. 2 Nr. 3 VwGO erlässt in Selbstverwaltungsangelegenheiten die Selbst- **13** verwaltungsbehörde den Widerspruchsbescheid, soweit nicht durch Gesetz anderes bestimmt ist. § 73 VwGO legt den dualistischen bundesrechtlichen Selbstverwaltungsbegriff zugrunde, der nur die weisungsfreien Aufgaben erfasst. Eine andere Bestimmung im Sinne des § 73 VwGO ist § 17 AGVwGO. Danach erlässt den Bescheid über den Widerspruch gegen den Verwaltungsakt einer Gemeinde, die der Rechtsaufsicht des Landratsamtes untersteht, in Selbstverwaltungsangelegenheiten (= weisungsfreie Angelegenheiten) das Landratsamt als Rechtsaufsichtsbehörde. Da für Stadtkreise und Große Kreisstädte Rechtsaufsichtsbehörde das Regierungspräsidium ist (§ 119 GemO), greift § 17 AGVwGO bei Stadtkreisen und Großen Kreisstädten nicht ein: Diese erlassen die Widerspruchsbescheide in weisungsfreien Angelegenheiten selbst. Auch in den Fällen, in denen das Landratsamt gem. § 8 AGVwGO den Widerspruchsbescheid erlässt, verbleibt die Prüfung der Zweckmäßigkeit bei der Gemeinde (§ 16 Abs. 1 S. 2 AGVwGO).

III. Weisungsangelegenheiten

Weisungsaufgaben sind im System der Gemeindeordnung Gemeindeangelegenhei- **14** ten. Es handelt sich dabei im Wesentlichen um überörtliche staatliche Aufgaben, die

---
348 Hierzu *Aker*, VBlBW 2008, 258 (262); *Henneke*, VBlBW 2008, 321 ff.
349 S. § 11 Rn. 4, 7 ff.

den Gemeinden zur ortsnahen Erledigung übertragen werden. Sie betreffen zumeist polizeiliche und sonderpolizeiliche Aufgaben (Gefahrenabwehr, Obdachlosigkeit, Bauordnung, Straßenverkehr, Gaststättenrecht, Umweltschutz) sowie die Durchführung von Wahlen (1). Zudem bestehen bundesrechtlich begründete Weisungsaufgaben, die nach Art. 125a Abs. 1 GG fortgelten (2).

1. Landesrecht

15 Pflichtaufgaben können den Gemeinden nach § 2 Abs. 3 GemO **zur Erfüllung nach Weisung** auferlegt werden, wobei das Gesetz den Umfang des Weisungsrechts bestimmen muss (praktisch bedeutet dies, dass zumeist ein uneingeschränktes Weisungsrecht eingeräumt wird). Indem der Gemeinde diese Aufgaben als Gebietskörperschaft übertragen werden, erledigt diese die Aufgabe in *mittelbarer Staatsverwaltung*.[350] Die Erledigung der Aufgabe erfolgt grundsätzlich durch den hierfür nach § 44 Abs. 3 GemO (bzw. § 15 Abs. 2 LVG) gesetzlich zuständigen Bürgermeister.[351] Auch bei Weisungsaufgaben entscheidet die Gemeinde, wie sie die Aufgabe organisatorisch und personell umsetzt, ihre Entscheidungen darüber sind Selbstverwaltungsangelegenheiten.[352]

16 Die **rechtliche Einordnung** der Pflichtaufgaben nach Weisung ist streitig. Nach herkömmlicher Auffassung handelt es sich nach wie vor um *Auftragsangelegenheiten*, nicht um Selbstverwaltungsangelegenheiten.[353] Zunehmend wird aber auch die Auffassung vertreten, es handle sich um *Selbstverwaltungsangelegenheiten*,[354] zumindest in abgeschwächter Form.[355] Eine dritte Meinung ordnet die Pflichtaufgaben nach Weisung als „unechte, nur formelle Selbstverwaltungsaufgaben" in einem Zwischenbereich an.[356] Die Weisungsaufgaben fallen zwar nicht unter die örtlichen Aufgaben im Sinne des Selbstverwaltungsrechts nach Art. 28 Abs. 2 S. 1 GG, jedoch können sie landesrechtlich in Erweiterung des in Art. 28 Abs. 2 S. 1 GG verwendeten Begriffsverständnisses entweder landesverfassungsrechtlich oder einfach-gesetzlich als Selbstverwaltungsaufgaben definiert werden.[357] Zumindest Letzteres hat der baden-württembergische Gesetzgeber in § 2 GemO getan; darüber hinaus geht auch Art. 71 Abs. 3 LV n.F. von diesem weiteren Begriffsverständnis aus, da er die Geltung des Konnexitätsprinzips ausdrücklich auf Weisungsaufgaben erstreckt.[358] Die Aufgabenübertragung nach § 2 Abs. 1 und 3 GemO erstreckt sich nicht nur auf die bloße Verwaltungsträgerschaft, sondern auch auf die nach außen eigenverantwortliche Wahrnehmung der Weisungsaufgabe. Daran ändert sich nichts, wenn die Gemeinde im Einzelfall oder generell angewiesen wird, da die Weisung auch dann die seltene Ausnahme im Massengeschäft der Verwaltung bleibt, und die organisatorische, personelle und

---

350 Anders die Übertragung der Aufgaben der unteren Verwaltungsbehörde auf das Landratsamt, das vom Landrat, einem Kreisbeamten, geleitet wird. Es handelt als staatliche Behörde, § 1 Abs. 3 S. 2 LKrO.
351 Zu Besonderheiten der Rechtssetzung s. § 15 Rn. 25 f.
352 *Pelz*, DÖV 1991, 320 (323); *Aker/Hafner/Notheis*, § 2 GemO Rn. 16.
353 *Brohm*, DÖV 1986, 397 (398); DÖV 1989, 429 (432); *Vietmeier*, DVBl. 1992, 413 (420 m.w.N.).
354 So die ganz h.M. für Nordrhein-Westfalen: VerfGH NW, Urt. v. 15.02.1985 – 17/83, juris Rn. 12; OVG NW, Urt. v. 10.02.2011 – 13 A 1305/09, juris Rn. 33 m.w.N.; *Vietmeier*, DVBl. 1992, 413 (416 ff.); *Riotte/Waldecker*, NWVBl. 1995, 401 ff.; *Erlenkämper*, NVwZ 1996, 534 (542); ferner *Lange*, Kommunalrecht, Kap. 11 Rn. 44 ff.
355 VerfGH Bbg., Urt. v. 17.10.1996 – VfGBbg 5/95, NVwZ-RR 1997, 352 (353) mit Verweis auf *Nierhaus*, LKV 1995, 5 (10).
356 *Maurer*, Allgemeines Verwaltungsrecht, § 23 Rn. 16; ähnlich *Röhl*, in: Schoch (Hrsg.), Besonderes Verwaltungsrecht, Kap. 1 Rn. 63 ff.
357 BVerwG, Urt. v. 14.12.1994 – 11 C 4.94, juris Rn. 11 ff.; *Burgi*, Kommunalrecht, § 8 Rn. 24.
358 LT-Drucks. 14/1442, S. 8.

III. Weisungsangelegenheiten

haushaltsrechtliche Verantwortung auch bei Weisung fortbesteht.[359] Die Weisungsaufgaben sind damit landesverfassungsrechtlich als **Selbstverwaltungsaufgaben** anzusehen.[360]

Die Weisung kann durch *Verwaltungsvorschriften* („mit der Bitte um Beachtung") oder *Einzelfallweisungen* erfolgen. Die Gemeinde ist vor Erlass einer Einzelweisung anzuhören,[361] und die Sachanweisung hat eine immanente Grenze darin, dass sie Sachentscheidungen steuern soll. Schließlich darf die Gemeinde im Hinblick auf die Bindung der Verwaltung an das Rechtsstaatsprinzip nur zu einem rechtmäßigen Verwaltungshandeln verpflichtet werden. Eingriffe in den gemeindlichen Selbstverwaltungsbereich (insbes. der Planungshoheit) sind nur zulässig, wenn hierzu spezielle Selbsteintrittsrechte (beispielsweise § 44 Abs. 1 Satz 2 StVO, § 36 Abs. 2 Satz 3 BauGB) bestehen.[362]

17

Die Gemeinde handelt bei der Erledigung der Weisungsaufgaben eigenverantwortlich und ist – selbst wenn sie angewiesen wird – *nach außen dafür verantwortlich* und damit auch richtiger Beklagter i.S.d. § 78 Abs. 1 Nr. 1 VwGO. Widerspruchsbehörde ist – weil es sich bundesrechtlich nicht um Selbstverwaltungsangelegenheiten handelt – nach § 73 Abs. 1 S. 2 Nr. 1 VwGO die nächsthöhere Behörde (Landratsamt oder Regierungspräsidium). Bei fehlerhafter Weisung hat die Gemeinde nach str., aber zutreffender Ansicht die Möglichkeit, Widerspruch und Anfechtungsklage gegen die Weisung zu erheben,[363] und sie kann nach § 129 Abs. 5 GemO das Land in Regress zu nehmen.

18

Die *Durchsetzung* fachaufsichtlicher Weisungen richtet sich nach § 129 Abs. 2 i. V. m. §§ 121– 124 GemO. Der VGH BW ging vor der Änderung des Art. 71 Abs. 3 LV noch davon aus, dass die Gemeinde gegen Weisungen grundsätzlich keine Klagebefugnis habe.[364] Dies ist heute anders zu sehen, unabhängig davon, ob man die Weisung (zutreffend) als Verwaltungsakt einstuft (Anfechtungsklage),[365] weil sie an einen vom Staat unabhängigen Verwaltungsträger gerichtet sind, oder nicht, weil Weisungen im Regelfall nicht auf Außenwirkung gerichtet seien[366] (dann Leistungsklage). Im *monistischen Aufgabenmodell* sind die Gemeinden in ihrem Gebiet Träger aller ortsbezogenen öffentlichen Aufgaben, weshalb jede Weisung grundsätzlich in den gemeindlichen Rechtskreis eingreift und die Gemeinde zutreffend als *klagebefugt* anzusehen ist.[367]

19

---

359 A.A. *Oldiges*, GS Burmeister, 2005, S. 269 (277 ff.). – Die nach dessen Ansicht dann auftretende unscharfe Abgrenzung zur Figenverantwortlichkeit einer weisungsfreien Pflichtaufgabe ist bei der bloß landesrechtlichen Übertragung nicht erkennbar. Der bundesverfassungsrechtliche Selbstverwaltungsbegriff mag enger gefasst sein, er hat aber keine Sperrwirkung für den Landesverfassungs- bzw. Landesgesetzgeber. Für differenzierte Schutzmechanismen sorgt zudem der nach BVerfGE 125, 141 (167 ff.) nunmehr anwendbare Verhältnismäßigkeitsgrundsatz.
360 Insofern ist die Einstufung in der Vorauf. Rn. 110 heute nicht mehr überzeugend.
361 S. näher unter § 11 Rn. 33.
362 VGH BW, Urt. v. 24.02.1992 – 1 S 1131/90, juris Rn. 21 ff.
363 VGH BW, Urt. v. 28.02.2005 – 1 S 1312/04, juris Rn. 29 ff.
364 VGH BW, Urt. v. 28.02.2005 –, 1 S 1312/04, juris Rn. 29 ff.; s. aber auch VGH BW, Urt. v. 21.10.1993 – 5 S 646/93, juris Rn. 38; so auch vor dem Hintergrund des Art. 28 Abs. 2 GG BVerwG, Urt. v. 20.04.1994 – 11 C 17/93, juris Rn. 13; BVerwG, Urt. v. 14.12.1994 –, 11 C 4.94, Rn. 11, das jedoch *einfachgesetzliche Erweiterungen des Selbstverwaltungsrechts* wie in § 45 Abs. 1b StVO als möglich ansieht, und dann eine Außenwirkung bejaht.
365 *Kahl*, Jura 2001, 505 (512); *Knemeyer*, JuS 2000, 521 (525); *Oldiges*, GS Burmeister, 2005, S. 269 (286); *Schmidt-Jortzig*, JuS 1979, 488 (491); *Schoch*, Jura 2006, 358 (363); VGH BW, Urt. v. 21.10.1993 – 5 S 646/93, juris Rn. 48 f. (m. abl. Anm. Schwerdtner, VBlBW 1994, 194) sowie das OVG NW in st. Rspr., s.a. § 11 Rn. 38.
366 So z.B. *Maurer*, BWStVR, S. 173 (255); *Gern*, Dt. Kommunalrecht, Rn. 837; *Franz*, JuS 2004, 937 (942); ebenso die überwiegende Rspr., s. VGH BW, Urt. v. 28.02.2005 – 1 S 1312/04, juris Rn. 26 ff.; Hess VGH, Beschl. v. 19.08.1988 – 4 TG 438/88, NVwZ-RR 1990, 4 (6). S. hierzu *Röhl*, in: Schoch (Hrsg.), Besonderes Verwaltungsrecht, Kap. 1 Rn. 72.
367 So auch *Burgi*, Kommunalrecht, § 8 Rn. 25; *Schoch*, Jura 2006, 358 (363); *Ehlers*, NWVBl 1990, 44 (48). – Näher hierzu § 11 Rn. 38 f.

20 Pflichtaufgaben nach Weisung sind neben der Aufgabe der Ortspolizeibehörde nach § 61 Abs. 4 PolG[368] insbesondere die Aufgaben der *unteren Verwaltungsbehörde*, die die Stadtkreise und Großen Kreisstädte nach §§ 15 f. LVG wahrnehmen. Hinzu kommen die den Gemeinden – unter Umständen auf Antrag – übertragenen Aufgaben der *unteren Fachbehörde*, wie z.B. die Zuständigkeit als untere Baurechtsbehörde (§ 46 Abs. 2 LBO) oder untere Straßenverkehrsbehörde (§ 2 Abs. 3 StVOZustG), ferner als untere Denkmalschutzbehörde (§ 3 Abs. 3 DSchG), untere Vermessungsbehörde (§§ 8 Abs. 1, 10 Abs. 1 VermG), im Fischereirecht (§ 35 Abs. 1 FischG), dem Gaststättenrecht (§ 1 Abs. 7 GastV), als Vergleichsbehörde (§ 37 AGGVG) oder als für das Personenstandswesen zuständige Behörde (§ 1 AGPStG). Für die Durchführung der Landtagswahlen beinhaltet § 20 LandtagswahlG ein Weisungsrecht.

2. Bundesrecht

21 Soweit Gemeinden Bundesrecht vollziehen, beinhalten vor Inkrafttreten des Art. 84 Abs. 1 S. 7 GG erlassene und gem. Art. 125a Abs. 1 S. 2 GG fortgeltende Bundesgesetze in Einzelfällen eine als Annexkompetenz vorgenommene Zuständigkeitsbestimmung der Gemeinde als Aufgabenträgerin.

22 Bestimmte Bundesgesetze führen die Länder zudem in Auftragsverwaltung nach Art. 84 Abs. 5 GG durch; hier müssen sie sicherstellen, dass Vorgaben des Bundes auch von Gemeinden beim Vollzug der bundesrechtlichen Bestimmungen umgesetzt werden; dem dient § 129 Abs. 3 GemO, der bspw. für den Vollzug des BAföG gilt (§ 40 BAföG), die Ortsdurchfahrten von Bundesstraßen (§§ 5 Abs. 2 ff., 20 FStrG) und die heute ausgesetzte Wehrpflichterfassung (§ 15 Abs. 4 WPflG).

Schaubild: Aufgaben und Allzuständigkeit der Gemeinde

Aufgabendualismus		Aufgabenmonismus
Art. 7 f. Bay, §§ 2 f. MV, 4 f. Nds, 2 RP, 5 f. Saar, 4 f. LSA, 2 f. Thür.		§§ 2 Abs. 1 GemO BW, 3 Abs. 1 Bbg, 4 Hess., 2 NW, 2 Abs. 1 Sachsen, 2 Abs. 1 SH
Selbstverwaltungsangelegenheiten	Auftragsangelegenheiten	Selbstverwaltungsangelegenheiten
= Art. 28 Abs. 2 GG + gesetzliche Präzisierungen	Die staatliche Aufgabe wird der Gemeinde durch Gesetz zur Ausführung übertragen	Einheitlicher Begriff der öffentlichen Aufgaben einer Gemeinde, vgl. § 2 Abs. 1 GemO. Die Aufgabenerledigung liegt in alleiniger Verantwortung der Gemeinde, soweit gesetzlich nichts anderes bestimmt ist (= ohne gesetzliche Grundlage keine Weisungsbefugnis!).

---

[368] Dies betrifft auch Regelungen, in denen die Ortspolizeibehörde als zuständig erklärt wird, wie z.B. im Bereich des Leichenwesens nach BestattungsG – die Unterhaltung von Friedhöfen ist demgegenüber weisungsfreie Pflichtaufgabe nach § 1 Abs. 1 BestattungsG, vgl. VGH BW, Urt. v. 28.02.2005 – 1 S 1312/04, juris Rn. 26.

III. Weisungsangelegenheiten

Aufgabendualismus			Aufgabenmonismus		
freie SV-Aufgabe	pflichtige SV-Aufgabe		freie Aufgabe	Pflichtaufgabe § 2 Abs. 2 GemO	Weisungsaufgabe § 2 Abs. 3 GemO
Museum, Theater, Sporthalle, Grünanlage, Schwimmbad, Bücherei usw.	Bauleitplanung	Nach h.M. ist dieser Bereich nicht vom Selbstverwaltungsrecht erfasst	Museum, Theater, Sporthalle, Grünanlage, Schwimmbad, Bücherei usw.	§ 2 Abs. 1 BauGB, § 3 Abs. 1 FwG, § 3 KiTaG, § 41 StrG, §§ 27 Abs. 2, 28 Abs. 1 SchulG, § 1 Abs. 1 BestattungsG usw.	§§ 15, 17, 19 LVG, § 62 Abs. 4 PolG, § 47 Abs. 4 S. 1, Abs. 5 S. 1 LBO, § 20 LandtagswahlG, usw.
Verhältnis Gemeinde – Staat: Rechtsaufsicht	Verhältnis Gemeinde – Staat: Fachaufsicht		Verhältnis Gemeinde – Staat: Rechtsaufsicht		Verhältnis Gemeinde – Staat: Fachaufsicht
Verhältnis Bürger – Gemeinde Widerspruchsbehörde: Gemeinde, § 73 Abs. 1 S. 2 Nr. 3 VwGO	Verhältnis Bürger – Gemeinde Widerspruchsbehörde: nächsthöhere Behörde, § 73 Abs. 1 S. 2 Nr. 1 VwGO		Verhältnis Bürger – Gemeinde Widerspruchsbehörde (s.a. § 119 GemO): LRA gem. § 17 Abs. 1 AGVwGO, GKSt/StK, § 73 Abs. 1 S. 2 Nr. 3 VwGO		Verhältnis Bürger – Gemeinde Widerspruchsbehörde: nächsthöhere Behörde, § 73 Abs. 1 S. 2 Nr. 1 VwGO

Sonderform der Weisungsaufgaben kraft Bundesrecht (§ 129 Abs. 3 GemO): § 40 Abs. 1 BaföG, § 15 Abs. 4 WPflG; § 20 FStrG; ähnlich § 51 PStG.

§ 9
Die Stellung der Gemeinden im Verwaltungsaufbau

Literatur: *Maurer*, Allgemeines Verwaltungsrecht, §§ 21–23; *Schaefer*, Die Verwaltungsorganisation und das System der verwaltungsbehördlichen Zuständigkeiten in Baden-Württemberg, VBlBW 2007, 447 ff.
Zur Vertiefung: *v. Lewinsky*, Grundfragen des Verwaltungsorganisationsrechts, JA 2006, 517 ff.; *Falk*, Die kommunalen Aufgaben unter dem Grundgesetz, 2006; *Eggers*, Die Verzonung von Aufgaben, Zuständigkeiten, Kompetenzen und Befugnissen, 2011.
Fallbearbeitungen: *Enders*, Hüllenbad statt Hallenbad, JuS 2013, 54 ff.

I. Allgemeines

1 Nach dem System des Grundgesetzes ist die **Erfüllung staatlicher Aufgaben** grundsätzlich **Sache der Länder**. Art. 83 GG bestimmt, dass die Länder die Bundesgesetze als eigene Angelegenheit ausführen, soweit in Art. 85 ff. GG nichts anderes geregelt ist.[369] Dabei regeln sie nach Art. 84 Abs. 1 GG die Einrichtung der Behörden und das Verwaltungsverfahren. Für den Vollzug von **Landesgesetzen** und die **gesetzesfreie Verwaltung** ergibt sich die grundsätzliche Länderzuständigkeit aus Art. 30 GG.

2 Auf Landesebene bestimmt die Landesverfassung, dass die Verwaltung in der Hand von **Regierung** und **Selbstverwaltung** liegt (Art. 25 Abs. 3 S. 3 LV), und durch die Regierung, die ihr unterstellten Behörden und die Träger der Selbstverwaltung ausgeübt wird (Art. 69 LV). Aufbau, räumliche Gliederung und Zuständigkeiten der Landesverwaltung sind durch Art. 70 Abs. 1 LV einem *Gesetzesvorbehalt* unterstellt, wobei das gesetzliche Ermessen dahin gehend gebunden wird, dass die Aufgaben grundsätzlich auf nachgeordnete Behörden delegiert werden sollen (*Prinzip der Dekonzentration*[370]).

3 Die staatliche Eigenverwaltung ist in Baden-Württemberg *dreistufig* aufgebaut und im Landesverwaltungsgesetz (LVG) geregelt. Früher bestehende Sonderbehörden sind heute in den allgemeinen Verwaltungsaufbau integriert,[371] so dass eine *Sonderverwaltung* – von zentralen Landesoberbehörden (z.B. Landeskriminalamt, Statistisches Landesamt, Landesamt für Geoinformation und Landesentwicklung, Landesamt für Besoldung und Versorgung) abgesehen – nur noch für die Polizei- und die Finanzverwaltung besteht. Soweit Gesetze nicht durch die unmittelbare Landesverwaltung ausgeführt werden, sondern durch Selbstverwaltungsträger oder private Dritte[372], bedarf dies einer gesetzlichen Regelung (Art. 70 Abs. 1 S. 1 LV). Derartige Träger der *mittelbaren Staatsverwaltung* sind juristische Personen des öffentlichen

---

369 Abweichungen sind vor allem in Art. 87 ff. GG geregelt und erfassen z.B. den Auswärtigen Dienst, die Bundesfinanzverwaltung, Bundespolizei und BKA, die Bundeswehrverwaltung, die Luftverkehrs-, Eisenbahn- Post- und Telekommunikationsverwaltung sowie die Verwaltung der Bundeswasserstraßen und der Schifffahrt.
370 *Jestaedt*, GVwR I, § 14 Rn. 39.
371 Verwaltungsstruktur-Reformgesetz vom 01.07.2004 (GBl. S. 469, ber. S. 653).
372 Insbesondere durch **Beliehene**, vgl. hierzu *Maurer*, Allgemeines Verwaltungsrecht, § 21 Rn. 11; *Jestaedt*, GVwR I, § 14 Rn. 31; zu unterscheiden sind verschiedene Formen der Privatisierung staatlicher Aufgaben, s. hierzu § 19 Rn. 170 ff.

I. Allgemeines

Rechts, vor allem Anstalten und Körperschaften, in geringem Umfang auch Stiftungen. Die *Gemeinden* nehmen insofern eine Sonderstellung ein, als sie neben den ihnen übertragenen staatlichen Aufgaben auch *verfassungsunmittelbar* (Art. 28 Abs. 2 S. 1 GG, Art. 71 LV[373]) eigene Aufgaben wahrnehmen können, ohne dass es eines gesetzlichen Kompetenztitels (wie bei anderen Selbstverwaltungsträgern) bedarf, und ihre eigenverantwortliche Aufgabenwahrnehmung grundsätzlich weisungsfrei erfolgt (Prinzip der Dezentralisation). Zudem regelt § 2 Abs. 1 GemO in Ausformung der Art. 70 Abs. 1, 71 Abs. 1 LV, dass die Gemeinden in ihrem Gebiet alle öffentlichen Aufgaben allein und unter eigener Verantwortung verwalten, soweit gesetzlich nichts anderes bestimmt ist. Gesetzliche Ausformungen der Aufgabenzuständigkeit ergeben sich dann – auf der Grundlage des Gesetzesvorbehalts in Art. 28 Abs. 2 S. 1 GG und Art. 71 Abs. 1 S. 2 LV – aus dem Landesverwaltungsgesetz und den Fachgesetzen.

4 Verwaltungsträger wie Staat, Körperschaften und Anstalten sind **rechtsfähig**,[374] können als juristische Personen aber nur durch ihre **Organe** handeln. *Organwalter* nennt man verwaltungsorganisatorisch diejenigen natürlichen Personen, die konkret die den Organen zugewiesenen Zuständigkeiten wahrnehmen. In der Gemeinde sind *Bürgermeister* und *Gemeinderat* Organe (§ 23 GemO), die einzelnen *Mitglieder des Gemeinderats* sind Organwalter.[375]

5 Die Gesetze ordnen – mit Ausnahme der GemO – die Handlungsbefugnis nach außen zumeist **Behörden** zu, etwa der „unteren Baurechtsbehörde" (§ 48 Abs. 1 LBO) oder der „Ortspolizeibehörde" (§ 66 Abs. 2 PolG). Behörden sind damit Organe des Staates und anderer Verwaltungsträger, jedoch bestehen mehrere Begriffsschichten. Zumeist ist damit ein *funktioneller Behördenbegriff* wie in § 1 Abs. 4 VwVfG verbunden. Behörde kann dann

- in der mittelbaren Staatsverwaltung eine Gemeinde, also ein Verwaltungsträger, sein (so z.B. § 62 Abs. 4 PolG, § 46 Abs. 1 Nr. 3 LBO i.V.m. § 15 Abs. 1 Nr. 2 LVG), oder
- in der unmittelbaren Staatsverwaltung eine vertikale Untergliederung des Staates sein, wie das Landratsamt als untere Baurechtsbehörde (vgl. § 1 Abs. 3 S. 2 LKrO, § 46 Abs. 1 Nr. 3 LBO i.V.m. § 15 Abs. 1 Nr. 1 LVG) oder das Regierungspräsidium als Planfeststellungsbehörde (§ 37 Abs. 8 LStrG); in diesem Fall ist die Behörde Organ des Staates.

6 Die **Zuständigkeit** betrifft die Frage, welcher Verwaltungsträger durch welches Organ handelt.[376] Die *sachliche Zuständigkeit* bezieht sich auf die der Behörde zugewiesenen Sachaufgaben, z.B. ist die untere Baurechtsbehörde für die Erteilung einer Baugenehmigung zuständig (§ 48 Abs. 1 i.V.m. § 46 Abs. 1 Nr. 3 LBO), das Regierungspräsidium für den Erlass eines straßenrechtlichen Planfeststellungsbeschlusses (§ 37 Abs. 8 LStrG). Die *funktionelle Zuständigkeit* meint die Organkompetenz,[377] also z.B. die Zuständigkeit des Oberbürgermeisters eines Stadtkreises für die Erteilung der Baugenehmigung (§ 15 Abs. 2 LVG[378]). In besonderen Fällen kann das Tä-

---

373 S. § 5 Rn. 53.
374 S. § 10 Rn. 12 ff.
375 Vgl. *Maurer*, Allgemeines Verwaltungsrecht, § 21 Rn. 19 ff.
376 Hierzu *Maurer*, Allgemeines Verwaltungsrecht, § 21 Rn. 44 ff.
377 *Jestaedt*, GVwR I, § 14 Rn. 43 f.
378 Bei einer nach § 46 Abs. 2 LBO auf die Gemeinde eines Landkreises (anstelle des nach § 46 Abs. 1 Nr. 3 LBO i.V.m. § 15 Abs. 1 Nr. 1 LVG zuständigen Landratsamts) übertragenen Baurechtszuständigkeit (§ 47 Abs. 4 S. 1 LBO: Pflichtaufgabe nach Weisung) wird die Organzuständigkeit des Bürgermeisters gem. § 44 Abs. 3 GemO begründet.

tigwerden dem Behördenleiter oder einer Person, die zum Richteramt befähigt ist, vorbehalten sein (z.B. § 61 Abs. 1 VwVfG). Die *örtliche Zuständigkeit* nimmt Bezug auf den räumlichen Tätigkeitsbereich der Behörde, im Verwaltungsverfahren gilt § 3 VwVfG i.V.m. §§ 11, 12 LVG; sofern Gemeinden zuständig sind, ist die örtliche Zuständigkeit identisch mit dem Gemeindegebiet, auf das sich ihre Gebietshoheit erstreckt.[379]

II. Die Verwaltungsorganisation des Landes Baden-Württemberg

7 Die Organisation der unmittelbaren Landesverwaltung ergibt sich aus dem **Landesverwaltungsgesetz** (LVG). Das LVG beinhaltet auch für die Gemeinden, soweit ihnen staatliche Aufgaben übertragen wurden, einen neben der GemO geltenden Regelungsrahmen, § 1 Abs. 1 LVG. Die Bestimmungen für untere Verwaltungsbehörden gelten jedoch nur, soweit die Gemeinde deren Aufgaben nach dem LVG erfüllt.

8 Der **allgemeine Verwaltungsaufbau** des Landes ist *dreistufig*. Neben den *obersten Landesbehörden* (§ 7 LVG: Regierung, Ministerpräsident und Ministerien sowie Rechnungshof) bestehen eine *Mittelinstanz* („höhere Verwaltungsbehörde") mit Bündelungsfunktion (die vier Regierungspräsidien) und *untere Verwaltungsbehörden*.

9 Die örtliche Zuständigkeit der **Regierungspräsidien** ergibt sich aus § 12 LVG. Sachlich hat das Regierungspräsidium einerseits ortsübergreifende Zuständigkeiten (die den unteren Verwaltungsbehörden entzogen sind, z.B. die Planfeststellung von Bundesstraßen), und andererseits aufsichtsrechtliche Befugnisse (als Rechtsaufsichtsbehörde der Stadtkreise, Großen Kreisstädte und Landratsämter, sowie als Widerspruchsbehörde vor allem in deren Funktion als untere Verwaltungsbehörden). Nach Auflösung der Sonderverwaltung haben die einzelnen Regierungspräsidien auch ehemalige Landesämter aufgenommen und sind insoweit landesweit zuständig.[380]

10 Der *örtliche Zuständigkeitsbereich* der **unteren Verwaltungsbehörden** deckt sich grundsätzlich mit dem Gebiet der 9 Stadt- und 35 Landkreise, vgl. § 15 Abs. 1 LVG u. § 1 Abs. 4 LKrO. Die meisten Landesgesetze ordnen – entsprechend dem Prinzip der Dekonzentration des Art. 70 Abs. 1 S. 2 LV – an, dass die *sachliche Zuständigkeit* bei der unteren Baurechtsbehörde, der unteren Wasserbehörde, der unteren Immissionsschutzbehörde, der unteren Naturschutzbehörde usw. liegt, und bestimmen darüber hinaus grundsätzlich, dass dies die untere Verwaltungsbehörde ist.[381] Die Besonderheit auf der unteren Ebene der dreigliedrigen Staatsverwaltung besteht darin, dass als Verwaltungsträger nicht nur das *Land* agiert, sondern auch *bestimmte Gemeinden* eingesetzt werden. Nach § 15 Abs. 1 LVG sind nämlich untere Verwaltungsbehörden (1) in den Landkreisen die Landratsämter (als staatliche Landesbehörde gem. § 1 Abs. 3 S. 2 LKrO) sowie nach Maßgabe des § 19 die *Großen Kreisstädte* und *Verwaltungsgemeinschaften* und (2) in den Stadtkreisen die *Gemeinden*.

11 **Stadtkreise** werden nach § 3 Abs. 1 GemO durch Gesetz gebildet. Nach § 131 Abs. 1 GemO gibt es derzeit neun Stadtkreise, die sämtliche Selbstverwaltungspflichtaufgaben wahrnehmen, die den Gemeinden und den Kreisen übertragen sind. Sie sind aber ausschließlich Gemeinden und nicht auch Landkreise.[382]

---

379 Ausnahmen regelt § 3 Abs. 2 VwVfG.
380 Z.B. das Landesamt für Denkmalpflege und das Landesgesundheitsamt in das RP Stuttgart, oder das Landesamt für Geologie, Rohstoffe und Bergbau in das RP Freiburg.
381 Beispiele: §§ 48 Abs. 1, 46 Abs. 1 Nr. 3 LBO, §§ 80 Abs. 2 Nr. 3, 82 Abs. 1 S. 1 WG, §§ 72 Abs. 1, 60 Abs. 1 Nr. 3 NatSchG.
382 Für BW ergibt sich dies aus der Einheit der Verwaltung, Art. 9 Abs. 1 BayGemO enthält eine entsprechende Klarstellung, vgl. *Aker*, § 3 GemO Rn. 4.

Neben den in § 131 Abs. 2 GemO aufgeführten Städten können Gemeinden mit mehr als 20.000 Einwohnern auf Antrag von der Landesregierung zur **Großen Kreisstadt** erklärt werden, was im Gesetzblatt bekanntzumachen ist. Der Bürgermeister der Großen Kreisstadt darf sich Oberbürgermeister nennen, § 42 Abs. 4 GemO. Am 01.05.2014 gab es 93 Große Kreisstädte. Das Landratsamt verliert im Gebiet der Großen Kreisstadt seine Zuständigkeit als untere Verwaltungsbehörde mit Ausnahme der in § 19 LVG abschließend aufgezählten Angelegenheiten. Das gilt auch für **Verwaltungsgemeinschaften** mit mehr als 20.000 Einwohnern (§ 17 LVG i.V.m. §§ 59 ff. GemO[383]). Verwaltungsprozessual hat dies bei Klagen im Verhältnis Bürger-Staat zur Folge, dass *die Gemeinde* als Verwaltungsträger (vertreten durch den Oberbürgermeister) richtiger Beklagter ist, § 78 Abs. 1 Nr. 1 VwGO i.V.m. § 15 Abs. 1 Nr. 2, Abs. 2 LVG. Erlässt das Landratsamt als untere Verwaltungsbehörde einen Verwaltungsakt, so richtet sich die Klage gegen *das Land Baden-Württemberg*, vertreten durch das Landratsamt, § 78 Abs. 1 Nr. 1 VwGO i.V.m. § 1 Abs. 2 S. 2 LKrO.

III. Gemeinden zwischen Landesverwaltung und Eigenverwaltung

Die Gemeinden nehmen vor allem dezentralisierte **Aufgaben der mittelbaren Staatsverwaltung** wahr, nämlich *freiwillige Aufgaben* und *weisungsfreie Pflichtaufgaben*. Mit dieser dezentralen Verwaltungsstruktur entlastet sich der Staat und schafft Verwaltungsträger, die nahe an den Sachproblemen agieren, indem organisierten gesellschaftlichen Gruppen die Möglichkeit eingeräumt wird, einzelne ihrer Angelegenheiten (oder bei den Gemeinden: alle Angelegenheiten) selbst wahrzunehmen.

Bestimmten Gemeinden, die über eine entsprechende Einwohnerzahl und eine ausreichend große und qualifizierte Zahl von Gemeindebediensteten verfügen, werden in unterschiedlicher Ausprägung Aufgaben der untersten Ebene der **Landesverwaltung** übertragen, um diese möglichst „nahe" an den betroffenen Einwohnern zu erledigen. Die Übertragung erfolgt generell für *Stadtkreise* (§ 15 Abs. 1 Nr. 2 LVG), partiell für *große Kreisstädte* (§ 15 Abs. 1 Nr. 1 i.V.m. § 19 LVG)[384] und punktuell für *größere Gemeinden*, dies zumeist nur auf deren Antrag hin (z.B. § 46 Abs. 2 LBO). *Allen Gemeinden* ist zudem ein gewisser Grundbestand an staatlichen Aufgaben übertragen worden, nämlich die Aufgabe der Ortspolizeibehörde (§ 62 Abs. 4 PolG) und die Durchführung von Wahlen.

Die Gemeinde ist für die Erledigung der ihr übertragenen Aufgaben dem Bürger gegenüber *voll verantwortlich* und im Prozess als Rechtsträger der eigenen Gemeindeverwaltung *richtiger Beklagter*. Wenn innerhalb der Gemeinde das *falsche Organ* (z.B. der Bürgermeister statt des zuständigen Gemeinderats) entscheidet, hat dies verwaltungsrechtlich zur Folge, dass der erlassene Rechtsakt grundsätzlich rechtswidrig ist: eine Rechtsnorm ist nichtig,[385] ein Verwaltungsakt ist rechtswidrig, kann aber bestandskräftig werden.[386] Anderes gilt, wenn im Verwaltungsverfahren eine *innerorganisatorisch* nicht zuständiger Bediensteter oder eine nicht zuständige Organisationseinheit der Gemeinde handelt. Da nach außen *immer* die Gemeinde handelt, ist die Rechtmäßigkeit eines dem Bürger gegenüber erlassenen Verwaltungsakts nicht davon abhängig, ob die nach Geschäftsverteilungsplan dafür bestimmte Stelle gehandelt hat, solange eine Entscheidungszuständigkeit des Verwaltungsorgans Bürgermeister besteht. Denn diesem sind in der hierarchisch strukturierten

---
383 S. § 23 Rn. 55 ff., 66 ff.
384 Gleiches gilt für Gemeinden, die sich zu Verwaltungsgemeinschaften i.S.d. § 17 LVG zusammengeschlossen haben.
385 VGH BW, Urt. v. 24.10.2013 – 1 S 347/13, juris Rn. 50.
386 S. § 15 Rn. 39 f., 51 ff.

Verwaltung alle Entscheidungen zuzurechnen. Es kommt nach dem Grundsatz der funktionellen Einheit der Gemeindeverwaltung (nur) darauf an, dass der Gemeinde eine sie ermächtigende Rechtsgrundlage zustand, auf die der Verwaltungsakt gestützt werden kann, und dass ein etwa zustehendes Ermessen sachgerecht ausgeübt worden ist.[387] Soweit die nach Geschäftsverteilungsplan zuständige Behörde die Rechtsfolgen des Verwaltungsakts beseitigen will, kann sie dies im Rahmen der §§ 48, 49 VwVfG tun.

Schaubilder: Die Wahrnehmung staatlicher Verwaltungsaufgaben bei den unteren Verwaltungsbehörden

§ 15 Abs. 1 Nr. 1 LVG		§ 15 Abs. 1 Nr. 2 LVG
Landratsamt, soweit nicht **Große Kreisstadt** (= § 3 Abs. 2 GemO) oder **Verwaltungsgemeinschaft** (= § 17 Abs. 1 LVG) zuständig ist		**Gemeinde** im Stadtkreis (= § 3 Abs. 1 GemO)
LRA nimmt **alle Aufgaben** der unteren Verwaltungsbehörde wahr, *außer* für GKSt. und VGem (dort nur die in § 19 LVG genannten Aufgaben)	GKSt. und VGem. nehmen alle *Aufgaben* wahr mit *Ausnahme der in § 19 LVG* genannten, die beim LRA verbleiben	Gemeinde nimmt grundsätzlich **alle Aufgaben** der unteren Verwaltungsbehörde wahr (Ausnahme Sonderbehörden)
Aufgabenwahrnehmung durch **Landratsamt**, das von Landrat als Behördenchef geleitet wird, §§ 53 Abs. 1, 42 LkrO, sog. **Organleihe** (LR ist funktionell und organisatorisch für das Land tätig)	grds. wie bei Stadtkreis, in Verwaltungsgemeinschaft durch **BM (als Kommunalorgan** im Auftrag des Landes) oder Verbandsvorsitzenden	Aufgabenwahrnehmung durch den **Bürgermeister** (§ 15 Abs. 2 LVG) als **Pflichtaufgabe nach Weisung**, gem. § 44 Abs. 3 S. 1 GemO in eigener gesetzlicher Zuständigkeit (=> Gemeinderat hat nur Informations- und Kontrollrecht gem. § 24 Abs. 3 u. 4 GemO!)
Dienst- und Fachaufsicht des RP, § 20 LVG	nur Fachaufsicht, vgl. § 21 Abs. 1 LVG	nur Fachaufsicht, vgl. § 21 Abs. 1 LVG
Beklagter im Verhältnis Bürger-Staat: Land (§ 78 Abs. 1 Nr. 1 VwGO i.V.m. § 1 Abs. 3 S. 2 LKrO)	Beklagter im Verhältnis Bürger-Staat: Stadt oder Verwaltungsgemeinschaft	Beklagter im Verhältnis Bürger-Staat: Stadt (§ 78 Abs. 1 Nr. 1 VwGO i.V.m. § 15 Abs. 1 Nr. 2, Abs. 2 LVG, § 23 GemO)

---

387 A.A. für das Landratsamt als staatliche Behörde einerseits und Kreisverwaltungsbehörde andererseits VGH BW, Beschl. vom 28.08.2006, 10 S 2731/03, juris Rn. 17, der übersieht, dass *immer* das hierarchisch strukturierte Landratsamt handelt mit der Person des Landrats an der Spitze. Eine Zuständigkeit des Kreistags war in dem dort zugrundeliegenden Fall nicht ansatzweise erkennbar. Dazu näher § 22 Rn. 22.

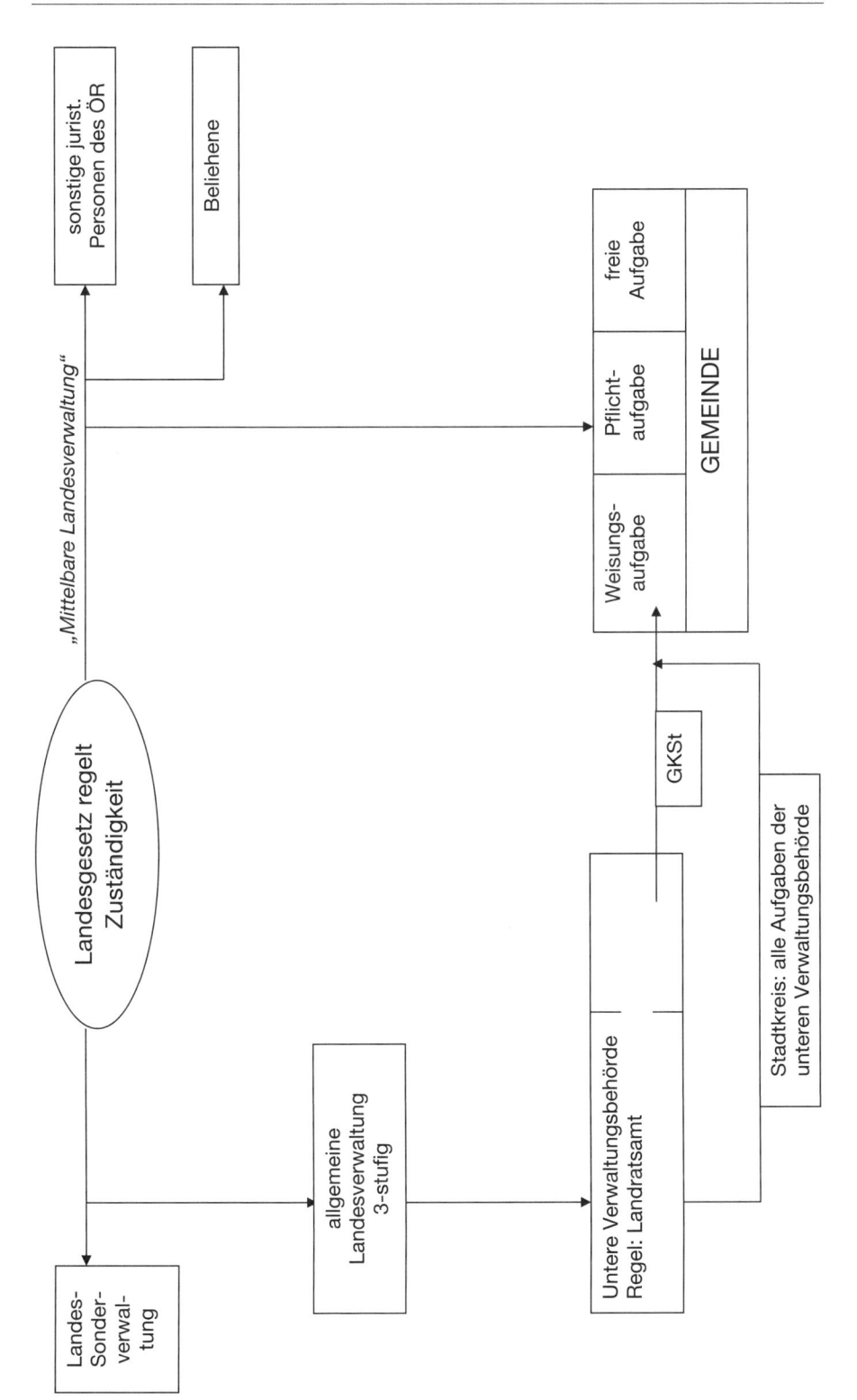

III. Gemeinden zwischen Landesverwaltung und Eigenverwaltung   105

sonstige jurist. Personen des ÖR

Beliehene

„Mittelbare Landesverwaltung"

Landesgesetz regelt Zuständigkeit

Landes-Sonderverwaltung

allgemeine Landesverwaltung 3-stufig

Untere Verwaltungsbehörde
Regel: Landratsamt

GKSt

Stadtkreis: alle Aufgaben der unteren Verwaltungsbehörde

GEMEINDE

- Weisungsaufgabe
- Pflichtaufgabe
- freie Aufgabe

§ 10
Die Gemeinden als Gebietskörperschaften und juristische Personen

Zu Rechtsformen und zur Verwaltungsorganisation:
Literatur: *Frotscher*, Begriff und Rechtsstellung der juristischen Person des öffentlichen Rechts, JuS 1997, L 49–53; *Maurer*, Allgemeines Verwaltungsrecht, § 21 I (Die Verwaltungsträger), § 23 (Die mittelbare Staatsverwaltung).
Zur Vertiefung: *Böckenförde*, Organ, Organisation, Juristische Person, in: Festschrift H. J. Wolff, 1973, S. 269 ff.; *Ehlers*, Die Lehre von der Teilrechtsfähigkeit juristischer Personen des öffentlichen Rechts und die Ultra-vires-Doktrin des öffentlichen Rechts, 2000; *Wolff/Bachof/Stober*, Verwaltungsrecht Bd. 1, § 23 (Rechtsformen der öffentlichen Verwaltung), Bd. 3, § 87 (Die öffentlich-rechtlichen Körperschaften).

Zum Namensrecht:
Literatur: *Herber*, in: Kodal (Begr.), Straßenrecht, 7. Aufl. 2010, Kap. 12 Rn. 32–41.1; *Schoch*, Rechtsschutz gegen die Umbenennung von Straßen, Jura 2011, 344 ff.; *Vollmer*, Der Name und das Wappen der Gemeinde im Internet – Eine Übersicht zu Umfang und Durchsetzung des gemeindlichen Namensschutzes, BWGZ 2009, 234 ff.
Zur Vertiefung: *Kleinevoss*, Der zivilrechtliche Namensschutz der Gemeinden, 2007; *Winkelmann*, Das Recht der öffentlich-rechtlichen Namen und Bezeichnungen, 1984.
Fallbearbeitung: *Brugger*, Der praktische Fall – Öffentliches Recht: Die anstößige Straßenumbenennung, JuS 1990, 566 ff.

Zu öffentlich-rechtlichem und privatrechtlichem Handeln:
Literatur: *Detterbeck*, Allg. VerwR, § 17 (Privatisierung der Verwaltung – privatrechtliches Handeln); *Kramer/Bayer/Fiebig/Freudenreich*, Die Zweistufentheorie im Verwaltungsrecht oder: Die immer noch bedeutsame Frage nach dem Ob und Wie, JA 2011, 810 ff.
Zur Vertiefung: *Ehlers*, Verwaltung in Privatrechtsform, 1984; *H.-P. Ipsen*, Öffentliche Subventionierung Privater, 1956, D. Konstruktionsfragen; *Pestalozza*, Kollisionsrechtliche Aspekte der Unterscheidung von öffentlichem Recht und Privatrecht, DÖV 1974, 188 ff.
Fallbearbeitung: *Kramer*, Referendarexamensklausur – Öffentliches Recht: Die Privatisierung der Schulen und ihre Folgen, JuS 2005, 1015 ff.

I. Gebietskörperschaft

1 Die Gemeinde ist eine **Gebietskörperschaft** (§ 1 Abs. 4 GemO). Diese Einordnung betrifft die Rechtsform der Gemeinde und ihren Status in der Verwaltungsorganisation.

2 Der Staat nimmt Verwaltungsaufgaben entweder durch eigene Behörden wahr (**unmittelbare Staatsverwaltung**) oder überlässt diese rechtlich selbstständigen Verwaltungseinheiten (**mittelbare Staatsverwaltung**).[388] Träger der mittelbaren Staatsverwaltung sind neben den Beliehenen und privatrechtlich organisierten Verwaltungsträgern die *juristischen Personen des öffentlichen Rechts*.[389] Es handelt sich dabei um Organisationen mit eigener Rechtspersönlichkeit, die ihre Existenz der

---

[388] Dazu BVerfG, Beschl. v. 02.05.1967 – 1 BvR 578/63, juris Rn. 24; *Ehlers*, in: Erichsen/ders. (Hrsg.), Allgemeines Verwaltungsrecht, § 1 Rn. 14 ff.; *Maurer*, Allgemeines Verwaltungsrecht, § 21 Rn. 8.
[389] *Maurer*, Allgemeines Verwaltungsrecht, § 23 Rn. 1; *Ehlers*, in: Erichsen/ders. (Hrsg.), Allgemeines Verwaltungsrecht, § 1 Rn. 14 ff.

I. Gebietskörperschaft

staatlichen Rechtsordnung verdanken und denen (hoheitliche) Aufgaben und Befugnisse zugeordnet sind.[390] Ihre rechtliche Verselbstständigung ermöglicht ihnen eine eigenverantwortliche Verwaltung.[391]

Juristische Personen des öffentlichen Rechts können als *Anstalten, Stiftungen* oder *Körperschaften* organisiert sein. Anstalten haben Benutzer, Stiftungen Nutznießer und Körperschaften des öffentlichen Rechts Mitglieder.[392] **Gebietskörperschaften** sind solche Körperschaften des öffentlichen Rechts, bei denen sich die Mitgliedschaft aus dem *Wohnsitz* im Gebiet der Körperschaft ergibt und die mit *Gebietshoheit* ausgestattet sind. Sie werden von allen Bewohnern eines abgegrenzten Teiles des Staatsgebietes getragen. Die Mitgliedschaft wird durch den Wohnsitz – evtl. in Verbindung mit dessen Dauer und der Staatsangehörigkeit – begründet. Jedermann, der sich auf ihrem Gebiet aufhält, wird der Herrschaftsgewalt der Körperschaft unterworfen. Wesentlich ist mithin das unmittelbare Verhältnis zwischen Personen, Fläche und hoheitlicher Gewalt.[393]

Die Gemeinden stehen als Gebietskörperschaften in einem besonderen Spannungsverhältnis von **staatlicher Abhängigkeit** einerseits und **Eigenverantwortlichkeit** andererseits. Sie besitzen keine ursprüngliche, sondern eine *von den Ländern abgeleitete Hoheitsgewalt*, sind an staatliche Gesetze gebunden und unterliegen der *staatlichen Aufsicht*.[394] Ihr Status als selbstständige, vom Staat getrennte juristische Personen des öffentlichen Rechts erlaubt ihnen aber zugleich eine *eigenverantwortliche Verwaltung*. Im Unterschied zu anderen juristischen Personen des öffentlichen Rechts sind die Selbstverwaltungsbefugnisse der Gemeinden zudem verfassungsrechtlich abgesichert: Art. 28 Abs. 2 S. 1 GG gewährleistet ihnen mit den Angelegenheiten der örtlichen Gemeinschaft einen bestimmten Aufgabenkreis, für den sie Autonomie besitzen (Eigenverantwortlichkeit) und unmittelbar gewählte Volksvertretungen (Gemeinderat), die sie zu einer eigenen, demokratisch begründeten Willensbildung befähigen (gegliederte Demokratie).[395]

In allen Bundesländern, so auch in Baden-Württemberg, bestehen *unterschiedliche Kategorien* von Gemeinden, die ihrer unterschiedlichen Größe und ihrer unterschiedlichen Verwaltungskraft Rechnung tragen. In mehreren Stufen können Aufgaben der Landeseigenverwaltung zur eigenständigen Erledigung auf die Gemeinden übertragen werden.

So sieht z.B. § 2 Abs. 1 StVOZustG vor, auf Gemeinden mit mehr als 5.000 Einwohnern die Zuständigkeit als *untere Straßenverkehrsbehörde* zu übertragen, entsprechend kann die Zuständigkeit als *untere Baurechtsbehörde* gem. § 46 Abs. 2 Nr. 1 LBO übertragen werden (was jedoch seltener ist aufgrund der in § 46 Abs. 5 LBO enthaltenen Anforderung an die Qualifikation des Personals).

Gemeinden mit mehr als 20.000 Einwohnern können auf Antrag durch die Landesregierung zu **Großen Kreisstädten** erklärt werden mit der Folge, dass ihnen alle Auf-

---

390 *Burgi*, in: Erichsen/ders. (Hrsg.), Allgemeines Verwaltungsrecht, § 7 Rn. 7 m.w.N.; vgl. auch *Wolff/Bachof/Stober*, Verwaltungsrecht Bd. 1, § 34 Rn. 6 ff.; *Frotscher*, JuS 1997, L 49 ff.
391 *Maurer*, Allgemeines Verwaltungsrecht, § 21 Rn. 8.
392 *Detterbeck*, Allgemeines Verwaltungsrecht, § 5 Rn. 182 ff.
393 BVerfG, Urt. v. 24.07.1979 – 2 BvK 1/78, juris Rn. 73. Zu den übrigen Arten der Körperschaften siehe *Detterbeck*, Allgemeines Verwaltungsrecht, § 5 Rn. 182 ff.
394 *Maurer*, Allgemeines Verwaltungsrecht, § 21 Rn. 8 f.; *Wolff/Bachof/Stober*, Verwaltungsrecht Bd. 1, § 2 Rn. 34.
395 *Maurer*, Allgemeines Verwaltungsrecht, § 21 Rn. 9; *Seewald*, in: Steiner (Hrsg.), Bes. Verwaltungsrecht, I. Rn. 57; vgl. auch BVerfG, Urt. v. 24.07.1979 – 2 BvK 1/78. Zu den Gewährleistungen des Art. 28 Abs. 2 S. 1 GG im Einzelnen § 5 Rn. 12 ff.

gaben der unteren Verwaltungsbehörde, die sonst das Landratsamt wahrnimmt, übertragen sind, mit Ausnahme der in § 19 Abs. 1 LVG abschließend dem Landratsamt vorbehaltenen Aufgaben, vgl. § 15 Abs. 1 Nr. 1 LVG. Der Bürgermeister – nicht der Gemeinderat – erledigt diese Aufgaben dann in eigener gesetzlicher Zuständigkeit (§ 15 Abs. 2 LVG, § 44 Abs. 3 GemO). In Baden-Württemberg gibt es (Stand April 2014) insgesamt 93 Große Kreisstädte.

8 Eine besondere Kategorie der Gemeinden bilden die neun **Stadtkreise** (in anderen Bundesländern kreisfreie Städte genannt). Neben den freien Selbstverwaltungsaufgaben haben sie alle den Gemeinden und den Kreisen durch Gesetz übertragenen Pflichtaufgaben (als Gemeinde!) wahrzunehmen. Zugleich sind sie als Gemeinde untere Verwaltungsbehörde (§ 15 Abs. 1 Nr. 2 LVG), und zwar ohne die in § 19 LVG enthaltene Einschränkung.

9 Nach § 131 Abs. 1 GemO sind Baden-Baden, Freiburg i.Br., Heidelberg, Heilbronn, Karlsruhe, Mannheim, Pforzheim, Stuttgart und Ulm Stadtkreise; weitere Gemeinden könnten nach § 3 Abs. 1 GemO durch Gesetz „ausgekreist" werden. Reutlingen, das mit mehr als 110.000 Einwohnern etwa gleich groß wie Pforzheim, Heilbronn oder Ulm ist, hat bislang keinen entsprechenden Antrag gestellt, um die Leistungsfähigkeit des Landkreises Reutlingen mit seinen etwa 270.000 Einwohnern nicht zu gefährden.

10 Der Bürgermeister führt in den Großen Kreisstädten und Stadtkreisen den Titel Oberbürgermeister (§ 42 Abs. 4 GemO); nach § 49 Abs. 1 GemO können in Großen Kreisstädten und müssen in Stadtkreisen ein oder mehrere hauptamtliche Beigeordnete als Stellvertreter des Oberbürgermeisters bestellt sein. Zudem haben die Stadtkreise und Großen Kreisstädte ein eigenes Rechnungsprüfungsamt zu unterhalten, § 109 Abs. 1 GemO.

II. Juristische Person des öffentlichen Rechts

11 Die Gemeinde ist eine **juristische Person des öffentlichen Rechts**. Als juristische Person besitzt sie eine *eigene Rechtspersönlichkeit*. Im Unterschied zu juristischen Personen des Privatrechts ist sie eine *öffentlich-rechtliche* Einrichtung, der Aufgaben, Befugnisse und insbesondere Pflichten übertragen sind.

1. Juristische Person...

a) Rechtsfähigkeit

12 Als juristische Person ist die Gemeinde **rechtsfähig**. Sie besitzt damit die Fähigkeit, selbstständiger *Träger von Rechten und Pflichten* zu sein.[396]

aa) Vollrechtsfähigkeit

13 Die Gemeinde ist **vollrechtsfähig**. Ihre Rechtsfähigkeit ist insbesondere nicht mit Blick auf ihre *begrenzte Zuständigkeit* eingeschränkt. Nicht zu überzeugen vermag die teilweise vertretene Auffassung, nach der bei Überschreitung der gesetzlichen Zuständigkeitsgrenzen die *Rechtsfähigkeit* mit der Folge *entfällt*, dass vorgenommene Handlungen in jedem Falle unwirksam sind.[397]

---

[396] *Wolff/Bachof/Stober*, Verwaltungsrecht Bd. 1, § 32 Rn. 5; *Frotscher*, JuS 1997, L 49 (L 51).
[397] Dazu näher Rn. 44 ff.

bb) Umfang der Rechte

14 Die Gemeinde hat als *juristische* Person des öffentlichen Rechts nicht dieselben Rechte und Pflichten wie *natürliche* Personen. Als Trägerin hoheitlicher Rechte und Pflichten stehen ihr weitergehende Rechte zu, während sie in anderer Hinsicht weniger Rechte innehat. So beschränken sich die „Persönlichkeitsrechte"[398] der Gemeinde im Wesentlichen auf ein *Namensrecht* sowie ein *Flaggen-, Wappen- und Siegelrecht* (vgl. §§ 5, 6 GemO).[399]

(1) Namensrecht

15 Der **Name** vermittelt der Gemeinde rechtliche Identität und ist zugleich äußerer Ausdruck ihrer Individualität. Das Recht der Gemeinden zur Führung ihres einmal bestimmten Namens (§ 5 Abs. 1 GemO) ist Teil der Gebietshoheit[400] und ein öffentlich-rechtliches, gegen jedermann wirkendes *absolutes „Persönlichkeitsrecht"*.[401]

16 Bei **Beeinträchtigungen** des Namensrechts steht der Gemeinde daher ein Unterlassungsanspruch zu, im privatrechtlichen Bereich nach § 12 BGB,[402] im öffentlich-rechtlichen Bereich nach § 5 GemO i.V.m. § 12 BGB analog.[403] Der rechtswidrige Namensgebrauch durch Dritte kann zudem Unterlassungs-, Beseitigungs- und Schadensersatzansprüche nach §§ 8, 9 UWG auslösen.

17 Die **Bestimmung** des Namens einer neu gebildeten Gemeinde sowie die Feststellung und **Änderung** eines Gemeindenamens liegen in Baden-Württemberg in der Verbandskompetenz der Gemeinden. Wegen des staatlichen Interesses an der Namensfestlegung ist die Zustimmung des Regierungspräsidiums erforderlich (§ 5 Abs. 1 GemO). Die Gemeinde hat aufgrund ihres Selbstverwaltungsrechts ein Recht auf fehlerfreie Ermessensentscheidung; den Bürgern steht ein solcher Anspruch nicht zu.

18 Viele Gemeinden sind daran interessiert, die Bezeichnung „**Stadt**" oder eine sonstige Bezeichnung wie „**Bad**" zu führen. Sofern die Gemeinden eine solche Bezeichnung nicht bereits *nach bisherigem Recht* führen durften, bedarf es dafür einer *Verleihung* durch die Landesregierung (§ 5 Abs. 2 S. 2, Abs. 3 S. 2 GemO, zum Verfahren § 2 Abs. 1 DVO GemO).[404] Die Verleihung ist ein Verwaltungsakt. Auch hier hat die Gemeinde einen An*spruch auf ermessensfehlerfreie Entscheidung*.[405] Rechtsfolgen für die kommunalrechtlichen Verhältnisse haben die Bezeichnungen nicht. Die Gemeinderatsmitglieder einer „Stadt" werden als „Stadträte" (§ 25 Abs. 1 S. 2 GemO), die Gemeindebeamten mit dem Zusatz „Stadt-" bezeichnet.

19 Zu den Selbstverwaltungsangelegenheiten der Gemeinden zählen ferner die Benennung von **Ortsteilen** sowie von **Straßen, Wegen, Plätzen und Brücken** (§ 5 Abs. 4 GemO i.V.m. § 2 Abs. 2–4 DVO GemO). Die Gemeinde ist danach auch befugt, eine bereits benannte Straße umzubenennen.[406] Die (Um-)Benennung ist ein dinglicher

---

398 BVerwG, Urt. v. 08.02.1974 – VII C 16.71, juris Rn. 8 zum Namensrecht der Gemeinde.
399 *Steger*, in: Kunze/Bronner/Katz, GemO, § 1 Rn. 86.
400 Vgl. BVerfG, Beschl. v. 12.01.1982 – 2 BvR 113/81, juris Rn. 28 („Teil der historisch überkommenen Gemeindehoheit").
401 BGH, Urt. v. 23.06.1975 – III ZR 76/73, juris Rn. 14.
402 BGH, Urt. v. 14.06.2006 – I ZR 249/03, juris Rn. 14 ff.
403 BVerwG, Urt. v. 06.07.1979 – VII C 59.76, juris Rn. 9; *J. Ipsen*, Niedersächsisches Kommunalrecht, Rn. 90; *Lange*, Kommunalrecht, Kap. 2 Rn. 47ff.
404 Die Verwendung von Werbezusätzen etwa auf Poststempeln (z.B. „Stadt der Gotik") bedarf keiner Verleihung.
405 *Aker/Hafner/Notheis*, § 5 GemO Rn. 10; nicht eindeutig BVerwG, Beschl. v. 04.07.1989 – 7 B 140.88, juris Rn. 5.
406 VGH BW, Urt. v. 12.05.1980 – I 3964/78, juris Rn. 22; eingehend *Schoch*, Jura 2011, 344 (347).

Verwaltungsakt in Form der *Allgemeinverfügung*.[407] Zuständig ist der Gemeinderat; eines besonderen Vollzugsaktes des Bürgermeisters bedarf es nicht.[408] Bei der Entscheidung über die (Um-)Benennung kommt dem Gemeinderat ein *weiter Ermessensspielraum* zu.[409] Das Gremium muss jedoch die für die (Um-)Benennung sprechenden Gründe mit den gegen die Änderung sprechenden Interessen der Anwohner sowie deren Interesse an der Unterscheidbarkeit des (neuen) Straßennamens von vorhandenen Benennungen im Gemeindegebiet abwägen.[410] Die Anwohner haben ein subjektives Recht auf ermessensfehlerfreie Entscheidung.[411]

20 Bei der Verteilung und Änderung der **Hausnummerierung** ist umstritten, ob es sich um eine im Ermessen der Gemeinde stehende *Selbstverwaltungsangelegenheit*[412] oder – u.E. zutreffend – eine *ordnungsrechtliche Pflichtaufgabe* der Gemeinde handelt.[413] Die betroffenen Anwohner haben nach der erstgenannten Ansicht ein Recht auf fehlerfreie Ermessensentscheidung,[414] während die Gegenansicht nur auf das Willkürverbot als Ermessensgrenze verweist.[415] Die Zuteilung einer Hausnummer ist in jedem Falle ein Verwaltungsakt.[416] Sie löst die Pflicht des betroffenen Eigentümers aus, sein Grundstück mit der festgesetzten Hausnummer zu versehen (§ 126 Abs. 3 S. 1 BauGB). Zuständig zur Festsetzung der Hausnummern ist jedoch – anders als bei der Benennung der Straßen – der *Bürgermeister*.[417] Die Ermächtigungsgrundlage stellen §§ 1, 3 PolG dar.[418]

(2) Vermögensrechte

21 In **vermögensrechtlicher** Hinsicht steht die Gemeinde den natürlichen Personen grundsätzlich gleich.[419] So kann sie Eigentümerin von Grundstücken oder Inhaberin dinglicher Rechte (Hypotheken, Grundschulden usw.) sein. Die Gemeinde ist auch erb- und vermächtnisfähig. Teilweise gelten sondergesetzliche Regelungen (vgl. §§ 87 Abs. 6, 127 GemO).

---

407 VGH BW, Urt. v. 12.05.1980 – I 3964/78, juris Rn. 17; VGH BW, Urt. v. 22.07.1991 – 1 S 1258/90, juris Rn. 21.
408 VGH BW, Urt. v. 12.05.1980 – I 3964/78, juris, LS 1, Rn. 18; VGH BW, Urt. v. 22.07.1991 – 1 S 1258/90, juris Rn. 21.
409 VGH BW, Urt. v. 13.11.1978 – I 1558/78, juris Rn. 15; *Schoch*, Jura 2011, 344 (345).
410 VGH BW, Urt. v. 12.05.1980 – I 3964/78, juris LS 1, Rn. 22 f.; VGH BW, Urt. v. 22.07.1991 – 1 S 1258/90, juris Rn. 22; BayVGH, Urt. v. 16.05.1995 – 8 B 94.2062, juris Rn. 15 ff.; anders OVG Berlin, Beschl. v. 01.02.1994 – 1 S 118.93, juris, LS.
411 VGH BW, Urt. v. 13.11.1978 – I 1558/78, juris Rn. 16; VGH BW, Urt. v. 12.05.1980 – I 3964/78, juris Rn. 22; VGH BW, Urt. v. 22.07.1991 – 1 S 1258/90, juris Rn. 22; *Herber*, in: Kodal (Begr.), Straßenrecht, Kap. 12 Rn. 37; differenzierend *Schoch*, Jura 2011, 344 (351).
412 VG Freiburg, Urt. v. 04.04.1988 – 2 K 210/86, VBIBW 1989, 34.
413 BayVGH, Urt. v. 06.12.2011 – 8 ZB 11.1676, juris Rn. 11; *Herber*, in: Kodal (Begr.), Straßenrecht, Kap 12 Rn. 38.
414 Vgl. VGH BW, Urt. v. 13.11.1978 – I 1558/78, juris Rn. 16, 21; *Herber*, in: Kodal (Begr.), Straßenrecht, Kap. 12 Rn. 40.
415 BayVGH, Urt. v. 05.03.2002 – 8 B 01.1164, juris Rn. 15 f.; BayVGH, Urt. v. 06.12.2011 – 8 ZB 11.1676, juris Rn. 11 ff.;.
416 VGH BW, Urt. v. 22.07.1991 – 1 S 1258/90, juris Rn. 21; *Herber*, in: Kodal (Begr.), Straßenrecht, Kap. 12 Rn. 40 m.w.N.
417 VGH BW, Urt. v. 13.11.1978 – I 1558/78, juris Rn. 21; VGH BW, Urt. v. 22.07.1991 – 1 S 1258/90, juris Rn. 45.
418 § 5 Abs. 4 GemO umfasst nicht die Nummerierung von Häusern; zu einer spezialgesetzlichen Regelung vgl. z.B. § 52 Abs. 2 BayStrWG.
419 *Steger*, in: Kunze/Bronner/Katz, GemO, § 1 Rn. 86.

b) Parteifähigkeit

Als juristische Person ist die Gemeinde im Zivilprozess **parteifähig** (§ 50 ZPO) und im Verwaltungsprozess und -verfahren **beteiligungsfähig** (§ 61 Nr. 1 Alt. 2 VwGO, § 11 Nr. 1 Alt. 2 LVwVfG). Sie kann damit an diesen Verfahren als Klägerin, Beklagte oder sonstige Beteiligte teilnehmen.

c) Prozessfähigkeit

Juristische Personen sind zwar rechtsfähig, können aber nicht selbst handeln. Sie handeln durch eingegliederte Einrichtungen, ihre Organe.[420] Die Gemeinde als juristische Person kann daher einen Prozess nicht selbst führen, ist also nicht **prozessfähig,** sondern handelt durch den Bürgermeister als ihren gesetzlichen Vertreter (§ 62 VwGO, §§ 51, 52 ZPO).[421] Auch **handlungsfähig**, also fähig zur Vornahme von Verfahrenshandlungen, ist sie nur durch ihren gesetzlichen Vertreter (§ 12 Abs. 1 Nr. 2 LVwVfG). Der Bürgermeister kann diese Funktion auf Gemeindebedienstete delegieren (vgl. § 53 GemO).[422]

2. ... des öffentlichen Rechts

Juristischen Personen **des öffentlichen Rechts** sind spezifische (hoheitliche) Aufgaben und Befugnisse zugeordnet.

a) Aufgaben

Die Gemeinden nehmen als Teil der mittelbaren Staatsverwaltung *staatliche Aufgaben* und *Selbstverwaltungsaufgaben* wahr. Anders als die übrigen juristischen Personen des öffentlichen Rechts haben sie im Bereich der Angelegenheiten der örtlichen Gemeinschaft die Allzuständigkeit, also ein Aufgabenerfindungsrecht.[423]

b) Befugnisse

Zur Wahrnehmung ihrer Aufgaben sind die Gemeinden mit **Hoheitsgewalt** ausgestattet.[424]

aa) Dienstherrenfähigkeit

Die Ausübung hoheitsrechtlicher Befugnisse ist gem. Art. 33 Abs. 4 GG als ständige Aufgabe grundsätzlich Beamten zu übertragen. Gemeinden haben daher das Recht,

---

420 *Detterbeck*, Allgemeines Verwaltungsrecht, § 5 Rn. 208; *Maurer*, Allgemeines Verwaltungsrecht, § 21 Rn. 19; *Frotscher*, JuS 1997, L 49 (L 50). Grundlegend *Böckenförde*, FS Wolff, S. 269 (270 ff.).
421 *Kopp/Schenke*, VwGO, § 62 Rn. 14; *Bier*, in: Schoch/Schneider/Bier, VwGO, § 62 Rn. 17.
422 *Geis*, Kommunalrecht, § 5 Rn. 16.
423 Zu den gemeindlichen Aufgaben im Einzelnen unter § 5 Rn. 19 ff.
424 Dazu *Jachmann*, in: v. Mangoldt/Klein/Starck (Hrsg.), GG, Art. 33 Abs. 4 Rn. 28; *Zippelius/Würtenberger*, Deutsches Staatsrecht, § 44 Rn. 3.

Beamte zu haben (**Dienstherrenfähigkeit**, § 121 Nr. 1 BRRG, § 2 Nr. 1 BeamtStG, vgl. auch § 56 GemO).[425]

bb) Öffentlich-rechtliches und privatrechtliches Handeln

28 Aufgrund ihrer Hoheitsgewalt kann die Gemeinde in **öffentlich-rechtlichen Formen** handeln, also Rechtsnormen (Satzungen) beschließen, Verwaltungsakte erlassen und ggf. zwangsweise durchsetzen, Beiträge und Gebühren erheben, öffentlich-rechtliche Verträge schließen, Anstalten errichten und unterhalten.[426] Wie der Staat kann die Gemeinde sich aber auch auf die Ebene des Privatrechts begeben und ebenso wie der Bürger **privatrechtlich handeln**, insbesondere zivilrechtliche Verträge schließen.

(1) Formenwahlrecht

29 Die Gemeinde kann – wie der Staat – grundsätzlich wählen, ob sie in öffentlich-rechtlicher oder privatrechtlicher Form handelt (sog. **Formenwahlrecht**).[427] Etwas anderes gilt nur dann, wenn die Rechtsform vorgeschrieben ist oder sich aus allgemeinen Rechtsgrundsätzen ergibt.[428]

30 Danach muss sie im Bereich der **Eingriffsverwaltung** in öffentlich-rechtlichen Formen handeln.[429] Die Ordnungs- und Abgabenverwaltung, die auf Zwangsmittel angewiesen ist, kann auf die hoheitlichen Befugnisse des öffentlichen Rechts nicht verzichten.[430]

31 Demgegenüber beteiligt sich die Gemeinde bei **fiskalischen Hilfsgeschäften** (z.B. Kauf von Büromaterial, Bauauftrag für eine Schule) und **erwerbswirtschaftlicher Tätigkeit** (z.B. staatliche Weingüter) wie ein Privatrechtssubjekt am Wirtschaftsverkehr. Sie handelt dabei ausschließlich in Privatrechtsform.[431]

32 Das Wahlrecht der Gemeinde zwischen öffentlich-rechtlicher und privatrechtlicher Ausgestaltung beschränkt sich deshalb grundsätzlich auf den Bereich der **Leistungsverwaltung,** der nicht bereits öffentlich-rechtlich geregelt ist.[432] Da die Entscheidung der Verwaltung, „*ob*" sie eine Leistung gewährt (z.B. den Zugang zu öffentlichen Einrichtungen gewährt oder eine Subvention vergibt), durch öffentlich-rechtliche Normen oder Gewohnheitsrecht geregelt ist (z.B. § 10 Abs. 2 S. 2 GemO), ist diese stets öffentlich-rechtlich. Die Art und Weise, „*wie*" die Verwaltung die Leistung gewährt (die Modalitäten der Benutzung bzw. Auszahlung, z.B. Dauer, Entgelt, Verhaltenspflichten), ist regelmäßig jedoch nicht öffentlich-rechtlich vorgegeben. Die

---

425 *Battis*, BBG, § 2 Rn. 26; *Stober*, Kommunalrecht, § 19 II.
426 *Maurer*, Allgemeines Verwaltungsrecht, § 23 Rn. 44.
427 Z.B. BGH, Urt. v. 10.10.1991 – III ZR 100/90, juris Rn. 11; BVerwG, Urt. v. 19.05.1994 – 5 C 33.91, juris Rn. 14; BVerwG, Beschl. v. 02.05.2007 – 6 B 10.07, juris Rn. 8; zu den unterschiedlichen privatrechtlichen Handlungsformen *Maurer*, Allgemeines Verwaltungsrecht, § 3 Rn. 18 ff.
428 *Detterbeck*, Allgemeines Verwaltungsrecht, § 17 Rn. 904.
429 *Rennert*, in: Eyermann, VwGO, § 40 Rn. 45.
430 *Maurer*, Allgemeines Verwaltungsrecht, § 3 Rn. 25.
431 *Rennert*, in: Eyermann, VwGO, § 40 Rn. 45; *Kramer/Bayer/Fiebig/Freudenreich*, JA 2011, 810 (815).
432 Vgl. *Maurer*, Allgemeines Verwaltungsrecht, § 3 Rn. 25; *Rennert*, in: Eyermann, VwGO, § 40 Rn. 45.

Abwicklung der Leistungsgewährung kann daher sowohl öffentlich-rechtlich als auch privatrechtlich ausgestaltet sein (sog. *Zwei-Stufen-Theorie*).[433]

Diese Grundsätze gelten jedoch nur für das *Handeln der Verwaltung*. Betreibt die Gemeinde im Rahmen ihrer Organisationsfreiheit eine öffentliche Einrichtung nicht selbst, sondern lässt sie durch eine **juristische Person des Privatrechts** (GmbH, AG usw.) betreiben, sind die Rechtsverhältnisse zwischen der Einrichtung und dem Benutzer – sowohl hinsichtlich des Zugangs als auch der Ausgestaltung der Benutzung – rein privatrechtlich, da beide Privatrechtssubjekte sind.[434] Versagt der private Einrichtungsbetreiber dem Bürger zu Unrecht den Zugang, hat der Bürger aber einen *öffentlich-rechtlichen Verschaffungsanspruch* (aus § 10 Abs. 2 S. 2 GemO) gegen die Gemeinde darauf, ihm durch Einwirkung auf den privaten Betreiber den Zugang zu Einrichtung zu verschaffen.[435] 33

(2) Zuordnung zu öffentlich-rechtlichem oder privatrechtlichem Handeln

Ob die Gemeinde öffentlich-rechtlich oder privatrechtlich handelt, ist nach Indizien zu beurteilen[436] (z.B. Erhebung einer „Gebühr" oder eines „Entgelts"/„Preises"; Ausgestaltung durch „Ordnung" oder „Allgemeine Geschäftsbedingungen"[437]). Im Zweifel ist von öffentlich-rechtlichem Handeln auszugehen.[438] 34

3. Öffentlich-rechtliche Bindungen

Bei einer privatrechtlichen Tätigkeit stellt sich die Frage nach dem Umfang der **öffentlich-rechtlichen Bindungen** der Gemeinde. 35

a) Verbandskompetenz

Nach einer Auffassung soll insbesondere die wirtschaftliche gemeindliche Betätigung **nicht** durch die kommunale Verbandskompetenz begrenzt werden.[439] Vereinzelt wird sogar davon ausgegangen, dass die *kommunale Daseinsvorsorge* – anders als nach der klassischen Lehre vom sog. Verwaltungsprivatrecht[440] – keine kompetenziell gebundene Verwaltungstätigkeit der Kommunen darstellen soll.[441] 36

---

433 BVerwG, Beschl. v. 21.07.1989 – 7 B 184.88, juris Rn. 5; BVerwG, Beschl. v. 29.05.1990 – 7 B 30.90, juris Rn. 4; näher *Maurer*, Allgemeines Verwaltungsrecht, § 3 Rn. 36 ff.; *Kramer/Bayer/Fiebig/ Freudenreich*, JA 2011, 810 ff.
434 BVerwG, Beschl. v. 29.05.1990 – VII B 30.90, juris Rn. 5; *Maurer*, Allgemeines Verwaltungsrecht, § 3 Rn. 39.
435 BVerwG, Beschl. v. 29.05.1990 – VII B 30.90, juris Rn. 4; dazu auch unter § 21 Rn. 70.
436 *Rennert*, in: Eyermann, VwGO, § 40 Rn. 45; *Unruh*, Hk-VerwR, § 40 VwGO Rn. 115; *Kramer/Bayer/ Fiebig/Freudenreich*, JA 2011, 810 (813). Vgl. VGH, Urt. v. 28.04.1997 – 1 S 2007/96, juris, Rn. 58 ff.
437 VGH BW, Urt. v. 27.08.1992 – 2 S 909/90, juris Rn. 20; *Unruh*, Hk-VerwR, § 40 VwGO Rn. 115. Vgl. auch VGH BW, Urt. v. 28.04.1997 – 1 S 2007/96, juris, Rn. 58 ff.
438 *Rennert*, in: Eyermann, VwGO, § 40 Rn. 45.
439 *Moraing*, WiVerw. 1998, 233 (244 f., 263); *Wieland*, NWVBl. 2000, 246 (248); *Hellermann*, Daseinsvorsorge, S. 157 f.
440 Grundlegend *Siebert*, FS Hans Niedermeyer, 1953, 215 (insb. 219 ff.); zur Kompetenzbindung z.B. BVerfG, Urt. v. 28.02.1961 – 2 BvG 1/60, 2 BvG 2/60, juris, Rn. 139 ff.; für *weitergehende* öffentlich-rechtliche Bindungen *Mallmann*, VVDStRL 19 (1961), 165 (194 ff.) und *Ehlers*, Verwaltung, S. 212 ff.
441 *Wieland*, NWVBl. 2000, 246 (248); *Hellermann*, Daseinsvorsorge, S. 157.

37 Dem ist jedoch nicht zu folgen. Die den Staat in zwei Rechtspersönlichkeiten aufspaltende *Fiskustheorie*[442] ist überholt. In der grundgesetzlichen Ordnung sind sowohl der Staat als auch die anderen Verwaltungsträger einheitliche Rechtspersonen.[443] Die Verwaltungsträger haben als dem Gemeinwohl verpflichtete Organe auch keine der *Privatautonomie* vergleichbare Möglichkeit zur freien Wahl der Tätigkeitsfelder und Handlungsziele.[444] Staatliche und kommunale Aufgabenerfüllung sind vielmehr immer der Erfüllung *öffentlicher Zwecke und Aufgaben* verpflichtet[445] und somit als materielle Wirtschaftstätigkeit einzuordnen. Zudem erfordert die demokratische Staatskonzeption die *Rückführung aller Staatshandlungen* auf eine Willensäußerung des Volkes als verfassunggebendes Organ.[446] Staatliche Handlungsbefugnisse werden als in ihrem Umfang beschränkte Staatsgewalt erst durch die Verfassung oder durch verfassungsrechtlich abgeleitete Willensäußerungen begründet.[447] Für die Gemeinden ist die inhaltlich beschränkte Aufgabenzuweisung in Art. 28 Abs. 2 S. 1 GG maßgeblich.

38 Auch im Bereich privatrechtlichen Handelns enthält Art. 28 Abs. 2 S. 1 GG damit sowohl eine mit einem spezifischen Schutzgehalt ausgestattete Aufgabenzuweisung[448] als auch eine **Beschränkung des Handlungsmandats.**[449]

b) Grundrechtsbindung

39 Nach Art. 1 Abs. 3 GG binden die Grundrechte „Gesetzgebung, vollziehende Gewalt und Rechtsprechung" als unmittelbar geltendes Recht. Diese Bindung gilt auch bei einer privatrechtlichen gemeindlichen Tätigkeit.

40 Nach der **Lehre vom sog. Verwaltungsprivatrecht** besteht eine Grundrechtsbindung der privatrechtsförmigen Verwaltung nur bei der *unmittelbaren Erfüllung von Verwaltungsaufgaben* (insbesondere im Bereich der Daseinsvorsorge); anderes gelte für *fiskalische Hilfsgeschäften* (sog. Bedarfsverwaltung) und die *erwerbswirtschaftliche Betätigung*.[450] Jedenfalls für die öffentliche Auftragsvergabe wird mittlerweile jedoch ganz überwiegend eine Bindung an **Art. 3 Abs. 1 GG** anerkannt.[451]

---

[442] Dazu etwa *Burmeister*, DÖV 1975, 699.
[443] *Mallmann*, VVDStRL 19 (1961), 165 (196 ff.); *Ehlers*, Verwaltung, S. 75 ff.
[444] *Ehlers*, Verwaltung, S. 86 ff.; aus der Rspr. VerfGH RP, Urt. v. 28.03.2000 – VGH N 12/98, juris Rn. 21.
[445] Hierzu auch unter § 5 Rn. 47.
[446] Dazu im Einzelnen *Böckenförde*, Die verfassunggebende Gewalt des Volkes, 1986; *Murswiek*, Die verfassunggebende Gewalt nach dem GG für die Bundesrepublik Deutschland, 1978.
[447] *Hesse*, in: Benda/Maihofer/Vogel (Hrsg.), HdbVerfR, 1994, § 1, Rn. 25 ff.; zur kommunalen Wirtschaftstätigkeit auch *Heilshorn*, Gebietsbezug, S. 71 ff. m.w.N.
[448] Dazu unter § 5 Rn. 10 f.
[449] Zur wirtschaftlichen Betätigung etwa *Ehlers*, DVBl. 1983, 422 (424); *Held*, WiVerw. 1998, 264 (280 f.); *Schink*, NVwZ 2002, 129 (135 f.); zur Bindung an die Kompetenzordnung bei der Kündigung eines öffentlich-rechtlichen Vertrags VGH BW, Urt. v. 14.08.1992 – 10 S 816/91, juris Rn. 23, 25.
[450] BGH, Entsch. v. 26.10.1961 – KZR 1/61, juris Rn. 10 f.; in diese Richtung wohl auch BGH, Urt. v. 23.09.1969 – VI ZR 19/68, juris Rn. 13; BGH, Urt. v. 05.04.1984 – III ZR 12/83, juris Rn. 49 f.; BlnVerfGH, Urt. v. 21.10.1999 – 42/99, juris Rn. 41; BGH, Urt. v. 11.03.2003 – XI ZR 403/01, juris, Rn. 16 f.; umfassend dazu *Stelkens*, Verwaltungsprivatrecht. Vgl. zudem die Nachweise in Fn 441.
[451] BVerfG, Beschl. v. 13.6.2006 – 1 BvR 1160/03, juris Rn. 64 f. (dazu näher *Heilshorn/Tanneberger*, BWGZ 2006, 813 ff.); vgl. auch OLG Stuttgart, Urt. v. 11.04.2002– 2 U 240/01, juris Rn. 31; OVG NW, Beschl. v. 12.01.2007 – 15 E 1/07, VergabeR 2007, 196 (198); OLG Brandenburg, Beschl. v. 2.10.2008 – 12 U 91/08, juris Rn. 8.

Aufgrund der umfassenden Gemeinwohlverpflichtung der Staatsgewalt spricht viel **41**
dafür, eine **Grundrechtsbindung** unabhängig von der Handlungsform zu bejahen.[452]
In gleicher Weise unmittelbar an die Grundrechte gebunden sind die von der öffentlichen Hand – im Sinne einer Mehrheit der Anteile – beherrschten privatrechtlichen Unternehmen, derer sich die Verwaltung zur Erfüllung öffentlicher Aufgaben bedient.[453]

4. Grundrechtsberechtigung

Nach Art. 19 Abs. 3 GG gelten die Grundrechte auch für inländische juristische Personen, soweit sie ihrem Wesen nach auf diese anwendbar sind. Nach dem BVerfG sind juristische Personen in den Schutzbereich der Grundrechte einzubeziehen, „wenn ihre Bildung und Betätigung Ausdruck freier Entfaltung der natürlichen Personen sind, besonders wenn der Durchgriff auf die hinter den juristischen Personen stehenden Menschen dies als sinnvoll und erforderlich erscheinen lässt."[454] **42**

Juristische Personen des öffentlichen Rechts sind danach grundsätzlich nicht grundrechtsfähig.[455] Eine Ausnahme davon erkennt das BVerfG an, wenn die juristische Person des öffentlichen Rechts unmittelbar einem durch die Grundrechte geschützten Lebensbereich zuzuordnen ist.[456] *Gemeinden* steht nach diesen Grundsätzen eine Grundrechtsberechtigung nicht zu; dies gilt auch außerhalb der Wahrnehmung öffentlicher Aufgaben.[457] Die fehlende Grundrechtsfähigkeit gilt auch für *juristische Personen des Privatrechts*, die Aufgaben der Daseinsvorsorge wahrnehmen und ganz oder mehrheitlich in der Hand eines Trägers öffentlicher Gewalt liegen.[458] **43**

III. Rechtsfolgen der Verletzung der Verbandskompetenz

Betätigungen außerhalb der **kommunalen Verbandskompetenz**[459] sind rechtswidrig. **44**

Nach einer vielfach vertretenen Auffassung sind Körperschaften und Verbände des öffentlichen Rechts außerhalb der Verbandskompetenz **nicht rechtsfähig**. Rechts- **45**

---

452 I.E. ebenso *Maurer*, Allgemeines Verwaltungsrecht, § 3 Rn. 28 m.w.N.; in diese Richtung auch BVerfG, Urt. v. 22.02.2011 – 1 BvR 699/06, juris, Rn. 47 f.
453 BVerfG, Urt. v. 22.02.2011 – 1 BvR 699/06, juris, Rn. 49 ff.; vgl. auch BVerwG, Urt. v. 18.03.1998 – 1 D 88/97, juris Rn. 11.
454 BVerfG, Beschl. v. 02.05.1967 – 1 BvR 578/63, juris Rn. 22.
455 BVerfG, Beschl. v. 02.05.1967 – 1 BvR 578/63, juris Rn. 20 ff.; BVerfG, Beschl. v. 31.10.1984 – 1 BvR 35/82 u.a. Rn. 35 ff.; näher dazu *Huber*, in: v.Mangoldt/Klein/Starck, GG, Bd. 1, 5. Aufl., Art. 19 Abs. 3 Rn. 251 ff. m.w.N.
456 BVerfG, Entsch. v. 27.07.1971 – 2 BvF 1/68 u.a., juris Rn. 22 m.w.N.
457 BVerfG, Beschl. v. 08.07.1982 – 2 BvR 1187/80, juris Rn. 55 ff. (zu Art. 14 Abs. 1 S. 1 GG); vgl. auch BVerwG, Urt. v. 06.04.2005 – 8 CN 1/03, juris Rn. 22.
458 BVerfG, Beschl. v. 07.06.1977 – 1 BvR 108/73 u.a., juris Rn. 50 (vollständig in öffentlicher Hand befindliche Stadtwerke); BVerfG (K), Beschl. v. 16.05.1989 – 1 BvR 705/88, juris Rn. 1 ff. (AG mit 72 %iger Beteiligung öffentlicher Hand); BVerfG, Beschl. v. 18.05.2009 – 1 BvR 1731/05, juris Rn. 16 f.; vgl. auch BVerfG, Beschl. v. 14.04.1987 – 1 BvR 775/84, juris Rn. 18 ff. (Sparkassen).
459 Zur gemeindlichen Verbandskompetenz im Einzelnen § 5 Rn. 10 ff.

handlungen außerhalb dieses Zuständigkeitsbereichs sollen daher als „ultra-vires Rechtshandlungen" **nichtig** sein.[460]

46 Überzeugender ist es jedoch, Kommunen auch außerhalb ihrer Verbandskompetenz als **rechtsfähig** anzusehen.[461] Dafür sprechen unter anderem die gesetzlichen Regelungen über die Rechtsfolgen von Zuständigkeitsverstößen in §§ 44 ff., 59 (L)VwVfG.[462] Die jeweiligen Rechtsfolgen sind nach Maßgabe dieser und weiterer gesetzlicher Vorgaben für die jeweilige Handlungsform zu ermitteln.[463]

1. Hoheitliche Tätigkeiten

47 Grundsätzlich führt die Verletzung der *örtlichen Zuständigkeit* nur zur Anfechtbarkeit eines Verwaltungsakts; unter den Voraussetzungen des § 44 Abs. 2 Nr. 3 (L)VwVfG kann er jedoch nichtig sein.[464]

48 Soweit die Gemeinde außerhalb ihres Hoheitsgebiets tätig wird, dürfte zumeist eine offensichtliche Überschreitung der *Verbandskompetenz* mit der Folge der *Nichtigkeit* des Verwaltungsakts nach § 44 Abs. 1 (L)VwVfG vorliegen.[465] Wenn der Verwaltungsakt – etwa wegen fehlender Offensichtlichkeit des Zuständigkeitsverstoßes[466] – wirksam bleibt, entfällt ein *Aufhebungsanspruch* nicht nach § 46 (L)VwVfG. Diese Vorschrift umfasst zwar auch die Verletzung von Verfahrensvorschriften, gilt bei der Verletzung der Zuständigkeit aber nur in *örtlicher* Hinsicht.[467]

49 Ist ein Beschluss des Gemeinderats wegen Verstoßes gegen die bestehende Kompetenzverteilung rechtswidrig, gilt dasselbe auch für die öffentliche *Bekanntgabe* des Beschlusses, z.B. durch an den Ortseingängen aufgestellte Hinweisschilder.[468]

50 Ähnliche Regelungen gelten für **öffentlich-rechtliche Verträge**. Nach § 59 Abs. 1 (L)VwVfG ist ein solcher Vertrag nichtig, wenn sich die Nichtigkeit aus der entsprechenden Anwendung von Vorschriften des Bürgerlichen Gesetzbuchs ergibt. Hier stellt sich insbesondere die Frage, ob ein Zuständigkeitsverstoß ein *gesetzliches Verbot* i.S.v. § 134 BGB darstellt. Dies ist aufgrund des (aus Art. 20 Abs. 3 GG und damit ebenfalls verfassungsrechtlich abzuleitenden) *Vertrauensschutzes* des Vertragspartners grundsätzlich zu verneinen.[469] Bei überwiegenden öffentlichen Interes-

---

460 VGH BW, Urt. v. 13.07.1972 – IV 277/72, juris, OS 1; OVG NW, Urt. v. 26.09.1975 – IV A 464/72, juris, OS 1; *Pappermann*, HKWP 2. Aufl., Bd. 1, 302; *Stober*, Kommunalrecht, § 19 II; *Palandt/Heinrichs*, BGB, Einf. vor § 21 BGB Rn. 10. Für privatrechtliche Handlungen *Burgi*, § 5 Rn. 7. Näher zur ultra-vires-Theorie *Eggert*, Die deutsche ultra-vires-Lehre, 1977.
461 So auch *Ehlers*, in: Erichsen/Ehlers, § 1 Rn. 33; *Kunze/Bronner/Katz*, GemO, § 1 Rn. 26; *Gönnenwein*, Gemeinderecht, S. 345 f.; *Lange*, Kommunalrecht, Kap. 2 Rn. 4f.
462 *Wolff/Bachof/Stober*, Verwaltungsrecht Bd. 1, § 32 Rn. 9 m.w.N.; ebenso i.E. *Kopp/Schenke*, VwGO, § 61 Rn. 7.
463 *Ehlers*, Teilrechtsfähigkeit, S. 59 ff.
464 Näher dazu *Sachs*, in: Stelkens/Bonk/Sachs, VwVfG, § 44 Rn. 136 ff.
465 *Meyer*, in: Knack/Henneke, VwVfG, § 44 Rn. 15; *Collin/Fügemann*, JuS 2005, 694 (697); Hess VGH, Urt. v. 09.08.1990 – 3 UE 2398/87, NVwZ-RR 1991, 226. Zur fehlenden VA-Befugnis bei *Erstattungsansprüchen* eines Landkreises vgl. OVG RP, Urt. v. 06.12.1988 – 7 A 28/88, NVwZ 1989, 894.
466 Bsp.: Beschlagnahme eines Mountainbikes durch einen Forstbediensteten im nicht markierten Grenzgebiet zweier Gemeinden.
467 Zur Nichtanwendbarkeit auf Verstöße gegen die sachliche Zuständigkeit *Meyer*, in: Knack/Henneke, VwVfG, § 46 Rn. 22; a.A. *Schliesky*, in: Knack/Henneke, VwVfG, vor § 3 Rn. 22 (analoge Anwendung von § 46 VwVfG bei Verstößen gegen die Verbandszuständigkeit).
468 OVG RP, Beschl. v. 15.11.1985 – 7 B 70/85, NVwZ 1986, 1047.
469 *Lange*, Kommunalrecht, Kap. 2 Rn. 5.

III. Rechtsfolgen der Verletzung der Verbandskompetenz   117

sen kann der Kompetenzverstoß jedoch auch die Nichtigkeitsfolge gebieten.[470] § 59 Abs. 2 Nrn. 1 und 2 (L)VwVfG verweisen insoweit mit leichten Modifizierungen auf die Voraussetzungen für die Nichtigkeit eines Verwaltungsaktes.

2. Privatrechtliche Tätigkeiten

Auch bei privatrechtlichen Tätigkeiten bedarf es einer *einzelfallbezogenen Abwägung*, ob dem Grundsatz des Vertrauensschutzes oder der Begrenzung der gemeindlichen Verbandskompetenz höheres Gewicht zukommt.[471]   **51**

---

470 *Ehlers*, Teilrechtsfähigkeit, S. 77.
471 Zur Übertragung der zivilrechtlichen Lehre vom Missbrauch der Vertretungsmacht vgl. *Stelkens*, Privatrechtsbindung, S. 216 ff.; nach *Oldiges* (DÖV 1989, 873 [883]) ist Unwirksamkeit nur geboten, wenn die Gemeinde mit dem Kompetenzverstoß zugleich auch gegen § 134 BGB verstößt.

§ 11
Die Aufsicht über die Gemeinden

Literatur: *Oebbecke*, Kommunalaufsicht – nur Rechtsaufsicht oder mehr?, DÖV 2001, 406 ff.; *Franz*, Die Staatsaufsicht über die Kommunen, JuS 2004, 937 ff.; *Schoch*, Die staatliche Rechtsaufsicht über Kommunen, Jura 2006, 188 ff.; *ders.*, Die staatliche Fachaufsicht über Kommunen; Jura 2006 358 ff.; *Rennert*, Die Klausur im Kommunalrecht (Teil 2), JuS 2008, 119 ff.
Zur Vertiefung: *Brinktrine*, Maßnahmen der Kommunalaufsicht im Spiegel der verwaltungsgerichtlichen Rechtsprechung, DV 42 (2009), S. 565 ff.; *ders.*, Die Amts- und Staatshaftung der Rechts- und Fachaufsichtsbehörden für Maßnahmen der Kommunalaufsicht, DV 43 (2010), S. 273 ff.
Fallbearbeitungen: *Schnapp/Mühlhoff*, NWVBl 2000, 271 ff.; *Reimer*, JuS 2005, 628 ff.; *Pielow/Finger*, Jura 2005, 351 ff.; *Jochum*, JuS 2008, 1096 ff.

1 Die Gemeinden stehen (ebenso wie andere Selbstverwaltungsträger) unter der **Aufsicht** des Landes. Für den *Staat* ist die Aufsicht über Träger der Selbstverwaltung in erster Linie ein Thema der politischen Steuerung, das „nebenbei" auch die Wächterfunktion hinsichtlich der Bindung an Gesetz und Recht gem. Art. 20 Abs. 3 GG beinhaltet. Aus Sicht der beaufsichtigten *Kommune* stellen sich dagegen die Fragen nach den Grenzen der Aufsicht und zulässiger Abwehrmaßnahmen. Die Staatsaufsicht ist beliebtes *Prüfungsthema*: Im Rahmen der Zulässigkeit sind z.B. die Qualifikation einer Aufsichtsmaßnahme als Verwaltungsakt und die Klagebefugnis, im Rahmen der Begründetheit die Reichweite der Aufsichtsbefugnisse und inzidenter die Rechtmäßigkeit des gemeindlichen Handelns gut zu erörtern. In der *Praxis* stellen aufsichtsrechtliche Maßnahmen allerdings nur das „pathologische Extrem" dar.

2 Das BVerfG hat früh davon gesprochen, dass die Kommunalaufsicht ein **„Korrelat" zur Selbstverwaltung** darstelle.[472] Demzufolge wird die Kommunalaufsicht verfassungsrechtlich nicht nur in Art. 20 Abs. 3 GG, sondern auch in Art. 28 Abs. 2 S. 1 GG („im Rahmen der Gesetze" bzw. als eine historisch immer vorhandene Beschränkung) verortet.[473] Die Rechtsprechung hat dabei herausgearbeitet, dass sich die Kommunalaufsicht nicht zur Einmischungsaufsicht entwickeln dürfe.[474] Nach dem die Ermessensausübung steuernden *Opportunitätsprinzip*[475] ist Kommunalaufsicht so zu handhaben, dass die Entschlusskraft und Verantwortungsfreude der Gemeinden nicht beeinträchtigt werden (vgl. § 118 Abs. 3 GemO); Kommunalaufsicht ist also eher auf *Kooperation* als auf Konfrontation angelegt. Der Alltag liegt deshalb in Beratungsgesprächen mit der Aufsichtsbehörde.

3 Daneben gilt ein *ungeschriebenes Gebot der Zurückhaltung und des gemeindefreundlichen Verhaltens* bei der Ausübung von Aufsicht. Für das Einschreiten der

---

472 BVerfG, Urt. v. 23.01.1957 – 2 BvF 3/56, juris Rn. 42, BVerfGE 6, 104 (117); BVerfG, Beschl. v. 21.06.1988 – 2 BvR 975/83, juris Rn. 16, 27, BVerfGE 78, 331 (341); ferner *Ruffert*, VerwArch 92 (2001), 27 (30 f.); a.A. *Franz*, JuS 2004, 937.
473 *Oebbecke*, DÖV 2001, 406 (407) m.w.N.
474 BVerfG, Beschl. v. 21.06.1988 – 2 BvR 602/83, BVerfGE 78, 331 (341); BayVfGH, Beschl. v. 15.12.1988 – Vf. 70-VI-86, BayVBl. 1989, 237; VerfGH NW, Beschl. v. 13.08.1996 – 23/94, juris Rn. 24.
475 Vgl. *Schoch*, Jura 2006, 188 (195), auch zu Einschränkungen des Ermessens; krit. zur Unschärfe des Begriffs *Voßkuhle*, DV 29 (1996), 511 (514).

§ 11 Die Aufsicht über die Gemeinden

Aufsichtsbehörde[476] wird oft vorausgesetzt, dass ein **öffentliches Interesse** oder Bedürfnis besteht.[477] Kommunalaufsicht wird zunächst allein in öffentlichem Interesse ausgeübt, um die Rechtmäßigkeit der Verwaltung (Art. 20 Abs. 3 GG) sicherzustellen. Die mit der Aufsichtsmaßnahme verbundene Begünstigung Dritter ist ein bloßer Rechtsreflex. Weder der Private noch ein Gemeinderat haben einen Anspruch auf Einschreiten der Aufsichtsbehörde.[478] Unabhängig davon besitzt die staatliche Aufsicht aber auch eine Schutzfunktion gegenüber der Gemeinde, indem sie dem Schutz der Gemeinde vor den Folgen einer Fehlentscheidung dient.[479]

Begrifflich sind bei der **Staatsaufsicht** die (bloße) **Rechtsaufsicht** und die **Fachaufsicht** zu unterscheiden. Die Gemeinden unterliegen gem. § 118 GemO *in weisungsfreien Angelegenheiten* (freiwillige Aufgaben und Pflichtaufgaben) der Rechtmäßigkeitskontrolle durch *Rechtsaufsicht* (dies wird üblicherweise als *„Kommunalaufsicht"* bezeichnet) und *in weisungsgebundenen Angelegenheiten der Fachaufsicht* des Staates (genauer: des Landes). Die staatliche Aufsicht orientiert sich damit an der Art und Weise der Aufgabenwahrnehmung. 4

Einschränkungen der gemeindlichen Selbstverwaltung bedürfen einer Rechtsgrundlage, die sich für die Rechtsaufsicht in den §§ 118 ff. GemO findet. Da die Fachaufsicht in Weisungsangelegenheiten im baden-württembergischen Modell des Aufgabenmonismus die landesverfassungsrechtlich gewährte Selbstverwaltungsgarantie des Art. 71 LV beschränkt, setzt ein Weisungsrecht eine *spezialgesetzliche Anordnung* voraus,[480] die sich beispielsweise in § 62 Abs. 4 Satz 2 PolG, § 47 Abs. 5 Satz 1 LBO oder § 21 Abs. 3 LVG findet. 5

Nach § 119 GemO ist **Rechtsaufsichtsbehörde** grundsätzlich das Landratsamt als untere Verwaltungsbehörde. Für Stadtkreise und Große Kreisstädte ist das Regierungspräsidium Rechtsaufsichtsbehörde. Obere Rechtsaufsichtsbehörde ist für *alle* Gemeinden das Regierungspräsidium. Oberste Rechtsaufsichtsbehörde ist das Innenministerium. Die allgemeine **Fachaufsicht** ist im LVG parallel geregelt, sie wird für Stadtkreise und Große Kreisstädte, denen Aufgaben der unteren Verwaltungsbehörde als Weisungsaufgabe übertragen sind, durch das Regierungspräsidium ausgeübt (§ 21 Abs. 2 LVG). Wenn fachgesetzlich Gemeinden weitere Weisungsaufgaben ausüben (z.B. als Ortspolizeibehörde gem. § 62 Abs. 4 PolG), folgt das Spezialgesetz hinsichtlich der Fachaufsicht regelmäßig dem System, dass Stadtkreise und Große Kreisstädte der Fachaufsicht des Regierungspräsidiums unterstellt werden, sonstige Gemeinden der des Landratsamts (z.B. § 64 Nr. 3 PolG). 6

---

476 Die Frage, ob und inwieweit die Rechtsaufsicht über die Gemeinden auch einem Landkreis als Selbstverwaltungskörperschaft übertragen werden darf (wie z.B. in Sachsen geschehen, hierzu SächsVerfGH, Beschl. v. 18.08.2005 – Vf. 23-III/04, LKV 2006, 79; *Oebbecke*, DÖV 2001, 406 [407]; abl. *Lange*, Kommunalrecht, Kap. 17 Rn. 19), stellt sich in Baden-Württemberg damit nicht.
477 VGH BW, Urt. v. 25.04.1989 – 1 S 1635/88, juris Rn. 32 f. – Eine Pflicht zum Einschreiten gegen rechtswidriges Handeln besteht nicht (so zuletzt auch OVG Nds, Beschl. v. 11.09.2013 – 10 ME 88/12, juris Rn. 41), allenfalls kann sich das Ermessen in einzelnen Fällen verdichten, so auch *Frenz*, JuS 2004, 937 (938); *Schoch*, Jura 2006, 188 (195).
478 Ganz h.M.: BVerwG, Beschl. v. 19.06.1972 – VII B 64.71, juris Rn. 2; OVG RP, Beschl. v. 29.05.1985 – 7 B 11/85, DÖV 1986, 152; *Franz*, JuS 2004, 937 (938) m.w.N.; *Schoch*, Jura 2006, 188 (189); *Lange*, Kommunalrecht, Kap. 17 Rn. 32; *Maurer*, in: Maurer/Hendler, BWStVR, 1990, S. 256.
479 *Schuppert*, DÖV 1998, 831 (832). – Folge ist ein *Amtshaftungsanspruch* der Gemeinde gegenüber der Rechtsaufsichtsbehörde, die einen Vertrag rechtswidrig genehmigt hat, s. BGH, Urt. v. 12.12.2002 – III ZR 201/01, juris Rn. 10 ff., BGHZ 153, 198 ff.; BGH, Urt. v. 18.01.2007 – III ZR 104/06, juris Rn. 27, BGHZ 170, 356 (keine Haftung bei umstrittener Rechtslage). S.a. *Mitzel*, Die Amtshaftung im Rahmen der Kommunalaufsicht über Gemeinden, 2007.
480 Deklaratorisch insoweit § 2 Abs. 3 2. Hs. GemO.

I. Rechtsaufsicht (Kommunalaufsicht)

7 Die Rechtsaufsicht ist Ausfluss von **Art. 20 Abs. 3 GG**, also der Gesetzesbindung der Verwaltung und des Vorrangs und Vorbehalts des Gesetzes (Parlamentsvorbehalt). Rechtsaufsicht erstreckt sich auf die Überprüfung der Rechtmäßigkeit am Maßstab nicht nur *bundesdeutscher Gesetze*, sondern auch unmittelbar wirkender Vorschriften des *EG-Rechts*.[481]

8 Die Einhaltung von *Innenrechtsnormen* – wie etwa der Geschäftsordnung des Gemeinderats – unterliegt hingegen nur insoweit der Rechtsaufsicht, als diese Regelungen gesetzliche Bestimmungen widerspiegeln.[482] Die Kommunalaufsicht erstreckt sich nicht nur auf öffentlich-rechtliche Handlungen der Gemeinden, sondern auch auf die Übereinstimmung *privatrechtlichen Handelns* mit Recht und Gesetz.[483] Fraglich ist nur, ob die Aufsichtsbehörde in einer weiteren Stufe die Erfüllung bürgerlich-rechtlicher Verpflichtungen (z.B. der Erfüllung eines Tarif-, Miet- oder Werkvertrages, der Pflicht zur Ausschreibung von Baumaßnahmen usw.) *erzwingen* darf. Das setzt im Hinblick auf § 118 Abs. 3 GemO ein besonders qualifiziertes öffentliches Interesse an der Einhaltung der privatrechtlichen Verpflichtung voraus.[484]

9 Auch wenn die Gemeinden das Recht zur Selbstverwaltung haben, müssen sie die ihre Selbstverwaltung abgrenzenden und lenkenden Gesetze beachten; Aufgabe der Rechtsaufsicht ist es, dies sicherzustellen und ggf. durchzusetzen. Die Aufsichtsbehörde hat dabei die gleichen methodischen Schritte zu vollziehen wie eine gerichtliche Kontrolle. Es erfolgt also eine vollständige Rechtmäßigkeitskontrolle, wobei die gemeindliche **Ermessenausübung nur auf Ermessensfehler** nach § 40 VwVfG überprüft wird (analog § 114 VwGO), eine Zweckmäßigkeitskontrolle erfolgt grundsätzlich nicht.[485]

10 In der Landesverfassung ist in Art. 75 Abs. 1 S. 2 eine wichtige Ausnahme enthalten: Für die Übernahme von Schuldverpflichtungen und Bürgschaften sowie die Veräußerung von Vermögen kann gesetzlich ein **Zustimmungsvorbehalt** vorgesehen werden, der sich auch auf den Gesichtspunkt einer geordneten Wirtschaftsführung erstreckt, in diesem Sinn ist § 118 Abs. 1 GemO einschränkend auszulegen.[486]

11 Systematisch lassen sich **drei Gruppen von Aufsichtsmitteln** unterscheiden, die nach dem Prinzip des geringstmöglichen Eingriffs gestaffelt einzusetzen sind:[487]

- Information und Beratung, § 120 GemO (Ermessensentscheidung),
- präventive Aufsichtsmittel (Anzeige- und Genehmigungspflichten, §§ 87 Abs. 2, 88 Abs. 2, 86 Abs. 4, 89, 92 Abs. 3, 94, 108 GemO, §§ 6, 10 BauGB – gebundene Entscheidung) und
- repressive Aufsichtsmittel nach §§ 121 ff. GemO (Ermessensentscheidung).

---

481 Vgl. *Ehlers*, DÖV 2001, 412 (413); *Oebbecke*, DÖV 2001, 406; *Lange*, Kommunalrecht, Kap. 17 Rn. 26; *Aker/Hafner/Notheis*, § 118 GemO Rn. 12.
482 Zutr. insoweit *Lange*, Kommunalrecht Kap. 17 Rn. 21.
483 *Lange*, Kommunalrecht, Kap. 17 Rn. 24; OVG Nds, Beschl. v. 11.09.2013 – 10 ME 88/12, juris Rn. 42; OVG LSA, Beschl. v. 02.05.2003 – 2 M 30/03, juris Ls. 2; VG Magdeburg, Urt. v. 17.03.2010 – 9 A 205/09, juris Rn. 38; a.A. *Aker/Hafner/Notheis* § 118 GemO Rn. 18. – Die bayer. GemO nimmt in Art. 109 Abs. 1 demgegenüber eine Beschränkung auf die Verwaltungstätigkeit der Gemeinden vor, vgl. *Knemeyer*, Bayerisches Kommunalrecht, Rn. 409.
484 Ablehnend für § 122 GemO demzufolge auch *Aker/Hafner/Notheis*, § 122 GemO Rn. 3; *Kunze/Bronner/Katz*, § 122 Rn. 3.
485 BayVGH, Urt. v. 27.05.1992 – 4 B 91.190, juris Rn. 19, NVwZ-RR 1993, 373 (374).
486 *Maurer*, in: Maurer/Hendler, BWStVR, 1990, S. 251; s. §§ 87 Abs. 2 S. 2, 88 Abs. 2 S. 2 GemO.
487 *Kallerhoff*, NWVBl 1996, 53 (54); *Knemeyer*, JuS 2000, 521 (523); *Oebbecke*, DÖV 2001, 406 (409).

I. Rechtsaufsicht (Kommunalaufsicht)

1. Information und Beratung

Die Rechtsaufsichtsbehörde kann sich nach § 120 GemO über *einzelne* Angelegenheiten der Gemeinde in geeigneter Weise informieren oder informieren lassen, beispielsweise indem ein Bericht angefordert wird, die Akten vorgelegt werden müssen (= Verwaltungsakt) oder Beratungsgespräche geführt werden.[488] Vorausgesetzt ist, dass konkrete Anhaltspunkte eines rechtswidrigen Verhaltens der Gemeinde vorliegen.[489] Die **Information nach § 120 GemO** und die nicht gesetzlich geregelte Beratung spielen sich gewissermaßen **im Vorfeld** von repressiven oder präventiven Aufsichtsmaßnahmen ab. Insbesondere gegenüber kleinen Gemeinden mit geringer eigener Verwaltungskraft hat die – stets auf freiwilliger Basis vorzunehmende – Beratung durch das Landratsamt, dessen Kommunalaufsichtsbehörde zumeist von Juristen geleitet wird, eine nicht zu unterschätzende Bedeutung.

Das Informationsrecht beinhaltet erforderlichenfalls auch die Möglichkeit, *an einer Gemeinderatssitzung teilzunehmen* (ausdrücklich z.B. in § 120 GemO RP verankert). Umstritten ist, ob es darüber hinaus auch ein *Rederecht* der Aufsichtsbehörde in einer Gemeinderatssitzung zum fraglichen Thema gibt.[490] Da bereits die Teilnahme an der Gemeinderatssitzung nur dann infrage kommt, wenn die erforderlichen Informationen nicht anderweitig beschafft werden können, muss sich die Rechtsaufsichtsbehörde bei der Teilnahme an der Gemeinderatssitzung darauf beschränken, informiert zu werden und darf nicht aktiv in die Sitzung eingreifen.[491]

Die Information darf nicht unter Hinweis auf Verschwiegenheits- oder Geheimhaltungspflichten verweigert werden, andernfalls entstünden aufsichtsfreie Räume.[492] Eine „Zwangsberatung" ist vom Gesetz ebenso wenig gedeckt[493] wie ein öffentlicher Ratschlag der Kommunalaufsichtsbehörde über die Presse[494] oder die unmittelbare Zusendung eines rechtsaufsichtlichen Gutachtens zu einem Tagesordnungspunkt der Gemeinderatssitzung an einzelne Gemeinderäte.[495] Grundsätzlich gibt es einen „Numerus clausus" der Aufsichtsmittel.[496]

2. Repressive Aufsichtsmittel

Soweit im Einzelfall Beratung und Information „versagt" haben, stehen der Aufsichtsbehörde repressive Aufsichtsmittel, die **Verwaltungsakte** i.S.d. § 35 VwVfG sind,[497] zur Verfügung.

---

488 Hierzu *Leisner-Egensperger*, DÖV 2006, 761 ff.
489 *Franz*, JuS 2004, 937 (939); *Schoch*, Jura 2006, 188 (192); *Lange*, Kommunalrecht, Kap. 17 Rn. 67 f.
490 Befürwortend *v. Mutius/Ruge*, LKV 1998, 377 (379); abl. *Oebbecke*, DÖV 2001, 406 (409) unter Hinweis auf den gesetzlichen Numerus clausus der Aufsichtsmittel.
491 *Aker/Hafner/Notheis*, § 120 GemO Rn. 8.
492 *Lange*, Kommunalrecht, Kap. 17 Rn. 74.
493 *Hegele*, SächsVBl 1994, 20 (21); *Oebbecke*, DVBl. 1994, 147 (151): Beratung als aliud zur Beanstandung.
494 *Oebbecke*, DÖV 2001, 406 (410).
495 Wenn der Bürgermeister ein solches Gutachten der Aufsichtsbehörde den Gemeinderäten zur Vorbereitung der Sitzung übersendet, ist dies aufgrund seiner in § 34 GemO beschriebenen Pflichtenstellung jedoch zulässig.
496 *Franz*, JuS 2004, 937 (939); *Lange*, Kommunalrecht, Kap. 17 Rn. 64; *Oebbecke*, DÖV 2001, 406 (409 f.); *Schoch*, Jura 2006, 188 (192).
497 Vgl. z.B. VGH BW, Urt. v. 17.02.2012 – 8 S 1796/10, juris Rn. 21; Hess VGH, Beschl. v. 10.08.2006 – 8 TG 592/06, juris Rn. 38; *Schoch*, Jura 2006, 188 (193).

a) Beanstandung (§ 121 GemO)

16 Rechtswidrige Beschlüsse oder Anordnungen[498] darf die Aufsichtsbehörde **beanstanden** und ihre Korrektur innerhalb angemessener Frist durch die Gemeinde verlangen.[499] Die beanstandeten Handlungen können öffentlich-rechtlicher oder privatrechtlicher Natur sein,[500] sich also auch z.B. auf ein Grundstücksgeschäft oder den Abschluss eines Arbeitsvertrages erstrecken. Eine Beanstandung darf nicht dazu führen, dass sich die Gemeinde in ihrem Vollzug rechtswidrig verhält, sie darf sich also beispielsweise nicht auf die gem. § 48 VwVfG unmögliche Rücknahme eines Verwaltungsaktes erstrecken.[501]

17 § 121 Abs. 1 S. 3 GemO sieht eine „aufschiebende Wirkung" der Beanstandung vor, die der Gemeinde den *Vollzug* der beanstandeten Maßnahmen verbietet.[502] Die Beanstandung wirkt aber nur gegenüber der Gemeinde, womit ihr Widerspruch nach § 80 Abs. 1 S. 1 VwGO aufschiebende Wirkung hat und das kommunalaufsichtlich angeordnete Vollzugsverbot hemmt, solange nicht die Aufsichtsbehörde den sofortigen Vollzug anordnet. Dritte können sich nicht auf die Beanstandung berufen, da private Dritte keinen Rechtsanspruch auf aufsichtsbehördliches Einschreiten haben, weil die Aufsichtsvorschriften nicht einmal am Rande ihren Interessen dienen.[503]

18 Beispiele für beanstandete Maßnahmen: rechtswidriger Beschluss der Gemeinde über die Erklärung zur atomwaffenfreien Zone,[504] rechtswidrige Abgabensatzung,[505] Befangenheit von Gemeinderäten bei der Beratung und Beschlussfassung, rechtswidrige Versagung des gemeindlichen Einvernehmens nach § 36 Abs. 1 BauGB,[506] Beanstandung der Haushaltssatzung.[507]

b) Anordnung (§ 122 GemO)

19 Wenn die Gemeinde eine ihr nach Gesetz und Recht obliegende Pflicht nicht erfüllt,[508] kann die Rechtsaufsichtsbehörde **anordnen**, dass die Gemeinde innerhalb einer angemessenen Frist die notwendigen Maßnahmen trifft. Während sich also die

---

[498] Beschlüsse sind Entscheidungen kommunaler Gremien (Gemeinderat, Ausschüsse, Ortschaftsrat), Anordnungen sind Entschließungen über Einzelpersonen (Bürgermeister, Gemeindebedienstete), vgl. *Aker/Hafner/Notheis*, § 121 GemO Rn. 3, 7.
[499] Eine isolierte Beanstandung ohne Korrekturanweisung ist besonders begründungsbedürftig und ohne nähere Ausführungen, weshalb von einem Aufhebungsverlangen abgesehen wird, ermessensfehlerhaft, vgl. Thür OVG, Urt. v. 19.10.1999 – 2 KO 822/96. In diesem Sinn auch Nr. 3 der VwV zu § 121 GemO.
[500] S. oben Rn. 8.
[501] S.a. BayVGH, Urt. v. 27.05.1992 – 4 B 91.190, NVwZ-RR 1993, 373 – unzulässige Beanstandung und Verpflichtung zur Rückabwicklung, wenn ein rechtmäßiger Zustand nicht mehr wiederhergestellt werden kann.
[502] *Aker/Hafner/Notheis* § 121 Rn. 14; *Lange*, Kommunalrecht, Kap. 17 Rn. 90. Die aufschiebende Wirkung ist nicht mit derjenigen des § 80 Abs. 1 Satz 1 VwGO zu verwechseln!
[503] S. oben Rn. 3.
[504] BVerwG, Urt. v. 14.12.1990 – 7 C 37.89.
[505] Zur Beanstandung einer Straßenbeitragssatzung VG Kassel, Urt. v. 4.10.2010 – 3 K 750/09.
[506] Zur landesrechtlich angeordneten Ersetzung des Einvernehmens BayVGH, Beschl. v. 13.02.2006 – 15 CS 05.3346, juris Rn. 20; Hess VGH, Urt. v. 08.09.2010 – 3 B 1271/10, juris Rn. 5.
[507] OVG LSA, Urt. v. 07.06.2011 – 4 L 216/09.
[508] Abl. zur Einbeziehung privatrechtlicher Pflichten (z.B. über §§ 134, 138 BGB) *Aker/Hafner/Notheis* § 122 Rn. 3; *Kunze/Bronner/Katz*, § 122 Rn. 3; u.E. dürfte die dahinterstehende Frage nach den diesbezüglichen Eingriffsbefugnissen der Rechtsaufsichtsbehörde eher über § 118 Abs. 3 GemO zu lösen sein.

Beanstandung gegen ein rechtswidriges Tun wendet, kommt die Anordnung insbesondere bei *Untätigkeit* trotz bestehender Handlungspflicht in Betracht.[509]

Beispiele: Unterlassene Bestellung einer Gleichstellungsbeauftragten; unterlassene Sicherung einer Altlast auf städtischem Grundstück, von der eine Gefahr ausgeht; Anordnung zur Auslegung von Planunterlagen im straßenrechtlichen Planfeststellungsverfahren;[510] Anordnung zur Einberufung und Ladung einer Gemeinderatssitzung;[511] Anordnung, bestimmte (höhere) Steuerhebesätze in der Haushaltssatzung festzusetzen;[512] Anordnung, eine Straßenbeitragssatzung zu erlassen.[513]   20

c) Ersatzvornahme (§ 123 GemO)

Wenn die Gemeinde einer festgestellten Verpflichtung nach §§ 120–122 GemO nicht innerhalb der bestimmten Frist nachkommt, kann die Rechtsaufsichtsbehörde diese Pflicht anstelle und auf Kosten der Gemeinde **selbst durchführen** oder durch einen Dritten **durchführen lassen**.[514] In diesem Fall wird die Rechtsaufsichtsbehörde also ggf. auch gegenüber einem Dritten tätig. Erforderlich ist einerseits ein *Verwaltungsakt* gegenüber der Gemeinde, der die Ausübung des Aufsichtsmittels zum Gegenstand hat und eine *weitere Handlung*, die Realakt, Verwaltungsakt oder Normsetzung oder privatrechtliche Willenserklärung sein kann.[515]   21

Die im Wege der Ersatzvornahme getroffene Maßnahme wirkt nach zutr. Auffassung *für und gegen die Gemeinde*, als ob diese sie selbst getroffen hätte. Ein hierdurch erlassener Beitragsbescheid oder eine Abgabensatzung sind solche der Gemeinde, so dass Rechtsmittel gegen die Gemeinde zu richten sind.[516] Nach dem Empfängerhorizont des Vertragspartners ist zu entscheiden, ob ein zivilrechtliches Geschäft, das die Aufsichtsbehörde im Wege der Ersatzvornahme abschließt, die Gemeinde oder das Land bindet.[517]   22

d) Weitere Aufsichtsmittel

Ein weiteres Aufsichtsmittel ist die unter strengen Voraussetzungen stehende **Bestellung eines Beauftragten** nach § 124 GemO ("Staatskommissar"), der einzelne oder alle Aufgaben des Gemeinderates oder des Bürgermeisters für eine bestimmte Zeit wahrzunehmen hat. Er gilt als *Organ der Gemeinde*, seine Handlungen sind solche der Gemeinde. Zu unterscheiden hiervon ist die Bestellung eines Beauftragten   23

---

509 *Lange*, Kommunalrecht, Kap. 17 Rn. 76. – Landesrechtlich bestehen hierbei unterschiedliche Anforderungen, s. OVG NW, Urteil v. 28.01.1992 – 15 A 2219/89, NVwZ-RR 1992, 449.
510 Hess VGH, Beschl. v. 27.01.1989 – 6 TH 1651/89, NVwZ-RR 1990, 96.
511 BayVGH, Beschl. v. 20.10.2011 – 4 CS 11.1927.
512 OVG SH, Beschl. v. 21.06.2011 – 2 MB 30/11, juris Rn. 10; s.a. OVG NW, Beschl. v. 28.05.2010 – 15 A 2759/09, juris Rn. 13 (Erhöhung der Kindergartenbeitragssätze).
513 Hess VGH, Beschl. v. 12.01.2011 – 8 B 2106/10, juris Rn. 3.
514 Streitig ist, ob die Anordnung bestandskräftig oder sofort vollziehbar sein muss, oder ob die Aufsichtsbehörde bei Gefahr im Verzug ggf. unmittelbar handeln kann darf, s. *Franz*, JuS 2004, 937 (940).
515 Vgl. Hess VGH, Beschl. v. 10.08.2006 – 8 TG 592/06, juris Rn. 38 (Satzung); VG Dresden, Beschl. v. 19.06.2007 – 12 K 1139/07, juris Rn. 19 (Zuschlag bei Ausschreibung); OVG NW, Urt. v. 24.02.1989 – 15 A 1711/86, NVwZ 1989, 987; *Lange*, Kommunalrecht, Kap. 17 Rn. 109.
516 *Aker/Hafner/Notheis*, § 123 GemO Rn. 16; *Kunze/Bronner/Katz/Steger*, § 123 GemO Rn. 19; *Lange*, Kommunalrecht, Rn. 17/113 ff. m.w.N. des Streitstands; a.A. insbes. OVG NW, Urt. v. 24.02.1989 – 15 A 1711/86, NVwZ 1989, 987; Thür OVG, Beschl. v. 06.10.2003 – 4 EO 194/03, juris Rn. 5; *Kastner*, Hk-VerwR, § 78 VwGO Rn. 14; *Meißner*, in: Schoch/Schneider/Bier, § 78 VwGO Rn. 35.
517 *Franz*, JuS 2004, 937 (941); abl. OVG NW, Urt. v. 24.02.1989 – 15 A 1711/86, NVwZ 1989, 987.

nach *§ 37 Abs. 4 GemO*, wenn der Gemeinderat wegen zu vieler befangener Mitglieder nicht mehr handlungsfähig ist.[518]

24 Nach § 128 GemO besteht darüber hinaus auch noch die Möglichkeit, den Gemeinderat aufzulösen oder die Amtszeit des Bürgermeisters zu beenden.

3. Präventive Aufsichtsmittel

25 **Präventive Aufsichtsmittel** haben das Ziel, rechtswidrige Beschlüsse und Maßnahmen zu verhindern oder zumindest ihr Wirksamwerden zu unterbinden.[519] Auch sie sind im Hinblick auf Art. 28 Abs. 2 S. 1 GG nur zulässig, soweit sie spezialgesetzlich vorgesehen sind. Wie auch sonst sind drei Formen präventiver Aufsichten denkbar und gesetzlich vorgesehen: **Anzeigepflichten, Vorlagepflichten und Genehmigungsvorbehalte.** Auch nach einem weitgehenden Abbau diesbezüglicher Kontrollen bestehen für diese noch wichtige Felder fort:

26 ▪ **Anzeigepflichtig** sind beispielsweise *Satzungen*, soweit sie nicht genehmigungs- oder vorlagepflichtig sind, § 4 Abs. 3 Satz 3 GemO. Durch die Anzeige ist gewährleistet, dass die Aufsichtsbehörde sobald wie möglich von der Satzung Kenntnis erhält, sie überprüfen und erforderlichenfalls nach § 121 GemO beanstanden kann.

27 ▪ Die **Vorlagepflicht** entspricht weitgehend der Anzeigepflicht und unterscheidet sich von ihr dadurch, dass vorlagepflichtige Beschlüsse erst *vollzogen* werden dürfen, wenn die Rechtsaufsichtsbehörde die Gesetzmäßigkeit bestätigt oder nicht innerhalb eines Monats beanstandet hat, § 121 Abs. 2 GemO. Ein Verstoß gegen die Anzeige- oder Vorlagepflicht hat *keine unmittelbaren Rechtsfolgen* und *berührt nicht die Gültigkeit der zugrunde liegenden Beschlüsse*.[520] Der Vollzug der betreffenden Maßnahmen stellt jedoch eine Dienstpflichtverletzung des Bürgermeisters dar. Vorzulegen sind beispielsweise die Haushaltssatzung (§ 81 Abs. 3 GemO), soweit sie nicht zu genehmigen ist, die Veräußerung von Vermögen unter Wert (§ 92 Abs. 3 GemO) sowie verschiedene Maßnahmen im Bereich kommunaler Unternehmen und Beteiligungen (§ 108 GemO).

28 ▪ Das einschneidendste präventive Aufsichtsmittel ist der Genehmigungsvorbehalt. Eine **Genehmigung** ist beispielsweise für örtliche Satzungen von Zweckverbänden nach §§ 6, 7 GKZ oder einzelne Bauleitpläne nach §§ 6, 10 BauGB, sowie für die Aufnahme von Krediten und kreditähnliche Rechtsgeschäfte (wie der Übernahme von Bürgschaften oder des Leasing) nach §§ 87 Abs. 2, 88 Abs. 2 GemO erforderlich. In der Regel beschränkt sich das Genehmigungsverfahren auf eine rechtliche Prüfung mit der Folge, dass die Genehmigung bei Vorliegen der rechtlichen Voraussetzungen erteilt werden muss, d.h. die Gemeinde hat hierauf einen *Rechtsanspruch*, der mit der Verpflichtungsklage verfolgt werden kann.[521]

---

518 S.a. § 14 Rn. 176.
519 Hierzu *Schoch*, Jura 2006, 188 (190 f.).
520 *Aker/Hafner/Notheis*, § 118 GemO Rn. 15.
521 Zur Pflicht der Gemeinde, einen Vertragspartner auf die Genehmigungspflicht eines Rechtsgeschäfts hinzuweisen s. BGH, Urt. v. 06.06.2000 – XI ZR 235/99, DVBl. 2001, 69 ff. = JuS 2001, 79 (c.i.c.-Anspruch).

II. Fachaufsicht

29 Ausnahmsweise können auch weitergehende Gesichtspunkte geprüft werden, was zum Teil als staatliches *Mitentscheidungsrecht* bezeichnet wird.[522] Nach Art. 75 Abs. 1 S. 2 der Landesverfassung kommt dies aber nur bei Kreditaufnahmen, Gewährleistungen und Vermögensveräußerungen und auch dort nur unter dem Gesichtspunkt der geordneten Wirtschaftsführung in Betracht; diese Ermächtigung wird durch § 87 Abs. 2 Satz 2 und § 88 Abs. 2 Satz 2 GemO ausgefüllt. Da es sich bei der geordneten Wirtschaftsführung um einen *unbestimmten Rechtsbegriff* handelt, stellt auch Art. 75 Abs. 1 S. 2 der Landesverfassung letztlich eine – allerdings sehr weitgehende – Rechtsprüfung dar.[523]

30 Fehlt die erforderliche Genehmigung, dann ist *der Vollzug* des zugrundeliegenden Beschlusses *rechtswidrig*, wenn nicht – wie z.B. in § 6 Abs. 4 Satz 4 BauGB – die Genehmigung nach Fristablauf fingiert wird. Nach § 117 Abs. 1 GemO sind zivilrechtliche Geschäfte bis zur Erteilung einer nach den §§ 77 ff. GemO erforderlichen Genehmigung *schwebend unwirksam*; wenn die Genehmigung versagt wird, sind sie *nichtig*.[524]

4. Sonderregelungen

31 Eine Sonderform der Aufsicht bilden die §§ 126 und 127 GemO: Nach § 126 darf nur die Rechtsaufsichtsbehörde **Ansprüche der Gemeinde** gegenüber Gemeinderäten und dem Bürgermeister geltend machen. Praktisch bedeutsam ist § 127 GemO, der verlangt, dass eine **Zwangsvollstreckungsmaßnahme** gegenüber der Gemeinde zuvor durch die Rechtsaufsichtsbehörde genehmigt wird. Ein Gläubiger benötigt damit nicht nur einen Titel (vollstreckbares Urteil, Vollstreckungsbescheid usw.) zur Vollstreckung, sondern auch die Genehmigung der Rechtsaufsichtsbehörde.

II. Fachaufsicht

32 Im Bereich der **Fachaufsicht**[525] erstreckt sich die zugrundeliegende Weisungsbefugnis nicht nur auf die Rechtmäßigkeit, sondern auch auf **Gesichtspunkte der Zweckmäßigkeit**.[526] Solche Sachanweisungen ermöglichen nicht nur die nachträgliche Korrektur *bereits getroffener*, sondern auch die Steuerung bevorstehender und *künftiger* Maßnahmen. Über die Fachaufsicht wird die Gemeindeverwaltung funktionell in die allgemeine Staatsverwaltung einbezogen, auch wenn von den Befugnissen der Fachaufsicht nach dem allgemein geltenden § 118 S. 3 GemO möglichst wenig Gebrauch gemacht werden soll. Sachanweisungen sind nur zulässig, wenn und soweit eine gesetzliche Ermächtigung hierzu besteht, § 2 Abs. 3 GemO.

33 Vor Erlass einer fachaufsichtlichen Weisung ist die Gemeinde **anzuhören**, denn im Regelfall wird zumindest ihre Organisationshoheit durch die Weisung berührt.[527] Die Sachanweisung hat eine immanente Grenze darin, dass sie Sachentscheidungen

---

522 *Röhl*, in: Schoch (Hrsg.), Besonders Verwaltungsrecht, Kap. 1 Rn. 76; *Geis*, Kommunalrecht, § 24 Rn. 16; grundlegend *Jestaedt*, Demokratieprinzip und Kondominalverwaltung, 1993.
523 So auch *Maurer*, in: Maurer/Hendler, BWStVR, 1990, S. 253; *Schoch*, NVwZ 1990, 801 (805); BayVerfGH, Entscheid. v. 15.12.1988 – Vf. 70-VI-86, DVBl. 1989, 308. Soweit abweichend ein „echtes" staatliches Mitentscheidungsrecht gesehen wird, hat die Gemeinde im Rechtsstreit um die Erteilung der Genehmigung (Verpflichtungsklage in Form der Versagungsgegenklage) nur einen *Anspruch auf fehlerfreien Ermessensgebrauch*, so *Knemeyer*, JuS 2000, 521 (523).
524 Ausnahmen bestehen für Rechtsgeschäfte, deren Genehmigung aufgrund der VwV Freigrenzen v. 25.11.2010 (GABl. S. 470) als allgemein erteilt gilt.
525 Ausführlich *Schoch*, Jura 2006, 358 ff., *Scholz*, Der Rechtsschutz der Gemeinden gegen fachaufsichtliche Weisungen, 2002; ferner *Lange*, Kommunalrecht, Kap. 17 Rn. 187 ff.
526 ThürVerfGH, Urt. v. 21.06.2005 – 28/03, juris Rn. 130; *Knemeyer*, JuS 2000, 521 (522); *Schoch*, Jura 2006, 358 (359).
527 Ähnlich *Benendes*, LKV 2000, 89 (92); *Schoch*, Jura 2006, 358 (361); *Vietmeyer*, DVBl. 1993, 190 (191).

steuern soll,[528] weshalb es der Gemeinde selbst obliegt, wie sie die *organisatorischen und personellen Voraussetzungen* hierfür schafft, denn Fachaufsicht ist nicht Dienstaufsicht.[529] Aufgrund des Rechtsstaatsprinzips darf die Gemeinde nur zu einem *rechtmäßigen* Verwaltungshandeln verpflichtet werden.[530] Zu Eingriffen in den gemeindlichen Selbstverwaltungsbereich (insbes. der Planungshoheit) ermächtigt die Fachaufsicht nur, wenn hierzu spezielle Selbsteintrittsrechte (beispielsweise § 44 Abs. 1 Satz 2 StVO, § 36 Abs. 2 Satz 3 BauGB) bestehen.[531]

34 Ist die fachaufsichtliche Weisung rechtswidrig, richten sich die *Amtshaftungsansprüche* Dritter nicht mehr gegen die Gemeinde, sondern gegen das weisende Land.[532]

35 Wenn der Bürgermeister einer Weisung der zuständigen Fachaufsichtsbehörde nicht nachkommt, kann die Fachaufsichtsbehörde die Weisung nur selbst umsetzen, wenn ein gesetzlich angeordnetes *Selbsteintrittsrecht* besteht (so z.B. § 47 Abs. 5 Satz 2 LBO, § 65 Abs. 2 PolG). Andernfalls muss sie sich an die *Rechtsaufsichtsbehörde* wenden und diese um Vornahme der erforderlichen kommunalaufsichtlichen Maßnahmen (§§ 122, 123 GemO) bitten,[533] vgl. § 129 Abs. 2 Satz 2 GemO. Da nach dem baden-württembergischen System des Aufgabenmonismus Weisungsaufgaben auch Selbstverwaltungsangelegenheiten sind, ist dies logische Konsequenz des Gesetzesvorbehalts.

III. Rechtsschutzfragen

36 Der Rechtsschutz gegen Maßnahmen der Aufsichtsbehörden richtet sich nach dem jeweiligen Rechtsschutzbegehren. Maßnahmen nach §§ 120 bis 124 GemO sind *Verwaltungsakte*, gegen die eine Gemeinde **Anfechtungsklage** erheben kann. Die **Verpflichtungsklage** ist richtige Klageart, wenn eine rechtsaufsichtliche Genehmigung (z.B. des Flächennutzungsplans) verweigert wird.

37 Die Rechtsaufsicht besteht ausschließlich **im öffentlichen Interesse**, so dass Klagen Dritter gegen oder auf Erlass von Rechtsaufsichtsmaßnahmen durchweg unzulässig sind.[534] Fehlerhafte Aufsichtsmaßnahmen können zu **Amtshaftungansprü-**

---

528 Zulässig sind also in erster Linie „Zielvorgaben"; in die Abwicklung des Verwaltungsverfahrens darf u.E. grundsätzlich erst eingegriffen werden, wenn das formelle Verwaltungshandeln selbst rechtswidrig ist. – Weitergehend im Hinblick auf das „unbegrenzte" Weisungsrecht VGH BW, Urt. v. 28.02.2005 – 1 S 1312/04, juris Rn. 30, allerdings ohne Würdigung der fortbestehenden Elemente des Selbstverwaltungsrechts (Personal-, Organisations-, Haushaltshoheit).
529 Vgl. hierzu § 3 LVG: (1) Die *Dienstaufsicht* erstreckt sich auf den Aufbau, die innere Ordnung, den Einsatz und die Verteilung von Personal- und Sachmitteln, die allgemeine Geschäftsführung und die Personalangelegenheiten einer Behörde. (2) Die *Fachaufsicht* erstreckt sich auf die rechtmäßige und zweckmäßige Wahrnehmung der fachlichen Verwaltungsangelegenheiten der Behörde. – Nach § 21 Abs. 1 LVG unterliegen die Stadtkreise, Großen Kreisstädte und Verwaltungsgemeinschaften als untere Verwaltungsbehörden (nur) der Fachaufsicht; die Landratsämter unterliegen als staatliche Behörde gem. § 20 Abs. 1 LVG auch der Dienstaufsicht durch das Regierungspräsidium.
530 Hess VGH, Beschl. v. 18.01.1988 – 4 TH 1663/85, juris Rn. 45 f. – Dennoch soll nach *Lange*, Kommunalrecht, Kap. 11 Rn. 56 in einem solchen Fall keine Klagebefugnis vorliegen.
531 VGH BW, Urt. v. 24.02.1992 – 1 S 1131/90, juris Rn. 26.
532 BGH, Urt. v. 07.02.1985 – III ZR 212/83, juris Rn. 13; *Lange*, Kommunalrecht, Kap. 11 Rn. 37.
533 VGH BW, Urt. v. 24.02.1992 – 1 S 1131/90, juris Rn. 26; *Knemeyer*, JuS 2000, 521 (524); *Schoch*, Jura 2006, 358 (362 f.). – S. hierzu *Klaes*, Selbsteintritt und kommunale Selbstverwaltung, 2009.
534 *Maurer*, in: Maurer/Hendler, BWStVR, 1990, S. 256; *Schoch*, Jura 2006, 188 (196). Eine Ausnahme besteht bei der Ersatzvornahme, durch deren Vollzug ein Dritter beschwert sein kann, s. OVG NW, Urt. v. 31.03.1995 – 15 A 900/90, NVwZ-RR 1996, 90 (91); BVerwG, Beschl. v. 02.04.1993 – 7 B 38.93, juris Rn. 2, sowie bei der Genehmigung von Kreditverträgen, Sächs. OVG, Urt. v. 25.04.2006 – 4 B 637/05, juris Rn. 44.

III. Rechtsschutzfragen

chen der Gemeinde nach Art. 34 GG i.V.m. § 839 BGB führen, weil die staatliche Aufsicht auch eine Schutzfunktion gegenüber der Gemeinde hat.[535]

Hinsichtlich **fachaufsichtlicher Maßnahmen** ist ganz herrschende Meinung, dass die Gemeinde **grundsätzlich keine Klagebefugnis** habe,[536] weil sie hier „Fremdverwaltungsangelegenheiten" wahrnehme und nicht in nicht in eigenen Rechten betroffen sei. Dies gelte unabhängig davon, ob man die Weisung (zutreffend) als *Verwaltungsakt* einstufe (Anfechtungsklage[537]), weil sie an einen vom Staat unabhängigen Verwaltungsträger gerichtet sei, oder mangels Außenwirkung die Leistungsklage als richtige Klageart ansehe.[538] Dies ist u.E. unzutreffend, weil im *monistischen Aufgabenmodell* der baden-württembergischen Gemeindeordnung die Gemeinden in ihrem Gebiet Träger aller ortsbezogener öffentlicher Aufgaben sind. Deshalb greift jede Weisung grundsätzlich in den gemeindlichen Rechtskreis ein, weshalb die Gemeinde zutreffend als *klagebefugt* anzusehen ist.[539] Dennoch wird eine gemeindliche Klage gegen Maßnahmen der Fachaufsicht nur selten Erfolg haben, weil den Fachaufsichtsbehörden gesetzlich zumeist ein „unbeschränktes" Weisungsrecht eingeräumt ist; insbesondere kann die Fachaufsichtsbehörde deshalb auch (rechtmäßige) Zweckmäßigkeitserwägungen anstellen. Das Weisungsrecht darf aber nicht die Grenzen der Fachaufsicht überschreiten[540] und damit zugleich das Selbstverwaltungsrecht der Gemeinde beeinträchtigen, also beispielsweise das Opportunitätsprinzip des § 118 Abs. 3 GemO verletzen.[541] **38**

Ähnliches gilt, wenn im **Widerspruchsverfahren** die Entscheidung einer Gemeinde in Weisungsangelegenheiten durch die Widerspruchsbehörde aufgehoben wird: Dann kann die Gemeinde mit Erfolgsaussicht nur klagen, wenn die Widerspruchsentscheidung ausnahmsweise in eine durch Art. 28 Abs. 2 S. 1 GG geschützte Position eingreift, z.B. ihre Planungshoheit beeinträchtigt.[542] **39**

Für den Fall *fehlerhafter Weisungen* hat die Gemeinde nach § 129 Abs. 5 GemO einen **Kostenerstattungsanspruch** gegen das Land, der sich nach zutreffender Ansicht[543] auf Fehlinvestitionen, Schadensersatzansprüche Dritter gegen die Gemeinde und entstehende Gerichtskosten (da die Gemeinde im Prozess Beklagter ist) bezieht. Weisungen durch Bundesbehörden sind hiervon nicht erfasst. **40**

---

535 BGH, Urt. v. 12.12 2002 – III ZR 201/01, juris; *v. Komorowski*, VerwArch 93 (2002), 62 ff.; *Oebbecke*, DÖV 2001, 406 (411).
536 BVerwG, Urt. v. 14.6.1994 – 11 C 4.94, DVBl. 1995, 744; *Franz*, JuS 2004, 937 (942).
537 So z.B. *Kahl*, Jura 2001, 505 (512); *Knemeyer*, JuS 2000, 521 (525); *Schmidt-Jortzig*, JuS 1979, 488 (491); *Schoch*, Jura 2006, 358 (363).
538 So *Maurer*, in: Maurer/Hendler, BWStVR, 1990, S. 255; *Röhl*, in: Schoch (Hrsg.), Besonders Verwaltungsrecht, Kap. 1 Rn. 72; *Gern*, Dt. Kommunalrecht, Rn. 837; *Franz*, JuS 2004, 937 (942); ebenso die überwiegende Rspr., s. Hess VGH, Beschl. v. 19.08.1988 – 4 TG 438/88, juris Rn. 50; VGH BW, Urt. v. 21.10.1993 – 5 S 646/93, juris Rn. 38; VGH BW, Urt. v. 28.02.2005 – 1 S 1312/04, juris Rn. 20.
539 Vgl. *Schoch*, Jura 2006, 358 (363); *Ehlers*, NWVBl 1990, 44 (48); OVG NW, Urt. v. 30.06.2005 – 20 A 3988/03, juris Rn. 40; vgl. ferner zur umstr. Reichweite des Selbstverwaltungsbereiches BbgVerfG, Urt. v. 17.10.1996 – 5/95, NVwZ-RR 1997, 352 (353) m.w.N.; a.A. VGH BW, Urt. v. 28.02.2005 – 1 S 1312/04, NVwZ-RR 2006, 416 f.
540 Beispiel: Eigenvornahme durch die Fachaufsichtsbehörde ohne gesetzlich angeordnetes Selbsteintrittsrecht, so VGH BW, Urt. v. 24.02.1992 – 1 S 1131/90, NVwZ-RR 1992, 602.
541 Vgl. *Knemeyer*, JuS 2000, 521 (525); BayVGH, Beschl. v. 31.10.1984 – 11 B 83 A.2869, BayVBl. 1985, 368.
542 S. BVerwG, Urt. v. 19.08.2004 – 4 C 16.03, BVerwGE 121, 339.
543 *Aker/Hafner/Notheis*, § 129 GemO Rn. 19.

Teil C
Die innere Organisation der Gemeinde

§ 12
Gemeindeverfassungssysteme im politischen Wandel der Zeit

Literatur: *Burgi*, Kommunalrecht, § 10.
Zur Vertiefung: *Guckelberger*, Die Rekommunalisierung privatisierter Leistungen, VerwArch 104 (2013), 161 ff.; *Heckmann*, Perspektiven des IT-Einsatzes in der öffentlichen Verwaltung, DV 46 (2013), 1 ff.

I. Einleitung

1 Nach Art. 28 Abs. 1 S. 2 GG muss das Volk nicht nur in den Ländern, sondern auch in den Kreisen und Gemeinden „eine Vertretung haben, die aus allgemeinen, unmittelbaren, freien, gleichen und geheimen Wahlen hervorgegangen ist". Gleichzeitig muss – so Art. 28 Abs. 1 S. 1 GG – die verfassungsmäßige Ordnung in den Ländern (und damit auch den Gemeinden als Teil der Länder) „den Grundsätzen des republikanischen, demokratischen und sozialen Rechtsstaates im Sinne dieses Grundgesetzes entsprechen". Die Gemeinden müssen also eine gewählte Vertretung des Gemeindevolkes haben, die die wichtigsten Entscheidungen für die Gemeinde trifft. Diese Vertretung ist in Baden-Württemberg der **Gemeinderat** (§§ 24 ff. GemO).

2 Verfassungsrechtlich nicht determiniert ist die Frage, inwieweit neben dem Kollegialorgan Gemeinderat (als sog. Hauptorgan, vgl. § 24 Abs. 1 S. 1 GemO) ein weiteres Organ (vgl. § 23 GemO) wie der **Bürgermeister** unmittelbar *demokratisch legitimiert* sein muss und welche *Kompetenzen* ihm im Verhältnis zum Gemeinderat als Hauptorgan übertragen werden. Der baden-württembergische Gesetzgeber hat dem Bürgermeister eine starke Stellung eingeräumt, indem dieser nicht nur wie der Gemeinderat unmittelbar vom Gemeindevolk gewählt wird, sondern seine Wahlperiode auch deutlich länger ist (8 gegenüber 5 Jahren). Der Bürgermeister besitzt durch die gesetzliche Aufgabe der Vorbereitung (43 Abs. 1 GemO) und Leitung der Gemeinderatssitzung (§§ 25 Abs. 1, 36 Abs. 1 S. 1 GemO) und seinem Stimmrecht im Gemeinderat (§ 25 Abs. 1 GemO) eine *hohe politische Gestaltungsmacht*, die durch die ihm übertragene Leitung der Gemeindeverwaltung (§§ 42 Abs. 1, 44 Abs. 1 GemO) noch verstärkt wird. Daneben werden dem Bürgermeister durch den Gemeinderat selbst weitere Aufgaben zur dauerhaften Erledigung *übertragen* (§ 44 Abs. 2 GemO). Zudem ist er für die Erledigung der *sog. Weisungsaufgaben*, also insbesondere für die Aufgaben der unteren Verwaltungsbehörde zuständig (s. § 44 Abs. 3 GemO, § 15 Abs. 2 LVG) – ohne dass der Gemeinderat in diese durch bindende Beschlüsse „hineinregieren" kann.[1]

---

1 S. hierzu § 8 Rn. 14, § 15 Rn. 22 f.

Die fakultativ mögliche Aufgabenverteilung zwischen Gemeinderat und Bürgermeister wird 3 durch die sog. **Hauptsatzung**, für deren Erlass eine qualifizierte Mehrheit erforderlich ist, beschlossen (§ 44 Abs. 2 S. 2 i.V.m. § 4 Abs. 2 GemO). Die Hauptsatzung wird zumeist nach den Gemeinderatswahlen fortgeschrieben, weil in ihr auch die Zusammensetzung und Aufgaben der wichtigen *beschließenden Ausschüsse* (§ 39 Abs. 1 GemO) geregelt sind.

II. Traditionelle Gemeindeverfassungssysteme

Die Länder haben nach 1945 bei Schaffung ihrer Gemeindeordnungen – später in 4 Ausübung der ihnen nach Art. 70 GG zustehenden Gesetzgebungskompetenz – auf vier unterschiedliche, historisch gewachsene **Gemeindeverfassungssysteme** zurückgegriffen.

1. Süddeutsche (Gemeinde-)Ratsverfassung

Als Süddeutsche Gemeinderatsverfassung wird das im Laufe des 19. Jh. in *Baden,* 5 *Bayern und Württemberg* entstandene Verfassungssystem bezeichnet. Es ist am Ende seiner Entwicklung in seiner organschaftlichen Kompetenzzuordnung *dualistisch* geprägt, indem die kommunalen Erstzuständigkeiten auf zwei Gemeindeorgane konzentriert sind. Hauptorgan ist der **Gemeinderat**. Zweites Organ ist der ebenfalls aus einer Volkswahl hervorgegangene **Bürgermeister**. Die Beschlusszuständigkeiten liegen beim Gemeinderat. Der Bürgermeister fungiert als Vorsitzender des Gemeinderats und ist ferner Vollzugsorgan, Vertretungsorgan und Leiter der Gemeindeverwaltung.

2. Die (rheinische) Bürgermeisterverfassung

Die unter napoleonisch-französischem Einfluss entstandene, aber auch auf rheini- 6 sche Tradition zurückgehende Bürgermeisterverfassung ist in ihrer organschaftlichen Kompetenzzuordnung ebenfalls *dualistisch* ausgeformt. Neben dem **Gemeinderat** hat auch hier der **Bürgermeister** eine starke Stellung mit zahlreichen eigenen Kompetenzen. Abweichend von der süddeutschen Ratsverfassung wird er jedoch nicht durch Volkswahl, sondern *vom Gemeinderat gewählt*. Bei der „echten" Bürgermeisterverfassung hat der Bürgermeister Stimmrecht im Rat; bei der „unechten" ist dies nicht der Fall. Diese Verfassungsform galt bis 1994 in *Rheinland-Pfalz* (für die Gemeinden und kleineren Städte) und im *Saarland* und bis 1998 in den (nichtstädtischen) Gemeinden *Schleswig-Holsteins*.

3. Die Magistratsverfassung

Die Magistratsverfassung geht auf die preußische Städteordnung zurück. Haupt- 7 und Beschlussorgan ist die **Gemeindevertretung** (Stadtverordnetenversammlung, Stadtvertretung). Kollegiales Vollzugs- und Vertretungsorgan ist der von der Gemeindevertretung gewählte **Magistrat**. Er besteht aus dem Bürgermeister und haupt- und ehrenamtlichen Stadträten (Beigeordneten). Der ebenfalls von der Gemeindevertretung gewählte **Bürgermeister** ist drittes Organ mit einzelnen Organkompetenzen sowie Vorsitzender des Magistrats und Leiter der Gemeindeverwaltung. Seine Funktionen geben dieser Verfassungsform einen *trialistischen Kompe-*

tenzeinschlag. Bei der echten Magistratsverfassung bedürfen die Beschlüsse der Gemeindevertretung der Zustimmung des Magistrats; bei der unechten Magistratsverfassung entfällt dieses Erfordernis.

Die echte Magistratsverfassung gibt es in Deutschland nicht mehr. Die (unechte) Magistratsverfassung ist in *Hessen* und in *Bremerhaven* verwirklicht. In Hessen wird der Bürgermeister seit 1993 dabei vom Volk gewählt. Schleswig-Holstein hat die Magistratsverfassung in Städten 1998 abgeschafft.

4. Die norddeutsche Ratsverfassung

8 Die auf britische Rechtsvorstellungen zurückgehende norddeutsche Ratsverfassung ist im Ansatz *monistisch* strukturiert. Sämtliche Kompetenzen sind – zum Zwecke der Stärkung der Demokratie – im **Rat**, der Gemeindevertretung, konzentriert. Vorsitzender ist ein *ehrenamtlicher Bürgermeister*. Vertretungs- und Vollzugsinstanz ist ein *Gemeinde- (Stadt-)direktor*, der nicht kraft eigener Kompetenz, sondern *im Auftrag des Rats* tätig wird. Die norddeutsche Ratsverfassung, deren Einführung als bewusste Distanzierung der britischen Besatzungsmacht vom nationalsozialistischen Zentralismus zu sehen ist, lag bis 1994 der Gemeindeordnung von *Nordrhein-Westfalen* und bis 1996 der Gemeindeordnung von *Niedersachsen* zugrunde. Allerdings war ihr monistischer Ansatz durch Übertragung eigener Kompetenzen speziell auf den Gemeindedirektor (z.B. Außenvertretung, Erledigung übertragener Aufgaben) aufgeweicht.

III. Aktuelle Entwicklungen

9 Nach **bundesweiten Reformen**, die durch die Entwicklung der Gemeindeverfassungssysteme für die *neuen Bundesländer* angestoßen wurden, haben diese Typen *keine aktuelle Aussagekraft* mehr, weil alle Bundesländer sich ein Gemeindeverfassungssystem gegeben haben, das neben dem *Gemeinderat* einen direkt gewählten, jedoch mit unterschiedlichen Kompetenzen ausgestatteten *Bürgermeister* vorsieht. Die Unterschiede bestehen nunmehr in Details wie der Dauer der Wahlperiode, dem Stimmrecht, der Frage, ob der Bürgermeister oder ein einzelner Gemeinderat die Ratssitzungen leitet, in der Kompetenzabgrenzung sowie der Frage, ob neben Gemeinderat und Bürgermeister weitere Institutionen (Ausschüsse, Beigeordnete) mit eigenen Kompetenzen vorgesehen sind. Nur in *Hessen* lebt das kollegiale Magistratssystem in rudimentärer Fassung noch fort.

Daneben beeinflussen verschiedene aktuelle Entwicklungen die innere Organisation der Gemeindeverwaltung.

1. Privatisierung von Aufgaben (New Public Management)

10 Die seit Anfang der 1990er Jahre infolge der deutschen Wiedervereinigung zunehmende *Finanznot* (nicht nur) der Gemeinden veranlasste Überlegungen zur besseren Steuerung gemeindlicher Aufgaben. Das traditionelle kameralistische **Haushaltssystem** wurde überdacht und weicht demnächst einem an die Bedürfnisse der öffentlichen Hand angepassten System der doppelten Buchführung, der sogen. *Doppik*, die

III. Aktuelle Entwicklungen

nach einer Verschiebung um 4 Jahre ab 2020 für die Haushaltsführung verbindlich wird.[2]

Parallel dazu standen neoliberale Überlegungen, die gemeindliche Aufgabenerfüllung *betriebswirtschaftlich* zu steuern. Ausgehend von den internationalen Erfahrungen mit der Politik des sog. *New Public Management* (z.T. auch Reinviting Government genannt),[3] die versuchte, Modernisierungserfahrungen der Privatwirtschaft auf die öffentliche Hand zu übertragen, verlagerten viele Gemeinden einen Großteil von bislang hoheitlich in Eigenregie wahrgenommenen Leistungen der Daseinsvorsorge – wie z.B. Wasser-, und Abwasserversorgung, Abfallentsorgung, Stromversorgung, Stadtreinigung – auf neu gegründete privatrechtlich organisierte Gesellschaften und deckten mit dem „Gewinn" aus der Übertragung des jeweiligen Betriebsvermögens Haushaltsdefizite.

11

Die mit dieser formellen Privatisierung verbundenen Effizienzgewinne wurden häufig schöngerechnet, um die formalen und politischen Anforderungen für die Auslagerung kommunaler Aufgaben zu erfüllen. Auf der Habenseite der Reformen ist neben den haushalterischen Einnahmen zu verzeichnen, dass die Bedeutung der Leistungserbringung für den *Bürger als Kunden* in den Fokus des politischen Interesses gerückt ist und die formell privatisierte öffentliche Leistung mehr und mehr in *Wettbewerb* zu anderen Leistungserbringern tritt. Auf der Negativseite ist – neben den teilweise verminderten arbeits- und sozialrechtlichen Standards der Beschäftigten – ein *Verlust an demokratischer Kontrolle und Steuerung* durch den Gemeinderat zu verzeichnen, weil die neu gegründeten Gesellschaften schnell ein Eigenleben entwickelten und die wesentlichen Entscheidungen nicht mehr in der öffentlichen Gemeinderatssitzung getroffen werden, sondern in nichtöffentlichen Gesellschafterversammlungen und Aufsichtsratssitzungen.[4]

12

Dies hat inzwischen eine Gegenbewegung ausgelöst, die damit umschrieben werden kann, dass der traditionelle Vorrang des Bundesrechts (= Gesellschaftsrecht) vor dem Landesrecht (= Kommunalrecht, allgemeines Verwaltungsrecht) auf seine Reichweite hinterfragt und gesellschaftsrechtliche Lösungen einer verbesserten demokratischen Kontrolle, z.B. durch öffentlich abgehaltene Aufsichtsratssitzungen, entwickelt werden. Insbesondere hinsichtlich Wasser- und Energieversorgungsunternehmen entsteht eine „Rekommunalisierungsbewegung".[5]

13

Schließlich ist herausgearbeitet worden, dass nicht alle öffentlichen Aufgaben als Güter oder Dienstleistungen definiert und gegenseitig in Wettbewerb gesetzt werden können und die Verantwortung des Staates auch in Privatisierungsfall nicht entfällt, sondern sich in Gestalt der sog. *Gewährleistungsverantwortung* fortsetzt.[6]

14

---

2 S. hierzu § 20 Rn. 11 f., 79 ff.
3 *Voßkuhle*, GVwR I, § 1 Rn. 50; *Schuppert*, GVwR I, § 16 Rn. 112 ff.
4 Zu den notwendigen gemeindlichen Einflussrechten auf kommunale Unternehmen näher § 19 Rn. 125 ff.
5 Vgl. *Bauer/Büchner/Hajasch*, Rekommunalisierung öffentlicher Daseinsvorsorge, 2012; *Bauer*, DÖV 2012, 329 ff.; *Brüning*, VerwArch 100 (2009), 453 ff.; *Burgi*, NdsVBl 2012, 225 ff.; *Guckelberger*, VerwArch 104 (2013), 161 ff.; *Leisner/Egensperger*, NVwZ 2013, 1110 ff.; *Schmidt*, DÖV 2014, 357 ff. Zur Rekommunalisierung vgl. auch § 19 Rn. 186 f.
6 Grundlegend *Voßkuhle*, VVDStRL 62 (2003), 266 (304 ff.); ferner *Schulze-Fielitz*, GVwR I, § 12 Rn. 18, 158 ff.

2. Das Neue Steuerungsmodell

15 Insbesondere auf kommunaler Ebene wurde das New Public Management durch die Kommunale Gemeinschaftsstelle für Verwaltungsvereinfachung (KGSt) zu einem **„Neuen Steuerungsmodell"** weiterentwickelt, ausgehend von den Erfahrungen der niederländischen Stadt Tillburg („Tillburger Modell").[7] Kennzeichnend sind eine *Verlagerung der Budgetverantwortung* auf die Organisationseinheiten, die die Leistungen gegenüber dem Bürger erbringen, verbunden mit einer Kosten-Leistung-Rechnung, die zu einer höheren Transparenz (z.B. im Bereich der kommunalen Abgaben) führt, und einer *Berichtspflicht* der Verwaltung gegenüber dem Gemeinderat, die an die Pflichten kommunaler Gesellschaften angelehnt ist. Wesentliches Ziel sollte dabei sein, im Rahmen der wachsenden kommunalen Aufgaben die Arbeit des Gemeinderats von Detailfragen zu entlasten und auf die politische Steuerung zu konzentrieren. Gesetzgeberischer Ertrag ist das *Gesetz zur Reform des Gemeindehaushaltsrechts* gewesen, wonach ab spätestens 2020 der Gemeindehaushalt nach Grundsätzen der sogen. Doppik aufzustellen ist.[8]

16 Die Reformeuphorie ist jedoch einer *breitflächigen Ernüchterung* gewichen.[9] Die rechtlichen Bindungen staatlichen Handelns führen dazu, dass die Gemeinde nicht wie ein Wirtschaftsunternehmen geführt werden kann. Auch eine Ausrichtung der gemeindlichen Aufgabenerfüllung an sog. Produkten, deren Kosten monetär bewertet und im interkommunalen Wettbewerb („Benchmarking") verglichen werden, führte rasch in eine Sackgasse. Wie in anderen Bereichen bspw. des Umweltrechts fehlen allgemeinverbindliche Standards für die Leistungsbeschreibung (sog. Qualitätsziele), so dass die Aussagekraft der gewonnenen „Kennziffern" minimal und zur Steuerung durch den politisch entscheidenden Gemeinderat ungeeignet ist. Ob eine Baugenehmigung nicht nur richtig, sondern auch z.B. schnell oder eher fundiert begründet oder kostengünstig erbracht werden soll, entzieht sich einer allgemeingültigen Definition. Die Verwaltungseinheiten sind – aufgrund der im Zuge der Haushaltskrise erforderlichen Personaleinsparungsmaßnahmen – nicht in der Lage gewesen, die Ziele selbst zu erarbeiten. Auch die Gemeinderäte zeigten sich oft skeptisch, auf die Entscheidung in lieb gewordenen, leicht überschaubaren Sachfragen zu verzichten und erkannten keinen Mehrwert darin, sich komplexer Steuerungsfragen anzunehmen, bei deren Umsetzung sie wiederum von der Zuarbeit der Verwaltung, die sie ja kontrollieren sollten, abhängig waren. Was auf der Habenseite verbleibt, sind Nebeneffekte im Personalwesen (Qualifizierungsmanagement, Schulung von Führungspersonal).

3. Bürgerschaftliche Partizipation

17 Die gesellschaftliche Bewegung anlässlich der deutschen Wiedervereinigung hat auch Spuren im Gemeindeverfassungsrecht hinterlassen, indem die **demokratischen Elemente** gestärkt wurden. In allen Flächenländern hat sich die *direkte Wahl des Bürgermeisters* durchgesetzt, zudem sind die Möglichkeiten für *Bürgerbegehren* und *Bürgerentscheide* in allen Bundesländern ausgeweitet worden, mit einiger Verzögerung auch in Baden-Württemberg.[10]

---

7 KGSt-Berichte 19/1992, 5/1993 u.a.m.; hierzu *Hendricks/Tops*, VerwArch 92 (2001), 560 ff.; ferner *Voßkuhle*, GVwR I, § 1 Rn. 53 ff.; *Schuppert*, GVwR I, § 16 Rn. 117 ff. S. auch *Bals/Hack*, Verwaltungsreform: Warum und Wie. Leitfaden und Lexikon, 2. Aufl. 2002, im Internet auszugsweise veröffentlicht unter http://www.uni-potsdam.de/u/kwi/publikationen/lexikon_verwaltungsreform.html (02.05.2014).
8 Ges. vom 22.04.2009, GBl. 2009, 185; Übergangsfrist bis 2020 verlängert durch Art. 6 des Ges. vom 16.04.2013 (GBl. S. 55, 57). Materialien hierzu unter http://www.haushaltssteuerung.de/haushaltsrecht-baden-wuerttemberg.html (02.05.2014).
9 Kritisch insbes. *Holtkamp*, Der moderne Staat, 2008, S. 423 ff.; *Bogumil/Grohs/Kuhlmann/Ohm*, Zehn Jahre Neues Steuerungsmodell – Eine Bilanz kommunaler Verwaltungsmodernisierung, 2007.
10 Dazu § 16 Rn. 2 ff.

Die gesellschaftliche Entwicklung führt aber auch zu **veränderten Partizipationsformen**: Erweiterte allgemeine *Informationsrechte* nicht nur im Umwelt- und Verbraucherschutzrecht[11] und erweiterte *Beteiligungsrechte* der Umweltverbände stehen für normative Veränderungen.[12] Auf gemeindlicher Ebene sind infolge der *Lokalen Agenda 21* vielfältige, gesetzlich nicht vorgegebene Partizipationsmöglichkeiten an der Willensbildung entstanden, bis hin zu Formen der Mitwirkung an der Haushaltsaufstellung.[13] Die Agenda 21 wurde 1992 auf UN-Konferenz von Rio de Janeiro verabschiedet und insbesondere auf Konferenzen im dänischen Aalborg 1994 mit einem Konzept zur „Lokalen Agenda 21"[14] und 2004 mit den sogen. Aalborg Commitments[15] vertieft. 18

4. Folgen moderner Informationstechnologie

Die moderne Verwaltung muss sich den Anforderungen der modernen Informationsgesellschaft stellen, was nicht nur in neuen Mitwirkungs- und Partizipationsformen (neue allgemeine Informationsrechte, neue Formen der Verfahrensbeteiligung) zum Ausdruck kommt, sondern auch in einer Überformung des allgemeinen Verwaltungsverfahrens, die Auswirkungen auf die Verwaltungsorganisation hat. Das Schlagwort vom **virtuellen Rathaus** – der Möglichkeit, Verwaltungsleistungen auch elektronisch zu beantragen und übermittelt zu erhalten – steht stellvertretend für die Bemühungen, ein Konzept des *electronic government*[16] für die Gemeindeverwaltungen einzuführen. 19

Die *technische Entwicklung* ist dabei schneller als die Arbeit der Verwaltung hieran. Von der bspw. seit etwa 10 Jahren bestehenden Möglichkeit, für elektronischen Schriftverkehr eine *elektronische Signatur* zu eröffnen, wird kaum Gebrauch gemacht.[17] Die vielfältigen Fragen hinsichtlich Datensicherheit,[18] Abhängigkeit von marktführenden Systembetreibern, der erforderlichen Kompatibilität der gemeindlichen Systeme untereinander und mit den Systemen anderer Institutionen (staatlicher Verwaltung, Gerichtsbarkeit, Anwaltschaft) lassen derzeit nur ein aufwändiges *Nebeneinander von elektronischer und papierner Aktenführung* zu, das zu mehr Zeit-, Kosten- und Arbeitsaufwand führt. Daneben stehen flächendeckende Bemühungen, die behördlichen Dienstleistungen bürgernah und möglichst zentral an einer Stelle zu erbringen 20

---

11 Die wesentlichen Impulse kamen zunächst aus dem Europarecht mit der Umweltinformationsrichtlinie, die zum Umweltinformationsgesetz führte; parallel wurden auf Bundesebene das Informationsfreiheitsgesetz und das Verbraucherinformationsgesetz verabschiedet, vgl. *Engel*, in: Mann/Sennekamp/Uechtritz (Hrsg.), VwVfG, 2014, § 29 VwVfG Rn. 12 ff., 74 ff.
12 Übereinkommen über den Zugang zu Informationen, die Öffentlichkeitsbeteiligung an Entscheidungsverfahren und den Zugang zu Gerichten in Umweltangelegenheiten (Aarhus-Konvention) vom 25.06.1998, ILM 38 (1999), 517, www.unece.org (02.05.2014); Richtlinie 2003/35/EG des Europäischen Parlaments und des Rates vom 26.05.2003 über die Beteiligung der Öffentlichkeit bei der Ausarbeitung bestimmter umweltbezogener Pläne und Programme und zur Änderung der Richtlinien 85/337/EWG und 96/61 EG des Rates in Bezug auf die Öffentlichkeitsbeteiligung und den Zugang zu Gerichten, ABl. L 157/17 (Öffentlichkeitsbeteiligungsrichtlinie); hierzu EuGH, Urt. v. 16.02.2012 – Rs. C-182/10, *v. Danwitz*, NVwZ 2004, 272 ff.; *Guckelberger*, NuR 2008, 78 ff.; *Epiney/Scheyli*, Die Aarhus-Konvention, 2000; *Schlacke/Schrader/Bunge*, Informationsrechte, Öffentlichkeitsbeteiligung, Rechtsschutz im Umweltrecht, Aarhus-Handbuch, 2010.
13 S. § 16 Rn. 24, 26.
14 S. hierzu http://www.nachhaltigkeit.info/artikel/aalborg_charta_1994_554.htm (02.05.2014).
15 http://www.sustainablecities.eu/aalborg-process/commitments (02.05.2014).
16 *Eifert*, Electronic Government, 2006; *Britz*, GVwR II, § 26 Rn. 27 ff.; *Heckmann*, DV 2013, 1 ff.
17 *Roßnagel*, NJW 2013, 2710.
18 Die Datensicherheit betrifft nicht nur die klassischen Fragen des Datenschutzes, sondern vor allem auch der Sicherheit der elektronisch archivierten Daten (z.B. bei Speicherung auf indischen oder chinesischen Servern).

(„*one-stop-government*").[19] Der Bund hat mit dem Gesetz zur Förderung der elektronischen Verwaltung einen großen Schritt für den notwendigen Umbau der Verwaltung zu einer elektronisch gestützten Dienstleistungsverwaltung getan[20] – es bleibt abzuwarten, ob und inwieweit das Land nachzieht.

---

19 *Britz*, GVwR II, § 26 Rn. 40 ff.
20 *Roßnagel*, NJW 2013, 2710 (2716).

§ 13
Die Gemeindeorgane und ihre Wahl

Literatur: *Mann,* Die Rechtsstellung von Bürgern und Einwohnern, HKWP I, S. 331 ff.; *Voßkuhle/Kaufhold,* Grundwissen – Öffentliches Recht: Die Wahlrechtsgrundsätze, JuS 2013, 1078 ff.
Zur Vertiefung: *Studenroth,* Wahlbeeinflussung durch staatliche Funktionsträger, AöR 125 (2000), 257 ff.; *Schunda,* Das Wahlrecht von Unionsbürgern bei Kommunalwahlen in Deutschland, 2003, S. 144 ff.; *Krajewski,* Kommunalwahlrechtliche Sperrklauseln im föderativen System, DÖV 2008, 345 ff.; *Rossi,* Gesetzgebungspflicht zum Schutz politischer Minderheiten? – Zur Unzulässigkeit von Sperrklauseln im Kommunalwahlrecht, ZJS 2008, 304 ff.; *Quecke/Gackenholz/Bock,* Das Kommunalwahlrecht in Baden-Württemberg, Kommentar, 6. Aufl. 2014 (im Erscheinen).

I. Die Gemeindeorgane Gemeinderat und Bürgermeister

Die baden-württembergische Kommunalverfassung ist dadurch charakterisiert, dass die **zwei Verwaltungsorgane** der Gemeinde, nämlich der *Gemeinderat* und der *Bürgermeister* (§ 23 GemO), in allgemeiner, unmittelbarer, freier, gleicher und geheimer Wahl von den Bürgern gewählt werden (§ 26 Abs. 1 bzw. § 45 Abs. 1 S. 1 GemO). 1

Der **Gemeinderat** ist die verfassungsrechtlich geforderte Vertretung der Bürger auf kommunaler Ebene (Art. 28 Abs. 1 GG) und deshalb das **Hauptorgan der Gemeinde**, § 24 Abs. 1 S. 1 GemO. Sein Aufgabenschwerpunkt liegt in der politischen Gestaltung der freiwilligen Aufgaben und der Pflichtaufgaben ohne Weisung, § 24 Abs. 1 S. 2 GemO. Er kontrolliert zudem die Erledigung aller gemeindlichen Aufgaben durch den Bürgermeister (also auch der Weisungsaufgaben[21]), wie aus § 24 Abs. 3 u. 4 GemO hervorgeht. Zudem hat er ein Letztentscheidungsrecht in Personalsachen, § 24 Abs. 2 GemO. 2

Der Gemeinderat entscheidet nach der Grundsatzregel des § 24 Abs. 1 Satz 2 GemO über **alle** Angelegenheiten der Gemeinde, soweit nicht der Bürgermeister kraft Gesetzes zuständig ist oder ihm der Gemeinderat bestimmte Angelegenheiten überträgt. Der Zuständigkeitskreis des Bürgermeisters ist also als **Ausnahmeklausel** ausgestaltet, die im Zweifelsfall eng auszulegen ist.[22] Gesetzliche Zuständigkeiten des Bürgermeisters, der zugleich „geborenes" Mitglied und Vorsitzender des Gemeinderates ist, § 25 Abs. 1 Satz 1 GemO, sind 3

- die Vertretung der Gemeinde nach außen, § 42 Abs. 1 S. 2 GemO;
- die Leitung der Verwaltung, § 44 Abs. 1 GemO;
- die Vorbereitung und der Vollzug der Gemeinderatsarbeit, § 43 Abs. 1 GemO;
- die Sitzungsleitung, § 42 Abs. 1 i.V.m. § 36 Abs. 1 S. 1 GemO;
- die Erledigung von Weisungsaufgaben, § 44 Abs. 3 GemO, § 15 Abs. 2 LVG;
- die Erledigung „einfacher" Aufgaben, der sogen. Geschäfte der laufenden Verwaltung, § 44 Abs. 2 S. 1 GemO;
- die Erledigung von dauerhaft durch Hauptsatzung (in den Grenzen des § 39 Abs. 2 GemO) übertragenen Aufgaben, § 44 Abs. 2 S. 2 u. 3 GemO und
- die Mitwirkung bei Personalentscheidungen, § 24 Abs. 2 GemO.

---

[21] *Aker/Hafner/Notheis,* § 24 GemO Rn. 12.
[22] *Aker/Hafner/Notheis,* § 23 GemO Rn. 2; *Kunze/Bronner/Katz,* GemO, § 23 Rn. 5: Vermutung der Zuständigkeit.

4 Der **Gemeinderat ist Verwaltungsorgan** der Gemeinde *mit parlamentarischen Zügen*.[23] Die parlamentarischen Züge liegen z.b. in der Wahl, dem freien Mandat der Gemeinderäte (§ 32 Abs. 3 GemO) und der Geschäftsordnungsautonomie (§ 36 Abs. 2 GemO), die Organisationsstruktur und Verfahrensablauf der Sitzungen bestimmt. Es fehlen gegenüber dem Parlamentsrecht Immunität und Indemnität der „Abgeordneten", zudem unterliegen die Gemeinderäte einem weitreichenden Vertretungs- und Mitwirkungsverbot (§§ 17, 18 GemO).

Schaubild: Aufgabenschwerpunkte der Gemeindeorgane

GEMEINDERAT	BÜRGERMEISTER
• Wahl auf 5 Jahre, § 30 Abs. 1 GemO	• Wahl auf 8 Jahre, § 42 Abs. 3 GemO
• Hauptorgan der Gemeinde (-verwaltung), § 24 Abs. 1 S. 1 GemO	• Vertretung nach außen, § 42 Abs. 1 S. 2 GemO
• Schwerpunkt: politische Gestaltung der freiwilligen Aufgaben und Pflichtaufgaben ohne Weisung, § 24 Abs. 1 S. 2 GemO	• Leiter der Verwaltung, § 44 Abs. 1 GemO
	• Vorbereitung und Vollzug der Gemeinderatsarbeit, § 43 Abs. 1 GemO
• Kontrolle der Verwaltung (alle Aufgaben), § 24 Abs. 1 S. 3 GemO	• Mitglied und zugleich Vorsitzender des Gemeinderates, § 25 Abs. 1 S. 1 GemO
• Personalentscheidungen (alle Aufgaben), § 24 Abs. 2 GemO	• Erledigung von Weisungsaufgaben, § 44 Abs. 3 GemO
	• Erledigung „einfacher" Aufgaben, § 44 Abs. 2 GemO
	• Mitwirkung bei Personalentscheidungen, § 24 Abs. 2 GemO

II. Einwohner, Bürgerrecht und Wahlen

1. Einwohner

5 Die Gemeindeordnung geht vom Begriff der sog. **Einwohnergemeinde** aus; Mitglied in der Gebietskörperschaft Gemeinde sind alle Gemeindeeinwohner. *Einwohner* der Gemeinde ist nach § 10 Abs. 1 GemO jede natürliche Person, die in der Gemeinde wohnt. Vorausgesetzt ist ein tatsächlicher Aufenthalt in der Gemeinde von einer mehr als nur kurzfristigen Dauer, also das Innehaben einer Wohnung (§ 16 MeldeG) mit dem Ziel, diese zu benutzen. Auch Obdachlose können Einwohner der Gemeinde sein, wenn sie ihren ständigen Aufenthalt in ihr haben oder begründen.[24] Studierende können in ihrer Heimatgemeinde und am Studienort Einwohner sein, desglei-

---

23 Jedoch kein Parlament im staatsrechtlichen Sinn, vgl. BVerfG, Beschl. v. 21.06.1988 – 2 BvR 975/83, BVerfGE 78, 344 (348) = juris Rn. 16; Hess VGH, Urt. v. 28.11.2013 – 8 A 865/12, juris Rn. 35.
24 Zutr. *Lange*, Kommunalrecht, Kap. 2 Rn. 10.

II. Einwohner, Bürgerrecht und Wahlen

chen Berufspendler, die am Arbeitsort während der Woche wohnen, und am Wochenende nach Hause pendeln.

Der Einwohnerstatus ist bedeutsam für die *Unterrichtung* nach § 20 GemO, die Teilnahme an *Bürgerversammlungen* nach § 20a GemO, die *Zulassung zu öffentlichen Einrichtungen* nach § 10 Abs. 2 GemO und begründet verwaltungsverfahrensrechtlich eine Pflicht zur Hilfestellung bei der Verfahrenseinleitung, auch wenn nicht die Gemeinde, sondern staatliche Behörden zuständig sein sollten, § 94 Abs. 1 LVwVfG.

2. Bürgerrecht

a) Bürgerrecht und Melderecht

Der Begriff des Bürgers ist enger als der des Einwohners und in erster Linie für die *Wahlberechtigung* bedeutsam. Die Gemeindeordnung knüpft das Wahlrecht an das **Bürgerrecht**, § 14 Abs. 1 GemO. Bürger ist nach § 12 Abs. 1 S. 1 GemO nur,
- wer Deutscher i.S.d. Art. 116 GG ist oder als Unionsbürger die Staatsangehörigkeit eines anderen EU-Mitgliedsstaats[25] besitzt,
- das 16. Lebensjahr vollendet hat[26] und
- seit mindestens drei Monaten in der Gemeinde wohnt, wobei der Tag der Wohnungsnahme in die Fristberechnung einzubeziehen ist, § 12 Abs. 4 GemO.

Der Bürgermeister und die Beigeordneten erwerben nach § 12 Abs. 1 S. 3 GemO das Bürgerrecht mit Amtsantritt, auch wenn sie nicht in der Gemeinde wohnen.

Der Status als *Einwohner* ist also altersunabhängig und kann in mehreren Gemeinden bestehen (z.B. bei Studenten oder auswärtig Berufstätigen), während der Status eines *Bürgers* an den **Hauptwohnsitz** geknüpft ist, s. § 12 Abs. 2 GemO.

In **Zweifelsfällen** richtet sich die Bestimmung der Hauptwohnung nach dem Schwerpunkt der (privaten) Lebensbeziehungen des Einwohners.[27] Der vorwiegende Aufenthalt eines Einwohners in einer von mehreren von ihm genutzten Wohnungen ist durch den rein **rechnerischen Vergleich** der jeweiligen Aufenthaltszeiten an dem Ort, in dem sich die Wohnung befindet, ohne Rückgriff auf prägende Vergleichszeiträume und Regelvermutungen zu bestimmen.[28]

Eine **Wohnung** in diesem Sinne setzt zunächst *zum dauerhaften Wohnen geeignete Räumlichkeiten* voraus; eine bloße Übernachtungsgelegenheit ohne Gelegenheit zum Kochen oder Waschen genügt nicht. Eine Wohnung hat inne, wer tatsächlich über sie verfügen kann, wobei es nach der Rspr.[29] auf die zivilrechtlichen Verhältnisse nicht ankommt. Daneben muss die Wohnung als Bleibe dienen, was grundsätzlich der Fall ist, wenn sie mit einer *gewissen Regelmäßigkeit und Gewohnheit* benutzt wird. Ein nur gelegentliches Verweilen während unregelmäßig aufeinanderfolgender kurzer Zeiträume macht eine Wohnung nicht zur Bleibe; dies gilt insbesondere, wenn der Aufenthalt lediglich Besuchs- oder Erholungszwecken dient und sich letztlich nicht grundsätzlich von einem zur Begründung eines Wohnsitzes – von Ausnahmefällen abgesehen – untauglichen Hotelaufenthalt unterscheidet. Bei der erfor-

---

25 Primärrechtliche Rechtsgrundlage ist Art. 20 Abs. 2 S. 2 lit. b) i.V.m. Art. 22 AEU sowie Art. 40 EU-Grundrechte-Charta.
26 Eingeführt durch Ges. v. 16.04.2013, GBl. S. 55, vgl. LT-Drucks. 15/3119.
27 Vgl. BVerwG, Urt. v. 15.10.1991 – 1 C 24.90, juris Rn. 14 ff.; VGH BW, Urt. v. 21.02.1994 – 1 S 2869/93, juris Rn. 19.
28 BVerwG ebda.; VGH BW, Urt. v. 21.04.1992 – 1 S 2186/91, juris Rn. 17 ff., 26.
29 Vgl. hierzu VGH BW, Urt. v. 26.05.2006 – 1 S 78/06, juris Rn. 24; VG Karlsruhe, Beschl. v. 17.09.2010 – 8 K 1876/10, juris Rn. 9.

derlichen Bewertung der äußeren Umstände kommt der formellen *melderechtlichen Situation* (§ 12 Abs. 2 MRRG, § 17 Abs. 2 MG)³⁰ wegen der Vergleichbarkeit der tatbestandlichen Voraussetzungen eine gewisse Indizwirkung zu.

12 **Beispiele:** Eine in Stuttgart arbeitende und dort wohnende Person hat ihren Hauptwohnsitz in Freiburg nur noch dann, wenn sich die Familien- oder Partnerschaftswohnung auch in Freiburg befindet (vgl. § 17 Abs. 2 MG). – Zieht ein gewählter Gemeinderat aus der Stadt in eine Umlandgemeinde, so verliert er das Bürgerrecht der Stadt (§§ 28 Abs. 1, 31 Abs. 1 S. 1 GemO).³¹ – War ein Gemeinderat schon zur Zeit der Wahl nicht wählbar, ohne dass dies seinerzeit beanstandet wurde, so kann dies auch nach Ablauf der Wahlprüfungsfristen beanstandet werden (§ 30 Abs. 1 S. 4 KomWG).³²

b) Bürgerrecht und Wählbarkeit

13 Das Bürgerrecht ermöglicht nicht nur die Teilnahme an Wahlen, sondern auch die Ausübung der **plebiszitären Möglichkeiten**, die die Gemeindeordnung mit *Bürgerantrag*, *Bürgerbegehren* und *Bürgerentscheid* schafft.³³ Nachdem das aktive Wahlrecht auf ein Lebensalter von 16 Jahren gesenkt wurde, bestimmt nun § 28 Abs. 1 GemO, dass **passiv wahlberechtigt** nur Bürger der Gemeinde sind, die das **18. Lebensjahr** vollendet haben.

14 Die Wählbarkeit der auf den Vorschlagslisten für eine Gemeinderatswahl kandidierenden Personen wird im Rahmen der *Zulassung des Wahlvorschlags* geprüft. Der Wahlausschuss hat nach § 18 Abs. 2 Nr. 2, Abs. 3 KomWO festzustellen, dass die Wählbarkeitsvoraussetzungen der Bewerber am Wahltag mit Sicherheit oder an Sicherheit grenzender Wahrscheinlichkeit vorliegen.³⁴

15 Die Gemeindeordnung enthält in § 29 GemO einen (von Art. 137 Abs. 1 GG grundsätzlich zugelassenen) abschließenden Katalog von **Hinderungsgründen**, mit denen vermieden wird, dass ein gewählter Gemeinderat sein Mandat ausübt, weil es mit seinem ausgeübten Amt unvereinbar ist. So kann ein in der Rechtsaufsichtsbehörde unmittelbar für die Gemeinde zuständiger Beamter ebensowenig Gemeinderat werden wie ein Arbeitnehmer der Gemeinde.³⁵ In kleineren Gemeinden können Ehegatten, Lebenspartner, Verwandte und Verschwägerte i.S.d. § 18 Abs. 1 Nrn. 1–3 GemO nicht nebeneinander Mitglied des Gemeinderats sein; hier tritt nur derjenige mit der höheren Stimmzahl in den Gemeinderat ein.³⁶ Die Anordnung einer Inkompatibilität ist – als eine sachgerechte Ausgestaltung des passiven Wahlrechts – von der Ermächtigung des Art. 137 Abs. 1 GG nur gedeckt, wenn sie lediglich gewählte Bewerber betrifft, deren berufliche Stellung die Möglichkeit oder Wahrscheinlichkeit von Interessens- und Entscheidungs-

---

30 Zur verfassungsrechtlichen Zulässigkeit der melderechtlichen Bestimmung der Wählbarkeit s. BayVfGH, Entscheid. v. 11.01.2010, Vf. 79-VI-09, juris Rn. 21 ff.; für eine verfassungskonforme Auslegung ThürVfGH, Urt. v. 12.06.1997 – 13/95, juris Rn. 77 ff.; a.A. *Lange*, Kommunalrecht, Kap. 4 Rn. 17.
31 Dies führt in der Praxis immer wieder zu Umgehungsversuchen, indem Rechtsanwälte oder Ärzte ihre Praxisräume als Wohnung definieren. Instruktiv VGH BW, Beschl. v. 18.01.2011 – 1 S 2329/10, juris Rn. 3 f.
32 OVG NW, Beschl. v. 25.08.2009 – 15 A 1372/09, juris Rn. 3 ff.; *Lange*, Kommunalrecht, Kap. 4 Rn. 44; *Quecke/Gackenholz/Bock*, § 30 KomWG Rn. 18 (Ermessensreduzierung). – Die Rechtswirksamkeit der Tätigkeit als Gemeinderat wird durch die nachträgliche Feststellung der Ungültigkeit der Wahl gem. § 30 Abs. 3 S. 2 GemO nicht berührt.
33 S. hierzu unten § 16 Rn. 2 ff.
34 *Quecke/Gackenholz/Bock*, § 8 KomWG Rn. 9.
35 VG Sigmaringen, Urt. v. 16.05.2001 – 1 K 2528/00, juris Rn. 20: keine einschränkende Auslegung für Arbeitnehmer der Gemeinde. S.a. VGH BW, Beschl. v. 24.10.2000 – 1 S 1815/00, juris Rn. 16 ff.
36 Ein entsprechender Hinderungsgrund besteht hinsichtlich des Bürgermeisters und der Beigeordneten nach § 29 Abs. 4 GemO.

II. Einwohner, Bürgerrecht und Wahlen

konflikten nahelegt.[37] Ein Ausschluss von der Wählbarkeit (Ineligibilität) darf demgegenüber nicht angeordnet werden.[38]

Nach § 31 GemO *scheiden aus dem Gemeinderat diejenigen Mitglieder aus*, die die **16** Wählbarkeit nach § 28 GemO verlieren oder für die während der Amtszeit ein Hinderungsgrund nach § 29 GemO entsteht. In diesen Fällen entscheidet der Gemeinderat durch feststellenden Verwaltungsakt[39] über das Ausscheiden, anschließend wird der Nachrücker gem. § 31 Abs. 2 GemO verpflichtet. Entscheidungen, die der Gemeinderat unter Mitwirkung eines solchen Mitglieds, für das die Wählbarkeit ausgeschlossen war oder ein Hinderungsgrund vorlag, getroffen hat, sind rechtswidrig, aber nicht nichtig. Der Verfahrensfehler gilt nach § 31 Abs. 1 S. 5 i.V.m. § 18 Abs. 6 GemO nach Jahresablauf als geheilt.

c) Ausländerwahlrecht

Nach dem System des GG gehören zum wahlberechtigten Volk nach Art. 28 Abs. 1 **17** S. 2 i.V.m. Art. 20 Abs. 2 GG grundsätzlich nur Deutsche i.S.v. Art. 116 GG. Ein sog. **Ausländerwahlrecht** ist auf kommunaler Ebene, soweit es über die Sonderregelung für EU-Ausländer in Art. 28 Abs. 1 GG hinausreicht, unzulässig.[40]

Art. 28 Abs. 1 S. 3 GG, wonach bei Wahlen in Kreisen und Gemeinden Personen, welche die **18** Staatsangehörigkeit eines Mitgliedsstaates der EG besitzen, (nach Maßgabe von Recht der EG) wahlberechtigt und wählbar sind,[41] ist ein Beispiel dafür, wie *Europarecht in traditionelle bundesdeutsche Rechtsstrukturen eingreift*: In Deutschland hatten zu Beginn der 1980-er Jahre die Länder Bremen, Hamburg und Schleswig-Holstein ihr Kommunalwahlrecht reformiert und Ausländern, die sich in ihrem Gebiet gewöhnlich aufhielten, nach dem sog. Gegenseitigkeitsprinzip das Wahlrecht eingeräumt. Alle Regelungen scheiterten in Normenkontrollverfahren vor dem Bundesverfassungsgericht[42] bzw. dem Bremischen Staatsgerichtshof[43], weil sie mit dem Volksbegriff des Grundgesetzes für unvereinbar gehalten wurden.

Das Bundesverfassungsgericht wies aber darauf hin, dass die damals bereits diskutierte Ein- **19** führung eines Kommunalwahlrechts durch die EG Gegenstand einer nach Art. 79 Abs. 3 GG zulässigen Verfassungsänderung sein könne.[44] Im Dezember 1991 einigten sich die Mitgliedsstaaten in Maastricht anlässlich der Einführung der Unionsbürgerschaft auf das aktive und passive Wahlrecht für EU-Bürger bei Kommunal- und Europawahlen an ihrem jeweiligen Wohnort innerhalb der Europäischen Union. Heute bestimmt Art. 20 Abs. 2 S. 2 lit. b) i.V.m Art. 22 AEUV, dass jeder Unionsbürger mit Wohnsitz in einem Mitgliedstaat, dessen Staatsangehörigkeit er nicht besitzt, in dem Mitgliedstaat, wo er seinen Wohnsitz hat, das aktive und passive Wahlrecht bei Kommunal- und Europawahlen hat. Dies hat auch als Bürgerrecht in Art. 40 der EU-Grundrechte-Charta Eingang gefunden.

---

37 VGH BW, Beschl. v. 19.03.2013 – 1 S 75/13, juris Rn. 6.
38 BVerfG, Beschl. v. 06.10.1981 – 2 BvR 384/81, BVerfGE 58, 177 (192), juris Rn. 38; BVerwG, Urt. v. 29.07.2002 – 8 C 22.01, juris Rn. 21.
39 VGH BW, Beschl. v. 09.12.1964 – II 386/64; *Aker/Hafner/Notheis*, § 31 GemO Rn. 4.
40 BVerfG, Urt. v. 31.10.1990 – 2 BvF 2/89, BVerfGE 83, 37 (55), juris Rn. 58 ff.; zuletzt StGH Bremen, Urt. v. 31.01.2014 – St 1/13, juris Rn. 44 ff.; *Dreier/Dreier*, GG, Art. 28 Rn. 78; *Hellermann*, BeckOK-GG, Art. 28 Rn. 11; krit. *Steinberg*, Die Repräsentation des Volkes, 2013, S. 9 ff.
41 38. Gesetz zur Änderung des Grundgesetzes v. 12.12.1992, BGBl. I, 2086. Es handelt sich dabei um eine dynamische Verweisung, die das aktive und passive Kommunalwahlrecht durch eine Bezugnahme auf das Unionsrecht in seiner jeweils gültigen Fassung erweitert, vgl. *Schunda*, Das Wahlrecht von Unionsbürgern bei Kommunalwahlen in Deutschland, 2003, S. 144 ff.
42 BVerfG, Urt. v. 31.10.1990 – 2 BvF 2/89, BVerfGE 83, 37 – Schleswig-Holstein; BVerfG, Urt. v. 31.10.1990 – 2 BvF 3/89, BVerfGE 83, 60 – Hamburg.
43 StGH Bremen, Entscheid. v. 08.07.1991 – St 2/91.
44 BVerfG, Urt. v. 31.10.1990 – 2 BvF 2/89, BVerfGE 83, 37 (59), juris Rn. 74.

20 Die Möglichkeit einer **Teilnahme an Abstimmungen** (Bürgerentscheiden) bleibt europarechtlich den Mitgliedstaaten überlassen und wird von Art. 28 Abs. 1 S. 3 GG mit abgedeckt.[45] Art. 72 Abs. 1 LV sieht eine solche Teilnahme ausdrücklich vor.

3. Gemeinderatswahl

21 Die Gemeindeordnung enthält nur rudimentäre Bestimmungen zur Wahl der **Mitglieder des Gemeinderats**: Neben der Festsetzung der nach Einwohnerzahl der Gemeinde gestaffelten *Regelgröße* des Gemeinderats (§ 25 Abs. 2 GemO, dort auch zu *Abweichungsmöglichkeiten* durch die Hauptsatzung) die Bestimmung der *Wahlgrundsätze* entsprechend Art. 28 Abs. 1 GG (§ 26 GemO) sowie die besondere Form der *„unechten Teilortswahl"* nach § 27 GemO, die sich vor dem Gleichheitsgrundsatz rechtfertigen muss.[46]

22 Das Kommunalwahlgesetz (KomWG) und die Kommunalwahlordnung (KomWO) enthalten detaillierte Regelungen zur Bildung von Wahlbezirken, der Einreichung von Wahlvorschlägen, den Wahlorganen, zum Ablauf der Wahlen, zur Feststellung des Wahlergebnisses sowie zur Wahlprüfung und **Wahlanfechtung**. Um das Rechtsschutzverfahren zügig abzuwickeln, müssen nach § 31 Abs. 1 KomWG die Wahlanfechtungsgründe innerhalb einer Woche mit dem Einspruch der Rechtsaufsichtsbehörde mitgeteilt werden.[47] Zum Erfolg kann die Wahlanfechtung darüber hinaus nur führen, wenn dargestellt wird, dass der festgestellte Wahlfehler *kausal* für die Sitzverteilung gewesen ist.[48]

4. Wahlverfahren

a) Allgemeines

23 Im deutschen Kommunalrecht kommen mit der Verhältniswahl und der Mehrheitswahl **zwei** unterschiedlich ausgeprägte **Wahlsysteme** zur Anwendung. Dabei steht es dem Gesetzgeber frei, die unterschiedlichen Wahlsysteme miteinander zu verbinden. Er hat hierfür einen breiten Entscheidungsspielraum. Allerdings ist der Gesetzgeber verpflichtet, das ausgewählte Wahlsystem ungeachtet verschiedener Ausgestaltungsmöglichkeiten in seinen Grundelementen folgerichtig zu gestalten, und er darf keine strukturwidrigen Elemente einführen.[49]

24 Nach § 26 Abs. 2 GemO werden die **Gemeinderäte** aufgrund von Wahlvorschlägen unter Berücksichtigung der Grundsätze der **Verhältniswahl** gewählt. Gewählt werden kann also nur, wer in einen Wahlvorschlag aufgenommen ist.[50] Die *Wahlvorschläge*, die nach §§ 8, 9 KomWG von politischen Parteien sowie von mitgliedschaftlich oder nicht mitgliedschaftlich organisierten Wählervereinigungen und von Wählergruppen eingereicht werden können, dürfen höchstens so viele Bewerber

---

45 BayVerfGH, Entscheid. v. 12.06.2013 – Vf. 11-VII-11, juris Rn. 120 ff.; *Aker/Hafner/Notheis*, § 14 GemO Rn. 14; *Burgi*, Kommunalrecht, § 11 Rn. 23; *Hellermann*, BeckOK-GG, Art. 28 Rn. 14; a.A. *Hömig/Hömig*, GG, Art. 28 Rn. 6; *Tettinger/Schwarz*, in v. Mangoldt/Klein/Starck, GG, 6. Aufl. 2010, Art. 28 Rn. 121.
46 VGH BW, Beschl. v. 10.03.1975 – I 238/75, ESVGH 25, 54.
47 Zur Beschränkung der gerichtlichen Prüfung hierauf VGH BW, Urt. v. 26.02.1996 – 1 S 2570/95, juris Rn. 46.
48 VGH BW, Urt. v. 27.01.1997 – 1 S 1741/96, juris Rn. 29; VG Freiburg, Urt. v. 22.03.2006 – 1 K 1844/05, juris Rn. 60 f.; ferner z.B. Thür OVG, Urt. v. 20.06.1996 – 2 KO 229/96, LKV 1997, 261.
49 BVerfG, Urt. v. 13.02.2008 – 2 BvK 1/07, juris Rn. 100; *Voßkuhle/Kaufhold*, JuS 2013, 1078.
50 *Quecke/Gackenholz/Bock*, § 8 KomWG Rn. 3.

enthalten, wie Gemeinderäte zu wählen sind. Die Verbindung von Wahlvorschlägen ist unzulässig. Der Wahlberechtigte kann Bewerber aus anderen Wahlvorschlägen übernehmen *(panaschieren)* und einem Bewerber bis zu drei Stimmen geben *(kumulieren)*. Hierdurch wird das Verhältniswahlrecht durch starke personelle Elemente ergänzt. Jeder Wähler hat nach § 26 Abs. 2 S. 4 GemO so viele Stimmen, wie Gemeinderäte zu wählen sind.

Die Sitze werden auf die einzelnen Wahlvorschläge (Listen) nach der auf sie entfallenden Gesamtstimmenzahl verteilt. Das Berechnungsverfahren für die Sitzverteilung in den kommunalen Gremien wurde vom einst dominierenden d'Hondt'schen Höchstzahlverfahren, das zu einer gewissen Begünstigung größerer Parteien tendiert, mit der Kommunalwahl 2014 auf das auch bei den Bundestags- und Landtagswahlen angewandte *Höchstzahlverfahren nach Sainte-Laguë/Schepers* umgestellt (vgl. § 25 Abs. 1 KomWG).[51] Die beiden Verteilungsverfahren sind systematisch vergleichbar und haben jeweils eigene systemimmanente Nachteile, die bei Übertragung des Stimmenverhältnisses auf das Sitzverhältnis zu geringfügigen Disproportionalitäten führen,[52] wobei das d'Hondtsche Verfahren tendenziell kleine Parteien und Gruppierungen stärker benachteiligt. 25

Nach § 25 Abs. 1 KomWG werden die Sitze bei der Wahl der Gemeinderäte vom Gemeindewahlausschuss nunmehr auf die Wahlvorschläge nach dem Verhältnis der ihnen zufallenden Gesamtstimmenzahlen in der Weise verteilt, dass diese Zahlen der Reihe nach durch ungerade Zahlen in aufsteigender Reihenfolge, beginnend mit der Zahl eins, geteilt und von den dabei ermittelten, wahlvorschlagsübergreifend der Größe nach in absteigender Reihenfolge zu ordnenden Zahlen so viele Höchstzahlen ausgesondert werden, als Gemeinderäte zu wählen sind. Jeder Wahlvorschlag erhält so viele Sitze, als nach Satz 1 ausgesonderte Höchstzahlen auf ihn entfallen. 26

Wird *nur ein gültiger oder gar kein Wahlvorschlag* eingereicht, findet nach § 26 Abs. 3 GemO eine Mehrheitswahl ohne Bindung an die vorgeschlagenen Bewerber und ohne das Recht zur Stimmenhäufung auf einen Bewerber statt. Der Wahlberechtigte kann dabei nur so vielen Personen eine Stimme geben, wie Gemeinderäte zu wählen sind. 27

b) Unechte Teilortswahl

Eine baden-württembergische Besonderheit liegt in der sog. **unechten Teilortswahl**, die durch Art. 72 Abs. 2 S. 2 LV ermöglicht und durch § 27 Abs. 2 f. GemO ausgeformt wird.[53] Hiernach können in Gemeinden mit räumlich getrennten Ortsteilen durch die *Hauptsatzung* aus jeweils einem oder mehreren benachbarten Ortsteilen bestehende Wohnbezirke mit der Bestimmung gebildet werden, dass die Sitze im Gemeinderat nach einem bestimmten Zahlenverhältnis mit *Vertretern der verschiedenen Wohnbezirke* zu besetzen sind.[54] Die Bewerber müssen im Wohnbezirk wohnen. Das Recht der Bürger zur gleichmäßigen Teilnahme an der Wahl sämtlicher Gemeinderäte wird hierdurch nicht berührt. Bei der Bestimmung der auf die einzel- 28

---

51 Zur verfassungsrechtlichen Zulässigkeit VerfGH NW, Urt. v. 16.12.2008 – 12/08, juris Rn. 63 ff. Zur näheren Begründung s. LT-Drucks. 15/3119, S. 12 f. Die Berechnungsmethoden sind in LT-Drucks. 13/5046, S. 4, dargestellt.
52 *Quecke/Gackenholz/Bock*, § 25 KomWG Rn. 2.
53 Zu den strengen Anforderungen auch an den Gesetzgeber StGH BW, Urt. v. 14.07.1979 – GR 4/78, ESVGH 29, 160.
54 Von der Möglichkeit, durch Hauptsatzung eine unechte Teilortswahl zu begründen, hatten nach Abschluss der kommunalen Gebietsreform am 1.1.1978 von damals 1.111 Gemeinden 715 Gebrauch gemacht, vgl. *Aker/Hafner/Notheis*, § 27 GemO Rn. 2.

nen Wohnbezirke entfallenden Anzahl der Sitze sind die örtlichen Verhältnisse und der Bevölkerungsanteil zu berücksichtigen. „Unecht" ist die Teilortswahl, da die Vertreter des Ortes nicht ausschließlich von den Bürgern des Ortsteils, sondern von den Bürgern der ganzen Gemeinde gewählt werden.

29 Die geltenden Bestimmungen über die Teilortswahl, speziell über die Verteilung der Sitze auf die Wahlvorschläge und auf die einzelnen Bewerber bei der Verhältniswahl sind trotz der damit verbundenen Überrepräsentation kleiner Ortsteile *verfassungsmäßig*.[55] Kein Raum für die Einteilung mehrerer Wohnbezirke im Rahmen der unechten Teilortswahl ist jedoch innerhalb eines herkömmlich geschlossenen Siedlungszusammenhangs, der räumlich getrennte Ortsteile nicht erkennen lässt.[56]

30 Die unechte Teilortswahl verfolgt den *Zweck*, in früher selbstständigen, durch die Gebietsreform jedoch eingemeindeten Gemeinden eine ausreichende Vertretung im Gemeinderat zu sichern und damit *integrierend* zu wirken. Dieser Integrationsprozess ist 40 Jahre nach der kommunalen Gebietsreform als abgeschlossen anzusehen. Deshalb ist die Beibehaltung der unechten Teilortswahl nur sinnvoll, wenn die Eingemeindungsvereinbarung eine entsprechende Regelung enthält, von der nicht abgewichen werden kann.

5. Wahlgrundsätze und Wahlfehler

31 Die **Wahlgrundsätze des § 26 Abs. 1 GemO**, die aus den verfassungsrechtlichen Vorgaben des Art. 28 Abs. 1 S. 2 GG und Art. 72 Abs. 1 S. 1 LV abgeleitet sind, bestimmen in hohem Maße die Auslegung wahlrechtlicher Bestimmungen. Die Gemeinderäte werden hiernach in allgemeiner, unmittelbarer, freier, gleicher und geheimer Wahl von den Bürgern gewählt.

32 Die **Allgemeinheit und Gleichheit** der Wahl sind Ausfluss des allgemeinen Gleichheitsgrundsatzes.[57] Der Grundsatz der Allgemeinheit der Wahl gewährleistet die Egalität der Bürger beim Zugang zur Wahl und gebietet eine *strenge und formale Gleichbehandlung*.[58] Niemand darf aufgrund persönlicher Eigenschaften – etwa Geschlecht, Vermögensverhältnisse, Religion, Sprache oder sexueller Orientierung – vom Wahlrecht ausgeschlossen werden. *Differenzierungen* hinsichtlich des verfassungsrechtlich verbürgten aktiven und passiven Wahlrechts können nur durch einen zwingenden Grund gerechtfertigt werden, der durch die Verfassung legitimiert und von einem Gewicht ist, das der Allgemeinheit der Wahl die Waage halten kann.

33 Die *Altersgrenze für Bürgermeister* ist im Hinblick auf eine im Alter möglicherweise eintretende Verringerung der Leistungsfähigkeit für zulässig erachtet worden.[59] Ebenso kann das Wahlrecht von der *Sesshaftigkeit* (§§ 12, 14 GemO) oder einem *Mindestalter* abhängig gemacht werden.[60] Das passive Wahlrecht kann von dem Erfordernis einer *Mindestzahl von Unterschriften* für Wahlvorschläge abhängig gemacht werden, wenn und soweit es der Gewährleistung der Ernsthaftigkeit einer Wahlbewerbung dient und neuen Kandidaten die Teilnahme an der Wahl nicht praktisch unmöglich wird.[61]

---

55 VGH BW, Urt. v. 26.02.1996 – 1 S 2570/95, juris Rn. 25; VGH BW, Urt. v. 12.10.1987 – 1 S 89/86, BWV-Pr 1988, 259; *Aker/Hafner/Notheis*, § 27 GemO Rn. 16.
56 VGH BW, Beschl. v. 03.08.1989 – 1 S 1754/89, VBlBW 1990, 22.
57 BVerfG, Beschl. v. 23.10.1973 – 2 BvC 3/73, BVerfGE 36, 139 (141), juris Rn. 8.
58 *Voßkuhle/Kaufhold*, JuS 2013, 1078 (1079).
59 BVerfG (K), Beschl. v. 25.07.1997 – 2 BvR 1088/97, juris Rn. 9; s.a. BayVerfGH, Beschl. v. 19.12.2012 – Vf. 5-VII-12, juris Rn. 39 ff. zur Vereinbarkeit mit EU-Recht.
60 BVerfG, Beschl. v. 23.10.1973 – 2 BvC 3/73, BVerfGE 36, 139 (141), juris Rn. 9.
61 *Voßkuhle/Kaufhold*, JuS 2013, 1078 (1079).

II. Einwohner, Bürgerrecht und Wahlen

Die **Gleichheit der Wahl** erfordert unabhängig vom Wahlsystem einen *gleichen* **34**
Zählwert und eine *gleiche Erfolgschance* der Stimme,[62] was durch das Höchstzahlverfahren nach Sainte-Laguë/Schepers gem. § 25 Abs. 1 KomWG sichergestellt wird.[63] Nur die mit einiger Wahrscheinlichkeit zu erwartende Beeinträchtigung der Funktionsfähigkeit der kommunalen Vertretungsorgane kann eine *5 %-Sperrklausel* rechtfertigen.[64] Die kommunale Praxis in Baden-Württemberg zeigt, dass die Funktionsfähigkeit des Gemeinderats nicht beeinträchtigt wird, wenn es an einer Sperrklausel fehlt. In Großstädten sind teilweise 10 und mehr Listen im Gemeinderat vertreten, ohne dass dies zu erkennbaren Schwierigkeiten in der Beschlussfassung geführt hätte. Im Übrigen wirkt die in § 25 Abs. 2 GemO grundsätzlich festgelegte und nach Gemeindegröße gestaffelte Anzahl der Gemeinderäte in kleineren Gemeinden faktisch wie eine Sperrklausel.

Das Recht auf Chancengleichheit (Art. 3 Abs. 1 i.V.m. Art. 9 Abs. 1, 28 Abs. 1 S. 2 GG) verpflich- **35**
tet die Länder dazu, die *Chancengleichheit zwischen politischen Parteien und kommunalen Wählervereinigungen* („Rathausparteien") bei Kommunalwahlen zu garantieren.[65] Hinsichtlich der Wahlwerbung im Rundfunk sind die örtlich orientierten Wählervereinigungen deshalb den politischen Parteien gleichzustellen.[66]

Der Grundsatz der **Unmittelbarkeit** der Wahl gebietet die *persönliche Stimmabgabe* **36**
und verbietet die indirekte Wahl über Wahlmänner. Er fordert zudem ein Wahlverfahren, in dem der Wähler vor dem Wahlakt erkennen kann, welche Personen sich um ein Mandat bewerben und wie sich die eigene Stimmabgabe auf Erfolg oder Misserfolg der Wahlbewerber auswirken kann.[67]

Die **Wahlfreiheit** besteht darin, dass jeder Wähler sein Wahlrecht *ohne Zwang oder* **37**
sonstige unzulässige Beeinflussung von außen ausüben können muss.[68] Alle Bürger sollen frei entscheiden können, ob sie wählen gehen und wem sie ihre Stimme geben.[69] Das Bundesverfassungsreicht führt hierzu aus, der Wähler solle sein Urteil in einem freien, offenen Prozess der Meinungsbildung gewinnen können. Der sachliche Geltungsbereich der Wahlfreiheit erstrecke sich über die Freiheit der Wahlbetätigung und der Stimmabgabe hinaus auf das gesamte Wahlvorbereitungsverfahren einschließlich des Wahlkampfes. Damit der Wähler seine Entscheidung in einem freien und offenen Prozess bilden könne, sei jede amtliche Wahlbeeinflussung grundsätzlich verboten, aber auch der nichtamtlichen Wahlbeeinflussung seien von **Verfassungs wegen** Grenzen gesetzt.[70]

Die grundsätzlich zulässige **Einflussnahme Privater** auf Wähler verstößt nur dann gegen den **38**
Grundsatz der freien Wahl und wird damit gesetzwidrig, wenn sie geeignet ist, die Entscheidungsfreiheit des Wählers so zu beeinflussen, dass er gehindert wird, seine Auswahl unter den Bewerbern nach den seinen persönlichen Wertungen entsprechenden und von ihm normalerweise angelegten Maßstäben zu treffen.[71] Der VGH BW geht in ständiger Rechtsprechung da-

---

62 BVerfG, Urt. v. 25.07.2012 – 2 BvE 9/11, BVerfGE 131, 316, juris Rn. 57 f.
63 VerfGH NW, Urt. v. 16.12.2008 – 12/08, juris Rn. 63 ff.
64 BVerfG, Urt. v. 13.02.2008 – 2 BvK 1/07, BVerfGE 120, 82, juris Rn. 106 ff. (Schleswig-Holstein). Zuvor bereits VerfGH NW, Urt. v. 06.07.1999 – Az. 14/98, juris Rn. 57 ff. m.Bespr. *Hönig*, JA 2000, 278; ferner ThürVerfGH, Urt. v. 11.04.2008 – 22/05, juris Rn. 60 ff.
65 BVerfG, Beschl. v. 29.09.1998 – 2 BvL 64/93, BVerfGE 99, 69 (79), juris Rn. 41 ff.; Hellermann, Beck-OK GG, Art. 28 Rn. 12.
66 BayVGH, Beschl. v. 05.03.1990 – 25 CE 90.00666, juris Rn. 26.
67 BVerfG, Urt. v. 10.04.1997 – 2 BvF 1/95, BVerfGE 95, 335 (350), juris Rn. 56.
68 BVerfG, Urt. v. 10.04.1984 – 2 BvC 2/83, BVerfGE 66, 369, juris Rn. 32.
69 *Voßkuhle/Kaufhold*, JuS 2013, 1078 (1079).
70 BVerfG, Beschl. v. 21.04.2009 – 2 BvC 2/06, BVerfGE 124, 1, juris Rn. 95. S. ferner OVG Nds, Beschl. v. 29.01.2009 – 10 LA 316/08, juris Rn. 11.
71 VGH BW, Urt. v. 24.04.1967 – IV 523/66, BWVBl 1967, 171 = EKBW § 32 KomWG E 13.

von aus, dass eine gesetzwidrige Wahlbeeinflussung unter anderem dann vorliegt, wenn der Wähler durch *objektiv unrichtige oder zumindest nicht erweisliche Tatsachenbehauptungen* über die seiner Beurteilung unterliegenden und für seine Entscheidung maßgebenden Verhältnisse getäuscht wird, dies nicht ohne Weiteres erkennen kann und deshalb nicht in der Lage ist, sich eine zutreffende eigene Meinung zu bilden.[72] Daran fehlt es aber, wenn der Wähler die Unrichtigkeit oder Fragwürdigkeit einer Behauptung ohne allzu große Anstrengung erkennen konnte.[73]

39 Amtsseitige Wahlkampfäußerungen der Gemeinden müssen bei ihrer an sich zulässigen Öffentlichkeitsarbeit der aus der Wahlfreiheit nach Art. 28 Abs. 1 GG abzuleitenden **Neutralitäts- und Wahrheitspflicht** genügen.[74] Weder die Gemeinde als solche noch ihre Organe (der Gemeinderat, dessen Ausschüsse und der Bürgermeister) oder die Gemeindebediensteten dürfen in amtlicher Eigenschaft **Wahlwerbung** betreiben;[75] nur außerhalb ihrer amtlichen Funktion steht ihnen dieses Recht im Rahmen des Art. 5 GG zu.[76] So ist der Wahlaufruf von 37 Bürgermeistern zugunsten des bisherigen Landrats als unzulässig angesehen worden;[77] desgleichen verstößt ein Bürgermeister, der sich um seine Wiederwahl bewirbt, gegen die Neutralitätspflicht und das Gebot der Chancengleichheit, wenn er unter Nutzung dienstlicher Mittel die Veröffentlichung von Leserbriefen durch Unterstützer fördert.[78] In Dortmund hat die (bewusst veranlasste) objektiv unrichtige, desinformierende Berichterstattung über die Haushaltslage in örtlichem, zeitlichem oder sachlichem Zusammenhang mit der Wahl zuletzt zur Wahlwiederholung geführt, weil der Wähler über für seine Entscheidung maßgebenden Verhältnisse unzutreffend informiert wurde, dies nicht ohne Weiteres erkennen konnte und deshalb nicht in der Lage war, sich eine zutreffende eigene Meinung zu bilden.[79]

40 Der Grundsatz der **geheimen Wahl** bedeutet, dass der Wahlvorgang so gestaltet wird, dass es unmöglich ist, die Entscheidung des Wählers zu erkennen oder zu rekonstruieren.[80] Er beschränkt sich nicht auf den *Vorgang der Stimmabgabe*, sondern erstreckt sich auch auf die *Wahlvorbereitungen*, die notwendig zur Verwirklichung des staatsbürgerlichen Rechts der Wahl gehören.[81] Die Stimmabgabe ist geheim, wenn sie weder offen noch öffentlich erfolgt. Eine potenzielle Durchbrechung erfährt dieser Grundsatz durch die Möglichkeit der *Briefwahl*.[82] Sie wird jedoch durch das überragende Rechtsgut der Ermöglichung der Allgemeinheit der Wahl gerechtfertigt.[83] Für die *elektronische Stimmabgabe* müssen auch durch den Gesetzgeber ausreichend sichere Vorkehrungen getroffen werden.[84]

---

72 VGH BW, Urt. v. 24.04.1967, a.a.O.; VGH BW, Urt. v. 28.06.1976 – I 369/76, EKBW § 32 KomWG E 28. – Weniger streng hinsichtlich der Verbreitung von Täuschungen und Lügen BVerwG, Beschl. v. 05.06.2012 – 8 B 24.12, juris Rn. 12.
73 VGH BW, Urt. v. 28.06.1976 – IV 523/66, EKBW § 32 KomWG E 13.
74 BVerwG, Beschl. v. 05.06.2012 – 8 B 24.12, juris Rn. 11; BVerwG, Beschl. v. 19.04.2001 – 8 B 33.01, juris Rn. 4; BayVGH, Beschl. v. 21.10.2003 – 4 BV 03.671, juris Rn. 38; *Deiseroth*, jurisPR-BVerwG 15/2012 Anm. 6.
75 BVerwG, Beschl. v. 17.11.1988 – 7 B 169.88, juris Rn. 4.
76 BVerwG, Beschl. v. 19.04.2001 – 8 B 33.01, juris Rn. 4.
77 BVerwG, Urt. v. 18.04.1997 – 8 C 5.96, juris Rn. 15 ff.; s.a. VGH BW, Urt. v. 17.02.1992, 1 S 2266/91, juris Rn. 16 ff.
78 VGH BW, Urt. v. 16.05.2007 – 1 S 567/07, juris Rn. 46.
79 OVG NW, Urt. v. 15.12.2011 – 15 A 876/11, juris Rn. 73; BVerwG, Beschl. v. 09.05.2012 – 8 B 27.12.
80 VGH BW, Urt. v. 21.12.1992 – 1 S 1834/92, juris Rn. 16; OVG Lüneburg, Beschl. v. 07.03.1990 – 10 M 5/90, juris Rn. 17 ff.
81 BVerfG, Beschl. v. 06.02.1956 – 2 BvH 1/55, juris Rn. 39.
82 Hierzu BVerfG, Beschl. v. 09.07.2013 – 2 BvC 7/10.
83 Thür OVG, Urt.v. 26.02.2009 – 2 KO 238/08, juris Rn. 54.
84 BVerfG, Urt.v. 03.03.2009 – 2 BvC 3/07, juris Rn. 134, 139; s.a. OVG RP, Beschl. v. 17.12.2010 – 2 A 10620/10, juris.

II. Einwohner, Bürgerrecht und Wahlen

6. Wahlperiode

41 Die **Amtszeit des Gemeinderats** beträgt nach § 30 Abs. 1 GemO *fünf Jahre* und endet mit Ablauf des Monats, in dem die regelmäßigen Wahlen der Gemeinderäte stattfinden. Die erste Sitzung ist unverzüglich nach ungenutztem Ablauf der Wahlprüfungsfrist oder Zustellung des Wahlprüfungsbescheides anzuberaumen. Bis zum Zusammentreten des neugebildeten Gemeinderats führt der bisherige Gemeinderat die Geschäfte in vollem Umfang ohne rechtliche Einschränkung weiter.[85] Von einer „unverzüglichen" Konstituierung des neuen Gemeinderats kann aber nur gesprochen werden, wenn der Zeitraum zwischen dem Wahltag bzw. Ablauf der Wahlprüfungsfrist bzw. Zustellung des Wahlprüfungsbescheids so kurz wie möglich gehalten wird; der VerfGH NW fordert, dass zwischen der Wahl und der Konstituierung nicht mehr als drei Monate liegen dürfen.[86]

42 Den Gemeinderäten wird ihr Amt unmittelbar durch die rechtsgültige Wahl übertragen. Die Amtszeit der neu gewählten Gemeinderäte beginnt in dem Zeitpunkt, in dem die Amtszeit der ausscheidenden Gemeinderäte endet, also mit dem Tag nach Ablauf des Monats, in dem die Wahl stattgefunden hat (vgl. § 30 Abs. 2 GemO),[87] auch wenn der alte Gemeinderat noch die Geschäfte weiter führt. Der Bürgermeister verpflichtet die Gemeinderäte in der ersten Sitzung öffentlich auf die gewissenhafte Erfüllung ihrer Amtspflicht (§ 32 Abs. 1 Satz 2 GemO).

---

85 VG Freiburg, Beschl. v. 03.06.2014 – 3 K 1317/14; *Aker/Hafner/Notheis*, § 30 GemO Rn. 9; enger *Kunze/Bronner/Katz*, § 30 GemO Rn. 6 (nur notwendige Entscheidungen).
86 VerfGH NW, Urt. v. 18.02.2009 – Az. 24/08, juris Rn. 49 ff.
87 Da der Wahltermin zwischen 10.5. und 20.11. eines Jahres liegen kann (§ 2 Abs. 1 KomWG), kann die Amtszeit des Gemeinderats bei entsprechender Verlegung des folgenden Wahltermins auf einen anderen Monat auch kürzer oder länger als 5 Jahre sein.

§ 14
Der Gemeinderat und seine Organisation

Literatur: *Schneider,* Der verfahrensfehlerhafte Ratsbeschluß – Zur Dogmatik der Verfahrensfehlerfolgen, NWVBl. 1996, 89 ff.; *Pfab,* Die Bedeutung kommunalrechtlicher Verfahrensanforderungen für das Bauleitplanverfahren, Jura 1999, 625 ff.; *Stühler,* Zu neueren Problemen der Befangenheit von Gemeinderäten, BWGZ 2000, 258 ff.; *Werres,* Rechtliche Anforderungen an die Zusendung von Sitzungsunterlagen im Kommunalrecht, NWVBl 2004, 294 ff.; *Röhl,* Das kommunalrechtliche Mitwirkungsverbot, Jura 2006, 725 ff.; *Bock,* Mitwirkungsverbot im Gemeinderat und Ortschaftsrat wegen Befangenheit, BWGZ 2009, 484 ff.; *Philipp,* Das Spiegelbildlichkeitsprinzip bei der Errichtung und Besetzung kommunaler Ausschüsse, SächsVBl 2011, 273 ff.

Zur Vertiefung: *Schoch,* Das kommunale Vertretungsverbot, 1981; *Fehling,* Verwaltung zwischen Unparteilichkeit und Gestaltungsaufgabe, 2001; *Ehlers,* Die Verantwortung der kommunalen Mandatsträger, FS Schlebusch 2006, S. 185 ff.; *Meyer,* Das Recht der Ratsfraktionen, 6. Aufl., 2011; *Weirauch,* Interessenskonflikte kommunaler Mandatsträger, 2011; *Mehde,* Transparenz kommunalen Handelns in Niedersachsen, NordÖR 2014, 49 ff.

Fallbearbeitungen: *v. Bargen/Schwarze,* Pflicht eines Gemeinderatsmitglieds zur Sitzungsteilnahme, VBlBW 1998, 397 ff., 434 ff.; *v. Coelln,* Streit um die Entschädigung des Bürgermeisters, JuS 2008, 351 ff.; *Wilrich,* Kommunalrechtliche Mitwirkungsverbote, JuS 2003, 587 ff.; *Ennuschat/Siegel,* Störungen in der Ratssitzung, NWVBl. 2008, 119 ff.; *Treiber,* Ende der Debatte, Beilage VBlBW Heft 4/2008; *Kiefer,* Der Fraktionsausschluss, LKRZ 2014, 128 ff.

1 Der Gemeinderat ist das von Art. 28 Abs. 1 S. 2 GG vorgesehene Repräsentativorgan der Gemeinde, das als **Hauptorgan** grundsätzlich für *alle* Angelegenheiten, die die Gemeinde im Bereich der freien und der weisungsfreien Pflichtaufgaben (§ 2 Abs. 1 u. 2 GemO) zu entscheiden hat, zuständig ist, § 24 Abs. 1 GemO.[88] Auch soweit der Gemeinderat gesetzgeberisch durch Erlass von Satzungen tätig wird,[89] ist er *Verwaltungsorgan.* Hinsichtlich der Aufgabenerfüllung durch den Bürgermeister und die ihm nachgeordnete Gemeindeverwaltung besitzt er umfassende *Kontrollrechte,* die sich auch auf den Kreis der Pflichtaufgaben nach Weisung erstrecken. Im Hinblick auf die dem Gemeinderat als kollegialem Repräsentativorgan eingeräumte *Geschäftsordnungsautonomie* sind viele Problemlagen wie Fraktionsbildung, Sitzungsvorbereitung und Sitzungsablauf (Antrags- und Rederecht) in den gesetzlichen Bestimmungen nur rudimentär beantwortet.[90] Praktisch bedeutsam sind die Regelungen der §§ 17, 18 GemO, in denen die ehrenamtlich tätigen Gemeinderäte einem *Vertretungsverbot* gegenüber der Gemeinde und einem *Mitwirkungsverbot* bei Befangenheit unterworfen werden.

2 Von grundlegender Bedeutung für die Verwaltungspraxis – wie auch für die Rechtmäßigkeit von Entscheidungen – ist die **Aufgabenverteilung** zwischen den beiden Verwaltungsorganen *Gemeinderat* und *Bürgermeister.* Hier werden die gesetzlichen Bestimmungen durch gemeindliche **Hauptsatzungen** ergänzt, § 44 Abs. 2 GemO.[91] Durch Hauptsatzung kann in den Gemeinden auch – wie häufig nach Eingemeindungen geschehen – eine *Ortschaftsverfassung* (§§ 67 ff. GemO)[92] oder – selten gesche-

---

[88] Näher dazu und zum Folgenden unter Rn. 6 ff., 106.
[89] S. dazu § 18 Rn. 2 ff.
[90] Eine von der LReg für 2015 geplante Novelle der GemO soll deshalb u.a. Fraktionsbildung und Antragsrechte neu ordnen. Die Eckpunkte finden sich unter http://www.baden-wuerttemberg.de/fileadmin/redaktion/dateien/Remote/stm/140513_GemO_Eckpunkte.pdf (14.05.2014).
[91] S. dazu unter Rn. 81 ff., § 15 Rn. 31 f.
[92] S. Rn. 91 ff.

hen – eine *Bezirksverfassung* (§§ 64 ff. GemO) begründet werden. Insbesondere schafft die Hauptsatzung auch die Grundlage für *beschließende Ausschüsse*, die den Gemeinderat in seiner Arbeit entlasten, und weist ihnen einen festen Aufgabenkreis zu (§§ 39, 40 GemO). Wichtige Angelegenheiten sind nach § 39 Abs. 2 GemO dem Gemeinderat vorbehalten.

I. Zusammensetzung

Der Gemeinderat besteht nach § 25 Abs. 1 GemO aus dem **Bürgermeister** als Vorsitzendem und den ehrenamtlichen Mitgliedern (**Gemeinderäte**), die in Städten die Bezeichnung Stadtrat führen. 3

1. Gewählte Mitglieder

Die Gemeinde- oder Stadträte werden in Baden-Württemberg wie in den meisten anderen Bundesländern[93] alle *fünf Jahre neu gewählt*, vgl. § 30 Abs. 1 GemO. Die *Anzahl* der gewählten Mitglieder ist nach Gemeindegröße gestaffelt (§ 25 Abs. 2 GemO) und reicht von 8 Gemeinderäten in Gemeinden mit weniger als 1.000 Einwohnern[94] bis zu 60 Gemeinderäten in Gemeinden mit über 400.000 Einwohnern, also Stuttgart. Durch Hauptsatzung kann bestimmt werden, dass für die Anzahl der Gemeinderäte die nächstniedrigere Größengruppe maßgeblich ist; in Gemeinden, die eine unechte Teilortswahl konstituieren, auch die nächsthöhere Gemeindegruppe. Änderungen der maßgeblichen Einwohnerzahl während der Amtsperiode sind erst bei den nächsten Wahlen zu berücksichtigen, § 25 Abs. 3 GemO. 4

2. Bürgermeister als Vorsitzender

Der Bürgermeister ist nach § 25 Abs. 1 GemO als **Vorsitzender** geborenes Mitglied des Gemeinderats. § 37 Abs. 6 S. 3 GemO gibt ihm ein **Stimmrecht** bei Abstimmungen und Wahlen, d.h. eine Stadt mit 60.000 Einwohnern hat im Gemeinderat 40 Stadträte und den Bürgermeister, also 41 stimmberechtigte Mitglieder. Der Bürgermeister hat die zentralen Aufgaben der **Vorbereitung** (Sitzungsplanung, Einberufung der Sitzungen, Erstellung der Verhandlungsunterlagen – der „Gemeinderatsdrucksachen", § 34 GemO), der **Leitung** (§ 36 GemO) und der **Nachbereitung** der Sitzung (Erstellung der Niederschrift, Vollzug der Beschlüsse, §§ 38, 43 Abs. 1 GemO).[95] 5

---

93 Abweichend Bayern, vgl. Art. 23 GLKrWG.
94 Maßgeblich für die Einwohnerzahl ist § 143 GemO, wobei durch Sonderbestimmung in Art. 8 Abs. 2 des Ges. zur Änderung kommunalwahlrechtlicher und gemeindehaushaltsrechtlicher Vorschriften v. 16.04.2013, GBl. S. 55, bezüglich der maßgebenden Einwohnerzahlen der Gemeinden in den Jahren 2012 und 2013 und für die Kommunalwahlen 2014 festgelegt ist, dass im Hinblick auf etwaige Widersprüche gegen die sich aus dem Zensus 2011 ergebenden Einwohnerzahlen unabhängig vom Ergebnis des Zensus 2011 die fortgeschriebenen Einwohnerzahlen der Volkszählung 1987 maßgebend sind.
95 S. Rn. 182 ff.

II. Aufgaben und Kontrollfunktion

1. Aufgaben

6 Der Gemeinderat hat als politische Vertretung der Bürgerschaft die Kompetenz zur kommunalpolitischen Führung. Er legt die **Grundsätze für die Verwaltung der Gemeinde** fest[96] und **entscheidet über alle Angelegenheiten**, soweit nicht der Bürgermeister kraft Gesetzes zuständig ist, oder ihm der Gemeinderat bestimmte Angelegenheiten überträgt (§ 24 Abs. 1 S. 2 GemO). Für ihn gilt die Vermutung seiner Zuständigkeit, während die Zuständigkeiten des Bürgermeisters einzeln (abschließend) festgelegt sind. Seine *Organzuständigkeit* besteht im Rahmen der Verbandszuständigkeit der Gemeinde nach den §§ 1 und 2 GemO, die dem Befassungsrecht und der Erledigungskompetenz des Gemeinderats äußere Grenzen setzt.[97]

7 Der Gemeinderat hat in bestimmten **Personalangelegenheiten** ein Letztentscheidungsrecht, obwohl der Bürgermeister Leiter der Gemeindeverwaltung ist. Er entscheidet im Einvernehmen mit dem Bürgermeister[98] über die Ernennung, Einstellung und Entlassung der Gemeindebediensteten. Das Gleiche gilt für die nicht nur vorübergehende Übertragung einer anders bewerteten Tätigkeit bei einem Beschäftigten, sowie für die Festsetzung der Vergütung, sofern kein Anspruch aufgrund eines Tarifvertrags besteht (d.h. bei außer- oder übertariflicher Vergütung). Kommt es zu keinem Einvernehmen, entscheidet der Gemeinderat mit einer Mehrheit von zwei Dritteln der Stimmen der Anwesenden allein (§ 24 Abs. 2 GemO).

8 Der Bürgermeister ist in Personalangelegenheiten zuständig, soweit der Gemeinderat ihm die Entscheidung überträgt oder diese zur laufenden Verwaltung gehört (vgl. § 24 Abs. 2 S. 3). Für leitende Gemeindebedienstete ist die Ernennung, Einstellung und Entlassung nach § 39 Abs. 2 Ziff. 1 GemO jedoch dem Gemeinderat vorbehalten.

2. Kontrollfunktion

9 Der Gemeinderat hat nach § 24 Abs. 1 S. 3 GemO die **Ausführung seiner Beschlüsse** zu überwachen und die Gemeindeverwaltung zu kontrollieren. Er sorgt beim Auftreten von Missständen in der Gemeindeverwaltung[99] für deren Beseitigung durch den Bürgermeister. Die Auswahl der Überwachungsmaßnahmen steht im Ermessen des Gemeinderats.

10 Nach § 24 Abs. 3 kann ein Viertel der Gemeinderäte in „allen Angelegenheiten der Gemeinde und ihrer Verwaltung" innerhalb oder außerhalb von Sitzungen, auch ohne dass dies auf der Tagesordnung steht, verlangen, dass der Bürgermeister den

---

96 VGH BW, Urt. v. 27.08.1990 – 14 S 2400/88, juris Rn. 18; VGH BW, Urt. v. 06.07.2001 – 8 S 716/01, juris Rn. 22.
97 § 5 Rn. 10 ff.
98 Hierzu *Zinell/Dorn*, VBIBW 1999, 361. Das Einvernehmen soll dem Bürgermeister ein wirksames Mitwirkungsrecht bei bedeutsamen Personalentscheidungen einräumen, VG Karlsruhe, Urt. v. 05.02.2002 – 11 K 1851/01, juris Rn. 24.
99 VGH BW, Beschl. v. 18.10.2010 – 1 S 2029/10, juris Rn. 12: geringfügige oder einmalige Verstöße vermögen keinen Missstand zu begründen, vielmehr muss der beanstandete Zustand von einer gewissen Dauer sein und nachhaltig negative Auswirkungen auf den Verwaltungsablauf oder das Gemeinschaftsleben in der Gemeinde haben.

II. Aufgaben und Kontrollfunktion

Gemeinderat **unterrichtet** und dass diesem oder einem von ihm bestellten Ausschuss *Akteneinsicht*[100] gewährt wird.[101]

Das **Akteneinsichtsrecht** bezieht sich nur auf die bei der Verwaltung *vorhandenen* Unterlagen. 11
Ein Anspruch auf Beschaffung von Unterlagen umfasst § 24 Abs. 3 GemO nicht.[102] Das Akteneinsichtsrecht ist ein *Minderheitenrecht*, das sich auch auf den Zuständigkeitsbereich des Bürgermeisters, einschließlich der Personal- und Weisungsangelegenheiten bezieht[103] und auf Angelegenheiten der Gemeinde, für deren Wahrnehmung sich diese einer GmbH bedient.[104] Es wird ergänzt durch das *sitzungsbezogene Antragsrecht* des § 34 Abs. 1 S. 4 GemO.[105] Geheimhaltungsbedürftige Angelegenheiten unterliegen der *Verschwiegenheitspflicht der Gemeinderäte* nach § 17 Abs. 2 GemO, so dass bspw. das Abgabengeheimnis (§ 3 KAG i.V.m. § 30 AO) das Akteneinsichtsrecht im Innenverhältnis zwischen der Steuerverwaltung der Gemeinde und dem Verwaltungsorgan Gemeinderat grundsätzlich nicht hindert.[106]

Zudem kann jeder Gemeinderat nach § 24 Abs. 4 GemO an den Bürgermeister 12
schriftliche, elektronische oder in einer Sitzung des Gemeinderats mündliche **Anfragen** über einzelne Angelegenheiten im Sinne von Abs. 3 S. 1 richten, die binnen angemessener Frist zu beantworten sind. Das Nähere ist in der Geschäftsordnung des Gemeinderats zu regeln.[107]

Wie das Akteneinsichtsrecht erstreckt sich das **Auskunftsrecht** gegenüber dem Bürgermeister 13
auf *alle Gemeindeangelegenheiten*, aber auch nur auf Wissen des Bürgermeisters, das dieser in seiner Eigenschaft als Leiter der Gemeindeverwaltung erlangt hat.[108] Eine – allerdings eng auszulegende – Grenze des Auskunftsrechts ergibt sich aus allgemeinen Rechtsgrundsätzen; unzulässig sind deshalb rechtsmissbräuchliche Fragen, Scheinfragen ohne jeglichen realen Hintergrund, aber auch Fragen „ins Blaue hinein", die allein auf eine allgemeine Ausforschung gerichtet sind[109] oder ein dem einzelnen Gemeinderat nicht zugebilligtes Akteneinsichtsbegehren beinhalten.[110] Abgesehen davon ist das Auskunftsrecht im Rahmen der gemeindlichen Verbandskompetenz voraussetzungslos gewährt, und darf also nicht von der Darlegung eines Interesses oder einer näheren Begründung abhängig gemacht werden.[111]

---

100 Der Anspruch auf Akteneinsicht erstreckt sich als verfahrensrechtliches Surrogat wie bei § 29 VwVfG auch auf die Fertigung von Kopien (Anspruch auf ermessensfehlerfreie Entscheidung, OVG MV, Urt. v. 24.05.2005 – 2 M 43/05, juris Rn. 5), so auch *Lange*, Kommunalrecht, Kap. 4 Rn. 206. Soweit die VwV Nr. 3 zu § 24 GemO statuiert, das Akteneinsichtsrecht erstrecke sich nicht darauf, Kopien zu fertigen, beruht dies wohl darauf, dass beim Erlass der VwV Kopierer noch eine Seltenheit waren; a.A. *Aker/Hafner/Notheis*, § 24 GemO Rn. 14.
101 In dem nichtöffentlich tagenden Ausschuss müssen die Antragsteller vortreten sein, vgl. *Eiermann*, VBlBW 1999, 447 (449).
102 OVG RP, Beschl. v. 04.10.2013, 10 A 10631/13, juris Rn. 4.
103 VGH BW, Urt. v. 22.02.2001 – 1 S 786/00, juris Rn. 20; s.a. OVG LSA, Urt. v. 31.07.2009 – 4 O 127/09, juris Rn. 25; VG Gießen, Urt. v. 18.10.2002 – 8 E 556/02. – Die Kontrollkompetenz des Gemeinderates erstreckt sich nach VGH BW, Urt. v. 22.02.2001 – 1 S 786/00, nicht auf die Einhaltung der beamtenrechtlichen Verpflichtungen des Bürgermeisters (Nebentätigkeitserklärung usw.) gegenüber der Dienstaufsichtsbehörde.
104 OVG Nds, Urt. v. 03.06.2009 – 10 LC 217/07, juris Rn. 62. – Zum Auskunftsanspruch hinsichtlich des Gehalts eines Geschäftsführers vgl. VG Meiningen, Urt. v. 20.09.2011 – 2 K 140/11, juris Rn. 41 ff., wegen § 286 Abs. 4 HGB in nichtöffentlicher Sitzung zu gewähren.
105 Dazu unter § 14 Rn. 131 ff.
106 Vgl. OVG NW, Beschl. v. 28.08.1997 – 15 A 3432/94, juris Rn. 20.
107 Anfragen innerhalb der Gemeinderatssitzung dürfen nicht durch einen Geschäftsordnungsbeschluss unterbunden werden, auch eine hierzu diesbezügliche Bestimmung in der Geschäftsordnung wäre nichtig. Das Fragerecht kann allerdings zugunsten eines zügigen Sitzungsverlaufs näher geregelt werden, VGH BW, Urt. v. 06.06.1988 – 1 S 2460/87, NVwZ-RR 1989, 91.
108 VGH BW, Urt. v. 12.03.2001 – 1 S 785/00, juris Rn. 42 f.; VGH BW, Beschl. v. 12.11.2002 – 1 S 2277/02, juris Rn. 9; OVG Nds, Urt. v. 03.06.2009 – 10 LC 217/07, juris Rn. 62; *Lange*, Kommunalrecht, Kap. 5 Rn. 86.
109 VGH BW, Urt. v. 22.02.2001 – 1 S 786/00, juris Rn. 20; OVG Bbg, Beschl. v. 24.02.1998 – 1 B 138/97; a.A. OVG LSA, Urt. v. 31.07.2009 – 4 O 127/09, juris Rn. 27.
110 OVG Nds, Urt. v. 04.03.2014 – 10 LB 93/13, BeckRS 2014, 49263.
111 Zutr. VG Braunschweig, Urt. v. 25.04.2013 – 1 A 225/12, juris Rn. 17 ff.

14 Das Unterrichtungs-, Akteneinsicht- und (An-) Fragerecht i.S. des § 24 Abs. 3 und 4 GemO besteht nicht bei den *auf Anordnung der Aufsichtsbehörde* nach § 44 Abs. 3 S. 3 geheimzuhaltenden Weisungsangelegenheiten, § 24 Abs. 5.

III. Rechtsstellung der Mitglieder

15 Die Rechtsstellung der Gemeinderatsmitglieder, die einem Verwaltungsorgan angehören, ist nur teilweise mit der eines Parlamentsabgeordneten vergleichbar. Während die *inneren Abläufe* der Gemeinderatsarbeit in Sitzungsvorbereitung, Fraktionsarbeit, Ausschuss- und Gemeinderatssitzung mit Antrags-, Rede- und Stimmrecht deutliche Parallelen aufweisen, unterscheidet sich vor allem die *Pflichtenstellung* durch Fehlen von Immunität und Indemnität sowie ein weitreichendes Vertretungs- und Mitwirkungsverbot, das dem Parlamentsrecht fremd ist.[112] Die Gemeinderäte sind *ehrenamtlich* tätig (§§ 15 Abs. 1, 32 Abs. 1 S. 1 GemO) und damit staatshaftungsrechtlich *Inhaber eines öffentlichen Amtes* i.S.d. Art. 34 GG, § 839 BGB.[113]

1. Rechte

a) Organschaftliche und individuelle Rechte

16 Die organschaftliche Aufgabe des Gemeinderats wirkt sich auf die Rechtsstellung der *einzelnen Ratsmitglieder* als Organteile aus. Soweit subjektive Rechte geltend gemacht werden, ist stets zu differenzieren, ob es sich um ein Individualrecht (z.B. Grundrecht) oder ein **organschaftliches (mitgliedschaftliches) Recht**, das aus der Rechtsstellung des Gemeinderats abgeleitet wird, handelt.[114] Einzelne organschaftliche Rechte – wie z.B. das Kontrollrecht nach § 24 Abs. 1 S. 3 GemO oder das Akteneinsichtsrecht nach § 24 Abs. 3 GemO – können darüber hinaus nur vom *Gesamtgremium* oder – im Fall der Akteneinsicht – einer *qualifizierten Minderheit* geltend gemacht werden.

17 Der organschaftliche Charakter des **Rederechts**[115] kommt bspw. darin zum Ausdruck, dass dieses Recht (1) nur in den Grenzen der gemeindlichen Aufgabenzuständigkeit und (2) nur nach Maßgabe der den Ablauf der Ratssitzungen regelnden Verfahrensbestimmungen der Gemeindeordnung und der Geschäftsordnung des Rats besteht,[116] also Redezeitbeschränkungen zulässig sind, und auch nicht jedes einzelne Gemeinderatsmitglied einen Anspruch darauf hat, zur Sache sprechen zu dürfen, wenn ein Fraktionsmitglied bereits gesprochen hat. Das Recht zur freien Meinungsäußerung nach Art. 5 Abs. 1 GG wird im Übrigen durch die Pflicht eines Ge-

---

112 Vgl. *Nolte,* DVBl. 2005, 870 (876 ff.).
113 St. Rspr. des BGH, z.B. Urt. v. 18.06.1970 – III ZR 13/67, juris Rn. 40; BGH, Urt. v. 26.01.1989 – III ZR 194/87, BGHZ 106, 323 (330), juris Rn. 30; **für § 11 Abs. 1 Nr. 2 StGB, § 7 Nr. 2 AO eine Amtsträgereigenschaft abl.** BGH, Urt. v. 09.05.2006 – 5 StR 453/05, BGHSt 51, 44, juris Rn. 22, mit kommunalrechtlich unzureichender Begründung, s.a. *Niehaus,* ZIS 2008, 49. Die Strafsenate des BGH sehen eine Amtsträgereigenschaft nur dann, wenn der Gemeinderat mit konkreten Verwaltungsaufgaben betraut wird, die über seine Mandatstätigkeit in der kommunalen Volksvertretung und den zugehörigen Ausschüssen hinausgehen, was z.B. bei einem Mitglied des Aufsichtsrats einer kommunalen Gesellschaft der Fall sein kann, so *Eser/Hecker,* in Schönke/Schröder, 29. Aufl. 2014, § 11 StGB Rn. 22.
114 Krit. hierzu *Trésoret,* Die Geltendmachung von Grundrechten im verwaltungsinternen Organstreitverfahren: am Beispiel des verwaltungsinternen kommunalen Organstreits, 2011, S. 47 ff., 101 ff. Vgl. dazu auch § 17 Rn. 29.
115 S. Rn. 20 f.
116 BVerwG, Beschl. v. 12.02.1988 – 7 B 123.87, juris Rn. 6.

III. Rechtsstellung der Mitglieder

meinderats, die ihm übertragenen Geschäfte uneigennützig und verantwortungsbewusst zu führen (§ 17 Abs. 1 GemO), nicht eingeschränkt.[117]

b) Freies Mandat und seine Absicherung nach außen

Die den Mitgliedern des Gemeinderats eingeräumten Rechte lassen sich in zwei Fallgruppen gliedern: Einerseits bestehen Rechte, die es den Gemeinderäten ermöglichen, ihr politisches Mandat als gewählte kommunale Volksvertreter im demokratischen Diskurs auszuüben, vor allem das Recht des freien Mandats. Andererseits muss die ehrenamtliche Tätigkeit nach außen abgesichert werden, damit überhaupt die Möglichkeit der Betätigung für breite Bevölkerungskreise als Mandatsträger geschaffen wird. 18

aa) Rechte im politischen Diskurs

Zentrales Recht der Gemeinderäte ist das **Recht des freien Mandats** (§ 32 Abs. 3 GemO): Die Gemeinderäte entscheiden im Rahmen der Gesetze nach ihrer freien, nur durch das öffentliche Wohl bestimmten Überzeugung. An Verpflichtungen und Aufträge, durch die diese Freiheit beschränkt wird, sind sie nicht gebunden.[118] Das freie Mandat folgt aus Art. 28 Abs. 1 GG, weil die kommunalen Vertretungskörperschaften das gleiche System repräsentativer Demokratie verkörpern wie Bundes- und Landtag.[119] Ein imperatives Mandat oder ein Fraktionszwang sind deshalb nicht zulässig.[120] Zugleich hat der Gemeinderat das Recht auf behinderungsfreie Ausübung seines Mandats, § 32 Abs. 2 S. 1 GemO. Diese Rechte erstrecken sich auf 19

- die **Teilnahme** an den Sitzungen des Gemeinderats (§ 34 Abs. 1 u. 3 GemO) und
 – soweit als Mitglied gewählt oder in der Geschäftsordnung allgemein zugelassen
 – seiner Ausschüsse;[121]
- das **Informationsrecht** nach § 34 Abs. 1 S. 1 GemO bzgl. der Inhalte der Tagesordnungspunkte einer Gemeinderatssitzung;[122]
- das **Stimmrecht** (Mitwirkung an Abstimmungen und Wahlen, § 37 Abs. 5 bis Abs. 7 GemO);
- die **Dokumentation** seiner Anträge oder seines Abstimmungsverhaltens in der Niederschrift (§ 38 Abs. 1 S. 2 GemO);

---

117 BVerwG, Beschl. v. 12.02.1988 – 7 B 123.87, juris Rn. 4; VGH BW, Urt. v. 11.10.2000 – 1 S 2624/99, juris Rn. 27.
118 BVerwG, Urt. v. 27.03.1992 – 7 C 20.91, juris Rn. 9 ff.; Nolte, DVBl. 2005, 870 (875).
119 Aker/Hafner/Notheis, § 32 GemO Rn. 12; Lange, Kommunalrecht, Kap. 5 Rn. 77; BayVfGH, Entscheid. v. 23.07.1984 – Vf. 15 – VII/83, NVwZ 1985, 823.
120 Lange, Kommunalrecht, Kap. 6 Rn. 68. – Zu unterscheiden hiervon ist Fraktionsdisziplin; bei laufendem Verstoß hiergegen kann ein Fraktionsausschluss (s. Rn. 122 ff.) erfolgen.
121 Nach h.M. besteht aber kein Anspruch auf Wahl in einen beschließenden Ausschuss, BVerwG, Beschl. v. 07.12.1992 – 7 B 49.92, juris Rn. 4, VGH BW, Urt. v. 21.12.1992 – 1 S 1834/92, juris Rn. 20 ff. Gleiches gilt für das Rederecht in einem Ausschuss (VGH BW, Beschl. v. 22.03.1990 – 1 S 429/90, juris Rn. 2; BayVGH, Urt. v. 03.04.1990 – 4 B 90.182, juris Rn. 15 ff.), wenngleich ein solches durch Geschäftsordnung konstituiert werden kann.
122 S.a. VGH BW, Urt. v. 25.03.1999 – 1 S 2059/98, juris Rn. 28 f., VGH BW, Urt. v. 24.06.2002 – 1 S 896/00, juris Rn. 24 f., wonach ein Recht auf Information, nicht aber auf ausreichende Sitzungsunterlagen besteht; OVG NW, Urt. v. 05.02.2002 – 15 A 2604/99, juris Rn. 14 f.

- das im Demokratie- und Rechtsstaatsprinzip verankerte[123] **Frage- bzw. Unterrichtungsrecht** nach § 24 Abs. 4 GemO.[124] Ein *Akteneinsichtsrecht* steht nur dem in § 24 Abs. 3 GemO genannten Quorum eines Viertels der Gemeinderäte zu, einzelne Mitglieder können ein Akteneinsicht z.b. nach § 4 UIG, sonst. leges speziales wie § 2 Abs. 1 VIG bzw. aus einer entsprechenden Verwaltungspraxis i.V.m. dem Gleichbehandlungsgrundsatz verlangen;
- einen **ungestörten Sitzungsablauf**, weshalb dem einzelnen Gemeinderatsmitglied ein Anspruch auf Störungsbeseitigung (gegen den Bürgermeister als Sitzungsleiter) zusteht, etwa bei
  - Störungen durch rauchende[125] oder telefonierende Gemeinderäte;
  - Störungen (der negativen Glaubensfreiheit nach Art. 4 Abs. 1 GG) durch ein Kruzifix im Ratssaal;[126]
  - Störungen durch Tonbandaufnahmen oder TV- Übertragung.[127]
  - und nach der zu restriktiven Rechtsprechung auch auf Störungen durch Zuschauer oder Zuhörer durch Hochhalten von Plakaten[128] oder durch wiederholte Zwischenrufe.[129]

Bei all diesen Entscheidungen ist eine Güterabwägung zwischen dem Interesse der Allgemeinheit an einem ungestörten Sitzungsablauf und konfligierenden Rechten wie etwa der Pressefreiheit oder der Meinungsfreiheit vorzunehmen.

20 Von besonderer Bedeutung ist das **Rederecht** des Gemeinderatsmitglieds im Gemeinderat. Das Rederecht besteht allerdings nur als *Teilhaberecht* im Rahmen der gemeindlichen Verbandskompetenz,[130] und steht unter dem *Vorbehalt der Einschränkung durch die Geschäftsordnung* oder einen geschäftsordnungsleitenden Beschluss des Gemeinderats (§§ 24 Abs. 1, 25 Abs. 1, 37 Abs. 1 GemO).[131] Das Rederecht beinhaltet auch das Recht, eine Änderung zu einem Tagesordnungspunkt zu verlangen, also ein **Antragsrecht**.[132]

21 Indem das Rederecht Ausfluss des Demokratieprinzips ist, dürfen Beschränkungen nur in engen Grenzen vorgenommen werden. **Redezeitbeschränkungen** finden ihre Rechtsgrundlage in der Geschäftsordnungsautonomie des § 36 Abs. 2 GemO. Dabei steht dem Gemeinderat prinzipiell ein weites „normatives" Ermessen zu.[133] Redezeitbeschränkungen müssen diskriminierungsfrei sein, dem Ziel des ordnungsgemäßen Sitzungsablaufs bzw. der Aufrechterhaltung der Arbeitsfähigkeit des Gremiums dienen und verhältnismäßig sein. Sie bedürfen, wenn sie vom Bürgermeister im Wege der Sitzungsleitung umgesetzt werden, einer Grundlage in der

---

123 *Wolff*, NVwZ 2012, 205 (208); OVG Nds, Urt. v. 30.06.2009 – 10 LC 217/07, juris Rn. 61 ff.; OVG LSA, Urt. v. 31.07.2009 – 4 O 127/09, juris Rn. 24; a.A. *Pahlke*, BayVBl 2011, 686.
124 S. Rn. 12 ff.
125 OVG NW, Urt. v. 27.07.1990 – 15 A 709/88, juris Rn. 8 ff.
126 Hess VGH, Beschl. v. 04.02.2003 – 8 TG 3476/02, juris Rn. 11; Hess VGH, Beschl. v. 01.06.2005 – 8 UZ 54/04; *Burgi*, Kommunalrecht, § 12 Rn. 40.
127 BVerwG, Urt. v. 03.08.1990 – 7 C 14.90, juris Rn. 13 ff.: Unzulässigkeit von Tonbandaufnahmen der Presse „insbesondere in kleineren und ländlichen Gemeinden". U.E. hat aber in Großstädten, in denen vergleichsweise erfahrene Gemeinderäte tätig sind, die Presse einen Anspruch auf TV- oder Internet-Übertragung einer Gemeinderatssitzung, s. Rn. 164 ff.
128 VG Arnsberg, Urt. v. 24.08.2007 – 12 K 127/07, juris Rn. 23 ff.; s.a. BVerwG, Beschl. v. 12.02.1988 – 7 B 123.87, juris Rn. 7 (Tragen eines 13 x 8 cm großen Aufklebers mit der Aufschrift "Atomwaffenfreie Stadt" *kann* unzulässige Störung sein).
129 VG Magdeburg, Beschl. v. 07.01.2013 – 9 B 308/12, juris Rn. 17.
130 OVG NW, Beschl. v. 16.05.2013 – 15 A 785/12, juris Rn. 31.
131 VGH BW, Beschl. v. 04.11.1993 – 1 S 953/93, juris Rn. 7; VG Freiburg, Beschl. v. 20.02.2006 – 1 K 351/06, juris Rn. 9.
132 VG Freiburg, Beschl. v. 20.02.2006 – 1 K 351/06, juris Rn. 9; Sächs. OVG, Beschl. v. 15.08.1996 – 3 S 465/96, juris Ls. 4.
133 VGH BW, Beschl. v. 04.11.1993 – 1 S 953/93, juris Rn. 7.

III. Rechtsstellung der Mitglieder

Geschäftsordnung. Fehlt eine solche, ist ein Geschäftsordnungsbeschluss des Gemeinderats erforderlich, den der Bürgermeister oder ein Gemeinderatsmitglied während der Sitzung beantragen kann.

Darüber hinaus kann der Gemeinderat **an gemeinschaftlichen Rechten teilhaben**; z.B. eine Fraktion mit gründen und sich an ihr beteiligen.[134] 22

Nach Auffassung des Verwaltungsgerichtshofs Baden-Württemberg hat ein Gemeinderatsmitglied kein subjektives Organrecht auf Herstellen der **Sitzungsöffentlichkeit**, weil der Öffentlichkeitsgrundsatz des § 35 Abs. 1 GemO ausschließlich die außerhalb des Gemeinderates stehende Öffentlichkeit schütze.[135] Zutreffender erscheint, dass das Recht auf freie Mandatsausübung betroffen ist, weil die Vorschriften über die Sitzungsöffentlichkeit *auch* dem Interesse des einzelnen Gemeinderatsmitglieds dienen, indem er an der Willensbildung und Entscheidungsfindung im Gemeinderat mitwirkt und somit seine Arbeit öffentlich darstellen kann, um so sowohl das Vertrauen der Bürgerschaft in seine Arbeit zu stärken als auch die durch die Wahl der Gemeinderatsmitglieder angestrebte demokratische Legitimation zu erreichen.[136] Zudem macht die in § 35 Abs. 1 S. 3 GemO eingeräumte Befugnis, die Herstellung der Öffentlichkeit bzw. den Ausschluss der Öffentlichkeit zu beantragen, keinen Sinn ohne ein dahinterstehendes Organrecht.[137] 23

bb) Sicherung der Rechtsstellung der Gemeinderäte

Ein weiterer Kreis von Rechten sichert, dass die Mitglieder des Gemeinderats ihr Mandat ausüben können: 24

- Unter das **Behinderungsverbot** des § 32 Abs. 2 S. 1 GemO fallen Verhaltensweisen eines Dienstherrn oder Arbeitgebers, die die Übernahme oder die Ausübung des Mandats für den Beamten erschweren oder gar unmöglich machen. Nicht hierunter fallen jedoch – in eine andere Richtung zielende – Handlungen, die (zwangsweise) eine Beeinträchtigung der Mandatsfreiheit als tatsächliche Folge nach sich ziehen.[138]
- Das Gemeinderatsmitglied genießt **Kündigungsschutz** und hat einen **Freistellungsanspruch** gegenüber seinem Arbeitgeber hinsichtlich der Ausübung seines Amtes (§ 32 Abs. 2 S. 2, 3 GemO), soweit keine flexiblen Arbeitszeitregelungen bestehen. § 29 Abs. 2 TVöD enthält eine entsprechende Regelung, nach § 29 Abs. 3 AzUV ist dem Beamten der für die Ausübung der ehrenamtlichen Tätigkeit im Gemeinderat erforderliche Urlaub unter Belassung der Bezüge zu gewähren. Hierzu gehören nicht nur die Gemeinderats- und Ausschusssitzungen, sondern auch deren Vorbereitung in Fraktionssitzungen oder weitere Tätigkeiten, die der Gemeinderat in Ausübung seines Mandats wahrnimmt (z.B. nach Wahl in das Preisgericht eines Architektenwettbewerbs). Die Teilnahme an Parteiveranstaltun-

---

134 VGH BW, Beschl. v. 26.01.1989, 1 S 3834/88, juris Rn. 6; dazu näher Rn. 116 ff.
135 VGH BW, Urt. v. 24.02.1992 – 1 S 2242/91, juris Rn. 15; VGH BW, Beschl. v. 02.09.2011 – 1 S 1318/11; ebenso Bay VGH, Beschl. v. 29.09.1988 – 4 C 88.1919; OVG MV, Beschl. v. 20.05.1998 – 2 M 66/98, juris Rn. 3; Voraufl. Rn. 258; *Aker/Hafner/Notheis*, § 35 GemO Rn. 21.
136 OVG NW, Urt. v. 24.04.2001 – 15 A 3021/97, juris Rn. 10 (Gemeinderatsmitglied), Rn. 21 (auch Fraktionsrecht!); OVG NW, Urt. v. 02.05.2006 – 15 A 817/04, juris Rn. 66; Hess VGH, Urt. v. 6.11.2008 – 8 A 674/08 -, juris Rn. 17; Hess VGH, Urt. v. 31.10.2013 – 8 C 127/13, juris Rn. 30; OVG Saarl., Beschl. v. 21.04.2010 – 3 B 123/10; juris Rn. 6.
137 *Krebs*, LKRZ 2014, 138 (140). – Aus der Lit. ferner *Lange*, LKRZ 2009, 161 (162); *Mehde*, NordÖR 2014, 49 (51); *Rabeling*, NVwZ 2010, 411 (413); *Stühler*, VBlBW 2008, 433 (434).
138 BVerwG, Urt. v. 10.05.1984 – 1 D 7.83, BVerwGE 76, 157 (170).

gen oder die zur privaten Sitzungsvorbereitung erforderliche Zeit begründen hingegen keinen Freistellungsanspruch.[139]
- Als ehrenamtlich Tätige haben die Gemeinderatsmitglieder **Anspruch auf Ersatz ihrer Auslagen**[140] und Erstattung des **Verdienstausfalls** (§§ 19, 32 Abs. 1 S. 1 GemO) einschließlich eines fiktiv festzulegenden Verdienstes für haushaltsführende Personen. Dieser wird in kommunalen Satzungen über die Entschädigung ehrenamtlicher Tätigkeit geregelt, oft wird auch eine *pauschale Aufwandsentschädigung* festgesetzt.[141] Diese deckt Auslagen, Verdienstausfall und Haftungsrisiken ab, so dass – abgesehen von atypischen Fällen – weitere Ansprüche entfallen.[142] Da durch eine Entschädigung keine verdeckte Alimentation geleistet werden darf, muss die Aufwandsentschädigung auf den Nachteilsausgleich beschränkt bleiben.[143] Hinsichtlich der angemessenen Höhe der Aufwandsentschädigung besteht nach zutreffender Ansicht ein Beurteilungsspielraum der Gemeinde.[144]
- Bei **Dienstunfällen** sind Gemeinderäte wie Ehrenbeamte geschützt und erhalten Heilfürsorge, zudem können Sachschäden ersetzt werden, § 32 Abs. 4 GemO.

2. Pflichten

25 Der Pflichtenkreis der Gemeinderäte orientiert sich zunächst an dem aller ehrenamtlich Tätigen (vermittelt durch § 32 Abs. 1 S. 1 GemO) und wird durch einzelne spezielle Pflichten ergänzt. Zu den praktisch wichtigsten Pflichten gehören die *Pflicht zur Verschwiegenheit* (§ 17 Abs. 2), das *Vertretungsverbot* (§ 17 Abs. 3) und das *Mitwirkungsverbot bei Befangenheit* (§ 18).

a) Pflichten ehrenamtlich Tätiger, insbesondere Verschwiegenheit, Vertretungsverbot, Mitwirkungsverbot bei Befangenheit

aa) Allgemeine Pflichten

26 Die Bürger haben nach § 15 Abs. 1 GemO die **Pflicht**, eine ehrenamtliche Tätigkeit in der Gemeinde anzunehmen und diese Tätigkeit während einer bestimmten Dauer auszuüben.[145]

27 Namentlich betrifft dies eine Wahl in den Gemeinde- oder Ortschaftsrat, ein gemeindliches Ehrenamt und eine Bestellung zu ehrenamtlicher Mitwirkung (z.B. als sachkundiger Einwohner gem. §§ 40 Abs. 1 S. 3, 41 Abs. 1 S. 3 GemO, als ehrenamtlicher Archivar, als Mitglied der kommunalen Kriminalitätsverhütung). Die Bestellung zu sonstiger ehrenamtlicher Tätigkeit liegt in der Kompetenz des Gemeinderats und erfolgt durch Wahl (§ 37 Abs. 7 S. 8 GemO).

---

139 Vgl. auch VGH BW, Urt. v. 21.10.1983 – 4 S 1704/83, VBlBW 1984, 215: keine Deputatsermäßigung für Hochschullehrer.
140 VG Osnabrück, Urt. v. 21.08.2012 – 1 A 70/12, juris Rn. 22: Kostenerstattung für presserechtliche Gegendarstellung.
141 So beträgt die pauschale Aufwandsentschädigung in Freiburg 750 EUR/Monat plus Nahverkehrs-Netzkarte. Fraktionsvorsitzende erhalten weitere 750 EUR monatlich, stv. Fraktionsvorsitzende 375 EUR/Monat; andere Städte kombinieren Grundbeträge mit Sitzungsgeldern.
142 *Kunze/Bronner/Katz*, GemO, § 19 Rn. 9; *Lange*, Kommunalrecht, Kap. 5 Rn. 125.
143 Sächs. OVG, Urt. v. 26.05.2009 – 4 A 486/08, juris Rn. 28; i.E. auch OVG RP, Urt. v. 01.12.1992 – 7 A 10396/92, juris Rn. 30. Zur Kostenerstattung für fraktionslose Mitglieder OVG NW, Beschl. v. 22.01.2010 – 15 B 1797/09, juris Rn. 15 ff.
144 Sächs. OVG, Urt. v. 26.05.2009 – 4 A 486/08, juris Rn. 27; *Aker/Hafner/Notheis*, § 19 GemO Rn. 16; *Lange*, Kommunalrecht, Kap. 5 Rn. 130.
145 S. *Ehlers*, FS Schlebusch, 2006, S. 185 (188).

III. Rechtsstellung der Mitglieder

Außer durch Beendigung der Amtszeit *scheidet* der einzelne Gemeinderat aus dem Gemeinderat *aus* (§ 31 GemO) durch Verlust der Wählbarkeit (§ 28 Abs. 2 GemO), bei Eintreten eines Hinderungsgrundes (§ 29 GemO) oder bei Feststellen eines wichtigen Grundes (§ 16 Abs. 1 GemO). Die ehrenamtliche Tätigkeit kann nur aus wichtigen, in § 16 Abs. 1 GemO nicht abschließend aufgeführten Gründen („insbesondere") abgelehnt werden, worüber der Gemeinderat zu entscheiden hat. Sowohl die Entscheidung über die Bestellung als auch über die Entpflichtung hat als statusbegründende bzw. beendende Regelung Außenwirkung und ist ein Verwaltungsakt.[146] Nach zehnjähriger Ausübung einer ehrenamtlichen Tätigkeit oder familiärer Beanspruchung ist bspw. eine Entpflichtung möglich. Die §§ 15, 16 sollen die Arbeitsfähigkeit des Organs, in dem der Bürger mitwirkt, sichern und eine ordnungsgemäße Verwaltung gewährleisten.[147] 28

Der ehrenamtlich Tätige hat nach § 17 Abs. 1 GemO eine **Grundpflicht**, die ihm übertragenen Geschäfte *uneigennützig* (d.h. allgemeinwohlorientiert ohne Lobbyismus) und *verantwortungsbewusst* (an Recht und Gesetz orientiert) zu führen. Die Grundpflicht wird auch – etwas antiquiert – als allgemeine Treuepflicht bezeichnet. 29

bb) Verschwiegenheitspflicht § 17 Abs. 2 GemO

Der ehrenamtlich Tätige unterliegt nach § 17 Abs. 2 GemO einer **Pflicht zur Verschwiegenheit**, soweit deren Geheimhaltung gesetzlich vorgeschrieben, besonders angeordnet oder ihrer Natur nach erforderlich ist. Er darf die Kenntnis von geheimzuhaltenden Angelegenheiten nicht unbefugt verwerten. Die Verschwiegenheitspflicht besteht auch nach Beendigung der ehrenamtlichen Tätigkeit fort. Gesetzlich vorgeschrieben ist die Verschwiegenheit hinsichtlich nichtöffentlicher Sitzungen des Gemeinderats und seiner Ausschüsse (§§ 35 Abs. 2 i.V.m. §§ 39 Abs. 2 S. 2, 41 Abs. 3 GemO), § 30 Abs. 2 AO i.V.m. § 3 Abs. 1 Nr. 1c KAG, § 35 SGB X, § 6 LDSG. 30

Die Pflicht zur Verschwiegenheit hat **immanente Grenzen**. Sie gilt nur, wenn die Geheimhaltung der Angelegenheit noch möglich ist. Das ist allerdings erst dann nicht mehr der Fall, wenn die fragliche Tatsache **offenkundig** ist.[148] Offenkundig sind Tatsachen, die allgemein bekannt oder jederzeit feststellbar sind, von denen also ein verständiger Mensch jederzeit durch Nutzung allgemein zugänglicher Informationsquellen ohne Aufwand Kenntnis erlangen kann.[149] Ist infolge einer Indiskretion eine Angelegenheit aus nichtöffentlicher Sitzung bekannt geworden, so besteht die Verschwiegenheitspflicht zum Schutze der dahinterstehenden Interessen zumindest so lange fort, bis die fragliche Tatsache (z.B. durch Berichterstattung in der örtlichen Presse)[150] offenkundig geworden ist. Aber auch wenn in einer Tageszeitung über eine Angelegenheit schon „gerüchteweise" oder „aus gut informierten Kreisen" berichtet worden ist, berechtigt dies noch nicht dazu, eine geheimhaltungsbedürftige Tatsache bestätigend oder dementierend zu erörtern.[151] Die geheimhaltungswürdige Angelegenheit ist so lange schützenswert, wie das begrenzte Wissen darüber noch kontrollierbar ist. 31

Die Verschwiegenheitspflicht bei **nichtöffentlichen Gemeinderats- oder Ausschusssitzungen** erstreckt sich auf den Beratungsgang, d.h. auf den Inhalt der von den einzelnen Mitgliedern geäußerten Meinungen und das Abstimmungsverhal- 32

---

146 Der Gemeinderat trifft dabei eine sog. self-executing-Entscheidung, s. Rn. 183. Eine Ausnahme gilt für den Fall, dass der ehrenamtlich Tätige zum Ehrenbeamten i.S.d. § 91 LBG ernannt wird, dann wird die Bestellung durch Aushändigung der Ernennungsurkunde (als mitwirkungsbedürftigem VA) vollzogen.
147 VGH BW, Urt. v. 19.09.1983 – 1 S 2590/82, VBlBW 1984, 281: Ein wichtiger Grund liegt nicht bereits vor, wenn ein Mitglied des Kreistags in einer Abstimmung unterliegt, auch wenn die Sache für ihn hohe Bedeutung besitzt.
148 OVG NW, Beschl. v. 07.04.2011 – 15 A 441/11, juris Rn. 16.
149 *Kastner*, HK-VerwR, 3. Aufl. 2013, § 84 VwVfG Rn. 5; BGH, Urt. v. 08.10.2002 – 1 StR 150/02, juris Rn. 11.
150 OVG NW, Urt. v. 22.09.1965 – III A 1360/63, DÖV 1966, 504 (505); s.a. *Hahn*, VBlBW 1995, 425 (427).
151 OVG NW, Beschl. v. 07.04.2011 – 15 A 441/11, juris Rn. 21; *Kastner*, HK-VerwR, 3. Aufl. 2013, § 84 VwVfG Rn. 5; *Kallerhoff*, in: Stelkens/Bonk/Sachs, VwVfG, 8. Aufl. 2014, § 84 Rn. 8.

ten.[152] Sie besteht nach umstrittener Auffassung des VGH BW auch nach rechtswidrigem Ausschluss der Öffentlichkeit,[153] weil das Öffentlichkeitsprinzip nur im Allgemeininteresse bestehe, ungeachtet der Verschwiegenheitspflicht des Ehrenamtlichen.[154]

33 Die **Geheimhaltung** kann nur aus Gründen des öffentlichen Wohls oder zum Schutze berechtigter Interessen Einzelner *besonders angeordnet* werden. Dies kann z.B. erfolgen, um einem einzelnen Gemeinderat Akteneinsicht in geheimhaltungswürdige Unterlagen geben zu können. Die Anordnung ist aufzuheben, sobald sie nicht mehr gerechtfertigt ist (§ 17 Abs. 2 S. 5 GemO), sie besteht aber grundsätzlich bis zu ihrer ausdrücklichen oder konkludenten Aufhebung (z.B. durch Mitteilung der Angelegenheit durch den Bürgermeister gegenüber der Presse) fort.

34 **Ihrer Natur nach geheimhaltungsbedürftig** sind alle Angelegenheiten, deren Mitteilung an andere dem *Gemeinwohl* oder dem *berechtigten Interesse einzelner Personen* zuwiderlaufen würde, z.B. Personalangelegenheiten[155] oder der Sachstand von Vertragsverhandlungen, die Vorbereitung von Finanzierungen usw.

cc) Vertretungsverbot, § 17 Abs. 3 GemO

35 Nach § 17 Abs. 3 GemO darf ein ehrenamtlich Tätiger – insbesondere ein Rechtsanwalt, Steuerberater oder Architekt, der Mitglied des Gemeinderats ist – *Ansprüche oder Interessen* eines anderen[156] *gegen die Gemeinde* nicht geltend machen, ausgenommen ist nur die gesetzliche Vertretung. Das absolute **Vertretungsverbot** erstreckt sich schon auf die *Beratung*, weil diese bereits eine auf Interessensdurchsetzung gerichtete Tätigkeit darstellt.[157]

36 Der Verstoß gegen das Vertretungsverbot ist im Verwaltungsverfahren und dem Verwaltungsprozess grundsätzlich *von Amts wegen zu berücksichtigen*.[158] Eine dem Gemeinderatsmitglied erteilte Vollmacht verstößt gegen ein gesetzliches Verbot i.S.d. § 134 BGB, so dass sie nichtig ist. Im Verwaltungsprozess führt dies zur Anwendung von § 67 Abs. 6 S. 4 VwGO, so dass bei anwaltlicher Vertretung der Einwand ausdrücklich geltend zu machen ist.[159]

37 Prüfungsmaßstab für die auf § 17 GemO gestützte Zurückweisung eines Rechtsanwaltes ist *Art. 12 Abs. 1 GG*, weil diese Maßnahme den gesetzlich umschriebenen

---

152 OVG Nds, Urt. v. 27.06.2012 – 10 LC 37/10, juris Rn. 49.
153 VGH BW, Urt. v. 06.10.1975 – I 754/75; VGH BW, Urt. v. 24.02.1992 – 1 S 2242/91, juris Rn. 14 ff.; dazu *Hahn*, VBlBW 1995, 425 ff.
154 Zur zutr. Gegenansicht Rn. 23 u. OVG NW, Beschl. v. 23.12.2009 – 15 A 2126/09, juris Rn. 11, 17.
155 Zum (zivilrechtlichen) Unterlassungsanspruch Betroffener gegenüber Äußerungen von Gemeinderatsmitgliedern in geheimhaltungsbedürftigen Angelegenheiten OLG Köln, Beschl. v. 29.04.1999 – 15 W 28/99, juris Rn. 2.
156 Eine Verfolgung eigener Rechte oder Interessen liegt auch vor, wenn der Gemeinderat in einer Bürgerinitiative tätig ist, und infolgedessen gleichartige Interessen anderer mit vertritt, so *Schoch*, Vertretungsverbot, S. 133 f.
157 Vgl. BVerfG (K), Beschl. v. 07.10.1987 – 2 BvR 674/84, juris Rn. 7; BVerwG, Beschl. v. 23.11.1983 – 7 B 61.83, juris Rn. 6; *Schoch*, Vertretungsverbot, S. 168 ff.
158 BVerfG, Beschl. v. 18.07.1979 – 2 BvR 488/76, BVerfGE 52, 42 (55), juris Rn. 38; VGH BW, Beschl. v. 08.02.1993 – 1 S 2658/92, unter Aufgabe der älteren Rspr.; OVG Bln-Bbg, Beschl. v. 12.05.2011 – 9 L 11.11; *Porz*, Hk-VerwR § 14 VwVfG Rn. 20; *Stühler*, VBlBW 1993, 1 (3); a.A. *Burgi*, Kommunalrecht, § 12 Rn. 47; *Schoch*, JuS 1989, 531 (536). Umfassende Darstellung der älteren Rspr. *Schoch*, Vertretungsverbot, S. 221 ff.
159 *Lange*, Kommunalrecht, Kap. 5 Rn. 183.

Bereich anwaltschaftlicher Betätigung beschränkt und damit berufsregelnde Wirkung entfaltet.[160]

Dem Vertretungsverbot[161] liegt – erstens – der Gedanke zu Grunde, die Gemeindeverwaltung von allen *Einflüssen* freizuhalten, die eine objektive, unparteiische und einwandfreie Führung der Gemeindegeschäfte gefährden könnten; verhindert werden soll, dass Gemeindeeinwohner die Funktion ehrenamtlich tätiger Bürger für ihre persönlichen Interessen ausnutzen und rechtsgeschäftlich bestellte Vertreter, die zugleich ehrenamtlich tätige Bürger sind, durch ihre Doppelfunktion in einen Interessenwiderstreit geraten. Das Vertretungsverbot dient – zweitens – dem *Vertrauen der Bürger* auf Objektivität, Sachlichkeit und Lauterkeit der Verwaltung; schon dem „bösen Schein", dass gewählte ehrenamtlich tätige Mandatsträger ihre politische Macht mit der privaten Berufsausübung verquicken und Ansprüche oder Interessen gegenüber der Gemeinde zulasten des Gemeinwohls vertreten könnten, soll entgegengetreten werden.[162] Vor diesem Hintergrund ist die im Vertretungsverbot enthaltene Berufsausübungsregelung verhältnismäßig. Allerdings darf das Vertretungsverbot nicht auf einen Sozius des Rechtsanwalts oder einen in Bürogemeinschaft zusammen mit dem Gemeinderatsmitglied praktizierenden Rechtsanwalt erstreckt werden.[163]

38

Beispiele: Die Wahrnehmung bloßer Interessen wie beim Grunderwerb eines Bürgers von der Gemeinde fällt unter das Vertretungsverbot.[164] – Damit fällt auch ein durch einen im Gemeinderat sitzenden Rechtsanwalt für einen Dritten gestelltes Akteneinsichtsgesuch unter das Vertretungsverbot.[165] – Ein dem Gemeinderat angehörender Architekt darf einen Bauantrag nicht bei der unteren Baurechtsbehörde der Gemeinde, in deren Gemeinderat er sitzt, stellen.[166] – Das Gemeinderatsmitglied darf keine Erkundigungen zur Bebaubarkeit eines bestimmten Grundstücks für einen Dritten einholen, denn er darf dem Bürger gegenüber „seiner" Gemeinde nicht beratend zur Seite stehen.[167]

39

Wenn der Gemeinderat gegen das Vertretungsverbot verstoßen hat, ist er bei der Behandlung der Angelegenheit seines Mandanten im Gemeinderat befangen.[168] Darüber hinaus kann ihm ein Ordnungsgeld nach § 17 Abs. 4 i.V.m. § 16 Abs. 3 GemO auferlegt werden.[169] Die Rspr. nimmt – u.E. systemwidrig – neben *Organstreitigkeiten*[170] die *anwaltliche Vertretung in Ordnungswidrigkeitenverfahren* vom Vertretungsverbot aus, weil der Anwalt hier in der Rolle des Strafverteidigers auftrete (vgl. § 46 I OWiG) und als Organ der Rechtspflege handle, dessen Aufgabe es sei, sich um die Wahrheitsfindung zu bemühen.[171] Weshalb hier nicht ein (Abwehr-)Anspruch auf

40

---

160 *Bauer*, NJW 1981, 2171; *Menger*, NJW 1980, 1827 (1828); VerfGBbg, Beschl. v. 19.10.2012 – 31/11, juris Rn. 30 ff. a.A. BVerfG, Beschl. v. 18.07.1979 – 2 BvR 488/76 (nur Art. 2 Abs. 1 GG); später offen gelassen in BVerfG (K), Beschl. v. 07.10.1987 – 2 BvR 674/84.
161 *Stühler*, VBlBW 1993, 1 ff.; *Schoch*, Das kommunale Vertretungsverbot, 1981.
162 VGH BW, Urt. v. 10.11.1987 – 1 S 2885/86, DÖV 1988, 302.
163 BVerfG, Beschl. v. 07.07.1982 – 2 BvR 1142/80, juris Rn. 16 ff. – Wenn ein Sozius des Gemeinderats in einem Verfahren mandatiert ist, liegt bis zur Beendigung des Mandats beim Mitglied des Gemeinderats Befangenheit gem. § 18 Abs. 1 Nr. 4 GemO vor.
164 *Aker/Hafner/Notheis*, § 17 GemO Rn. 22.
165 VG Karlsruhe, Urt. v. 07.04.2011 – 6 K 2400/10, juris Rn. 35 ff.
166 *Lange*, Kommunalrecht, Kap. 5 Rn. 175; a.A. *Kunze/Bronner/Katz*, GemO, § 17 Rn. 14.
167 S. Rn. 35.
168 Gem. § 18 Abs. 1 Nr. 4 GemO, soweit das Mandatsverhältnis noch nicht vollständig abgeschlossen ist, und gem. § 18 Abs. 2 Nr. 4 GemO nach Beendigung des Mandats.
169 Die Verhängung eines *Ordnungsgeldes* hat gegenüber dem Mitglied Außenwirkung und ist ein Verwaltungsakt, gegen den die Anfechtungsklage eröffnet ist, VGH BW, Beschl. v. 10.09.1987 – 1 S 1622/87. Der Gemeinderat kann es aber, da eine *Ermahnung* gegenüber der gesetzlich vorgesehenen Verhängung eines Ordnungsgeldes eine weniger einschneidende Maßnahme darstellt, bei dieser bewenden lassen, VGH BW, Urt. v. 11.10.1995 – 1 S 1823/94, juris Rn. 38. Maßnahmen *unterhalb der Schwelle des Ordnungsgeldes* sind kein Verwaltungsakt, so dass in solchen Fällen Rechtsschutz durch Feststellungsklage gegeben ist, VGH BW, Urt. v. 11.10.2000 – 1 S 2624/99, juris Rn. 24.
170 Dazu unter § 17 Rn. 7 ff.
171 VGH BW, Urt. v. 22.03.1979 – I 745/78, juris Rn. 13.

Freiheit von staatlichen Eingriffen geltend gemacht wird, der unter das Vertretungsverbot fällt, ist schwer nachzuvollziehen.[172]

41 Für den **Ortschaftsrat** gelten entsprechende Verpflichtungen, § 72 GemO i.V.m. §§ 32 Abs. 1, 17 Abs. 3 GemO.[173]

dd) Mitwirkungsverbot bei Befangenheit (§ 18 GemO)

(1) Normzweck und Grundsatz

42 Alle bundesdeutschen Gemeindeordnungen enthalten Bestimmungen, die **befangene Mitglieder des Gemeinderats** von der *Beratung* und *Beschlussfassung* ausschließen und den §§ 20, 21 VwVfG für die Gemeinderatstätigkeit spezialgesetzlich vorgehen. Der ehrenamtlich tätige Bürger darf weder beratend noch entscheidend mitwirken, wenn die Entscheidung einer Angelegenheit ihm selbst oder bestimmten Personen einen *unmittelbaren Vorteil oder Nachteil* bringen kann (§ 18 Abs. 1 GemO).

43 **Zweck** der Befangenheitsvorschrift des § 18 GemO ist es, die *Unparteilichkeit der Amtsführung* der Gemeindeorgane sicherzustellen.[174] Gemeindeeinwohner sollen darauf vertrauen können, dass die von ihnen gewählten Vertreter ihr Amt pflichtbewusst ausüben und bei der Entscheidung über Gemeindeangelegenheiten nicht ihre privaten Interessen verfolgen.[175] Indem § 18 GemO die Befangenheitsvermutung an äußere Tatbestandsmerkmale anknüpft und nicht danach fragt, ob tatsächlich ein „innerer" Interessenkonflikt in der Person des Betroffenen Gemeinderats vorliegt, soll schon der sog. *„böse Schein"* der Voreingenommenheit vermieden werden.[176]

44 In § 18 Abs. 1 GemO sind die Befangenheitsfälle der persönlichen Beteiligung am Entscheidungsgegenstand erfasst, bei denen der ehrenamtlich Tätige selbst oder eine ihm nahestehende Person (einschließlich einer von ihm kraft Gesetzes oder Vollmacht vertretene natürliche oder juristische Person des Privat- oder des öffentlichen Rechts) ein sich vom Interesse der Gemeinde abhebendes **individuelles Sonderinteresse** am Entscheidungsgegenstand hat,[177] hinsichtlich dessen die Entscheidung für den ehrenamtlich Tätigen oder die ihm nahestehende Person einen **unmittelbaren Vor- oder Nachteil** bringen kann.

45 § 18 Abs. 2 GemO erfasst weitere Fälle der **Beteiligung von Dritten**, die am Entscheidungsgegenstand ein Sonderinteresse haben und mit denen der ehrenamtlich Tätige in sonstiger enger Weise (wirtschaftlich, geschäftsmäßig oder als Mitglied eines Organs) verbunden ist (Nr. 1–3), sowie den besonderen Fall der Beteiligung aufgrund vorangegangener privater Tätigkeit des ehrenamtlich Tätigen in derselben Angelegenheit (Nr. 4), der kein individuelles Sonderinteresse des ehrenamtlich Tätigen oder Dritter voraussetzt.[178]

---

172 *Lange*, Kommunalrecht, Kap. 5 Rn. 176.
173 VGH BW, Beschl. v. 10.11.1987 – 1 S 2885/86, juris Ls. 2; differenzierend *Stühler*, VBlBW 1993, 1 (5): Vertretungsverbot nur hinsichtlich ortschaftsbezogener Angelegenheiten.
174 VGH BW, Urt. v. 18.03.1993 – 1 S 570/92, juris Rn. 18 f.
175 VGH BW, Beschl. v. 11.10.1994 – 5 S 3142/93, juris Rn. 17.
176 St. Rspr., vgl. VGH BW, Urt. v. 18.03.1993 – 1 S 570/92, juris Rn. 18; zul. VGH BW, Urt. v. 08.05.2012 – 8 S 1739/10, juris Rn. 65.
177 S. Rn. 51.
178 Vgl. VGH BW, Beschl. v. 27.02.1989 – 3 S 308/87, NVwZ 1990, 588 (589): Befangenheit eines Rechtsanwalts, der die Gemeinde im Normenkontrollverfahren um die Gültigkeit eines Bebauungsplans vertreten hatte, bei der wiederholten Beschlussfassung über diesen Bebauungsplan.

III. Rechtsstellung der Mitglieder

(2) Unmittelbarer Vor- oder Nachteil

Die Befangenheitsvorschriften des § 18 gelten nach § 52 GemO auch für den *Bürgermeister* und die *Beigeordneten*. Zentrale Tatbestandsvoraussetzung ist ein „unmittelbarer Vor- oder Nachteil" der im Gemeinderat zu behandelnden Angelegenheit für den ehrenamtlich Tätigen.

46

In der **Literatur** wird zur Frage, wann ein unmittelbarer Vorteil vorliegen kann, teilweise auf einen direkt kausalen[179] oder einen nicht direkten, aber doch zwangsläufig zu erwartenden Zusammenhang zwischen Entscheidung und dem Eintritt des Vor- oder Nachteils abgestellt,[180] teilweise wird mit Blick auf den Zweck der Befangenheitsvorschriften auf die Aus- und Außenwirkung auf den Bürger abgestellt: Ein unmittelbarer Vor- oder Nachteil soll dann vorliegen, wenn der Bürger nicht mehr von der Objektivität der Entscheidung ausgehen kann.[181]

47

Weder die systematische Stellung des § 18 Abs. 1, 2 GemO, noch die Garantie der kommunalen Selbstverwaltung und das Demokratieprinzip rechtfertigen eine einengende Auslegung des Merkmals der **Unmittelbarkeit**.[182] Dies kann, je nach Zahl der befangenen Gemeinderatsmitglieder, zu einer Veränderung der durch Wahlen begründeten Kräfteverhältnisse im Gemeinderat führen. Diese Auswirkungen der Befangenheitsvorschriften hat der Landesgesetzgeber jedoch gesehen und sich für den Vorrang der Unparteilichkeit der Entscheidungsfindung und der Sauberkeit der Kommunalverwaltung entschieden. Dies wird durch die Regelungen in § 37 Abs. 2 bis 4 GemO deutlich. Dort wird unter anderem der Fall erfasst, dass mehr als die Hälfte der Mitglieder des Gemeinderats befangen sein können (§ 37 Abs. 2 Satz 2 GemO), und es wird unter bestimmten Voraussetzungen eine Beschlussfähigkeit bereits bei mindestens drei anwesenden und stimmberechtigten Gemeinderatsmitgliedern zugelassen (§ 37 Abs. 3 Satz 1 GemO). Diese mit dem Demokratieprinzip vereinbare Regelung rechtfertigt sich ebenso wie die Befangenheitsvorschriften unter anderem aus der Verpflichtung der ehrenamtlich tätigen Bürger, die ihnen übertragenen Geschäfte uneigennützig und verantwortungsbewusst zu führen (§ 17 Abs. 1 GemO) sowie aus dem freien Mandat der Gemeinderäte, nach dem sie im Rahmen der Gesetze nach ihrer freien, nur durch das öffentliche Wohl bestimmten Überzeugung entscheiden und an Verpflichtungen und Aufträge, durch die diese Freiheit beschränkt wird, nicht gebunden sind (§ 32 Abs. 3 GemO).

48

Beispiele: Die Unmittelbarkeit fehlt bei **Satzungen**, die noch der *konkretisierenden Anwendung* bedürfen (z.B. Umsetzung von Gebühren- und Beitragssatzungen durch einen entsprechenden Bescheid).[183] Ein **Bebauungsplan**, eine Ortsbausatzung oder eine Veränderungssperre beinhalten demgegenüber bereits eine Eigentumsinhaltsbestimmung,[184] so dass ihre Regelungen bereits *unmittelbare Wirkung* (mit der Folge der Befangenheit betroffener Grundstückseigentümer) haben.[185]

49

---

179 *Glage*, Mitwirkungsverbote in Gemeindeordnungen – Die Gewinnung von Auslegungskriterien und ihre Anwendung auf Einzelprobleme, 1994, S. 147 ff.; a.A. *Aker/Hafner/Notheis*, § 18 GemO Rn. 7 m.w.N.
180 Vgl. *Molitor*, Die Befangenheit von Gemeinderatsmitgliedern, 1993, S. 85 ff.
181 *Molitor*, Die Befangenheit von Gemeinderatsmitgliedern, 1993, S. 87.
182 Hierzu und zum Folgenden: VGH BW, Urt. v. 18.03.1993 – 1 S 570/92, juris Rn. 19.
183 VGH BW, Beschl. v. 21.09.1977 – II 827/76, juris Ls. 1; Hess VGH, Urt. v. 10.03.1981 – II OE 12/80, NVwZ 1982, 44 (45); OVG SH, Urt. v. 20.03.2002 – 2 K 10/99, juris Rn. 32. – Das Sächs. OVG, Urt. v. 04.06.2008 – 5 B 65/06, juris Rn. 95, greift demgegenüber auf § 18 Abs. 3 GemO zurück.
184 BVerwG, Urt. v. 28.04.1972 – IV C 11.69, juris Ls. 1; BVerwG, Urt. v. 10.09.1976 – IV C 39.74; juris Rn. 39; VGH BW, Urt. v. 16.04.2008 – 3 S 3005/06, juris Rn. 82.
185 VGH BW, Urt. v. 16.05.1986 – 8 S 2033/85; VGH BW, Urt. v. 21.11.1996 – 3 S 2956/95, juris Rn. 16; Hess VGH, Urt. v. 10.03.1981 – II OE 12/80, NVwZ 1982, 44 (45).

50 Beispiele: Die Unmittelbarkeit liegt nicht vor, wenn sich der Vor- oder Nachteil *nur zufällig* aus dem Vor- oder Nachteil einer anderen Person oder dem Hinzutreten anderer Umstände ergibt.[186] – Die Unmittelbarkeit scheitert aber nicht daran, dass der Gemeinderatsbeschluss noch der notwendigen *Umsetzung durch den Bürgermeister* bedarf (z.B. Kaufvertragsabschluss, Ausfertigung der Satzung). – Auch in mehrstufigen Verwaltungs- oder Normsetzungsverfahren kommt eine Befangenheit in Betracht, z.B. bei der Entscheidung über die Stellungnahme einer Gemeinde im Anhörungsverfahren einer Natur- oder Wasserschutzverordnung.[187]

51 Durch § 18 Abs. 1 GemO sollen – so der VGH BW in st. Rspr. – die Entscheidungen des Gemeinderats von individuellen Sonderinteressen freigehalten und der **böse Schein** einer Interessenkollision vermieden werden. Ob eine Interessenkollision *tatsächlich* bestehe, sei unerheblich. Für die Annahme eines **individuellen Sonderinteresses** sei nicht erforderlich, dass es sich um ein rechtlich geschütztes Interesse handele. Ausreichend seien auch *wirtschaftliche oder ideelle Vor- oder Nachteile*. Ein individuelles Sonderinteresse sei jedoch nur anzunehmen, wenn die Entscheidung einen unmittelbar auf die Person des Gemeinderats bezogenen besonderen und über den allgemeinen Nutzen oder die allgemeinen Belastungen hinausgehenden Vor- oder Nachteil bringe. Die Entscheidung müsse so eng mit den persönlichen Belangen des Gemeinderats zusammenhängen, dass er in herausgehobener Weise betroffen werde. Eine Entscheidung müsse sich mit anderen Worten *auf das Gemeinderatsmitglied „zuspitzen"* und er – weil im Mittelpunkt oder jedenfalls im Vordergrund der Entscheidung stehend – als deren „Adressat" anzusehen sein. Dies bedeute jedoch nicht, dass ein Gemeinderat nur dann befangen sei, wenn ausschließlich er von der Entscheidung betroffen werde. Ausreichend sei vielmehr auch, dass der betroffene Gemeinderat einer von wenigen anderen in gleicher Weise Betroffenen sei und sich sein Interesse dadurch *von allgemeinen oder Gruppeninteressen deutlich abhebe*.

52 Beispiel: Indem der **Flächennutzungsplan** für das *gesamte Gemeindegebiet* aufgestellt wird, ist auch bei ihm eine große Zahl von Grundstückeigentümern betroffen. Da die Darstellungen zumeist noch einer Umsetzung durch die verbindliche Bauleitplanung bedürfen, ist die Betroffenheit gewissermaßen noch vorläufig. Allerdings können die wirtschaftlichen Auswirkungen erheblich sein: Gerade bei einem geringen Flächenpotenzial hat die Aufnahme einer Baufläche in den Flächennutzungsplanentwurf regelmäßig zur Folge, dass der Grundstückswert deutlich steigt.

53 Die überwiegende Meinung in der Rechtsprechung und Literatur entziehen sich dem Dilemma durch die Aussage, dass die *erstmalige* Aufstellung eines Flächennutzungsplanes eine „Allgemeinbetroffenheit" der Gemeinderäte zur Folge habe und diese deshalb mit abstimmen dürften.[188] Die Auslegung landesrechtlicher Befangenheitsbestimmungen dürfe nicht zu einer das Bauleitplanungsverfahren geradezu blockierenden Handhabung führen[189] (d.h. das Demokratieprinzip des Art. 28 Abs. 1 GG dürfe nicht ausgehöhlt werden).

54 Ein Mitwirkungsverbot besteht nach der Rechtsprechung aber bei einer *Flächennutzungsplan-Fortschreibung für ein Teilgebiet*.[190] Daneben ist auch eine Befangenheit zu sehen, wenn ein Grundstück des Gemeinderates im Grenzbereich möglicher unterschiedlicher Darstellungen liegt oder es sich um eine im positiven oder negativen Sinn hervorgehobene Darstellung handelt (Ausweisung einer Vorrangfläche für Windkraftanlagen) bzw. eine Einwendung gegenüber einem konkreten Grundstück eines Ratsmitglieds erhoben wird.[191] Zumeist wird eine Befangenheit gesehen, wenn eine Festlegung oder Änderung der Bodennutzungsart vorgesehen

---

186 *Bock*, BWGZ 2009, 484 (485).
187 VGH BW, Urt. v. 18.03.1993 – 1 S 570/92, juris Rn. 21.
188 *Molitor*, JA 1992, 303 (306).
189 Vgl. VGH BW, Urt. v. 30.04.2004 – 8 S 1374/03, juris Rn. 19; Sächs. OVG, Urt. v. 04.06.2008 – 5 B 65/06, juris Rn. 92.
190 OVG NW, Urt. v. 20.02.1979 – XV A 809/78, juris Rn. 4.
191 *Frey/Stiefvater*, NVwZ 2014, 249 (251); *Söfker*, in: Ernst/Zinkahn/Bielenberg/Krautzberger, BauGB-Ktr., Stand 4/2013, § 2 BauGB Rn. 84.

III. Rechtsstellung der Mitglieder

wird, die sich auf den Wert eines Grundstücks auswirken kann; zu vergleichen also die Ist-Darstellung im Flächennutzungsplan mit der zukünftigen Darstellung.[192]

(3) Persönliche Beteiligung am Entscheidungsgegenstand (Abs. 1)

Ausgeschlossen von der Beratung und Entscheidung ist der ehrenamtlich tätige Bürger, wenn aus der Entscheidung einer Angelegenheit folgende **Personen** einen unmittelbaren Vorteil oder Nachteil haben können:
- der ehrenamtlich tätige Bürger selbst, seine Ehegatten oder Lebenspartner nach § 1 des Lebenspartnerschaftsgesetzes (Nr. 1),
- die in gerader Linie oder in der Seitenlinie bis zum dritten Grade Verwandten (Nr. 2),
- die in gerader Linie oder in der Seitenlinie bis zum 2. Grade Verschwägerten oder als verschwägert geltenden, solange die die Schwägerschaft begründende Ehe oder Lebenspartnerschaft nach § 1 LebPG besteht (Nr. 3 n.F.) oder
- die von dem ehrenamtlich tätigen Bürger kraft Gesetzes oder Vollmacht vertretenen Personen (Nr. 4).[193]

55

Schaubild Verwandtschaftsgrade

	Verwandtschaftsgrade nach § 1589 BGB		Schwägerschaft nach § 1590 Abs. 1 BGB	
	gerade Linie	Seitenlinie	gerade Linie	Seitenlinie
1. Grad	Eltern (einschließlich Adoptiveltern) und Kinder: auch nichteheliches Kind und sein Vater*	–	Schwiegereltern, Schwiegerkinder, Stiefeltern, Stiefkinder	–
2. Grad	Großeltern, Enkel	Geschwister	Stiefgroßeltern, Stiefenkel	Verwandte des Ehegatten im 2. Grad der Seitenlinie (z.B. Geschwister)
3. Grad	Urgroßeltern, Urenkel	Onkel, Tanten, Neffen, Nichten	Stiefurgroßeltern, Stiefurenkel	Verwandte des Ehegatten im 3. Grad der Seitenlinie (z.B. Onkel, Tante)

(4) Beteiligung Dritter am Entscheidungsgegenstand, § 18 Abs. 2 GemO

Ein Fall der Befangenheit liegt auch vor, wenn der Bürger gegen Entgelt bei jemand **beschäftigt** ist, dem die Entscheidung der Angelegenheit einen unmittelbaren Vorteil oder Nachteil bringen kann, es sei denn, dass nach den tatsächlichen Umständen der Beschäftigung anzunehmen ist, dass sich der Bürger deswegen nicht in einem Interessenwiderstreit befindet (Nr. 1).

56

---

192 *Menke*, Das kommunale Mitwirkungsverbot bei der Bauleitplanung, 1992, S. 152 f.
193 Zu den vertretenen Personen gehören natürliche Personen, juristische Personen des Privatrechts und des öffentlichen Rechts sowie auch Personenmehrheiten, z.B. nichtrechtsfähige Vereine. Erfasst sind also Rechtsanwälte, deren Sozietät den Verkäufer eines im Plangebiet eines Bebauungsplans liegenden Grundstücks beim Verkauf vertritt oder Vereinsvorsitzende beim Beschluss über die Bezuschussung des Vereins, vgl. VGH BW, Urt. v. 18.11.1986 – 5 S 1719/85, NVwZ 1987, 1103 (1104).

57 Bei Erfüllung des Befangenheitstatbestands ist der ehrenamtlich Tätige *grundsätzlich ausgeschlossen*, wenn nicht auch der Ausnahmetatbestand erfüllt ist. Ist zweifelhaft, ob sich der ehrenamtlich Tätige in einem Interessenwiderstreit befindet, sind die Voraussetzungen der Ausnahme nicht erfüllt und er ist ausgeschlossen. Nach der Rechtsprechung werden von diesem Tatbestand alle Personen erfasst, die mit dem Interessenten gegenwärtig *durch ein (privates oder öffentlich-rechtliches) Beschäftigungsverhältnis verbunden* und dadurch von ihm *in hohem Maße wirtschaftlich abhängig* sind. Aus dieser wirtschaftlichen Abhängigkeit erwachse der Interessenwiderstreit, der verhindert werden soll. Ein nur gelegentliches entgeltliches Tätigwerden etwa als selbstständiger Gewerbetreibender oder als Angehöriger eines freien Berufes reiche nicht aus.[194]

58 Beispiel: In einer Universitätsstadt ist der Inhaber einer Professur für Rechtsgeschichte nicht befangen, wenn ein Bebauungsplan aufgestellt wird, der den Ausbau des Universitätsklinikums vorbereitet. Befangenheit liegt vor, wenn mit dem Bebauungsplan die juristische Fakultät ausgebaut werden soll.

59 Befangenheit besteht zudem, wenn der Bürger oder der Ehegatte, Lebenspartner oder Verwandte ersten Grades, **Gesellschafter einer Handelsgesellschaft** oder **Mitglied des Vorstandes, des Aufsichtsrates oder eines gleichartigen Organs** eines rechtlich selbstständigen Unternehmens ist, denen die Entscheidung der Angelegenheit einen unmittelbaren Vorteil oder Nachteil bringen kann, sofern er diesem Organ nicht als Vertreter oder auf Vorschlag der Gemeinde angehört (Nr. 2).[195]

60 Befangenheit liegt ferner vor, wenn der Bürger **Mitglied eines Organs einer juristischen Person des öffentlichen Rechts** ist, der die Entscheidung der Angelegenheit einen unmittelbaren Vorteil oder Nachteil bringen kann und die nicht Gebietskörperschaft ist,[196] sofern er diesem Organ nicht als Vertreter oder auf Vorschlag der Gemeinde angehört (Nr. 3).[197]

61 Befangenheit tritt schließlich auch ein, wenn der Bürger in der Angelegenheit in anderer als öffentlicher Eigenschaft ein **Gutachten** abgegeben hat oder **sonst tätig geworden ist** (Nr. 4). Angelegenheit in diesem Sinne bedeutet nicht "Verfahren". Was dieselbe Angelegenheit ist, richtet sich ausschließlich nach sachlichen Kriterien, die jedoch enge Übereinstimmung des früheren und des gegenwärtigen Verfahrensgegenstandes voraussetzen.

62 Beispiele: Befangenheit liegt hiernach etwa vor, wenn ein Rechtsanwalt bei einem Bebauungsplanverfahren mit abstimmt, das früher Gegenstand einer Normenkontrolle war, die durch den Rechtsanwalt vertreten wurde.[198] Gleiches gilt, wenn ein Gemeinderat als Preisrichter eines Architektenwettbewerbs eines Bauunternehmens tätig war, bei der Beschlussfassung über die Erteilung des gemeindlichen Einvernehmens nach § 36 BauGB zum Baugesuch. Keine Befangenheit bestünde jedoch bei Entsendung in das Preisgericht durch den Gemeinderat, weil der Bürger dann „in öffentlicher Eigenschaft" tätig wird.

---

194 VGH BW, Beschl. v. 27.02.1989 – 3 S 308/87, NVwZ 1990, 588.
195 VGH BW, Urt. v. 11.07.2003 – 8 S 2553/02, juris Rn. 20: keine Befangenheit des Gemeinderats, der in den Aufsichtsrat einer kommunalen Gesellschaft gewählt ist, bei Beschlussfassung über Angelegenheiten der Gesellschaft.
196 Ein Gemeinderat, der gleichzeitig Kreistagsmitglied ist, ist daher nicht in Angelegenheiten befangen, an denen der Landkreis beteiligt ist, VGH BW, Beschl. v. 29.10.1969 – II 3131/68, BWVBl 1970, 41 (42).
197 VGH BW, Urt. v. 06.02.1998 – 3 S 731/97: Ein nicht gemäß § 14 Abs. 1 SpG aus der Mitte der Hauptorgane der Gewährträger, sondern als „anderes weiteres Mitglied" in den Verwaltungsrat einer Bezirkssparkasse bestellter Gemeinderat einer Gewährträgergemeinde gehört dem Organ nicht als „Vertreter" der Gemeinde im Sinne von § 18 Abs. 2 Nr. 3 GemO an. – Entsprechendes gilt für ein Gemeinderatsmitglied, das für die Agentur für Arbeit in die Trägerversammlung des Jobcenters entsandt ist.
198 VGH BW, Beschl. v. 27.02.1989 – 3 S 308/87, NVwZ 1990, 588.

III. Rechtsstellung der Mitglieder 163

(5) Ausnahmen nach § 18 Abs. 3 GemO

Die Befangenheitsvorschriften gelten nach § 18 Abs. 3 S. 1 GemO nicht, wenn die Entscheidung nur die **gemeinsamen Interessen** einer **Berufs- oder Bevölkerungsgruppe** berührt. Diese Voraussetzung ist gegeben, wenn es sich um kollektive Interessen von Personenmehrheiten handelt, die grundsätzlich nicht von vorneherein und persönlich bekannt, namensmäßig feststellbar und aufzählbar sind, sondern die nur nach örtlichen, beruflichen, wirtschaftlichen oder sozialen Gesichtspunkten abgrenzbar sind. Die Vorschrift präzisiert die in Abs. 1 enthaltenen Kriterien der „Unmittelbarkeit" und des „individuellen Sonderinteresses".[199] 63

Um gemeinsame Interessen einer Bevölkerungsgruppe handelt es sich z.b., wenn betroffen sind 64

- alle Einwohner oder Bürger der Gemeinde (Aufstellung des Flächennutzungsplans[200]);
- die Gemeinderäte in Angelegenheiten, z.B. beim Erlass von Satzungen, nur selbst betreffen (Entschädigungssatzung nach § 19 GemO);[201]
- die Feuerwehrangehörigen bei dem Erlass einer Entschädigungssatzung für die Feuerwehr;
- Gastwirte bei der Entscheidung über eine Sperrzeitenverordnung;
- die Abgabenpflichtigen in Bezug auf den Erlass einer Abgabensatzung;[202]
- Eigentümer von Grundstücken an einer innerstädtischen Geschäftsstraße im Bebauungsplanverfahren für eine Umgehungsstraße;[203]
- die Bewohner bestehender und geplanter Wohngebiete bezüglich eines Bebauungsplanes, der das Ziel verfolgt, vor Geruchsbelästigung zu schützen und Nutzungskonflikte mit der künftigen Siedlungsentwicklung zu vermeiden.[204]

Keine Gruppeninteressen liegen vor bei: 65

- einem Eigentümer von Grundstücken oder einem Mieter im Bebauungsplangebiet;[205]
- einem Angrenzer an das Bebauungsplangebiet.[206]

Die Befangenheitsvorschriften gelten auch nicht für **Wahlen zu einer ehrenamtlichen Tätigkeit** (§ 18 Abs. 3 S. 2 GemO). Der Begriff der ehrenamtlichen Tätigkeit umfasst alle in Rechtsnormen als solche bezeichneten Tätigkeiten, wie z.B. die Wahl zum ehrenamtlichen Ortsvorsteher oder die Wahl zum Gemeinderatsausschussmitglied. Der Gesetzgeber hat mit dieser Regelung dem aus der Volkswahl hervorgegangenen Mandat höheres Gewicht beigemessen als der Gefahr eigennütziger Wahlentscheidungen bei Bestehen von Interessenkollisionen. 66

---

199 So zutr. *Lange*, Kommunalrecht, Kap. 5 Rn. 60; die diesbezügliche Rechtsprechung des VGH BW greift wahlweise auf das eine oder andere Kriterium zurück.
200 S. Rn. 52.
201 *Lange*, Kommunalrecht, Kap. 5 Rn. 61.
202 Zumeist wird bereits das Tatbestandsmerkmal der Unmittelbarkeit verneint, s. Rn. 49. Zu einer Sondersituation s.a. OVG RP, Urt. v. 10.12.2013 – 6 A 10605/13, juris Rn. 19.
203 VGH BW, Urt. v. 22.07.1997 – 5 S 3391/94, juris Rn. 31.
204 VGH BW, Urt. v. 08.05.2012 – 8 S 1739/10, juris Rn. 66.
205 VGH BW, Urt. v. 21.11.1996 – 3 S 2956/95, juris Rn. 16.
206 VGH BW, Urt. v. 01.07.1991 – 8 S 1712/90, juris Rn. 35; VGH BW, Beschl. v. 15.03.1973 – II 949/70, BWVBl 1973, 110.

(6) Beispiele aus der Rechtsprechung:

67 ■ Ein individuelles Sonderinteresse mit der Folge der Befangenheit liegt nicht nur vor, wenn ausschließlich der Gemeinderat von der Entscheidung betroffen werde. Ausreichend sei vielmehr, dass der betroffene Gemeinderat *einer von wenigen anderen in gleicher Weise Betroffenen* sei und sich sein Interesse dadurch von allgemeinen oder Gruppeninteressen deutlich abhebe. Im Falle eines Straßenneubaus bestehe jedoch auch bei 50 %-iger Verkehrsentlastung durch den Bau einer Umgehungsstraße kein individualisierbarer Sondervorteil im Sinne des § 18 Abs. 1 und 3 GemO des Anlieger-Gemeinderats, wenn sieben Straßen betroffen und die Anlieger nicht auf den ersten Blick individualisierbar seien.[207] Ebenso liege keine Befangenheit vor, wenn der Straßenbau nur zu einer geringfügigen Verbesserung der Verkehrssituation um 1–3 % an der Straße führe, an der der Gemeinderat wohne.[208]

68 ■ Ein individuelles Sonderinteresse im Sinne von § 18 Abs. 1 GemO ist bei der Entscheidung über einen *Bebauungsplan* grundsätzlich dann gegeben, wenn die in der Befangenheitsvorschrift bezeichnete Person (hier: der frühere Ehegatte) Eigentümer eines Grundstücks im Geltungsbereich des Plans ist oder dort als Mieter seinen Lebensmittelpunkt hat. Eine Befangenheit im Sinne von § 18 Abs. 1 GemO ist in einem solchen Fall nur dann zu verneinen, wenn *eindeutig und nach jeder Betrachtungsweise ein individuelles Sonderinteresse nicht besteht*.[209] Ein Gemeinderat ist auch befangen, wenn er als Eigentümer eines außerhalb des Plangebiets gelegenen Wohngrundstücks von dem Sportfolgeverkehr einer im Bebauungsplan auf einer Fläche für Gemeinbedarf ausgewiesenen Sporthalle betroffen wird.[210]

69 ■ Ein Gemeinderatsmitglied ist befangen bei der Beschlussfassung über die Erteilung des gemeindlichen Einvernehmens betreffend die Anordnung einer *Tempo 30-Zone* in der Straße, in der er selbst wohnt[211] oder bei der Entscheidung über eine Regelung in der *Beitragssatzung*, die ihn – als Mitglied einer kleinen Gruppe von Grundstückseigentümern – von der Beitragspflicht entbindet, so dass er gleichsam Adressat der Entscheidung ist.[212]

70 ■ Der *Ausschluss von bestimmten Einzelhandelsbetrieben in einem Gewerbegebiet* führt nicht zu einem unmittelbaren Vorteil im Sinne von § 18 Abs. 1 GemO für die Inhaber bestehender Einzelhandelsbetriebe. Das Auftreten neuer Konkurrenz für den vorhandenen Einzelhandel fällt zudem unter den Ausnahmetatbestand des § 18 Abs. 3 GemO.[213] Demgegenüber ist bei positiver Ausweisung eines Einzelhandels-Sondergebiets für einen Fachmarkt in einem Bebauungsplan der Inhaber eines Einzelhandelsgeschäftes befangen, das einen erheblichen Teil seines Umsatzes mit dem im Fachmarkt hauptsächlich vorgesehenen Sortiment erwirtschaftet und der Kreis der von der Neuansiedlung betroffenen konkurrierenden Gewerbebetriebe klein und überschaubar ist. Ein die Befangenheit begründendes indivi-

---

207 VGH BW, Urt. v. 09.02.2010 – 3 S 3064/07, juris Rn. 53 f.
208 VGH BW, Urt. v. 30.04.2004 – 8 S 1374/03, juris Rn. 19 f.
209 VGH BW, Urt. v. 21.11.1996 – 3 S 2956/95, juris Rn. 16.
210 Hess VGH, Beschl. v. 02.06.1992 – 3 N 1366/91, juris Rn. 18 ff.
211 VG Neustadt/W., Urt. v. 28.02.2011 – 3 K 958/10, juris Rn. 17; u.E. fraglich.
212 OVG RP, Urt. v. 10.12.2013 – 6 A 10605/13, juris Rn. 15 ff.
213 VGH BW, Urt. v. 30.01.2006 – 3 S 1259/05, juris Rn. 19.

III. Rechtsstellung der Mitglieder

duelles Sonderinteresse setzt keine Monopolstellung oder marktbeherrschende Position voraus.[214]

- An der Beratung und Entscheidung der Frage, ob die Voraussetzungen des kommunalrechtlichen Vertretungsverbotes bei einem als Ortschaftsrat tätigen Rechtsanwalt erfüllt sind, darf ein Gemeinderat, der mit diesem in einer *Sozietät* verbunden ist, nicht mitwirken.[215]

71

- Die Formulierung „in anderer als öffentlicher Eigenschaft in der Angelegenheit tätig geworden" des § 18 Abs. 2 Nr. 4 GemO ist teleologisch einschränkend auszulegen und bezieht sich nicht auf ein vorangegangenes politisches Engagement in der gleichen Sache, welche zu einem späteren Zeitpunkt zur Beschlussfassung ansteht. Mitglieder einer Bürgerinitiative sind Angehörige einer Bevölkerungsgruppe i.S.d. § 18 Abs. 3 GemO, auf welche die Mitwirkungsverbote des § 18 Abs. 1 und 2 keine Anwendung finden. Ausreichend hierfür ist, dass es sich um eine Gruppe handelt, die – jedenfalls bezogen auf die konkrete Entscheidung – gemeinsame Ziele anstrebt, wobei es auch nicht darauf ankommt, ob dieses gemeinsame Ziel der Förderung des Gemeinwohls dient.[216]

72

(7) Verfahrensbestimmungen

Ehrenamtlich Tätige haben Tatbestände, die eine Befangenheit begründen können, nach § 18 Abs. 4 S. 1 GemO **anzuzeigen**.

73

Bei Befangenheit von mehr als der Hälfte der Mitglieder ist der Gemeinderat nach § 37 Abs. 2 S. 2 GemO bereits bei Anwesenheit eines Viertels der Räte **beschlussfähig**.[217]

74

Befangene Gemeinderäte müssen die **Sitzung verlassen**, um sicherzustellen, dass sich ein befangener Gemeinderat ausreichend von dem übrigen Kollegium abhebt. Der außenstehende Bürger (Zuhörer) soll erkennen können, dass der betreffende Gemeinderat befangen ist und aus diesem Grund an der Beratung und Entscheidung nicht mitwirkt. Durch die räumliche Trennung wird auch eine Beeinflussung durch physische Anwesenheit ausgeschlossen. In öffentlicher Sitzung muss sich der Gemeinderat weg vom Sitzungstisch in den Zuhörerbereich begeben. Bei nichtöffentlicher Sitzung muss er den Sitzungsraum verlassen.[218]

75

Der Beschluss des Gemeinderats nach § 18 Abs. 4 S. 2 GemO, das befangene Mitglied von der Beratung und Beschlussfassung auszuschließen, ist kein Verwaltungsakt, sondern eine organschaftliche Entscheidung, die durch das betroffene Mitglied im Kommunalverfassungsstreitverfahren **anfechtbar** ist.[219] Die unberechtigte Mitwirkung von wegen Befangenheit von der Abstimmung auszuschließenden Ratsmitgliedern verletzt aber keine im Kommunalverfassungsstreitverfahren durchsetzbaren organschaftlichen Rechte der übrigen Ratsmitglieder.[220]

76

Die **unzulässige Mitwirkung** eines befangenen Gemeinderates bei der Beratung oder Beschlussfassung sowie der unzulässige Ausschluss führen unabhängig von

77

---

214 VG Karlsruhe, Urteil v. 16.03.2006 – 9 K 1012/05, juris Rn. 30 ff.
215 VGH BW, Urt. v. 10.11.1987 – 1 S 2885/86, ESVGH 38, 51.
216 VG Frankfurt, Beschl. v. 19.06.2002 – 7 G 2323/02, juris Rn. 8.
217 S. im Einzelnen Rn. 176.
218 VGH BW, Beschl. v. 11.10.1994 – 5 S 3142/93, juris Rn. 17.
219 Hess VGH, Urt. v. 28.11.2013 – 8 A 865/12, juris Rn. 19; *Aker/Hafner/Notheis*, § 18 GemO Rn. 29; a.A. VG Trier, Urt. v. 08.05.2012 – 1 K 1302/11, juris Rn. 25.
220 VGH BW, Beschl. v. 18.10.2010 – 1 S 2029/10, juris Rn. 11.

der Kausalität zur *Rechtswidrigkeit des Beschlusses*.[221] Dies gilt nicht, wenn der Gemeinderat den Sitzungssaal **freiwillig verlässt**.[222]

78 Im Streit über die Gültigkeit eines Bebauungsplans ist grundsätzlich allein der Satzungsbeschluss maßgeblich, falls nicht vorangegangene Beschlüsse, die unter Mitwirkung eines befangenen Gemeinderats zustande kamen, den Satzungsbeschluss mit ihrem Fehler infizieren,[223] z.B. wenn der vorangegangene Beschluss ohne weitere Beratung wiederholt wird.

79 Der rechtswidrige Beschluss gilt ein Jahr nach der Beschlussfassung oder, wenn eine öffentliche Bekanntmachung erforderlich ist, ein Jahr nach dieser als von Anfang an gültig zustande gekommen**,** es sei denn, dass der Bürgermeister dem Beschluss nach § 43 GemO wegen Gesetzwidrigkeit widersprochen oder die Rechtsaufsichtsbehörde den Beschluss vor Ablauf der Frist beanstandet hat (§ 18 Abs. 6 S. 2 GemO). Die **Heilung** tritt nicht gegenüber demjenigen ein, der vor Ablauf der Jahresfrist einen förmlichen Rechtsbehelf eingelegt hat, wenn in dem Verfahren die Rechtsverletzung festgestellt wird (§ 18 Abs. 6 S. 3 GemO). Soweit der Gemeinderat über Satzungen, anderes Ortsrecht und Flächennutzungspläne beschließt, gehen die Regelungen des § 4 Abs. 4 und 5 GemO der Regelung des § 18 Abs. 6 GemO vor (§ 18 Abs. 6 S. 4 GemO).[224]

b) Spezielle Pflichten der Gemeinderäte

80 Daneben treffen die Mitglieder des Gemeinderats einzelne sitzungsbezogene Pflichten wie z.B.

- die **Ablieferung von Vergütungen** aus der Tätigkeit als Aufsichtsrat in kommunalen Unternehmen entsprechend den beamtenrechtlichen Bestimmungen (§ 32 Abs. 5 GemO i.V.m. § 5 Abs. 3 LNTVO);
- zur **Sitzungsteilnahme** (§ 34 Abs. 3 GemO) und **Mitarbeit** im Gemeinderat und seinen Ausschüssen, einschließlich der Pflicht, an Abstimmungen teilzunehmen;[225]
- die **Verschwiegenheitspflicht** des § 35 Abs. 2 GemO über alle in nichtöffentlicher Sitzung behandelten Angelegenheiten, bis sie der Bürgermeister von der Schweigepflicht entbindet.[226]

---

221 Anders de lege lata in vielen anderen Bundesländern, vgl. Art. 49 Abs. 4 GemO Bay, § 31 Abs. 6 GemO NW, § 26 Abs. 6 GemO Nds.
222 VGH BW, Urt. v. 25.04.2007 – 5 S 2243/05, juris Rn. 73; VGH BW, Urt. v. 18.11.1986 – 5 S 1719/85, NVwZ 1987, 1103.
223 BVerwG, Beschl. v. 15.04.1988 – 4 N 4.87, juris Rn. 33; VGH BW, Urt. v. 13.06.1997 – 8 S 2799/96, juris Rn. 19.
224 *Aker/Hafner/Notheis*, § 18 GemO Rn. 36; LT-Drs. 8/3199, S. 34.
225 Ein wichtiger Grund für ein Fernbleiben liegt in der berufsbedingten Ortsabwesenheit, *Aker/Hafner/Notheis*, § 34 GemO Rn. 25. Soweit ein Bürger einen auswärtigen Berufsort hat, an dem er lebt (was grundsätzlich nur bei Familienwohnsitz in der Gemeinde möglich ist, vgl. § 17 Abs. 2 MG), ist er verpflichtet, seine Arbeitszeit so zu gestalten, dass er sein Gemeinderatsmandat effektiv wahrnehmen kann.
226 Zu den Rechtsfolgen eines Verstoßes gegen die Verschwiegenheitspflicht, wenn die Öffentlichkeit unzutreffend ausgeschlossen war und Rechtsbehelfe erfolglos blieben, s. Rn. 23, 32.

IV. Hauptsatzung und Geschäftsordnung

1. Hauptsatzung

Die **Hauptsatzung** ist eine **Pflichtsatzung** der Gemeinden, die mit *qualifizierter* **81** *Mehrheit* nach § 4 Abs. 2 GemO (Mehrheit der Stimmen aller Mitglieder) beschlossen werden muss. Sie ist das **interne Verfassungsstatut der Gemeinde** und enthält vor allem Regelungen über die Bildung und Zuständigkeit von beschließenden Ausschüssen (§ 39 Abs. 1 S. 1 GemO) sowie die dauernde Übertragung von Aufgaben auf den Bürgermeister (§ 44 Abs. 2 S. 2 GemO). Sie regelt also in Ergänzung der gesetzlichen Zuständigkeitsverteilung (§§ 24, 39 Abs. 2, 43 Abs. 1, 44 GemO) die *gemeindeinterne Kompetenzverteilung* zwischen Gemeinderat, beschließenden Ausschüssen und Bürgermeister. Die Hauptsatzung kann ferner die Bildung eines *Ältestenrates* vorsehen, der den Bürgermeister hinsichtlich des Ablaufs der Gemeinderatssitzungen berät (§ 33 a Abs. 1 GemO). Sie regelt die *Anzahl der Beigeordneten* nach §§ 49 Abs. 1 S. 2, 50 Abs. 2 GemO und ist Grundlage für die „unechte Teilortswahl" (§§ 25 Abs. 2, 27 Abs. 2 GemO), die Einführung einer Bezirksverfassung (§§ 64 ff. GemO) oder der *Ortschaftsverfassung* (§§ 68 ff. GemO).

Die Hauptsatzung wird häufig zu Beginn einer Wahlperiode neu gefasst, um die Zahl der Mitglieder der beschließenden Ausschüsse entsprechend dem Spiegelbildlichkeitsgrundsatz[227] zu optimieren.[228] Soweit Aufgaben an beschließende Ausschüsse übertragen werden, können Minderheitenrechte zur abschließenden Entscheidung durch den Gemeinderat bzw. Weisungs- und Rückholrechte des Gemeinderats vorgesehen werden (§ 39 Abs. 3 S. 3 u. 5 GemO). Um die Letztentscheidungsbefugnis des Gemeinderats abzusichern, kann bestimmt werden, dass auf einen Ausschuss delegierte Beschlüsse nicht vor Ablauf einer bestimmten Frist (z.B. dem zweiten auf den Beschluss folgenden Werktag) vollzogen werden dürfen. Aufgaben, die auf den Bürgermeister delegiert werden, können mangels einer § 39 Abs. 3 GemO entsprechenden Regelung nur dauerhaft übertragen werden und sind im Einzelfall nicht rückholbar, d.h. der Gemeinderat kann sie auch bei politischer Bedeutung nicht beschließen, sondern nur debattieren und einen für den Bürgermeister unverbindlichen „Appellbeschluss" fassen. **82**

Wichtige Gemeindeaufgaben, die in § 39 Abs. 2 GemO abschließend aufgezählt **83** sind, dürfen **nicht** auf beschließende Ausschüsse übertragen werden, wie z.B. der Erlass von Satzungen, die Übernahme freiwilliger Aufgaben[229], die Errichtung öffentlicher Einrichtungen und von Unternehmen bzw. Unternehmensbeteiligungen oder sonstige Angelegenheiten von wesentlicher wirtschaftlicher Bedeutung. Um sicherzustellen, dass sich der Gemeinderat auf die wichtigen politischen Fragen konzentrieren kann, enthält die Hauptsatzung einen Katalog von Zuständigkeitsübertragungen auf den Bürgermeister (§ 44 Abs. 2 S. 2 GemO).

Da Gemeinderäte in monatlichem Turnus (vgl. § 34 Abs. 1 S. 2 GemO) tagen, können sie jährlich nicht mehr als etwa 50–60 Entscheidungen beraten. Ohne eine derartige Delegation wäre die ehrenamtliche Tätigkeit der Gemeinderatsmitglieder nicht möglich. In der Freiburger Hauptsatzung sind bspw. Grundstücksgeschäfte bis zu einem Wert von 200.000 EUR auf den Oberbürgermeister übertragen; für finanzielle Angelegenheiten bis zu einem Betrag von 1,5 Mio EUR ist ein beschließender Ausschuss zuständig. In kleineren Gemeinden ist dieser Betrag entsprechend deren Haushaltsvolumen bzw. Wirtschaftskraft geringer anzusetzen. Grenze einer solchen Delegation ist die „wesentliche" oder „erhebliche" wirtschaftliche Bedeutung gem. § 39 Abs. 2 Nrn. 10, 13, 16 GemO (§ 44 Abs. 2 S. 3 GemO). **84**

Die gemeindeinterne Kompetenzverteilung entsprechend den Bestimmungen der Gemeindeordnung (§§ 24, 39, 43, 44 GemO) und der Hauptsatzung wird nach zutreffender Ansicht auch **85**

---
227 S. Rn. 100.
228 Zu den verfassungsrechtlichen Grenzen vgl. BayVGH, Urt. v. 17.03.2004 – 4 BV 03.1159, juris Rn. 16 ff.; OVG SH, Urt. v. 15.03.2006 – 2 LB 48/05, juris Rn. 52.
229 S. § 8 Rn. 6 ff. – Muster für eine Hauptsatzung: BWGZ 2000, 503.

im Außenverhältnis gegenüber dem von einer hoheitlichen Regelung betroffenen Bürger als Festlegung der *sachlichen (Behörden-)Zuständigkeit* angesehen.[230] Handelt das unzuständige Gemeindeorgan, so handelt die sachlich unzuständige Behörde. Ein solcher Verstoß gegen die sachliche Zuständigkeit, die in § 46 LVwVfG nicht erwähnt ist, führt als wesentlicher Verfahrensfehler zur *Rechtswidrigkeit* des Verwaltungsakts und im Rechtsbehelfsverfahren des dadurch belastend Betroffenen zur Aufhebung des Verwaltungsakts.[231]

2. Geschäftsordnung

86 Die **Geschäftsordnung** ist das **Binnenrecht des Gemeinderats**. Dieser hat im Hinblick auf seine Selbstorganisation das Recht und nach § 36 Abs. 2 GemO die Pflicht, eine Geschäftsordnung zu erlassen. Sie muss zumindest das Verfahren für die Stellung und die Behandlung von Anfragen regeln (§ 24 Abs. 4 S. 2 GemO), ebenso das Verfahren zur Fragestunde und zur Anhörung nach § 33 Abs. 4 S. 3 GemO sowie das Verfahren zur Bildung eines Ältestenrates, dessen Zusammensetzung, den Geschäftsgang seiner Arbeit und die Aufgaben, § 33 a Abs. 2 GemO. Da der Ältestenrat den Bürgermeister hinsichtlich des Ablaufs der Gemeinderatssitzung berät, ist dessen Einvernehmen beim Erlass der Geschäftsordnung für die Bestimmungen hinsichtlich des Ältestenrats erforderlich. Die Geschäftsordnung gilt über die Amtszeit eines Gemeinderates hinaus auch für die nachfolgenden Gemeinderäte, soweit sie nicht ausdrücklich aufgehoben oder geändert wird.[232]

87 Soweit die Geschäftsordnung nicht als Satzung beschlossen wird, ist sie nicht als Verwaltungsvorschrift,[233] sondern nach Auffassung des VGH BW als **Rechtssatz sui generis** einzustufen, welcher der Normenkontrolle nach § 47 Abs. 1 Nr. 2 VwGO unterliegt.[234] Der Gemeinderat hat aufgrund seines Selbstorganisationsrechts einen *weiten Gestaltungsspielraum*, welche Regelungen er zur Gewährleistung eines ordnungsgemäßen Sitzungsablaufs treffen will; die Grenzen hierfür ergeben sich aus den zwingenden Vorschriften der Gemeindeordnung[235] und der Landesverfassung.[236] Soweit die Geschäftsordnung subjektive (Binnen-) Rechte begründen will, können diese im Wege des „kommunalen Verfassungsstreits" verwaltungsgerichtlich geltend gemacht werden.[237]

---

230 VGH BW, Urt. v. 12.09.1997 – 5 S 2498/95, juris Rn. 29 (offengelassen im Urt. v. 30.03.2009 – 8 S 31/08, juris Rn. 49); BayVGH, Urt. v. 15.03.2004 – 22 B 03.1362, juris Rn. 30 ff.; OVG RP, Urt. v. 13.04.2006 – 1 A 11596/05, juris Rn. 31; a.A. OVG Nds, Urt. v. 16.06.2005 – 7 LC 201/03, juris Rn. 40; OVG NW, Urt. v. 27.05.1993 – 4 A 2800/92, NVwZ-RR 1994, 157; OVG MV, Urt. v. 21.03.2007 – 3 L 159/03, juris Rn. 28 ff.
231 VGH BW, Urt. v. 12.09.1997 – 5 S 2498/95, juris Rn. 29; *Kopp/Ramsauer*, VwVfG, § 46 Rn. 23; *Schwarz*, Hk-VerwR, § 46 VwVfG Rn. 20. – *Burgi*, Kommunalrecht, § 13 Rn. 29, spricht sich für eine analoge Anwendung des § 45 VwVfG aus, was im Hinblick auf die erforderliche enge Auslegung von Ausnahmevorschriften überwiegend abgelehnt wird, vgl. BVerwG, Urt. v. 27.08.2009 – 2 C 26.08, juris Rn. 19; *Emmenegger*, in Mann/Sennekamp/Uechtritz, VwVfG, § 45 Rn. 113.
232 Hess VGH, Beschl. v. 29.04.1991 – 6 TG 292/91, juris Rn. 4; *Lange*, Kommunalrecht, Kap. 7 Rn. 15.
233 So aber noch VGH BW, Beschl. v. 30.12.1971 – I 191/70, ESVGH 22, 180 (181); *Kunze/Bronner/Katz*, GemO, § 36 Rn. 9.
234 VGH BW, Urt. v. 24.06.2002 – 1 S 896/00, juris Rn. 18; s.a. Hess VGH, Beschl. v. 03.05.2007 – 8 N 2474/06; *Lange*, Kommunalrecht, Kap. 7 Rn. 5; *Maurer*, Allgemeines Verwaltungsrecht, § 24 Rn. 12.
235 VGH BW, Urt. v. 06.06.1988 – 1 S 2460/87: Nichtigkeit einer GO-Regelung, dass mündliche Anfragen nach § 24 Abs. 4 GemO durch einen Geschäftsordnungsbeschluss unterbunden werden können. – Muster für eine Geschäftsordnung: BWGZ 2000, 509.
236 Im Hinblick auf die Geschäftsordnungsautonomie ist eine eindeutige gesetzliche Regelung erforderlich. In Zweifelsfällen ist im Hinblick auf Art. 28 Abs. 2 GG davon auszugehen, dass der Gemeinderat seine inneren Angelegenheiten selbst regeln darf, so zutr. OVG NW, Urt. v. 18.06.2002 – 15 A 1958/01, juris Rn. 7; *Lange*, Kommunalrecht, Kap. 7 Rn. 21.
237 S. § 17 Rn. 1 ff.

IV. Hauptsatzung und Geschäftsordnung

Verbreitet sind Regelungen, mit denen die *verfahrensrechtlichen Mindestgarantien* **88** der Gemeindeordnung *erweitert* werden (beispielsweise gegenüber § 34 GemO erweiterte Fristen für die Bereitstellung von Sitzungsunterlagen), und Regelungen hinsichtlich der Sitzordnung, der Redefolge und Redezeitbeschränkungen. Zulässig sind auch Rede- und Antragsrechte für nicht in die Ausschüsse gewählte Gemeinderatsmitglieder. Möglich sind Bestimmungen über die Zulässigkeit von Bild- und Tonaufnahmen,[238] ein Rauchverbot und die Reihenfolge, in der Geschäftsordnungs- und Sachanträge zu behandeln sind. Auch die Fraktionsbildung kann Regelungsgegenstand sein.[239]

Fraglich ist, inwieweit einzelne Mitwirkungsrechte – etwa das Recht eines Viertels der Gemein- **89** deräte, die Behandlung eines Tagesordnungspunktes zu beantragen – durch die Geschäftsordnung *auf Fraktionen oder Einzelgemeinderäte erweitert* werden können. Es ist u.E. nicht erkennbar, dass der Gesetzgeber mit der Festlegung eines Quorums von einem Viertel im Interesse der Funktionsfähigkeit des Rates – als eine Mindestgarantie für einen Minderheitenschutz gewissermaßen als Schutz des Gemeinderates vor sich selbst – zugleich auch ein Verbot der Gewährung weiter gehenden Minderheitenschutzes aussprechen wollte. Daher beinhaltet § 34 GemO nur eine *Mindestgarantie*, so dass erweiternde Regelungen in der Geschäftsordnung zulässig sind.[240] Entsprechendes gilt für die Teilnahme einzelner Gemeinderäte an Ausschusssitzungen und ein Rede- oder Antragsrecht dieser Gemeinderäte in den Ausschüssen.[241]

Abweichungen von der Geschäftsordnung sind als sitzungsleitende Maßnahmen **90** des Bürgermeisters nach § 36 Abs. 1 GemO zulässig, soweit sie ausdrücklich vorgesehen sind, ansonsten ist in der Sitzung ein dispensierender Gemeinderatsbeschluss erforderlich. Aus einem Verstoß gegen die Bestimmungen der Geschäftsordnung folgt noch *keine Unwirksamkeit des Beschlusses* (z.B. des Satzungsbeschlusses zum Bebauungsplan), weil die Geschäftsordnung nur Binnenrecht des Gemeinderats darstellt.[242] Grundsätzlich ist damit keine Rüge durch außenstehende Dritte möglich, sondern nur ein sog. *Kommunalverfassungsstreit* einzelner Gemeinderäte.[243] Geprüft werden muss aber, ob die Geschäftsordnung eine normative Regelung wiedergibt[244] und insoweit ein ggf. auf das Ergebnis durchschlagender Verfahrensfehler vorliegt. Teilweise wird auch zwischen wesentlichen und unwesentlichen Verstößen differenziert.[245] Ein nicht wesentlicher Verstoß solle beispielsweise vorliegen, wenn die Geschäftsordnungsbestimmung nur eine Ordnungsvorschrift ist, die keine subjektiven Rechte begründe. Dem ist jedoch die Ansicht vorzuziehen, wo-

---

238 OVG Saarl., Beschl. v. 30.08.2010 – 3 B 203/10, juris Rn. 35 ff.; VG Saarlouis, Urt. v. 25.03.2011 – 3 K 501/10, juris Rn. 37 ff.; VG Kassel, Beschl. v. 07.02.2012 – 3 L 109/12, juris Rn. 11.
239 S. Rn. 116 ff.
240 Vgl. OVG NW, Urt. v. 30.03.2004 – 15 A 2360/02, juris Rn. 57 ff.; OVG NW, Beschl. v. 29.11.2011 – 15 B 1308/12, juris Rn. 2; offen gelassen von VG Freiburg, Beschl. v. 20.02.2006 – 1 K 351/06, juris Rn. 9; ähnlich OVG Lüneburg, Beschl. v. 02.10.1991 – 10 L 227/89, juris Rn. 11; a.A. *Aker/Hafner/Notheis*, § 34 GemO Rn. 16; *Kunze/Bronner/Katz*, GemO, § 34 Rn. 13, jeweils ohne Begründung.
241 Soweit Gemeinderäten *gesetzlich* das Recht auf Teilnahme an der Ausschusssitzung eingeräumt ist, kann nach VG Leipzig, Urt. v. 22.01.2013 – 6 K 864/10, juris Rn. 20, durch die GO kein Rederecht eingeräumt werden.
242 Hierzu *Schneider*, NWVBl 1996, 89 (92); *Geis*, Kommunalrecht, § 11 Rn. 114, 155; *Lange*, Kommunalrecht, Kap. 7 Rn. 10; *Maurer*, Allgemeines Verwaltungsrecht, § 24 Rn. 13; VGH BW, Beschl. v. 30.12.1971 – I 191/70; OVG NW, Urt. v. 27.08.1996 – 15 A 32/93, juris Rn. 6 ff.; Hess VGH, Beschl. v. 17.11.1978 – II N 1/78; a.A. OVG Bbg., Urt. v. 27.04.1994 – 1 A 33/92, LKV 1995, 42 (44).
243 So auch OVG Bbg., Urt. v. 27.04.1994 – 1 A 33/92; i.E. auch VGH BW, Urt. v. 09.02.2010 – 3 S 3064/07, juris Rn. 58; VGHB BW, Urt. v. 17.06.2010 – 5 S 884/09, juris Rn. 21. – Zur Drittanfechtung *Greim/Michl*, NVwZ 2013, 775.
244 BayVGH, Urt. v. 18.06.2008 – 4 BV 07.211, juris Rn. 25; OVG NW, Urt. v. 27.08.1996 – 15 A 32/93, juris Rn. 12.
245 So z.B. Voraufl. Rn. 239; *Gern*, Deutsches Kommunalrecht, Rn. 442; dem folgend OVG Bbg., Urt. v. 27.04.1994 – 1 A 33/92.

nach ein Verstoß gegen Bestimmungen der Geschäftsordnung nur dann die Nichtigkeit oder Rechtswidrigkeit eines Beschlusses zur Folge hat, wenn durch die Geschäftsordnungsbestimmung zwingende gesetzliche Vorschriften wiedergegeben werden.[246] Im Übrigen kann die Geschäftsordnung nur Binnenwirkung haben.

3. Ortschaftsverfassung

91 Die Einführung der Ortschaftsverfassung erfolgt (nur) durch **Hauptsatzung** (§ 68 Abs. 1 GemO).[247] Meist ist sie auf **Eingemeindungsverträge** (§§ 8 Abs. 1, 9 Abs. 1 GemO) zurückzuführen, in denen sich die aufnehmende Gemeinde zu einer entsprechenden Organisation (oft auch der sogen. Unechten Teilortswahl nach § 27 Abs. 2 GemO[248]) verpflichtet hat. In den Eingemeindungsverträgen sind oft Reservatsrechte der untergegangenen Gemeinden festgeschrieben, wie z.B. der Unterhalt einer Feuerwehr,[249] eines Schwimmbades oder – besonders wichtig – *Zustimmungsvorbehalte* zu einzelnen Angelegenheiten. Die Rechte können, wenn die dort vorgesehene Schlichtung scheitert, durch die insofern teilrechtsfähige Ortschaft auch verwaltungsprozessual geltend gemacht werden.[250]

92 Beispiele: Zustimmungsvorbehalt hinsichtlich Veräußerung von Grundstücken im Gewerbegebiet XY oder zur Erweiterung des Gewerbegebiets; Pflicht der aufnehmenden Gemeinde, die forst- und landwirtschaftlichen Flächen östlich einer bestimmten Landesstraße als solche zu erhalten und bei der Ansiedlung von Gewerbe nur solche Branchen berücksichtigen, die keine lästigen Immissionen verursachen. – Die oft vereinbarte Pflicht, „keine Unterkünfte für Zigeuner im Ortschaftsgebiet anzulegen", ist u.E. nach § 59 VwVfG i.V.m. Art. 3 Abs. 3 GG (teil-)nichtig.

93 Der **Ortschaftsrat** ist zu wichtigen Angelegenheiten, die die Ortschaft betreffen, gem. § 70 Abs. 1 S. 2 GemO **anzuhören**. Darüber hinaus können dem Ortschaftsrat bestimmte ortschaftsbezogene Angelegenheiten zur Entscheidung **übertragen** werden (§ 70 Abs. 2 GemO).[251]

94 Beispiele für wichtige Angelegenheiten i.S.v. § 70 Abs. 1 S. 2 GemO: Einrichtung von Kindertagesstätten in der Ortschaft; Bauleitpläne, die sich auf das Gemarkungsgebiet der Ortschaft erstrecken; Satzungsrecht, das die Ortschaft speziell betrifft;[252] die Straßenbenennung innerhalb der Ortschaft; wichtige Baugesuche.

95 Das Anhörungsrecht erstreckt sich auch auf wichtige Angelegenheiten der Ortschaft, die dem Bürgermeister durch Hauptsatzung zur dauerhaften Erledigung übertragen sind. Das Anhörungsrecht ist nicht abdingbar; bei seiner Verletzung ist der Gemeinderatsbeschluss (oder ein Verwaltungsakt, wenn die Sachentscheidung auf den Bür-

---

246 *Geis*, Kommunalrecht, § 11 Rn. 155; *Rennert*, JuS 2008, 119 (122); OVG NW, Urt. v. 27.8.1996 – 15 A 32/93, juris Rn. 12.
247 VGH BW, Urt. v. 22.07.1991 – 1 S 1258/90, juris Rn. 31.
248 S. § 13 Rn. 28 ff.
249 S. VG Freiburg, Urt. v. 02.02.2005 – 7 K 1212/04, juris Rn. 22 ff. zur Anwendung der clausula rebus sic stantibus, so auch Sächs. OVG, Beschl. v. 04.01.2008 – 4 BS 449/07, juris Rn. 10.
250 VGH BW, Urt. v. 13.03.2000 – 1 S 2441/99: Ein Ortschaftsrat kann mit der Behauptung, die Hauptsatzung weise ihm eine Entscheidungskompetenz zu, zulässigerweise eine Klage im Kommunalverfassungsstreitverfahren gegen den Gemeinderat erheben.
251 Die Entscheidung über das Einvernehmen der *Gemeinde* nach §§ 14 Abs. 2, 31 Abs. 2 und 36 BauGB ist als Ausfluss der gemeindlichen Planungshoheit keine die *Ortschaft* betreffende Angelegenheit im Sinne von § 70 Abs. 2 GemO, VGH BW, Urt. v. 21.03.1983 – 1 S 1034/82, VBlBW 1984, 115.
252 Dies gilt z.B. nicht für eine allgemeine Abgabensatzung (Erhebung von Zweitwohnungssteuer, Abfallgebührensatzung usw.), aber für eine Erschließungsbeitragssatzung für eine Lärmschutzwand in der Ortschaft oder die Festsetzung von abweichenden Gebühren für den Friedhof der Ortschaft.

germeister delegiert ist) *rechtswidrig*.²⁵³ Das Anhörungsrecht ist aber nicht verletzt, wenn die Ortschaft die Möglichkeit hatte, sich zur jeweiligen Sachentscheidung zu äußern, und sie hiervon aus von ihr zu vertretenden Gründen keinen Gebrauch machte (z.b. weil der Ortsvorsteher keine Ortschaftsratssitzung einberuft oder rechtswidrig in nichtöffentlicher Sitzung beschließen lässt).

Zudem hat der Ortschaftsrat in allen Selbstverwaltungsangelegenheiten, die die Ortschaft betreffen, ein **Vorschlagsrecht** (§ 70 Abs. 1 S. 2 GemO). Das hierfür zuständige Gemeindeorgan muss dann innerhalb angemessener Frist über den Vorschlag in der Sache entscheiden. Für die Ortschaftsratssitzungen gelten gem. § 72 GemO die für den Gemeinderat geltenden Vorschriften (also insbes. Befangenheit, Beschlussfähigkeit, Öffentlichkeit). Durch Hauptsatzung kann der Gemeinderat dem Ortschaftsrat Angelegenheiten ausdrücklich übertragen (§ 70 Abs. 2 S. 1 GemO), die dann zu wichtigen Angelegenheiten werden. Die Übertragung findet ihre Grenze in den Vorbehaltssachen des Gemeinderats (§ 39 Abs. 2 GemO) sowie den gesetzlichen Zuständigkeiten des Bürgermeisters (§ 70 Abs. 2 S. 2 GemO). 96

Der **Ortsvorsteher** ist Vorsitzender des Ortschaftsrats (§ 69 Abs. 3 GemO) und in dieser Funktion nicht den Weisungen des Bürgermeisters unterworfen. Der Bürgermeister kann also z.B. nicht die Einberufung einer Ortschaftsratssitzung verlangen, um eine bestimmte Angelegenheit behandelt zu sehen, sondern lediglich die Anhörung der Ortschaft einleiten. Der Ortsvorsteher wird auf Vorschlag des Ortschaftsrats (Wahlbeschluss i.S.d. § 37 Abs. 7 GemO) vom Gemeinderat aus dem Kreis der zum Ortschaftsrat wählbaren Bürger gewählt (§ 71 Abs. 1 i.V.m. § 37 Abs. 7 GemO). Neben seiner Funktion als Ortschaftsratsvorsitzender vertritt der Ortsvorsteher den Bürgermeister beim *Vollzug der Beschlüsse* des Ortschaftsrats und bei der Leitung der örtlichen Verwaltung. In *diesem* Zusammenhang ist der Bürgermeister im Einzelfall gegenüber dem Ortsvorsteher – wie einem Beigeordneten – weisungsbefugt. Der Ortsvorsteher kann an den Sitzungen des Gemeinderats und der Ausschüsse beratend teilnehmen (§ 71 Abs. 4 GemO). 97

V. Untergliederungen des Gemeinderats: Ausschüsse und sonstige Gremien

Die §§ 39 ff. GemO sehen die Möglichkeit vor, **Ausschüsse** als den Gemeinderat in seiner Arbeit entlastende Gremien zu bilden. Neben dieser *Entlastungsfunktion* erfüllen die Ausschüsse eine wichtige Sachaufgabe, indem sie Gemeinderatsangelegenheiten sachkundig *vorberaten* (vgl. § 39 Abs. 4 GemO). Die Gemeindeordnung selbst unterscheidet zwischen beschließenden (§ 39) und beratenden Ausschüssen (§ 41), und nennt daneben einzelne spezielle Beratungsgremien wie den Ältestenrat (§ 33a), den Jugendgemeinderat (§ 41a Abs. 1 S. 2) und den Beirat für geheimzuhaltende Angelegenheiten (§ 55). 98

Die Ausschüsse sind keine selbstständigen Organe, sondern *Organteile* des Verwaltungsorgans Gemeinderat, die ihre Innenrechtsposition aber im Wege des Kommunalverfassungsstreits geltend machen können.²⁵⁴ Beschließenden Ausschüssen können – durch Hauptsatzung bestimmte – Aufgaben des Gemeinderats mit Aus- 99

---
253 Vgl. VGH BW, Beschl. v. 29.06.1981 – 1 S 345/81, VBlBW 1982, 53 (54); VG Karlsruhe, Urt. v. 25.01.2012 – 4 K 2622/10, juris Rn. 30; OVG Lüneburg, Beschl. v. 27.04.1989 – 10 M 13/89, DVBl. 1989, 937 (938).
254 *Geis*, Kommunalrecht, § 11 Rn. 73.

nahme der in § 39 Abs. 2 GemO gelisteten Vorbehaltsaufgaben übertragen werden. Sie sind nach jeder Wahl neu zu bilden, vgl. § 40 Abs. 1 S. 3 GemO.

1. Ausschussbesetzung

100 Die Ausschussmitglieder werden vom Gemeinderat im Anschluss an jede Gemeinderatswahl (§ 40 Abs. 1 S. 3 GemO) **widerruflich**[255] **gewählt**, wobei das in Art. 28 Abs. 1 S. 2 GG verankerte Demokratieprinzip erfordert, dass die Ausschüsse ein **Spiegelbild** der Zusammensetzung des Gemeinderats sind, der aus der Urwahl hervorgegangenen Volksvertretung i.S.d. Art. 28 Abs. 1 GG.[256] Dieser „Spiegelbildlichkeitsgrundsatz" sichert den gleichen Erfolgswert der Stimme und die gleiche Repräsentation durch die gewählten Mandatsträger. Die Gemeindeordnung sieht in § 40 Abs. 2 GemO vor, dass eine Einigung (d.h. Zustimmung aller) über die Zusammensetzung eines beschließenden Ausschusses Vorrang hat; kommt eine solche nicht zu Stande, werden die Mitglieder von den Gemeinderäten aufgrund von Wahlvorschlägen nach den Grundsätzen der Verhältniswahl unter Bindung an die Wahlvorschläge gewählt. Wird nur ein gültiger oder kein Wahlvorschlag eingereicht, findet Mehrheitswahl ohne Bindung an die vorgeschlagenen Bewerber statt.

101 Ein *gemeinsamer Wahlvorschlag mehrerer Fraktionen* für die Wahl zur Besetzung der Ausschüsse der Gemeindevertretung ist auch dann unzulässig, wenn ihm eine durch einen Koalitionsvertrag vereinbarte Zusammenarbeit der Fraktionen zu Grunde liegt.[257] Abweichungen vom Spiegelbildlichkeitsgrundsatz, die durch die geringere Ausschussgröße bedingt sind, verstoßen nicht gegen das Demokratieprinzip, wenn eine kleine Fraktion keinen Sitz im Ausschuss erhält, solange dies nicht rechtsmissbräuchlich erfolgt[258] und eine angemessene Repräsentation der Stimmbürger fortbesteht[259] (sog. „Verbot des Ausschlusses ansehnlich großer Gruppen"[260]).

102 Die Rechtsprechung sieht **Ausschussgrößen** von etwa 20–25 % des Gesamtgemeinderats als zulässig an.[261] Die Rechtsprechung des BVerfG zum Beteiligungsrecht der fraktionslosen Bundestagsabgeordneten in Ausschüssen[262] ist nicht auf Gemeinderatsausschüsse übertragbar.[263] Das Organisationsermessen der Gemeinde ist jedoch nicht völlig frei, sondern unterliegt der Bindung an den Zweck, der durch die Aufgabe der Ausschüsse bestimmt wird. Deshalb darf die Gemeinde bei der Festlegung der Zahl der Mitglieder eines Ausschusses berücksichtigen,

---

255 Zur deshalb stets zulässigen Neubesetzung von Ausschüssen: VGH BW, Urt. v. 21.12.1992 – 1 S 1834/92, juris Rn. 15.
256 BVerwG, Urt. v. 10.12.2003 – 8 C 18.03, juris Rn. 13 ff.; BVerwG, Urt. v. 09.12.2009 – 8 C 17.08, juris Rn. 19 ff.; *Lohner/Zieglmeier*, BayVBl. 2007, 481 ff.; *Philipp*, SächsVBl 2011, 273 ff. Zum Spiegelbildlichkeitsgrundsatz bei der Besetzung von Aufsichtsräten gemeindlicher Gesellschaften vgl. § 19 Rn. 130; *Goerlich/Schmidt*, LKV 2005, 7 (10), VG Freiburg, Urt. v. 17.03.2009 – 5 K 650/07.
257 BVerwG, Urt. v. 09.12.2009 – 8 C 17.08, juris Rn. 19 ff. „Verbot der Kräfteverschiebung aufgrund von fraktionsübergreifenden Wahlvorschlägen". Entsprechendes gilt u.E. für die *nach* den Wahlen erfolgende Bildung von Fraktionen aus mehreren Wahllisten (solange die Wahl der Ausschussmitglieder nicht über eine Einigung nach § 40 Abs. 2 GemO erfolgt, s. ebda., Rn. 29).
258 OVG NW, Urt. v. 27.05.2005 – 15 B 673/05, juris Rn. 19.
259 BVerwG, Beschl. v. 25.09.1985 – 7 B 183.85, juris Rn. 1. – Sächs. OVG, Beschl. v. 14.09.2010 – 4 B 87/10, juris Rn. 22: Dass 16,4 % der Wählerstimmen in den Ausschüssen keinen Niederschlag finden sollen, dürfte mit dem Grundsatz der spiegelbildlichen Besetzung und der Erfolgswertgleichheit der Wahl nicht zu vereinbaren sein.
260 BayVGH, Urt. v. 17.03.2004 – 4 BV 03.1159, juris Rn. 15.
261 BVerwG, Beschl. v. 07.12.1992 – 7 B 49.92, juris Rn. 4; BVerwG, Beschl v. 14.10.1993 – 7 B 19.93, juris Rn. 2; BayVGH, Urt. v. 12.09.2006 – 4 ZB 06.535, juris Rn. 9; OVG SH, Urt. v. 15.03.2006 – 2 LB 48/05, juris Rn. 49 ff.; OVG Nds, Beschl. v. 26.02.1998 – 10 M 5793/97, juris Rn. 5.
262 BVerfG, Urt. v. 13.06.1989 – 2 BvE 1/88, BVerfGE 80, 188 – Wüppesahl.
263 VGH BW, Urt. v. 21.12.1992 – 1 S 1834/92, juris Rn. 21 ff.

dass dem Ausschuss eine effektive Vorbereitung der Beratung und Beschlussfassung im Plenum möglich bleiben muss. Wenn aber durch eine moderate Erhöhung der Zahl der Mitglieder (z.B. von fünf auf sieben) bereits gesichert werden kann, dass sowohl der Spiegelbildlichkeitsgrundsatz als auch das Mehrheitsprinzip bei der Besetzung der Ausschüsse gewahrt sind, wäre dies eine (dann auch wahrzunehmende) Möglichkeit des schonenden Ausgleiches zwischen beiden Prinzipien.[264] Zulässig ist es auch, Minderheiten trotz fehlenden Anspruchs auf einen Sitz nach Verhältniswahlgrundsätzen zum Zwecke der Einbeziehung in die Arbeit des Gemeinderats mit einem Sitz ohne Stimmrecht auszustatten.[265]

103 Das BVerwG bejaht tendenziell die Frage, ob die in Baden-Württemberg verbreitete Praxis der **Einigung** über die Zusammensetzung der beschließenden Ausschüsse gem. § 40 Abs. 2 GemO den Anforderungen des Art. 28 GG entspricht.[266] Hierbei wird zugunsten der kleinen Fraktionen vom Spiegelbildlichkeitsgrundsatz abgewichen, um den kleineren Fraktionen oder Gruppierungen Sitze in einzelnen beschließenden Ausschüssen zu verschaffen. Als *Stärkung* der Minderheiten dürfte dies im Ergebnis nicht zu beanstanden sein,[267] die in den Ausschuss gewählten Mandatsträger repräsentieren hier dann alle an der Einigung beteiligten Parteien und Gruppierungen.[268] Ein dergestalt zulässiger schonender Ausgleich zwischen widerstreitenden Verfassungsprinzipien (Funktionsfähigkeit des Organs, Mehrheitsprinzip und Minderheitenschutz) ist aber nur möglich, soweit der Zielsetzung des Minderheitenschutzes nicht auch durch eine geringfügige Vergrößerung Ausschüsse Rechnung getragen werden kann.

104 Eine **Ausschussnachbesetzung** für während der Wahlperiode ausscheidende bzw. nachrückende Gemeinderäte setzt, wenn die Ausschüsse durch Einigung besetzt wurden, wiederum eine *Einigung* voraus. Ist diese nicht zu erreichen, hat eine *Neuwahl* aller abweichend vom Spiegelbildlichkeitsgrundsatz besetzter Ausschüsse zu erfolgen.

105 In die Ausschüsse können zudem nach §§ 40 Abs. 1 S. 4, 41 Abs. 1 S. 3 GemO **sachkundige Einwohner** als dauernde Mitglieder gewählt werden; in beschließenden Ausschüssen haben diese jedoch im Hinblick auf Art. 28 Abs. 1 S. 2 GG kein Stimmrecht. Sie wirken dort (nur) beratend mit und besitzen demnach Rede- und Antragsrecht.

2. Beschließende Ausschüsse, §§ 39, 40 GemO

106 Die beschließenden Ausschüsse entscheiden im Rahmen ihres Aufgabengebiets selbstständig *anstelle des Gemeinderats*. Sie sind „Organteile" und werden **durch Hauptsatzung** (§ 39 Abs. 1 S. 1 i.V.m. § 4 Abs. 2 GemO) gebildet. Die Hauptsatzung muss den Aufgabenkreis und die Größe des Ausschusses bestimmen.[269] Vorsitzender des Ausschusses ist nach § 40 Abs. 3 GemO der Bürgermeister (mit Stimmrecht), er kann einen Stellvertreter oder Beigeordneten mit seiner Vertretung beauftragen.[270] Der Gemeinderat kann eine einzelne Sache durch Beschluss auf einen Ausschuss delegieren (§ 39 Abs. 1 S. 2, 1. Var. GemO), soweit dies nicht § 39 Abs. 2 GemO hindert. Die **Hauptsatzung** kann vorsehen, dass die Angelegenheit dem Gemeinderat auf Antrag einer Minderheit wieder unterbreitet wird, oder dieser die Sache an sich zieht (§ 39 Abs. 3 S. 3–5 GemO). Die beschließenden Ausschüsse tagen

---

264 BVerwG, Urt. v. 09.12.2009 – 8 C 17.08, juris Rn. 29.
265 OVG NW, Urt. v. 30.03.2004 – 15 A 2360/02, juris Rn. 89.
266 BVerwG, Urt. v. 09.12.2009 – 8 C 17.08, juris Rn. 29; so ausdrücklich auch *Philipp*, SächsVBl 2011, 273 (274).
267 BVerfG, Urt. v. 28.02.2012 – 2 BvE 8/11, juris Rn. 125 ff. („Neunergremium"); a.A. *Lange*, Kommunalrecht, Kap. 6 Rn. 118.
268 *Philipp*, SächsVBl 2011, 273 (274).
269 S. OVG SH, Urt. v. 15.03.2006 – 2 LB 48/05, juris Rn. 49 ff.
270 Der Beigeordnete hat dann – anders als im beratenden Ausschuss, kein Stimmrecht, arg. e § 41 Abs. 2 S. 2 GemO.

wie der Gemeinderat in öffentlicher Sitzung, § 39 Abs. 5 S. 1 i.V.m. § 35 Abs. 1 GemO.

107 Die beschließenden Ausschüsse sind für ihr Sachgebiet gleichzeitig „vorberatender" Ausschuss (§ 39 Abs. 4 S. 1 GemO – Beratungsfunktion),[271] hierbei tagen sie grundsätzlich nichtöffentlich (§ 39 Abs. 5 S. 2 GemO).[272] Die nicht in den Ausschuss gewählten Gemeinderatsmitglieder haben das Recht, an der Sitzung als Zuhörer teilzunehmen und vor der Sitzung schriftliche Anträge zu stellen.[273] Die Geschäftsordnung kann ihnen auch ein weitergehendes Rederecht einräumen.

108 Beschließende Ausschüsse außerhalb der Gemeindeordnung sind
- der **Jugendhilfeausschuss** nach § 71 SGB VIII; bei ihm werden 2/5 der (stimmberechtigten) Mitglieder auf Vorschlag der Jugend- und freien Wohlfahrtverbände gewählt;
- der **Umlegungsausschuss** (§ 46 Abs. 2 Nr. 1 BauGB); er tagt nach § 6 DVO BauGB immer nichtöffentlich;
- der **Betriebsausschuss** der Eigenbetriebe (§ 7 EigenbetriebsG);
- der **Gemeindewahlausschuss** (§ 11 KomWG).

3. Beratende Ausschüsse § 41 GemO

109 Die Bildung **beratender** Ausschüsse muss nicht in der Hauptsatzung geregelt werden, sie können durch einfachen Gemeinderatsbeschluss (§ 41 Abs. 1 S. 1 GemO) gebildet werden. Sie tagen in der Regel nichtöffentlich, § 21 Abs. 1 GO i.V.m. § 41 Abs. 3 GemO (kein Verweis auf § 35 Abs. 1 GemO!). Vom Gemeinderat bestellte sachkundige Einwohner können mitwirken (§ 41 Abs. 1 S. 2 GemO) und haben als vollberechtigte Mitglieder Teilnahme-, Rede-, Antrags- und Stimmrecht.[274] Ein Beigeordneter als Vertreter des Bürgermeisters im Vorsitz hat ebenfalls Stimmrecht (§ 41 Abs. 2 S. 2 GemO). Im Hinblick auf die bloß beratende und nicht entscheidende Funktion ist das Stimmrecht der Beigeordneten und der sachkundigen Einwohner vor Art. 28 Abs. 1 S. 2 GG als besondere bürgerschaftliche Partizipationsform rechtfertigungsfähig.

4. Ortschaftsräte

110 Soweit in Gemeinden durch Hauptsatzung die Ortschaftsverfassung eingeführt wird (§§ 67, 68 Abs. 1 S. 1 GemO), bestimmt die Hauptsatzung die Zahl der Ortschaftsräte. Nach § 72 GemO gelten die Bestimmungen der §§ 24 ff., 42 ff. GemO. Ein Ältestenrat nach § 33a ist nicht vorgesehen und bei Beschlussfassungen nach § 37 hat der Ortsvorsteher, der nicht zugleich Mitglied des Ortschaftsrats ist, kein Stimmrecht.

---

271 In dieser Funktion sind sie aber nicht beratender Ausschuss i.S.d. § 41 GemO, d.h. es besteht kein Stimmrecht der sachkundigen Einwohner oder eines Beigeordneten.
272 Von diesem Grundsatz könnte jedoch im Sinne einer erhöhten Verfahrenstransparenz allgemein abgewichen werden, a.A. *Kunze/Bronner/Katz*, GemO, § 39 Rn. 38; *Aker/Hafner/Notheis*, § 39 GemO Rn. 41, jeweils ohne Begründung. Die Novelle 2015 soll die grundsätzlich öffentliche Vorberatung ermöglichen (Fn. 3). – Eine vorherige Befassung des *Ortschaftsrats* hat gem. §§ 72, 35 GemO grundsätzlich öffentlich zu erfolgen; in diesem Fall ist öffentliche Vorberatung des Ausschusses empfehlenswert, s. hierzu *Schöneboom/Brenndörfer*, VBlBW 2012, 91 ff.
273 VGH BW, Urt. v. 22.03.1990 – 1 S 429/90, juris Rn. 2.
274 So auch *Ade*, GemO-Ktr., § 41 Ziff. 2; *Aker/Hafner/Notheis*, § 41 GemO Rn. 8.

5. Sonstige Gremien

a) Ältestenrat (§ 33a GemO)

Zur Beratung des Bürgermeisters in Fragen der Tagesordnung und des Gangs der 111
Verhandlungen des Gemeinderats kann durch Hauptsatzung bestimmt werden, dass
der Gemeinderat einen **Ältestenrat** bildet (vgl. § 33 a Abs. 1 GemO). Der Ältestenrat
unter dem Vorsitz des Bürgermeisters ist kein Ausschuss i.e.S., sondern Organteil
des Gemeinderats. Zusammensetzung, Geschäftsgang und das Verfahren zur Bildung des Ältestenrats sind in der *Geschäftsordnung* zu regeln. Zur Regelung der
Aufgaben ist nach § 33 a Abs. 2 GemO das Einvernehmen des Bürgermeisters erforderlich. Allerdings sind die Aufgaben des Ältestenrats in § 33 a Abs. 1 GemO gesetzlich bereits festgelegt und können nicht erweitert werden.[275]

In der politischen Praxis verzahnt der Ältestenrat die Fraktions- mit der Gemeinderatsarbeit an- 112
lässlich der Vorbereitung der Gemeinderatssitzungen. Nicht nur ein langfristiger Sitzungskalender, sondern auch die zeitliche Abfolge politisch wichtiger Themen im Kalenderjahr kann hier
für die jährliche Sitzungsplanung vorbesprochen werden. Vor einer Gemeinderatssitzung kann
bei umfangreicher Tagesordnung vorgeklärt werden, bei welchen Angelegenheiten eine Aussprache evtl. verzichtbar wäre, wenn kein Gemeinderat widerspricht.

b) Jugendvertretung (§ 41a GemO)

Die Einrichtung eines **Jugendgemeinderats** nach § 41a GemO steht im Ermessen 113
des Gemeinderats. Die offene Gesetzesfassung des § 41a GemO ermöglicht auch
andere Formen der Beteiligung Jugendlicher, etwa in Jugendforen, über eine Internetplattform oder projektbezogen. Darüber hinaus wird Jugendvertretern über eine
Geschäftsordnungsregelung nach § 41a Abs. 2 GemO ermöglicht, an den Sitzungen
des Gemeinderats und seiner Ausschüsse in Jugendangelegenheiten mit Antrags-
und Rederecht teilzunehmen. Zudem können Jugendliche als sachkundige Einwohner in beratende und beschließende Ausschüsse berufen werden.

c) Beirat für geheimzuhaltende Angelegenheiten (§ 55 GemO)

Der Gemeinderat kann einen Beirat bilden, der den Bürgermeister in **geheimzuhal-** 114
tenden Angelegenheiten berät (§ 55 GemO). Vorsitzender des Beirates ist der Bürgermeister. Mitglieder können nur Gemeinderäte sein. Ihre Zahl ist gesetzlich festgelegt (§ 55 Abs. 2 GemO). Die Beratungstätigkeit des Beirats bezieht sich auf die Angelegenheiten des § 44 Abs. 3 Satz 2 GemO.

d) Andere Beiräte

Die kommunalpolitische Praxis kennt eine Vielzahl **weiterer**, oftmals mit Gemeinde- 115
räten und Bürgern besetzter **Beratungsgremien**, die aufgrund kommunaler Organisationshoheit eingerichtet werden können, solange ihnen keine Entscheidungsbefugnis übertragen wird.[276] Ihre Zulässigkeit folgt aus der zur Selbstverwaltungsga-

---

275 *Aker/Hafner/Notheis*, § 33a GemO Rn. 4.
276 BayVGH, Urt. v. 17.02.1999 – 4 B 96.1710, juris Rn. 37; BayVGH, Urt. v. 15.03.2004 – 22 B 03.1362,
juris Rn. 30 ff. – Entscheidungsbefugnisse können nur im gesetzlich vorgesehenen Rahmen gem. §§ 39,
40 GemO übertragen werden.

rantie nach Art. 28 Abs. 2 S. 1 GG gehörenden *Organisationshoheit*. Bedeutendes Beispiel sind *Ausländerbeiräte*, aber auch *Behinderten- oder Seniorenbeiräte*.[277] Sie tragen mit ihren rechtlich unverbindlichen Stellungnahmen dazu bei, dass bestimmte (Partikular-)Interessen im Rahmen der kommunalen Willensbildung zur Sprache kommen und angemessen berücksichtigt werden.

VI. Fraktionen

1. Fraktionsbildung

116 Eine Rechtsgrundlage für die Bildung von **Fraktionen** findet sich in der GemO ebenso wenig wie eine Vorschrift über deren Mindeststärke (anders als in einigen anderen Bundesländern wie z.B. § 56 GemO NW § 40 GemO Bbg, § 36a Hess GemO).[278] Die Zulässigkeit der Fraktionsbildung wird allgemein aus der Befugnis der Gemeindevertretung hergeleitet, ihre interne Organisation und den Ablauf ihres Entscheidungsprozesses im Rahmen der Gesetze eigenverantwortlich durch Geschäftsordnung (§ 36 Abs. 2 GemO) zu regeln.[279] Fraktionen sind incidenter in §§ 50 Abs. 2 S. 3, 65 Abs. 1 S. 3 GemO vorausgesetzt.

117 Der Begriff der Fraktion wird durch ihre Funktion geprägt. Fraktionen *wirken bei der Willensbildung und Entscheidungsfindung im Gemeinderat mit*: Sie prägen die Willensbildung und Entscheidungsfindung im Plenum vor, indem sie vor der Plenardebatte und -abstimmung in interner Meinungsbildung Willensblöcke bilden, die sie im Plenum möglichst geschlossen zur Geltung bringen. Dadurch wird die Arbeit im Plenum erleichtert, das auf die Vorarbeit der Fraktionen angewiesen ist, weil eine umfassende erstmalige Meinungsbildung jedes einzelnen Vertreters im Plenum kaum geleistet werden kann.[280] Sowohl im allgemeinen als auch im juristischen Sprachgebrauch werden als Fraktionen regelmäßig **Vereinigungen politisch gleichgesinnter Volksvertreter** bezeichnet.[281] Die Fraktionsbildung erfolgt (durch nicht formgebundenen Vertrag) für die Dauer der Wahlperiode der Gemeinderäte.[282]

118 Um ihrer Funktion gerecht zu werden, muss eine Fraktion aus mehreren – mindestens aus zwei – Mitgliedern bestehen (anders § 36b Hess GemO). Die Geschäftsordnung kann die **Mindeststärke einer Fraktion** vorschreiben.[283] Der Gemeinderat besitzt dabei ein weites Ermessen, bei dem die rechtlichen Schranken des Willkürverbots, die Grundsätze der Chancengleichheit und der Minderheitenschutz zu berücksichtigen sind.[284]

---

277 BayVGH, Urt. v. 24.11.2011 – 4 N 11.1412, juris Rn. 28 ff.
278 Eine Novelle der GemO (Rn. 1) soll im Jahr 2015 den Fraktionen das Recht zur Einberufung einer Sitzung, auf Aufnahme eines Gegenstands in die Tagesordnung und zur Veröffentlichung von Stellungnahmen im Amtsblatt bringen.
279 VGH BW, Urt. v. 24.06.2002 – 1 S 896/00, juris Rn. 27.
280 OVG NW, Urt. v. 14.01.1975 – III A 551/73.
281 OVG NW, Beschl. v. 24.01.2005 – 15 B 2713/04, juris Rn. 8; s.a. BVerwG, Urt. v. 27.03.1992 – 7 C 20.91, juris Rn. 10. Zur Abgrenzung gegenüber sogen. Zählgemeinschaften OVG Nds, 04.02.2005 – 10 ME 104/04, juris Rn. 4 ff.
282 OVG NW, Beschl. v. 27.03.1990 – 15 A 2666/86, juris Rn. 5.; VG Koblenz, Urt. v. 22.10.2009 – 1 K 718/09, juris Rn. 13.
283 VGH BW, Urt. v. 24.06.2002 – 1 S 896/00, juris Rn. 27 ff.: drei Mitglieder bei 32 Gemeinderäten ist keine willkürliche Festsetzung.
284 BVerwG, Beschl. v. 31.05.1979 – 7 B 77.78, juris Rn. 4; VGH BW, Beschl. v. 26.01.1989 – 1 S 3834/88, juris Rn. 10.

VI. Fraktionen

Das Recht zur Gründung einer Fraktion folgt aus dem Mitwirkungsrecht eines jeden Gemeinderatsmitglieds, deshalb ist die Fraktion eine öffentlich-rechtliche Organisationseinheit[285] und Organteil[286] des Gemeinderats. Es gibt keinen Grundsatz, dass sich nur Vertreter einer Partei zu einer Fraktion zusammenschließen dürfen, weshalb auch der **Zusammenschluss über Parteigrenzen** hinaus zulässig ist (solange er von politisch gleichgesinnten Mandatsträgern und nicht rechtsmissbräuchlich erfolgt).[287] Gemeinderäte sind in der **Namensbildung** der Fraktion frei, soweit keine Verwechslungsgefahr besteht.[288] Durch den politischen Zusammenschluss erlangen die Fraktionsmitglieder entsprechend der Geschäftsordnung und gemeindlichen Satzungen zusätzliche **Rechte**, wie z.B. hinsichtlich der Vertretung im Ältestenrat, der Redereihenfolge, der Redezeiten und der Bezuschussung der Fraktionsarbeit. Zudem kann die Geschäftsordnung vorsehen, dass einer Fraktion das Recht auf Aufnahme eines Verhandlungsgegenstands in die Tagesordnung in Erweiterung des Minderheitenrechts nach § 34 Abs. 1 S. 4 GemO zugebilligt wird.[289] Aus dem Charakter des Fraktionszusammenschlusses als einer öffentlich-rechtlichen Vereinbarung der Gemeinderäte folgt, dass der *Bürgermeister* als Gemeindebeamter im Hinblick auf § 33 Abs. 1 S. 1 BeamtStG nicht Fraktionsmitglied werden kann.[290]

119

Mit der Bildung der Fraktionen geht das freie Mandat des Gemeinderatsmitglieds nicht auf diese über, sondern verbleibt bei dem einzelnen Mandatsinhaber. Deshalb haben Fraktionsbeschlüsse, auch wenn sie die nachfolgende Abstimmung im Rat tatsächlich präjudizieren, rechtlich nur den Charakter *unverbindlicher Empfehlungen*.[291] Das Fraktionsmitglied bleibt nach außen frei, im Gemeinderat entsprechend seiner inneren Überzeugung abzustimmen. Es hat aber im *Innenverhältnis zur Fraktion* gemeinsam erarbeitete zentrale Grundentscheidungen und Leitlinien zu beachten.[292]

120

Die Fraktionen **gehen unter** durch freiwillige Auflösung, durch Wegfall der Mitglieder, durch Unterschreitung der Fraktionsmindeststärke und zum Ende der Wahlperiode ihrer Mitglieder. Bis zu ihrer vollständigen Abwicklung gelten sie im Rechtsverkehr allerdings noch als fortbestehend.[293]

121

2. Fraktionsausschluss und Spiegelbildlichkeitsgrundsatz

Aufgrund der Fraktionsabsprache besteht zwar grundsätzlich ein Anspruch des Mitglieds auf die uneingeschränkte Partizipation an der Fraktionsarbeit (insbesondere auf gleiches Stimmrecht in der Fraktion entsprechend dem Gleichheitsgrundsatz). Dieser Anspruch erlischt aber nach einem wirksamen **Fraktionsausschluss**. Ob und

122

---

285 *Burgi*, Kommunalrecht, § 12 Rn. 14; *Geis*, Kommunalrecht, § 11 Rn. 93; *Ziekow*, NWVBl 1998, 297; VG Freiburg, Beschl. v. 28.09.2005 – 8 K 1577/05; OVG NW, Beschl. v. 20.07.1992 – 15 B 1643/92; Hess VGH, Beschl. v. 13.12.1989 – 6 TG 3175/89, juris Rn. 2; a.A. *Lunau/Zieschang*, SächsVBl 2008, 9 u. früher der BayVGH, Beschl. v. 24.11.1988 – 4 CE 88.2620 (abw. hiervon z.B. VG Regensburg, Urt. v. 19.05.2004 – 3 K 03.1273, juris Rn. 42).
286 BVerwG, Urt. v. 27.03.1992 – 7 C 20.91, juris Rn. 16. Insofern ist die Fraktion teilrechtsfähig.
287 *Lange*, Kommunalrecht, Kap. 6 Rn. 32.
288 OLG Karlsruhe, Urt. v. 18.12.2013 – 13 U 162/12, juris Rn. 17 ff. (Grüne Alternative Freiburg); Sächs. OVG, Beschl. v. 20.05.2009 – 4 B 306/09, juris Rn. 3; VG Oldenburg, Beschl. v. 22.11.2006 – 1 B 5010/06, juris Rn. 15 ff.
289 S. Rn. 89.
290 BVerwG, Urt. v. 27.03.1992 – 7 C 20.91, juris Rn. 20.
291 BVerwG, Urt. v. 27.03.1992 – 7 C 20.91, juris Rn. 10.
292 Vgl. Hess VGH, Beschl. v. 05.01.1998 – 8 TG 3361/97, juris Rn. 9, 11: Eine Regelung der Fraktionsgeschäftsordnung, wonach Fraktionsmitglieder ein abweichendes Stimmverhalten vorab mitzuteilen haben, ist zulässig, ihre Missachtung kann zum Fraktionsausschluss führen.
293 OVG NW, Urt. v. 12.11.1991 – 15 A 1046/90, juris Rn. 26.

gegebenenfalls unter welchen Voraussetzungen ein Fraktionsmitglied ausgeschlossen werden kann, richtet sich in erster Linie nach den bei der Errichtung der Fraktion getroffenen *Absprachen*. Fehlt eine diesbezügliche Regelung, so ist auf den Maßstab zurückzugreifen, der allgemein für die Beendigung von Beteiligungen in Dauerrechtsverhältnissen gilt, die durch die persönliche Zusammenarbeit der Beteiligten geprägt werden.[294]

123 Danach erfordert ein solcher Ausschluss zunächst die Einhaltung bestimmter *formeller* Voraussetzungen, die nach allgemeiner Ansicht zwingend beachtet werden müssen. Hierzu ist erforderlich, dass dem Ausschluss des Fraktionsmitgliedes eine Anhörung des Betroffenen vorausgeht und zu der Sitzung, in der über den Ausschluss befunden werden soll, sämtliche Fraktionsmitglieder eine Ladung unter konkreter Benennung dieses Tagesordnungspunktes erhalten.[295] Der Beschluss über den Fraktionsausschluss bedarf der Mehrheit der Fraktionsmitglieder. Darüber hinaus sind dem ausgeschlossenen Mitglied die Ausschlussgründe schriftlich mitzuteilen,[296] damit er Rechtsschutz im Wege des Kommunalverfassungsstreits[297] erwirken kann.

124 In *materieller* Hinsicht setzt die Wirksamkeit des Fraktionsausschlusses in Anlehnung an die für Dauerschuldverhältnisse geltenden Grundsätze das Vorliegen eines *wichtigen Grundes* und seine Qualifizierbarkeit als *ultima ratio* voraus.[298] Ob der wichtige Grund vorliegt, ist unter Berücksichtigung des Verhältnismäßigkeitsprinzips im Wege der Abwägung zwischen dem Status des Gemeinderatsmitglieds und dem Zweck der praktischen, politischen Arbeitsfähigkeit der Fraktion festzustellen.[299] Ein gewichtiger Grund ist gegeben, wenn das für eine sinnvolle Meinungsbildung und Arbeit der Fraktion erforderliche Mindestmaß an prinzipieller politischer Übereinstimmung fehlt.[300] Dabei unterliegt der in dem Fraktionsausschluss zu erblickende Akt interner Selbstgestaltung unter Wahrnehmung kollektiver politischer Verantwortung nur einer eingeschränkten Überprüfung durch die Gerichte, die sich auf Verstöße gegen gesetzliche Bestimmungen, die Einhaltung des Grundsatzes der Verhältnismäßigkeit und auf eine Beachtung des Willkürverbots beschränkt.[301]

125 Nach einem Fraktionsausschluss entspricht die Zusammensetzung der Ausschüsse u.U. nicht mehr der Stärke der im Gemeinderat vertretenen Parteien. Es besteht eine *objektivrechtliche* Pflicht, die Zusammensetzung der Ausschüsse entsprechend dem Spiegelbildlichkeitsgrundsatz vorzunehmen, die nur geringfügige Modifikationen zugunsten eines Minderheitenschutzes durch das Einigungsprinzip ermöglicht (§ 40 Abs. 2 GemO). Nach § 40 Abs. 1 S. 2 GemO erfolgt die Bestellung als Ausschussmitglied widerruflich. Der Gemeinderat kann deshalb jederzeit mit einfacher Mehrheit zu beschließen, Ausschüsse neu zu bilden, d.h. in ihrer personellen Zusammensetzung zu ändern und damit incidenter ein Gemeinderatsmitglied aus dem Ausschuss abzu-

---

294 OVG Saarl., Beschl. v. 20.04.2012 – 2 B 105/12, juris Rn. 12.
295 Vgl. VG Freiburg, Beschl. v. 28.09.2005 – 8 K 1577/05; OVG NW, Beschl. v. 20.07.1992 – 15 B 1643/92 -, juris Rn. 15 ff.; Bay VGH, Beschl. v. 24.11.1988 – 4 CE 88.2620, NVwZ 1989, 494; *Erdmann*, DÖV 1988, 907 (910); *Aulehner*, JA 1989, 478 (483).
296 VG Freiburg, Beschl. v. 28.09.2005 – 8 K 1577/05; OVG Saarl., Beschl. v. 20.04.2012 – 2 B 105/12, juris Rn. 13; BayVGH, Beschl. v. 24.11.1988 – 4 CE 88.2620, NVwZ 1989, 494; *Schmidt-Jortzig/Hansen*, NVwZ 1994, 116 (118); *Erdmann*, DÖV 1988, 907 (910).
297 S. § 17 Rn. 1 ff.
298 OVG Saarl., Beschl. v. 20.04.2012 – 2 B 105/12, juris Rn. 15; OVG Berlin, Beschl. v. 19.08.1997 – 8 SN 295/97, juris Rn. 23.
299 VG Freiburg, Beschl. v. 28.09.2005 – 8 K 1577/05. – Bsp. für die Ablehnung eines wichtigen Grundes: OVG Berlin, Beschl. v. 19.08.1997 – 8 SN 295/97 (Abgeordneter der CDU forderte eine Entfernung des Kreuzes im Fraktionszimmer); OVG Saarl., Beschl. v. 29.09.1995 – 1 W 12/95 (Bürgermeisterkandidatur neben offiziellen Parteibewerbern).
300 Hess VGH, Beschl. v. 13.12.1989 – 6 TG 3175/89, juris Rn. 5; *Schmidt-Jortzig/Hansen*, NVwZ 1994, 116 (118).
301 OVG Saarl., Beschl. v. 20.04.2012 – 2 B 105/12, juris Rn. 15.

berufen.[302] Es gibt kein Recht des abberufenen Gemeinderates auf Sitz in einem Ausschuss.[303]

3. Finanzierung

Die Gewährung von **Finanzierungshilfen** in Form von Geld- oder Sachzuwendungen an die Fraktionen durch die Gemeinde ist mit Blick auf ihre Funktionen *zulässig, aber nicht geboten*.[304] Ihre Vergabe erfolgt in pflichtgemäßer Ermessensausübung[305] nach den für Zuschüsse geltenden Grundsätzen, soweit die Gemeinde keine Satzungsregelung trifft.[306] 126

Fraktionszuschüsse dürfen nur zur *Unterstützung der Gemeinderatsarbeit* gewährt und eingesetzt werden, da eine verdeckte Parteienfinanzierung unzulässig ist. Der Grundsatz der Chancengleichheit ist zu beachten. Sachgerecht ist es bspw., die Höhe der Zuwendungen an Fraktionen grundsätzlich in Abhängigkeit von deren Mitgliederzahl zu staffeln.[307] Dabei kann es erforderlich sein, eine unzulässige Benachteiligung kleinerer Fraktionen durch Anerkennung eines gemeinsamen Grundaufwands (Sockelbetrag) oder eine degressive Staffelung aufzufangen.[308] Möglich sind neben einer *Sachkostenerstattung*, die sich auch auf die Kosten von Fortbildungsmaßnahmen, Öffentlichkeitsarbeit oder erforderlicher externer Beratung erstrecken kann,[309] die Überlassung eines Fraktionszimmers im Rathaus oder die Erstattung angemessener *personeller Aufwendungen* für die Beschäftigung von Fraktionsmitarbeitern insbesondere in größeren Städten, in denen die ehrenamtliche Mandatsausübung ohne Zuarbeit kaum mehr möglich ist.[310] 127

Die Gewährung von Finanzmitteln an Fraktionen darf schließlich nicht dazu führen, dass die in diesen Fraktionen zusammengeschlossenen Mandatsträger bei der Wahrnehmung ihres Mandats gegenüber fraktionslosen Mandatsträgern ungleich bevorzugt werden. Wo dies unvermeidliche Folge der Fraktionsbildung ist, bedarf es kompensatorischer – nicht notwendig geldwerter – Maßnahmen zugunsten der Fraktionslosen, um die *Gleichheit der Mandatswahrnehmung* wiederherzustellen.[311] Eine derartige Maßnahme ist es bspw., den fraktionslosen Mitgliedern im Wege des nach § 40 Abs. 2 GemO praktizierten Einigungsverfahrens einen Sitz in beschließenden Ausschüssen zu gewähren (zulässige Abweichung vom Spiegelbildlichkeitsgrundsatz[312]). 128

---

302 VGH BW, Urt. v. 21.12.1992 – 1 S 1834/92, juris Rn. 15; *Aker/Hafner/Notheis*, § 40 GemO Rn. 3; i.E. auch BayVGH, Beschl. v. 24.11.1988 – 4 CE 88.2620, NVwZ 1989, 494; anders für das abweichende Gemeinderecht in Nordrhein-Westfalen OVG NW, Beschl. v. 27.09.2002 – 15 B 855/02, juris Rn. 7 ff. (Einigung über Neubesetzung erforderlich).
303 BVerwG, Beschl. v. 13.10.1993 – 7 B 39.93, juris Rn. 2.
304 Hess VGH, Beschl. v. 11.05.1995 – 6 TG 331/95, juris Rn. 10: kein Anspruch auf Personalkostenerstattung, aber auf Gleichbehandlung. A.A. *Lange*, Kommunalrecht, Kap. 6 Rn. 56 mit dem Hinweis, dass gesetzliche Funktionsträger einen Mindestbestand an finanziellen Zuwendungen erhalten müssen, um die ihnen zugewiesenen Aufgaben erfüllen zu können. In Baden-Württemberg sind Fraktionen aber bislang nicht gesetzlich geregelt.
305 OVG NW, Urt. v. 08.10.2002 – 15 A 4734/01, juris Rn. 27: kein Anspr. auf Vollkostenerstattung.
306 Die Rechtsaufsichtsbehörden orientieren sich an einem nicht veröffentlichten Erlass des IM v. 06.04.1992, vgl. hierzu *Aker/Hafner/Notheis*, § 19 GemO Rn. 32.
307 OVG NW, Urt. v. 08.10.2002 – 15 A 4734/01, juris Rn. 41; BayVGH, Urt. v. 16.2.2000 – 4 N 98.1341, juris Rn. 38 ff.
308 BVerwG, Urt. v. 05.07.2012 – 8 C 22.11, juris Rn. 30 f.
309 *Aker/Hafner/Notheis*, § 19 GemO Rn. 33 ff.; *Brockmann*, NWVBl 2004, 449 ff.; a.A. VG Gelsenkirchen, Urt. v. 13.02.1987 – 15 K 1536/85, DÖV 1987, 830; *Meyer*, VBlBW 1994, 337 (340).
310 OVG LSA, Urt. v. 11.01.2001 – 2 L 88/00, juris Rn. 49; *Meyer*, VBlBW 1994, 337 (339); a.A. *Geis*, Kommunalrecht, § 11 Rn. 102; Voraufl. Rn. 225. – Fraktionsmitarbeiter haben kein Recht auf Teilnahme an nichtöffentlichen Sitzungen des Gemeinderats und seiner Ausschüsse. Sie sind wie Gemeindebedienstete im Anstellungsvertrag zur Verschwiegenheit zu verpflichten, weil sie anlässlich ihrer Arbeit Kenntnis von geheimhaltungsbedürftigen Sachverhalten erlangen.
311 BVerwG, Urt. v. 05.07.2012 – 8 C 22.11, juris Rn. 20 unter Verweis auf BVerfGE 96, 264 (278).
312 S. Rn. 100.

VII. Die Gemeinderatssitzung

1. Sitzungsvorbereitung

a) Rolle des Bürgermeisters

129 Der Gemeinderat kann nur in einer ordnungsgemäß einberufenen und geleiteten Sitzung beraten und beschließen (§ 37 Abs. 1 S. 1 GemO). Die Vorbereitung der Gemeinderatssitzungen gehört zu den Aufgaben des Bürgermeisters (§ 43 Abs. 1 GemO), der gleichzeitig Leiter der Gemeindeverwaltung und Vorsitzender des Gemeinderats ist.

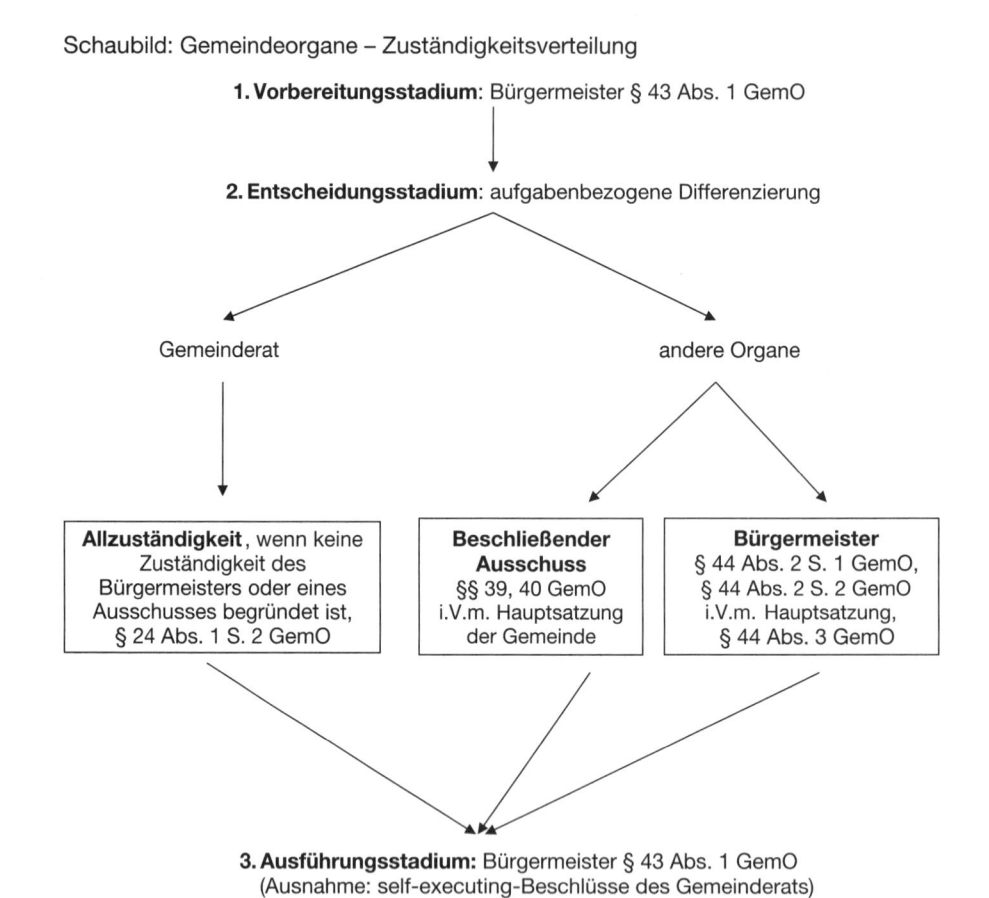

Schaubild: Gemeindeorgane – Zuständigkeitsverteilung

1. **Vorbereitungsstadium**: Bürgermeister § 43 Abs. 1 GemO

2. **Entscheidungsstadium**: aufgabenbezogene Differenzierung

Gemeinderat

andere Organe

| **Allzuständigkeit**, wenn keine Zuständigkeit des Bürgermeisters oder eines Ausschusses begründet ist, § 24 Abs. 1 S. 2 GemO | **Beschließender Ausschuss** §§ 39, 40 GemO i.V.m. Hauptsatzung der Gemeinde | **Bürgermeister** § 44 Abs. 2 S. 1 GemO, § 44 Abs. 2 S. 2 GemO i.V.m. Hauptsatzung, § 44 Abs. 3 GemO |

3. **Ausführungsstadium:** Bürgermeister § 43 Abs. 1 GemO
(Ausnahme: self-executing-Beschlüsse des Gemeinderats)

b) Einladung, Tagesordnung und Sitzungsunterlagen

Nach § 34 Abs. 1 GemO ist die Einberufung des Gemeinderats Aufgabe des Bürgermeisters.[313] Sie ist *schriftlich oder elektronisch* mit **angemessener Frist** vorzunehmen. In der Ladung an sämtliche Gemeinderäte[314] hat der Bürgermeister den Sitzungsort und Sitzungsraum sowie die genaue Tages- und Uhrzeit der Sitzung anzugeben. Zudem hat der Bürgermeister die Verhandlungsgegenstände (Tagesordnung) rechtzeitig mitzuteilen.

130

Die **Tagesordnung** muss die Verhandlungsgegenstände vollständig und mit hinreichend konkreter Bezeichnung enthalten. Über einen nicht in der Tagesordnung enthaltenen Gegenstand darf weder beraten noch Beschluss gefasst werden.[315] Der Bürgermeister darf einzelne Verhandlungsgegenstände bis zum Sitzungsbeginn (d.h. vor Eintritt in die Beratung) von der Tagesordnung nehmen, mit Ausnahme von Minderheitenanträgen nach § 34 Abs. 1 S. 4 GemO, die beraten werden müssen.

131

Der Ladung sind die für die Verhandlung erforderlichen **Unterlagen** („Gemeinderatsdrucksachen") beizufügen, soweit das öffentliche Wohl oder berechtigte Interessen Einzelner nicht entgegenstehen, § 34 Abs. 1 S. 1 GemO. Nach ständiger Rechtsprechung des VGH BW reichen bei einem durchschnittlich schwierigen Tagesordnungspunkt drei Tage aus, um eine ausreichende („rechtzeitige") Frist zu sichern.[316] Bei umfangreichen Sachverhalten wie bei Bebauungsplanentwürfen oder der Haushaltsplanung kann eine Woche erforderlich sein.[317] In Einzelfällen, die schon vorbesprochen sind, kann eine mündliche Information in der Sitzung ausreichend sein, um die Information der Gemeinderäte sicherzustellen.[318] Intern gelten ggfs. die strengeren Fristen der **Geschäftsordnung**.

132

Wenn ein Gemeinderat die Nichteinhaltung der Fristen nicht ausdrücklich rügt, wird der Verfahrensfehler durch *„rügeloses Einlassen"* geheilt.[319] Ein Bürger kann dann – z.B. anlässlich der Normenkontrolle eines Bebauungsplans – die nach § 34 Abs. 1 GemO unzureichende Information ebenfalls nicht erfolgversprechend geltend machen.[320]

133

Die **Beratungsunterlagen** müssen es den Gemeinderäten ermöglichen, sich über die zur Beratung und Entscheidung anstehenden Verhandlungsgegenstände näher zu informieren, sich eine – vorläufige – Meinung zu bilden und die Angelegenheit in der Fraktion vorzubesprechen. Welche Unterlagen hierfür erforderlich sind, ist nach Art des jeweiligen Verhandlungsgegenstandes und nach Inhalt und Funktion des Beschlusses, für dessen Vorbereitung die Unterlagen bestimmt sind, zu bestimmen.[321] Bei einfach gelagerten Entscheidungen kann auf die Übersendung von Unterlagen

134

---

313 Das Einberufungsrecht steht nur dem Bürgermeister zu. Ohne Einberufung kann der Gemeinderat nicht zu einer Sitzung zusammentreten; er besitzt kein Selbstversammlungsrecht.
314 Nicht geladen werden müssen Gemeinderäte, die nach § 36 Abs. 3 GemO von der Sitzungsteilnahme ausgeschlossen wurden, *Kunze/Bronner/Katz*, GemO, § 34 Rn. 2.
315 VGH BW, Urt. v. 25.03.1999 – 1 S 2059/98, juris Rn. 27, 30. – Unter dem Punkt "Verschiedenes" dürfen nur unbedeutende Angelegenheiten ohne Interesse für die Allgemeinheit behandelt werden, die keine Vorbereitung der Gemeinderäte erfordern, *Kunze/Bronner/Katz*, GemO, § 34 Rn. 5.
316 VGH BW, Urt. v. 24.06.2002 – 1 S 896/00, juris Rn. 24. – Die Novelle 2015 erwägt, eine Wochenfrist einzuführen (Rn. 1).
317 *Kunze/Bronner/Katz*, GemO, § 34 Rn. 4; *Aker/Hafner/Notheis*, § 34 GemO Rn. 4.
318 VGH BW, Urt. v. 24.06.2002 – 1 S 896/00, juris Rn. 24.
319 VGH BW, Urt. v. 16.04.1999 – 8 S 5/99, juris Rn. 25; VGH BW, Urt. v. 24.06.2002 – 1 S 896/00, juris Rn. 25. – Dies gilt entsprechend für Gemeinderäte, die nicht an der Sitzung teilnehmen.
320 VGH BW, Urt. v. 09.02.2010 – 3 S 3064/07, juris Rn. 58; VGH BW, Urt. v. 17.06.2010 – 5 S 884/09, juris Rn. 21.
321 VGH BW, Beschl. v. 02.06.1998 – 2 S 3110/97, juris Rn. 4; VGH BW, Urt. v. 12.02.1990 – 1 S 588/89, juris Rn. 24; hierzu *Werres*, NWVBl 2004, 294.

ganz verzichtet oder eine Tischvorlage gefertigt werden.[322] Insgesamt hat der Bürgermeister hinsichtlich des Umfang und des Inhalts der Beratungsunterlagen eine Einschätzungsprärogative.[323] Offene Fragen können grundsätzlich auch noch in der Sitzung mündlich erläutert werden.

135 In einem Einzelfall ist es als zulässig angesehen worden, dass den Gemeinderäten der zu beschließende Satzungsentwurf einer Veränderungssperre nicht vorab übersendet wurde;[324] ein solcher muss aber zumindest während der Sitzung vorliegen. Hiervon zu trennen ist die Frage, ob zu wenig aussagekräftige Sitzungsunterlagen ggf. eine Rechtswidrigkeit des Beschlusses indizieren, etwa bei Abwägungsentscheidungen. Im Kommunalabgabenrecht ist es zur Beschlussfassung über Beitragssatzungen erforderlich, eine Globalberechnung oder zumindest eine Kalkulationsgrundlage beizufügen.[325]

136 Bei der **Sitzungsvorbereitung** ist auf Folgendes zu achten: Der jeweilige Tagesordnungspunkt muss – im Hinblick auf die öffentliche Bekanntmachung nach § 34 Abs. 1 S. 7 GemO – eine „*Anstoßfunktion*" erfüllen, durch die ein Außenstehender erkennen kann, was erörtert werden soll, er darf also nicht zu allgemein gefasst sein. Die nach der Geschäftsordnung erforderliche Vorberatung in den Ausschüssen und insbesondere in den Ortschaftsräten muss gesichert sein. Da für die Sitzung der Grundsatz der öffentlichen Beratung und Beschlussfassung gilt, sind *personenbezogene Daten* weitmöglichst zu schützen und ggfs. zu anonymisieren.[326] Die Sitzungsunterlagen sollten einen konkreten, vollzugsfähigen Antrag enthalten.

137 Die **Einberufung** des Gemeinderates steht im *pflichtgemäßen Ermessen* des Bürgermeisters. Der Gemeinderat ist vom Bürgermeister jedoch einzuberufen, wenn es die Geschäftslage erfordert, nach § 34 Abs. 1 S. 2 GemO mindestens einmal monatlich. Soweit der Bürgermeister dem nicht nachkommt, kann die Rechtsaufsicht die Einberufung veranlassen. Der Gemeinderat muss zudem nach § 34 Abs. 1 S. 3 GemO auf Verlangen von mindestens *einem Viertel der Gemeinderäte* unverzüglich einberufen werden, sofern der gewünschte Verhandlungsgegenstand angegeben wird. Mit demselben Quorum – das durch Geschäftsordnung nur „verkleinert" werden kann[327] – kann auch die Aufnahme bestimmter Angelegenheiten in die Tagesordnung spätestens der übernächsten Sitzung des Gemeinderates erwirkt werden.[328]

138 Alle Verhandlungsgegenstände, die auf die Tagesordnung gesetzt werden oder gesetzt werden sollen, müssen **Angelegenheiten der Gemeinde im Sinne des § 24 Abs. 1 S. 2 GemO** sein. In der Sitzungsvorbereitung hat der Bürgermeister die Befugnis, nicht nur die formellen Voraussetzungen der Einberufung, sondern auch die materielle Voraussetzung, ob der Verhandlungsgegenstand in die Zuständigkeit des Gemeinderates und damit der Gemeinde insgesamt fällt (Verbands- und Organkompetenz) zu prüfen.[329]

---

322 VGH BW, Beschl. v. 02.06.1998 – 2 S 3110/97, juris Rn. 4.
323 *Lange*, Kommunalrecht, Kap. 7 Rn. 33.
324 VGH BW, Urt. v. 27.09.1988 – 5 S 3120/87, juris Rn. 18.
325 VGH BW, Urt. v. 20.01.2010 – 2 S 1171/09, juris Rn. 30 ff.; Sächs. OVG, Beschl. v. 28.07.2009 – 4 B 406/09, juris Rn. 28.
326 *Ehlers/Heydemann*, DVBl. 1990, 1 (6).
327 S. Rn. 88 f. – Die Novelle 2015 (Rn. 1) soll das Quorum auf ein Sechstel senken und das Antragsrecht auch ausdrücklich den Fraktionen zubilligen.
328 Das Minderheitenrecht umfasst auch den Anspruch des einzelnen Gemeinderats, in der Gemeinderatssitzung die Aufnahme eines Gegenstandes in die Tagesordnung einer der nächsten Gemeinderatssitzungen zu beantragen und so das erforderliche Quorum herbeizuführen.
329 VGH BW, Beschl. v. 18.10.2010 – 1 S 2029/10, juris Rn. 7; zuvor VGH BW, Urt. v. 29.05.1984 – 1 S 474/84, VBlBW 1984, 312; *Aker/Hafner/Notheis*, § 34 GemO Rn. 19; *Geis*, Kommunalrecht, § 11 Rn. 124.

Ein solches **Vorprüfungsrecht** des Bürgermeisters kann jedoch nur *in eindeutigen Fällen* dazu führen, die Behandlung eines Minderheitenantrags i.S.d. § 34 Abs. 1 S. 4 GemO abzulehnen.[330] Im Hinblick auf den hohen Stellenwert des Antragsrechts der Gemeinderatsmitglieder hat sich der Bürgermeister grundsätzlich auf die Prüfung der formellen Gesichtspunkte zu beschränken, in Zweifelsfällen muss er ggfs. vorschlagen, welche Fassung des Tagesordnungspunkts der Befassungskompetenz des Gemeinderats entspräche. Sein Recht zur Einberufung des Gemeinderats hat dienende Funktion. Vor der Debatte im Gemeinderat steht noch nicht fest, ob und ggfs. welche Beschlüsse der Gemeinderat zu einem Tagesordnungspunkt fasst. Im Zweifel haben die Antragsteller ein Recht auf Entscheidung durch den Gemeinderat, ob dieses eine Befassungskompetenz als gegeben ansieht. Eine Befassungskompetenz besteht insbes. auch für Weisungsaufgaben,[331] die der Bürgermeister ausführt, auch wenn der Gemeinderat in diesem Bereich keine eigene materielle Entscheidungskompetenz hat und sich auf einen unverbindlichen Appellbeschluss beschränken muss.[332] Wenn der Gemeinderat einen Beschluss fasst, der „ultra vires" ist, kann der Bürgermeister diesem immer noch widersprechen bzw. muss ihn, soweit er in seine Kompetenzen eingreift, nicht umsetzen. Soweit man mit dem VGH BW eine weitergehende Vorprüfkompetenz des Bürgermeisters bejaht, müssten Gemeinderäte ihr Organrecht auf Aufnahme des Tagesordnungspunktes ggf. in einem verwaltungsgerichtlichen Eilverfahren erstreiten.

139

Verhandlungsgegenstände dürfen auch *wiederholt* im Gemeinderat behandelt werden. Hat der Gemeinderat denselben Verhandlungsgegenstand innerhalb der letzten sechs Monate bereits behandelt, ist der Bürgermeister nach § 34 Abs. 1 S. 6 GemO aber nicht verpflichtet, den Antrag eines Viertels der Gemeinderäte auf erneute Behandlung „unverzüglich", spätestens für die übernächste Sitzung auf die Tagesordnung zu setzen, er *kann* dies jedoch tun. Die Beratung und Beschlussfassung entfalten also keine Sperrwirkung für eine nochmalige Aufnahme in die Tagesordnung.[333]

140

Zeit, Ort und Tagesordnung der öffentlichen Sitzungen sind rechtzeitig ortsüblich bekannt zu geben, § 34 Abs. 1 S. 7 GemO. *Rechtzeitig* erfolgt die Bekanntgabe, wenn es den Einwohnern unter normalen Umständen möglich ist, an der Sitzung teilzunehmen.[334] Dafür ist grundsätzlich der gleiche Zeitraum wie für die Ladung der Gemeinderäte ausreichend, d.h. im Regelfall erfolgt die ortsübliche Bekanntgabe drei Tage vor der Sitzung.[335] Einzelne Tagesordnungspunkte können auch noch am Tag vor der Sitzung bekanntgegeben werden. Bei Verstoß gegen die Bekanntgabepflicht ist **keine Öffentlichkeit** der Sitzung im Sinne des § 35 Abs. 1 GemO hergestellt,[336] zudem darf der Gemeinderat nur in einer ordnungsgemäß einberufenen Sitzung Beschlüsse fassen (§ 37 Abs. 1 Satz 1 GemO). *Ortsüblich* ist eine Bekanntgabe, wenn sie den Regeln folgt, die herkömmlicher Weise für gemeindliche Bekanntgaben angewendet werden, soweit keine spezialgesetzliche Regelung besteht.[337] Die Bestimmung des § 1 DVO GemO für öffentliche Bekannt*machungen* gilt nicht für die

141

---

330 So i.E. auch BayVGH, Beschl. v. 20.10.2011 – 4 CS 11.1927, juris Rn. 9; BayVGH, Urteil v. 10.12.1986 – 4 B 85 A. 916, NVwZ 1988, 83 (86); OVG NW, Urt. v. 16.12.1983 – 15 A 2027/83, NVwZ 1984, 325; OVG NW, Beschl. v. 14.07.2004 – 15 A 1248/04, juris Rn. 15; OVG Lüneburg, Urt. v. 14.02.1984 – 5 A 212/83, NVwZ 1984, 734; aus der Literatur z.B. *Schoch*, DÖV 1986, 132 ff.; *Mückl*, Jura 2008, 863 (866 f.).
331 Vgl. auch BVerwG, Urt. v. 22.05.1980 – 7 C 73/78, juris Rn. 20.
332 Hierzu Hess VGH, Beschl. v. 24.09.2008 – 8 B 2037/08, juris Rn. 16.
333 Unabhängig davon hat der Bürgermeister die Pflicht, einen Gemeinderatsbeschluss zu vollziehen, soweit er ihm nicht nach § 43 Abs. 2 GemO widerspricht. Hiervon wird er nicht dadurch dispensiert, dass er die Angelegenheit zur erneuten Beratung und Beschlussfassung vorsieht.
334 Vgl. OVG Lüneburg, Beschl. v. 10.03.1982 – 6 B 63/81, NVwZ 1983, 484 (485).
335 *Aker/Hafner/Notheis*, § 34 GemO Rn. 23; *Kunze/Bronner/Katz*, GemO, § 34 Rn. 9; *Lange*, Kommunalrecht, Kap. 6 Rn. 36, 38.
336 Vgl. OVG LSA, Urt. v. 14.02.2013 – 2 K 122/11, juris Rn. 62; a.A. BayVGH, Urt. v. 03.03.2006 – 26 N 01.593, juris Rn. 18: nur Behinderung der Teilnahme der Öffentlichkeit.
337 BVerwG, Beschl. v. 08.07.1992 – 4 NB 20.92, juris Rn. 7. Ausreichend ist regelmäßig der Anschlag an die örtliche Verkündungstafel oder eine Mitteilung im redaktionellen Teil einer Tageszeitung. – Die Novelle 2015 will die Veröffentlichung der Tagesordnung im Internet ermöglichen (Rn. 1).

ortsüblichen Bekannt*gaben*. Im Hinblick auf den Publizitätszweck des § 34 Abs. 1 Satz 7 GemO ist es nicht möglich, in der öffentlichen Gemeinderatssitzung einen Punkt in die Tagesordnung nachzuschieben, auch wenn alle Mitglieder anwesend sind und zustimmen. Eine solche Zustimmung aller Gemeinderatsmitglieder ist nur bei nichtöffentlicher Verhandlung eines Tagesordnungspunktes möglich.[338]

142 Der Bürgermeister kann sogar noch am Sitzungstag, und auch noch nach Beginn der Sitzung und vor Eintritt in die Tagesordnung frist- und formlos nach § 34 Abs. 2 GemO laden und die Tagesordnung erweitern, beispielsweise bei drohendem Fristablauf hinsichtlich der Geltendmachung gemeindlicher Rechte.[339] Eine derartige **Notfalleinberufung** nach § 34 Abs. 2 GemO ist immer möglich, wenn der Bürgermeister sonst eine Eilentscheidung nach § 43 Abs. 4 GemO treffen müsste.

143 Bis zum Eintritt in die Tagesordnung kann der Bürgermeister – insbesondere im Anschluss an die Beratung im Ältestenrat nach § 33a GemO – auch Sitzungspunkte *streichen* oder die Beratungsreihenfolge *umstellen*, so dass unstreitige Punkte ggfs. ohne Aussprache vorab entschieden werden können. Der einzelne Gemeinderat kann sich nicht gegen die Umstellung der Tagesordnungspunkte wehren, er darf aber, wenn er sich nach Aufruf des Tagesordnungspunktes zu Wort meldet, stets von seinem Rede- oder Antragsrecht Gebrauch machen.[340]

Schaubild: Kompetenzverteilung Bürgermeister – Gemeinderäte um die Gemeinderatssitzung

Bürgermeister	Gemeinderat
Sitzungsvorbereitung (§ 43 Abs. 1 GemO): ▪ Einberufung: *rechtzeitig* (s. § 34 Abs. 1 GemO = grds. 3 Tage, Abweichungen nach Schwierigkeit), *schriftlich/elektronisch* unter Mitteilung der Verhandlungsgegenstände und Beratungsunterlagen ▪ Prüfungsrecht zu Anträgen und TOPs nach VGH BW (a.A. die h.M.) ▪ Ortsübliche Bekanntgabe von Zeit, Ort und TO der Sitzung (§ 34 Abs. 1 S. 7 GemO), Verstoß: § 37 Abs. 1 S. 1 GemO) ▪ In Notfällen frist- und formlos (§ 34 Abs. 2 GemO, z.B. bei drohendem Ablauf einer Frist)	▪ Recht des Einzelnen auf ordnungsgemäße Einberufung der Sitzung – „rügeloses Einlassen" heilt Verfahrensfehler ▪ Anfragerecht eines einzelnen GRats (§ 24 Abs. 4 S. 1 GemO) ▪ Recht eines Viertels auf unverzügliche Einberufung einer GR-Sitzung (§ 34 Abs. 1 S. 3 GemO, prakt. irrelevant) ▪ Antragsrecht eines Viertels, TOP auf übernächste Sitzung zu nehmen (§ 34 Abs. 1 S. 4 bis 6 GemO) und im GR zu *begründen*, aber kein Recht auf Beratung/ Debatte – Sperrfrist von 6 Monaten ▪ Recht eines Viertels, Bericht des BM zu verlangen (§ 24 Abs. 3 S. 1 GemO, insbes. zum Aufgabenkreis des BM)
Vorberatung: ▪ in zuständigem beschließenden (§ 39 Abs. 4 S. 2 GemO) und beratendem Ausschuss anberaumen (s.o.) ▪ Mitteilung des Vorberatungsergebnisses an GR ▪ Mitwirkungsverbot bei Befangenheit	▪ Teilnahmepflicht, § 34 Abs. 3 GemO ▪ Pflicht zur Anzeige möglicher Befangenheit, § 18 Abs. 4 GemO ▪ nach GO zumeist auch Teilnahmerecht von Gemeinderäten, die nicht Ausschussmitglieder sind

---

338 *Kunze/Bronner/Katz*, GemO, § 34 Rn. 6.
339 VGH BW, Urt. v. 01.03.1977 – I 881/76, ESVGH 27, 150.
340 VG Freiburg, Beschl. v. 20.02.2006 – 1 K 351/06, juris Rn. 13.

VII. Die Gemeinderatssitzung

Bürgermeister	Gemeinderat
Gemeinderatssitzung: ■ Öffentlichkeitsprinzip (§ 35 Abs. 1 GemO) – Folge: Rechtsnorm ist nichtig; VA: § 46 VwVfG ■ leitet die Verhandlung (§ 36 Abs. 1 GemO): Sachvortrag, Redebeiträge der Fraktionen, danach offene Debatte ■ gliedert die Anträge (Vertagung, Geschäftsordnung, weitestgehender Sachantrag zuerst) für Abstimmung ■ stellt Abstimmungsergebnis fest ■ beantwortet Anfragen (§ 24 Abs. 4 S. 1 GemO) ■ achtet auf Beschlussfähigkeit (§ 38 Abs. 2 GemO) ■ wahrt Ordnung (§ 36 Abs. 1 u.3 GemO)	■ Recht auf Öffentlichkeit? ■ Verschwiegenheitspflicht bei nichtöffentlicher Beratung (§ 35 Abs. 2 GemO) und Flucht in die Öffentlichkeit? ■ Rederecht (im Rahmen der Geschäftsordnung beschränkbar) ■ Antragsrecht ■ Abstimmungspflicht als Folge der Teilnahmepflicht ■ Recht auf ungestörten Sitzungsablauf: Rauchverbot, Handyverbot, Aufkleber, Kruzifix (str.)
Nach der Sitzung: ■ setzt Beschlüsse um (§ 43 Abs. 1 GemO), z.B. durch Ausfertigung und öffentliche Bekanntmachung von Satzungen, Erlass eines VA, Abschluss eines Vertrages ■ widerspricht, wenn Beschluss rechtswidrig ist (§ 43 Abs. 2 S. 1 1.Hs. GemO) ■ fertigt Niederschrift (§ 38 Abs. 1 GemO), dabei kann Erklärung oder Abstimmungsverhalten festgehalten werden (§ 38 Abs. 1 S. 2 GemO)	■ Recht, dass Erklärung oder Abstimmungsverhalten in Niederschrift festgehalten wird (§ 38 Abs. 1 S. 2 GemO) ■ Beschränkte Mitwirkung an Niederschrift (§ 38 Abs. 2 S. 1 GemO) ■ Recht, Einwendungen gegen die Niederschrift zu erheben

2. Sitzungsablauf

a) Öffentlichkeitsprinzip

Das **Öffentlichkeitsprinzip** erfordert neben der rechtzeitigen ortsüblichen *Bekanntmachung* der Tagesordnung nach § 35 Abs. 1 S. 1 GemO, dass die Sitzung des Gemeinderats *öffentlich* abgehalten wird. Dies stellt als Ausprägung des Demokratieprinzips[341] einen tragenden Grundsatz des Kommunalrechts dar, dessen Sinn und Zweck dahin geht, in Bezug auf die Arbeit des kommunalen Vertretungsorgans gegenüber der Allgemeinheit Publizität, Information, Kontrolle und Integration zu vermitteln bzw. zu ermöglichen. Der Grundsatz unterwirft die Vertretungskörperschaft der allgemeinen Kontrolle der Öffentlichkeit und trägt daher dazu bei, der unzulässigen Einwirkung persönlicher Beziehungen, Einflüsse und Interessen auf die Beschlussfassung vorzubeugen und den Anschein zu vermeiden, dass „hinter verschlossenen Türen" etwa unsachliche Motive für die getroffenen Entscheidungen maßgebend gewesen sein können.[342] Die Sitzungsöffentlichkeit ist wesentliche Vorbedingung für den sich insbesondere in der Kommunalwahl vollziehenden Kontroll- und Legitimationsakt. Das Öffentlichkeitsprinzip ist ein Mittel, das Interesse der Bürgerschaft an der Selbstverwaltung zu wecken und zu erhalten. Es hat die Funktion,

144

---

341 *Rabeling*, NVwZ 2010, 411.
342 VG Sigmaringen, Urt. v. 28.02.2014 – 2 K 3104/12, juris Rn. 33; OVG SH, Beschl. v. 23.05.2003 – 1 MR 10/03, NVwZ-RR 2003, 774.

dem Gemeindebürger den Einblick in die Tätigkeit der Vertretungskörperschaft und ihrer einzelnen Mitglieder zu ermöglichen und dadurch eine auf eigener Kenntnis und Beurteilung beruhende Grundlage für eine sachgerechte Kritik sowie für die Willensbildung bei künftigen Wahlen zu schaffen.[343] Die Sitzungsöffentlichkeit dient insgesamt dem Ziel einer gesetzmäßigen und sachlichen Arbeit des Gemeinderats sowie der Verhinderung vermeidbarer Missdeutungen seiner Willensbildung und Beschlussfassung.[344]

145 Durch den Beginn regelmäßiger Ratssitzungen um 16.15 Uhr an einem Werktag wird der Öffentlichkeitsgrundsatz nicht verletzt.[345] Interessenten müssen den Sitzungsraum betreten und sich darin aufhalten können. Soweit wegen nicht ausreichenden Zuhörerplätzen der Grundsatz der öffentlichen Gemeinderatssitzung in Frage steht, gilt Folgendes: Ein Verstoß gegen den Grundsatz der Sitzungsöffentlichkeit liegt nur dann vor, wenn dieser Verstoß auf einem vom Bürgermeister zu vertretenden Umstand beruht oder dieser eine tatsächlich vorhandene Beschränkung der Öffentlichkeit bei Anwendung der gebotenen Sorgfalt hätte bemerken und beseitigen können.[346] Der Grundsatz der Sitzungsöffentlichkeit gebietet, dass jedermann Zutritt zur Sitzung haben muss. Es ist dafür Sorge zu tragen, dass die Sitzungen an einem Ort stattfinden, der allgemein zugänglich ist und ausreichend Platz für die interessierten Bevölkerungskreis bietet.[347] Bei Überfüllung kann der Sitzungsraum in Ausübung der Ordnungsgewalt (§ 36 Abs. 1 GemO) für weitere Zuhörer gesperrt werden.

146 Der Grundsatz der Öffentlichkeit bezieht sich auf die sog. **Saalöffentlichkeit** und schließt nicht bereits die *Medienöffentlichkeit* ein.[348] Diese ist grundsätzlich ebenfalls eröffnet, kann aber durch sitzungsleitende Maßnahmen beschränkt werden, wobei der Bürgermeister in praktischer Konkordanz zwischen den konkreten Beeinträchtigungen des freien Mandats, etwaigen Störungen durch die Presseberichterstattung sowie dem Grundrecht der Pressefreiheit abzuwägen hat.[349]

147 Nicht öffentlich darf nur unter den – eng auszulegenden – Voraussetzungen des § 35 Abs. 1 S. 2 GemO verhandelt werden, wenn dies das öffentliche Wohl[350] oder berechtigte Interessen Einzelner (z.B. Persönlichkeitsschutz in Personalangelegenheiten,[351] die Frage der Kreditwürdigkeit eines Vertragspartners, das Steuergeheimnis usw.) erfordern. In nichtöffentlicher Sitzung gefasste Beschlüsse sind jedoch grundsätzlich nach Wiederherstellung der Öffentlichkeit oder in der nächsten Sitzung *bekannt zu geben* (§ 35 Abs. 2 S. 4 GemO).

148 Das Interesse eines Einzelnen, das sein Name bei einem Vertragsabschluss mit der Gemeinde nicht genannt wird, ist kein ausreichender Grund für die Abweichung vom Öffentlichkeitsprinzip, dem jeder, der Verträge mit dem Staat schließen will, grundsätzlich unterliegt.[352] Deshalb

---

343 VG Karlsruhe, Urt. v. 19.10.2012 – 5 K 1969/12, juris Rn. 49; s.a. OVG RP, Urt. v. 15.03.2013 – 10 A 10573/12, juris Rn. 74; OVG Saarl., Urt. v. 22.04.1993 – 1 R 35/91, juris Rn. 34; VG Aachen, Urt. v. 22.05.2012 – 3 K 347/11, juris Rn. 27; VG Magdeburg, Beschl. v. 09.07.2012 – 9 B 137/12, juris Rn. 27.
344 VG Sigmaringen, Urt. v. 28.02.2014 – 2 K 3104/12, juris Rn. 33.
345 OVG Saarl., Urt. v. 22.04.1993 – 1 R 35/91, juris Rn. 38.
346 VGH BW, Urt. v. 30.06.1982 – 5 S 314/81, VBlBW 1983, 106. In dem vom VGH entschiedenen Fall (Teststrecke Boxberg) wollten 1.000 Zuhörer Zutritt zu einem Sitzungssaal, in dem nur 100 bis 150 Zuhörer Platz hatten.
347 VG Würzburg, Urt. v. 19.12.2007 – 2 K 07.1146, juris Rn. 43.
348 Hess VGH, Urt. v. 31.10.2013 – 8 C 123/13, juris Rn. 30; zust. *Krebs*, LKRZ 2014, 138 ff.; *Pfeifer*, jurisPR-ITR 4/2014 Anm. 5.
349 *Mehde*, NordÖR 2014, 49 (50); dazu auch bereits unter Rn. 19.
350 Z.B. die Verhandlungsposition der Gemeinde in Prozessen (so OVG Saarl., Beschl. v. 21.04.2010 – 3 B 123/10, juris Rn. 12; OVG NW, Urt. v. 24.04.2001 – 15 A 3021/97, juris Rn. 33) oder in Vertragsverhandlungen (OVG NW, Beschl. v. 12.09.2008 – 15 A 2129/08, juris Rn. 15 ff.).
351 In Stellenbesetzungsverfahren überwiegt grundsätzlich der Persönlichkeitsschutz, nur bei herausgehobenen Stellen wie z.B. der des Beigeordneten überwiegt das Informationsinteresse der Öffentlichkeit, zutr. *Aker/Hafner/Notheis*, § 35 GemO Rn. 13.
352 *Kunze/Bronner/Katz*, GemO, § 35 Rn. 6; a.A. *Lange*, Kommunalrecht, Kap. 7 Rn. 77.

VII. Die Gemeinderatssitzung

sind beispielsweise die Vergabe öffentlicher Aufträge oder Grundstücksgeschäfte grundsätzlich in öffentlicher Sitzung zu verhandeln.[353] Bei Grundstücksgeschäften kommt eine nichtöffentliche Behandlung aber in Betracht, wenn die Verhandlungslinie der Gemeinde beraten werden soll oder die Bonität des Vertragspartners eine entscheidungserhebliche Rolle spielt.

Zeigt sich im Laufe der Beratung eines Verhandlungsgegenstandes in öffentlicher Sitzung, dass das öffentliche Wohl oder berechtigte Interesse Einzelner tangiert werden, so ist von diesem Zeitpunkt an die Öffentlichkeit auszuschließen[354] und später gegebenenfalls wiederherzustellen. **149**

An der nichtöffentlichen Sitzung dürfen nur die Mitglieder des Gemeinderats, in Ausschüssen auch die sachkundigen Einwohner, sowie in streitigen Personalangelegenheiten der Personalrat gem. § 83a LPVG teilnehmen. Bedienstete der Gemeindeverwaltung und Sachverständige können im Einzelfall hinzugezogen werden, wenn es für die Willensbildung des Gremiums sinnvoll ist; das gilt nicht für Fraktionsbedienstete. **150**

Nach zutreffender, vom VGH BW jedoch abgelehnter Ansicht, hat ein einzelner Gemeinderat ein **subjektives Organrecht auf Herstellung der Sitzungsöffentlichkeit**, weil die in § 35 Abs. 1 S. 3 GemO eingeräumte Befugnis, die Herstellung der Öffentlichkeit bzw. den Ausschluss der Öffentlichkeit zu beantragen, keinen Sinn ohne ein dahinterstehendes Organrecht macht. **151**

Die Gemeinderäte sind nach § 35 Abs. 2 GemO zur *Verschwiegenheit* über alle in nichtöffentlicher Sitzung beratenen Gegenstände verpflichtet, bis diese ihrer Natur nach nicht mehr erforderlich ist[355] oder der Bürgermeister sie von ihrer Schweigepflicht entbindet (was auch konkludent, z.B. durch eine Presseerklärung, die er selbst veröffentlicht, geschehen kann). Die Verschwiegenheitspflicht erstreckt sich auf den Beratungsgang, d.h. auf den Inhalt der von den einzelnen Mitgliedern geäußerten Meinungen und das Abstimmungsverhalten.[356] Sie ist eine gesetzliche Betonung der nach § 17 Abs. 2 GemO für alle ehrenamtlich tätigen Bürger bestehenden Verschwiegenheitspflicht.[357] Die Verschwiegenheitspflicht besteht auch bei rechtswidrigem Ausschluss der Öffentlichkeit.[358] Der Gemeinderat kann u.E. hier einstweiligen Rechtsschutz erhalten, indem er sich auf sein subjektives Organrecht zur Herstellung der Sitzungsöffentlichkeit beruft.[359] Dies vermeidet den Weg einer „Flucht in die Öffentlichkeit" als "ultima ratio", wenn auch die Rechtsaufsichtsbehörde untätig bleibt.[360] **152**

Bei **Verstoß gegen das Öffentlichkeitsprinzip** ist eine *Rechtsnorm* nichtig.[361] Die Verletzung des Öffentlichkeitsgrundsatzes ist von der Fehlerheilung nach § 4 Abs. 4 **153**

---

353 Vgl. OVG RP, Urt. v. 13.06.1995 – 7 A 12186/94, juris Rn. 40; OVG NW, Beschl. v. 12.09.2008 – 15 A 2129/08, juris Rn. 20; VG Aachen, Urt. v. 22.05.2012 – 3 K 347/11, juris Rn. 27 ff.; *Aker/Hafner/Notheis*, § 35 GemO Rn. 12, 14.
354 Die Entscheidung ist gegenüber den Zuhörern, die den Saal verlassen müssen, ein VA, s. Rn. 156.
355 Etwa wegen zwischenzeitlich eingetretener Offenkundigkeit. Offenkundig sind aber nur solche Tatsachen, die allgemein bekannt oder jederzeit feststellbar sind, von denen also ein verständiger Mensch jederzeit durch Nutzung allgemein zugänglicher Informationsquellen ohne Aufwand Kenntnis erlangen kann, OVG NW, Beschl. v. 07.04.2011 – 15 A 441/11, juris Rn. 15 ff.
356 OVG Nds, Urt. v. 27.06.2012 – 10 LC 37/10, juris Rn. 49.
357 S. hierzu Rn. 30.
358 OVG NW, Beschl. v. 23.12.2009 – 15 A 2126/09, juris Rn. 11; VG Sigmaringen, Urt. v. 25.11.2010 – 2 K 2364/08.
359 OVG NW, Beschl. v. 23.12.2009 – 15 A 2126/09, juris Rn. 17; a.A. VGH BW, Urt. v. 24.02.1992 – 1 S 2242/91, juris Rn. 15 (st. Rspr.).
360 So OVG RP, Urt. v. 13.06.1995 – 7 A 12186/94, juris Rn. 36; abl. jedoch VGH BW, Beschl. v. 02.09.2011 – 1 S 1318/11; VGH BW, Urt. v. 6.10.1975 – I 754/75; *Aker/Hafner/Notheis*, § 35 GemO Rn. 26.
361 VGH BW, Beschl. v. 09.11.1966 – I 5/65, ESVGH 17, 118; OVG SH, Beschl. v. 23.05.2003 – 1 MR 10/03, NVwZ-RR 2003, 774.

Nr. 1 GemO ausgenommen. Für einen – zumeist erst später zu erlassenden – *Verwaltungsakt* gilt nicht § 44 VwVfG, sondern § 46 VwVfG.[362]

b) Sitzungsleitungsbefugnis des Bürgermeisters

154 Der Bürgermeister als Vorsitzender eröffnet, leitet und schließt die Verhandlungen des Gemeinderats. Er handhabt die Ordnung und übt das Hausrecht aus, § 36 Abs. 1 GemO. Er ist dabei gegenüber den Mitgliedern des Gemeinderats an die Bestimmungen der Geschäftsordnung, die sich der Gemeinderat gegeben hat, gebunden und muss die Sitzungsleitung neutral ausüben (wenngleich er zu jedem Tagesordnungspunkt Stellung nehmen darf). Die **Verhandlungsleitung** umfasst die Eröffnung der Sitzung, die Feststellung der ordnungsgemäßen Ladung und der Beschlussfähigkeit, den Aufruf der Tagesordnungspunkte, die Erteilung des Wortes an die einzelnen Redner, die Durchführung von Abstimmungen und Wahlen, die etwa erforderliche Unterbrechung und das Schließen der Sitzung.

155 Die Verhandlungsleitung umfasst nicht die Befugnis, während der Sitzung die Beratungsreihenfolge der *Tagesordnung zu ändern* oder zwei Tagesordnungspunkte zu einer gemeinsamen Debatte verbinden.[363] Der Bürgermeister muss hierzu Geschäftsordnungsbeschlüsse des Gemeinderats einholen (was konkludent durch einfache Frage und entsprechende konkludente Zustimmung der Gemeinderäte möglich ist).

156 Der **Sachvortrag** in der Sitzung erfolgt durch den Bürgermeister oder den zuständigen Beigeordneten, im Einzelfall auch durch Gemeindebedienstete. Der Gemeinderat kann nach § 33 Abs. 2 GemO verlangen, dass ein Mitarbeiter zur Erteilung von sachverständigen Auskünften hinzugezogen wird. Soweit der Bürgermeister einem Gemeindebediensteten den Vortrag überlässt oder ihn zu Auskünften hinzuzieht, ist dieser an Weisungen des Bürgermeisters gebunden, etwa hinsichtlich der politischen Bewertung von Lösungsalternativen.[364]

157 Der Bürgermeister kann nach § 36 Abs. 1 S. 2 GemO die **Ordnung** während der Gemeinderatssitzung sicherstellen und das **Hausrecht** ausüben.[365] Die Handhabung der Ordnung und die Ausübung des Hausrechts zielen auf *einen störungsfreien, geordneten Sitzungsablauf*.[366] Dies ermächtigt den Bürgermeister z.B., Personen aus der nichtöffentlichen Sitzung zu verweisen, die nicht anwesend sein dürfen.[367]

158 Bei beleidigenden Ausführungen eines Redners, bei Störungen des Redners durch Zwischenrufe oder Unterbrechungen durch ein anderes Mitglied des Gemeinderats kann der Bürgermeister **Ordnungsmaßnahmen** ergreifen, z.B. eine Ermahnung oder die Bitte zur Sachlichkeit aussprechen, den Redner zur Ordnung rufen[368] oder eine Missbilligung (Rüge) aussprechen, er kann das Wort entziehen oder die Sitzung unterbrechen.[369] Unter Verhältnismäßigkeitsgesichtspunkten sind zunächst mildere

---

362 VGH BW, Urt. v. 22.07.1991 – 1 S 1258/90, juris Rn. 35 zu § 46 aF: der Rechtsfehler ist beachtlich, denn es ist nicht auszuschließen, dass der Gemeinderat bei Beachtung des Öffentlichkeitsgebots sein Ermessen abweichend ausgeübt hätte. – Zur Heilung durch erneute öffentliche Beratung und Beschlussfassung vgl. VG Sigmaringen, Urt. v. 28.02.2014 – 2 K 3104/12, juris Rn. 35 ff.
363 VG Freiburg, Beschl. v. 20.02.2006 – 1 K 351/06, juris Rn. 11 m.w.N.
364 *Kunze/Bronner/Katz*, GemO, § 33 Rn. 7.
365 VG Arnsberg, Urt. v. 24.08.2007 – 12 K 127/07, juris Rn. 23 ff.: Hochhalten von Plakaten durch demonstrierende Zuschauer – Unterlassungsanspruch der Gemeinderäte.
366 S.a. Rn. 19.
367 Diese Anordnung ist als VA einzustufen, s. VG Würzburg, Urt. v. 19.12.2007 – 2 K 07.1146, juris Rn. 27.
368 Hierzu instruktiv OVG NW, Beschl. v. 16.05.2013 – 15 A 785/12, juris Rn. 42 ff.
369 *Aker/Hafner/Notheis*, § 36 GemO Rn. 5.

VII. Die Gemeinderatssitzung

Mittel anzuwenden, bevor Maßnahmen wie der Entzug des Wortes oder der Verweis aus dem Sitzungssaal (§ 36 Abs. 3 S. 1 GemO) ausgesprochen werden.[370]

Der *Saalverweis* „wegen grober Ungebühr" darf deshalb nur bei einem Verhalten ausgesprochen werden, das in besonders hohem Maße den Gang der Verhandlungen stört.[371] Erforderlich ist ein besonderes Fehlverhalten, bei dem die Grenzen des Tragbaren erheblich überschritten sein müssen.[372] Das kann etwa bei Volltrunkenheit eines Gemeinderats oder wiederholten Verstößen gegen die Ordnung (z.B. beleidigenden Zwischenrufen,[373] wiederholtem Telefonieren während der Sitzung) geschehen. **159**

Zur Tätigkeit einer Volksvertretung gehört allerdings auch das Recht, in scharfer, überspitzter und polemischer Form *Kritik zu üben*.[374] Eine bloße Überempfindlichkeit des Bürgermeisters insbesondere bei einer in der politischen Auseinandersetzung zugespitzten Ausdrucksweise, etwa der Verwendung des rhetorischen Stilmittels der Ironie, genügt nicht für derart eingreifende Ordnungsmaßnahmen. Dies würde das Rederecht des Ratsmitglieds, das für die Funktion einer offenen demokratischen Willensbildung unverzichtbar ist, unangemessen zurücksetzen. Vor allem eine ins Persönliche gehende Auseinandersetzung mit dem Ratsmitglied darf der Vorsitzende nicht führen.[375] **160**

Bei wiederholten Verstößen kann der *Gemeinderat* ein Mitglied auch für mehrere, höchstens jedoch für sechs Sitzungen *ausschließen* (§ 36 Abs. 3 S. 2 GemO). **161**

Ist ein Gemeinderats-Mitglied durch eine Ordnungsmaßnahme in seinen Mitgliedschaftsrechten (= Amtsausübung) betroffen, so hat die Anordnung ihm gegenüber *keine Außenwirkung*. Dies gilt z.B. für **162**

- den Sitzungsausschluss eines Gemeinderats wegen wiederholter Verstöße gegen die Ordnung[376] oder
- die Rüge des Bürgermeisters gegenüber einem Gemeinderat (allerdings ist der Gemeinderat als Gremium zuständig, wenn in einer Folgesitzung eine nachträgliche Rüge ausgesprochen wird);[377]
- den Ratsbeschluss, mit dem festgestellt wird, dass ein Ratsmitglied gegen seine Verschwiegenheitspflicht verstoßen hat, und mit dem dieser Verstoß missbilligt wird. Ein solcher Beschluss berührt zwar den Status des Ratsmitglieds als Mandatsträger, greift als Maßnahme unterhalb einer Sanktion in dessen Rechte aber nicht in einem solchen Maße ein, dass es hierfür einer ausdrücklichen gesetzlichen Grundlage bedürfte. Er ist gedeckt von dem aus der vom gemeindlichen Selbstverwaltungsrecht abgeleiteten Befugnis eines Kollektivorgans, die zum Erhalt und zur Wiederherstellung seiner Funktionsfähigkeit und inneren Ordnung gebotenen Maßnahmen zu ergreifen.[378]

Die Verhängung eines (vollstreckbaren) **Ordnungsgeldes** durch den Gemeinderat nach §§ 17 Abs. 4, 16 Abs. 3 GemO ist demgegenüber ein Verwaltungsakt.[379] Betrifft **163**

---

370 *Burgi*, Kommunalrecht, § 12 Rn. 39, *Aker/Hafner/Notheis*, § 36 GemO Rn. 7; Hess VGH, Beschl. v. 15.12.1989 – 6 TG 3696/89, juris Rn. 4.
371 VGH BW, Urt. v. 04.03.1993 – 1 S 2349/92, juris Rn. 15.
372 Hess VGH, Beschl. v. 15.12.1989 – 6 TG 3696/89, juris Rn. 4 f.
373 „Grob ungebührlich" sind Beschimpfungen oder die Verächtlichmachung anderer Sitzungsteilnehmer, OVG RP, Urt. v. 29.11.1994 – 7 A 10194/94, juris Rn. 27; OVG Lüneburg, Beschl. v. 14.07.1986 – 2 B 61/86.
374 Sächs. VerfGH, Urt. v. 03.12.2010 – Vf. 16-I-10, juris Rn. 45; OVG NW, Beschl. v. 16.05.2013 – 15 A 785/12, juris Rn. 47.
375 OVG RP, Urt. v. 29.11.1994 – 7 A 10194/94, juris Rn. 26.
376 VGH BW, Urt. v. 11.10.1982 – 1 S 828/81, VBlBW 1983, 342; BayVGH, Urt. v. 29.07.1987 – 4 B 86.01352, BayVBl 1988, 16.
377 VGH BW, Urt. v. 11.10.2000 – 1 S 2624/99, juris Rn. 24.
378 OVG Nds, Urt. v. 27.06.2012 – 10 LC 37/10, juris Rn. 36, 42.
379 VGH BW, Beschl. v. 10.9.1987 – 1 S 1622/87, EKBW GemO § 17 E 8.

die Maßnahme den Gemeinderat als Bürger in seinen Grundrechten, so ist sie ebenfalls als Verwaltungsakt einzustufen.[380] Auch die **Ausübung des Hausrechts gegenüber Außenstehenden** (Zuhörern) erfolgt grundsätzlich durch Verwaltungsakt.[381]

164 Art. 5 Abs. 1 S. 2 GG garantiert das **Recht auf freie Informationsbeschaffung durch die Presse**, Funk und Fernsehen. Entsprechend sind nach § 4 Abs. 1 LPresseG, § 6 Abs. 2 LMedienG die Behörden verpflichtet, den Vertretern der Presse, Rundfunks und anderen Medien (§ 1 LMedienG: Hörfunk, Fernsehen, vergleichbare Telemedien) die der Erfüllung ihrer öffentlichen Aufgaben dienenden Auskünfte zu erteilen. Dieser Auskunftsanspruch besteht auch gegenüber der Kommune.[382] Dieses Recht auf Informationsbeschaffung ist jedoch nicht unbeschränkt, sondern besteht nach Art. 5 Abs. 2 GG nur im Rahmen der "allgemeinen Gesetze". Gesetzliche Regelungen in diesem Sinne sind die Auskunftsverweigerungsrechte nach § 4 Abs. 2 LPresseG, § 6 Abs. 2 LMedienG. Der presserechtliche Auskunftsanspruch bezieht sich auf die Inhalte nichtöffentlicher Sitzung, soweit nicht schutzwürdige Rechte Dritter i.R.d. §§ 4 Abs. 2 LPresseG, 6 Abs. 2 LMedienG entgegenstehen. Ein Zurückweisungsrecht ist etwa nach Auffassung des BVerwG gegeben, wenn Pressevertreter Tonbandaufnahmen in der öffentlichen Gemeinderatssitzung machen wollen, da hierdurch das hohe Gut demokratisch „freimütiger und ungezwungener Diskussion", die Voraussetzung des Funktionierens der Selbstverwaltung ist, gefährdet werden könnte.[383]

165 Während der Sitzung findet das Grundrecht auf Gewährleistung der Rundfunkfreiheit seine Grenze in der rechtmäßigen Ausübung der Sitzungsgewalt des Bürgermeisters aus § 36 Abs. 1 GemO. Im Rahmen der verfassungsrechtlichen Abwägung im Rahmen des § 36 Abs. 1 GemO kann allerdings nur ein konkurrierendes Rechtsgut von erheblichem Gewicht den Ausschluss einer über die Saalöffentlichkeit hinausgehenden Medienöffentlichkeit rechtfertigen. Mit einem solchen Gewicht kann dem Grundrecht der Rundfunkfreiheit nach der verwaltungsgerichtlichen Rechtsprechung nur das öffentliche Interesse an der – von Wirkungen der Medienöffentlichkeit unbeeinflussten – Funktionsfähigkeit des Gemeinderates entgegen gehalten werden. Die Persönlichkeits- oder Mitgliedschaftsrechte der einzelnen Ratsmitglieder haben kein entsprechendes Gewicht.[384]

166 Aktuell streitig ist der Umfang eines Anspruchs auf **TV- oder Internet-Übertragung** aus einer Gemeinderatssitzung.[385] Die Auffassung, der Vorsitzende sei an der Zulassung der durch Art. 5 GG geschützten Medienöffentlichkeit bereits durch den Widerspruch eines einzelnen Gemeinderatsmitglieds, das sich auf subjektive (Persönlichkeits- oder Mitgliedschafts-) Rechte beruft, gehindert und er bedürfe für eine solche Zulassung auch aus Gründen des Datenschutzes eines *einstimmigen* Ratsbeschlusses, steht u.E. nicht im Einklang mit der im Hinblick auf das Grundrecht der Rundfunkfreiheit verfassungsrechtlich gebotenen Auslegung des § 36 Abs. 1 GemO und der daran orientierten Ausübung der Sitzungsgewalt. Der Bürgermeister muss einen

---

380 *Burgi*, Kommunalrecht, § 12 Rn. 40; *Trésoret*, Die Geltendmachung von Grundrechten im verwaltungsinternen Organstreitverfahren, 2011, S. 101 ff. – Das Recht auf freie Meinungsäußerung ist dabei von dem aus der Organstellung abgeleiteten Rederecht zu unterscheiden, s.a. BVerwG, Urt. v. 03.08.1990 – 7 C 14.90, juris Rn. 11.
381 VGH BW, Beschl. v. 25.06.1969 – I 459/69; ESVGH 19, 209 (Verbot des Besuchs von Gemeinderatssitzungen für wiederholt störenden Zuschauer); VG Würzburg, Urt. v. 19.12.2007 – 2 K 07.1146, juris Rn. 27. Die Prüfung folgt hier den allgemeinen Regeln (Ordnungsmaßnahme als Verwaltungsakt, Hausrecht als Ermächtigungsgrundlage, inzidente Grundrechtsprüfung), vgl. *Rennert*, JuS 2008, 119 (123).
382 Vgl. BayVGH, Beschl. v. 13.08.2004 – 7 CE 04.1601, NJW 2004, 3358. – BGH, Urt. v. 10.02.2005 – III ZR 294/04: auch Auskunftspflicht für eine von der Kommune beherrschte GmbH.
383 BVerwG, Urt. v. 03.08.1990 – 7 C 14.90, juris Rn. 11.
384 BVerwG ebda.
385 OVG Saarl., Beschl. v. 30.08.2010 – 3 B 203/10; Hess VGH, Urt. v. 31.10.2013 – 8 C 127/13N; VG Kassel, Beschl. v. 07.02.2012 – 3 L 109/12; *Krebs*, LKRZ 2014, 138 ff. Eine Regelung hierzu enthält z.B. § 9 Abs. 4 GO Freiburg.

Ausgleich zwischen freiem Mandat und grundrechtlich verbürgter Rundfunkfreiheit im Wege praktischer Konkordanz herstellen.[386] Er kann insofern nur verlangen, dass die Aufnahme der Redebeiträge *einzelner* Gemeinderäte unterbleibt, die dies ausdrücklich verlangen.[387]

c) Antragsrecht

Anträge unterscheiden sich in Sachanträge und Geschäftsordnungsanträge. **167**

Bei **Sachanträgen** sind Anträge des qualifizierten Quorums eines Viertels der Gemeinderäte (der Bürgermeister zählt nach § 25 GemO dabei nicht als ehrenamtlicher Gemeinderat), die auf § 34 Abs. 1 GemO zurückzuführen sind, und einfache Anträge sowie Anfragen zur Sitzung i.S.d. § 24 Abs. 4 GemO i.V.m. den Bestimmungen der Geschäftsordnung zu unterscheiden. **168**

Anfragen zur Sitzung sollen nach den Bestimmungen der Muster-Geschäftsordnung bis zu einem bestimmten Zeitpunkt gestellt werden, um noch möglichst in der Sitzung – ohne Aussprache – beantwortet werden zu können (unter Tagesordnungspunkt „Aktuelles" oder „Verschiedenes"). **169**

Geschäftsordnungsanträge können beinhalten: Übergang zum nächsten Tagesordnungspunkt, Vertagung der Beratung auf nächste Sitzung, Änderung der Reihenfolge der Tagesordnungspunkte in der Beratung, Schluss der Beratung, Schluss der Rednerliste, Unterbrechung/Beendigung der Sitzung, Hinzuziehung sachkundiger Einwohner/Sachverständiger/ Gemeindebediensteter, Ausschluss von Mitgliedern wegen Befangenheit. Geschäftsordnungsanträge unterbrechen die Verhandlung, es darf regelmäßig ein Gemeinderat für und gegen den Geschäftsordnungsantrag sprechen (aber nicht zur Sache!), danach erfolgt die Abstimmung. **170**

Anträge wie „Schluss der Beratung" und „Schluss der Rednerliste" sind erst zulässig, wenn alle Fraktionen zur Sache gesprochen haben. Wenn ein Tagesordnungspunkt auf Fraktionsantrag nach § 34 Abs. 1 S. 4 GemO behandelt wird, hat der Antragsteller zumindest das Recht, den Antrag in der Sitzung zu begründen, erst danach darf vertagt werden.[388] **171**

Soweit **mehrere Anträge** gestellt werden, sollten sie vom Vorsitzenden, der diesbezüglich ein weites Verfahrensermessen besitzt,[389] wie folgt behandelt werden: der Vertagungsantrag vor sonstigen Geschäftsordnungsanträgen, dann folgen sachliche Änderungs- und Ergänzungsanträge, von denen der weiteste zuerst zu behandeln ist, weil er die anderen Sachanträge erledigt.[390] **172**

Das Antragsrecht folgt aus dem Rederecht. Deshalb haben nicht nur die Gemeinderäte, sondern auch sachkundige Einwohner als beratende Mitglieder eines Ausschusses sowie die Beigeordneten (§ 33 Abs. 1 GemO) aufgrund ihres Rederechts ein Antragsrecht aus eigener organschaftlicher Rechtsstellung. **173**

d) Abstimmungen und Wahlen

Der Gemeinderat kann nach § 37 Abs. 1 GemO grundsätzlich nur in einer ordnungsgemäß einberufenen und geleiteten Sitzung beraten und beschließen**.** Allein über Gegenstände einfacher Art kann nach § 37 Abs. 1 Satz 2 GemO durch **Offenlagebe-** **174**

---

386 *Mehde*, NordÖR 2014, 49 (50).
387 So zutr. OVG Saarl., Beschl. v. 30.08.2010 – 3 B 203/10, juris Rn. 70.
388 Überzeugend OVG NW, Urt. v. 21.12.1988 – 15 A 951/87, juris Rn. 6 ff.; a.A. *Aker/Hafner/Notheis*, § 34 GemO Rn. 21.
389 So auch *Lange*, Kommunalrecht, Kap. 7 Rn. 94.
390 Hierzu *Schmitz*, NVwZ 1992, 547 ff.

schluss oder im schriftlichen oder elektronischen Verfahren (durch E-Mail) entschieden werden. Vorausgesetzt ist, dass die Sachlage ohne Weiteres zu überschauen ist, so dass es keiner mündlichen Erörterung bedarf. Entscheidungen, die nach § 39 Abs. 2 GemO dem Gemeinderat vorbehalten sind, sind keine „Gegenstände einfacher Art".[391] Ein Beschluss ist dann gefasst, wenn kein Gemeinderat widerspricht.

175 Bei unaufschiebbaren Angelegenheiten, für die der Gemeinderat zuständig ist, dieser aber nicht mehr entscheiden kann, weil eine Gemeinderatssitzung – auch ohne Form und Frist – nicht mehr rechtzeitig einberufen werden kann, steht dem Bürgermeister ein **Eilentscheidungsrecht** zu (§ 43 Abs. 4 GemO).[392] Unaufschiebbar ist eine Angelegenheit, wenn ihr Aufschub zu nicht unwesentlichen Nachteilen materieller oder ideeller Art für die Gemeinde oder Dritte führen würde.[393] Problematisch ist, dass mit heutiger Informationstechnik eine Ladung nach § 34 Abs. 2 GemO immer möglich ist. Die Rechtsprechung ist bisher noch nicht auf diesen Aspekt eingegangen.

176 Abstimmungen des Gemeinderats beziehen sich entweder auf Wahlen oder auf Beschlüsse in Sachfragen. Der Gemeinderat ist **beschlussfähig**, wenn mindestens die Hälfte aller Mitglieder anwesend und stimmberechtigt ist (§ 37 Abs. 2 Satz 1 GemO). Zu den Mitgliedern des Gemeinderats zählt hierbei auch der Bürgermeister. Die Beschlussfähigkeit muss während der gesamten Sitzungsdauer bestehen, wenn sie nicht mehr oder vorübergehend nicht gegeben sind, sind diejenigen Beschlüsse rechtswidrig, die während der Beschlussunfähigkeit gefasst wurden.

177 Bei **Befangenheit** von mehr als der Hälfte aller Mitglieder ist der Gemeinderat beschlussfähig, wenn mindestens ein Viertel aller Mitglieder anwesend und stimmberechtigt ist (§ 37 Abs. 2 Satz 2 GemO). Ist der Gemeinderat wegen **Abwesenheit** oder Befangenheit von Mitgliedern nicht beschlussfähig, muss eine zweite Sitzung stattfinden, in der er beschlussfähig ist, wenn mindestens drei Mitglieder anwesend und stimmberechtigt sind; bei der Einberufung der zweiten Sitzung ist hierauf hinzuweisen. Die zweite Sitzung entfällt, wenn weniger als drei Mitglieder stimmberechtigt sind (§ 37 Abs. 3 GemO). Ist keine Beschlussfähigkeit des Gemeinderats gegeben, entscheidet der Bürgermeister anstelle des Gemeinderats nach Anhörung der nicht befangenen Gemeinderäte (§ 37 Abs. 4 Satz 1 GemO). Wenn auch der Bürgermeister befangen ist, muss die Rechtsaufsichtsbehörde (Regierungspräsidium oder Landratsamt) ein Verfahrensvertreter entsprechend § 124 GemO bestellen; alternativ können die befangenen Gemeinderäte einen nicht befangenen Gemeinderat zum Vertreter in der Angelegenheit bestellen, der dann die Rechte der Gemeinde wahrnimmt (§ 37 Abs. 4 S. 2 GemO).

178 Die **Beschlussfassung** erfolgt durch Abstimmung und Wahlen, § 37 Abs. 5 GemO. Die *Abstimmung* als Regelfall der Beschlussfassung erfolgt bei Geschäftsordnungs- und Sachanträgen, die Beschlussfassung in Form der *Wahl* bei Auswahlentscheidungen über eine Personen (z.B. Wahl der Ausschussmitglieder, der Vertreter der Gemeinde in Aufsichtsräten kommunaler Gesellschaften, der Beigeordneten, der leitenden Bediensteten, der Vertreter der Gemeinde in Gremien). Beschlussfähigkeit besteht grundsätzlich bei Anwesenheit von mehr als der Hälfte der Mitglieder, § 37 Abs. 2 GemO.

179 Nach § 37 Abs. 6 GemO **stimmt** der Gemeinderat **in der Regel offen ab**, was eine Kontrolle durch die Öffentlichkeit ermöglicht. Beschlüsse erfordern grundsätzlich die *einfache Stimmmehrheit* der Anwesenden, Enthaltungen bleiben dabei außer Betracht. Der Bürgermeister hat Stimmrecht, bei Stimmengleichheit ist der Antrag abgelehnt, § 37 Abs. 6 Satz 2 GemO. In gesetzlich besonders geregelten Fällen sind

---

391 VGH BW, Beschl. v. 12.01.1971 – II 141/68, ESVGH 22, 18 (Bebauungsplan).
392 Vgl. OVG NW, Urt. v. 31.05.1988 – 2 A 1739/86, juris Rn. 3; OVG SH, Urt. v. 15.3.2001 – 1 L 107/97, juris Rn. 88; BayVGH, Urt. v. 14.07.2006 – 1 N 05.300, juris Rn. 34 (alle zum Erlass von Satzungen); OVG RP, Urt. v. 13.04.2006 – 1 A 11596/05 (Vorkaufsrecht); VG Karlsruhe, Beschl. v. 15.01.1998 – 4 K 4136/97, juris Rn. 32.
393 Instruktiv VG Aachen, Urt. v. 22.05.2012 – 3 K 347/11.

VII. Die Gemeinderatssitzung

qualifizierte Mehrheiten erforderlich, z.B. bei der Beschlussfassung über die Hauptsatzung die Mehrheit aller Mitglieder, § 4 Abs. 2 GemO. Abgestimmt wird durch Handaufheben, im Zweifel erfolgt Gegenprobe oder Wiederholung der Abstimmung. Die Geschäftsordnung kann vorsehen, dass auf Verlangen einer bestimmten Anzahl von Gemeinderäten namentlich abgestimmt wird. Der Grundsatz der offenen Abstimmung ist Ausfluss des Demokratieprinzips, deshalb darf nur in ganz besonders gelagerten Ausnahmefällen – etwa wenn dies zum Schutze der freien Meinungsbildung der Gemeinderäte erforderlich ist – die Gemeinderatsmehrheit eine geheime Abstimmung beschließen.[394] Wird eine Angelegenheit in nichtöffentlicher Sitzung behandelt, ist das grundsätzlich ein starkes Indiz dafür, dass sie der Geheimhaltung unterliegt,[395] wobei die Pflicht zur Geheimhaltung auch das Abstimmungsverhalten der einzelnen Gemeinderatsmitglieder erfasst.

Wahlen werden hingegen **geheim mit Stimmzettel** vorgenommen. Nur wenn niemand widerspricht, kann offen gewählt werden. Nach allgemeinen Grundsätzen muss bei der geheimen Wahl gewährleistet sein, dass die Erkennbarkeit und Rekonstruierbarkeit der Wahlentscheidung des Wählers unmöglich ist.[396] Gewählt ist, wer mehr als die Hälfte der Stimmen der Anwesenden auf sich vereint, § 37 Abs. 7 S. 4 GemO, d.h. die absolute Mehrheit der anwesenden Stimmberechtigten ist nötig (anders als bei der Abstimmung), ansonsten gibt es einen zweiten Wahlgang, in dem (nur) bei mehreren Kandidaten die einfache Mehrheit ausreicht. Eine Wahl findet insbesondere statt über Ernennung (d.h. auch Beförderung) und Einstellung von Gemeindebediensteten sowie die nicht nur vorübergehende Übertragung einer höherwertigen Tätigkeit bei Angestellten. Abgestimmt wird z.B. über die Verlängerung eines Arbeitsvertrags.

180

e) Fragestunde und Anhörung

Die Gemeindeordnung sieht in § 33 Abs. 4 im Interesse der Bürgernähe und der Demokratisierung des Gemeindelebens die Möglichkeit der *Fragestunde* und der *Anhörung* in der Gemeinderatssitzung vor. Der Gemeinderat *kann* bei öffentlichen Sitzungen Einwohnern und den ihnen gleichgestellten Personen und Personenvereinigungen nach § 10 Abs. 3 und 4 GemO die Möglichkeit einräumen, Fragen zu Gemeindeangelegenheiten zu stellen oder Anregungen und Vorschläge zu unterbreiten (**Fragestunde**). Gemeinderäte selbst können sich an der Fragestunde nur mit Fragen persönlichen Angelegenheiten beteiligen.[397] Der Gemeinderat kann betroffenen Personen und Personengruppen auch die Gelegenheit geben, ihre Auffassung im Gemeinderat vorzutragen (**Anhörung**), das gleiche gilt für die Ausschüsse. Einzelheiten regelt zumeist die Geschäftsordnung.

181

---

[394] Aker/Hafner/Notheis, § 37 GemO Rn. 30; *Lange*, Kommunalrecht, Kap. 7 Rn. 159 f.; *Kunze/Bronner/Katz*, § 37 GemO Rn. 33.
[395] BayVGH, Beschl. v. 29.01.2004 – 4 ZB 03.174, BayVBl 2004, 402.
[396] Vgl. VGH BW, Urt. v. 13.03.1989 – 7 S 3009/88.
[397] OVG NW, Urt. v. 18.08.1989 – 15 A 1473/87.

3. Nach der Sitzung

a) Umsetzung der Beschlüsse und Wahlen

182 Gemeinderatsbeschlüsse erfordern in der Regel eine **Umsetzung** im Außenverhältnis. Dieser Vollzug erfolgt nach § 43 Abs. 1 GemO durch den Bürgermeister, z.B. durch Ausfertigung und öffentliche Bekanntmachung eines Bebauungsplans, durch Erlass eines Zuschussbescheids, durch den Abschluss eines öffentlich-rechtlichen Vertrags, durch Ausschreibung von Bauarbeiten oder die Einreichen eines Klageschriftsatzes usw.[398]

183 Ausgenommen sind verschiedene Sachbeschlüsse, die bereits selbst Außenwirkung mit Verkündung durch den Vorsitzenden erlangen (sogen. **self-executing-Beschlüsse**), wie z.B. die Benennung von Straßen,[399] die Zulassung eines Bürgerbegehrens (s. § 21 Abs. 8 GemO i.V.m. § 41 Abs. 2 KomWG), die Verhängung eines Ordnungsgelds gegen ein Gemeinderatsmitglied.[400]

184 Vor dem Vollzug der Gemeinderatsbeschlüsse hat der Bürgermeister ggfs. seine Widerspruchspflicht (§ 43 Abs. 2 GemO) zu prüfen und zu berücksichtigen.

185 Wahlen haben teilweise unmittelbare – gemeindeinterne – Wirkung wie z.B. die Wahl eines Gemeinderats in einen Ausschuss. Andere Wahlen bedürfen – wie Gemeinderatsbeschlüsse – des Vollzugs, etwa bei der Ernennung eines Beamten.

b) Niederschrift

186 Über den **wesentlichen Inhalt** der Verhandlungen des Gemeinderats ist nach § 38 GemO eine **Niederschrift** (Protokoll) zu fertigen. Das Protokoll ist eine **öffentliche Urkunde** i.S. des § 415 ZPO. Es begründet eine – widerlegliche – Vermutung für seine Richtigkeit.[401] Die Niederschrift hat einen **Mindestinhalt**, der sich aus § 38 Abs. 1 S. 1 ergibt. Die Niederschrift muss insbesondere den Namen des Vorsitzenden, die Zahl der anwesenden und die Namen der abwesenden Gemeinderäte unter Angabe des Grundes der Abwesenheit, die Gegenstände der Verhandlung, die Anträge, die Abstimmungs- und Wahlergebnisse und den Wortlaut der Beschlüsse enthalten.

187 Zudem sind Ort, Beginn und Ende der Sitzung zu protokollieren, ferner ob die Beratung öffentlich oder nichtöffentlich erfolgte, ob befangene Gemeinderäte die Sitzung verlassen haben (und wieder zurückgekehrt sind) usw.

188 Der Bürgermeister und jeder Gemeinderat können in der Sitzung verlangen, dass „ihre Erklärung oder Abstimmung in der Niederschrift festgehalten wird", § 38 Abs. 1 Satz 2 GemO. Das Recht auf Abgabe *persönlicher Erklärungen* in diesem Sinne erstreckt sich auf Äußerungen des Abstimmenden über seine Person und sein persönliches Verhalten, auf die Sache oder auf sein Abstimmungsverhalten.[402] Soweit Gemeinderäte Einwendungen gegen die Niederschrift erheben, entscheidet der Ge-

---

398 S. hierzu § 15 Rn. 27 ff.
399 VGH BW, Urt. v. 22.07.1991 – 1 S 1258/90, juris Rn. 21.
400 VG Sigmaringen, Urt. v. 13.07.2004 – 9 K 1724/02, NVwZ-RR 2005, 428; VG Düsseldorf, Urt. v. 14.8.2009 – 1 K 6465/08, juris Rn. 22.
401 VGH BW, Urt. v. 09.10.1989 – 1 S 5/88, NJW 1990, 1808; VG Freiburg, Beschl. v. 20.02.2006 – 1 K 351/06, juris Rn. 10.
402 VGH BW, Urt. v. 06.06.1988 – 1 S 2460/87, NVwZ-RR 1989, 94.

meinderat. Wenn dieser den Einwendungen folgt, ist die Niederschrift entsprechend zu ändern.[403]

189 Die **Einsichtnahme** in die Niederschriften über die öffentlichen Sitzungen ist den Einwohnern gestattet (§ 38 Abs. 2 Satz 4 GemO). Die Entscheidung über die Aushändigung von Kopien an Einwohner liegt im Ermessen des Gemeinderats.[404]

VIII. Fehlerfolgenrecht

190 Hinsichtlich der Fehlerfolgen ist bei Gemeinderatsbeschlüssen wie folgt zu unterscheiden:

191 Für Schreib-, Rechenfehler und sonstige offenbare Unrichtigkeiten des Gemeinderatsbeschlusses gilt der Rechtsgedanke des § 42 VwVfG entsprechend.[405] Im Übrigen sind fehlerhaft zustande gekommene **Satzungen und Rechtsverordnungen** entsprechend dem Nichtigkeitsdogma[406] mangels abweichender gesetzlicher Regelungen nichtig. Derartige gesetzliche Ausnahmen von der Fehlerfolge der Nichtigkeit beinhaltet z.B. für die Mitwirkung befangener Gemeinderäte § 18 Abs. 6 GemO,[407] für Verfahrensfehler bei Satzungen (sowie dem Flächennutzungsplan und sonstigem Ortsrecht) gilt § 4 Abs. 4 GemO. Danach gilt die Satzung ein Jahr nach ihrer Bekanntmachung als von Anfang an gültig zustande gekommen, wenn

- auf die Möglichkeit der Fehlerheilung in der Bekanntmachung hingewiesen worden ist,
- innerhalb der Jahresfrist nicht konkret auf den Verfahrensfehler schriftlich hingewiesen wurde,
- weder der Bürgermeister dem Beschluss nach § 43 GemO widersprochen noch die Rechtsaufsichtsbehörde den Mangel gerügt hat und
- nicht „Ewigkeitsfehler" wie fehlende Sitzungsöffentlichkeit, fehlende aufsichtsrechtliche Genehmigung oder fehlerhafte Bekanntmachung betroffen sind.

Ergänzend kann sich eine **Unbeachtlichkeit des Verfahrensfehlers** oder materieller Fehler bei Bebauungsplänen und Satzungen nach dem BauGB aus den §§ 214, 215 BauGB ergeben.

192 Darüber hinaus kann nur in engen Ausnahmefällen ein Verfahrensfehler unbeachtlich bleiben. Z.B. führt ein Fehler in der Niederschrift nicht ohne Weiteres zur Nichtigkeit des Satzungsbeschlusses, da die Niederschrift nur eine widerlegliche Vermutung ihrer Richtigkeit beinhaltet. Verstöße gegen Bestimmungen der Geschäftsordnung führen nur dann zur Nichtigkeit des Satzungsbeschlusses, wenn hinter ihnen eine verletzte gesetzliche Verfahrensvorschrift steht.[408] Hingegen führen Verstöße gegen den Öffentlichkeitsgrundsatz der Sitzung (arg. e § 4 Abs. 4 Nr. 1 GemO) stets zur Nichtigkeit, das betrifft bspw. auch Fehler in der öffentlichen Bekanntmachung von Sitzung und Tagesordnung.

193 Bei **sonstigen Gemeinderatsbeschlüssen** führen Fehler nicht ohne Weiteres zur Nichtigkeit (stets aber zur Rechtswidrigkeit). Ansonsten gingen die kommunalrechtli-

---
403 *Aker/Hafner/Notheis*, § 38 GemO Rn. 11.
404 VGH BW, Beschl. v. 27.01.1976 – I 1494/75.
405 OVG Bln-Bbg, Urt. v. 15.03.2012 – 2 A 20.09, juris Rn. 26; VGH BW, Urt. v. 29.11.1993 – 8 S 2144/93, juris Rn. 31 für Satzungen.
406 VGH BW, Urt. v. 25.02.2013 – 1 S 2155/12, juris Rn. 9.
407 S. Rn. 42 ff.
408 BayVGH, Urt. v. 18.06.2008 – 4 BV 07.211, juris Rn. 25.

chen Regelungen über das Widerspruchsrecht des Bürgermeisters nach § 43 GemO und das Beanstandungsrecht der Kommunalaufsicht nach § 121 GemO ins Leere, weil nichtige Beschlüsse von vornherein unwirksam sind.[409] Im Verwaltungsverfahren kommen dann die §§ 44 ff. bzw. §§ 59, 62 LVwVfG zur Anwendung. Die Nichtigkeit ist nach § 44 Abs. 1 VwVfG nur Folge bei offensichtlichen und besonders schwerwiegenden Fehlern. Entscheidet der unzuständige Gemeinderat anstelle des zuständigen Bürgermeisters in einem Geschäft der laufenden Verwaltung, so wird dies im Regelfall nur zur Rechtswidrigkeit des vom Bürgermeister erlassenen Verwaltungsakts führen,[410] der dann bestandskräftig werden kann, soweit er nicht nach § 48 LVwVfG zurückgenommen oder von den Adressaten angefochten wird.

194 Schließlich wird auch noch nach der **Bedeutung des Verfahrensfehlers** differenziert:[411] Bloße Ordnungsvorschriften, deren Einhaltung für das Verfahrensergebnis unerheblich sei, werden – wie sonst auch im deutschen Recht – als unbeachtlich angesehen. Für Bestimmungen der Geschäftsordnung ergibt sich dies schon aus ihrem Charakter als Binnenrecht. Bei Verstoß gegen gesetzliche Verfahrensbestimmungen kann eine Unbeachtlichkeit aber im Hinblick auf die Bedeutung des korrekten Verfahrens für ein sachgerechtes Verfahrensergebnis nur in engen Grenzen gelten,[412] etwa hat die fehlerhafte Fertigung einer Niederschrift keine Auswirkungen auf den Gemeinderatsbeschluss. Bei fehlerhafter Behandlung in nichtöffentlicher Sitzung statt in öffentlicher Sitzung (und umgekehrt) kann im Regelfall nicht ausgeschlossen werden, dass die Beratung und Meinungsbildung anders erfolgt wäre.[413]

195 Für Wahlen (§ 37 Abs. 7 GemO) gilt Entsprechendes.

---

409 *Lange*, Kommunalrecht, Kap. 7 Rn. 221; a.A. z.B. *Ogorek*, JuS 2009, 511 (513); *Schneider*, NWVBl 1996, 89 (95).
410 VGH BW, Urt. v. 22.07.1991 – 1 S 1258/90, juris Rn. 35 zu § 46 aF: der Rechtsfehler ist beachtlich, denn es ist nicht auszuschließen, dass der Gemeinderat bei Beachtung des Öffentlichkeitsgebots sein Ermessen abweichend ausgeübt hätte. – Etwas anderes kann gelten, wenn der Bürgermeister vor Erlass des VA *eigenes* Ermessen ausübt.
411 *Schneider*, NWVBl 1996, 89 ff.
412 *Lange*, Kommunalrecht, Kap. 7 Rn. 227; *Schneider*, NWVBl 1996, 89 (90).
413 VGH BW, Urt. v. 22.07.1991 – 1 S 1258/90, juris Rn. 35.

§ 15
Der Bürgermeister und die Gemeindeverwaltung

Literatur: *Vogel*, Formvorschriften oder Einschränkung der Vertretungsmacht?, JuS 1996, 964 ff.; *Stumpf*, Kommunalrechtliche Form- und Vertretungsregelungen im Privatrechtsverkehr, BayVBl. 2006, 103 ff.; *Köster*, Abgabe von Verpflichtungserklärungen und Erteilung von Vollmachten nach § 64 GemO NW, KommJur 2009, 416 ff.; *Leisner-Egensperger*, „Geschäfte der laufenden Verwaltung" im Kommunalrecht, VerwArch 100 (2009), 161 ff.
Zur Vertiefung: *Kohler-Gehrig*, Vertretung und Vertretungsmängel der Gemeinde im Privatrechtsverkehr, VBlBW 1996, 441 ff., VBlBW 1997, 12 ff.; *Brötel*, Repräsentant, aber nicht Vertreter, NJW 1998, 1676 ff.; *Ludwig/Lange*, Die Kompetenz der Länder zum Erlaß kommunalrechtlicher Formvorschriften für Verpflichtungserklärungen, NVwZ 1999, 136 ff.; *Püttner*, Nichteinhaltung des Schriftlichkeitserfordernisses nach Gemeinderecht, JZ 2002, 197 ff.; *Hufeld*, Die Vertretung der Behörde, 2003, S. 77 ff.; *Stelkens*, Vom Dienstsiegel zur elektronischen Signatur – 100 Jahre Streit um kommunalrechtliche Formvorschriften!, VerwArch 94 (2003), 48 ff.; *Jaeckel*, Der kommunale Beigeordnete zwischen fachlicher Verwaltung und politischer Willensbildung, VerwArch 97 (2006), 220 ff.; *Brüning*, Die Haftung der kommunalen Entscheidungsträger, 2. Aufl. 2013.
Fallbearbeitungen: *Kelm*, Zu alt als Bürgermeister?, Jura 2001, 611 ff.; *Ruffert*, Verträge mit der Stadtverwaltung, Jura 2003, 633 ff.; *Grünewald*, Wer weist hier wen an?, JA 2014, 123 ff.

I. Allgemeines

Der **Bürgermeister** ist neben dem Hauptorgan Gemeinderat das zweite Organ der Gemeinde. In größeren Städten (Stadtkreisen und Großen Kreisstädten) trägt er, da ihm weitere – vom Gemeinderat gewählte – Bürgermeister „beigeordnet" sind, die Bezeichnung *Oberbürgermeister* (§ 42 Abs. 4 GemO). Selbst unmittelbar durch Wahl demokratisch legitimiert und zugleich Vorsitzender des Gemeinderats ist er das „Haupt" der Gemeinde, denn er vertritt und repräsentiert[414] die Gemeinde nach außen. Seine Wahlperiode ist in Baden-Württemberg von der des Gemeinderats entkoppelt, was seine Stellung – zusammen mit der relativ langen 8-jährigen Amtszeit – zusätzlich stärkt. Während *rechtlich* der Gemeinderat als Hauptorgan mit einer Zuständigkeitsvermutung gegenüber dem Bürgermeister, der auf die Ausübung der ihm gesetzlich zugewiesenen Zuständigkeiten (II) beschränkt ist, eine Vorrangstellung innehat, erweist sich in der *politischen Praxis* der Bürgermeister als dominant, weil er für die Vorbereitung der Gemeinderatssitzungen zuständig ist und bei der Ausführung aller Beschlüsse in Erscheinung tritt (§ 43 Abs. 1 GemO). Zudem ist er allein für die Erledigung der *Weisungsaufgaben* sowie der *Geschäfte der laufenden Verwaltung* zuständig. 1

Der Bürgermeister ist neben seiner Funktion als **Ratsvorsitzender** vor allem **Leiter der Gemeindeverwaltung** und **Vertreter der Gemeinde** nach außen, § 42 Abs. 1 GemO. Die ihm durch den Gemeinderat zur Seite gestellten „Beigeordneten" und die weiteren Bediensteten der Gemeindeverwaltung sind ihm dienst- und organisationsrechtlich weitgehend *unterstellt*. Nur in einzelnen Fällen ist ein *Zusammenwirken* der 2

---

414 Soweit in anderen Bundesländern der Bürgermeister nicht Vorsitzender des Gemeinderats ist bzw. war, ist umstritten, ob die Repräsentationsbefugnis Annex der Vertretungsbefugnis oder des Ratsvorsitzes ist, s. *Lange*, Kommunalrecht, Kap. 8 Rn. 164.

Organe Bürgermeister und Gemeinderat erforderlich, bspw. benötigt der Bürgermeister das Einvernehmen des Gemeinderats zur Abgrenzung der Zuständigkeitskreise der Beigeordneten. Die baden-württembergische Gemeindeordnung fördert die Zusammenarbeit ihrer Verwaltungsorgane aber auch durch die Besonderheit, dass die – ebenfalls auf 8 Jahre gewählten – Beigeordneten das im Gemeinderat vertretene politische Spektrum repräsentieren sollen (vgl. § 50 Abs. 2 S. 3 GemO). In den größeren Städten mit mehreren Beigeordneten sind in der Verwaltungsspitze somit alle großen Parteien vertreten, was die Zusammenarbeit in der Ratsarbeit erleichtert, die Dominanz der Verwaltung gegenüber dem Gemeinderat aber faktisch weiter untermauert.

3 Aus diesen Kräfteverhältnissen ergibt sich die Frage, welche Auswirkungen eine *Überschreitung der Kompetenzen* im Innenverhältnis zum Gemeinderat im Außenverhältnis gegenüber dem Bürger nach sich zieht (III). Die Gemeindeordnung hat hier mit Formanforderungen an Vollmachten und Verpflichtungserklärungen weitreichende *Schutzvorschriften* geschaffen, die auch im Zivilrecht Folgen zeitigen.

II. Bürgermeister und Gemeindeverwaltung

1. Rechtsstellung des Bürgermeisters

4 Der Bürgermeister wird – wie inzwischen in allen anderen Flächenstaaten – von den Bürgern in allgemeiner, unmittelbarer, freier, gleicher und geheimer Wahl in **Mehrheitswahl** gewählt (§ 45 Abs. 1 GemO). Sofern keiner der Bewerber mehr als die Hälfte der gültigen Stimmen auf sich vereinigt, findet zwei bis vier Wochen später ein *zweiter Wahlgang* statt, in dem die einfache Mehrheit ausreicht (§ 45 Abs. 2 GemO).

5 Die **Amtszeit** des Bürgermeisters beträgt nach § 42 Abs. 3 GemO *acht Jahre* und beginnt mit dem Amtsantritt. Das *Beamtenverhältnis* (als Beamter auf Zeit[415]) wird durch die Wahl begründet[416] und beginnt ebenfalls mit Amtsantritt (§ 92 Nr. 2 LBG). Der Bürgermeister tritt mit Ablauf des Monats, in dem er das 68. Lebensjahr erreicht, in den Ruhestand (§ 36 Abs. 4 LBG).

6 Als Bürgermeister kann nur **kandidieren**, wer am Wahltag als deutscher Bürger oder Unionsbürger mindestens 25 Jahre, höchstens aber 64 Jahre alt ist, und Gewähr für die Verfassungstreue bietet (§ 46 Abs. 1 GemO). § 10 KomWG beinhaltet weitere formale Voraussetzungen für die Bewerbung.

7 Diese **Altersgrenzen** sind nach ständiger Rechtsprechung *verfassungsrechtlich zulässig*. Höchstaltersgrenzen stellen ein vor dem Gleichbehandlungsgrundsatz zulässiges Differenzierungskriterium dar, mit dem altersbedingte Beeinträchtigungen des für die die Amtsausübung erforderlichen Leistungsvermögens angemessen aufgefangen werden können.[417] Der Gesetzgeber besitzt hierbei einen Einschätzungsspielraum, von dem er in § 36 LBG differenzierend für

---

[415] Da der Bürgermeister Leiter der Gemeindeverwaltung ist und deshalb keinen unmittelbaren Vorgesetzten hat, nimmt die *Rechtsaufsichtsbehörde* gem. § 92 Nr. 1 LBG, § 5 Abs. 1 Nr. 1 LDG bestimmte Funktionen wahr, die ansonsten einem Vorgesetzten in der Behördenhierarchie zukommen, z.B. hinsichtlich der Genehmigung von Nebentätigkeiten oder im Disziplinarrecht.

[416] Zur Neutralitätspflicht des sich wieder bewerbenden Bürgermeisters, von Gemeindebediensteten und Gemeinderäten während des Wahlkampfs s. § 32 Abs. 1 Nr. 2 KomWG u. *Oebbecke*, NVwZ 2007, 30 (31); VGH BW, Urt. v. 16.05.2007 – 1 S 567/07, juris Rn. 38 ff.; VG Freiburg, Urt. v. 22.03.2006 – 1 K 1844/05, juris Rn. 60, 71 ff.

[417] Zuletzt BayVerfGH, Entsch. v. 19.12.2012 – Vf. 5-VII-12, juris Rn. 39 ff. m. Sondervotum Rn. 62 ff.; VerfGH RP, Beschl. V. 02.11.2006 – VGH B 27/06, VGH A 28/06; OVG RP, Beschl. v. 20.09.2006 – 2 B 10951/06, juris Rn. 6 ff.; zuvor VGH BW, Urt. v. 13.05.1991 – 1 S 944/91, juris Rn. 33; BVerfG (K), Beschl. v. 26.08.1993 – 2 BvR 1439/93.

II. Bürgermeister und Gemeindeverwaltung

unterschiedliche Berufsgruppen (allgemeine Beamte, Lehrer, Polizisten, Bürgermeister) Gebrauch gemacht hat. Die Richtlinie 2000/78/EG des Rates vom 27.11.2000 zur Festlegung eines allgemeinen Rahmens für die Verwirklichung der Gleichbehandlung in Beschäftigung und Beruf steht derartigen Altersgrenzen nicht entgegen.[418]

In Gemeinden mit weniger als 2.000 Einwohnern ist der Bürgermeister *Ehrenbeamter* **8** *auf Zeit*; Gemeinden mit mehr als 500 Einwohnern können durch Hauptsatzung bestimmen, dass der Bürgermeister *hauptamtlicher Beamter auf Zeit* ist (§ 42 Abs. 2 GemO).

Die besoldungsrechtliche Einstufung der Bürgermeister richtet sich nach der *Kom-* **9** *munalbesoldungsverordnung*.[419]

2. Zuständigkeiten des Bürgermeisters

Im Zusammenspiel der Gemeindeorgane ist der *Gemeinderat* vor allem Steuerungs- **10** organ für politische Grundsatzfragen, während der Schwerpunkt der Zuständigkeiten des *Bürgermeisters* im administrativen Bereich liegt. Die Zuständigkeiten des Bürgermeisters sind in der Gemeindeordnung und ergänzenden Gesetzen – im Hinblick auf die Grundregel des § 24 Abs. 1 S. 2 GemO – abschließend geregelt.

Für den Bürgermeister – und die Beigeordneten – gelten die Pflichten ehrenamtlich **11** tätiger Bürger (§ 17 Abs. 1 bis 3 GemO) und die **Befangenheitsvorschriften** für ehrenamtlich tätige Bürger (§ 18 GemO) entsprechend (§ 52 GemO); in Verwaltungsverfahren außerhalb der Gemeinderatstätigkeit sind zudem die Befangenheitsvorgaben nach §§ 20 f VwVfG zu beachten.

a) Vorsitzender des Gemeinderats

Der Bürgermeister ist nach §§ 25 Abs. 1, 42 Abs. 1 GemO *Vorsitzender des Gemein-* **12** *derats*, in dem er nach § 37 Abs. 6 S. 3 GemO auch *Stimmrecht* hat. Der dem Bürgermeister in diesem Zusammenhang übertragene Aufgabenkreis erfasst die Vorbereitung der Gemeinderatssitzung und deren Einberufung (§ 34 GemO), die Sitzungsleitung (§ 36 GemO) sowie die Erstellung der Niederschrift (§ 38 GemO) und den erforderlichen Vollzug der Gemeinderatsbeschlüsse (§ 43 Abs. 1 GemO).[420]

b) Gesetzliche Zuständigkeiten

Wichtige Sachentscheidungskompetenzen werden dem Bürgermeister durch § 44 **13** Abs. 2 und 3 GemO übertragen, wobei sich § 44 Abs. 2 auf weisungsfreie Aufgaben bezieht, § 44 Abs. 3 auf Weisungsaufgaben. Zudem gibt ihm § 43 Abs. 4 GemO ein Entscheidungsrecht in Dringlichkeitsangelegenheiten.

---

418 OVG RP, Beschl. v. 20.09.2006 – 2 B 10951/06, juris Rn. 9; EuGH, Urt. v. 21.07.2011 – Rs. C-159/10 (Fuchs), Rn. 75, 82 – Altersgrenze für Staatsanwälte.
419 Hierzu VG Freiburg, Urt. v. 10.07.2012 – 3 K 2321/10, juris Rn. 21 (gemeindliches Organisationsermessen bei Einstufung des Bürgermeisters in eine Besoldungsgruppe).
420 Näher dazu unter § 14 Rn. 129 ff., § 15 Rn. 27 ff.

aa) Geschäfte der laufenden Verwaltung

14 Die Kompetenz zur Erledigung der sog. **Geschäfte der laufenden Verwaltung** in eigener Zuständigkeit ergibt sich aus § 44 Abs. 2 GemO; sie zählt zu den traditionellen Befugnissen des Bürgermeisters in allen deutschen Gemeindeverfassungen.

15 Geschäfte der laufenden Verwaltung[421] sind Aufgaben, die in Abgrenzung zu § 24 Abs. 1 S. 2 GemO *nicht von grundsätzlicher Bedeutung* für die Gemeinde sein dürfen. Als Faustformel gilt, dass die Sache nach *Regelmäßigkeit* und *Häufigkeit* zu den üblichen Geschäften gehören muss und ihre Erledigung nach festgefahrenen Grundsätzen (routinemäßig) auf eingefahrenen Gleisen erfolgen kann.[422] Das Geschäft der laufenden Verwaltung darf für die Gemeinde also weder wirtschaftlich noch grundsätzlich von wesentlicher Bedeutung sein, muss aber mit einer gewissen Regelmäßigkeit – nicht unbedingt täglich – wiederkehren.[423]

16 Die Anwendung dieser Kriterien unterscheidet sich von Gemeinde zu Gemeinde und hängt ab von der jeweiligen Größe der Gemeinde, dem Umfang des Haushaltsvolumens, der sachlichen und personellen Ausstattung und schließlich auch von der politischen Bedeutung des Geschäfts.[424] Letzteres kann dazu führen, dass eine Aufgabe, die an sich wirtschaftlich unbedeutend ist, infolge politischer Diskussion Grundsatzbedeutung erlangt und dann ausnahmsweise aus dem Zuständigkeitskreis des Bürgermeisters in den des Gemeinderats übergeht.[425] Dem Gemeinderat nach § 39 Abs. 2 GemO vorbehaltene Aufgaben können kein Geschäft der laufenden Verwaltung sein. Zur Vermeidung von Unklarheiten und zur Entlastung des Gemeinderats empfehlen sich Wertobergrenzen-Regelungen in der Hauptsatzung, die den Umfang der auf den Bürgermeister dauerhaft übertragenen Aufgaben beschreiben.[426]

17 Klassische Beispiele für **Geschäfte der laufenden Verwaltung** sind z.B. die Beschaffung von Verbrauchsmaterialien wie Papier und Bleistiften, PC und Druckern, die Ausstellung eines Personalausweises oder die Zulassung in ein Freibad. Die einzelne Sondernutzungserlaubnis für einen Verkaufsstand in der Fußgängerzone einer Gemeinde ist Geschäft der laufenden Verwaltung,[427] ebenso die Zuteilung einer Hausnummer in einer durch Gemeinderatsbeschluss benannten Straße,[428] die Erhebung von Vorausleistungen für Erschließungsbeiträge[429] oder die Abnahme einer Bauleistung.[430]

---

421 Krit. Bestandsaufnahme bei *Leisner-Egensperger*, VerwArch 100 (2009), 161 ff.
422 Grundlegend OVG NW, Urt. v. 15.12.1969 – III A 1329/65, OVGE 25, 186, 193; zuletzt OVG NW, Urt. v. 08.05.2009 – 15 A 770/07, juris Rn. 22.
423 BGH, Urt. v. 20.02.1979 – VI ZR 256/77, NJW 1980, 115 (117); BGH, Urt. v. 06.05.1997 – KZR 43/95, NVwZ-RR 1997, 725; VGH BW, Beschl. v. 25.08.1995 – 2 S 971/95, juris Rn. 4; VG Karlsruhe, Urt. v. 22.02.2006 – 10 K 2211/04; *Aker/Hafner/Notheis*, § 44 GemO Rn. 12 ff.; *Kunze/Bronner/Katz*, GemO, § 44 Rn. 13 ff.; *Lange*, Kommunalrecht, Kap. 8 Rn. 94.
424 Instruktiv VG Freiburg, Urt. v. 06.06.2002 – 9 K 714/01, www.justizportalbw.de/vg/vgfrpraxis/vgprax06/osteneck.pdf.
425 Andere Bundesländer haben hier die Möglichkeit geschaffen, dass der Gemeinderat einzelne Angelegenheiten an sich zieht (Brandenburg, Niedersachsen) oder Richtlinien hierfür aufstellt (Bayern).
426 Soweit in der Hauptsatzung Wertgrenzen für die laufende Verwaltung beschrieben werden, hat dies nur deklaratorische Bedeutung, zu hohe Wertgrenzen können aber als konstitutive Aufgabenübertragung angesehen werden, so *Kunze/Bronner/Katz*, GemO, § 44 Rn. 19.
427 Nicht aber die *Grundsätze*, dass und inwieweit die Fußgängerzone hierfür genutzt werden soll, vgl. VGH BW, Urt. v. 06.07.2001 – 8 S 716/01, juris Rn. 22; VGH BW, Urt. v 27.02.1987 – 5 S 2185/86, VBlBW 1987, 344 (346).
428 Sächs. OVG, Beschl. v. 20.10.2009 – 4 A 300/08, juris Rn. 3 ff.
429 VGH BW, Beschl. v. 25.08.1995 – 2 S 971/95, juris Rn. 4.
430 OLG Braunschweig, Urt. v. 20.12.2012 – 8 U 7/12, juris Rn. 42 ff.

II. Bürgermeister und Gemeindeverwaltung

Beispiele, in denen **kein Geschäft der laufenden Verwaltung** gesehen wurde, sind die Benennung einer Straße,[431] der Erlass von Richtlinien für Sondernutzungen des öffentlichen Straßenraums[432], für die Marktzulassung[433] oder zur Vergabe von Bootsanlegeplätzen,[434] Erstattungsrichtlinien für Schülerbeförderungskosten,[435] ein Straßenbeleuchtungskonzept,[436] die Zuerkennung einer Entschädigung aus enteignendem Eingriff in Höhe von 10.000,-- DM,[437] die dauerhafte Sperrung einer Gemeindestraße[438] ebenso wie die Widmungsänderung oder die Entwidmung einer Straße, der Verkauf eines großen Grundstücks,[439] die Ausübung des Vorkaufsrechts nach §§ 24, 25 BauGB[440] oder die Bestellung eines Erbbaurechts.[441]

18

bb) Dringlichkeitsangelegenheiten

In unaufschiebbaren Angelegenheiten, über die der zuständige Gemeinderat *nicht mehr rechtzeitig* entscheiden kann, weil eine Gemeinderatssitzung – auch ohne Form und Frist einzuhalten – nicht mehr rechtzeitig einberufen werden kann, steht dem Bürgermeister ein **Eilentscheidungsrecht** zu (§ 43 Abs. 4 GemO). Das Eilentscheidungsrecht erstreckt sich grundsätzlich auch auf die Vorbehaltsangelegenheiten des § 39 Abs. 2 GemO, so dass der Bürgermeister bspw. eine Veränderungssperre oder Vorkaufssatzung erlassen kann.[442] Unaufschiebbar ist eine Angelegenheit, wenn ihr Aufschub zu nicht unwesentlichen Nachteilen materieller oder ideeller Art für die Gemeinde oder Dritte führen würde.[443]

19

Problematisch ist, dass mit heutiger *Informationstechnik* eine Ladung nach § 34 Abs. 2 GemO immer möglich ist, so dass eine Eilentscheidung nur in sehr dringenden Fällen in Betracht kommt, in denen eine Entscheidung in weniger Stunden getroffen werden muss.[444] Als Anwendungsbereich kommen z.B. Katastrophenfälle, der unmittelbar drohende Ablauf einer Frist (z.B. fristlose Kündigung) oder Vergleichsabschlüsse, die keinen Aufschub dulden, und ähnliche Situationen in Frage. Im Verhinderungsfall geht das Eilentscheidungsrecht auf den Stellvertreter des Bürgermeisters über. Der Bürgermeister hat den Gemeinderäten die Gründe für die Eilentscheidung und die Art der Erledigung mitzuteilen, was entweder schriftlich oder auch mündlich in der nächsten Gemeinderatssitzung geschehen kann.

20

Die Tatbestandsvoraussetzungen des § 43 Abs. 4 GemO beinhalten gerichtlich voll überprüfbare unbestimmte Rechtsbegriffe. Entscheidet der Bürgermeister im Wege des § 43 Abs. 4 GemO ohne dass Dringlichkeit vorliegt, kann dies ggfs. im Rahmen

21

---

431 VGH BW, Urt. v. 22.07.1991 – 1 S 1258/90, juris Rn. 29.
432 VGH BW, Urt. v. 06.07.2001 – 8 S 716/01, juris Rn. 22 (Werbeanlagen). S.a. *Engel*, VBlBW 2008, 41 (46 ff.) zur Außenbewirtung von Gaststätten im Straßenraum.
433 VGH BW, Urt. v. 01.10.2009 – 6 S 99/09, juris Rn. 20.
434 VGH BW, Urt. v. 19.05.2003 – 1 S 1449/01, juris Rn. 36.
435 VGH BW, Urt. v. 16.04.2010 – 9 S 1500/09, juris Rn. 24.
436 VGH BW, Beschl. v. 14.02.2007 – 2 S 2626/06, juris Rn. 4.
437 OLG Karlsruhe, Urt. v. 14.07.1983 – 9 U 176/82; zutr. im Hinblick auf die Seltenheit des enteignenden Eingriffs, nicht des Entschädigungsbetrags.
438 VG Gießen, Urt. v. 21.03.2007 – 8 E 2088/06, juris Rn. 22.
439 BGH, Urt. v. 06.05.1997 – KZR 43/95, juris Rn. 36; sehr eng OLG Hamm, Beschl. v. 22.02.2012 – I-15 W 67/11, juris Rn. 8: Grundstücksgeschäft über 64.000 EUR auch in einer Großstadt kein Geschäft der laufenden Verwaltung.
440 OVG RP, Urt. v. 13.04.2006 – 1 A 11596/05, juris Rn. 28; VGH BW, Urt. v. 12.09.1997 – 5 S 2498/95, juris Rn. 24.
441 Zu generalisierend OLG München, Beschl. v. 18.06.2010 – 34 Wx 065/10, juris Rn. 8.
442 Vgl. OVG NW, Urt. v. 31.05.1988 – 2 A 1739/86, juris Rn. 3; OVG SH, Urt. v. 15.3.2001 – 1 L 107/97, juris Rn. 88; BayVGH, Urt. v. 14.07.2006 – 1 N 05.300, juris Rn. 34 (alle zum Erlass von Satzungen); OVG RP, Urt. v. 13.04.2006 – 1 A 11596/05 (Vorkaufsrecht); VG Karlsruhe, Beschl. v. 15.01.1998 – 4 K 4136/97, juris Rn. 32.
443 Instruktiv VG Aachen, Urt. v. 22.05.2012 – 3 K 347/11. S.a. *Kunze/Bronner/Katz*, § 44 GemO Rn. 18. Soweit möglich, muss sich der Bürgermeister auf vorläufige Maßnahmen beschränken.
444 OVG RP, Urt. v. 13.04.2006 – 1 A 11596/05, juris Rn. 28.

einer Kündigungsschutzklage oder der Anfechtung eines Verwaltungsakts bedeutsam werden. Zudem kann der Gemeinderat die Eilentscheidung durch einen gegenteiligen Beschluss aufheben; dies wird regelmäßig aber daran scheitern, dass die Eilentscheidung aufgrund ihrer Dringlichkeit bereits vollzogen wurde.

cc) Weisungsaufgaben

22 Der Bürgermeister ist gesetzlich für die **Erledigung der Weisungsaufgaben** zuständig, soweit gesetzlich nichts anderes bestimmt ist; abweichend hiervon ist der Gemeinderat für den Erlass von *Satzungen und Rechtsverordnungen* zuständig, soweit Vorschriften anderer Gesetze nicht entgegenstehen (§ 44 Abs. 3 S. 1 GemO). Weisungsaufgaben sind in § 2 Abs. 3 GemO legaldefiniert als Pflichtaufgaben, die den Gemeinden zur Erfüllung nach Weisung auferlegt sind, wobei der Umfang des Weisungsrechts (z.B. „uneingeschränkt") gesetzlich bestimmt sein muss.

23 Weisungsaufgaben sind insbesondere die den Gemeinden übertragenen staatlichen Aufgaben der unteren Verwaltungsbehörden (vgl. § 15 LVG), polizeiliche Aufgaben (z.B. § 62 Abs. 4 PolG, § 47 Abs. 4 S. 1 und Abs. 5 S. 1 LBO, § 3 Abs. 1 MeldeG) und die Mitwirkung bei Wahlen (§ 20 LandtagswahlG). Da in Baden-Württemberg auch die Weisungsaufgaben zu den gemeindlichen Selbstverwaltungsaufgaben zählen,[445] ist der Bürgermeister nicht im Wege der sog. Organleihe tätig, sondern als *Organ der Gemeinde*. § 15 Abs. 2 LVG und § 44 Abs. 3 GemO sind also *innergemeindliche Zuständigkeitsregelungen*. Hintergrund der gesetzlichen Aufgabenübertragung auf den Bürgermeister ist letztlich das Interesse am einheitlichen Gesetzesvollzug im Bereich des Ordnungsrechts, das regelmäßig streng gesetzlich determiniert ist und nur geringe Entscheidungsspielräume aufweist. Bei der Erledigung von aufgrund besonderer Anordnung geheimzuhaltenden Weisungsaufgaben sind die für Landesbehörden geltenden Geheimhaltungsvorschriften[446] zu beachten.

24 Die Einflussmöglichkeiten des Gemeinderats sind auf die Entscheidung über die Auswahl des erforderlichen Personals in diesen Bereichen und über den Stellenplan beschränkt (Organisationshoheit und Personalhoheit bleiben auch in Weisungsangelegenheiten erhalten). Da es sich bei den Weisungsaufgaben um gemeindliche Angelegenheiten handelt, können sie im Gemeinderat beraten werden; der Gemeinderat kann hierzu – für den Bürgermeister nicht verbindliche – „Appellbeschlüsse" fassen.

25 § 44 Abs. 3 GemO nimmt den **Erlass von Satzungen und Rechtsverordnungen** in Weisungsangelegenheiten von der Entscheidungszuständigkeit des Bürgermeisters aus und behält sie dem Gemeinderat vor, soweit Vorschriften anderer Gesetze nicht entgegenstehen. Da in Weisungsangelegenheiten keine speziellen Ermächtigungsnormen für den Erlass von Satzungen bestehen, ist § 44 Abs. 3 GemO mit seiner schwer verständlichen Ausnahme-Rückausnahme-Regelung praktisch nur für Rechtsverordnungen bedeutsam.

26 Als „entgegenstehende Vorschrift anderer Gesetze" wird dabei die *innergemeindliche Zuständigkeitsregelung des § 15 Abs. 2 LVG* angesehen. Rechtsverordnungen der unteren Verwaltungsbehörde eines Stadtkreises erlässt also der Oberbürgermeister, wie z.B. eine Landschaftsschutzverordnung, §§ 73 Abs. 4, 29 NatSchG. Eine weitere sondergesetzliche Regelung ist für Polizeiverordnungen der Ortspolizeibehörde, die länger als 1 Monat gelten, in §§ 13 S. 2, 15 Abs. 2 PolG enthalten, denn sie erlässt der Bürgermeister mit Zustimmung des Gemeinderats. Sonstige Rechtsverordnungen der Ortspolizeibehörde (wie z.B. über den Gemeingebrauch an Gewässern nach § 21 Abs. 2 WG[447] oder eine Sperrzeitverordnung nach § 11 Gast-

---

445 S. § 8 Rn. 16.
446 GABl. 2005, S. 218.
447 VGH BW, Urt. v. 07.11.1997 – 8 S 598/97, juris Rn. 17.

II. Bürgermeister und Gemeindeverwaltung

VO[448]) erlässt der Gemeinderat; die spezialgesetzliche Regelung des § 13 PolG ist auf sie nicht anwendbar.

dd) Vollzug von Beschlüssen und Widerspruchsrecht

Der Bürgermeister ist zum **Vollzug** der durch den Gemeinderat gefassten Beschlüsse berechtigt und verpflichtet (§ 43 Abs. 1 GemO). Der Gemeinderat hat einen ggfs. im Wege des Kommunalverfassungsstreits erzwingbaren *Anspruch auf Vollzug* seiner Beschlüsse. Eine Satzung ist vom Bürgermeister auszufertigen,[449] genehmigte Verträge zu unterschreiben, Verwaltungsakte zu erlassen usw.[450]

Als Verwaltungsorgane sind Gemeinderat und Bürgermeister aber auch zu rechtmäßigem Handeln verpflichtet. Deshalb sieht die Gemeindeordnung vor, dass der Bürgermeister[451], wenn er von der **Rechtswidrigkeit** eines Beschlusses[452] überzeugt ist, ihm unverzüglich, spätestens aber eine Woche nach Beschlussfassung, gegenüber den Gemeinderäten **widersprechen muss** (§ 43 Abs. 2 Satz 1 erste Alternative GemO), was ihn von der Vollzugspflicht entbindet („Der Widerspruch hat aufschiebende Wirkung"). Der Bürgermeister hat dann unter Angabe seiner Widerspruchsgründe innerhalb von drei Wochen nach dem Gemeinderatsbeschluss eine *erneute Beschlussfassung* über die Angelegenheit herbeizuführen. Wenn der Gemeinderat seinen Beschluss bestätigt und der Bürgermeister ihn – konsequenterweise – für rechtswidrig hält (etwas anderes kommt allenfalls bei Ermessensentscheidungen in Betracht, wenn der Gemeinderat seine Ermessenserwägungen ergänzt), muss er ihm erneut widersprechen und die Sache der Rechtsaufsichtsbehörde zur Entscheidung vorlegen. Diese hat ggfs. die nach §§ 118 ff. GemO vorgesehenen Maßnahmen zu ergreifen.[453]

Der Bürgermeister **kann widersprechen**, wenn er den Beschluss[454] für die Gemeinde für **nachteilig** hält (§ 43 Abs. 2 S. 1 zweite Alternative GemO). Der Nachteilsbegriff ist weit zu fassen. Nachteile sind negative Folgen jeder Art für die Gemeinde; ob die Nachteile tatsächlich eintreten, ist ohne Belang. Entscheidend ist ausschließlich die *subjektive Einschätzung* des Bürgermeisters.[455] Wird ein Beschluss, den der Bürgermeister zwar für rechtmäßig, aber für nachteilig hält, nach seinem ersten Widerspruch durch den Gemeinderat erneut *bestätigt*, hat der Bürgermeister kein Widerspruchsrecht mehr. § 43 Abs. 2 S. 5 GemO ist auf diesen Fall nicht anwendbar, weil hier die Gesetzwidrigkeit des zweiten Beschlusses vorausgesetzt wird.

Die Widerspruchsbefugnis besteht auch gegenüber *Beschlüssen der beschließenden Ausschüsse*. Zuständig zur Entscheidung über den Widerspruch ist in diesen Fällen der Gemeinderat (vgl. § 43 Abs. 3 GemO). Der Widerspruch ist kein Verwaltungsakt, sondern *organinterne Handlung*, die als solche nicht selbstständig zum Gegenstand eines verwaltungsgerichtlichen Verfahrens gemacht werden kann. Sowohl für die Feststellungsklage nach § 43 VwGO als auch für die Feststellungsklage im Kommunalverfassungsstreitverfahren fehlt das *Rechtsschutzbe-*

---

448 VGH BW, Urt. v. 20.07.2000 – 14 S 237/99, juris Rn. 37.
449 VGH BW, Urt. v. 15.12.1994 – 8 S 1948/94, juris Rn. 28.
450 s. hierzu § 18 Rn. 14, 45 f.
451 Im *Innenverhältnis* kann die Befugnis zum Widerspruch auf den Verhinderungsfall (z.B. wegen Befangenheit oder Krankheit des Bürgermeisters) beschränkt werden, zutr. *Aker/Hafner/Notheis*, § 43 GemO Rn. 13.
452 Wie im Kap. Kommunalaufsicht besprochen, können auch Beschlüsse über privatrechtliche Verträge rechtswidrig sein, s. § 11 Rn. 16, OVG LSA, Beschl. v. 02.05.2003 – 2 M 30/03, juris Rn. 7.
453 S. § 11 Rn. 15 ff.
454 OLG LSA, Urt. v. 09.08.1996 – 6 U 35/96: Wahl eines Beigeordneten als Beschluss.
455 BGH, Urt. v. 18.12.1997 – III ZR 241/96, juris Rn. 20.

dürfnis, da das Gesetz als speziellen Rechtsbehelf die Entscheidung der Aufsichtsbehörde vorsieht[456]. Gegen eine Maßnahme der Rechtsaufsichtsbehörde, die aufgrund des *Widerspruchs des Bürgermeisters* ergeht, kann die Gemeinde Rechtsmittel einlegen, § 125 GemO. Den Beschluss des Gemeinderats hierzu muss der Bürgermeister vollziehen, auch wenn er von der Rechtmäßigkeit der Entscheidung der Rechtsaufsichtsbehörde und seines eigenen Widerspruchs überzeugt ist.[457]

c) Durch den Gemeinderat übertragene Zuständigkeiten

31 Nach § 44 Abs. 2 GemO erledigt der Bürgermeister neben den Geschäften der laufenden Verwaltung die ihm gesetzlich oder durch den Gemeinderat **übertragenen Aufgaben**. Dies kann für einen *konkreten Einzelfall* (durch einfachen Gemeinderatsbeschluss) oder *abstrakt-generell* (durch Hauptsatzung) geschehen. Praktisch jede Gemeinde überträgt Entscheidungskompetenzen – meist mit Wertobergrenzen verbunden – dauerhaft in ihrer Hauptsatzung auf den Bürgermeister. Vorbehaltsaufgaben des Gemeinderats (§§ 39 Abs. 2, 109 Abs. 4 GemO) sind ausgenommen.

32 Anders als bei der Aufgabenübertragung auf beschließende Ausschüsse kann der Gemeinderat weder Weisungen erteilen noch die Angelegenheit durch einfachen Beschluss an sich ziehen, denn eine § 39 Abs. 3 S. 5 GemO entsprechende Regelung ist in § 44 GemO nicht enthalten. Die Mitwirkungsmöglichkeit des Gemeinderats beschränkt sich auf die Befassungskompetenz (z.B. durch Antrag nach § 34 Abs. 1 S. 4 GemO) und Appellbeschlüsse. Ein Aufgabenentzug kann nur generell für die Zukunft durch Änderung der Hauptsatzung erfolgen.

d) Leitung der Gemeindeverwaltung

33 **Der Bürgermeister leitet** nach § 44 Abs. 1 GemO **die Gemeindeverwaltung** (so auch § 42 Abs. 1 GemO). Er ist für die sachgemäße Erledigung der Aufgaben und den ordnungsmäßigen Gang der Verwaltung verantwortlich, regelt die innere Organisation der Gemeindeverwaltung und grenzt im Einvernehmen mit dem Gemeinderat die Geschäftskreise der Beigeordneten ab.

34 Die *sachgemäße Erledigung* der Aufgaben beinhaltet, Gesichtspunkte der Recht- und Zweckmäßigkeit zu beachten einschließlich der vom Gemeinderat erlassenen „Grundsätze der Verwaltung". Der Vollzug von Gemeinderatsbeschlüssen hat die vom Rat verfolgten Zielsetzungen zu beachten. Ein *ordnungsgemäßer Gang* der Verwaltung setzt die Einhaltung der Gesetzesbindung durch die Gemeindeverwaltung ebenso voraus wie verwaltungsorganisatorische Aspekte (zweckmäßige und zügige Verfahrensabwicklung, ausreichende Ansprechzeiten für Einwohner, ordnungsgemäße Aktenführung, Schutz privater Daten usw.).

35 Die Regelungsbefugnis der inneren Organisation erfasst den gesamten **Aufbau der Verwaltung** (Gliederung in Dezernate, Ämter oder Fachbereiche, Abteilungen oder Teams, z.T. auch Referate oder Stabsstellen,[458] und Zuteilung der jeweiligen Aufgaben an diese, also den Organisationsplan der Gemeinde und den Geschäftsverteilungsplan), die spätere Zusammenlegung von Ämtern, die Personalausstattung der einzelnen Organisationseinheiten (begrenzt durch den Rahmen des vom Gemeinderat beschlossenen Stellenplans), die Umsetzung von Bediensteten, die Weisungsbefugnis gegenüber allen Mitarbeitern der Gemeindeverwaltung (einschließlich der Beigeordneten) usw. Die dienstrechtlichen Grundlagen hierfür beinhaltet § 44 Abs. 4 GemO.

---

456 *Ditteney/Clemens*, VBlBW 1988, 457 (459); *Burgi*, Kommunalrecht, § 13 Rn. 20.
457 VGH BW, Urt. v. 14.11.1974 – I 453/74, BWVPr 1975, 203 (204); OVG NW, Urt. v. 15.02.2000 – 15 A 552/97, juris Rn. 7.
458 Die Bezeichnungen sind uneinheitlich. Verbreitet ist eine Gliederung in Dezernate und deren Untergliederung in Ämter oder Fachbereiche (als modernere Bezeichnung), die wiederum in Abteilungen oder Teams (als modernere Bezeichnung) untergliedert werden.

II. Bürgermeister und Gemeindeverwaltung

(hinsichtlich der Beigeordneten enthält § 49 Abs. 2 GemO ein Weisungsrecht[459]). Bei der Regelung der inneren Organisation ist der Bürgermeister neben dem Rahmen, den der Stellenplan setzt, an beamtenrechtliche,[460] tarifvertragliche und personalvertretungsrechtliche Bestimmungen gebunden, vor allem an Mitbestimmungs- und Mitwirkungsrechte des Personalrats nach §§ 75 ff. LPVG.[461] Besondere Anforderungen bestehen auch hinsichtlich des Fachbeamten für Finanzwesen (§ 116 Abs. 2 GemO) und der Leitung des Rechnungsprüfungsamts (§ 109 Abs. 3 GemO).[462] Die Organisationsverantwortung des Bürgermeisters führt bei Unzulänglichkeiten zu einem zivilrechtlich beachtlichen Organisationsverschulden und bei nicht mehr hinnehmbaren Verzögerungen etwa in Genehmigungsverfahren zu Staatshaftungsansprüchen.[463]

Die Organisationsbefugnis des Bürgermeisters ist begrenzt durch den in § 44 Abs. 1 S. 2 GemO enthaltenen Einvernehmensvorbehalt des Gemeinderats bei der **Abgrenzung der Geschäftskreise der Beigeordneten**. Die Aufgabenverteilung zwischen dem Bürgermeister und den ihm durch den Gemeinderat zur Seite gestellten Beigeordneten als seinen Stellvertretern wird auf Vorschlag des Bürgermeisters durch Zustimmung (Einvernehmen) des Gemeinderats geregelt. **36**

Eine *dauerhafte Änderung der Aufgabenverteilung* (z.B. der Entzug von Aufgaben eines Beigeordneten) oder die Übertragung neuer Aufgaben bedarf einer entsprechenden Einvernehmensentscheidung des Gemeinderats. Wenn der Gemeinderat durch Änderung der Hauptsatzung beschließt, eine Beigeordnetenstelle „einzusparen", kann der Bürgermeister dessen Aufgaben selbst übernehmen (dies bedarf keiner Einvernehmensentscheidung, weil die Geschäftskreise der übrigen Beigeordneten in diesem Fall nicht neu abgegrenzt werden) oder die Geschäftskreise der Beigeordneten neu abgrenzen. Eine weitere Einschränkung der Personalbefugnisse des Bürgermeisters liegt darin, dass die Kompetenz zur Einstellung von Personal grundsätzlich beim Gemeinderat liegt und der Bürgermeister bei der Stellenbesetzung im Rahmen des § 24 Abs. 2 GemO nur mitwirkt. **37**

Als Leiter der Gemeindeverwaltung übt der Bürgermeister auch das **Hausrecht** in den Gebäuden der Gemeindeverwaltung aus,[464] während der Sitzung des Gemeinderats gilt § 36 Abs. 1 GemO. Die Rechtsprechung betrachtet das Hausrecht differenziert nach Art des zu erledigenden Geschäfts als zivil- oder öffentlich-rechtlich; richtigerweise dürfte es sich um eine öffentlich-rechtliche Annexkompetenz zur hoheitlichen Aufgabenwahrnehmung in den Diensträumen handeln.[465] **38**

---

459 Das Weisungsrecht ist rechtlich durch den Grundsatz der Organtreue begrenzt, wonach jedes Organ dem anderen ermöglichen muss, seine Befugnisse auszuüben, vgl. OVG NW, Urt. v. 06.12.2011 – 15 A 1544/11, juris Rn. 84.
460 Vgl. BVerwG, Urt. v. 28.11.1991 – 2 C 41.89, juris Rn. 17 ff.
461 Der Bürgermeister ist insofern grundsätzlich Ansprechpartner des Personalrats, dem nach § 83a LPVG auch ein Teilnahmerecht an nichtöffentlichen Sitzungen des Gemeinderats zusteht in sozialen oder personellen Angelegenheiten der Beschäftigten, über die zwischen dem Personalrat und der Dienststelle keine Einigung besteht (auch ohne eine solche gesetzliche Grundlage BVerwG, Beschl. v. 14.01.1983 – 6 P 93.78, BVerwGE 66, 347).
462 In anderen Bundesländern bestehen zusätzliche Anforderungen zudem durch die Pflicht zur Bestellung von *Gleichstellungsbeauftragten*, s. hierzu BVerfG, Beschl. v. 26.10.1994 – 2 BvR 445/91, BVerfGE 91, 228.
463 Vgl. zu §§ 31, 89 BGB: BGH, Urt. v. 20.02.1979 – VI ZR 256/77; *Palandt/Heinrichs*, § 31 BGB Rn. 7; § 89 BGB Rn. 4; zu § 839 BGB *Wöstmann*, Staudinger, BGB-Ktr., § 839 Rn. 220; *Reinert*, Beck-OK BGB, § 839 Rn. 84; BGH, Urt. v. 11.01.2007 – III ZR 302/05, juris Rn. 20 ff. in Abgrenzung zu BGH, Urt. v. 24.06.1963 – III ZR 195/61. Vorausgesetzt ist, dass es wegen unzureichender personeller oder sachlicher Ausstattung zu nicht mehr hinnehmbaren Verzögerungen bei der Amtstätigkeit der Behörde kommt, und dass die Gemeinde nicht die möglichen und zumutbaren Maßnahmen ergriffen hat, um eine Erledigung der Aufgaben in angemessener Zeit sicherzustellen.
464 *Kunze/Bronner/Katz*, GemO, § 44 Rn. 10.
465 Hierzu *Maurer*, Allgemeines Verwaltungsrecht, § 3 Rn. 24.

e) Vertretung der Gemeinde

39 Der Bürgermeister **vertritt** schließlich nach § 42 Abs. 1 S. 2 GemO die Gemeinde. Diese Vertretungsbefugnis ist erforderlich, weil die Gemeinde als juristische Person des öffentlichen Rechts zwar rechtsfähig, geschäftsfähig, parteifähig und prozessfähig ist, aber wie jede juristische Person *nur durch ihre Organe handeln* kann. Zur Vertretung im Rechtsverkehr benötigt der Bürgermeister keine Vollmacht. Die **im Außenverhältnis unbeschränkte Vertretungsmacht** berechtigt jedenfalls im Innenverhältnis nur zu solchen Handlungen, für die der Bürgermeister kraft eigener gesetzlicher oder übertragener Kompetenz befugt ist, sowie zum Vollzug von Gemeinderatsbeschlüssen. Im Einzelfall kann daher die Situation entstehen, dass der Bürgermeister außenwirksam handelt, ohne einen erforderlichen Gemeinderatsbeschluss eingeholt zu haben oder die aus dem Gemeinderatsbeschluss folgenden Grenzen seiner Ermächtigung überschreitet.

40 *Zivilrechtliche Rechtsgeschäfte*, die der Bürgermeister abschließt, sind dann grundsätzlich wirksam;[466] Ausnahmen ergeben sich im Einzelfall aus § 54 GemO und §§ 138, 242 BGB (kollusives Verhalten, Missbrauch der Vertretungsmacht). Auch *öffentlich-rechtliche Handlungen* sind grundsätzlich wirksam, mit Ausnahme von *Rechtsnormen*, die nichtig sind, wenn sie ohne erforderlichen Gemeinderatsbeschluss in Kraft gesetzt werden. Nach inzwischen ganz h.M. ist ein *Verwaltungsakt* aber rechtswidrig,[467] so dass er nach § 48 VwVfG zurückgenommen werden kann; eine Heilung des Verfahrensfehlers analog §§ 45 Abs. 1 Nr. 4, 46 VwVfG wird überwiegend ausgeschlossen.[468] Subordinationsrechtliche öffentlich-rechtliche *Verträge*, die anstelle eines VA abgeschlossen werden, sind gem. § 59 Abs. 2 Nr. 2 VwVfG nichtig, sonstige öffentlich-rechtliche Verträge sind – außer in den Fällen der § 54 GemO und des kollusiven Handelns – ebenfalls wirksam.[469]

3. Beigeordnete und Bürgermeisterstellvertreter

41 Um eine ordnungsgemäße Verwaltung zu sichern, sind im monokratischen Verwaltungsorgan „Bürgermeister" **Stellvertretungsregelungen** erforderlich. In kleineren Gemeinden erfolgt die Stellvertretung ehrenamtlich aus der Mitte des Gemeinderats (s. § 48 GemO). Gemeinden mit mehr als 10.000 Einwohner können, die Stadtkreise müssen einen oder mehrere hauptamtliche **Beigeordnete** als Stellvertreter bestellen (§ 49 Abs. 1 GemO). Die Anzahl der Beigeordneten wird durch Hauptsatzung entsprechend den Erfordernissen der Gemeindeverwaltung bestimmt. In Stadtkreisen und Großen Kreisstädten führen die Beigeordneten regelmäßig die Amtsbezeich-

---

[466] BGH, Urt. v. 15.04.1998 – VIII ZR 129/97, juris Rn. 28 ff.; BAG, Urt. v. 14.11.1984 – 7 AZR 133/83, juris Rn. 27; Bbg OLG, Urt. v. 23.06.2011 – 12 U 22/11, juris Rn. 32; *Kunze/Bronner/Katz*, GemO, § 42 Rn. 9; *Lange*, Kommunalrecht, Kap. 8 Rn. 166 ff.; a.A. für Bayern das BayObLG, Urt. v. 21.07.1997 – 1Z ZR 558/95, juris Rn. 29 m.w.N. aus seiner st. Rspr.: Art. 38 I BayGO begründe insofern lediglich ein Vertretungs*recht*, aber nicht die Vertretungs*macht*. Für die Vertretungsmacht bedürfe es vielmehr eines entsprechenden Gemeinderatsbeschlusses; wenn dieser fehle, kämen die §§ 177 ff. BGB zur Anwendung.

[467] VGH BW, Urt. v. 12.09.1997 – 5 S 2498/95, juris Rn. 23 ff.; BayVGH, Urt. v. 31.03.2003 – 4 B 00.2823, juris Rn. 34; OVG MV, Urt. v. 21.03.2007 – 3 L 159/03, juris Rn. 31; OVG RP, Urt. v. 13.04.2006 – 1 A 11596/05, juris Rn. 31; a.A. noch VGH BW, Urt. v. 16.10.1989 – 1 S 1056/88.

[468] *Engel*, VBlBW 2008, 41 (48) m.w.N.; *Stelkens/Bonk/Sachs*, § 45 VwVfG Rn. 135; BayVGH, Urt. v. 31.03.2003 – 4 B 02.823, juris Rn. 34; OVG RP, Urt. v. 13.04.2006 – 1 A 11596/05, juris Rn. 34; a.A. *Burgi*, Kommunalrecht, § 13 Rn. 29 (analoge Anwendung von § 45 Abs. 1 Nr. 4 VwVfG, was im Hinblick auf dessen Ausnahmecharakter bedenklich ist).

[469] *Burgi*, Kommunalrecht, § 13 Rn. 29; *Lange*, Kommunalrecht, Kap. 8 Rn. 175. Einzelheiten sind unter Rn. 51 ff. näher dargestellt.

II. Bürgermeister und Gemeindeverwaltung

nung „Bürgermeister", vgl. § 49 Abs. 3 S. 2 u. 4 GemO einerseits u. § 42 Abs. 4 GemO andererseits. Ein Beigeordneter kann durch den Bürgermeister mit seiner Vertretung in Ausschüssen beauftragt werden (§§ 40 Abs. 3, 41 Abs. 2 GemO), in beratenden Ausschüssen hat er dann auch Stimmrecht (§ 41 Abs. 2 GemO). Zudem nehmen die Beigeordneten an den Sitzungen des Gemeinderats mit beratender Stimme teil (§ 33 Abs. 1 GemO), was ihnen ein Rederecht vermittelt.[470]

Den Beigeordneten werden **Geschäftskreise**, die meist als *Dezernate* bezeichnet werden, zugeordnet. Die Beigeordneten vertreten den Bürgermeister ständig innerhalb ihres Geschäftskreises, also nicht nur (wie die Stellvertreter nach § 48 Abs. 1 S. 3) bei dessen Abwesenheit, so § 49 Abs. 2 S. 1 GemO.[471] Die Geschäftskreise grenzt der Bürgermeister im Einvernehmen mit dem Gemeinderat ab, § 44 Abs. 1 Satz 2 GemO.[472] Die Zuordnung eines Geschäftskreises ist eine organisatorische verwaltungsinterne Anordnung, die jederzeit geändert werden kann.[473] Unter den Beigeordneten hat der sog. Erste Beigeordnete (*Erster Bürgermeister*) eine herausgehobene Stellung, weil er als *ständiger allgemeiner Vertreter* des (Ober-) Bürgermeisters fungiert, ihn also nicht nur in seinem eigenen Geschäftsbereich, sondern in allen Angelegenheiten vertreten kann. **42**

Im *Innenverhältnis* kann der (Ober-)Bürgermeister allgemein oder im Einzelfall **Weisungen** erteilen (§ 49 Abs. 2 S. 2 GemO), um seiner Gesamtverantwortung in der monokratischen Organisation der Gemeindeverwaltung gerecht zu werden. Ein Selbsteintrittsrecht zur Durchführung einer Angelegenheit aus dem Geschäftskreis des Beigeordneten hat der (Ober-) Bürgermeister aber nur in Einzelfällen; er kann sich nicht bestimmte Bereiche zur eigenverantwortlichen Entscheidung vorbehalten, weil dies der Kompetenz des Gemeinderats zur Mitentscheidung über die Geschäftskreise und dem Grundsatz der wechselseitigen Organtreue widerspräche.[474] **43**

Die Gemeindeordnung normiert im Hinblick auf § 58 Abs. 1 GemO keine Anforderungen an die *fachliche Qualifikation* eines Beigeordneten mehr.[475] Die Beigeordneten werden vom Gemeinderat in gesonderten Wahlgängen – regelmäßig in öffentlicher Sitzung[476] – *gewählt*. Wenn die Hauptsatzung mehrere Beigeordnete vorsieht, sollen die im Gemeinderat vertretenen Parteien und Wählervereinigungen gemäß ihren Vorschlägen nach dem Verhältnis ihrer Sitze berücksichtigt werden, § 50 Abs. 2 S. 3 GemO. Dies vermittelt den jeweiligen Fraktionen ein qualifiziertes Vorschlagsrecht, und appelliert an die Willensbildung der Gemeinderatsmitglieder, bindet sie aber rechtlich nicht in ihrer Wahlentscheidung.[477] In den gesetzlichen Bestimmungen kommt zum Ausdruck, dass die Wahlentscheidung sich im Hinblick auf die gesetzgeberisch **44**

---

470 Sie sind dabei aber ggfs. an Weisungen des Bürgermeisters gebunden, vgl. *Aker/Hafner/Notheis*, § 33 GemO Rn. 3; *Zinell*, BWVPr 1996, 25 (27).
471 *Aker/Hafner/Notheis*,,§ 49 GemO Rn. 6; *Hufeld*, Die Vertretung der Behörde, 2003, S. 82.
472 Das Einvernehmen kann vom Bürgermeister nicht einseitig widerrufen werden, s. Sächs. OVG, Beschl. v. 23.08.2001 – 3 BS 201/01, juris Rn. 4. – Kommt eine Einigung nicht zustande, kann die Rechtsaufsicht nach §§ 122, 123 GemO vorgehen.
473 *Kunze/Bronner/Katz*, GemO, § 44 Rn. 6; a.A. *Greiner*, VBlBW 1988, 331 ff.
474 Vgl. *Hufeld*, Die Vertretung der Behörde, 2003, S. 83; OVG NW, Urt. v. 18.09.1981 – 15 A 1306/79, NVwZ 1982, 318 (319); zu einem Sonderfall bei vollständig zerrüttetem Verhältnis zwischen Bürgermeister und Beigeordnetem VG Potsdam, Beschl. v. 13.08.1997 – 2 L 1202/97, LKV 1998, 409 (410); strenger als hier: *Aker/Hafner/Notheis*, § 49 GemO Rn. 7; *Zinell*, BWVPr 1996, 25 (26). - Zur Organtreue, nach der jedes Organ dem anderen ermöglichen muss, seine Befugnisse auszuüben OVG NW, Urt. v. 06.12.2011 – 15 A 1544/11, juris Rn. 84; zur Dienstpflichtverletzung bei Nichtbefolgen von Weisungen OVG LSA, Beschl. v. 24.03.2014 – 10 L 14/13.
475 Vgl. LT-Drs. 13/2075, S. 8.
476 S. § 14 Rn. 180.
477 Sächs. OVG, Urt. v. 15.03.2005 – 4 B 436/04, juris Rn. 42; VG Gießen, Urt. v. 21.09.2007 – 8 E 1887/06, juris Rn. 23; *Aker/Hafner/Notheis*, § 50 GemO Rn. 11; *Herrmann*, LKV 2005, 535 (538); a.A. *Goerlich/Schmidt*, LKV 2005, 7 (10); VG Dresden, Urt. v. 27.01.2004 – 12 K 2496/01.

gewünschte politische Gleichgestimmtheit von Gemeinderat und politischer Verwaltungsspitze auch an der Zugehörigkeit von Kandidaten zu einer politischen Gruppierung orientieren darf.[478]

4. Gemeindeverwaltung

45 Die Gemeinde ist nach § 56 Abs. 1 u. 3 GemO verpflichtet, die zur Erfüllung ihrer Aufgaben notwendigen Beamten und Arbeitnehmer einzustellen und ihre Fortbildung zu fördern.

46 Diese Verpflichtung gilt auch für die Erfüllung von Weisungsaufgaben. Ein Weisungsrecht der Fachaufsichtsbehörden besteht wegen der auch diesbezüglich gegebenen Organisations- und Personalhoheit der Gemeinden allerdings nicht.[479]

47 Die Gemeinden sind zur fachgemäßen Erledigung der Verwaltungsgeschäfte verpflichtet, mindestens einen Bediensteten mit der Befähigung zum gehobenen oder höheren Verwaltungsdienst (**Gemeindefachbediensteter**) zu haben (§ 58 Abs. 1 S. 1 GemO).

48 Nach § 31 Abs. 1 S. 1 LFGG müssen die Gemeinden grundsätzlich über mindestens einen (in Baden ggf. mehrere, S. 4) **Ratschreiber** verfügen. Sofern der Bürgermeister nichts anderes bestimmt, kommen dessen Aufgaben (vgl. § 32 LFGG) in Gemeinden mit einem eigenen Fachbeamten diesem, sonst dem Bürgermeister zu (§ 58 Abs. 2 GemO). Der Ratschreiber untersteht bei der Ausübung von Tätigkeiten im Bereich der freiwilligen Gerichtsbarkeit der Fachaufsicht des Notars; das Weisungsrecht ist unbeschränkt (§ 4 Abs. 5 S. 2 LFGG).

49 Der **Bedarf** der Gemeinde an Gemeindebeamten und sonstigen Bediensteten ist in einem **Stellenplan** zu bestimmen (§ 57 GemO). Der Stellenplan ist Bestandteil des Haushaltsplans und damit der Haushaltssatzung.

50 In der Verwaltungspraxis beauftragt der Bürgermeister Gemeindebedienstete entsprechend dem Organisations- und Geschäftsverteilungsplan mit seiner Vertretung, vgl. § 53 Abs. 1 GemO. In einzelnen Angelegenheiten kann er auch Vollmacht erteilen, z.B. für den Abschluss von Grundstücksgeschäften.

III. Fehlerfolgenregime bei der Vertretung der Gemeinde

51 Die **Vertretungsbefugnis** des Bürgermeisters ist im Außenverhältnis *weder beschränkt noch beschränkbar*. Dies gilt sowohl für das öffentliche Recht wie für das Privatrecht. Soweit der Bürgermeister nach außen ohne einen erforderlichen legitimierenden Gemeinderatsbeschluss handelt, gelten die bereits dargestellten[480] Grundsätze, wonach
- zivilrechtliche Geschäfte grundsätzlich *wirksam* sind außer im Falle kollusiven Handelns oder eines erkennbaren Missbrauchs der Vertretungsmacht,
- öffentlich rechtliches Handeln grundsätzlich im Hinblick auf den Verfahrensfehler *rechtswidrig* ist (mit Ausnahme bestimmter öffentlich-rechtlicher Verträge).

52 Besondere **Formvorschriften** des § 54 GemO gelten für **Verpflichtungserklärungen**, also vertragliche oder sonstige rechtsgeschäftliche Willenserklärungen, durch die die Gemeinde nach außen finanzielle oder sonstige rechtliche Verpflichtungen einzugehen beabsichtigt. Ausgenommen sind dabei nur Erklärungen in Geschäften

---

478 Vgl. BVerwG, Urt. v. 15.03.1989 – 7 C 7/88, juris Rn. 12 (16) zur Abwahl eines kommunalen Wahlbeamten; enger *Gern/Schneider*, VBlBW 1992, 281 (283).
479 *Kunze/Bronner/Katz*, GemO, § 56 Rn. 9.
480 Unter § 15 Rn. 40.

der laufenden Verwaltung oder aufgrund einer zumindest in der Form des § 54 Abs. 1–3 GemO ausgestellten Vollmacht, § 54 Abs. 4 GemO.

Handelt es sich um eine Erklärung, auf die hiernach die Formvorschriften des § 54 Abs. 1–3 GemO Anwendung finden, so ist zunächst **Schriftform** erforderlich. Die Erklärung muss zudem **handschriftlich unterzeichnet** werden, d. h. Namensstempel, bloßes Handzeichen oder Beglaubigung sind nicht ausreichend. 53

Der Unterschrift soll die Amtsbezeichnung und gegebenenfalls ein das Vertretungsverhältnis kennzeichnender Zusatz beigefügt werden, allerdings bleibt die Verletzung dieser Formvorschrift folgenlos.[481] 54

Unterzeichnen muss der *(Ober-)Bürgermeister* oder sein Stellvertreter oder der für den jeweiligen Geschäftskreis vertretungsberechtigte Beigeordnete. Bei Verhinderung sowohl des Ober- als auch des Ersten Bürgermeisters sind in der vom Gemeinderat festgelegten Reihenfolge auch die übrigen Beigeordneten Stellvertreter (§ 49 Abs. 3 S. 3 GemO). Eine weitere zulässige Alternative ist die Unterzeichnung der Erklärung durch *zwei* Beamte oder Angestellte, die in der betreffenden Angelegenheit nach Geschäftsverteilung vertretungsberechtigt sind, das sind zumeist der jeweilige Amtsleiter und eine weitere von ihm zu bestimmende zweite Person. 55

Handelt es sich nicht um eine Verpflichtungserklärung oder um eine Erklärung in Geschäften der laufenden Verwaltung oder aufgrund einer formgerechten Vollmacht,[482] so gelten die oben dargelegten Formvorschriften nicht. Formvorschriften können sich jedoch auch in diesen Fällen aus sonstigem Recht ergeben. Insbesondere bedürfen öffentlich-rechtliche Zusagen (§ 38 LVwVfG) und Verträge (§ 57 LVwVfG) stets der Schriftform. 56

Öffentlich-rechtliche Verträge sind bei Missachtung der einschlägigen Formvorschriften nichtig, § 59 Abs. 1 VwVfG i.V.m. § 125 Satz 1 BGB.[483] Für **privatrechtliche Willenserklärungen** gilt dies nach Ansicht des BGH nicht, weil der Landesgesetzgeber im Bereich des Bürgerlichen Rechts gem. Art. 74 Abs. 1 Nr. 1 GG keine Gesetzgebungskompetenz habe.[484] Deshalb sei die in § 54 Abs. 2 GemO vorgeschriebene *Gesamtvertretung zweier Gemeindebediensteter* eine materielle Beschränkungen der Vertretungsmacht und auf Rechtsgeschäfte, bei denen sie nicht beachtet worden sei, die §§ 177, 178, 180 BGB anzuwenden (wie bei einen Vertreter ohne Vertretungsmacht). Die Willenserklärung sei damit nicht nichtig, sondern bis zur formgerechten Genehmigung schwebend unwirksam.[485] Die Grundsätze der Anscheins- und Duldungsvollmacht seien nicht anwendbar.[486] Bei Verträgen ist der gutgläubige Vertragspartner bis zur Genehmigung zum Widerruf berechtigt. In aller Regel ist auch die Gemeinde berechtigt, sich auf die Nichtigkeit oder schwebende Unwirksamkeit von rechtsgeschäftlichen Erklärungen wegen Nichtbeachtung der Formvorschriften des § 54 GemO zu berufen. In seltenen Einzelfällen kann dies je- 57

---

481 Aker/Hafner/Notheis, § 54 GemO Rn. 11.
482 Zu den Grenzen der Vollmacht s. BGH, Urt. v. 27.10.2008 – II ZR 158/06, juris Rn. 29 ff.; Köster, Komm-Jur 2009, 416 ff.
483 OVG Nds, Urt. v. 28.04.2005 – 1 LB 270/02, juris Rn. 27; OVG RP, Urt. v. 17.12.1997 – 8 A 12998/96, juris Rn. 24; Aker/Hafner/Notheis, § 54 GemO Rn. 4; Einsele, MüKo, § 125 BGB Rn. 31; Fehling, Hk-VerwR, § 57 VwVfG Rn. 26; a.A. Hess VGH, Urt. v. 15.02.1996 – 5 UE 2836/95, juris Rn. 49; Stelkens/Bonk/Sachs, § 57 VwVfG Rn. 24.
484 BGH, Urt. v. 16.11.1978 – III ZR 81/77, juris Rn. 26; Einsele, MüKo, § 125 BGB Rn. 30 f.; Vogel, JuS 1996, 964 (966); Wendtland, Beck-OK BGB, § 125 Rn. 5; a.A. Ludwig/Lange, NVwZ 1999, 136 (140).
485 Lange, Kommunalrecht, Kap. 8 Rn. 197; so auch BayVGH, Urt. v. 24.07.2001 – 1 N 00.1574, juris Rn. 61 ff. für einen öffentlich-rechtl. Vertrag.
486 BGH, Urt. v. 06.07.1995 – III ZR 176/94, juris Rn. 18; OLG Düsseldorf, Beschl. v. 22.08.2008 – 23 U 57/08, juris Rn. 9.

doch gegen Treu und Glauben verstoßen.[487] Die landesrechtlichen Vertretungsvorschriften schützten die Gemeinden und Kreise aber wohl nicht vor einer Haftung aus Geschäftsführung ohne Auftrag oder ungerechtfertigter Bereicherung.[488]

58 Das *Fehlen der Unterschrift* behandelt der BGH – insofern nicht konsequent – „wie eine Formvorschrift" und wendet deshalb § 179 BGB nicht an.[489] In der öffentlich-rechtlichen Literatur wird die Linie des BGH zunehmend hinterfragt und darauf abgestellt, dass der Landesgesetzgeber Formvorschriften für gemeindliche Verpflichtungserklärungen erlassen dürfe, weil diese als Regelungen der Organkompetenz in seine Gesetzgebungskompetenz nach Art. 70 Abs. 1 GG falle.[490] Dies führt dann – wie bei öffentlich-rechtlichen Erklärungen – grundsätzlich zur Nichtigkeit gem. § 125 BGB, der dann ausnahmsweise der Grundsatz von Treu und Glauben gem. § 242 BGB entgegenstehen kann.

IV. Haftung der Gemeinde

59 Die Gemeinde **haftet** – als Folge ihrer rechtlichen Selbstständigkeit – für ihre Vertreter.

60 Im *Zivilrecht* kommen dabei (etwa im Rahmen des Verschuldens bei Vertragsverhandlungen oder bei unerlaubten Handlungen) u.a. §§ 31, 89 BGB zur Anwendung.[491] Verkauft eine Gemeinde ein Grundstück, das mit einem Fehler behaftet ist, so ist ihr für die Frage des arglistigen Verschweigens das Wissen eines Sachbearbeiters des mit dem Verkauf nicht befassten Bauaufsichtsamtes aber nicht zuzurechnen. Unter Umständen kann es jedoch geboten sein, das Aktenwissen eines an dem konkreten Rechtsgeschäft nicht beteiligten Amtes der Gemeinde zuzurechnen, wenn der sachliche Zusammenhang der in verschiedenen Ämtern angefallenen Vorgänge bekannt, ein Informationsaustausch daher möglich und naheliegend war.[492] Im Rahmen *öffentlich-rechtlicher Verträge* gelten gem. § 62 Satz 2 LVwVfG die BGB-Regeln.

61 Bei hoheitlichem Handeln haftet die Gemeinde auch nach **Amtshaftungsgrundsätzen** gem. Art. 34 GG i.V.m. § 839 BGB für ihre Vertreter. Diese Haftung erstreckt sich nicht nur auf Handlungen oder Unterlassen des Bürgermeisters und der Gemeindebediensteten, sondern auch auf die Gemeinderäte als Teil des Verwaltungsorgans Gemeinderat.[493] Die Gemeinde kann die Amtshaftung nicht durch Satzung ausschließen.[494] Wichtige Fallgruppen sind z.B. die Amtspflicht der Gemeinde zu richti-

---

487 BGH, Urt. v. 20.01.1994 – VII ZR 174/92, juris Rn. 11 f.; *Aker/Hafner/Notheis*, § 54 GemO Rn. 7; *Lange*, Kommunalrecht, Kap. 8 Rn. 215 f.
488 OLG Düsseldorf, Urt. v. 24.2.2011 – 10 U 39/09, juris Rn. 22.
489 BGH, Urt. v. 10.05.2001 – III ZR 111/99, juris Rn. 12 ff., es kommt aber eine Amtshaftung des Bürgermeisters nach § 839 BGB in Betracht.
490 · Zurecht kritisch *Burgi*, Kommunalrecht, § 13 Rn. 38 mit Darstellung der BGH-Rspr. Rn. 36; *Lange*, Kommunalrecht, Kap. 8 Rn. 192, 210 ff.; *Ludwig/Lange*, NVwZ 1999, 136 (140); *Köster*, KommJur 2009, 416 (417); *Püttner*, JZ 2002, 197 f. – § 54 Abs. 4 GemO spricht deshalb u.E. völlig zutreffend von Formvorschriften.
491 BGH, Urt. v. 20.02.1979 – VI ZR 256/77, juris Rn. 34; BGH, Urt. v. 08.12.1989 – V ZR 246/87, BGHZ 109, 327. Zur Verkehrssicherungspflicht s. BGH, Urt. v. 01.03.1988 – VI ZR 190/87. Hierzu *Lange*, Kommunalrecht, Kap. 8 Rn. 217 ff.: monographisch *Brüning*, Die Haftung der kommunalen Entscheidungsträger, 2. Aufl. 2013; *Bergmann/Schumacher*, Kommunalhaftung, 4. Aufl. 2007.
492 BGH, Urt. v. 24.01.1992 – V ZR 262/90, juris Rn. 14 f.
493 BGH, Urt. v. 18.06.1970 – III ZR 13/67, juris; BGH, Urt. v. 26.01.1989 – III ZR 194/87, juris Rn. 30.
494 BGH, Urt. v. 21.06.2007 – III ZR 177/06, juris.

IV. Haftung der Gemeinde 211

gen Auskünften,[495] die Pflicht zu rechtmäßigen Verwaltungshandeln,[496] das gemeindliche Einvernehmen nach § 36 BauGB[497] sowie die Prüfpflichten im Rahmen von Bebauungsplanverfahren.[498] Bedeutsam sind der Vorrang insbesondere verwaltungsrechtlicher Rechtsbehelfe (§ 839 Abs. 3 BGB) und die Haftungsminderung wegen eines Mitverschuldens des Geschädigten gem. § 254 BGB.

Für *Weisungsangelegenheiten* ist § 129 Abs. 5 GemO zu beachten, der einen sich auch auf die Schadensersatzansprüchen beziehenden Kostenerstattungsanspruch gegenüber dem Land gewährt, wenn die Gemeinde einer rechtswidrigen Weisung nachkommen muss. **62**

---

495 BGH, Beschl. v. 25.11.1991 – III ZR 190/90, juris. – Zur Abgrenzung von baurechtlichen Auskünften und Bauvorbescheid BGH, Urt. v. 16.01.1992 – III ZR 18/90, juris; BGH, Urt. v. 11.10.2001 – III ZR 63/00, juris Rn. 11.
496 Der Verstoß gegen § 54 GemO verletzt nur eine Schutznorm zugunsten der Gemeinde und kann daher keinen Anspruch aus Amtspflichtverletzung begründen, so zutr. *Aker/Hafner/Notheis*, § 54 GemO Rn. 9. – Ob daneben ein Amtshaftungsanspruch aus der allgemeinen Pflicht zu rechtmäßigem Handeln abgeleitet werden kann, erscheint höchst zweifelhaft, so aber BGH, Urt. v. 10.05.2001 – III ZR 111/99, juris Rn. 24.
497 BGH, Urt. v. 29.09.1975 – III ZR 40/73, juris.
498 Vgl. hierzu etwa *Reinert*, BeckOK-BGB, § 839 Rn. 36 ff.; *Papier*, in Münchener Kommentar zum BGB, § 839 BGB Rn. 191 ff.

§ 16
Bürgerbeteiligung

Literatur: *Meyer*, Rechtsschutz bei kommunalen Bürgerbegehren und Bürgerentscheiden, NVwZ 2003, 183 ff.; *Ritgen*, Bürgerbegehren und Bürgerentscheid in den Jahren 2005 und 2006, KommJur 2007, 288 ff.; *Katz*, Entwicklungen des Rechts und der Praxis der direkten Bürgerbeteiligung, VBlBW 2009, 373 ff.; *Bock*, Gemeindeordnung und Bürgerbeteiligung, BWGZ 2011, 855 ff.; *Schoch*, Unmittelbare Demokratie im deutschen Kommunalrecht durch Bürgerbegehren und Bürgerentscheid, FS Schmidt-Jortzig, 2011, S. 167 ff.
Zur Vertiefung: *Oebbecke*, Nicht bürgerbegehrensfähige Angelegenheiten DV 37 (2004), 105 ff.; *Peine/Starke*, Rechtsprobleme beim Vollzug von Bürgerentscheiden, DÖV 2007, 740 ff.; *Appel*, Staat und Bürger in Umweltverwaltungsverfahren, in: Ges. für Umweltrecht (Hrsg.), Dokumentation zur 35. Wiss. Fachtagung 2011, S. 69 ff.; *Ewer*, Der Ausschluss von Bürgerentscheiden auf dem Gebiet der Bauleitplanung, FS Schmidt-Jortzig, 2011, S. 191 ff.; *Huber*, Die Vorgaben des Grundgesetzes für kommunale Bürgerbegehren und Bürgerentscheide, AöR 126 (2001), 165 ff.; *Koch*, Bürgerentscheide und Bebauungsplanverfahren, FS Bull, 2011, S. 203 ff.; *Renn*, Partizipation bei öffentlichen Planungen, in: Ges. für Umweltrecht (Hrsg.), Dokumentation zur 35. wiss. Fachtagung 2011, S. 129 ff.
Fallbearbeitungen: *Jaroschek*, Eine Ortsumgehung mit Hindernissen, JuS 2000, 53 ff.; *Everts*, Zulässigkeit einer kommunalen Bürgerbefragung, JuS 2004, 899 ff.; *Lohse*, Harte Zeiten für Biertrinker, JuS 2012, 1014 ff.

1 Die Gemeinden sind dezentrale Verwaltungseinheiten mit einem **demokratischen Legitimationssystem**, das nicht nur in den *Wahlen* der Verwaltungsorgane Bürgermeister und Gemeinderat zum Ausdruck kommt, sondern auch in Elementen *unmittelbarer Demokratie*. Während auf Bundes- und Landesebene plebiszitäre Elemente fast keine Rolle spielen, sind *Bürgerbegehren* und *Bürgerentscheide* fester Bestandteil des politischen Lebens in den Gemeinden (I).[499] Daneben bestehen viele gesetzlich vorgezeichnete Möglichkeiten zur Beteiligung an der Willensbildung im Gemeinderat und außerhalb dieses Gremiums (II). Ein lebendiges politisches Leben in der Gemeinde erfordert zudem freiwillige Formen der Bürgerbeteiligung, durch die sich „Aktivbürger" in den politischen Entscheidungsfindungsprozess einbringen können (III). Insgesamt kann dies eine Politik sichern, die sich durch Überschaubarkeit und Bürgernähe auszeichnet und damit die *Akzeptanz der getroffenen Entscheidungen* fördert.

I. Bürgerbegehren und Bürgerentscheid

2 Das Prinzip der repräsentativen Demokratie wird auf kommunaler Ebene durch direkt-demokratische Elemente *ergänzt*.[500] Baden-Württemberg war Jahrzehnte lang das einzige Bundesland, das mit Bürgerbegehren und Bürgerentscheid den Gemein-

---

[499] Die Zulässigkeit von Bürgerentscheiden auf kommunaler Ebene wird im Hinblick auf Art. 28 Abs. 1 GG heute nicht mehr bestritten, vgl. *Dreier*, in ders., GG, Art. 28 Rn. 77; *Hellermann*, Beck-OK GG, Art. 28 Rn. 10.3; *Huber*, AöR 126 (2001), 165 (175 ff.). In Baden-Württemberg wurden zwischen 1956 und 2011 insgesamt 529 Bürgerbegehren eingereicht, wovon knapp die Hälfte als unzulässig eingestuft wurde. 178-mal leitete der Gemeinderat ein Ratsreferendum ein, *Haußmann*, Statistik u. Informationsmanagement, Heft 6/2012 der Landeshauptstadt Stuttgart, S. 192 (194).
[500] *Ritgen*, NVwZ 2000, 129 (130).

debürgern ein unmittelbares Mitentscheidungsrecht einräumte,[501] auch wenn diese zunächst durch einen engen Positivkatalog (bei dem vor allem öffentliche Einrichtungen eine praktisch bedeutsame Rolle spielten) beschränkt waren, bevor sie im Jahr 2005[502] auf alle gemeindlichen Angelegenheiten ausgeweitet wurden.[503]

Der **Bürgerentscheid** ist die verbindliche Entscheidung der Bürger[504] über eine Sachfrage. Das **Bürgerbegehren** ist ein aus der Bürgerschaft kommender Antrag auf Durchführung eines Bürgerentscheids, er bewegt sich also im Vorfeld des Bürgerentscheids. Den Instrumenten Bürgerbegehren und Bürgerentscheid entsprechen auf staatsrechtlicher Ebene das *Volksbegehren* und die *Volksabstimmung*. Die rechtlichen Voraussetzungen sind in den §§ 21 GemO, 41 KomWG geregelt.

1. Gegenstand des Bürgerentscheids

Möglicher **Gegenstand eines Bürgerentscheids** sind alle Angelegenheiten des Wirkungskreises der Gemeinde, für die der Gemeinderat zuständig ist (§ 21 Abs. 1 GemO). Der Gesetzgeber hat sich damit für eine partizipationsfreundliche *Generalklausel-Lösung* entschieden und sich vom früheren Positivkatalog abgewandt. Angelegenheiten des Wirkungskreises der Gemeinde sind Angelegenheiten der örtlichen Gemeinschaft im Sinne der Art. 28 Abs. 2 GG und des Art. 71 LV. Es muss also eine *Verbandskompetenz* der Gemeinde und eine *Organkompetenz* des Gemeinderats (oder seiner Ausschüsse[505]) bestehen. Ausgenommen sind damit die gesetzlichen und gewillkürten Zuständigkeiten des Bürgermeisters,[506] also insbesondere der Kreis der Weisungsaufgaben und der Angelegenheiten, die der Gemeinderat dem Bürgermeister durch Hauptsatzung dauerhaft zur Entscheidung übertragen hat.

Geschäfte der laufenden Verwaltung, die grundsätzlich in die gesetzliche Entscheidungsbefugnis des Bürgermeisters fallen, werden durch die politische Brisanz, die einem Bürgerbegehren zukommt, oft Angelegenheiten, die in die Entscheidungszuständigkeit des Gemeinderats fallen.[507] Eine Beschränkung auf „wichtige" Angelegenheiten ist in der GemO nicht mehr enthalten (so § 21 Abs. 1 a.F.).

---

501 Vgl. *Streinz*, DV 16 (1983), S. 293 ff.; *Kromer*, DVBl. 1985, 143 ff. – Die Instrumente stammen bereits aus der GemO v. 25.07.1955 und wurden durch Ges. v. 04.11.1975 (GBl. S. 726) und Ges. v. 16.07.1998 (GBl. S. 418) geringfügig modifiziert. Schleswig-Holstein war erst 1990 das zweite Bundesland, das einen Bürgerentscheid einführte (GemO i.d.F. v. 02.04.1990, GVOBl. SH. S. 159); inzwischen gibt es Bürgerentscheide in allen Bundesländern. – Zur alten Rechtslage *Burkhardt*, Die rechtliche Ordnung des Bürgerentscheids, Bürger- und Ratsbegehrens nach dem baden-württembergischen Kommunalrecht, 1987, S. 107 ff.
502 Ges. zur Änderung kommunalverfassungsrechtlicher Vorschriften vom 28.07.2005, GBl. S. 578.
503 Auch in der noch laufenden Legislaturperiode sollen die plebiszitären Mitwirkungsmöglichkeiten nochmals leicht ausgeweitet werden; ein konkreter Gesetzesentwurf war zur Drucklegung noch nicht veröffentlicht. Die Eckpunkte finden sich unter http://www.baden-wuerttemberg.de/fileadmin/redaktion/dateien/Remote/stm/140513_GemO_Eckpunkte.pdf (14.05.2014).
504 S. § 13 Rn. 7.
505 OVG NW, Urt. v. 19.02.2008 – 15 A 2961/07, juris Rn. 40.
506 S. § 15 Rn. 10 ff.
507 Dazu unter § 17 Rn. 16. Ausgenommen sind allenfalls Missbrauchsfälle, also eher theoretische Fallkonstellationen, in denen es dem Gemeinderat unter dem Gesichtspunkt der Rücksichtnahme auf gesetzliche Organkompetenzen des Bürgermeisters verwehrt bliebe, in Bagatellsachen zu entscheiden, weil ansonsten dem Bürgermeister kein eigener Spielraum in Geschäften der laufenden Verwaltung verbliebe.

6 In § 21 Abs. 2 GemO ist ein abschließender und demzufolge eng auszulegender[508] **Negativkatalog** enthalten, der sich – deklaratorisch – auf Weisungsaufgaben und Angelegenheiten, die kraft Gesetzes dem Bürgermeister obliegen bezieht, und – konstitutiv – auf Fragen der inneren Organisation der Gemeindeverwaltung (Nr. 2),[509] die Rechtsverhältnisse der Gemeinderäte, des Bürgermeisters und der Gemeindebediensteten (Nr. 3), die Haushaltssatzung einschließlich der Wirtschaftspläne der Eigenbetriebe sowie die Kommunalabgaben, Tarife und Entgelte (Nr. 4), die Feststellung des Jahresabschlusses und des Gesamtabschlusses der Gemeinde und der Jahresabschlüsse der Eigenbetriebe (Nr. 5), Bauleitpläne und örtliche Bauvorschriften (Nr. 6) sowie auf Entscheidungen in Rechtsmittelverfahren (Nr. 7).

7 *Ungeschriebenes Tatbestandsmerkmal* ist vor dem Hintergrund des Rechtsstaatsprinzips ferner, dass der Bürgerentscheid ein **gesetzlich zulässiges Ziel** verfolgen muss, denn auch eine direkt-demokratische Entscheidung kann von der Bindung aller staatlicher Entscheidungen an Gesetz und Recht (Art. 20 Abs. 3 GG) nicht dispensieren.[510] Gleichermaßen unzulässig ist ein Bürgerbegehren **nach Vollzug** der Maßnahme;[511] das Ziel des Bürgerbegehrens kann aber nach § 123 VwGO grundsätzlich gesichert werden, um derart vollendete Tatsachen zu verhindern.[512]

8 Umstritten ist die Reichweite der Nr. 6, wonach ein Bürgerentscheid nicht über *Bauleitpläne und örtliche Bauvorschriften* stattfindet. Entgegen dem klaren Wortlaut der Bestimmung[513] und unter Missachtung der Auslegungsregel, wonach Ausnahmevorschriften grundsätzlich eng auszulegen sind, meint der VGH BW, die Bestimmung erfasse nach dem Normzweck bereits die Bauleit*planung* und damit auch alle Verfahrensschritte vor dem Satzungsbeschluss (ab Aufstellungsbeschluss). Abwägungen seien dem Gemeinderat vorbehalten und könnten nicht auf eine Ja-Nein-Fragestellung reduziert werden.[514] Möglich sei deshalb nur ein initiierendes Bürgerbegehren vor dem Aufstellungsbeschluss.[515] Demgegenüber ist klarzustellen, dass sowohl das „Ob" als auch das „Wie" der Planung einer Zielvorgabe (in den Grenzen der „Flachglas-

---

508 So zutr. BayVGH, Beschl. v. 02.01.1996 – 4 CE 95.4200, NVwZ 1996, 719 (720); Hess VGH, Beschl. v. 30.09.2003 – 8 TG 2479/03, juris Rn. 25; OVG NW, Beschl. v. 06.12.2007 – 15 B 1744/07, juris Rn. 6 ff.; *Schoch*, FS Schmidt-Jortzig, 2011, S. 167 (176).
509 Zulässig wäre aber ein Bürgerentscheid, der eine Hauptsatzungsregelung über die Anzahl der Beigeordneten abändern soll, denn dies ist keine Frage der „inneren Organisation", sondern der nach außen gerichteten Verfasstheit der Gemeinde, vgl. auch Hess VGH, Beschl. v. 30.09.2003 – 8 TG 2479/03, juris Rn. 18.
510 Vgl. z.B. BayVGH, Urt. v. 10.03.1999 – 4 B 98.1349, juris Rn. 22 f. (Aufhebung einer Straßenausbaubeitragssatzung als Verstoß gegen KAG) einerseits; BayVGH, Urt. v. 18.03.1998 – 4 B 97.3249, juris Rn. 17 (Gebot der wirtschaftlichen Haushaltsführung ist erst verletzt, wenn das gemeindliche Handeln mit den Grundsätzen vernünftigen Wirtschaftens schlechthin unvereinbar ist); BayVGH, Urt. v. 08.05.2006 – 4 BV 05.756, juris Rn. 21 ff. (Bürgerbegehren, das darauf abzielt, bei den von einer Kommune beherrschten GmbHs die Verschwiegenheitspflicht von Mitgliedern des fakultativen Aufsichtsrats partiell einzuschränken, ist nicht von vornherein mit Gesellschaftsrecht und Kommunalrecht unvereinbar) andererseits.
511 Vgl. VG Stuttgart, Urt. v. 17.07.2009 – 7 K 3229/08, juris Rn. 98; OVG NW, Beschl. v. 06.12.2007 – 15 B 1744/07, juris Rn. 47; BayVGH, Beschl. v. 21.10.1999 – 4 ZE 99.2944, juris Rn. 19; OVG LSA, Urt. v. 19.10.2000 – A 2 S 298/99, juris Rn. 70 (auch zum einstweiligen Rechtsschutz).
512 S. Rn. 21.
513 Der sich insofern von den Regelungen in Niedersachsen und Nordrhein-Westfalen unterscheidet, wo die Aufstellung, Änderung, Ergänzung und Aufhebung von Bauleitplänen erfasst wird.
514 Zuletzt VGH BW, Beschl. v. 27.06.2011 – 1 S 1509/11, juris Rn. 24 ff.; zust. *Aker/Hafner/Notheis*, § 21 GemO Rn. 5.5; *West*, VBIBW 2010, 389 (391).
515 VGH BW, Beschl. v. 27.06.2011 – 1 S 1509/11, juris Rn. 29.

I. Bürgerbegehren und Bürgerentscheid

Entscheidung"[516]) im Sinne einer Ja-Nein-Fragestellung zugänglich sind.[517] Die Landesregierung berät derzeit eine Novellierung, nach der die Bauleitplanung innerhalb der ersten drei Monate nach dem Aufstellungsbeschluss bürgerentscheidsfähig sein soll.

2. Bürgerbegehren

Der Bürgerentscheid kann auf verschiedene Weise initiiert werden: einerseits kann **9** *der Gemeinderat* selbst durch Mehrheit von zwei Dritteln der Stimmen aller Mitglieder beschließen, dass eine Angelegenheit des Wirkungskreises der Gemeinde, für die der Gemeinderat zuständig ist, der Entscheidung der Bürger unterstellt (§ 21 Abs. 1) wird, oder *die Bürgerschaft* kann einen Bürgerentscheid beantragen (sogen. Bürgerbegehren, § 21 Abs. 3). Das Bürgerbegehren kann sich wiederum gegen einen konkreten Gemeinderatsbeschluss richten (sogen. *kassatorisches* Bürgerbegehren, das fristgebunden ist) oder die Entscheidung einer Angelegenheit *initiieren* (hier stellt sich die Fristenfrage nicht).

Das Bürgerbegehren ist an verschiedene **formale Voraussetzung** geknüpft: Es er- **10** fordert einen schriftlichen Antrag, der eine (entspr. §§ 53 Abs. 3 S. 3, 52 Abs. 2 S. 2 KomWO mit Ja oder Nein zu beantwortende) Fragestellung, eine Begründung und einen Kostendeckungsvorschlag enthält,[518] und der von einer bestimmten – nach Gemeindegröße unterschiedlichen – Anzahl von Bürgern (grundsätzlich 10 %) unterzeichnet sein muss.[519]

Wendet sich das Bürgerbegehren gegen einen konkreten Gemeinderatsbeschluss, **11** so ist es innerhalb von sechs Wochen seit Bekanntgabe des Beschlusses[520] einzureichen. Wenn der Gemeinderat zu einem Bauvorhaben *mehrfach Beschlüsse* fasst, gelten die gleichen Grundsätze wie beim Zweitbescheid eines VA: Wird der ältere Grundsatzbeschluss nicht nur formal bestätigt, sondern aufgrund erneuter Sachdiskussion gefasst, kann der erneute Beschluss mit einem Bürgerbegehren angegriffen werden.[521]

---

516 BVerwG, Urt. v. 05.07.1974 – IV C 50.72, BVerwGE 45, 309; zur vergleichbaren Fragestellung im Rahmen von Mediationsverfahren *Appel*, GVwR II, § 32 Rn. 141.
517 Zutr. BayVGH, Beschl. v. 28.07.2005 – 4 CE 05.1961, juris Rn. 27 ff.; BayVGH, Urt. v. 28.05.2008 – 4 BV 07.1981, juris Rn. 31; BayVGH, Beschl. v. 13.12.2010 – 4 CE 10.2839, juris Rn. 26 ff.; *Löbbecke*, VBlBW 2009, 253 (256); *Koch*, FS Bull, 2011, S. 203 ff.; *Oebbecke*, DV 37 (2004), S. 105 (114); *Schoch*, FS Schmidt-Jortzig, S. 167 (178). Die Novelle 2015 soll den Beschluss zur Einleitung eines Bebauungsplanverfahrens konsequent aus dem Negativkatalog herausnehmen (Fn. 5).
518 Zur – u.E. fragwürdigen – logischen Kongruenz von Frage, Begründung und Kostendeckungsvorschlag OVG NW, Beschl. v. 01.04.2009 – 15 B 429/09, juris Rn. 16; OVG NW, Beschl. v. 08.11.2011 – 15 A 1668/11, juris Rn. 17.
519 Bundesweit schwankt das Quorum zwischen 3 % in Bayern und Hessen sowie 15 % in Sachsen u. Sachsen-Anhalt; zumeist wird zudem – wie in BW – nach der Einwohnerzahl gestaffelt. – Die 2015 geplante Novelle des Rechts des Bürgerentscheids sieht eine Senkung des Quorums auf 7 % und eine Verlängerung der Frist auf 3 Monate vor (Rn. 2).
520 VGH BW, Beschl. v. 25.02.2013 – 1 S 2155/12, juris Rn. 7: Es reicht aus, wenn ein nichtöffentlich gefasster Beschluss in der nächsten öffentlichen Gemeinderatssitzung bekannt gegeben wird, wenn eine „Anstoßfunktion" erfüllt wird, die erkennen lässt, dass ein möglicherweise die Ausschlussfrist in Lauf setzender Gemeinderatsbeschluss gefasst wurde. S.a. VGH BW, Beschl. v. 27.04.2010 – 1 S 2810/09, juris Rn. 24 (Bekanntwerden durch Presse oder Amtsblatt ausreichend); VGH BW, Beschl. v. 30.09.2010 – 1 S 1722/10, juris Rn. 15 ff.; Sächs. OVG, Beschl. v. 14.07.2008 – 4 B 196/08, juris Rn. 8 ff.
521 VGH BW, Urt. v. 13.04.1993 – 1 S 1076/92, juris Rn. 31; VGH BW, Beschl. v. 08.04.2011 – 1 S 303/11, juris Rn. 19; dies gilt insbesondere auch bei gestuften Planungsverfahren, s. hierzu *Lange*, Kommunalrecht, Kap. 9 Rn. 57 ff. m.w.N.

12 Über die Zulässigkeit des Bürgerbegehrens entscheidet der Gemeinderat durch Beschluss.[522] Die Entscheidung ist ein *Verwaltungsakt*, der gerichtlich vollständig nachprüfbar ist (§ 21 Abs. 8 GemO i.V.m. § 41 Abs. 2 KomWG).[523] Anstelle der Zulassung des Bürgerbegehrens kann der Gemeinderat auch die verlangte Maßnahme beschließen (§ 21 Abs. 4 S. 2 GemO).

13 Der Tag des Bürgerentscheids kann mit anderen Wahlen und Volksabstimmungen gem. § 41 Abs. 3 KomWG zusammengelegt werden.[524] Ein Gemeinderat, der das Bürgerbegehren unterzeichnet hat, ist bei der Beschlussfassung über seine Zulässigkeit nicht befangen (§ 18 Abs. 3 GemO).[525]

14 Der **Antrag** muss so genau formuliert sein, dass sich die zur Entscheidung gestellte Fragestellung unzweideutig und mit *Bestimmtheit* entnehmen lässt,[526] dabei ist auf den objektiven Erklärungsinhalt abzustellen.[527] Mehrere Fragen, die in einem logischen Verhältnis zueinander stehen, sind zulässig.[528] Der Antrag muss auf eine konkrete, durch die Bürgerschaft zu treffende Sachentscheidung gerichtet sein.[529]

15 Das Erfordernis einer **Begründung** ist nicht schon dann erfüllt, wenn überhaupt eine Begründung abgegeben wird, denn die Begründung soll einerseits die Bürgerschaft zu einer sachlichen und inhaltlichen Auseinandersetzung veranlassen, andererseits der Gemeindevertretung das begehrte Anliegen zweifelsfrei deutlich machen. Dieser Zweck kann nur erfüllt werden, wenn die Begründung die für sie tragenden Tatsachen *im Wesentlichen richtig wiedergibt* und das Ziel oder die Beweggründe des Bürgerbegehrens deutlich zum Ausdruck kommen.[530] Die Begründung darf für das Bürgerbegehren werben und Wertungen, Schlussfolgerungen und Erwartungen enthalten, die einem Wahrheitsbeweis nicht zugänglich sind.[531] Die Begründung ist aber rechtswidrig, wenn sie in wesentlichen Punkten falsch, unvollständig oder irreführend ist. Insgesamt dürfen die Anforderungen an die Begründung einerseits nicht überspannt werden, andererseits darf durch die Begründung kein derart unvollstän-

---

522 Die mit diesem Antrag zum Ausdruck gebrachte Fragestellung ist auch dem Bürgerentscheid zu Grunde zu legen, OVG NW, Urt. v. 23.04.2002 – 15 A 5594/00, juris Rn. 33. – Der Text des Bürgerbegehrens darf nur in redaktioneller, nicht aber in inhaltlicher Hinsicht überarbeitet werden, vgl. BayVGH, Urt. v. 16.03.2001 – 4 B 99.318, juris Rn. 29; Sächs. OVG, Beschl. v. 28.07.1998 – 3 S 111/98, SächsVBl. 1998, 272 (273).
523 BayVGH, Urt. v. 31.03.1999 – 4 B 98.2502, juris Rn. 30; *Aker/Hafner/Notheis*, § 21 GemO Rn. 11; *Schoch*, FS Schmidt-Jortzig, 2011, S. 167 (183).
524 So bereits VGH BW, Urt. v. 08.03.2001 – 1 S 531/01, juris Rn. 6.
525 *Aker/Hafner/Notheis*, § 21 GemO Rn. 11; *Bock*, BWGZ 2009, 490 (492); a.A. *Hofmann*, VBlBW 2012, 460 ff.
526 VGH BW, Urt. v. 16.9.1974 – I 561/76, ESVGH 27, 73 (74 f.); OVG NW, Urt. v. 23.04.2002 – 15 A 5594/00, juris Rn. 24; *v. Danwitz*, DVBl. 1996, 134 (137).
527 OVG SH, Urt. v. 20.09.2006 – 2 LB 8/06, juris Rn. 60; offener aber VGH BW, Beschl. v. 20.03.2009 – 1 S 419/09, juris Rn. 5: „Kongruenz der Auslegung aus dem Empfängerhorizont sowohl der unterzeichnenden Bürger als auch der Gemeindevertretung".
528 *Lange*, Kommunalrecht, Kap. 9 Rn. 75; BayVGH, Urt. v. 08.05.2006, 4 BV 05.756, juris Rn. 19; OVG NW, Urt. v. 19.02.2008 – 15 A 2961/07, juris Rn. 30; OVG Nds. Beschl. v. 11.08.2008 – 10 ME 204/08, juris Rn. 22.
529 OVG NW, Urt. v. 18.10.2007 – 15 A 2666/07, juris Rn. 7: Das Bürgerbegehren darf nicht darauf zielen, Vorgaben für eine Vielzahl künftiger, in ihrer jeweils maßgeblichen Fallgestaltung nicht überschaubarer Angelegenheiten zu machen. – Es kann jedoch ohne Weiteres ein noch ausführungsbedürftiger Grundsatzbeschluss begehrt werden, BayVGH, Urt. v. 19.02.1997 – 4 B 96.2928, BayVBl 1997, 276; VG Regensburg, Urt. v. 05.07.2000 – RO 3 K 99.2408; VG Magdeburg, Urt. v. 30.10.2012 – 9 A 235/11, juris Rn. 52.
530 VG Stuttgart, Urt. v. 30.06.2010 – 7 K 273/09, juris Rn. 77; OVG NW, Urt. v. 23.04.2002 – 15 A 5594/00, juris Rn. 33; OVG SH, Urt. v. 20.09.2006 – 2 LB 8/06, juris Rn. 63.
531 VGH BW, Beschl. v. 22.08.2013 – 1 S 1047/13, juris Rn. 19.

I. Bürgerbegehren und Bürgerentscheid

diges Bild gezeichnet werden, dass dies einer unzulässigen Wählerbeeinflussung gleichkommt.[532]

Der **Kostendeckungsvorschlag** muss einen nachvollziehbaren und nach den gesetzlichen Bestimmungen durchführbaren Vorschlag enthalten, der sich auf die einmaligen und laufenden Kosten bezieht.[533] Eine überschlägige Kostenschätzung ist dabei ausreichend, weil den Antragstellern nicht das behördliche Fachwissen zur Verfügung steht.[534] Der Kostendeckungsvorschlag ist nicht erforderlich, wenn das Bürgerbegehren nicht zu höheren Kosten führt oder ein Vorhaben dadurch kostengünstiger wird.[535]

3. Durchführung des Bürgerentscheids

Der Bürgerentscheid wird in entsprechender Anwendung der Bestimmungen über die Bürgermeisterwahl durchgeführt (§ 41 Abs. 3 KomWG, § 43 Abs. 3 KomWO) und ist erfolgreich, wenn die gestellte Frage von der **Mehrheit der Abstimmenden** entschieden wird, sofern diese Mehrheit *25 % der Stimmberechtigten*[536] verkörpert, § 21 Abs. 6 GemO. Der Bürgerentscheid hat dann die Wirkung eines „endgültigen" Gemeinderatsbeschlusses und kann innerhalb von drei Jahren nur durch einen neuen Bürgerentscheid abgeändert werden. Wird das Quorum von 25 % nicht erreicht, so entscheidet der Gemeinderat.

Die Abstimmung über den Bürgerentscheid ist keine Wahl, so dass das für Wahlen geltende **Neutralitätsgebot** für kommunale Mandatsträger im Vorfeld der Abstimmung nicht gilt. Bei der Öffentlichkeitsarbeit der Gemeinde gilt aber eine **Pflicht zur Wahrheit und Sachlichkeit** sowie zur Darstellung des in den Gemeindeorganen vertretenen Meinungsspektrums (§ 21 Abs. 5 GemO), eine Abstimmungsempfehlung wäre deshalb unzulässig.[537]

4. Rechtswirkungen des Bürgerentscheids

Das verbindliche Ergebnis des Bürgerentscheids ist unverzüglich wie ein Gemeinderatsbeschluss durch den Bürgermeister **umzusetzen**, es sei denn das Ergebnis erwiese sich nachträglich als gesetzeswidrig.[538] Ein subjektives Recht der Antragstel-

---

532 *Lange*, Kommunalrecht, Kap. 9 Rn. 37.
533 VGH BW, Urt. v. 06.07.1982 – 1 S 1526/81, VBlBW 1983, 269 (271); Hess VGH, Beschl. v. 18.03.2009 – 8 B 528/09, juris Rn. 54; OVG NW, Beschl. v. 21.11.2007 – 15 B 1879/07, juris Rn. 5; OVG Nds, Beschl. v. 11.08.2008 – 10 ME 204/08, juris Rn. 26; OVG SH, Beschl. v. 24.04.2006 – 2 MB 10/06, juris Rn. 9. – Mögliche Schadensersatzansprüche gehören nicht zum Kostendeckungsvorschlag, vgl. VGH BW, Beschl. v. 08.04.2011 – 1 S 303/11, juris Rn. 17. – Zu den Anforderungen an sparsame Haushaltsführung VGH BW, Urt. v. 29.11.1982 – 1 S 1415/81, VBlBW 1983, 313.
534 OVG Nds, Beschl. v. 11.08.2003 – 10 ME 82/03, juris Rn. 2.
535 Vgl. VGH BW, Beschl. v. 30.09.2010 – 1 S 1722/10, juris Rn. 14: Verzicht auf eine Baumaßnahme.
536 In verschiedenen Bundesländern gelten niedrigere Quoren: 20 % in Nordrhein-Westfalen und Schleswig-Holstein; Bayern und Thüringen sehen, ein degressiv gestaffeltes Quorum vor, das von 20 auf bis zu 10 % bei höher Einwohnerzahl sinkt. – Die Novelle 2015 soll das Quorum auf 20 % senken (Rn. 2).
537 *Aker/Hafner/Notheis*, § 21 GemO Rn. 15.
538 *Stapelfeld/Siemko*, NVwZ 2010, 419 (421). Weitergehend VGH BW, Urt. v. 14.11.1974 – I 453/74, DVBl. 1975, 552 (Nichtigkeit des Bürgerentscheids), was zum gleichen Ergebnis führt.

ler auf Umsetzung besteht allerdings nicht, weil sich das Bürgerbegehren mit Durchführung des Bürgerentscheids erledigt hat.[539]

20 Der erfolgreiche rechtmäßige Bürgerentscheid **bindet** die Verwaltung 3 Jahre lang[540] an sein Ergebnis. Innerhalb dieser 3-Jahres-Frist kann von ihm grundsätzlich nur durch einen erneuten Bürgerentscheid abgewichen werden.[541] Die Sperr- und Bindungswirkung eines Bürgerentscheids entfällt allerdings bei nachträglichen wesentlichen Änderungen der Sach- und Rechtslage.[542]

5. Vollzugshemmung des Gemeinderatsbeschlusses bei erfolgreichem Bürgerbegehren

21 Das Bürgerbegehren ist nach derzeitiger Gesetzeslage nicht vollzugshemmend, so dass die Gefahr besteht, dass die Verwaltung durch den Vollzug eines gefassten Gemeinderatsbeschlusses vollendete Tatsachen schafft. Das wirft die Frage auf, ob und ggf. ab welchem Zeitpunkt ein Bürgerbegehren unter dem Gesichtspunkt organtreuen Verhaltens vollzugshemmend wirkt und ggf. ein verwaltungsgerichtlicher Anspruch hierauf besteht, der nach § 123 VwGO gesichert werden kann.[543]

II. Gesetzlich geregelte Mitwirkungsmöglichkeiten

22 Bürgerbegehren und Bürgerentscheid haben neben der zweistufigen Öffentlichkeitsbeteiligung in der Bauleitplanung die größte Bedeutung unter den gesetzlich geregelten Mitwirkungsformen. Weitere Mitwirkungsmöglichkeiten bestehen einerseits in der Partizipation an der Gemeinderats- oder Ausschusssitzung (1), andererseits in Beteiligungsformen, die sich außerhalb oder nur anlässlich der gemeinderätlichen Entscheidung abspielen (2).

1. Beteiligung im Gemeinderat

23 Im Rahmen der Gemeinderatssitzungen können Einwohner und Bürger auf vielfältige Weise an der politischen Willensbildung teilhaben, etwa durch

---

539 BVerfG (K), Beschl. v. 16.09.2010 – 2 BvR 2349/08, juris Rn. 36; OVG Nds, Beschl. v. 07.05.2009 – 10 ME 277/08, juris Rn. 15; zweifelnd *Schoch*, FS Schmidt-Jortzig, 2011, S. 167 (188).
540 Der BayVerfGH hält eine Bindungsfrist von mehr als einem Jahr für verfassungswidrig, soweit es an Öffnungsklauseln für veränderte Umstände fehlt, BayVerfGH, Beschl. v. 29.08.1997 – Vf. 8-VII-96, juris Rn. 77 ff.; Beschl. v. 13.04.2000 – Vf. 4-IX-00, juris Rn. 78. – Zutr. Kritik hieran bei *Schoch*, FS Schmidt-Jortzig, 2011, S. 167 (188). – Zum Anspruch eines Bürgers auf Beachtung der Sperrfrist s. VG Freiburg, Beschl. v. 07.08.2014 – 5 K 1706/14.
541 Zur verfassungsrechtlichen Zulässigkeit einer solchen Regelung mit Öffnungsklausel Sächs. OVG, Beschl. v. 09.03.2007 – 4 BS 216/06, juris Rn. 89 f.; VGH BW, Urt. v. 14.11.1974 – I 453/74, DVBl. 1975, 552; *Aker/Hafner/Notheis*, § 21 GemO Rn. 17; krit. *Huber*, AöR 126 (2001), 165 (191).
542 *Aker/Hafner/Notheis*, § 21 GemO Rn. 17; *Lange*, Kommunalrecht, Kap. 9 Rn. 140; BayVGH, Urt. v. 18.03.1998 – 4 B 97. 3249, juris Rn. 25; a.A. Sächs. OVG, Beschl. v. 09.03.2007 – 4 BS 216/06, juris Rn. 60.
543 OVG Bremen, Beschl. v. 02.03.2004 – 1 B 79/04, NVwZ-RR 2005, 54 (55); OVG SH, Beschl. v. 22.08.2005 – 2 MB 30/05, juris Rn. 9; OVG RP, Beschl. v. 01.12.1994 – 7 B 12954/94, juris Rn. 36 ff.; hohe verfahrensrechtliche Anforderungen stellen VGH BW, Beschl. v. 27.04.2010 – 1 S 2810/09, juris Rn. 14 ff.; Hess VGH, Beschl. v. 17.11.2008 – 8 B 1806/08, juris Rn. 36.

II. Gesetzlich geregelte Mitwirkungsmöglichkeiten

- **Teilnahme an den öffentlichen Sitzungen**, § 35 Abs. 1 S. 1 GemO[544]: die öffentliche Sitzung ist mit der Tagesordnung rechtzeitig ortsüblich bekanntzugeben, jedermann hat grundsätzlich die Möglichkeit der Teilnahme als Zuhörer und als Zuschauer und nach § 38 Abs. 2 S. 4 GemO ist die Einsichtnahme in Niederschriften über die öffentlichen Verhandlungen des Gemeinderats, des Ortschaftsrats und der Ausschüsse möglich;
- **Zuziehung von sachkundigen Einwohnern** zu den Beratungen des Gemeinderats oder der Ausschüsse, § 33 Abs. 3 GemO für einzelne Angelegenheiten und **Anhörung betroffener Personen** im Gemeinderat, § 33 Abs. 4 S. 2 GemO.
- Insbesondere kleine Gemeinden halten im Rahmen der Gemeinderatssitzung **Fragestunden für Einwohner** ab, § 33 Abs. 4 S. 1 GemO: der Gemeinderat kann (Ermessen) bei öffentlichen Sitzungen Einwohnern u.a. die Möglichkeit einräumen, Fragen zu Gemeindeangelegenheiten zu stellen oder Anregungen und Vorschläge zu unterbreiten.[545] Zu den Fragen nimmt der Bürgermeister Stellung. Soweit die Fragen zulässig sind (insbesondere die Verbandskompetenz der Gemeinde betreffen), hat der Einwohner einen Rechtsanspruch auf Beantwortung.
- Die Möglichkeit, **sachkundige Einwohner** in die Ausschüsse des Gemeinderats dauerhaft **als beratende Mitglieder** zu wählen §§ 40 Abs. 1 S. 4, 41 Abs. 1 S. 3 GemO, wobei Gemeinderäte in der Mehrheit bleiben müssen und ein Stimmrecht der beratenden Mitglieder nur in beratenden Ausschüssen besteht.[546]
- Die Bürgerschaft kann schließlich beantragen, dass der Gemeinderat eine bestimmte Angelegenheit behandelt, § 20 b GemO (**Bürgerantrag**). Die Bürgerschaft hat hierdurch weder Anspruch auf Teilnahme am Prozess der Willensbildung im Gemeinderat noch die Möglichkeit eigener Entscheidung, dies ist nur über ein Bürgerbegehren möglich.[547] Da sich die Voraussetzungen von Bürgerantrag und Bürgerbegehren weitgehend decken, hat der Bürgerantrag keine praktische Bedeutung erlangt.

2. Mitwirkungsmöglichkeiten außerhalb des gemeinderätlichen Verfahrens

Vor allem in der Gemeindeordnung sind zusammenfassend folgende weitere Möglichkeiten eingeräumt, sich an der politischen Willensbildung in der Gemeinde zu beteiligen:

24

- Durch die **Wahlen** der Gemeinderäte, Ortschaftsräte und des Bürgermeisters.
- In einer **Bürgerversammlung** (§ 20 a GemO) sind Einwohner und Bürger berechtigt, teilzunehmen und das Wort zu ergreifen. Eine – nach Gemeindegröße gestaffelte – Mindestzahl von Bürgern kann die Durchführung einer Bürgerversammlung verlangen, in der auch eine Abstimmung durch die anwesende Bürgerschaft erfolgen kann.[548]
- Die Gemeinde kann ihre Bürgerschaft zu allen (wichtigen) Angelegenheiten der örtlichen Gemeinschaft **konsultativ** befragen. Die Befugnis hieraus ergibt sich

---

544 S. § 14 Rn. 144.
545 VG Braunschweig, Urt. v. 16.07.1997 – 1 A 1042/97, NdsVBl 1998, 97. Die GemO enthält somit die gesetzliche Grundlage für Bürgerfragestunden, die noch das OVG Lüneburg, Urt. v. 31.05.1983 – 5 A 101/82, forderte.
546 S. § 14 Rn. 105.
547 VG Regensburg, Beschl. v. 12.11.2007 – 3 E 07.01926, juris Rn. 20; a.A. OVG Bremen, Beschl. v. 02.03.2004 – 1 B 79/04: Pflicht zur Rücksichtnahme auf Bürgerantrag.
548 Aker/Hafner/Notheis, § 20a GemO Rn. 14; Kunze/Bronner/Katz, § 20a Rn. 17.

unmittelbar aus Art. 28 Abs. 2 GG und wird auch nicht durch § 21 Abs. 2 GemO gesperrt.[549]

- Den Einwohnern soll allgemein Gelegenheit gegeben werden, sofern dafür ein besonderes Bedürfnis besteht, sich zu **wichtigen Planungen** und Vorhaben der Gemeinde, die unmittelbar raum- oder entwicklungsbedeutsam sind oder das wirtschaftliche, soziale und kulturelle Wohl der Einwohner berühren, zu äußern, § 20 Abs. 2 S. 2 GemO (Gelegenheit zur Äußerung, die informell oder im Rahmen einer Bürgerversammlung erfolgen kann).
- Im Falle der Änderung des Gemeindegebiets sind die von der Änderung betroffenen Bürger anzuhören, § 8 GemO.
- Der **Haushaltsplan der Gemeinde** ist nach § 81 Abs. 3 GemO an 7 Tagen öffentlich auszulegen; in jüngster Zeit bieten auch einige Gemeinden Internet-Plattformen an, über die Anregungen zur Aufstellung des Haushaltsplans vermittelt werden können („Bürgerhaushalt"), die der Gemeinderat dann berät. Dies stellt ein Substitut für die inzwischen entfallene Möglichkeit, förmliche Anregungen zum Haushaltsplan mitzuteilen, dar.
- Jahresrechnung und Rechenschaftsbericht sind öffentlich an 7 Tagen auszulegen, § 95 Abs. 3 S. 2 GemO.
- Eine wichtige Rolle spielt schließlich die – teilweise mehrstufige – **Beteiligung der Öffentlichkeit in der Bauleitplanung** (§ 3 BauGB) und anderen Fachplanungen (z.B. Lärmaktionsplan gem. § 47d Abs. 3 BImSchG, Schutzgebietsausweisung nach §§ 73 Abs. 7, 74 Abs. 9 NatSchG oder § 95 Abs. 3 WG usw.), die der Gemeinde fachgesetzlich als Pflichtaufgabe übertragen sind.

III. Informelle Mitwirkungsmöglichkeiten

25 Auch wenn in den Gemeinden als bürgernaher staatlicher Institution die Politikverdrossenheit nicht dieselben Ausmaße annimmt wie gegenüber bekannten umstrittenen Großprojekten, so ist auch in den Gemeinden zu verzeichnen, dass der Dialog mit den Politikbetroffenen zunehmend schwieriger wird und die Entfremdung zwischen Vertretern und Vertretenen wächst. Dies hat vielfältige Ursachen, einen Beitrag hierzu leisten bei dichter Besiedlung die ungleiche Verteilung von Risiken und Nutzen einzelner Projekte, die oft unterschiedliche Einschätzung fachlicher Fragen in Expertenkreisen und die Resignation gegenüber vermeintlichen oder vorhandenen Sachzwängen.[550] Nicht erst nach dem Konflikt um die Planung des Stuttgarter Hauptbahnhofs ist eine Debatte über zeitgemäße Formen der Bürger- und Betroffenenbeteiligung entstanden.

26 Eine Sonderstellung nimmt dabei die sogen. **Lokale Agenda 21** ein. Dabei handelt es sich um ein Handlungsprogramm, das eine Gemeinde in Richtung Nachhaltigkeit entwickeln soll. Vorbild hierfür ist ein 1992 auf der UN-Konferenz von Rio de Janeiro verabschiedetes globales Programm, die *Agenda 21*[551], in deren 40 Kapiteln ein umfangreiches Programm für die umweltgerechte Entwicklung auch in der Dritten Welt und für die nachhaltige Nutzung aller natürlichen Ressourcen sowie eine künftige Steigerung der Hilfe der Industriestaaten zugunsten der Entwicklungsländer auf rd. 0,7 % ihres Sozialprodukts niedergelegt sind. Da das Kapitel 28 der Agenda 21 kurz ist, haben zahlreiche europäische Kommunen auf Tagungen 1994 in Aalborg und 1996 in Lissabon vereinbart, wie das Verfahren zur Erstellung einer lokalen Agenda 21 zu

---

549 *Schellenberger*, VBlBW 2014, 46 (52); Voraufl. Rn. 325. – Da es sich nicht um ein Geschäft der laufenden Verwaltung handelt, ist ein Gemeinderatsbeschluss erforderlich.
550 Vgl. *Gabriel/Völkl*, in Gabriel/Holtmann (Hrsg.), Politische und soziale Partizipation, 2004, S. 523 ff.
551 Text in: Robinson (Hrsg.), Agenda 21: Earth's Action Plan, 1993.

III. Informelle Mitwirkungsmöglichkeiten

gestalten sei (Aalborg-Charta bzw. Lissabon-Erklärung). Eine weitere Konferenz im Jahr 2004 in Aalborg vertiefte das Konzept durch die sogen. *Aalborg-Commitments*.[552]

Als moderne **informelle Beteiligungsformen** werden z.b. angewendet:[553] informelle Anhörungen, Verhandlungen zwischen gesellschaftlichen Akteuren, Mediationen, Zukunftswerkstätten, Beratungskommissionen, Bürgerforen und Konsenskonferenzen. Die Suche nach Lösungen erfordert für eine sachgerechte Beteiligung aus sozialwissenschaftlicher Sicht jedenfalls 27

- eine Einbindung durch Transparenz und Offenheit des Beteiligungsverfahrens,
- ein frühzeitiges Erfassen der Präferenzen und Wünsche der betroffenen Bevölkerung und deren Berücksichtigung und
- ein Gestaltungsmandat dafür, Konflikte konstruktiv, sachbezogen und zukunftsweisend zu lösen (einschließlich einer politischen Selbstverpflichtung der Entscheidungsträger, die aber vor Art. 28 und 20 Abs. 3 GG Bestand haben muss).

Im Jahre 1996 hat die US-amerikanische Wissenschaftsakademie ein Partizipationsmodell vorgestellt, das in abgewandelter Form auch in Deutschland Verbreitung findet, die sogen. *analytisch-deliberative Partizipation der interessierten Aktivbürger*.[554] Diese beinhaltet drei Komponenten: 28

- eine *analytische Komponente* des „fact-finding", in der interdisziplinäres Wissen generiert und in einem transparenten Entscheidungsfindungsprozess Gütekriterien bestimmt werden;
- eine *deliberative Komponente*, in der Werte und Interessen geklärt, Präferenzen bestimmt und ein fairer Interessenausgleich gesucht wird mit dem Ziel einer Perspektiverweiterung;
- die Entscheidung fällt sodann unter sorgfältiger und transparenter *Abwägung* der Fakten und Interessen.

Als gemeinsames Problem aller Bürgerbeteiligungsformen stellt sich heraus, dass die Mitwirkung bei der Frage des „Ob" eines Projekts entscheidend ist für die Akzeptanz der Entscheidung. Dabei stellt sich u.a. die Frage, ob eine Legitimation durch Verfahren (im Sinne von *Luhmann*) heute noch ausreichend ist, oder weitere Elemente wie rationale Einsicht, die Übereinstimmung mit individuellen Werten oder ein individueller Nutzen hinzukommen müssen, um die Legitimität zu sichern.[555] 29

In der Literatur sind die vornehmlich in den USA – vor dem Hintergrund des dortigen Verfahrensrechts – entstandenen Formen alternativer Streitbeilegung,[556] insbesondere die Mediation bereits vor etwa 25 Jahren aufgegriffen worden.[557] Waren sie lange Zeit[558] eine – in der Regel verfahrensexterne – regulierte Selbstregulierung von Konflikten, die insbesondere im Familienrecht ihren Platz gehabt hatten, fanden sie ab der Jahrtausendwende zunehmend auch im Verwaltungsrecht Verbreitung. Bewusstseinsprägend waren hier nicht nur einzelne Großverfahren,[559] sondern auch die inzwischen nahezu flächendeckend von Verwaltungsgerichten angebotene pro- 30

---

552 www.ccre.org/docs/Aalborg03_05_deutsch.pdf (12.04.2014).
553 S. hierzu u. zum Folgenden *Renn*, Partizipation bei öffentlichen Planungen, in: Ges. für Umweltrecht (Hrsg.), Dokumentation zur 35. Wiss. Fachtagung 2011, S. 129 (145 ff.).
554 *National Research Council (Paul Stern/Harvey Fineberg, ed.)*, Understanding Risk: Informing Decisions in a Democratic Society, 1996.
555 S. *Renn*, Risk Governance, 2008, S. 353 ff.
556 Hierzu *Appel*, Staat und Bürger in Verwaltungsverfahren, in: Ges. für Umweltrecht (Hrsg.), Dokumentation zur 35. Wiss. Fachtagung 2011, S. 69 ff.; *Renn*, ebda., S. 129 ff.
557 *Hoffmann-Riem*, Konfliktmittler in Verwaltungsverhandlungen, 1989; *Holznagel*, Konfliktlösung durch Verhandlungen, 1990; *Brohm*, DVBl. 1990, 321 ff.; *Würtenberger*, NJW 1991, 257 ff. – Methodisch wird zumeist auf dem grundlegenden Werk von *Fisher/Ury/Patton*, Getting To Yes, dt. Die Harvard-Methode – sachgerecht verhandeln, erfolgreich verhandeln, 24. Aufl. 2013, sowie auf *Glasl*, Konfliktmanagement, 11. Aufl. 2013, S. 235 ff. (9-stufiges Eskalationsmodell der Konflikte), aufgebaut. S.a. *Haft*, Verhandeln. Die Alternative zum Rechtsstreit, 1992.
558 Ihren *Anfang* hatte die Mediation aber im (Ver-)Handeln öffentlicher Amtsträger in Konflikten, s. *Duss-v. Werdt*, Homo mediator, 2005.
559 Flughafen Frankfurt, Stadtbahn Mannheim, Stuttgart 21 usw.

fessionalisierte und institutionalisierte gerichtliche **Mediation**.[560] Durch das Mediationsgesetz[561] ist ein Teilbereich der praktisch relevanten Mediationsverfahren erstmals umfassend geregelt worden.

31 § 1 Abs. 1 MediationsG spricht von einem vertraulichen und strukturierten Verfahren, bei dem die Parteien mithilfe eines Mediators – einer unabhängigen und neutralen Person ohne Entscheidungsbefugnis – freiwillig und eigenverantwortlich eine einvernehmliche Beilegung ihres Konflikts anstreben.

32 Mit „Mediation" wird eine Konfliktlösungsstrategie beschrieben, die – in den Grenzen des zwingenden Rechts – die Lösung der Probleme für die Zukunft sucht, sich nur in diesem Rahmen mit der Aufbereitung des Sachverhaltes beschäftigt, und in methodischen Schritten von der Sachverhaltsaufklärung zur bedürfnis- und interessensorientierten Ziel- und Lösungsfindung vorgeht. Grundsätzlich sollen mehrere (zumeist fünf) Phasen nacheinander durchlaufen werden:[562] Nach (1) der gemeinsamen Arbeits- und Aufgabendefinition soll (2) der Konfliktstoff so vollständig wie möglich ermittelt, sodann (3) in einem Perspektivwechsel die Interessen und Bedürfnisse der Beteiligten erkannt und aufbauend hierauf (4) Lösungsoptionen entwickelt werden, die schließlich (5) in eine schriftliche Abschlussvereinbarung Eingang finden. Entscheidend dabei sind die kommunikativen Fähigkeiten des Mediators, der das Verfahren strukturieren und insbes. über aktives Zuhören und Paraphrasieren des Gesagten den Blickwinkel der Beteiligten erweitern soll.

33 Grundvoraussetzung einer erfolgreichen Mediation sind neben der Freiwilligkeit der Teilnahme die Einbeziehung aller betroffenen Interessensgruppen, die Eigenverantwortlichkeit der Teilnehmer für das Verfahren, die Neutralität („Allparteilichkeit") des Mediators und die grundsätzliche Verpflichtung der Beteiligten auf die Vertraulichkeit, um innerhalb des Verfahrens einen geschützten Raum zu erzeugen. Der Vertraulichkeitsgrundsatz gilt aber gerade im Hinblick auf Großverfahren, in denen sich die Vertreter von Gruppeninteressen immer wieder mit ihrer jeweiligen Gruppe rückkoppeln müssen, nicht unbedingt, sondern kann – und muss – in Absprache mit den weiteren Teilnehmern flexibel gehandhabt werden.[563]

34 Die klassische Mediation sieht den Mediator in erster Linie als Verfahrensmittler, der sich auf die Organisation des Prozesses beschränkt; soweit er sich aktiv in die Konfliktlösung einschaltet, wird er zumeist als *Konfliktmittler* oder *Schlichter* bezeichnet. Wichtig und kennzeichnend für alle derartigen alternativen Streitbeilegungsformen ist, dass sie zur Ergänzung der herkömmlichen juristisch-justiziellen Konfliktlösungsmethode herangezogen werden können. Einem flächendeckenden Einsatz des sehr zeitintensiven Mediationsverfahrens stehen nicht nur die begrenzten Personalressourcen, sondern oft auch unlösbare Interessenskonflikte entgegen, die einer hoheitlichen Entscheidung bedürfen.

35 Nicht nur bei privatrechtlichem Handeln, sondern auch im Verwaltungsverfahren[564] kann die Mediation zum Einsatz kommen, weil § 10 VwVfG hierfür eine ausreichende Grundlage bildet,[565] und sie sowohl hinsichtlich der Sachverhaltsaufklärung (§§ 24, 26 VwVfG) als auch der Beteiligtenrechte (insbesondere Anhörung) keine strukturellen Defizite aufweist. Eine zunächst streitige Problemlage durch eine einverständli-

---

560 Vgl. *Bader*, Gerichtsinterne Mediation am Verwaltungsgericht, 2009; *J. v. Bargen*, DVBl. 2004, 468 ff. – Zur gerichtsinternen Mediation als Teil des Gerichtsverfahrens VGH BW, Beschl. v. 09.10.2012 – 3 S 2964/11, juris Rn 14; VGH BW, Besch. v. 09.04.2014 – 8 S 1528/13, BA S. 3.
561 Mediationsgesetz v. 21.07.2012 (BGBl. I, 1577). – Zum MediationsG BT-Drs. 17/5335, 17/5496, 17/8058, 17/10102; aus der Lit. bspw. *Ahrens*, NJW 2012, 2465 ff.; *Eisenbarth/Spieker gen. Döhmann*, DVBl. 2012, 993 ff.; *M. v. Bargen*, ZUR 2012, 468 ff.
562 *Montada/Kals*, Mediation, 3. Aufl. 2013, S. 247 ff.; *Kessen/Troja*, in: Haft/v.Schlieffen (Hrsg.), Hdb. Mediation, 2. Aufl. 2009, S. 293 (295 ff.).
563 S.a. *Härtel*, JZ 2005, 753 (761).
564 Vgl. *Appel*, GVwR II, § 32 Rn 102 ff.; *ders.*, NVwZ 2012, 1361 (1367); *Engel/Pfau*, in: Mann/Sennekamp/Uechtritz, § 28 VwVfG Rn. 56 ff.
565 *Härtel*, JZ 2005, 753 (757); *Brohm*, DVBl. 1990, 321 (322); *Pitschas*, DÖV 2011, 333 (339).

III. Informelle Mitwirkungsmöglichkeiten

che Lösung zu bewältigen, ist auch in einem Rechtsstaat grundsätzlich vorzugswürdig gegenüber einer richterlichen Streitentscheidung.[566] Sie muss aber rechtliche Grenzen der Zuständigkeitsordnung wahren,[567] eine ggf. unzulässige Vorabbindung vermeiden[568] und die Grenzen zwingenden Rechts beachten.[569] Soweit das Mediationsergebnis der Umsetzung durch ein Verwaltungsverfahren (Baugenehmigungsverfahren, Planfeststellungsverfahren[570] usw.) bedarf, ist dieses gesondert durchzuführen. Betroffene Dritte, die im Mediationsverfahren nicht beteiligt gewesen sind, sind hier bei der Geltendmachung ihrer Rechte selbstverständlich nicht präkludiert. In der verwaltungsverfahrensrechtlichen Umsetzungsphase der Mediationsvereinbarung ist zudem die modifizierte Verschwiegenheitspflicht nach § 4 MediationsG von Bedeutung.

Die Mediation kann also auch im normalen Verwaltungsverfahren ihren geeigneten Platz finden. Das entspricht dem gewandelten Staatsverständnis des modernen Gewährleistungsstaates, der auf die Eigenverantwortung der Bürger setzt, die selbst Verantwortung für die Lösung ihrer Konflikte mit übernehmen und sich die Entscheidung nicht wie bisher konventionell durch die Verwaltung oder Gerichte abnehmen lassen.[571] Sinnvoll ist eine verfahrensrechtliche Strukturierung in Anlehnung an das MediationsG. **36**

---

566 So wörtlich BVerfG(K), Beschl. v. 14.02.2007 – 1 BvR 1351/01, juris Rn. 35, zur obligatorischen Schlichtung in NW.
567 Das gilt für das Verfahren – Geltung des Amtsermittlungsgrundsatzes – ebenso wie für das Verfahrensergebnis, das ggf. von entsprechenden Gremien des Landes oder einer Kommune beschlossen werden muss.
568 Entsprechend dem Flachglasurteil des BVerwG, Urt. v. 05.07.1974 – IV C 50.72, BVerwGE 45, 309 (321); hierzu zutr. *Appel*, GVwR II, § 32 Rn 141.
569 Zu den umstr. Möglichkeiten des Verzichts auf Rechte und Grundrechte nach dem Grundsatz „volenti non fit iniuria" s. *Sachs*, VerwArch 76 (1985), 398 ff.; *Robbers*, JuS 1985, 925 ff.; *Merten*, Hdb. Grundrechte III, 2009, § 73.
570 Hierzu *Holznagel/Ramsauer*, VerwArch 104 (2013), 131 ff.
571 In diesem Sinn *Hoffmann-Riem*, in: Schuppert (Hrsg.), Der Gewährleistungsstaat, 2005, S. 89 (91, 102); *M. v. Bargen*, in: Quaas/Zuck, 2. Aufl. 2011, S. 1002 (1010).

§ 17
Das Kommunalverfassungsstreitverfahren

Literatur: *Lange*, Kommunalrecht, Kap. 10; *Martensen*, Grundfälle zum Kommunalverfassungsstreit, JuS 1995, 989 ff., 1077 ff.; *Ogorek*, Der Kommunalverfassungsstreit im Verwaltungsprozess, JuS 2009, 511 ff.; *Schoch*, Der verwaltungsgerichtliche Organstreit, Jura 2008, 826 ff.; *Würtenberger*, Verwaltungsprozessrecht, § 38 (Organschaftliche Streitverfahren).
Zur Vertiefung: *Hoppe*, Organstreitigkeiten vor dem Verwaltungs- und Sozialgericht, 1970; *Bleutge*, Der Kommunalverfassungsstreit, 1970; *Michl*, Rechtsschutz gegen Geschäftsordnungen von Gemeinderatsfraktionen, BayVBl. 2013, S. 289 ff.
Fallbearbeitungen: *Cordes*, Verkauf eines Kreiskrankenhauses, Beilage VBlBW Heft 10/2012, 21 ff.; *Proppe*, Rüge durch den Bürgermeister, JA 2010, 141 ff.

I. Begriff und Wesen des Kommunalverfassungsstreits

1 Der **Kommunalverfassungsstreit** ist eine gerichtliche Streitigkeit zwischen Organen oder Organteilen kommunaler Gebietskörperschaften wegen einer möglichen Verletzung der den Organen oder Organteilen zustehenden (mitgliedschaftsrechtlichen) Rechte.[572]

2 Es handelt sich somit um eine Streitigkeit **innerhalb eines Verwaltungsträgers**. Da vor den Verwaltungsgerichten grundsätzlich Außenrechtsstreitigkeiten ausgetragen werden (z.B. bei der Verletzung von Bürgerrechten durch den Staat), ist die VwGO jedoch auf Konflikte im Außenverhältnis zugeschnitten.[573] Die Vorschriften der VwGO bedürfen für den Kommunalverfassungsstreit daher teilweise einer *analogen Anwendung*.[574]

3 Das Problem von Innenrechtsstreitigkeiten stellt sich bei anderen Verwaltungsträgern seltener, da diese *hierarchisch* gegliedert sind. So gibt es oftmals ein leitendes Organ, das Streitigkeiten entscheidet (z.B. die Landesregierung in der Landesverwaltung).[575] Innerhalb kommunaler Gebietskörperschaften sind hingegen *mehrere Organe* für die Willensbildung verantwortlich und handlungsbefugt. Dem Gemeinderat und dem Bürgermeister ist jeweils ein eigenständiger Anteil an der innerkommunalen Entscheidungsfindung zugeordnet. Diese Organe sollen sich im Sinne einer inneradministrativen Gewaltenteilung und -balancierung nicht nur ergänzen und unterstützen, sondern auch kontrollieren.

4 Nach langer Diskussion[576] haben Rechtsprechung und Lehre **die gerichtliche Überprüfbarkeit** solcher Innenrechtsstreitigkeiten **anerkannt**. Zur Gewährleistung einer optimalen Sachentscheidung sollen Organe und Organteile etwaige Übergriffe auf ihre durch das Innenrecht eingeräumten Zuständigkeiten gerichtlich geltend machen können, soweit es sich um subjektive Organrechte handelt.[577]

---

572 Dazu z.B. VGH BW, Urt. v. 25.03.1999 – 1 S 2059/98, juris Rn. 22; VGH BW, Beschl. v. 18.10.2010 – 1 S 2029/10, juris Rn. 5; VGH BW, Urt. v. 09.03.2012 – 1 S 3326/11, juris Rn. 48; *Rennert*, JuS 2008, 119 (122); *Erichsen/Biermann*, Jura 1997, 157 (158).
573 *Rennert*, JuS 2008, 119 (123); *Schoch*, Jura 2008, 826; *Meister*, JA 2004, 414.
574 *Rennert*, JuS 2008, 119 (123).
575 Vgl. *Rennert*, JuS 2008, 119 (123).
576 Dazu etwa *Schoch*, JuS 1987, 783; aus der Rspr. etwa VGH BW, BWVPr 1977, 181.
577 *Rennert*, JuS 2008, 119 (123); *Martensen*, JuS 1995, 989 (990); VGH BW, Urt. v. 12.02.1990 – 1 S 588/89, juris Rn. 17.

II. Zulässigkeit einer Klage

1. Verwaltungsrechtsweg, § 40 Abs. 1 S. 1 VwGO

Der Kommunalverfassungsstreit ist eine **öffentlich-rechtliche Streitigkeit** i.S.v. § 40 Abs. 1 S. 1 VwGO. Streitentscheidend sind regelmäßig Vorschriften des kommunalen Organisationsrechts, die die Organe und Organteile als Träger von Hoheitsgewalt einseitig berechtigen oder verpflichten.

Das Kommunalverfassungsstreitverfahren ist auch **nichtverfassungsrechtlicher Art**. Verfassungsrechtliche Streitigkeiten sind Streitigkeiten zwischen Verfassungsorganen über ihre verfassungsrechtlich begründeten Rechte und Pflichten.[578] Gegenstand eines Kommunalverfassungsstreits sind dagegen regelmäßig einfachgesetzliche Vorschriften wie die GemO oder daraus abgeleitetes Recht. Der Begriff des Kommunal*verfassungs*streits verweist lediglich auf die gemeindliche Binnenorganisation als „Verfassung" der Kommunen.[579]

2. Beteiligungsfähigkeit, § 61 VwGO

In einem Kommunalverfassungsstreitverfahren sind Organe und Organteile von Gebietskörperschaften nicht als natürliche oder juristische Personen oder „Vereinigungen" i.S.v. **§ 61 Nr. 1 und 2 VwGO** beteiligt[580], sondern als *kommunale Funktionsträger*. Diese Vorschriften sind daher **nicht unmittelbar anwendbar**. Teilweise wird eine analoge Anwendung von § 61 Nr. 1 VwGO befürwortet, jedenfalls soweit eine einzelne natürliche Person (Bürgermeister, Ratsmitglied) ein Innenrecht geltend macht.[581] Im Kommunalverfassungsstreit stehen jedoch keine persönlichen Rechte, sondern *organschaftliche Kompetenzen* in Rede.[582] Daher erscheint eine analoge Anwendung von **§ 61 Nr. 2 VwGO** überzeugender.[583] Nach dieser Vorschrift sind Vereinigungen beteiligungsfähig, „soweit ihnen ein Recht zustehen kann". Darin kommt der allgemeine Rechtsgedanke zum Ausdruck, dass im Verwaltungsprozess beteiligungsfähig ist, wer Zuordnungssubjekt einzelner subjektiv-öffentlicher Rechte ist.[584] Auch im Kommunalverfassungsstreit hängt die Beteiligungsfähigkeit daher (analog § 61 Nr. 2 VwGO) davon ab, ob die geltend gemachten Zuständigkeiten den Organen oder Organteilen als **subjektiv-öffentliches Recht** zugewiesen sind.[585]

---

578 Z.B. BVerfG, Urt. v. 07.04.1976 – 2 BvH 1/75, juris Rn. 31 ff.
579 *Burgi*, Kommunalrecht, § 14 Rn. 7.
580 *Kopp/Schenke*, VwGO, § 61 Rn. 5; *Württemberger*, Verwaltungsprozessrecht, Rn. 670; *Schoch*, Jura 2008, 826 (832); *Erichsen/Biermann*, Jura 1997, 157 (159); a.A. wohl *Burgi*, Kommunalrecht, § 14 Rn. 12.
581 Z.B. *Meister*, JA 2004, 414 (416); *Franz*, Jura 2005, 156 (160).
582 *Schoch*, Jura 2008, 826 (832).
583 Vgl. dazu VGH BW, Urt. v. 19.04.1983 – 9 S 1466/81, DÖV 1983, 862; OVG SH, Beschl. v. 18.07.2007 – 2 MB 14/07, juris Rn. 3; *Kopp/Schenke*, VwGO, § 61 Rn. 5; *Württemberger*, Verwaltungsprozessrecht, Rn. 670; *Schoch*, Jura 2008, 826 (832); *Rennert*, JuS 2008, 119 (124).
584 *Württemberger*, Verwaltungsprozessrecht, Rn. 670; *Schoch*, Jura 2008, 826 (832); *Rennert*, JuS 2008, 119 (124).
585 SächsOVG, Beschl. v. 31.07.1996 – 3 S 274/96, NVwZ-RR 1997, 665; *Württemberger*, Verwaltungsprozessrecht, Rn. 671; *Erichsen/Biermann*, Jura 1997, 157 (159); *Meister*, JA 2004, 414 (416); ähnlich *Rennert*, JuS 2008, 119 (124).

3. Statthafte Klageart

a) Keine Klage sui generis und keine allgemeine Gestaltungsklage

8 Die frühere Rechtsprechung befürwortete verschiedentlich eine Klage eigener Art (**Klage sui generis**),[586] da die Klagearten der VwGO nur auf die Verteidigung von Rechtssätzen des Außenrechts zugeschnitten seien. Es erscheint jedoch überzeugender, die in der VwGO grundsätzlich abschließend geregelten Klagearten heranzuziehen.[587]

b) Keine Anfechtungs- und Verpflichtungsklage

9 Nicht statthaft sind im Kommunalverfassungsstreit die **Anfechtungs-, Verpflichtungs- und Fortsetzungsfeststellungsklage**,[588] da die streitigen Organhandlungen grundsätzlich mangels Außenwirkung keine Verwaltungsakte i.S.v. § 35 VwVfG darstellen.[589]

10 Bei **Maßnahmen mit Außenwirkung** entfallen dagegen alle spezifischen Zulässigkeitsprobleme des Kommunalverfassungsstreits. Dies gilt etwa für

- die Zurückweisung eines Antrags der Bürgerschaft auf eine *Bürgerversammlung*, eines *Bürgerantrags* und eines *Bürgerbegehrens* gem. §§ 20a ff. GemO (vgl. § 41 Abs. 2 KomWG),[590]
- Maßnahmen der *Aufsichtsbehörde* (§§ 121 ff. GemO), gegen die sich eine Gemeinde zur Verteidigung ihres Selbstverwaltungsrechts wendet[591] und
- Maßnahmen, die *persönliche Rechte* einer Person betreffen. Dies gilt auch dann, wenn die Person Organ bzw. Organwalter ist. Entscheidend ist, ob der Betreffende *als Mandatsträger* (dann Innenrechtsstreit) oder *als Bürger* (dann Außenrechtsstreit) betroffen ist.[592]

c) Allgemeine Leistungsklage und Feststellungsklage

11 Für die Wahrnehmung der organschaftlichen Rechte stehen als zulässige Klagearten die allgemeine Leistungsklage[593] und die Feststellungsklage[594] zur Verfügung.

---

586 OVG NW, Urt. v. 02.02.1972 – III A 887/69, juris Ls. 2; OVG NW, Beschl. v. 08.03.1973 – III B 44/73, DVBl. 1973, 646 (647).
587 OVG SH, Urt. v. 06.11.2006 – 2 LB 23/06, juris Rn. 40; vgl. auch BVerwG, Beschl. v. 07.03.1980 – 7 B 58.79, juris Rn. 5; ferner BVerfG, Urt. v. 11.10.1966 – 2 BvL 15/64, juris Rn. 41 ff.
588 *Erichsen/Biermann*, Jura 1997, 157 (162); *Schoch*, Jura 2008, 826 (833 f.); *Rennert*, JuS 2008, 119 (124); vgl. auch VGH BW, Urt. v. 04.08.1993 – 1 S 1888/92, juris Rn. 17; a.A. hinsichtlich der Fortsetzungsfeststellungsklage *Ehlers*, NVwZ 1990, 105 (107 ff.).
589 *Schoch*, Jura 2008, 826 (833); *Rennert*, JuS 2008, 119 (124); a.A. *Kopp/Schenke*, VwGO, 18. Aufl. 2012, Anh. § 42 Rn. 86 ff.
590 Hess VGH, Beschl. v. 17.11.2008 – 8 B 1805/08, juris Rn. 24; Hess VGH Urt. v. 28.10.1999 – 8 UE 3683/97, juris Rn. 28; OVG MV, Urt. v. 24.07.1996 – 1 M 43/96, juris Rn. 29; BayVGH, Urt. v. 18.03.1998 – 4 B 97.3249, juris Rn. 13; *Erichsen/Biermann*, Jura 1997, 157 (161); *Schoch*, Jura 2008, 826 (830); a.A. OVG Nds, Urt. v. 15.02.2011 – 10 LB 79/10, juris Rn. 30; VG Saarbrücken, Urt. v. 09.02.2007 – 11 K 36/06, juris Rn. 66; OVG RP, Beschl. v. 01.12.1994 – 7 B 12954/94, juris Rn. 16.
591 *Stober*, Kommunalrecht, § 15 X 2, S. 220; *Franz*, Jura 2005, 156 (157).
592 *Schoch*, Jura 2008, 826 (829).
593 VGH BW, Urt. v. 29.05.1984 – 1 S 252/84, NVwZ 1984, 664; VGH BW, Urt. v. 06.06.1988 – 1 S 2460/87, NVwZ-RR 1989, 91 (92); VGH BW, Urt. v. 11.10.2000 – 1 S 2624/99, juris Rn. 24.
594 VGH BW, Urt. v. 12.02.1990 – 1 S 588/89, NVwZ-RR 1990, 369; VGH, Urt. v. 24.02.1992 – 1 S 2242/91, juris Rn. 13; ThürOVG, Urt. v. 22.04.2010 – 2 KO 568/09, juris Rn. 39.

Bei der **allgemeinen Leistungsklage** ist das Klägerbegehren gerichtet auf ein Verhalten (Tun, Dulden oder Unterlassen), das keinen Verwaltungsakt darstellt. Dies gilt etwa für einen Antrag, dass eine bestimmte **Organhandlung** vorgenommen oder rückgängig gemacht wird.[595]

Beispiel: Klage eines Viertels der Ratsmitglieder auf Aufnahme eines Verhandlungsgegenstandes in die Tagesordnung einer Gemeinderatssitzung durch den Bürgermeister.[596]

Die **allgemeine Feststellungsklage** ist auf die Feststellung des Bestehens oder Nichtbestehens eines Rechtsverhältnisses oder der Nichtigkeit eines Verwaltungsakts gerichtet (§ 43 Abs. 1 VwGO). Sie zielt in der Regel darauf ab, die Verletzung organschaftlicher Befugnisse durch ein anderes Organ festzustellen.[597]

Beispiel: Klage eines Gemeinderats auf Feststellung, er sei vom Bürgermeister nicht ordnungsgemäß zu einer Gemeinderatssitzung eingeladen worden.[598]

Nicht auf diesem Wege feststellbar ist jedoch die *Rechtswidrigkeit* der angegriffenen Organhandlung an sich.[599]

Die *Subsidiarität der Feststellungsklage* (§ 43 Abs. 2 VwGO) gilt im Kommunalverfassungsstreit *nicht*. Bei Klagen von Organen geht die Rechtsprechung davon aus, dass sich der unterliegende Teil auch ohne Vollstreckungsmaßnahmen einem (Feststellungs-)urteil beugen wird.[600]

4. Klagebefugnis, § 42 Abs. 2 VwGO analog

Sowohl die Leistungsklage als auch die Feststellungsklage setzen eine **Klagebefugnis** voraus (§ 42 Abs. 2 VwGO analog). Das klagende Organ oder der Organteil müssen geltend machen, durch eine Organhandlung oder deren Ablehnung in einem durch Gesetz oder die Geschäftsordnung eingeräumten **organschaftlichen Recht** verletzt zu sein (Schutznormtheorie).[601]

Wegen des Charakters des Kommunalverfassungsstreitverfahrens als Innenrechtsstreit muss es sich bei der geltend gemachten Rechtsposition um eine **eigene wehrfähige Innenrechtsposition** handeln.[602] Erforderlich ist damit dreierlei:

---

595 *Erichsen/Biermann,* Jura 1997, 157 (162).
596 VGH BW, Urt. v. 29.05.1984 – 1 S 252/84, NVwZ 1984, 664.
597 Vgl. OVG RP, Urt. v. 28.10.2011 – 2 A 10685/11, juris Rn. 30.
598 VGH BW, Urt. v. 12.02.1990 – 1 S 588/89, juris Rn. 16.
599 *Schoch,* Jura 2008, 826 (834); VGH BW, Urt. v. 14.12.1987 – 1 S 2832/86, NVwZ-RR 1989, 153 (154); a.A. wohl OVG NW, Urt. v. 05.02.2002 – 15 A 2604/99, NVwZ-RR 2003, 225 (Wahlen); OVG NW, Urt. v. 27.08.1996 – 15 A 32/93 (Verstoß gegen nicht dispositives Gesetzesrecht).
600 Vgl. BVerwG, Urt. v. 27.10.1970 – VI C 8.69, juris Rn. 12; VGH BW, Urt. v. 05.12.1978 – X 2676/78, juris Rn. 23; a.A. *Würtenberger,* Verwaltungsprozessrecht, Rn. 674; *Ogorek,* JuS 2009, 511 (513 f.); wohl auch *Ehlers,* NVwZ 1990, 105 (107).
601 Vgl. BVerwG, Beschl. v. 22.12.1988 – 7 B 208.87, juris Rn. 3; VGH BW, Urt. v. 09.03.2012 – 1 S 3326/11, juris Rn. 50; VGH BW, Beschl. v. 18.10.2010 – 1 S 2029/10, juris Rn. 5; VGH BW, Beschl. v. 04.11.1993 – 1 S 953/93, juris Rn. 4.
602 OVG Nds, Urt. v. 15.02.2011 – 10 LB 79/10, juris Rn. 39; *Würtenberger,* Verwaltungsprozessrecht, Rn. 681; *Stober,* Kommunalrecht, § 15 X 3d, S. 224; *Ogorek,* JuS 2009, 511 (514); *Schlette,* Jura 2004, 90 (98); vgl. auch VGH BW, Urt. v. 01.09.1992 – 1 S 506/92, juris Rn. 1: Erfordernis einer Betroffenheit in „eigenen Mitgliedschaftsrechten".

a) Innenrechtsposition

20 Das klagende Organ bzw. der Organteil muss sich auf eine durch das Innenrecht eingeräumte Zuständigkeit berufen.[603]

21 Eine Berufung auf **Grundrechte** ist im Kommunalverfassungsstreit grundsätzlich nicht möglich. Als Organe und Organteile nehmen die Funktionsträger keine Grundrechte, sondern öffentlich-rechtliche Organbefugnisse wahr.[604]

22 Beispiel: Unzulässig ist daher die Berufung auf *Art. 5 Abs. 1 S. 1 Alt. 1 GG*, um das Tragen von Aufklebern mit politischer Werbung in der Gemeinderatssitzung durchzusetzen[605] oder gegenüber einem Redeverbot oder einer Redezeitbegrenzung für ein Ratsmitglied;[606] gleiches gilt für die Berufung auf *Art. 2 Abs. 2 S. 1 Alt. 2 GG*, um ein Rauchverbot in Ratssitzungen durchzusetzen.[607]

23 Auch eine Berufung auf eine Verletzung des **objektiven Rechts** ist nicht möglich. Überprüft werden kann nur die Einhaltung der Regeln der gemeindlichen Binnenorganisation. Die Organ(teil)e haben keinen Anspruch auf formell und materiell rechtmäßige Sachentscheidungen.[608]

24 Beispiel: Ein Gemeinderatsmitglied kann nicht rügen, dass ein Ratsbeschluss rechtswidrig sei, weil an ihm sechs befangene Ratsmitglieder mitgewirkt hätten.[609]

b) Wehrfähigkeit

25 Die durch das Innenrecht eingeräumte Zuständigkeit muss dem klagenden Organ oder Organteil als **wehrfähiges subjektives Organrecht zur eigenständigen Wahrnehmung zugewiesen** sein.[610]

26 Die Zuweisung einer Wahrnehmungszuständigkeit an ein Organ oder einen Organteil beinhaltet nicht zwingend ein *durchsetzbares Recht* auf Einhaltung dieser Zuständigkeit. Im Regelfall dient die Kompetenzzuordnung nur dem einwandfreien Funktionsablauf innerhalb der betreffenden Körperschaft.[611] Ein subjektives, wehrfähiges Recht liegt nur dann vor, wenn die betreffende Kompetenz nicht nur der arbeitsteiligen Erfüllung der Gemeindeaufgaben dient, sondern zugleich durch gegenseitige Kontrolle der Gemeindeorgane eine innergemeindliche Gewaltenteilung und -balan-

---

603 OVG NW, Urt. v. 24.04.2001 – 15 A 3021/97, juris Rn. 4.
604 VGH BW, Urt. v. 29.05.1984 – 1 S 252/84, NVwZ 1984, 664 (665); *Würtenberger*, Verwaltungsprozessrecht, Rn. 681; *Erichsen/Biermann*, Jura 1997, 157 (160). – Eine Parallele zum Beamtenrecht zieht *Trésoret*, Die Geltendmachung von Grundrechten im verwaltungsinternen Organstreitverfahren, 2011, S. 101 ff.
605 BVerwG, Beschl. v. 12.02.1988 – 7 B 123.87, juris Rn. 6; OVG RP, Urt. v. 19.05.1987 – 7 A 90/86, NVwZ 1987, 1105; *Schoch*, Jura 2008, 826 (831).
606 *Schoch*, Jura 2008, 826 (831); BVerwG, Beschl. v. 12.02.1988 – 7 B 123.87, juris Rn. 5 f.
607 Vgl. OVG NW, Urt. v. 27.07.1990 – 15 A 709/88, juris Rn. 4 ff.; OVG Lüneburg, Urt. v. 18.04.1989 – 10 L 29/89, juris Rn. 18; *Erichsen/Biermann*, Jura 1997, 157 (160). Str., vgl. *Martensen*, JuS 1995, 1077 (1079); *Würtenberger*, Verwaltungsprozessrecht, Rn. 681 Fn. 108.
608 VGH BW, Urt. v. 12.02.1990 – 1 S 588/89, juris Rn. 17; VGH BW, Urt. v. 23.11.1993 – 9 S 2983/91, juris Rn. 18; OVG Saarland, Beschl. v. 07.03.2007 – 3 Q 146/06, juris Rn. 25; *Stober*, Kommunalrecht, § 15 X 3d, S. 224; *Burgi*, Kommunalrecht, § 14 Rn. 13; *Schoch*, Jura 2008, 826 (838); *Rennert*, JuS 2008, 119 (124) m.w.N. Vgl. auch BVerwG, Beschl. v. 03.02.1994 – 7 B 11.94, juris Rn. 1.
609 OVG NW, Urt. v. 02.05.2006 – 15 A 817/04, juris, LS 1, Rn. 57 ff.; OVG NW, Beschl. v. 07.08.1997 – 15 B 1811/97, juris Rn. 2 ff.
610 OVG NW, Urt. v. 24.04.2001 – 15 A 3021/97, juris Rn. 4; BayVGH, Beschl. v. 20.10.2011 – 4 CS 11.1927, juris Rn. 5.
611 *Martensen*, JuS 1995, 989 f.; *Erichsen/Biermann*, Jura 1997, 157 (159).

II. Zulässigkeit einer Klage

cierung herstellen und dem jeweiligen Organ bzw. Organteil das Einbringen eigener Zielvorstellungen ermöglichen soll („**Kontrastorgan**"-Theorie).[612]

Die Klagebefugnis kann sich u.a. aus folgenden Rechtspositionen ergeben: 27

- Anspruch der Gemeinderäte gegen den Bürgermeister auf *ordnungsgemäße Einberufung* der Gemeinderatssitzung und Zusendung der erforderlichen *Sitzungsunterlagen* (§ 34 Abs. 1 GemO).[613]
- Anspruch eines Viertels der Gemeinderäte auf *unverzügliche Einberufung* der Gemeinderatssitzung (§ 34 Abs. 1 S. 3 GemO).[614]
- Anspruch eines einzelnen Gemeinderats, das *Quorum des § 34 Abs. 1 S. 4 GemO* herbeizuführen.[615]
- Anspruch eines Viertels der Gemeinderäte auf *Aufnahme eines Tagesordnungspunktes* in die Tagesordnung der Gemeinderatssitzung (§ 34 Abs. 1 S. 4 GemO);[616] es besteht jedoch nur ein Anspruch auf Begründung des Antrags[617], kein Anspruch auf Beratung in der Sitzung.[618]
- Recht und Pflicht des einzelnen Gemeinderats zur *Sitzungsteilnahme* (§ 34 Abs. 3 GemO).[619] Daher kann sich ein Gemeinderat etwa gegen seinen Ausschluss wegen angeblicher Befangenheit wehren.[620]
- Rederecht (vgl. §§ 24 Abs. 1, 25 Abs. 1, 37 Abs. 1 GemO),[621] Antragsrecht,[622] Abstimmungs- und Wahlrecht (§ 37 GemO), Recht auf Einhaltung der Wahlrechtsgrundsätze.[623]
- Abwehranspruch des einzelnen Gemeinderats gegenüber rechtswidrigen Störungen, die eine ungeschmälerte Ausübung der Befugnis zur Mitwirkung an den Beratungen und etwaigen Entscheidungen vereiteln (sog. *innerorganisatorischer Störungsbeseitigungsanspruch*). Gegner dieses Anspruchs kann neben dem Störer auch der Ratsvorsitzende sein. Das Recht des Vorsitzenden, die zur Aufrechterhaltung der Ordnung notwendigen Maßnahmen zu ergreifen (§ 36 Abs. 1 S. 2 Hs. 1 GemO), kann sich zu der Pflicht verdichten, Störungen seitens anderer Ausschussmitglieder zu unterbinden.[624] So hat der Ratsvorsitzende auf Antrag eines Ratsmitglieds ein Rauchverbot für die Ratssitzungen auszusprechen.[625]
- Recht auf *Abgabe persönlicher Erklärungen*, zur Sache oder zur *Stimmabgabe* sowie auf Festhaltung der Erklärung in der Niederschrift (§ 38 Abs. 1 S. 2 GemO);[626] *Einsichtnahmerecht* in die Niederschrift (§ 38 Abs. 2 GemO).[627]
- Recht zur *Verhinderung von Beschlüssen* im Offenlegungs- und im schriftlichen Verfahren (§ 37 Abs. 1 GemO); Recht zum Widerspruch gegen offene Wahlen (§ 37 Abs. 7 GemO).
- Anspruch auf *Akteneinsicht* (§ 24 Abs. 3 GemO), *Informationsrecht* (§ 24 Abs. 4 GemO).[628]

---

612 *Erichsen/Biermann*, Jura 1997, 157 (159); *Martensen*, JuS 1995, 989 (990); *Ogorek*, JuS 2009, 511 (514).
613 VGH BW, Urt. v. 14.01.1987 – 1 S 2832/86, juris, LS 2; VGH BW, Urt. v. 25.03.1999 – 1 S 2059/98, juris Rn. 23, 26; OVG Saarl, Beschl. v. 07.03.2007 – 3 Q 146/06, juris Rn. 25; SächsOVG, Beschl. v. 28.07.2009 – 4 B 406/09, juris Rn. 17, 27 f.
614 VGH BW, Beschl. v. 18.10.2010 – 1 S 2029/10, juris Rn. 7.
615 VGH BW, Urt. v. 06.06.1988 – 1 S 2460/87, juris, LS 2.
616 OVG SH, Urt. v. 06.11.2006 – 2 LB 23/06, juris Rn. 42; Hess VGH, Urt. v. 03.09.1985 – 2 OE 93/83, juris, LS 2; VGH BW, Urt. v. 29.05.1984 – 1 S 252/84, juris, LS 1.
617 OVG NW, Urt. v. 21.12.1988 – 15 A 951/87, juris Rn. 8; a.A. *Aker/Hafner/Notheis*, GemO § 34 Rn. 21.
618 VGH BW, Urt. v. 06.06.1988 – 1 S 2460/87, juris LS 2; OVG SH, Urt. v. 06.11.2006 – 2 LB 23/06, juris Rn. 42.
619 VGH BW, Urt. v. 11.10.1995 – 1 S 1823/94, juris Rn. 26.
620 *Burgi*, Kommunalrecht, § 14 Rn. 14.
621 VGH BW, Beschl. v. 04.11.1993 – 1 S 953/93, juris Rn. 7; VG Freiburg, Beschl. v. 20.02.2006 – 1 K 351/06, juris Rn. 9.
622 Vgl. hierzu VGH BW, Urt. v. 06.06.1988 – 1 S 2460/87, NVwZ-RR 1989, 91 (94); VG Freiburg, Beschl. v. 20.02.2006 – 1 K 351/06, juris. Rn. 9.
623 OVG Lüneburg, Beschl. v. 07.03.1990 – 10 M 5/90, NVwZ-RR 1990, 503 (504).
624 OVG NW, Urt. v. 27.07.1990 – 15 A 709/88, juris Rn. 4 ff.; OVG Nds, Urt. v. 18.04.1989 – 10 L 29/89, juris Rn. 18.
625 OVG NW, Urt. v. 27.07.1990 – 15 A 709/88, juris Rn. 4 ff.; OVG Nds, Urt. v. 18.04.1989 – 10 L 29/89, juris Rn. 18; *Erichsen/Biermann*, Jura 1997, 157 (160).
626 Vgl. VGH BW, Urt. v. 06.06.1988 – 1 S 2460/87, NVwZ-RR 1989, 91 (94).
627 Vgl. OVG RP, Urt. v. 02.09.1986 – 7 A 10/86, NVwZ 1988, 87.
628 VGH BW, Urt. v. 06.06.1988 – 1 S 2460/87, juris, LS 1; OVG LSA, Beschl. v. 31.07.2009 – 4 O 127/09, juris Rn. 24; OVG Nds, Beschl. v. 03.06.2009 – 10 LC 217/07, juris Rn. 61.

- Recht des einzelnen Gemeinderats, von *unberechtigten Ordnungsrufen* des Bürgermeisters gem. § 36 Abs. 1 S. 2 Hs. 1 GemO verschont zu bleiben, sofern das Ratsmitglied befürchten muss, evtl. nach Wiederholung gem. § 36 Abs. 3 GemO von der Sitzung ausgeschlossen zu werden.[629]
- Recht des Gemeinderats oder des zuständigen beschließenden Ausschusses auf Einhaltung der *Grenzen der Eilentscheidungszuständigkeit* (§ 43 Abs. 4 GemO) durch den Bürgermeister.[630]
- Recht des Bürgermeisters auf Einhaltung der *Organvertretungszuständigkeit* durch Beigeordnete (§ 49 Abs. 2, Abs. 3 GemO).
- Recht der *Beigeordneten*, die laufenden Verwaltungsangelegenheiten in dem ihm übertragenen Dezernat selbstständig zu erledigen. Das Recht wird durch eine allgemeine Dienstanweisung eines Bürgermeisters, nach der seine Anordnungen usw. denen anderer Vorgesetzter vorgehen, verletzt.[631]
- Recht eines *Ortschaftsrats* nach der Hauptsatzung zur Entscheidung einzelner Angelegenheiten.[632]
- Recht der Fraktionen auf Überlassung eines *Fraktionszimmers*.[633]
- Nach Auffassung des VGH BW besteht kein Recht eines Gemeinderats auf öffentliche Behandlung eines Gegenstands im Gemeinderat; der *Grundsatz der Öffentlichkeit* der Gemeinderatssitzungen (§ 35 Abs. 1 S. 1 GemO) schütze ausschließlich ein Interesse der Allgemeinheit.[634] Dies dürfte im Hinblick auf die in § 35 Abs. 1 S. 3 GemO ausdrücklich enthaltenen Antragsrechte, denen der Grundgedanke einer Kontrolle der Sitzungsleitung zugrunde liegt, unzutreffend sein.[635]

28 Anderes gilt dagegen in folgenden Fällen:
- Kein Anspruch eines Gemeinderatsmitglieds auf fehlerfreie Ermessensentscheidung über die *Aufnahme eines Tagesordnungspunktes* in die Tagesordnung der Gemeinderatssitzung durch den Bürgermeister (§ 34 Abs. 1 GemO).[636]
- Kein Recht eines Gemeinderats auf *Bekanntgabe von Gemeinderatsbeschlüssen* (§ 35 Abs. 1 S. 4 GemO).[637]

c) Eigene Rechtsposition

29 Jedes Organ kann sich nur auf seine **eigenen** organschaftlichen Rechte berufen.[638] Ein *Ratsmitglied* kann daher nur die jedem einzelnen Ratsmitglied zukommenden Organrechte, nicht hingegen die dem *Rat als Ganzem* oder einem *Teil des Rats (Quorum)* zukommenden Rechte geltend machen.[639]

30 Beispiel: Ein einzelnes Gemeinderatsmitglied oder eine Fraktion können eine *Eilentscheidung des Bürgermeisters* nicht mit der kommunalverfassungsrechtlichen Feststellungsklage angreifen. Überschreitet der Bürgermeister seine Befugnisse, weil die Voraussetzungen für eine Eil-

---

629 OVG RP, Urt. v. 29.11.1994 – 7 A 10194/94, juris Rn. 23.
630 VGH BW, Urt. v. 01.09.1992 – 1 S 506/92, juris Rn. 3; OVG NW, Urt. v. 26.04.1989 – 15 A 2805/86.
631 Hess VGH, Beschl. v. 20.05.1992 – 1 TH 633/92, juris, LS, Rn. 14.
632 VGH BW, Urt. v. 13.03.2000 – 1 S 2441/99, juris Rn. 22.
633 OVG Nds, Urt. v. 04.08.1994 – 10 L 5985/92, juris Rn. 6.
634 VGH BW, Urt. v. 24.02.1992 – 1 S 2242/91, juris Rn. 14 ff.; VGH BW, Beschl. v. 02.09.2011 – 1 S 1318/11.
635 So auch OVG NW, Urt. v. 24.04.2001 – 15 A 3021/97, juris Rn. 7 ff.; Hess VGH, Urt. v. 06.11.2008 – 8 A 674/08, juris Rn. 17; dazu auch unter § 14 Rn. 23.
636 VGH BW, Urt. v. 29.05.1984 – 1 S 252/84, juris, LS 1; Hess VGH, Urt. v. 03.09.1985 – 2 OE 93/83, juris, LS 2.
637 VGH BW, Urt. v. 24.02.1992 – 1 S 2242/91, juris Rn. 17.
638 BVerwG, Beschl. v. 22.12.1988 – 7 B 208.87, juris Rn. 3; OVG NW, Beschl. v. 12.11.1992 – 15 B 3965/92, juris Rn. 3.
639 BVerwG, Beschl. v. 07.01.1994 – 7 B 224.93, juris Rn. 3; VGH BW, Urt. v. 23.11.1993 – 9 S 2983/91, juris Rn. 18; OVG SH, Beschl. v. 18.07.2007 – 2 MB 14/07, juris Rn. 4 f.; OVG Saarl, Beschl. v. 30.09.1993 – 1 R 38/91, juris Rn. 13; *Rennert*, JuS 2008, 119 (124).

entscheidung nach § 43 Abs. 4 GemO nicht vorlagen, so liegt darin allein ein Eingriff in die Kompetenz des *Gemeinderats als Gesamtgremium*, dem an sich zuständigem Organ.[640]

5. Bei Feststellungsklage: Feststellungsinteresse, § 43 Abs. 1 VwGO

Bei der Feststellungsklage muss der Kläger darüber hinaus ein **berechtigtes Interesse** an einer baldigen Feststellung haben (§ 43 Abs. 1 VwGO). Hierfür reichen schutzwürdige Interessen rechtlicher, wirtschaftlicher oder ideeller Art aus. Die Geltendmachung einer Verletzung eigener organschaftlicher Befugnisse genügt diesem Erfordernis in der Regel.

Ein berechtigtes Feststellungsinteresse setzt jedoch voraus, dass das Rechtsverhältnis *anhaltende Wirkungen in der Gegenwart* entfaltet oder aus sonstigen Gründen ein schutzwürdiges besonderes Interesse an der Klärung besteht.[641] Dies ist der Fall, wenn eine konkrete Wiederholungsgefahr besteht, die begehrte Feststellung im Hinblick auf die Geltendmachung von Schadensersatzansprüchen noch von Bedeutung ist oder wenn die Maßnahme diskriminierende Wirkung hatte und der Kläger ein schutzwürdiges Rehabilitierungsinteresse besitzt.[642]

6. Allgemeines Rechtsschutzbedürfnis

Das Rechtsschutzbedürfnis erfordert nicht, dass der Kläger vor Klageerhebung die zuständige *Kommunalaufsichtsbehörde* angerufen hat.[643] Auch aus *§ 44a VwGO* folgt bei Verfahrenshandlungen kein Ausschluss des Klagerechts.[644]

III. Begründetheit einer Klage

1. Passivlegitimation, § 78 VwGO

Im körperschaftsinternen Organstreit sind diejenigen Organe oder Organteile beteiligt, zwischen denen Streit besteht. Richtiger **Beklagter** ist folglich das Organ, dem die behauptete Kompetenz- oder Rechtsverletzung anzulasten wäre (z.B. der Bürgermeister).[645]

---

640 Zum einzelnen Gemeinderatsmitglied VGH BW, Urt. v. 01.09.1992 – 1 S 506/92, juris Rn. 3; für die Fraktion OVG NW, Urt. v. 26.04.1989 – 15 A 2805/86.
641 SächsOVG, Urt. v. 23.11.2010 – 4 A 442/09, juris Rn. 36; *Kopp/Schenke*, VwGO, § 43 Rn. 18, 25 m.w.N.
642 VGH BW, Urt. v. 11.10.1995 – 1 S 1823/94, juris Rn. 27; VGH BW, Urt. v. 04.08.1993 – 1 S 1888/92, juris Rn. 17.
643 *Würtenberger*, Verwaltungsprozessrecht, Rn. 685; *Franz*, Jura 2005, 156 (161); *Schoch*, Jura 2008, 826 (838); *Ogorek*, JuS 2009, 511 (516).
644 VGH BW, Urt. v. 12.02.1990 – 1 S 588/89, juris Rn. 17.
645 Hess VGH, Beschl. v. 14.06.2012 – 8 E 1101/12, juris Rn. 18; SächsOVG, Beschl. v. 28.07.2009 – 4 B 406/09, juris Rn. 25; VGH BW, Urt. v. 12.02.1990 – 1 S 588/89, juris Rn. 22; *Martensen*, JuS 1995, 1077 (1078). Vgl. auch BVerwG, Beschl. v. 07.03.1980 – 7 B 58.79, juris Rn. 8; anders BayVGH, Beschl. v. 18.07.1989 – 4 CE 89.2120, NVwZ-RR 1990, 99: gegen die Gebietskörperschaft.

2. Prüfungsmaßstab

35 Die behauptete Rechtsverletzung ist nur zu prüfen anhand der in Betracht kommenden wehrfähigen **Innenrechtspositionen** des klagenden Organs oder Organteils. Die *objektive Rechtmäßigkeit* der kommunalen Maßnahmen wird nicht überprüft.[646]

3. Kosten des Verfahrens

36 Die Kostenentscheidung des Gerichts richtet sich auch in körperschaftsinternen Organstreitigkeiten nach §§ 154 f. VwGO. Gem. § 154 Abs. 1 VwGO trägt der unterliegende Teil die Kosten des Verfahrens.[647]

37 Im **Innenverhältnis** fallen die Verfahrenskosten jedoch der rechtsfähigen juristischen Person des öffentlichen Rechts zur Last, der das Organ zugeordnet ist, sofern die Einleitung des gerichtlichen Verfahrens *geboten*, d.h. nicht mutwillig war.[648] Entsprechendes gilt für die Kosten außergerichtlicher Auseinandersetzungen.[649] Der Unterlegene hat daher regelmäßig einen *Kostenerstattungs- bzw. Freistellungsanspruch* gegen die Gemeinde.[650]

IV. Vorläufiger Rechtsschutz

38 Vorläufiger Rechtsschutz kann über **§ 123 VwGO** erlangt werden.[651] Rechtsschutz nach *§ 80 Abs. 5 VwGO* ist nicht möglich, da im Kommunalverfassungsstreit (als Innenrechtsstreit) nicht um Verwaltungsakte gestritten wird.

V. Normenkontrolle

39 Auch die **Normenkontrolle** gem. § 47 VwGO kann im Kommunalverfassungsstreit statthaft sein.[652]

40 Gegenstand einer Normenkontrolle können nach § 47 Abs. 1 Nr. 2 VwGO i.V.m. § 4 AGVwGO alle im Rang unter dem Landesgesetz stehenden Rechtsvorschriften sein. Dazu zählen insbesondere Rechtsverordnungen und Satzungen.[653] Dies gilt auch für **Geschäftsordnungen,** die die Rechte von Mitgliedern kommunaler Vertretungsorgane (etwa eines Gemeinderats) in abstrakt-genereller Weise regeln. Zwar handelt

---

646 Dazu bereits Rn. 18 ff.
647 VGH BW, Beschl. v. 13.10.2009 – 9 S 3261/08, juris Rn. 4; *Burgi*, Kommunalrecht, § 14 Rn. 9.
648 VGH BW, Beschl. v. 17.09.1984 – 9 S 1076/84, juris, LS 1; OVG NW, Urt. v. 12.11.1991 – 15 A 1046/90, juris Rn. 44 ff.; OVG Saarl, Beschl. v. 26.05.2008 – 3 A 12/08, juris Rn. 13; OVG Bremen, Beschl. v. 03.11.2010 – 1 B 279/10, juris Rn. 21; strenger BayVGH, Urt. v. 14.08.2006 – 4 B 05.939, juris Rn. 28: "als ultima ratio unumgänglich".
649 OVG NW, Urt. v. 12.11.1991 – 15 A 1046/90, juris Rn. 59.
650 OVG NW, Urt. v. 12.11.1991 – 15 A 1046/90, juris Rn. 58 ff.; OVG Saarl, Beschl. v. 26.05.2008 – 3 A 12/08, juris Rn. 13; *Franz*, Jura 2005, 154 (161).
651 *Stober*, Kommunalrecht, § 15 X 6, S. 226; *Franz*, Jura 2005, 156 (161); vgl. auch OVG Bremen, Beschl. v. 03.11.2010 – 1 B 279/10, juris Rn. 14 ff.; SächsOVG, Beschl. v. 28.07.2009 – 4 B 406/09, juris Rn. 16 ff.
652 Vgl. aus jüngerer Zeit etwa SächsOVG, Urt. v. 19.04.2011 – 4 C 32/08: Aufgabenübertragung vom Kreistag an einen Ausschuss in der Hauptsatzung; Festlegung einer Fraktionsmindeststärke in der Geschäftsordnung; SächsOVG, Urt. v. 05.04.2011 – 4 C 5/09: Festlegung der Mitgliederzahlen beschließender Ausschüsse durch Hauptsatzung.
653 BVerwG, Beschl. v. 15.09.1987 – 7 N 1.87, juris Rn. 6.

V. Normenkontrolle

es sich hierbei um Innenrechtssätze, während Rechtsvorschriften charakteristischerweise das Verhältnis zwischen Staat und Bürger regeln und damit Außenwirkung haben. § 47 VwGO soll jedoch den individuellen Rechtsschutz der Betroffenen dadurch verbessern, dass sie nicht gezwungen sind, eine inzidente Prüfung der Norm in einem Klageverfahren gegen eine darauf gestützte konkrete Verwaltungsentscheidung herbeiführen zu müssen, und zugleich die Verwaltungsgerichte entlasten.[654] Daher sind Geschäftsordnungen trotz ihres Charakters als Innenrechtssätze in den Anwendungsbereich des § 47 VwGO einzubeziehen.[655]

---

654 BVerwG, Beschl. v. 20.11.2003 – 4 CN 6.03, juris Rn. 25.
655 Hess VGH, Urt. v. 03.05.2007 – 8 N 2474/06, juris Rn. 13; Hess VGH, Urt. v. 22.03.2007 – 8 N 2359/06, juris Rn. 40; ebenso BVerwG, Beschl. v. 15.09.1987 – 7 N 1.87, juris Rn. 6; VGH BW, Urt. v. 24.06.2002 – 1 S 896/00, juris Rn. 18; BayVGH, Urt. v. 16.02.2000 – 4 N 98.1341, juris Rn. 22; BayVGH, Urt. v. 16.02.2006 – 4 N 05.779, juris Rn. 50; Hess VGH, Beschl. v. 24.07.2006 – 8 NG 1156/06, juris Rn. 26; OVG Nds, Urt. v. 20.07.1999 – 10 K 4836/97, juris Rn. 20.

Teil D
Formen gemeindlichen Handelns

§ 18
Rechtsformen kommunalen Handelns, insbesondere Satzungen

Literatur: *Maurer*, Rechtsfragen kommunaler Satzungsgebung, DÖV 1993, 184 ff.; *Funke/ Papp*, Rechtsprobleme kommunaler Satzungen, JuS 2010, 395 ff.
Zur Vertiefung: *Schenk*, Die Rechtsprechung zur Ausfertigung von Bebauungsplänen, VBlBW 1999, 161 ff.; *Engel*, Zur Normverwerfungskompetenz einer Behörde, NVwZ 2000, 1258 ff.; *Gril*, Normprüfungs- und Normverwerfungskompetenz der Verwaltung, JuS 2000, 1080 ff.; *Nonnenmacher/Feickert*, Administrative Normverwerfungskompetenz: Zum Umgang mit ungültigen Rechtsverordnungen und Satzungen, VBlBW 2007, 328 ff.; *Ziegler*, Zur Ausfertigung von gemeindlichen Satzungen, insbesondere von Bebauungsplänen, DVBl. 2010, 291 ff.; *Schwarz*, Rückwirkung von Gesetzen, JA 2013, 683 ff.
Fallbearbeitungen: *Kellner*, Gebühr ohne Grenzen, JuS 2008, 150 ff.; *Wollenschläger/ Lippstreu*, Zweitwohnungssteuer, JuS 2008, 529 ff.; *Kremer*, Verbot von Alkoholkonsum in der Öffentlichkeit, JuS 2012, 431 ff.; *Enders*, Hüllenbad statt Hallenbad, JuS 2013, 54 ff.

I. Allgemeines

1 Eine Gemeinde kann in allen bekannten **Rechtsformen** handeln, also *privatrechtlich* z.B. durch den Abschluss von Verträgen, durch die Abgabe von Willenserklärungen, in Geschäftsführung ohne Auftrag oder deliktisch und in gesellschaftsrechtlichen Formen. Ihre *hoheitliche* Tätigkeit erstreckt sich vom Erlass von Rechtsnormen (Satzung, Rechtsverordnung) über die Durchführung von Verwaltungsverfahren (Verwaltungsakt, öffentlich-rechtlicher Vertrag) hin zu schlicht-hoheitlichem Handeln durch Realakte und innerorganisatorische Regelungen (dienstrechtliche Weisung, Geschäftsordnung der Organe, Hausordnung, Verwaltungsvorschrift).

II. Rechtssetzung durch Satzungen

2 Gemeinden können als selbstständige Untergliederungen des Staates zwar keine formellen Gesetze erlassen, jedoch Gesetze im materiellen Sinn, also allgemein-verbindliche Regelungen.[1] Das Selbstverwaltungsrecht des Art. 28 Abs. 2 GG umfasst auch die **Rechtsetzungshoheit** der Gemeinde,[2] die gleichzeitig Bestandteil des un-

---

[1] Zur Regelungstechnik von Gesetzen vgl. BMJ, Handbuch der Rechtsförmlichkeit, 3. Aufl. 2008, www.hdr.bmj.de (15.04.2014).
[2] „alle Angelegenheiten der örtlichen Gemeinschaft (...) in eigener Verantwortung zu *regeln*"; BVerfG, Urt. v. 24.07.1979 – 2 BvK 1/78, juris Rn. 70; BVerwG, Beschl. v. 07.09.1992 – 7 NB 2.92, juris Rn. 11.

II. Rechtssetzung durch Satzungen

antastbaren Kernbereichs ist.[3] Eine spezialgesetzliche Ermächtigung ist daher zum Erlass von Satzungen nicht erforderlich.[4] Die Bestimmung des § 4 Abs. 1 GemO hat insoweit nur deklaratorischen Charakter,[5] indem festgestellt wird, dass die Gemeinden weisungsfreie Angelegenheiten durch Satzung regeln können. Ein Satzungsrecht für Weisungsangelegenheiten besteht nur bei ausdrücklicher gesetzlicher Befugnis.

Satzungen sind allgemeinverbindliche Regelungen, die in den Staat eingeordnete juristische Personen als *dezentrale Verwaltungseinheiten* im Rahmen der ihnen verfassungsrechtlich oder einfachrechtlich eingeräumten Befugnis für die ihnen angehörigen oder unterworfenen Personen erlassen.[6] Hauptanwendungsfelder sind Regelungen (1) der *inneren Organisation* (Hauptsatzung, Eigenbetriebssatzung, Anstaltssatzung usw.), (2) der *Massenverwaltung* (Abgabensatzung, Benutzung öffentlicher Einrichtungen, Marktsatzung, Satzung zum Anschluss- und Benutzungszwang usw.) und (3) des *Planungsrechts* (Bebauungsplanung, Ortsgestaltungssatzung, Baumschutz und Grünordnung, Fußgängerzone, Stadtsanierung und Haushaltsplanung usw.).[7] Auch wenn der Gemeinderat nach Art. 28 Abs. 1 S. 2 GG – anders als sonstige Verwaltungsbehörden, die Rechtsverordnungen erlassen – über eine eigene unmittelbare demokratische Legitimation verfügt, so handelt er doch stets als *Verwaltungsorgan* (§ 23 GemO) und nicht als Legislative im staatsrechtlichen Sinn.[8] 3

Rechtsverordnungen sind dagegen Rechtsnormen, die von Exekutivorganen der *staatlichen Eigenverwaltung* (Regierung, Ministerium, Verwaltungsbehörde) erlassen werden; sie unterliegen dem Vorbehalt der Ermächtigung durch ein formelles (Parlaments-)Gesetz. Zugleich ist die Rechtsetzungsbefugnis dahin gehend beschränkt, dass sich der Verordnungsgeber seiner delegierten Rechtsetzungsmacht bewusst sein muss, weil *Inhalt, Zweck und Ausmaß* gem. Art. 80 Abs. 1 S. 2 GG nicht nur im ermächtigenden Gesetz hinreichend konkret beschrieben werden müssen, sondern in der Rechtsverordnung stets die *Rechtsgrundlage* anzugeben ist, Art. 80 Abs. 1 S. 3 GG. Zudem unterliegen alle wesentlichen Entscheidungen einem *Parlamentsvorbehalt*.[9] 4

Bei der Rechtsetzung durch Rechtsverordnung ist letztlich nicht – wie im Bereich der kommunalen Selbstverwaltung – die Aufgabe, sondern nur die *Regelungszuständigkeit* delegiert. Deswegen ist Art. 80 Abs. 1 GG auf den Erlass von Satzungen der Gemeinden nicht – auch nicht entsprechend – anzuwenden.[10] Im monistischen Gemeindeverfassungsrecht Baden-Württembergs überschneiden sich die Regelungsbereiche von Satzung und Rechtsverordnung, denn indem einzelnen Gemeinde Aufgaben der unteren Verwaltungsbehörden übertragen werden, können sie in diesem Bereich kraft der bestehenden gesetzlichen Ermächtigungen durch 5

---

3 *Burgi*, Kommunalrecht, § 15 Rn. 5; *Becker/Sichert*, JuS 2000, 144 (147). – Zum Kernbereich gehört die unentziehbare Regelungskompetenz für Angelegenheiten der örtlichen Gemeinschaft; die *verfahrensrechtliche Ausgestaltung* ist durch gesetzliche Bestimmungen unter Beachtung des Verhältnismäßigkeitsgrundsatzes entspr. dem „Zwiebelschalenmodell" möglich, s. BVerfG, Beschl. v. 27.01.2010 – 2 BvR 2185/04, BVerfGE 125, 141 (Rn. 93).
4 Zu Ausnahmen für Grundrechtseingriffe s. § 18 Rn. 26 ff.
5 BVerwG, Beschl. v. 07.09.1992, 7 NB 2/92, juris Rn. 13; *Burgi*, Kommunalrecht, § 15 Rn. 6.
6 BVerfG, Beschl. v. 09.05.1972 – 1 BvR 518/62, juris Rn. 103, BVerfGE 33, 125 (156); *Lange*, Kommunalrecht, Kap. 12 Rn. 2; *Maurer*, Allgemeines Verwaltungsrecht, § 4 Rn. 20; *Schmidt-Aßmann*, Die kommunale Rechtsetzung im Gefüge der administrativen Handlungsformen und Rechtsquellen, 1981, S. 4.
7 *Schmidt-Aßmann*, Die kommunale Rechtsetzung im Gefüge der administrativen Handlungsformen und Rechtsquellen, 1981, S. 5; *Schoch*, NVwZ 1990, 801 (802).
8 BVerwG, Beschl. v. 07.09.1992 – 7 NB 2/92, juris Rn. 11 unter Hinweis auf BVerfGE 65, 283 (289).
9 BVerfG, Beschl. v. 09.05.1972 – 1 BvR 518/62, BVerfGE 33, 125 (158) „Facharzt" – st. Rspr.
10 BVerfG, Beschl. v. 10.03.1998 – 1 BvR 178/97, juris Rn. 59; BVerwG, Urt. v. 16.10.2013 – 8 CN 1.12, juris Rn. 27; *Burgi*, Kommunalrecht, § 15 Rn. 8; *Maurer*, DÖV 1993, 184 (188); *Schoch*, NVwZ 1990, 801 (803).

Rechtsverordnung tätig werden.[11] Zudem können die Gemeinden als Ortspolizeibehörde Polizeiverordnungen (z.B. § 10 PolG, § 15 Abs. 2 BestattungsG) und Rechtsverordnungen (z.B. § 21 Abs. 2 WG) erlassen.

6 Die Gemeinde handelt in weisungsfreien Angelegenheiten, die vom Selbstverwaltungsrecht des Art. 28 Abs. 2 S. 1 GG umfasst sind, grundsätzlich durch Satzung, in Weisungsangelegenheiten hingegen grundsätzlich durch Verordnung.

7 Dieses System wird aber nicht streng durchgehalten, da § 4 Abs. 1 S. 2 GemO auch den Erlass von Satzungen in Weisungsangelegenheiten ermöglicht, sofern eine spezialgesetzliche Grundlage dafür geschaffen wird (was bislang nicht der Fall ist).[12] Darüber hinaus können klassische polizeiliche Aufgaben, die herkömmlich durch Verordnung zu regeln waren, inzwischen kraft Gesetzes durch Satzung geregelt werden, wie z.B. die Räum- und Streupflicht der Straßenanlieger gem. § 41 Abs. 2 StrG oder der Schutz von örtlichen Grünbeständen gem. § 33 NatSchG. Dies zeigt, dass im modernen Verwaltungsrecht die dogmatische Zuordnung einzelner Rechtsgebiete dynamisch ist, was plastisch im Baurecht erkennbar ist, das bis 1960 im Wesentlichen gefahrenpolizeiliches Verordnungsrecht war,[13] sich inzwischen aufgrund seines planerischen Einschlags von diesen Wurzeln jedoch gelöst hat und sowohl im Bauplanungs- wie im Bauordnungsrecht als gemeindliches Satzungsrecht ausgestaltet ist.

8 Satzungen *gelten* im Gemeindegebiet für alle Gemeindeeinwohner, aber auch für Dritte, die sich dort aufhalten oder die einen sonstigen Bezug zur Gemeinde haben (z.B. als Grundstückseigentümer oder Gaststättenbetreiber). Die meisten Satzungen enthalten *abstrakt-generelle Regelungen*. Bebauungspläne und planungsrechtliche Satzungen enthalten daneben auch *konkret-individuelle* (grundstücksbezogene) Regelungen. Die Haushaltssatzung und die Hauptsatzung haben nur *interne Wirkung*.

9 Aus der Satzungshoheit der Gemeinde folgt, dass der Erlass einer Satzung grundsätzlich in ihrem *Ermessen* liegt. Abweichend hiervon ist die Gemeinde gesetzlich *verpflichtet* zum Erlass der Haushaltssatzung (§ 79 Abs. 1 GemO), der Bekanntmachungssatzung (§ 1 Abs. 1 S. 2 DVO GemO) und einer Entschädigungssatzung für ehrenamtliche Tätigkeit (§ 19 Abs. 1 GemO), mittelbar auch einer Hauptsatzung (vgl. §§ 39 Abs. 1, 44 Abs. 2, 49 Abs. 1 GemO), von Satzungen zur Erhebung von Kommunalabgaben (§ 2 Abs. 1 KAG i.V.m. § 78 Abs. 2 GemO)[14] und (bei reduziertem Normierungsermessen) zur Regelung der ihnen übertragenen Pflichtaufgaben.

10 Die gemeindliche Satzungshoheit unterliegt – abgesehen von im Rahmen des Art. 28 Abs. 2 GG möglichen gesetzlichen Ausformungen im Einzelfall – den nachstehenden allgemeinen Schranken.[15]

---

11 Z.B. Naturdenkmale festsetzen oder LandschaftsschutzVOen erlassen, §§ 29, 31, 73 Abs. 4 NatSchG; WasserschutzVOen, §§ 24, 96 Abs. 1 WasserG; Grabungsschutzgebiete, § 22 Abs. 1 DenkmalG; Sperrzeitverordnungen, § 11 i.V.m. § 1 Abs. 5 GastVO.
12 Der Gesetzesvorbehalt für den Erlass von Satzungen bei Weisungsaufgaben bringt zum Ausdruck, dass diese auch nach dem Verständnis des baden-württembergischen Gesetzgebers typologisch nicht zu den Angelegenheiten der örtlichen Gemeinschaft im Sinne des Art. 28 Abs. 2 S. 1 GG zählen, so zutr. *Maurer*, in: Maurer/Hendler (Hrsg.), Baden-Württembergisches Staats- und Verwaltungsrecht, 1990, S. 173 (230).
13 Vgl. nur PrOVG, Urt. v. 16.06.1882, PrOVGE 9, 353 (384) – Kreuzberg (abgedruckt in DVBl. 1985, 219); die dort als nicht gefahrenpolizeilich beanstandeten gestalterischen Aspekte wären heute sowohl durch Bebauungsplan-, Ortsbau- oder Denkmalsatzung regelungsfähig.
14 Hess VGH, Beschl. v. 20.12.2011 – 5 B 2017/11, juris Rn. 6; OVG LSA, Beschl. v. 03.09.1998 – 2 S 337/98, juris Rn. 20.
15 S. *Maurer*, Allgemeines Verwaltungsrecht, § 4 Rn. 23; *Geis*, Kommunalrecht, § 8 Rn. 12 ff.; *Burgi*, Kommunalrecht, § 15 Rn. 21 ff.

II. Rechtssetzung durch Satzungen

1. Satzungen und Satzungsrecht

Die Satzungsbefugnis setzt eine gemeindliche Aufgabe, d.h. die *Verbandszuständig-* **11**
keit der Gemeinde voraus. Der **Geltungsbereich** des Satzungsrechts entspricht der
Gebietshoheit der Gemeinde, so dass die Satzung einer Gemeinde grundsätzlich
nicht auf außerhalb ihres Gebiets liegende Grundstücke angewandt werden kann.[16]
Zuständiges Organ ist, wie aus § 39 Abs. 2 Nr. 3 GemO hervorgeht, der Gemeinderat. Unberührt hiervon bleibt eine mögliche Eilzuständigkeit des Bürgermeisters nach
§ 43 Abs. 4 GemO.[17]

2. Verfahren

a) Allgemeines

Für das Verfahren zur Verabschiedung einer Satzung gelten die allgemeinen Bestim- **12**
mungen für die *Gemeinderatssitzung*.[18] Für Bebauungspläne (und für Flächennutzungspläne, die jedoch nicht als Satzung verabschiedet werden) sind darüber hinaus die verfahrensrechtlichen Sonderbestimmungen des *BauGB*, insbesondere zur
zweistufigen Öffentlichkeitsbeteiligung (§ 3 BauGB, ggfs. § 4a Abs. 3 BauGB) maßgebend.

Neben den gesondert darzustellenden Anforderungen an die Ausfertigung und Be- **13**
kanntmachung der Satzung ist zu beachten, dass alle Satzungen der Rechtsaufsichtsbehörde *anzuzeigen* sind, § 4 Abs. 3 S. 3 GemO, sofern nicht weitergehend
eine ausdrückliche *Genehmigungspflicht* vorgeschrieben ist (vgl. z.B. § 81 Abs. 3
GemO, § 10 Abs. 2 BauGB). Wenn eine Satzung der **Genehmigung** bedarf, darf sie
erst anschließend bekanntgemacht werden. Wird die Genehmigung nicht uneingeschränkt erteilt, so bedürfen die *Nebenbestimmungen* der Genehmigung (Auflagen
oder Bedingungen) eines zustimmenden Gemeinderatsbeschlusses, damit die – geänderte – Satzung in Kraft gesetzt werden kann.[19]

b) Ausfertigung

Eine aus dem bundesrechtlichen Rechtsstaatsprinzip folgende – in Baden-Württem- **14**
berg nicht ausdrücklich geregelte – Voraussetzung der Verkündung und des Wirk-

---

16 BVerwG, Urt. v. 03.06.2010 – 9 C 3.09, juris Rn. 21; VGH BW, Urt. v. 15.01.1997 – 2 S 999/94, juris Rn. 24 (Hausboot auf dem Bodensee kann nicht in Zweitwohnungssteuersatzung einbezogen werden); SächsOVG, Urt. v. 20.11.2012 – 4 C 7/12, juris Rn. 102 f. – Eine Erweiterung des Geltungsbereichs bleibt ggfs. der kommunalen Zusammenarbeit in Form von Zweckverbänden nach §§ 6 ff. GKZ oder Planungsverbänden nach § 205 BauGB vorbehalten.
17 Die Eilzuständigkeit kann insbesondere den Erlass bauplanungsrechtlicher Veränderungssperren gem. §§ 14, 16 Abs. 1 BauGB betreffen, um die Genehmigung unerwünschter Baugesuche zu hindern, vgl. OVG NW, Urt. v. 31.05.1988 – 2 A 1739/86, juris Rn. 3; OVG SH, Urt. v. 15.3.2001 – 1 L 107/97, juris Rn. 88; BayVGH, Urt. v. 14.07.2006 – 1 N 05.300, juris Rn. 34. Näher zu den Voraussetzungen unter § 15 Rn. 19 ff.
18 S. § 14 Rn. 129 ff.
19 Der sog. „Beitrittsbeschluss" des Gemeinderats spielt vor allem im Bauplanungsrecht eine bedeutende Rolle, vgl. BVerwG, Urt. v. 05.12.1986 – 4 C 31.85, BVerwGE 75, 262; BVerwG, Beschl. v. 14.08.1989 – 4 NB 24.88, juris Rn. 2 (zur Abgrenzung gegenüber bloß redaktionellen Korrekturen); zuletzt BVerwG, Beschl. v. 26.7.2011 – 4 B 23.11, juris Rn. 3; vgl. auch VGH BW, Urt. v. 19.12.2000 – 8 S 399/00, juris Rn. 39.

samwerdens einer Norm[20] ist deren **Ausfertigung**. Durch sie stellt der *Bürgermeister*[21] nicht nur die Originalurkunde her, sondern bestätigt auch, dass es sich bei der zu veröffentlichenden Satzung um die vom Gemeinderat beschlossene Fassung handelt (sogen. *Identitäts- oder Authentizitätsfunktion* der Ausfertigung).

15 Während die Ausfertigung einer Satzung als Bestätigung der Identität des Normtextes mit dem vom Normgeber Beschlossenen („Identitätsfunktion") rechtsstaatlich geboten ist, gehört die Bestätigung der Legalität des Normsetzungsverfahrens („Legalitätsfunktion")[22] nicht zum Mindeststandard des bundesrechtlichen Rechtsstaatsgebotes.[23] Im Hinblick auf das Widerspruchsrecht des Bürgermeisters, der nach § 43 Abs. 2 GemO rechtswidrigen Gemeinderatsbeschlüssen widersprechen muss, besteht keine Notwendigkeit, mit der Ausfertigung auch die Legalität des Verfahrens oder Norminhalts zu bestätigen.[24]

16 Ausfertigungsmängel führen zur **Nichtigkeit** der Norm[25] und sind immer beachtlich, denn sie werden von den Unbeachtlichkeitsvorschriften der §§ 4, 18 GemO, 214, 215 BauGB nicht erfasst.[26]

17 Während der VGH BW aus dem Landesrecht zunächst noch folgerte, dass *mehrere Bestandteile einer Satzung* (z.B. Text und Karte) jeweils eigenständig ausgefertigt werden müssten,[27] wird inzwischen übereinstimmend lediglich gefordert, dass jedenfalls der Satzungsbeschluss durch den Bürgermeister unterzeichnet ist und in dem Beschluss zugleich die Bestandteile des Plans in einer Weise bezeichnet werden, die an der Identität ihrer Teile keinen Zweifel lässt („*gedankliche Schnur*").[28] Der Bürgermeister muss die Ausfertigung mit Datum[29] unterschreiben, ein bloßes Namenszeichen (Paraphe) reicht nicht aus, um die urkundliche Funktion der Ausfertigung zu sichern.[30] In besonderen Ausnahmefällen wird es als ausreichend angesehen, dass der Bürgermeister das Gemeinderatsprotokoll, das einen vollständigen Satzungstext enthält, unterschreibt.[31] Nach Auffassung des VGH BW soll auch ein befangener Bürgermeister eine Satzung ausfertigen können.[32]

---

20 VGH BW, Urt. v. 09.02.2009 – 3 S 2290/07, juris Rn. 25; Hess VGH, Beschl. v. 29.06.1993 – 11 N 2442/90; BayVGH, Urt. v. 16.03.1990 – 23 B 88.00567, juris Rn. 27.
21 Oder dessen gesetzlicher Vertreter, nicht aber ein Gemeindebediensteter, vgl. VGH BW, Urt. v. 15.12.1994 – 8 S 1948/94, juris Rn. 28.
22 So z.B. OVG Bln-Bbg, Urt. v. 19.08.1999 – 2 D 17.98.NE, juris Rn. 54; *Aker/Hafner/Notheis*, § 4 GemO Rn. 7; *Becker/Sichert*, JuS 2000, 348 (353); ausdrücklich offen gelassen von VGH BW, Urt. v. 02.11.2005 – 5 S 2662/04, juris Rn. 41 u. VGH BW, Urt. v. 24.11.1993 – 3 S 1631/91, juris Rn. 19. Ausführlich *Schenk*, VBlBW 1999, 161 ff.
23 BVerwG, Beschl. v. 16.05.1991 – 4 NB 26.90, juris Rn. 19.
24 So zutr. *Lange*, Kommunalrecht, Kap. 12 Rn. 44.
25 VGH BW, Urt. v. 23.03.2006 – 2 S 2842/04, juris Rn. 41.
26 Zum rückwirkenden Inkraftsetzen von Normen s. § 18 Rn. 31 ff.
27 VGH BW, Urt. v. 10.08.1984 – 5 S 3119/83, NVwZ 1985, 206.
28 VGH BW, Urt. v. 09.02.2009 – 3 S 2290/07, juris Rn. 25. – Beispiele einer nicht ausreichenden gedanklichen Schnur: „Bestandteil der Satzung ist die Anlage 1"; „Der Bebauungsplan besteht aus der Satzung und dem Plan mit Maßstab 1:1000".
29 Die Angabe des Datums ist erforderlich, um den Nachweis zu führen, dass die Urkunde nach dem Satzungsbeschluss, aber vor der Verkündung hergestellt wurde, SächsOVG, Urt. v. 23.10.2000 – 1 D 33/00, juris Rn. 26. – Dabei ist ausreichend, wenn die Ausfertigung vor einer erforderlichen Genehmigung erfolgt ist, so VGH BW, Urt. v. 18.04.1989 – 8 S 3128/88, in: *Seeger/Füsslin/Vogel*, Entscheidungssammlung zum Kommunalrecht, § 4 GemO E 9/1; VGH BW, Beschl. v. 27.06.1990 – 8 S 1639/89. Eine Ausfertigung am Tage der Bekanntmachung indiziert, dass die erforderliche Reihenfolge nicht eingehalten ist, vgl. BVerwG, Beschl. v. 27.01.1999 – 4 B 129.98, juris Rn. 6.
30 *Aker/Hafner/Notheis*, § 4 GemO Rn. 7; *Ziegler*, DVBl. 1987, 282 (283).
31 VGH BW, Urt. v. 19.09.2006 – 8 S 1989/05, juris Rn. 34; krit. hierzu Ziegler, DVBl. 2012, 291. Der BayVGH, Urt. v. 04.04.2003 – 1 N 01.2240, juris Rn. 18 hält diese Vorgehensweise im Hinblick auf die notwendige Herstellung einer Originalurkunde für Bayern für nicht ausreichend.
32 VGH BW, Urt. v. 28.05.1974 – III 1125/72, BRS 28 Nr. 14; *Brügelmann/Gierke*, BauGB, § 10 Rn. 172.

c) Bekanntmachung und Bekanntmachungssatzung

Die vom Bürgermeister ausgefertigte Satzung ist in ihrem vollen Inhalt öffentlich **bekannt zu machen** und tritt am Tage nach der Bekanntmachung **in Kraft**, wenn kein anderer Zeitpunkt bestimmt ist (§ 4 Abs. 3 GemO). Damit die Gemeinde die öffentliche Bekanntmachung jederzeit beweisen kann, muss sie einen Nachweis hierüber zu den Akten nehmen, § 1 Abs. 2 S. 2 DVO GemO. 18

Satzungen sind mit ihrem vollen Wortlaut **bekanntzumachen**. Dies folgt bereits aus dem Rechtsstaatsprinzip und ist in § 1 Abs. 2 DVO GemO (deklaratorisch) normiert. Sind *Pläne oder zeichnerische Darstellungen*, insbesondere Karten, Bestandteile einer Satzung, können sie dadurch bekanntgemacht werden,[33] dass sie an einer bestimmten Verwaltungsstelle der Gemeinde zur kostenlosen Einsicht durch jedermann während der Sprechzeiten niedergelegt werden, hierauf in der Satzung hingewiesen wird und in der Satzung der wesentliche Inhalt der niedergelegten Teile umschrieben wird, § 1 Abs. 3 DVO GemO (sogen. **Ersatzbekanntmachung**). Erscheint eine rechtzeitige Bekanntmachung in der nach den Absätzen 1 bis 3 vorgeschriebenen Form nicht möglich, so kann die öffentliche Bekanntmachung in anderer geeigneter Weise (z.B. an der Anschlagtafel oder im Internet) durchgeführt werden (**Notbekanntmachung**), § 1 Abs. 4 DVO GemO. Die Bekanntmachung ist in der nach § 1 Abs. 1–3 vorgeschriebenen Form zu wiederholen, sobald die Umstände es zulassen. 19

Eine Bekanntmachung im **Internet** ist, im Gegensatz zu anderen Bundesländern,[34] (noch) nicht erlaubt, die für 2015 geplante Novelle des Kommunalverfassungsrechts soll dies ändern.[35] Die grundsätzlich zulässigen **Bekanntmachungsformen** sind in § 1 Abs. 1 DVO GemO abschließend aufgezählt: 20

- Einrücken in das eigene *Amtsblatt* der Gemeinde,
- Einrücken in eine bestimmte, regelmäßig, mindestens einmal wöchentlich erscheinende *Zeitung* oder,
- sofern die Gemeinde weniger als 5000 Einwohner hat, durch Anschlag an der *Verkündungstafel* des Rathauses und an den sonstigen *hierfür bestimmten Stellen* während der Dauer von mindestens einer Woche, wobei gleichzeitig durch das Amtsblatt, die Zeitung oder auf andere geeignete Weise auf den Anschlag aufmerksam zu machen ist.

Das Rechtsstaatsprinzip verlangt hierbei, Rechtsnormen so zu verkünden, dass die Bürger *verlässlich und ohne unzumutbare Erschwerung* von den sie betreffenden Regelungen Kenntnis erlangen können,[36] was ausschließt, dass mehrere Bekanntmachungsformen alternativ erlaubt werden.[37] Der Bürger soll nur eine Bekanntmachungsform verfolgen müssen. Als in kleinen Gemeinden zulässig ist es angesehen worden, dass die Bekanntmachungssatzung das Einrücken des Bekanntmachungstextes in eine bestimmte Zeitung nur als die grundsätzliche Form der Bekanntma- 21

---

33 VGH BW, Urt. v. 23.08.1996 – 8 S 269/96, Ls. 3: Kann der Mitabdruck einer Karte im Veröffentlichungsblatt den Inhalt der beschlossenen und bekanntzumachenden Satzung der Öffentlichkeit mit der gebotenen Deutlichkeit zur Kenntnis bringen, besteht keine Pflicht zur Ersatzverkündung.
34 So z.B. § 7 Abs. 1 Hess GemO, § 11 NdsKomVG, § 3 Abs. 1 Nr. 4 DVO Kommunalverf. MV, § 4 Abs. 1 BekanntmachungsVO NW, § 7 Abs. 1 BekanntmachungsVO SH. – S.a. *Guckelberger*, Der Übergang zur (ausschließlich) elektronischen Gesetzesverkündung, 2009; *Bennemann*, LKRZ 2012, 270 ff.
35 Die Eckpunkte der Gesetzesnovelle finden sich unter http://www.baden-wuerttemberg.de/fileadmin/redaktion/dateien/Remote/stm/140513_GemO_Eckpunkte.pdf (14.05.2014).
36 BVerwG, Beschl. v. 19.10.2006 – 9 B 7.06, juris Rn. 3; BVerwG, Beschl. v. 22.06.2012 – 8 BN 1.12, juris Rn. 5; *Deiseroth*, jurisPR-BVerwG 10/2013 Anm. 4.
37 Vgl. VGH BW, Beschl. v. 12.11.1968 – II 703/67, ESVGH 19, 227; VGH BW, Beschl. v. 11.02.1972 – II 51/72, BWVBl 1972, 61.

chung vorschreibt und dem Bürgermeister die Entscheidung überlässt, im Einzelfall den Anschlag an der Verkündungstafel zu wählen, den sodann erforderlichen Hinweis auf den Anschlag aber in der gleichen Zeitung vorsieht.[38]

22 Die Geeignetheit eines **Amtsblatts** hängt nicht von der Höhe der Auflage, sondern seiner Bezugsmöglichkeit ab. Ein gemeindliches Amtsblatt, das an die Haushalte in einer Auflage, die der Zahl der Haushalte entspricht, verteilt wird und im Impressum den Hinweis enthält, dass die aktuelle Ausgabe kostenlos an den Pforten der Rathäuser und Ortsverwaltungen abgeholt werden kann, erfüllt seine Verkündungs- und Bekanntmachungsfunktion, auch wenn es einzelnen Einwohnern nicht zugestellt worden ist. Es ist diesen dann zumutbar, von dem Angebot der Abholung Gebrauch zu machen.[39]

23 **Zeitungen** sind periodische erscheinende Druckwerke, die fortlaufend über aktuelle Ereignisse berichten. Anzeigeblätter mit einem untergeordneten Berichtsteil können diese Voraussetzung bei regelmäßigem Erscheinen und allgemeiner Bezugsmöglichkeit erfüllen.[40] Zumutbar ist zudem der kostenpflichtige Erwerb einer Zeitung.[41]

24 **Zahl und Standort der Anschlagtafeln** sind in der Bekanntmachungssatzung zu bestimmen. Beim Anschlag an das Rathaus kann die Tafel innerhalb oder außerhalb des Gebäudes angebracht werden, jedoch nicht in Büroräumen, weil die Zugangsmöglichkeit dann unzumutbar erschwert ist.

3. Materiellrechtliche Anforderungen

25 Die **materiellrechtlichen Anforderungen** an die Satzungsgebung sind maßgeblich dafür, wieviel Spielraum den Gemeinden vor dem Hintergrund des Art. 28 Abs. 2 GG zur eigenverantwortlichen Gestaltung verbleibt. Die gemeindliche Rechtsetzung ist in ihrer grundsätzlich *schwachen gesetzlichen Determinierung* mit der Planung vergleichbar, die auch gesetzlich nur schwach vorbestimmt ist. Die zurückgenommene gesetzliche Determinierung muss durch *verfahrensrechtliche Vorkehrungen* aufgefangen werden, die bei der kommunalen Selbstverwaltung in der eigenen demokratischen Legitimation des entscheidungsbefugten Gemeinderats liegen. Gesetzliche Bindungen können entweder strikt beachtlich oder „weich" sein und Spielräume zur Abwägung, Befreiung von strikten Bindungen oder zur verhältnismäßigen Ausgestaltung eines Bereichs durch den Satzungsgeber beinhalten.

a) Gesetzliche Grundlage für Grundrechteingriffe

26 Satzungsrecht ist gegenüber Rechtsverordnungen insofern privilegiert, als Art. 80 Abs. 1 GG nicht anzuwenden ist. Die Bindungen hinsichtlich des *Vorrangs der Gesetze* und des *Gesetzesvorbehalts* bei „Eingriffen in Freiheit und Eigentum" gelten jedoch grundsätzlich auch für das Satzungsrecht. Die Generalklausel des § 4 Abs. 1 GemO ermächtigt jedoch nicht zu Grundrechtseingriffen.[42] Nach der sogen. **Wesentlichkeitstheorie** hat der parlamentarische Gesetzgeber alle wesentlichen, ins-

---

38 VGH BW, Beschl. v. 12.11.1968 – II 703/67, ESVGH 19, 227.
39 VGH BW, Urt. v. 18.04.2008 – 5 S 2076/06, juris Rn. 23.
40 Vgl. SächsOVG, Urt. v. 21.04.2010 – 5 D 15/04, juris Rn. 76; OVG SH, Urt. v. 09.10.2002 – 2 L 111/00, juris Rn. 26; Thür OVG, Urt. v. 5.9.2005 – 4 N 1205/97 – juris Rn. 21; auch der VGH BW, Urt. v. 09.07.1991 – 10 S 1025/90, juris Rn. 17, sieht ein Anzeigenblatt als Zeitung an; a.A. *Aker/Hafner/ Notheis*, § 4 GemO Rn. 10. – Andere Gemeindeordnungen (Bayern, Brandenburg) ermöglichen die Bekanntmachung in periodisch erscheinenden Druckwerken, um diese Streitfrage gesetzlich zu klären.
41 BVerwG, Urt. v. 13.12.1985 – 8 C 66.84, juris Rn 23.
42 BVerwG, Urt. v. 16.10.2013 – 8 CN 1.12, juris Rn. 28; VGH BW, Beschl. v. 15.12.1992 – 10 S 305/92, juris Rn. 21 ff.; BayVGH, Urt. v. 20.05.1999 – 23 B 98.3295, juris Rn. 20 ff.

besondere die **grundrechtsbeschränkenden Entscheidungen** selbst zu treffen.[43] Deswegen bedürfen Gemeindesatzungen, die in Freiheit und Eigentum eingreifen, einer über die Generalklausel des § 4 Abs. 1 GemO hinausgehenden konkreten gesetzlichen Grundlage.

Eine derartige Rechtsgrundlage bildet z.B. *§ 11 GemO* mit der Befugnis, einen Anschluss- und Benutzungszwang für die Wasser- und Abwasserversorgung zu verhängen. Der Anschluss- und Benutzungszwang deckt aber nicht alle hierauf basierenden eingreifenden Maßnahmen. Deshalb bedurfte die satzungsrechtliche Befugnis, ein privates Grundstück zu betreten, um zu kontrollieren, ob der Eigentümer abfallrechtlichen Trennpflichten nachkommt, einer speziellen Gesetzesgrundlage,[44] die Bundes- und Landesgesetzgeber im Abfallrecht und vielen weiteren Bereichen zwischenzeitlich geschaffen haben. Die Rechtsprechung hält **Regelungen zur Ausgestaltung des Benutzungsverhältnisses** nahezu durchgehend für zulässig.[45] So darf ein Grundstück betreten werden, um eine Kleinkläranlage zu leeren,[46] dem Anschlussnehmer kann auferlegt werden, die Wasser- oder Abwasserleitung zu reparieren,[47] auf Friedhöfen kann die Gestaltung der Gräber vorgeschrieben[48] oder in Schwimmbädern ein Bademützenzwang ausgesprochen werden.[49] Lediglich der 10. Senat des VGH BW hält für *Leistungsbescheide* und *Zwangsbefugnisse* eine spezialgesetzliche Grundlage für erforderlich.[50] 27

Aus dem **Anstaltsbenutzungsverhältnis** folgt auch ohne ausdrückliche Ermächtigung (als öffentlich-rechtlicher Annex zur Sachkompetenz) die Befugnis der Behörde, kraft ihrer „*Anstaltsgewalt*" (innerhalb ihres räumlichen Wirkungskreises) die störungsfreie Erfüllung ihrer Aufgaben und damit eine ordnungsmäßige Nutzung im Rahmen der Widmung gegenüber den Benutzern sicherzustellen.[51] 28

Zudem bedarf die **Ermächtigung** zum Erlass (bestimmter) gemeindlicher Satzungen, weil die für die Übertragung rechtsetzender Gewalt auf die Exekutive geltende Regelung des Art. 80 Abs. 1 GG auf die Satzungsgewalt der Gemeinden nicht anwendbar ist, einer Bestimmtheit nur insoweit, als sich ihr zweifelsfrei entnehmen lassen muss, welchen Gegenstand die autonome Rechtsetzung betreffen darf.[52] Im Hinblick auf die eigene demokratische Legitimation, die der satzungsgebende Gemeinderat besitzt, können die Bestimmtheitsanforderungen für Rechtsgrundlagen, die Gemeinden befugen, grundrechtsrelevante Maßnahmen vorzunehmen, geringer sein als bei anderen Rechtsträgern. Es reicht aus, wenn der betroffene Personenkreis und der sachliche Rahmen der Regelungsbefugnis umschrieben sind, und die Gemeinde dann in ihrer Satzung die Eingriffsvoraussetzungen konkreter umschreibt.[53] 29

Beispiele für spezialgesetzliche Rechtsgrundlagen: § 11 GemO; § 2 KAG, § 3 EigBG; §§ 10 Abs. 1, 34 Abs. 4 u. 5 i.V.m. § 9 BauGB, §§ 16, 25, 135 a-c, 142 Abs. 1, 165 Abs. 6, 172 BauGB; § 74 LBO; §§ 16 Abs. 7, 19 Abs. 2, 41 Abs. 2, 47 StrG; § 33 NatSchG; § 19 DSchG; § 15 BestattungsG; § 32 Abs. 3 LWoFG; § 6a Abs. 6 StVG; § 10 LAbfG; § 46 Abs. 6 WG. 30

---

43 BVerfG, Beschl. v. 09.05.1972 – 1 BvR 518/62, BVerfGE 33, 125 (157), juris Rn. 108 – Facharzt; BVerfG, Urt. v. 24.09.2003 – 2 BvR 1436/02, juris Rn. 67 ff. – Kopftuch für Lehrerin.
44 VGH BW, Beschl. v. 15.12.1992 – 10 S 305/92, juris Rn. 21 ff. m. abl. Bespr. *Lübbe-Wolff*, DVBl 1993, 762 ff.; BayVGH, Beschl. v. 14.07.1993 – 20 N 93.309, NVwZ-RR 1994, 251; OVG RP, Urt. v. 08.03.1994 – 7 C 11302/93.
45 BVerwG, Beschl. v. 07.09.1992 – 7 NB 2.92, juris Rn. 14.
46 VGH BW, Urt. v. 11.05.1995 – 2 S 2568/92, juris Rn. 54.
47 VG Freiburg, Urt. v. 22.03.2006 – 1 K 2110/04; OVG NW, Beschl. v. 16.10.2002, 15 B 1355/02, juris Rn. 10.
48 BVerwG, Urt. v. 13.05.2004 – 3 C 26/03, juris Rn. 14.
49 VGH BW, Beschl. v. 07.07.1975 – I 884/74, ESVGH 25, 203; VGH BW, Beschl. v. 08.05.1978 – I 1383/75, NJW 1979, 1900.
50 VGH BW, Beschl. v. 28.08.2006 – 10 S 2731/03, juris Rn. 26.
51 *Enders*, JuS 2013, 54 (58).
52 BVerwG, Urt. v. 07.03.1958 – VII C 84.57, BVerwGE 6, 247 (249); BVerwG, Beschl. v. 17.07.1989 – 8 B 159.88, juris Rn. 2.
53 So überzeugend *Burgi*, VerwArch 90 (1999) 70, 92 ff.; *ders.*, Kommunalrecht § 15 Rn. 38 ff. S.a. *Lübbe-Wolff*, DVBl. 1993, 762 (765 m. Fn. 17); *Oebbecke*, VVDStRL 62 (2003), S. 366 (398). – Zu Lockerungen im Bereich der Leistungsverwaltung *Maurer*, DÖV 1993, 184 (189).

b) Rückwirkung von Satzungen

31 Ein häufiges Problem bei Satzungen ist die Frage, ob und inwieweit Regelungen auch **rückwirkend** erlassen werden können. Für das Bauplanungsrecht enthält § 214 Abs. 4 BauGB eine dies ausdrücklich zulassende Regelung. Auch sonst können Satzungen grundsätzlich auch mit rückwirkender Kraft erlassen werden.[54] Soweit Satzungen keine Belastungen des Bürgers enthalten, ist die Rückwirkung immer zulässig.[55] Problematisch ist die Zulässigkeit der Rückwirkung bei belastenden Satzungsregelungen. In ständiger Rechtsprechung[56] unterscheidet das BVerfG zwischen echter und unechter Rückwirkung.

32 Das grundsätzliche Verbot rückwirkender belastender Gesetze beruht auf den Prinzipien der *Rechtssicherheit* und des *Vertrauensschutzes*. Es schützt das Vertrauen in die Verlässlichkeit und Berechenbarkeit der unter der Geltung des Grundgesetzes geschaffenen Rechtsordnung und der auf ihrer Grundlage erworbenen Rechte.[57] Eine verfassungsrechtlich grundsätzlich **unzulässige echte Rückwirkung** liegt vor, wenn ein Gesetz nachträglich ändernd in abgewickelte, der Vergangenheit angehörende Tatbestände eingreift.[58] Das Rückwirkungsverbot, das seinen Grund im Vertrauensschutz hat, tritt jedoch zurück, wenn sich *kein schützenswertes Vertrauen* auf den Bestand des geltenden Rechts bilden konnte.[59] Ferner kommt ein Vertrauensschutz nicht in Betracht, wenn *überragende Belange des Gemeinwohls*, die dem Prinzip der Rechtssicherheit vorgehen, eine rückwirkende Beseitigung von Normen erfordern.[60]

33 Wirkt eine Norm hingegen nur auf gegenwärtige, *noch nicht abgeschlossene Sachverhalte* und Rechtsbeziehungen für die Zukunft ein und entwertet sie damit nicht zugleich die betroffene Rechtsposition nachträglich, so entfaltet sie lediglich **unechte Rückwirkung**.[61] Derartige Satzungen sind verfassungsrechtlich *grundsätzlich zulässig*, es sei denn, der Betroffene durfte auf den Fortbestand der bisherigen Regelung vertrauen und dieses *Vertrauen ist schutzwürdiger* als die mit dem Gesetz verfolgten Anliegen. Um die Grenzen der Zumutbarkeit zu wahren, muss der Satzungsgeber gegebenenfalls geeignete Übergangsregelungen vorsehen, wobei ihm ein weiter Gestaltungsspielraum zusteht.[62]

4. Fehlerfolgenrecht

34 Insgesamt ergibt sich damit eine weitreichende Bindung der Gemeinde beim Erlass von Satzungen an verfahrensrechtliche und materiellrechtliche Vorschriften.

---

54 Zur Rückwirkung einer Haushaltssatzung vgl. Thür OVG, Urt. v. 18.12.2008 – 2 KO 994/06, juris Rn. 38. Nicht rückwirkend in Kraft gesetzt werden können u.E. die Hauptsatzung und die Bekanntmachungssatzung.
55 *Geis*, Kommunalrecht, § 8 Rn. 24.
56 Seit BVerfG, Beschl. v. 31.05.1960 – 2 BvL 4/59, BVerfGE 11, 139 ff.; s. *Schwarz*, JA 2013, 683 (684); *Lange*, Kommunalrecht, Kap. 12 Rn. 86.
57 BVerfG(K), Beschl. v. 27.02.2007 – 1 BvR 3140/06, juris Rn. 28.
58 Bsp.: Steuererhöhung nach Ablauf des Steuerjahres.
59 BVerfG, Beschl. v. 15.10.1996 – 1 BvL 44/92, juris Rn. 110.
60 BVerfG, Beschl. v. 25.05.1993 – 1 BvR 1509/91, juris Rn. 109, BVerfGE 88, 384 (404).
61 BVerfG, Beschl. v. 23.11.1999 – 1 BvF 1/94, BVerfGE 101, 239 (263), juris Rn. 96; teilw. abw. BVerfG, Beschl. v. 14.05.1986 – 2 BvL 2/83, BVerfGE 72, 200 (241 f.) u. BVerfG, Beschl. v. 07.07.2010 – 2 BvL 14/02, juris Rn. 55 ff.
62 VGH BW, Urt. v. 16.02.2009 – 2 S 2833/07, juris Rn. 80.

II. Rechtssetzung durch Satzungen

Eine Satzung, die gegen verfahrensrechtliche oder materiellrechtliche Vorschriften **35** verstößt, ist grundsätzlich **nichtig**. Soweit der Rechtsverstoß sich auf einzelne Teile der Satzung beschränkt, kommt *Teilnichtigkeit* in Betracht. Ob ein auf Teile einer Satzung beschränkter Fehler zur Gesamtnichtigkeit der Satzung oder nur zur ihrer Teilnichtigkeit führt, hängt nach den dafür in der Rechtsprechung entwickelten Grundsätzen davon ab, ob (1) die Beschränkung der Nichtigkeit eine mit höherrangigem Recht vereinbare sinnvolle (Rest-) Regelung des Lebenssachverhalts belässt und (2) hinreichend sicher ein entsprechender hypothetischer Wille des Normgebers angenommen werden kann.[63]

Beispiel: Teilnichtigkeit einer gestalterischen Ortsbau-Vorschrift, die gem. § 74 Abs. 7 LBO zu- **36** sammen mit einem Bebauungsplan als Satzung beschlossen werden,[64] das Dach eines Gebäudes mit roten Ziegeln zu decken.

Dabei ist zu beachten, dass Verfahrensfehler bei Verfahrensschritten, die dem Sat- **37** zungsbeschluss vorausgehen, durch den verfahrensfehlerfreien Satzungsbeschluss *geheilt* werden; so ist es für die Wirksamkeit des Satzungsbeschlusses unbeachtlich, wenn ein befangener Gemeinderat beim Beschluss über die Auslegung eines Bebauungsplans mitgewirkt hat oder eine Sitzung zur Vorberatung des Haushaltsentwurf nicht ordnungsgemäß geladen war.[65]

Die Verletzung des § 34 GemO ist nur bei unmittelbar in der Sitzung erfolgender Rü- **38** ge eines Gemeinderats beachtlich.[66] Weitere Fehler sind z.B. gem. § 4 GemO, § 2 Abs. 2 KAG und §§ 214, 215 BauGB unbeachtlich. Unter die nach Ablauf eines Jahres unbeachtlich werdenden Verfahrens- und Formvorschriften gem. § 4 Abs. 4 GemO fallen Verstöße gegen §§ 18, 34, 37, 70 Abs. 2 GemO, nicht aber das Öffentlichkeitsprinzip des § 35 GemO oder Fehler in der Ausfertigung und Bekanntmachung. Die Rüge des Verfahrensfehlers innerhalb der Jahresfrist wirkt erga omnes. Im Übrigen können Fehler stets durch Wiederholung des Verfahrens (ab dem fehlerinfizierten Zeitpunkt) behoben werden;[67] unter Beachtung des Vertrauensschutzes kann die Satzung ggfs. auch rückwirkend in Kraft gesetzt werden.[68]

Beim Vollzug von Satzungsrecht darf die Gemeindeverwaltung fehlerhafte Satzun- **39** gen nicht anwenden. Zwar hat die Verwaltung im Regelfall **keine** sog. **Normverwerfungskompetenz**, jedoch vor dem Hintergrund des Rechtsstaatsprinzips unstreitig stets eine *Normprüfungskompetenz*.[69] Sie kann jedoch – als Ausnahme vom Regelfall nicht bestehender Normverwerfungskompetenz – z.B. einen Bebauungsplan unbeachtet lassen, wenn er

- gegen höherrangiges Europarecht verstößt,[70]

---

63 BVerwG, Beschl. v. 28.08.2008 – 9 B 40.08 – juris Rn. 13; VGH BW, Urt. v. 16.09.2009 – 2 S 1466/07, juris Rn. 60; näher hierzu *Gern*, NVwZ 1987, 851 ff.
64 Zur Zusammenfassung des Bebauungsplans mit der Ortsbausatzung s. VGH BW, Urt. v. 22.04.2002, 8 S 177/02, juris Rn. 26 ff.; *Engel*, VBlBW 2002, 193 ff.
65 VGH BW, Beschl. v. 02.06.1998 – 2 S 3110/97, juris Rn. 4; VGH BW, Urt. v. 13.06.1997 – 8 S 2799/96, juris Rn. 19; BVerwG, Beschl. v. 15.04.1988 – 4 N 4.87, juris Rn. 33; *Aker/Hafner/Notheis*, § 4 GemO Rn. 22.
66 S. hierzu und zur Beachtlichkeit von Bestimmungen der Geschäftsordnung § 14 Rn. 90.
67 Zur Heilung durch erneute öffentliche Beratung und Beschlussfassung vgl. VG Sigmaringen, Urt. v. 28.02.2014 – 2 K 3104/12, juris Rn. 35 ff.
68 Zur Rückwirkung s. oben Rn. 31 ff.
69 Vgl. BGH, Urt. v. 25.10.2012 – III ZR 29/12, juris Rn. 19 f.; BVerwG, Urt. v. 31.01.2001 – 6 CN 2.00, juris Rn. 23; OVG NW, Urt. v. 13.02.2014 – 6 A 1894/12, juris Rn. 49 ff.; *Engel*, NVwZ 2000, 1258 ff.; *Kalb/Külpmann*, in Ernst/Zinkahn/Bielenberg/Krautzberger, BauGB, Anh. § 10 BauGB Rn. 365 ff., 401 ff.; *Nonnenmacher/Feickert*, VBlBW 2007, 328 ff.
70 EuGH, Urt. v. 22.09.1989, Rs. C-103/88 (Costanzo), Slg. 1989, 1861 Rn. 31, 33: „Anwendungsvorrang".

- verwaltungsgerichtlich in einer Anfechtungsklage inzidenter als nichtig erklärt wurde,[71]
- an formalen Mängeln leidet, die *zweifelsfrei* den Schluss zulassen, dass er nichtig ist[72] oder
- ausnahmsweise funktionslos geworden ist.[73]

40 Will die Gemeindeverwaltung eine Satzung unter Beachtung dieser Grundsätze *nicht anwenden*, ist sie verpflichtet, zuvor den Gemeinderat zu **informieren**.[74] Die Informationspflicht des Bürgermeisters als Leiter der Gemeindeverwaltung gegenüber dem Gemeinderat ergibt sich aus dem Grundsatz der Organtreue, nach der jedes Organ dem anderen ermöglichen muss, seine Befugnisse auszuüben.[75]

41 Die Nichtanwendung einer Norm führt zu einem Ergebnis, das nicht dem Willen des Hauptorgans Gemeinderat entspricht (z.B. Erteilung einer Baugenehmigung trotz entgegenstehenden, aber funktionslos gewordenen oder in nichtöffentlicher Sitzung beschlossenen Bebauungsplans). Diese Konsequenz könnte durch Behebung des Fehlers und – soweit zulässig – rückwirkendes Inkraftsetzen der Norm vermieden werden. Sofern der Gemeinderat nach Information durch die Verwaltung die Nichtanwendung der Norm für sachgerecht hält, kann die Verwaltung die Norm unbeachtet lassen. Die Gemeinde ist als Satzungsgeber dann aber – objektivrechtlich – verpflichtet, den noch bestehenden Rechtsschein der Satzung in dem hierfür vorgesehenen Verfahren aufzuheben.[76]

III. Rechtssetzung durch Verordnungen

42 Viele Gesetze machen von der in Art. 80 Abs. 1 S. 4 GG eingeräumten Möglichkeit, die Ermächtigung zum Erlass von Rechtsverordnungen weiter zu übertragen, Gebrauch. Insbesondere Ortspolizeibehörden und unteren Verwaltungsbehörden wird in Landesgesetzen die Zuständigkeit zum Erlass von Verordnungen übertragen. Hierbei bestehen gegenüber dem Satzungsrecht folgende Besonderheiten:

43 1. Die Bindungen des Art. 80 Abs. 1 GG sowie des Vorrangs und Vorbehalts des Gesetzes (Art. 20 Abs. 3 GG) bestehen uneingeschränkt.
2. Für die Organzuständigkeit sind §§ 39 Abs. 2 Nr. 3, 44 Abs. 3 S. 1 2. Hs. GemO zu beachten, was nach der aus dem Wortlaut der einschlägigen Bestimmungen nicht ohne Weiteres nachvollziehbaren Rechtsprechung bedeutet:
   – Eine **Rechtsverordnung** der Ortspolizeibehörde (nach § 21 Abs. 2 WG oder § 11 GastVO) muss entsprechend den „Grundregeln" vom Gemeinderat erlassen werden;[77]
   – für **Polizeiverordnungen** der Ortspolizeibehörde enthalten §§ 13 S. 2, 15 Abs. 2 PolG eine von §§ 39 Abs. 2 Nr. 3, 44 Abs. 3 S. 1 2. Hs. GemO abweichende Spezialregelung der Zuständigkeit, d.h. der Bürgermeister erlässt sie

---

71 BVerwG, Urt. v. 31.01.2001 – 6 CN 2.00, juris Rn. 27 f.; BayVGH, Urt. v. 21.12.2012 – 2 N 10.230, juris Rn. 22; OVG RP, Beschl. v. 14.05.2013 – 8 A 10043/13, juris Rn. 7.
72 Hess VGH, Urt. v. 20.12.1989 – 4 UE 2251/88, juris Rn. 28; Hess VGH, Beschl. v. 22.02.1994 – 5 TH 1189/92, juris Rn. 3; OVG NW, Urt. v. 30.06.2005 – 20 A 3988/03, juris Rn. 67.
73 BVerwG, Urt. v. 29.04.1977 – 4 C 39.75, BVerwGE 54, 5; BVerwG, Beschl. v. 17.02.1997 – 4 B 16.97; a.A. OVG RP, Beschl. v. 14.05.2013 – 8 A 10043/13, juris Rn. 9.
74 Zur Informationspflicht der Vollzugsbehörde gegenüber der Gemeinde vor Nichtanwendung einer Satzung s.a. BVerwG, Urt. v. 31.01.2001 – 6 CN 2.00, juris Rn. 23; Engel, NVwZ 2000, 1258 (1259).
75 VGH BW, Urt. v. 09.03.2012 – 1 S 3326/11, juris Rn. 62; OVG NW, Urt. v. 06.12.2011 – 15 A 1544/11, juris Rn. 84.
76 BVerwG, Urt. v. 21.11.1986 – 4 C 22.83, juris Rn. 11, 14.
77 VGH BW, Urt. v. 07.11.1997 – 8 S 598/97, juris Rn. 17; VGH BW, Urt. v. 20.07.2000 – 14 S 237/99, juris Rn. 37.

mit Zustimmung des Gemeinderats, sofern sie länger als einen Monat gelten sollen;[78]
- für **Rechtsverordnungen** der **unteren Verwaltungsbehörde** (Große Kreisstadt, Stadtkreis) enthält § 15 Abs. 2 LVG eine von §§ 39 Abs. 2 Nr. 3, 44 Abs. 3 S. 1 2. Hs. GemO abweichende Spezialzuweisung an den Oberbürgermeister (z.b. Landschafts- oder Wasserschutzgebietsverordnung).[79]

3. Für die Bekanntmachung gemeindlicher Rechtsverordnungen gilt nach § 5 VerkündungsG die für gemeindliche Satzungen bestimmte Form.[80]   **44**

IV. Formvorschriften

Besondere (Form-)Vorschriften für gemeindliches Handeln können sich außerhalb des Rechts der Normsetzung aus sonstigem Recht ergeben. Hier gelten keine Besonderheiten: So bedürfen Grundstückskaufverträge der *notariellen Beurkundung* (§ 311b Abs. 1 BGB). In vielen Fällen ist *Schriftform* bestimmt, z.B. bei öffentlich-rechtlichen Zusagen (§ 38 LVwVfG), für öffentlich-rechtliche Verträge (§ 57 LVwVfG) oder privatrechtliches Schuldanerkenntnis (§ 781 BGB). Die Unterwerfung der Gemeinde unter die sofortige Vollstreckung unterliegt beim öffentlich-rechtlichen Vertrag dem *Behördenleitervorbehalt* oder der Unterzeichnung durch eine Person, die zum Richteramt befähigt ist (§ 61 Abs. 1 S. 2 LVwVfG).   **45**

Weitergehende Anforderungen für *Verpflichtungserklärungen* enthält § 54 GemO.[81]   **46**

Schaubild: Prüfungsschema Satzungen
1. Vorprüfung: Liegt eine Satzung vor?
2. Rechtsgrundlage benennen (Generalklausel – § 4 I GemO – oder spezielle Ermächtigung – § 2 KAG, §§ 10 Abs. 1, 142 Abs. 1 BauGB, § 74 LBO, § 41 Abs. 2 StrG usw. -)
3. Formelle Rechtmäßigkeit
    a) Zuständigkeit
    b) Verbandskompetenz der Gemeinde (wird z.T. auch unter materieller Rechtmäßigkeit geprüft)
    c) Organkompetenz Gemeinderat
    d) Einhaltung der Verfahrensvorschriften
       (insbes. §§ 18, 34, 35 Abs. 1, 37 GemO, nicht aber der Geschäftsordnung des Gemeinderates, die nur Binnenwirkung hat)
    e) Genehmigung der Aufsichtsbehörde, soweit vorgeschrieben
       (z.B. § 10 Abs. 2 BauGB, § 74 Abs. 6 LBO)
    f) Unterschrift u. Ausfertigung durch Bürgermeister
    g) Öffentliche Bekanntmachung (§ 1 DVO GemO, Bekanntmachungssatzung)

---

78 VGH BW, Urt. v. 24.10.2013 – 1 S 347/13, juris Rn. 50, zur Unzuständigkeit des Gemeinderats für den Erlass einer länger als einen Monat geltenden PolVO.
79 VGH BW, Beschl. v. 30.07.1996 – 5 S 1486/95, juris Rn. 39.
80 Damit kann die Ausfertigungsbefugnis vom Bürgermeister nicht auf Gemeindebedienstete delegiert werden; als nicht entscheidungserheblich offen gelassen in VGH BW, Beschl. v. 30.07.1996 – 5 S 1486/95, juris Rn. 34. Die Maßstäbe der Ausfertigung, insbes. der „gedanklichen Schnur" (oben Rn. 17) werden in dieser Entscheidung auch auf Rechtsverordnungen angewendet (juris Rn. 30).
81 S. hierzu § 15 Rn. 52 ff.

4. Materielle Rechtmäßigkeit
   a) entspr. Rechtsgrundlage
      (keine Grundrechtseingriffe auf Generalklausel stützen!)
   b) Übereinstimmung mit höherrangigem Recht (einschl. Verfassung)
   c) Unbeachtlichkeitsvorschriften (§§ 4 Abs. 4, 18 Abs. 6 GemO, §§ 214, 215 BauGB)

§ 19
Wirtschaftliche Betätigung der Gemeinde

Literatur: *Badura*, Wirtschaftliche Betätigung der Gemeinde zur Erledigung von Angelegenheiten der örtlichen Gemeinschaft im Rahmen der Gesetze, DÖV 1998, 818 ff.; *Ehlers*, Rechtsprobleme der Kommunalwirtschaft, DVBl. 1998, 497 ff.; *Berg*, Die wirtschaftliche Betätigung von Kommunen – Kommunale Selbstverwaltung und Wettbewerb, WiVerw 2000, 141 ff.; *Britz*, „Kommunale Gewährleistungsverantwortung" – Ein allgemeines Element des Regulierungsrechts in Europa?, DV 37 (2004), 145 ff.; *Heilshorn*, Die Neufassung der kommunalwirtschaftlichen Subsidiaritätsklausel, VBlBW 2007, 161 ff.

Zur Vertiefung: *Stern/Püttner*, Die Gemeindewirtschaft – Recht und Realität, 1965; *Hidien*, Gemeindliche Betätigungen rein erwerbswirtschaftlicher Art und „öffentlicher Zweck" kommunaler wirtschaftlicher Unternehmen, 1981; *Erichsen*, Gemeinde und Private im wirtschaftlichen Wettbewerb, 1987; *Ehlers*, Empfiehlt es sich, das Recht der öffentlichen Unternehmen im Spannungsverhältnis von öffentlichem Auftrag und Wettbewerb national und gemeinschaftsrechtlich neu zu regeln?, Gutachten E zum 64. DJT 2002; *Heilshorn*, Gebietsbezug der Kommunalwirtschaft, 2003; *Burgi*, Privatisierung öffentlicher Aufgaben, Gutachten D zum 67. DJT 2008; *Schmidt-Leithoff*, Gemeindewirtschaft im Wettbewerb, 2009.

Fallbeispiele: *Sauer*, JuS 2004, 1085 ff.; *Winkler*, JA 2004, 144 ff.; *Kramer*, JuS 2005, 1015 ff.; *Bickenbach*, JuS 2006, 1091 ff.

I. Kommunale Wirtschaftstätigkeit

Die **kommunale Wirtschaftstätigkeit** hat eine lange Tradition. Zu den *herkömmlichen Betätigungsfeldern* zählen insbesondere die Versorgungswirtschaft (insb. Strom- und Wasserversorgung), Verkehrsunternehmen (Nahverkehrsunternehmen, Binnenhäfen, Flughäfen) sowie Kreditinstitute und Versicherungen.[82] In der jüngeren Vergangenheit haben sich die Kommunen über diese klassischen Aufgabenfelder hinaus zahlreiche *neue Tätigkeitsfelder* erschlossen. 1

Beispiele: Angebot bisher nur innerhalb der Gemeindeorganisation erbrachter Dienstleistungen an Außenstehende (Werkstattleistungen, Reinigungsarbeiten, Consulting- und Planungsaufgaben, Vermessungs- und Katasterleistungen, Gartenpflege, Leistungen städtischer Druckereien, Telekommunikationsdienstleistungen, Touristikangebote, Gebäudemanagement oder Rundumservice bei der Elektrizitätsversorgung, Energieberatung). 2

Die *Gründe* für diese Ausweitung kommunaler Wirtschaftstätigkeit liegen unter anderem in einer Veränderung des wirtschaftlichen Umfelds (Stichwort: Globalisierung), in der kommunalen Finanznot und der Freigabe ehemaliger Monopole für den Wettbewerb (z.B. Energieversorgung und Abfallwirtschaft). Die ohnehin vielschichtige politische und juristische Diskussion der zutreffenden Abgrenzung öffentlicher und privater Wirtschaftstätigkeit wird dadurch – und durch europarechtliche Einflüsse – noch verstärkt. 3

---

[82] Näher dazu etwa *Stern/Püttner*, Gemeindewirtschaft, S. 11 ff.; *Hidien*, Betätigungen, S. 35 ff.; *Emmerich*, Wirtschaftsrecht, S. 24 ff.

1. Unionsrecht

4 Das europäische Gemeinschaftsrecht hat eine **erhebliche Bedeutung** für die öffentliche und speziell die kommunale Wirtschaftstätigkeit.[83] Dies gilt für *gemeinschaftsrechtliche Regulierungen* ebenso wie für die *Deregulierung* verschiedener Bereiche, die zu einem hohen Wettbewerbsdruck auch für kommunale Unternehmen führt. Die europarechtlichen Vorgaben enthalten zudem sowohl *Beschränkungen* als auch *Gewährleistungen* der kommunalen Wirtschaftstätigkeit.

5 Nach Art. 345 AEUV lassen die europäischen Verträge die Eigentumsordnung in den Mitgliedstaaten unberührt. Hierin kommt auch die grundsätzliche **Neutralität des Gemeinschaftsrechts** gegenüber der öffentlichen Wirtschaftstätigkeit in den Mitgliedstaaten zum Ausdruck.[84] Die grundsätzliche Akzeptanz eines öffentlichen Sektors mit seinen strukturbestimmenden Merkmalen ergibt sich auch aus Art. 106 Abs. 1 AEUV, der öffentliche Unternehmen den **Wettbewerbsregeln** des AEUV unterwirft.[85] Dies umfasst jedenfalls die *Errichtung öffentlicher Unternehmen* als auf die Erfüllung bestimmter öffentlicher Aufgaben ausgerichteter Einheiten.[86]

6 Für die **Tätigkeit** öffentlicher Unternehmen sind – bei Erfüllung der Zwischenstaatlichkeitsklausel[87] – vor allem die europäischen *Wettbewerbsregeln* bedeutsam. Das europäische Wettbewerbsrecht zielt auf ein System, das den Wettbewerb innerhalb des Binnenmarkts vor Verfälschungen schützt. Leitbild ist der Grundsatz einer *offenen Marktwirtschaft mit freiem Wettbewerb* (Art. 119 Abs. 1, Art. 120 S. 2 AEUV). Gemäß Art. 106 Abs. 1 u. 2 AEUV gelten für öffentliche Unternehmen grundsätzlich dieselben Vorgaben wie für Privatunternehmen. Dies gilt insbesondere für die *Grundfreiheiten* und das *Wettbewerbsrecht*. Vergleichbare weitere Vorgaben wie auf nationaler Ebene (z.B. Erfüllung eines öffentlichen Zwecks; Subsidiarität)[88] bestehen europarechtlich nicht.

7 Art. 106 Abs. 1 AEUV untersagt den Mitgliedstaaten, in Bezug auf öffentliche Unternehmen oder auf Unternehmen mit besonderen oder ausschließlichen Sonderrechten Maßnahmen zu treffen oder beizubehalten, die dem AEUV widersprechen. **Öffentliche Unternehmen** sind dabei (unabhängig von der Rechtsform[89]) alle Unternehmen, auf die die öffentliche Hand aufgrund Eigentums, finanzieller Beteiligung, Satzung oder sonstiger Bestimmungen unmittelbar oder mittelbar beherrschenden Einfluss ausüben kann.[90] **Unternehmen mit Sonderrechten** sind solche, denen der Staat Monopolrechte oder sonstige Privilegien gewährt.[91]

8 Art. 106 Abs. 1 AEUV fordert zwar, dass öffentliche und private Unternehmen grundsätzlich gleichbehandelt werden.[92] Eine absolute *Wettbewerbs- oder Chancen-*

---

83 Zur „Europäisierung der kommunalen Selbstverwaltung" *Schmahl*, DÖV 1999, 852 ff.; allgemein zu Gemeinden und Europa in § 4.
84 *Hailbronner*, NJW 1991, S. 593 (597) (zu Art. 222 EWGV); vgl. auch *Tettinger*, DVBl. 1999, 679 (681).
85 *Ronellenfitsch*, in: Hoppe/Uechtritz/Reck, Unternehmen, § 3 Rn. 25.
86 Vgl. *Ehlers*, Verwaltung, 1984, S. 95 f. Aufgrund Art. 295 EG (jetzt Art. 345 AEUV) die Vereinbarkeit der Anstaltslast und Gewährträgerhaftung für öffentliche Kreditinstitute mit dem EG bejahend *Thode/Peres*, VerwArch. 89 (1998), 439 (461 f.); a.A. *Kruse*, NVwZ 2000, 721 (723) m.w.N.
87 Dazu näher unter Rn. 248.
88 Dazu unter 21 ff.
89 EuGH, Urt. v. 23.04.1991 – Rs. C 41/90 (Höfner-Elser).
90 Art. 2 b) der Richtlinie 2006/111/EG über die Transparenz der finanziellen Beziehungen zwischen den Mitgliedstaaten und den öffentlichen Unternehmen sowie über die finanzielle Transparenz innerhalb bestimmter Unternehmen vom 16.11.2006 – ABl. L 318/17.
91 Art. 2 f) und g) der Richtlinie 2006/111/EG vom 16.11.2006 – ABl. L 318/17.
92 *Oppermann/Classen/Nettesheim*, Europarecht, § 21 Rn. 43.

gleichheit kommunaler Unternehmen folgt daraus jedoch nicht.[93] **Nationale Beschränkungen** der öffentlichen Wirtschaftstätigkeit sind unionsrechtlich grundsätzlich zulässig.[94]

Die Wettbewerbsregeln des AEUV gelten für Unternehmen, die mit **Dienstleistungen von allgemeinem wirtschaftlichen Interesse** betraut sind, nur insoweit, als ihre Anwendung nicht die Erfüllung der ihnen übertragenen besonderen Aufgaben verhindert (Art. 106 Abs. 2 S. 1 AEUV).[95] Dienstleistungen von allgemeinem wirtschaftlichen Interesse (wirtschaftliche Daseinsvorsorge) umfassen wirtschaftliche Tätigkeiten, die von den Mitgliedstaaten oder der Gemeinschaft mit besonderen Gemeinwohlverpflichtungen verbunden und die im Interesse der Allgemeinheit erbracht werden, etwa Leistungen des netzgebundenen Verkehrswesens, der Postdienste, des Energiesektors oder der Telekommunikation.[96] Die *effektive Aufgabenerfüllung* hat in diesen Bereichen Vorrang vor dem Wettbewerbsprinzip.[97]

Neben den Wettbewerbsregeln gilt über Art. 106 Abs. 1 AEUV für öffentliche Unternehmen auch das **Beihilfeverbot** des Art. 107 Abs. 1 AEUV.[98] Im Anwendungsbereich der Beihilfevorschriften gilt jedoch ebenfalls der Vorrang effektiver Aufgabenerfüllung bei Dienstleistungen von allgemeinem wirtschaftlichen Interesse nach Art. 106 Abs. 2 S. 1 AEUV.

2. Nationales Verfassungsrecht

Die kommunale Wirtschaftstätigkeit zählt zum verfassungsrechtlich geschützten Kernbereich der kommunalen **Selbstverwaltungshoheit**.[99] Dies gilt sowohl für die klassischen Aufgabenfelder als auch moderne Formen kommunaler Daseinsvorsorge.[100] Zuordnungssubjekt des verfassungsrechtlichen Schutzes ist die *Gemeinde*, nicht ihre rechtlich selbstständigen Unternehmen.

Ungeachtet des Gewährleistungsgehaltes von Art. 28 Abs. 2 S. 1 GG sind die Kommunen jedoch auch bei ihrer wirtschaftlichen Betätigung an die öffentlich-rechtliche **Kompetenzordnung** und die **Grundrechte** gebunden.[101]

Detaillierte Vorgaben für die kommunale Wirtschaftstätigkeit finden sich auf **einfachgesetzlicher Ebene**. Diese Vorschriften müssen als Beschränkung der Selbstverwaltungsgarantie jeweils mit Art. 28 Abs. 2 S. 1 GG und den weiteren verfassungsrechtlichen Vorgaben vereinbar sein.

---

93 Anders z.B. *Nagel*, Gemeindeordnung als Hürde?, 1999, S. 45 ff. unter Verweis u.a. auf die unionsrechtliche Forderung nach einem unverfälschten Wettbewerb; hiergegen *Ehlers*, Gutachten E, S. 42 f.
94 Dazu *Heilshorn*, Gebietsbezug, S. 177 ff.
95 Dazu z.B. *Emmerich*, in: Dauses (Hrsg.), EU-Wirtschaftsrecht, Bd. 2, H.II, Rn 137 ff.; *Oppermann/Classen/Nettesheim*, Europarecht, § 21 Rn. 46 ff.
96 Weißbuch zu Dienstleistungen von allgemeinem wirtschaftlichen Interesse v. 15.05.2004 – KOM 2004, 374 endg.
97 *Ronellenfitsch*, in: Hoppe/Uechtritz/Reck, Unternehmen, § 2 Rn. 11, § 3 Rn. 26.
98 Dazu näher unter Rn. 255 ff.
99 Dazu ausführlich bereits *Stern/Püttner*, Gemeindewirtschaft, S. 160 ff. m.w.N.; zur Selbstverwaltungshoheit vgl. auch § 5.
100 Zur Entwicklungsoffenheit der Angelegenheiten der örtlichen Gemeinschaft vgl. unter § 5 Rn. 25. Zur historischen Entwicklung der kommunalen Wirtschaftstätigkeit und ihrer heutigen Situation *Ronellenfitsch/Ronellenfitsch*, in: Hoppe/Uechtritz/Reck, Unternehmen, § 1 Rn. 16 ff.
101 Dazu unter § 10 Rn. 35 ff.

3. §§ 102 ff. GemO BW

a) Zielsetzungen

14 Die öffentliche Hand hat eine **Wahlfreiheit** zwischen den Handlungs- und Organisationsformen des *öffentlichen* und des *privaten* Rechts.[102] Diese Freiheit wird durch die §§ 102 ff. GemO konkretisiert und teilweise eingeschränkt.[103] Diese Vorschriften verfolgen unterschiedliche **Zielsetzungen**:[104]

- Schaffung von Organisations- und Handlungsformen für ein *effizientes wirtschaftliches Tätigwerden* der Gemeinden;
- Begrenzung von *Risiken und Gefahren*, die sich für Kommunen aus ihrer wirtschaftlichen Betätigung ergeben können;
- Vermeidung von *Interessenkonflikten* zwischen der Kommune als Hoheitsträger einerseits und den tendenziell nach Selbstständigkeit strebenden kommunalen Gesellschaften andererseits;
- Wahrung der *Einflussmöglichkeiten* der demokratisch gewählten Gemeindeorgane;
- Verhinderung eines *Verdrängungswettbewerb* zulasten der Privatwirtschaft.

15 Diese Einschränkungen des Selbstverwaltungsrechts sind durch überwiegende Gründe des öffentlichen Wohls gerechtfertigt und damit **verfassungsrechtlich zulässig**.[105]

b) Systematik, Anwendungsbereich, Begriffe

aa) Struktur

16 Die §§ 102 ff. GemO richten sich in erster Linie an **wirtschaftliche Unternehmen**. Davon abzugrenzen sind die **nichtwirtschaftlichen Unternehmen, Einrichtungen** und **Hilfsbetriebe**, auf welche die Vorschriften nur sehr eingeschränkt anwendbar sind.

17 Zudem unterscheiden die §§ 102 ff. GemO zwischen **öffentlich-rechtlichen** und **privatrechtlichen Unternehmen** und verschiedenen Rechtsformen privatrechtlicher Unternehmen.

18 Schließlich existieren verschiedene **Spezialvorschriften** wie z.B. § 102 Abs. 5 S. 1 GemO für *Bankunternehmen*, § 102 Abs. 5 S. 2 GemO i.V.m. dem SparkG für *Sparkassen*, § 103 Abs. 3 GemO für sog. *gemischtwirtschaftliche Unternehmen*, § 105a GemO für *mittelbare Beteiligungen* und § 106 GemO für die *Veräußerung* von Unternehmen und Beteiligungen. Die Vorschriften richten sich jeweils an die *Gemeinden*, nicht aber an die Unternehmen selbst.

---

102 Dazu bereits unter § 10 Rn. 29 ff.; zudem *Püttner*, Unternehmen, S. 81 ff.; *Ehlers*, Verwaltung, S. 64 ff. (mit Darstellung des Meinungsstandes).
103 Zur Übernahme der Regelungskonzeption der §§ 67 ff. DGO vgl. *Hidien*, Betätigungen, S. 24 ff. Zu den Ausgestaltungsbefugnissen des Landesgesetzgebers *Schoch*, DVBl. 1994, S. 1 (5 f.).
104 Dazu z.B. *Kunze/Bronner/Katz*, GemO, § 102 Rn. 8 ff.
105 Zur Gesetzgebungskompetenz vgl. VerfGH Sachsen, Urt. v. 20.05.2005 – Vf. 34-VIII-04, juris Rn. 112 ff.

bb) Wirtschaftliche Betätigung der Gemeinden: Begriff und Abgrenzung

Unter **wirtschaftlichen Unternehmen** i.S.v. § 102 Abs. 1 GemO werden in Anlehnung an die vorläufige Ausführungsanweisung zu § 67 DGO[106] solche Einrichtungen verstanden, die *auch von einem Privatunternehmer* mit der *Absicht der Gewinnerzielung* betrieben werden können.[107] Dabei ist nicht erforderlich, dass tatsächlich eine private Konkurrenz besteht. 19

Soweit andere GemO auf die „**wirtschaftliche Betätigung**" der Gemeinden abstellen,[108] führt dies zu einer Kontrolle der *laufenden Aufgabenwahrnehmung*.[109] Bei Zugrundelegung des „wirtschaftlichen Unternehmens" sind hingegen die Organisationsakte der *Errichtung*, *Übernahme* oder *wesentlichen Erweiterung* dieser Einheiten bzw. der *Beteiligung* maßgeblich (vgl. § 102 Abs. 1 GemO). Hier wird z.B. eine nicht unerhebliche Ausweitung des Leistungsumfangs oder die zusätzliche Übernahme eines neuen Geschäftszweiges als *wesentliche Erweiterung* erfasst.[110] Eine bloße Änderung der Leistungsrichtung[111] unterfällt dagegen *keiner* Zulässigkeitsprüfung nach § 102 Abs. 1 GemO. Die Notwendigkeit insbesondere einer *öffentlichen Zwecksetzung* ergibt sich in einem solchen Fall aber unmittelbar aus der Verfassung.[112] 20

c) Schrankentrias

Die grundlegenden Zulässigkeitsvoraussetzungen für kommunale wirtschaftliche Unternehmen sind in § 102 Abs. 1 GemO im Sinne einer **Schrankentrias** geregelt. Diese Vorgaben gelten „ungeachtet der Rechtsform", also sowohl für *öffentlich-rechtlich* als auch *privatrechtlich* organisierte Unternehmen. 21

Nach § 102 Abs. 1 GemO darf die Gemeinde wirtschaftliche Unternehmen nur errichten, übernehmen oder wesentlich erweitern oder sich daran beteiligen, wenn 22

- der **öffentliche Zweck** das Unternehmen rechtfertigt,
- das Unternehmen nach Art und Umfang in einem angemessenen Verhältnis zur **Leistungsfähigkeit** der Gemeinde und zum voraussichtlichen **Bedarf** steht und
- bei einem Tätigwerden außerhalb der kommunalen Daseinsvorsorge der Zweck nicht ebenso gut und wirtschaftlich durch einen **privaten Anbieter** erfüllt wird oder erfüllt werden kann. Über ein Tätigwerden in diesem Sinn entscheidet der Gemeinderat nach Anhörung der örtlichen Selbstverwaltungsorganisationen von Handwerk, Industrie und Handel (vgl. § 102 Abs. 2 GemO).

---

106 Abgedruckt etwa bei *Surén/Loschelder*, Die Deutsche Gemeindeordnung vom 30.01.1935, Bd. 2, 1940, S. 87 f.
107 BVerwG, Urt. v. 22.02.1972 – I C 24.69, juris Rn. 15; vgl. auch z.B. VGH BW, Beschl. v. 06.03.2006 – 1 S 2490/05, juris Rn. 9: Vermietung eines Raumes im Kreishaus ist kein Unternehmen. Zu den verschiedenen Varianten der Definition des wirtschaftlichen bzw. öffentlichen Unternehmens etwa *Stern/Püttner*, Gemeindewirtschaft, S. 54 ff.; *Püttner*, Unternehmen, S. 23 ff. Zu Definitionen anderer GemO vgl. § 107 Abs. 1 S. 3 GemO NW; § 100 Abs. 1 GemO Bbg.
108 § 100 Abs. 2 GemO Bbg; § 107 Abs. 1 GemO NW; § 116 Abs. 1 GemO LSA; ähnlich § 108 Abs. 1 GemO Nds. Zum einheitlichen kommunalen Unternehmensrecht der GemO Bay vgl. *Köhler*, BayVBl. 2000, 1 ff.
109 *Schoch*, DVBl. 1994, 962 (972); *Ehlers*, DVBl. 1998, 497 (498); *Ehlers* (Gutachten E, S. 134 f., 137) befürwortet eine Übernahme dieser Regelungen auch in den anderen Bundesländern.
110 Hierzu OLG München, Urt. v. 20.04.2000 – 6 U 4072/99 (aufgehoben durch BGH, Urt. v. 25.04.2002 – I ZR 250/00 –).
111 Bsp.: Versorgung anderer als der bisherigen Abnehmer.
112 Zum allgemeinen Erfordernis eines öffentlichen Zwecks BVerfG, Urt. v. 17.05.1961 – 1 BvR 561/60, BVerfGE 12, 354 (364 ff.); zudem *Heilshorn*, Gebietsbezug, S. 145 ff. m.w.N.

23 Vor Inkrafttreten einer gesetzlichen Regelung rechtmäßig errichtete Unternehmen genießen in der Regel mit Blick auf das rechtsstaatliche Vertrauensprinzip und den Wirtschaftlichkeitsgrundsatz **Bestandsschutz**.[113]

aa) Der öffentliche Zweck (§ 102 Abs. 1 Nr. 1 GemO)

24 Zentrale Zulässigkeitsvoraussetzung ist die Rechtfertigung der wirtschaftlichen Betätigung durch einen **öffentlichen Zweck**.[114] Dieses Erfordernis ist bereits *verfassungsrechtlich* begründet.[115]

25 Bei dem öffentlichen Zweck handelt es sich um einen *unbestimmten Rechtsbegriff*, bei dessen Anwendung der Gemeinde eine **Einschätzungsprärogative** zukommt.[116] Trotz verbleibender Auslegungsschwierigkeiten[117] ist der öffentliche Zweck bis zu einem gewissen Maße der Konkretisierung zugänglich und muss in diesen Grenzen auch von den Gemeinden beachtet werden.[118]

26 Der notwendige öffentliche Zweck erfordert eine „Durchdringung des Unternehmenscharakters mit der Gemeinwohlfunktion".[119] Der näheren Konkretisierung dieses **Gemeinwohlbezugs** auf kommunaler Ebene sind die folgenden Gesichtspunkte zugrunde zu legen.

(1) Die Gemeindeeinwohner als maßgebliche Öffentlichkeit

27 Nach § 1 Abs. 2 GemO fördert die Gemeinde in bürgerschaftlicher Selbstverwaltung „das gemeinsame Wohl ihrer **Einwohner**." Die von den Gemeinden danach zu verfolgende Gemeinwohlaufgabe bezieht sich nicht auf eine unbestimmte Allgemeinheit, sondern auf das Gemeinwohl *der in der Gemeinde wohnenden Menschen*. Die öffentliche Zwecksetzung gemeindlicher Unternehmen muss damit auf die Bedürfnisse der jeweiligen Einwohnerschaft als Summe der Verbandsmitglieder ausgerichtet sein.[120]

(2) Sozialwirtschaftliche Zielsetzungen

28 Des Weiteren sind sozialwirtschaftliche und erwerbswirtschaftliche Zielsetzungen zu unterscheiden. Eine rein **erwerbswirtschaftliche** Betätigung der öffentlichen Hand

---

113 VGH BW, Beschl. v. 29.11.2012 – 1 S 1258/12, juris Rn. 72; für bei Inkrafttreten der GemO bereits vorhandene Unternehmen *Kunze/Bronner/Katz*, GemO, § 102 Rn. 26; vgl. dazu auch *Heilshorn*, Gebietsbezug, S. 155 f.
114 Nach Art. 87 Abs. 1 S. 1 Nr. 1 GemO Bay und § 107 Abs. 1 S. 1 Nr. 1 GemO NW muss ein öffentlicher Zweck die Betätigung bzw. das Unternehmen „erfordern".
115 Vgl. oben Fn. 112.
116 Grundlegend BVerwG, Urt. v. 22.02.1972 – I C 24.69, juris Rn. 17; einschränkend OVG NW, Beschl. v. 01.04.2008 – 15 B 122/08, juris Rn. 74 ff.; zu den verbleibenden Möglichkeiten der gerichtlichen bzw. kommunalaufsichtlichen Überprüfung *Badura*, DÖV 1998, 818 (821).
117 Kritisch zur möglichen Konkretisierung etwa *Emmerich*, Wirtschaftsrecht, S. 156 ff. Insgesamt kritisch zur praktischen Wirksamkeit der Vorgaben für die Kommunalwirtschaft *Schoch*, DÖV 1993, 377 (380).
118 Beispiele zu Grenzziehungen aus der Rechtsprechung OLG Düsseldorf, Urt. v. 10.10.1996 – 2 U 65/96, NJW-RR 1997, 1470 (1471 f.); OLG Hamm, Urt. v. 23.09.1997 – 4 U 99/97, DVBl. 1998, 792 (793) (jeweils zu § 107 Abs. 1 Nr. 1 GemO NW a.F. – „dringender" öffentlicher Zweck); OLG Düsseldorf, Urt. v. 29.05.2001 – 20 U 152/00, GewArch 2001, 370 (372); vgl. auch die Bsp. bei *Hidien*, Betätigungen, S. 52 ff.
119 So *Stern*, BayVBl 1962, 129 (130).
120 Vgl. *Hidien*, Betätigungen, S. 153 ff.; grundlegend zu den Bedeutungsmöglichkeiten des Rechtsbegriffs „öffentlich" *Martens*, Öffentlich als Rechtsbegriff, 1969.

I. Kommunale Wirtschaftstätigkeit

ist unzulässig.[121] **Sozialwirtschaftliche** Betätigungen sind dagegen verfassungsrechtlich vor allem durch das Sozialstaatsprinzip legitimiert.[122]

Zulässig sind insbesondere Maßnahmen der sog. **Daseinsvorsorge**,[123] die den Gemeinden innerhalb des ihnen verfassungsrechtlich zugewiesenen Aufgabenbereiches als Bestandteil ihres Selbstverwaltungsrechts gewährleistet sind. Der öffentliche Zweck ist jedoch **nicht gleichbedeutend** mit der Daseinsvorsorge,[124] was auch durch § 102 Abs. 1 Nr. 3 GemO BW belegt wird. Auf eine sozialstaatliche Legitimation rückführbar sind ganz allgemein Maßnahmen der *(örtlichen) Infrastruktur-, Konjunktur-, Arbeitsbeschaffungs- und Wettbewerbspolitik sowie städtebauliche Entwicklungs- und Sanierungsmaßnahmen*. In den gemeindlichen Aufgabenbereich fallen damit insbesondere die Versorgung der Bevölkerung mit Sach- und Dienstleistungen, die Verbesserung der örtlichen Infrastruktur, Maßnahmen des Umweltschutzes sowie die Monopolkontrolle oder Förderung der Wirtschaft.[125] Diese Zielsetzungen müssen sich jedoch jeweils auf die Befriedigung des *Wohls der eigenen Einwohner* beziehen. Auch die gemeindliche Legitimation zur Daseinsvorsorge beschränkt sich auf die Versorgung ihrer Einwohner.[126]

29

Beispiele: Kommunale **Bestattungsunternehmen** dienen einem öffentlichen Zweck.[127]

30

Die **Schaffung von Arbeitsplätzen** stellt nur unter bestimmten Voraussetzungen einen öffentlichen Zweck dar. Zum einen ist mit der Gründung eines Unternehmens unabhängig vom konkreten Unternehmensgegenstand fast immer die Schaffung von Arbeitsplätzen verbunden, so dass die öffentliche Zwecksetzung ihre *eingrenzende Funktion* andernfalls weitgehend verlieren würde. Zum anderen werden durch eine Ausweitung öffentlicher Wirtschaftstätigkeit oftmals keine neuen Arbeitsplätze geschaffen, da es zu einer *Verlagerung* vorhandener oder möglicher neuer Kapazitäten vom privatwirtschaftlichen in den öffentlichen Sektor kommt.[128] Daher ist zumindest zu fordern, dass die Nichtgründung oder -ausweitung des öffentlichen Unternehmens tatsächlich *insgesamt* zu einem Arbeitsplatzverlust führen würde.

31

Die Gründung kommunaler Gesellschaften, die (schwervermittelbaren) Arbeitsuchenden **Arbeits- und Fortbildungsplätze anbieten**, ist durch den öffentlichen Zweck der Arbeitsplatzsicherung gerechtfertigt, jedenfalls wenn es nicht zu einer Verdrängung „regulärer" Arbeitsplätze kommt.

32

Kommunale **Wohnungsbauunternehmen** sind grundsätzlich als wirtschaftliche Unternehmen einzustufen. Ihre Gründung und Betätigung soll eine gemeinwohlbestimmte Zweckbestimmung auch dann aufweisen, wenn sie nicht nur im sozialen Wohnungsbau, sondern daneben auch in *anderen Bereichen des Wohnungsbaus* tätig werden.[129]

33

Ein öffentlicher Zweck ist für die **kommunale Wohnungsvermittlung** jedenfalls gegeben, wenn durch ihre Tätigkeit soziale Missstände beseitigt werden sollen.[130] Entsprechendes gilt

34

---

121 Näher dazu unter Rn. 39 ff.
122 Vgl. dazu etwa *Ehlers*, Verwaltung, S. 89 ff.; *Grupp*, ZHR 140 (1976), 367 (369 ff.).
123 Dazu näher unter § 5 Rn. 20.
124 BVerwG, Urt. v. 22.02.1972 – I C 24.69, juris Rn. 17; anders wohl z.B. *Stern*, BayVBl. 1962, 129 (130 f.).
125 Vgl. dazu etwa *Ehlers*, DVBl. 1998, 497 (498 f.); *Moraing*, WiVerw 1998, 233 (252); zur Konkretisierung des öffentlichen Zwecks zudem *Hidien*, Betätigung, insb. S. 121 ff., 138 ff., 220 ff. Als Beispiel für eine (nicht abschließende) gesetzliche Aufzählung vgl. § 3 Abs. 2 GemO Bbg.
126 *v. Mutius*, Sind weitere rechtliche Maßnahmen zu empfehlen, um den notwendigen Handlungs- und Entfaltungsspielraum der kommunalen Selbstverwaltung zu gewährleisten?, Gutachten E zum 53. DJT 1980, München 1980, S. 106; *Erichsen*, Kommunalrecht, § 16 B 2 d (S. 373); anders wohl OVG RP, Urt. v. 21.03.2006 – 2 A 11124/05, juris Rn. 22 ff.
127 BVerwG, Urt. v. 22.02.1972 – I C 24.69, juris Rn. 17 f.; zum Wettbewerbsrecht BGH, Urt. v. 11.05.1989 – I ZR 91/87.
128 Ebenso *Ossenbühl*, Bestand und Erweiterung des Wirkungskreises der Deutschen Bundespost, 1980, S. 113; vgl. auch OLG Düsseldorf, Urt. v. 29.05.2001 – 20 U 152/00, juris Rn. 53.
129 VGH BW, Beschl. v. 29.11.2012 – 1 S 1258/12, mit Bespr. *Engel/Klimpel*, VBlBW 2013, 161 (163).
130 Dazu BVerwG, Beschl. v. 01.03.1978 – VII B 144.76.

auch für die *Grundstücksmaklertätigkeit* eines gemeindlichen Unternehmens. Sie erfüllt zumindest dann einen öffentlichen Zweck, wenn die Tätigkeit der Förderung der Wirtschaftsstruktur einer Gemeinde zu dienen bestimmt ist.[131]

35 **Kommunale Technologie- und Existenzgründungszentren** können der örtlichen Wirtschaftsförderung, Arbeitsplatzsicherung oder Verbesserung der Infrastruktur dienen.

36 **Kommunale Reisebüros** und ähnliche Einrichtungen dienen regelmäßig keinem öffentlichen Zweck. Anderes gilt für die Tourismuswerbung für die Gemeinde als solche, etwa als Kur-, Bäder- oder Ferienort oder als Kongresszentrum.

37 **Kommunale Einkaufsgemeinschaften** bündeln die Nachfrage und dienen dazu, am Markt günstigere Konditionen aushandeln zu können als bei Alleinauftritt. In der Regel handelt es sich um GmbHs, deren Anteile zu 100 % in kommunaler Hand sind. Sie sind wirtschaftliche Unternehmen und dienen deshalb dem öffentlichen Zweck sparsamen Wirtschaftens. Sie fallen unter § 1 GWB und sind deshalb *Kartelle*, sind aber ausnahmsweise als „Mittelstandskartelle" bei Zusammenschluss kleinerer und mittlerer Gemeinden nach § 4 Abs. 2 GWB zulässig.[132]

38 Nähere Konturen gewinnt der Begriff der sozialwirtschaftlichen Betätigung vor allem durch die *Abgrenzung von der unzulässigen reinen Erwerbswirtschaft.*[133]

(3) Erwerbswirtschaftliche Betätigung

39 Die **alleinige Gewinnerzielungsabsicht** stellt keinen öffentlichen Zweck dar.[134] Ein Unternehmen muss „unmittelbar durch seine Leistung, nicht nur mittelbar durch seine Gewinne und Erträge dem Wohl der Gemeindebürger dienen. Rein erwerbswirtschaftlich-fiskalische Unternehmen sind den Gemeinden untersagt."[135]

40 Neben *verfassungsrechtlichen Gründen*[136] wird für dieses Ergebnis unter anderem verwiesen auf die *amtliche Begründung zu § 67 DGO*[137], in dessen Nachfolge die heutigen Vorschriften der Gemeindeordnungen zu sehen sind.[138] Auch werden in den Gemeindeordnungen der öffentliche Zweck und das Gewinnstreben nebeneinander genannt bzw. gegenüber gestellt.[139] Zudem wäre der notwendigen öffentlichen Zwecksetzung jedwede *eingrenzende Funktion* abzusprechen, würde sie auch das reine Gewinnstreben umfassen.[140]

41 Wirtschaftliche Unternehmen sollen jedoch einen **Ertrag für den Haushalt** abwerfen (§ 102 Abs. 3 GemO). Der *annexweisen Wahrnehmung* einer erwerbswirtschaftlichen Betätigung bei Gelegenheit der Erfüllung einer durch einen öffentlichen Zweck gerechtfertigten Tätigkeit steht das Verbot der reinen Erwerbswirtschaft somit in der

---

131 VGH BW, Urt. v. 15.08.1994 – 1 S 1613/93, juris Rn. 20.
132 BGH, Urt. v. 12.11.2002 – KZR 11/01; hierzu *Schindler*, KommJur 2004, 121 ff.
133 *Ehlers*, Verwaltung, S. 89 f.; *Isensee*, DB 1979, 145 (149); kritisch zur Wirksamkeit dieser Abgrenzung z.B. *Berg*, GewArch 1990, 225 (228 f.).
134 Z.B. *Stern*, BayVBl. 1962, 129 (130); *Ehlers*, Verwaltung, S. 92 f., 96 f.; *Berg*, GewArch 1990, 225 (228); *Badura*, DÖV 1998, 818 (821); aus der Rechtsprechung z.B. OLG Düsseldorf, Urt. v. 29.05.2001 – 20 U 152/00; näher dazu m.w.N. *Hidien*, Betätigungen, S. 138 ff.; vgl. auch LT-Drs. 12/5615 v. 17.10.2000, S. 28.
135 BVerfG, Beschl. v. 08.07.1982 – 2 BvR 1187/80, juris Rn. 69; anders zum Unmittelbarkeitskriterium *Ehlers*, Gutachten E, S. 71, 138.
136 Dazu etwa *Ehlers*, Verwaltung, S. 93.
137 Abgedruckt bei *Surén/Loschelder*, DGO, Bd. II, S. 88 f.: „Es kann einer Gemeinde nie erlaubt sein, zu wirtschaften, wenn ihr einziges Ziel dabei das der Gewinnerzielung ist; …".
138 Bsp. für heutige einfachgesetzliche Ausschlüsse der reinen Erwerbswirtschaft: Art. 87 Abs. 1 S. 2 GemO Bay, § 116 Abs. 1 S. 2 GemO LSA.
139 Hierzu *Ehlers*, DVBl. 1998, 497 (499); siehe zudem *Schmidt-Jortzig*, in: HKWP Bd. 5, S. 58 f.
140 So auch *Ehlers*, DVBl. 1998, 497 (499); *Schink*, NVwZ 2002, 129 (134).

I. Kommunale Wirtschaftstätigkeit

Regel nicht entgegen.[141] Zulässig ist insbesondere die Vermarktung sonst *brachliegenden Wirtschaftspotentials*.[142] Da jedoch insbesondere die bessere Auslastung der gemeindlichen Unternehmen als solche keinen öffentlichen Zweck darstellt,[143] dürfen neue Kapazitäten nur in engen Grenzen geschaffen werden.[144] Die bewusste Schaffung von Überkapazitäten stellt keine zulässige Randnutzung mehr dar.[145]

Beispiele für **zulässige Annextätigkeiten** sind z.b. die Vermietung von *Werbeflächen* auf Straßenbahnen, in kommunalen Sportstadien oder amtlichen Mitteilungsblättern; die Vermietung von Räumen für ein Fitness-Studio auf einem Parkhaus;[146] der Verkauf von Abfallprodukten durch den Schlachthof oder das Gaswerk; die Zulassung einer Fremdnutzung kommunaler Räume bei freien Kapazitäten (z.b. Trauungsfeierlichkeiten im gemeindeeigenen Schloss); die private Grünflächenpflege durch kommunale Gartenbetriebe;[147] Reparaturdienstleistungen gegenüber Privaten durch den kommunalen Bauhof (Kraftfahrzeugservice usw.); die Vergabe von Nutzungsrechten an kommunaler Computersoftware an Dritte; die entgeltliche Schülernachhilfe durch die Volkshochschule;[148] *Beratungstätigkeiten („Consulting")* in Bereichen, in denen die Kommunen mit Blick auf ihre Aufgabenstellung besonderes Fachwissen besitzen (z.B. öffentliche Ver- und Entsorgungsbetriebe).[149] **42**

Beispiel für die **unzulässige Überdimensionierung** einer gemeindlichen Anlage: Eine kommunale Auto-Recycling-Anlage ist auf die Verwertung von 13.000 Altautos ausgerichtet, obwohl im Gesamtbereich der Trägergemeinde nur ein Aufkommen von max. 8.000 Fahrzeugen zu erwarten ist.[150] **43**

bb) Leistungsfähigkeit und Bedarfsorientierung

Gemeindliche Unternehmen müssen zudem nach Art und Umfang in einem angemessenen Verhältnis zur **Leistungsfähigkeit** der Gemeinde und zum **voraussichtlichen Bedarf** stehen (§ 102 Abs. 1 Nr. 2 GemO). **44**

Bezugspunkt der Leistungsfähigkeit ist die **Verwaltungs- und Finanzkraft** der Gemeinde.[151] Nicht zulässig sind Unternehmen, die aufgrund ihrer Größe oder des Umfangs ihrer Geschäftstätigkeit für die Gemeinde finanzielle Risiken mit sich bringen, die in keinem Verhältnis zur finanziellen Leistungsfähigkeit der Gemeinde stehen. **45**

Der Begriff der Leistungsfähigkeit ist ein **unbestimmter Rechtsbegriff mit Beurteilungsspielraum.** Die Ermittlung der Leistungsfähigkeit setzt eine Finanzanalyse und **46**

---

141 *Ehlers*, DVBl. 1998, 497 (500 f.); vgl. auch OLG Celle, Beschl. v. 12.02.2001 – 13 Verg 2/01, juris Rn. 11; vgl. auch VGH BW, Beschl. v. 06.03.2006 – 1 S 2490/05, juris Rn. 10, der den Aspekt der Randnutzung allerdings im Rahmen des Unternehmensbegriffs berücksichtigt.
142 *Moraing*, WiVerw 1998, 233 (253); *Ehlers*, DVBl. 1998, 497 (500); differenzierend *Schink*, NVwZ 2002, 129 (134 f.); vgl. auch BVerwG, Urt. v. 21.04.1989 – 7 C 48.88, juris Rn. 14 (postfremde Werbebeilagen der damaligen Deutschen Bundespost).
143 *Badura*, DÖV 1998, 818 (821); *Henneke*, Der Landkreis 1999, 656 (657).
144 OLG Hamm, Urt. v. 23.09.1997 – 4 U 99/97, juris Rn. 38, 42; vgl. zudem etwa *Britz*, NVwZ 2001, 380 (384 f.); zu großzügig OLG Celle, VergabeR 2001, 207 (208 f.).
145 OLG Hamm, Urt. v. 23.09.1997 – 4 U 99/97, juris Rn. 38; anders für nichtwirtschaftliche Einrichtungen wohl OVG RP, Urt. v. 21.03.2006 – 2 A 11124/05, juris Rn. 20 ff.
146 OVG NW, Beschl. v. 13.8.2003 – 15 B 1137/03, juris Rn. 32 ff.
147 Zu den Grenzen OLG Hamm, Urt. v. 23.09.1997 – 4 U 99/97, juris Rn. 37.
148 A.A. (bei hinreichender Zahl privater Anbieter) OLG Düsseldorf, Urt. v. 10.10.1996 – 2 U 65/96, juris Rn. 24 ff.
149 *Gebäudemanagement-Dienstleistungen* erfüllen dagegen keinen öffentlichen Zweck: OLG Düsseldorf, Urt. v. 29.05.2001 – 20 U 152/00, juris Rn. 52; dazu auch *Held*, WiVerw 1998, 264 (274 f.).
150 Zum Fall interkommunaler Zusammenarbeit in diesem Bereich vgl. OLG Düsseldorf, Urt. v. 28.10.1999 – 2 U 7/99 und nachgehend BGH, Urt. v. 26.09.2002 – I ZR 293/99.
151 *Kunze/Bronner/Katz*, GemO, § 102 Rn. 39.

eine Finanzprognose voraus. Die gerichtliche Überprüfung folgt den für Prognoseentscheidungen entwickelten Grundsätzen.

47 Die **Bedarfsorientierung** zielt auf die Vermeidung von Fehlinvestitionen durch Schaffung von Überkapazitäten, nicht jedoch auf die eigenständige Schaffung gegenständlicher oder räumlicher Handlungsschranken. Auch beim voraussichtlichen Bedarf handelt es sich um einen **unbestimmten Rechtsbegriff** mit Beurteilungsspielraum.

cc) Subsidiarität

48 § 102 Abs. 1 Ziff. 3 GemO fordert, dass bei einem Tätigwerden außerhalb der kommunalen Daseinsvorsorge der Zweck **nicht ebenso gut und wirtschaftlich durch einen privaten Anbieter** erfüllt wird oder erfüllt werden kann.[152]

49 Diese **strenge Subsidiaritätsklausel** hat der Gesetzgeber 2006 eingeführt.[153] Nach der früheren Fassung[154] durfte der Zweck nicht besser und wirtschaftlicher durch einen anderen erfüllt werden.[155] Eine solche „einfache" Subsidiaritätsklausel hat jedoch kaum eine eigenständige Bedeutung: Wenn Private den von der öffentlichen Hand angestrebten Zweck besser und wirtschaftlicher erfüllen können, ist bereits der *öffentliche Zweck* der Aufgabenerfüllung zweifelhaft.[156] Für wirtschaftliche Betätigungen, die die Kommunen bereits vor Inkrafttreten der Änderung ausgeübt haben, kommt die verschärfte Subsidiaritätsklausel schon aufgrund der Anwendungsvoraussetzungen des § 102 Abs. 1 GemO[157] nicht zum Tragen.[158]

(1) Außerhalb der Daseinsvorsorge

50 Die Subsidiaritätsklausel ist nur bei einem Tätigwerden „außerhalb der kommunalen **Daseinsvorsorge**" anwendbar. Die Konkretisierung dieses Begriffs bereitet aufgrund einer fehlenden Definition erhebliche Schwierigkeiten.[159] Entsprechend der allgemeinen gemeindlichen Aufgabenstellung muss sich eine Tätigkeit der Daseinsvorsorge jedenfalls auf die Erfüllung der Bedürfnisse der *eigenen Einwohner* beziehen („kommunale" Daseinsvorsorge).[160]

51 Zahlreiche daseinsvorsorgerische Betätigungen unterfallen ohnehin nicht der Subsidiaritätsklausel, da sie gemäß § 102 Abs. 4 Nr. 1 und 2 GemO fiktiv als *nichtwirtschaftliche Unternehmen* oder *Einrichtungen* eingestuft werden.

---

152 Allgemein für die öffentliche Hand auf Landesebene vgl. § 3 Mittelstandsförderungsgesetz.
153 LT-Drs. 13/4929; näher zu diesem Gesetz *Heilshorn*, VBIBW 2007, 161 ff. Zur Verfassungsmäßigkeit einer solchen Klausel VerfGH RP, Urt. v. 28.03.2000 – VGH N 12/98, NVwZ 2000, 801.
154 LT-Drs. 12/4268; näher dazu *Weiblen*, BWGZ 1999, 1005 ff.
155 Nach einem Gesetzesentwurf des Innenministeriums vom 23.10.2013 (Az. 2–2207.0/18) soll eine solche einfache Subsidiaritätsklausel wieder eingeführt werden.
156 OVG NW, Beschl. v. 13.8.2003 – 15 B 1137/03, juris Rn. 15; zweifelnd auch VGH BW, Beschl. v. 06.03.2006 – 1 S 2490/05, GewArch 2006, 211; vgl. dazu auch *Schoch*, DÖV 1993, 377 (380) m.w.N.
157 Dazu oben Rn. 19 f.
158 VGH BW, Beschl. vom 29.11.2012 – 1 S 1258/12, juris Rn. 72 (Bestandsschutz für das Unternehmen in seinem damaligen Bestand).
159 Dazu näher unter § 5 Rn. 20; vgl. zudem LT-Drs. 12/4055, S. 24 zur weiten gesetzgeberischen Auslegung dieses Begriffs bei der Einführung der baden-württembergischen Subsidiaritätsklausel 1999.
160 Dazu unter Rn. 27.

I. Kommunale Wirtschaftstätigkeit

(2) Leistungsparität

Bei Anwendbarkeit der Subsidiaritätsklausel ist die wirtschaftliche Betätigung der Gemeinde „bereits bei Leistungsparität mit einem privaten Dritten unzulässig. Es besteht somit ein **Vorrang der privaten Wirtschaft**."[161] Bei der notwendigen qualitativen Bewertung akzeptiert der Gesetzgeber allerdings auch „soziale und ökologische Komponenten" und einen *Beurteilungsspielraum* der Kommune.[162] Die eindeutig gewollte Verschärfung der Subsidiaritätsklausel führt aber zu einer *Darlegungspflicht* der sich wirtschaftlich betätigenden Kommune, dass ein privates Angebot nicht ausreicht.

52

(3) Verfahren

Die Gemeinde muss den Markt auf gleichwertige Angebote privater Dritter *untersuchen*. Dies bezieht sich jedoch nur auf Dritte, die die fragliche Leistung bereits anbieten oder – nach der unscharfen Formulierung der Gesetzesbegründung – „konkret dazu bereit sind."[163] Ein bestimmtes Verfahren ist für diese Marktuntersuchung nicht vorgeschrieben. Die Einhaltung der Subsidiaritätsklausel wird gemäß § 102 Abs. 2 GemO verfahrensmäßig jedoch dadurch unterstützt, dass die örtlichen Selbstverwaltungsorganisationen von Handwerk, Industrie und Handel anzuhören sind. Diese Anhörung ist allerdings nur bei einem Tätigwerden „nach Absatz 1 Nr. 3" erforderlich, also außerhalb der kommunalen Daseinsvorsorge.

53

d) Gebietsbezug (§ 102 Abs. 7 GemO)

Zur Vertiefung: *Gern*, Wirtschaftliche Betätigung der Gemeinden außerhalb des Gemeindegebiets, NJW 2002, 2593 ff.; *Heilshorn*, Gebietsbezug der Kommunalwirtschaft, 2003; *Uhlenhut*, Wirtschaftliche Betätigung der Gemeinden außerhalb ihres Gebietes, 2004; *Brosius-Gersdorf*, Wirtschaftliche Betätigung von Gemeinden außerhalb ihres Gebiets, AöR 130 (2005), 392 ff.; *Jarass*, Aktivitäten kommunaler Unternehmen außerhalb des Gemeindegebiets, DVBl. 2006, 1 ff.; *Scheps*, Das Örtlichkeitsprinzip im kommunalen Wirtschaftsrecht, 2006; *Eisenblätter*, Die exterritoriale Kommunalwirtschaft, 2007; *Wenzl*, Das Örtlichkeitsprinzip im europäischen Binnenmarkt, 2007.

Die kommunale Wirtschaftstätigkeit **überschreitet vielfach das eigene Gemeindegebiet** und erstreckt sich teilweise sogar auf das Ausland.

54

Beispiele für überörtliche Tätigkeiten: Belieferung von auswärtigen Kunden durch gemeindliche Energie- und Wasserversorger; überörtliches Angebot gemeindlicher Telekommunikationsunternehmen; Vermarktung örtlicher Reformmodelle oder selbstentwickelter Software an andere Kommunen; kommunale Beteiligung an Fernsehsendern; gemeindegebietsüberschreitende Kooperationen im Bereich der Abfallentsorgung; Internet-Banking durch Sparkassen.

55

Beispiele für die Tätigkeit im Ausland: Betrieb von Windparks in Frankreich durch kommunales Energieversorgungsunternehmen; indische Tochtergesellschaft der Informationsverarbeitung Leverkusen GmbH; Betrieb einer Buslinie der Stadtwerke Konstanz GmbH zwischen Konstanz und der Schweiz; Kfz-Werkstätte für den Fahrzeugpark eines gemeindlichen Nahverkehrsunternehmens in Ungarn; Veranstaltung von Messen im Ausland durch kommunale Messegesellschaften.

56

---

161 So die Begründung des Gesetzesentwurfs, LT-Drs. 13/4767, S. 7.
162 LT-Drs. 13/4767, S. 8 f.; dazu auch OLG Celle, Beschl. v. 09.04.2009 – 13 Verg 7/08, juris Rn. 94; *Lennep/Wellmann*, KommJur 2007, 401 (406).
163 LT-Drs. 13/4767, S. 8.

57 Nach § 102 Abs. 7 S. 1 GemO ist eine Betätigung **außerhalb des Gemeindegebiets** zulässig, wenn bei wirtschaftlicher Betätigung die *Voraussetzungen des § 102 Abs. 1 GemO* vorliegen und die *berechtigten Interessen der betroffenen Gemeinden* gewahrt sind. Bei der *Versorgung mit Strom und Gas* gelten nur die Interessen als berechtigt, die nach den maßgeblichen Vorschriften eine Einschränkung des Wettbewerbs zulassen (§ 102 Abs. 7 S. 2 GemO). Eine spezielle Bestimmung über die wirtschaftliche Tätigkeit *im Ausland* findet sich im Gegensatz zu einigen anderen Bundesländern[164] nicht.

58 Diese 2006 eingeführte Vorschrift[165] soll eine *Ausdehnung* der wirtschaftlichen Aktivität über die Gemeindegrenzen hinaus „durch eine behutsame Lockerung des Örtlichkeitsgrundsatzes" zulassen."[166] Der in § 102 Abs. 7 S. 1 GemO enthaltene Verweis auf die allgemeinen Voraussetzungen des § 102 Abs. 1 GemO führt jedoch zu **hohen Anforderungen** für eine überörtliche Betätigung.

59 Dies gilt insbesondere für den erforderlichen **öffentlichen Zweck**: Tätigkeiten der Daseinsvorsorge müssen auch außerhalb des eigenen Gebiets *zugunsten der eigenen Einwohner* erfolgen, was selten der Fall ist.[167] Die *reine Gewinnerzielungsabsicht* stellt auch hier keinen öffentlichen Zweck dar. Zulässig sind wiederum die sog. *Randnutzungen* und *Annextätigkeiten*.

60 Beispiele: Konzerttournee eines städtischen Philharmonischen Orchesters; Betrieb einer Buslinie von der Stadt bis in eine Umlandgemeinde.

61 Bei räumlich weitgreifenden Tätigkeiten können sich Beschränkungen aufgrund eingeschränkter finanzieller oder organisatorischer Mittel einer Gemeinde auch aus der notwendigen **Leistungsfähigkeit** (§ 102 Abs. 1 Nr. 2 GemO) ergeben. Auch die **Subsidiaritätsklausel** kommt in der Regel zur Anwendung, da außerhalb des Gebiets zumeist keine „kommunale" Daseinsvorsorge für die eigenen Einwohner erfolgt. Zudem können auch die berechtigten **Interessen anderer Kommunen** entgegenstehen (§ 102 Abs. 7 S. 1 GemO).

62 Schließlich gebietet eine **verfassungskonforme Auslegung** des § 102 Abs. 7 GemO dessen zurückhaltende Anwendung. Eine absolute Gebietsbeschränkung ist zwar verfassungsrechtlich nicht vorgegeben. Es bestehen jedoch verschiedene andere Beschränkungen, aufgrund derer eine einfachgesetzliche Ausdehnung des kommunalwirtschaftlichen Tätigkeitsbereichs an Grenzen stößt.[168] Grundsätzlich sind damit überörtlich nur Annextätigkeiten bzw. Randnutzungen, eine Versorgung der eigenen Einwohner oder eine Zusammenarbeit mit anderen Kommunen möglich.[169] In **Zweifelsfällen** kann jedoch die Zielsetzung des Gesetzgebers, die kommunalen Rechte zu stärken, den Ausschlag für die Bejahung einer zulässigen überörtlichen Betätigung geben.

63 Darüber hinaus ist die **interkommunale Zusammenarbeit** ein bedeutsamer Anwendungsfall zulässiger überörtlicher Tätigkeiten. Auch hier muss sich die Betätigung für

---

164 Z.B. § 107 Abs. 4 S. 3 f. GemO NW; zur Tätigkeit außerhalb des eigenen Bundeslandes § 101 Abs. 3 GemO SH. Näher zu den Vorschriften anderer Bundesländer z.B. *Guckelberger*, BayVBl. 2006, 293 ff.
165 Näher dazu *Heilshorn*, VBIBW 2007, 161 (163 ff.).
166 Gesetzesentwurf der Landesregierung vom 25.10.2005, LT-Drs. 13/4767, S. 1.
167 Vgl. hierzu *Oebbecke*, ZHR 164 (2000), 375 ff. Bsp. für solche Ausnahmen: Auswärtiger Betrieb eines Schullandheims für die eigenen Einwohner, Wasserbrunnen eines Wasserwerks oder eine Kläranlage vor Einleitung des gemeindlichen Abwassers in ein Gewässer außerhalb des Gemeindegebiets.
168 *Heilshorn*, VBIBW 2007, 161 (165 f.) m.w.N.
169 Im Einzelnen *Heilshorn*, Gebietsbezug, S. 189 ff. Zum alleinigen Gewinnstreben durch außergebietliche Tätigkeit auch z.B. *Ehlers*, NWVBl. 2000, S. 1 (6). Anders für NW VK Münster, Beschl. v. 10.02.2005 – VK 35/04 (Aufgabe des Territorialprinzips); großzügig auch *Kunze/Bronner/Katz*, GemO, § 102 Rn. 81b.

I. Kommunale Wirtschaftstätigkeit

jede beteiligte Gemeinde jedoch als *Angelegenheit der örtlichen Gemeinschaft* darstellen. Darüber hinausgehende Betätigungen bedürfen als Kompetenzerweiterung oder –verlagerung einer entsprechenden *gesetzlichen Grundlage*. Auch bei Zustimmung der „betroffenen" Kommune entfällt insbesondere das Erfordernis eines öffentlichen Zwecks für die handelnde Kommune nicht.[170]

Beispiel: Die Versorgung der Einwohner anderer Gemeinden ist grundsätzlich unzulässig. Mehrere Gemeinden dürfen sich jedoch zusammenschließen, um durch ein gemeinsam betriebenes Unternehmen die Mitgliedsgemeinden z.b. mit Wasser oder Strom zu versorgen. Die Einwohner anderer Gemeinden dürfen jedoch nur im Rahmen einer erwerbswirtschaftlichen Randnutzung mitversorgt werden.

e) Nichtwirtschaftliche Unternehmen, Einrichtungen und Hilfsbetriebe

Bestimmte Unternehmen werden durch den **Negativkatalog** des § 102 Abs. 4 GemO fiktiv als nichtwirtschaftliche Unternehmen, Einrichtungen oder Hilfsbetriebe eingeordnet. Dies gilt für Unternehmen, zu deren Betrieb die Gemeinde *gesetzlich verpflichtet* ist (Nr. 1)[171], bestimmte *soziale Einrichtungen* (Nr. 2)[172] und ausschließlich der Deckung des *kommunalen Eigenbedarfs* dienende Hilfsbetriebe (Nr. 3)[173]. Teilweise bestehen **Spezialregelungen** wie z.B. für Krankenhäuser nach dem KrankenhausG oder Sparkassen nach dem SparkassenG.

Beispiel: Aufgrund der Verwertungs- bzw. Beseitigungspflicht nach § 20 Abs. 1 KrWG i.V.m. § 6 LAbfG unterfällt die Abfallbeseitigung bzw. –verwertung grundsätzlich § 102 Abs. 4 Nr. 1 GemO.[174] Diese Entsorgungsverpflichtung ist gemäß § 20 Abs. 1 KrWG jedoch *gebietsbezogen*, weshalb sie grundsätzlich nicht für außerhalb des jeweiligen Hoheitsgebiets angefallene Abfälle gilt.[175]

Diese im Sinne einer Fiktion als nichtwirtschaftlich eingeordneten Unternehmen und Einrichtungen unterliegen *nicht der Zulässigkeitsprüfung nach § 102 Abs. 1 bis 3 GemO*. Dies liegt vor allem darin begründet, dass **der öffentliche Zweck** als zentrale Zulässigkeitsvoraussetzung bei diesen Einrichtungen **vermutet** wird und eine Zulässigkeitsprüfung einer zugleich bestehenden gesetzlichen Verpflichtung widersprechen würde. Der Inhalt des Negativkatalogs ist überwiegend jedoch historisch bedingt und daher nur noch teilweise überzeugend.

Diese nichtwirtschaftlichen Unternehmen, Einrichtungen und Hilfsbetriebe sind ebenfalls **nach wirtschaftlichen Gesichtspunkten** zu führen (§ 102 Abs. 4 S. 2 GemO). Sie dürfen also nicht am Bedarf vorbei errichtet und betrieben werden oder

---

170 Vgl. *Ehlers*, NWVBl. 2000, 1 (6); *Schink*, NVwZ 2002, 129 (136).
171 Z.B. Abwasserbeseitigung (§ 46 WG); Bestattungswesen (§ 1 BestattG); Feuerwehr (§ 3 i.V.m. § 1 Abs. 3 FwG); vgl. auch OLG Celle, Beschl. v. 9.4.2009 – 13 Verg 7/08, juris Rn. 81: keine gesetzliche Verpflichtung, für die Straßenbeleuchtung besondere Einrichtungen vorzuhalten.
172 Z.B. Theater und Museen; vgl. auch OVG Nds, Beschl. v. 14.08.2008 – 10 ME 280/08, juris Rn. 7 f. (Betrieb von Freibädern, Hallenbädern und sonstigen Badeeinrichtungen wie Sauna und Massagen); VG Freiburg, Urt. v. 10.01.1996 – 1 K 1316/94, VBlBW 1996, 437: kommunale Wasserversorgung als Einrichtung der Gesundheitspflege (vgl. aber gesetzliche Verpflichtung in § 44 Abs. 1 WG).
173 Z.B. Bauhöfe, Druckereien, Werkstätten zur kommunalen „Eigenversorgung"; vgl. auch OLG Hamm, Urt. v. 23.09.1997 – 4 U 99/97, juris Rn. 39 ff.: Angebot gärtnerischer Arbeiten an Dritte kein Hilfsbetrieb.
174 OLG Düsseldorf, Beschl. v. 12.01.2000 – Verg 3/99, juris Rn. 21 (Einrichtung des Umweltschutzes); vgl. auch OVG RP, Urt. v. 21.03.2006 – 2 A 11124/05 –, juris Rn. 20 f.
175 Dennoch ein nichtwirtschaftliches Unternehmen für (ergänzende) Betätigungen der Abfallwirtschaft auf fremden Gemeindegebiet annehmend OLG Düsseldorf, Beschl. v. 12.01.2000 – Verg 3/99, juris Rn. 22 ff. und OVG NW, Beschl. v. 12.10.2004 – 15 B 1873/04 u.a., juris Rn. 9 ff.

jenseits ihrer Leistungsgrenzen agieren. Daneben kommen vor allem die **haushaltsrechtlichen Vorschriften** zur Anwendung (§§ 77 ff. GemO, GemHVO u.a.).

69 Wenn solche nichtwirtschaftlichen Unternehmen in **Privatrechtsform** betrieben werden, sind zudem die §§ *103–106 ff. GemO* unmittelbar einschlägig, da diese Vorschriften nicht auf „wirtschaftliche" Unternehmen beschränkt sind. Gemäß § 106 a GemO gelten die §§ 103 bis 106 zudem für *Einrichtungen* im Sinne des § 102 Abs. 4 S. 1 Nr. 2 GemO in einer Rechtsform des privaten Rechts entsprechend.

f) Unternehmensformen

Weiterführend: *Henneke (Hrsg.)*, Kommunale Aufgabenerfüllung in Anstaltsform, 2000; *Hellermann*, Handlungsformen und Handlungsinstrumentarien wirtschaftlicher Betätigung, in: Hoppe/Uechtritz/Reck, Unternehmen, § 7 m.z.N.

aa) Öffentlich-rechtliche Organisationsformen

(1) Der Regiebetrieb

70 **Regiebetriebe** sind in die Gemeindeverwaltung eingegliederte Unternehmen. Sie sind rechtlich, organisatorisch, personell, haushalts- und rechnungstechnisch *unselbstständig*. In der Praxis werden sie grundsätzlich nur für kleine Betriebseinheiten und Hilfsbetriebe geschaffen.

Beispiele: Bauhof, Friedhofsgärtnerei.

71 Ein Regiebetrieb entsteht aufgrund *verwaltungsinterner Anordnung* der zuständigen Gemeindeorgane. Maßgeblich sind die gemeinderechtlichen Bestimmungen insbesondere über die Haushaltswirtschaft, das Kassen- und Rechnungswesen. Der Regiebetrieb ist unselbstständiger Teil des Gemeindehaushalts.[176] Die Gemeindeorgane können auf den Regiebetrieb umfassend Einfluss nehmen.[177] Regiebetriebe können wirtschaftliche Unternehmen i.S.d. § 102 Abs. 1 GemO sein.[178]

(2) Eigenbetriebe

72 Die Gemeinden können Unternehmen, Einrichtungen und Hilfsbetriebe im Sinne des § 102 Abs. 1 und Abs. 4 Satz 1 Nr. 1 bis 3 GemO als **Eigenbetriebe** führen, wenn deren Art und Umfang eine selbstständige Wirtschaftsführung rechtfertigen (§ 1 EigBG). Eigenbetriebe sind (unselbstständige) *Anstalten des öffentlichen Rechts* ohne eigene Rechtspersönlichkeit. Sie können zugleich *öffentliche Einrichtungen* im Sinne des § 10 Abs. 2 S. 1 GemO sein.[179]

73 Neben dem EigBG gelten vor allem die auf der Grundlage von § 18 EigBG erlassenen *Durchführungsbestimmungen*. Subsidiär gelten für den Eigenbetrieb nach § 3 Abs. 1 EigBG die Vorschriften der *GemO* sowie die *sonstigen für Gemeinden maßgebenden Vorschriften*, soweit in diesem Gesetz oder aufgrund dieses Gesetzes durch Rechtsverordnung nichts anderes bestimmt ist.

---

176 FG BW, Urt. v. 24.07.2006 – 6 K 179/03, juris Rn. 39.
177 Zu Versuchen einer Optimierung des Regiebetriebs vgl. *Hellermann*, in: Hoppe/Uechtritz/Reck, Unternehmen, § 7 Rn. 30; dazu auch *Kraft-Zörcher*, ThürVBl 2008, 1 ff.
178 BVerwG, Urt. v. 22.02.1972 – I C 24.69, juris Rn. 15.
179 VGH BW, Urt. v. 18.10.1990 – 2 S 2098/89, NVwZ 1991, 583 (kommunale Stromversorgung).

I. Kommunale Wirtschaftstätigkeit

Die Betriebsform des Eigenbetriebs soll eine wirtschaftliche Unternehmensführung unter Berücksichtigung der kommunalen Interessen ermöglichen. Durch die *rechnungsmäßige Verselbständigung* sollen die wirtschaftlichen Ergebnisse transparent gemacht und damit das *Kostenbewusstsein* gestärkt werden. Die kaufmännische doppelte Buchführung soll die *wirtschaftlichen Vergleichsmöglichkeiten* zu anderen Betrieben verbessern.[180] Die Ausgestaltung dieser Betriebsform gewährleistet zudem eine *demokratische Einflussnahme und Kontrolle* durch die Gemeinde. 74

Aufgrund der fehlenden Rechtsfähigkeit des Eigenbetriebs können *keine vertraglichen Beziehungen* zwischen Kommune und Eigenbetrieb entstehen. Das Handeln des Eigenbetriebs ist der Kommune zuzurechnen.[181] 75

Die Rechtsverhältnisse sind nach Maßgabe des § 3 Abs. 2 EigBG durch *Betriebssatzung* zu regeln. 76

Für den Eigenbetrieb kann eine *Betriebsleitung* bestellt werden (vgl. § 4 EigBG). Geschieht dies nicht, nimmt der Bürgermeister die Aufgaben der Betriebsleitung wahr (§ 10 Abs. 3 EigBG). Der Betriebsleitung obliegen die Aufgaben der laufenden Betriebsführung (§ 5 Abs. 1 EigBG). Hierzu gehören alle im täglichen Betrieb wiederkehrenden Maßnahmen, die typischerweise zur Aufrechterhaltung des Betriebs erforderlich sind. Nicht erfasst von der Betriebsführungsbefugnis ist hiernach etwa die im Einzelfall zu treffende Entscheidung über die Begründung des Anschluss- und Benutzungszwangs[182] oder der Erlass von Gebührenbescheiden.[183] Die Betriebsleitung *vertritt* die Gemeinde im Rahmen ihrer Aufgaben (§ 6 Abs. 1 EigBG). Sie wirkt in Angelegenheiten des Eigenbetriebs bei der Vorbereitung der Sitzungen des Gemeinderats und seiner Ausschüsse mit, nimmt an den Sitzungen mit beratender Stimme teil und vollzieht die Beschlüsse des Gemeinderats, seiner Ausschüsse und des Bürgermeisters (vgl. § 5 Abs. 2 EigBG). Sie hat den Bürgermeister über alle wichtigen Angelegenheiten des Eigenbetriebs zu *unterrichten*. Weiterhin besteht eine Unterrichtungspflicht gegenüber dem für das Finanzwesen der Gemeinde zuständigen Beamten (§ 5 Abs. 3 EigBG). Die Betriebsleitung kann Beamte und Angestellte in bestimmtem Umfang mit ihrer Vertretung *beauftragen* sowie in einzelnen Angelegenheiten rechtsgeschäftliche *Vollmacht* erteilen (vgl. § 6 Abs. 2 EigBG). 77

Für die Angelegenheiten des Eigenbetriebs kann ein *beratender oder beschließender Ausschuss* des Gemeinderats (Betriebsausschuss) gebildet werden, dem bestimmte Kompetenzen zugeordnet sind (§ 7 f. EigBG). Wird kein beschließender Betriebsausschuss gebildet, entscheidet *der Gemeinderat*, soweit durch die Betriebssatzung nicht andere Ausschüsse für zuständig erklärt werden (§ 9 Abs. 2 EigBG). 78

Der Gemeinderat entscheidet über die *grundlegenden Fragen* des Eigenbetriebs (vgl. hierzu § 9 EigBG; § 39 Abs. 2 GemO). Der Bürgermeister kann der Betriebsleitung *Weisungen* erteilen, um die Einheitlichkeit der Gemeindeverwaltung zu wahren, die Erfüllung der Aufgaben des Eigenbetriebs zu sichern und Missstände zu beseitigen. Er muss anordnen, dass Maßnahmen der Betriebsleitung, die er für *gesetzwid*- 79

---

180 Vgl. hierzu *Hauser*, BWVPr 1990, 121 (122).
181 *Hellermann*, in: Hoppe/Uechtritz/Reck, Unternehmen, § 7 Rn. 47 ff. Zur Kaufmannseigenschaft der Gemeinde bei Führung eines Eigenbetriebs BGH, Urt. v. 25.04.1991 – VII ZR 280/90, juris Rn. 5.
182 OVG NW, Urt. v. 07.12.1988 – 22 A 1013/88, juris Rn. 22.
183 OVG NW, Beschl. vom 24.10.2013 – 9 A 2553/11, juris Rn. 16 ff.; a.A. Sächs. OVG, Urt. v. 30.06.2004 – 5 B 369/03; Hess VGH, Urt. v. 19.09.2002 – 5 UE 1147/02. Vgl. dazu auch BayVGH, Urt. vom 06.09.2012 – 20 B 11.2171, juris Rn. 25 (Befugnis des Eigenbetriebs zum Erlass von Abgabenbescheiden nur bei satzungsrechtlicher Grundlage).

rig hält, unterbleiben oder rückgängig gemacht werden; er hat das Anordnungsrecht hierzu bei nachteiligen Maßnahmen (vgl. § 10 EigBG).

80 Die Kompetenz für die Ernennung und Entlassung der beim Eigenbetrieb beschäftigten *Beamten* richtet sich nach der GemO (§ 11 Abs. 1 EigBG). Für die Einstellung und Entlassung der *Angestellten und Arbeiter* ist der Betriebsausschuss zuständig (§ 8 Abs. 2 Ziff. 1 EigBG). Die Betriebsleitung hat ein Vorschlagsrecht für die Ernennung, Einstellung und Entlassung der Bediensteten, teilweise auch ein Anhörungsrecht (vgl. § 11 Abs. 3 und 4 EigBG). Die Betriebsleitung ist Vorgesetzter, der Bürgermeister Dienstvorgesetzter und oberste Dienstbehörde der Bediensteten (§ 11 Abs. 5 EigBG).

81 Eigenbetriebe sind finanzwirtschaftlich als *Sondervermögen* der Gemeinde gesondert zu verwalten und nachzuweisen (vgl. § 12 Abs. 1 EigBG; § 96 Abs. 1 Nr. 3 GemO). Sie sind mit einem angemessenen *Stammkapital* auszustatten. Bei Unternehmen, Einrichtungen und Hilfsbetrieben im Sinne von § 102 Abs. 4 S. 1 bis 3 GemO kann von der Festsetzung eines Stammkapitals abgesehen werden (§ 12 Abs. 2 S. 2 EigBG).

82 *Wirtschaftsjahr* ist grundsätzlich das Haushaltsjahr der Gemeinde (§ 13 EigBG). Anstelle des Haushaltsplans tritt beim Eigenbetrieb der *Wirtschaftsplan*. Er ist für jedes Wirtschaftsjahr von der Betriebsleitung aufzustellen, vom Gemeinderat zu beschließen und besteht aus dem Erfolgsplan, dem Vermögensplan und der Stellenübersicht (vgl. § 14 EigBG). Der Wirtschaftsplan ist nicht Bestandteil des Haushaltsplans, sondern wird dem Haushaltsplan als Pflichtanlage beigefügt (§ 1 Abs. 3 Nr. 6 GemHVO). Er nimmt in dieser Eigenschaft an der Satzungsqualität des Haushaltsplans, der Bestandteil der Haushaltssatzung ist, nicht teil, sondern ist seiner Rechtsnatur nach „schlichter Gemeinderatsbeschluss".

83 Für den Schluss eines jeden Wirtschaftsjahres hat die Betriebsleitung einen Auszug aus der Bilanz, der Gewinn- und Verlustrechnung und dem Anhang bestehenden Jahresabschluss sowie einen Lagebericht aufzustellen (vgl. zu Einzelheiten § 16 EigBG). Auch er ist dem Haushaltsplan beizufügen (§ 1 Abs. 3 Nr. 6 GemHVO).

84 Die erforderliche *Betriebssatzung* zur Regelung der Rechtsverhältnisse des Eigenbetriebs wird vom Gemeinderat erlassen. Insbesondere sind in ihr die *Vertretung* des Eigenbetriebs (§ 6 EigBG), die *Zuständigkeiten des Betriebsausschusses* (§ 8 Abs. 3 EigBG), die *Übertragung zusätzlicher Kompetenzen* auf Bürgermeister oder Betriebsleitung (§ 9 Abs. 2 EigBG) sowie die Festlegung des erforderlichen *Stammkapitals* (§ 12 Abs. 2 EigBG) zu regeln.

85 Mehrere Unternehmen, Einrichtungen und Hilfsbetriebe im Sinne von § 1 EigBG können zu einem Eigenbetrieb **zusammengefasst** werden (kombinierte Eigenbetriebe, Querverbund). Diese Zusammenfassung kann der Wirtschaftlichkeit und der Steuerersparnis dienen.[184]

(3) Der Zweckverband

86 Gemeinden und Landkreise können wirtschaftliche Unternehmen auch als **Zweckverband** führen (vgl. § 20 GKZ).[185]

---

[184] Näher dazu *Püttner* (Hrsg.), Der kommunale Querverbund, 1995.
[185] Dazu *Hellermann*, in: Hoppe/Uechtritz/Reck, Unternehmen, § 7 Rn. 139 ff.; näher zum Zweckverband unter § 23 Rn. 28 ff.

I. Kommunale Wirtschaftstätigkeit

(4) Örtliche Stiftungen

Eine **Stiftung** ist die Widmung von Vermögen zur dauerhaften Erfüllung eines bestimmten Zwecks. Sie kann *rechtsfähig* oder *nicht rechtsfähig* sein. **87**

Örtliche Stiftungen i.S.d. § 101 GemO sind eine Unterart der kommunalen Stiftungen (vgl. § 31 Abs. 1 StiftG).[186] Sie zeichnen sich dadurch aus, dass der Stiftungszweck von der *gemeindlichen Verbandskompetenz* umfasst ist und die Stiftung von der Gemeinde verwaltet wird. **88**

Die Gemeinde hat die örtlichen Stiftungen entsprechend dem Stiftungszweck zu verwalten (§ 101 Abs. 1 S. 1 GemO). Auf die Verwaltung und Wirtschaftsführung der örtlichen Stiftungen i.s. des § 101 GemO finden die *Vorschriften der GemO* Anwendung (§ 31 Abs. 1 S. 1 StiftG, § 101 Abs. 1 S. 1 GemO). Die rechtlich nicht selbstständigen örtlichen Stiftungen sind *Sondervermögen* (§ 96 Abs. 1 Nr. 2 GemO), die rechtsfähigen Stiftungen *Treuhandvermögen* (§ 97 GemO). Dadurch wird eine Vermengung von Stiftungsvermögen und Gemeindevermögen verhindert. **89**

Örtliche Stiftungen können *wirtschaftliche Unternehmen* i.S.d. §§ 102 ff. GemO sein. Da § 101 Abs. 4 GemO die Einbringung von Gemeindevermögen in Stiftungsvermögen jedoch nur dann zulässt, wenn der Stiftungszweck nicht anders erreicht werden kann, ist die Rechtsform der Stiftung nur bedingt *geeignet* für die Führung eines wirtschaftlichen gemeindlichen Unternehmens. **90**

(5) Anstalten des öffentlichen Rechts

Weiterführend: *Müller*, Grundlagen des öffentlichen Anstaltsrechts, in: Wolff/Bachof/Stober, Verwaltungsrecht Bd. 3, 5. Aufl., § 88; *Henneke* (Hrsg), Kommunale Aufgabenerfüllung in Anstaltsform, 2000; *Hellermann*, in: Hoppe/Uechtritz/Reck, Unternehmen, § 7 Rn. 63 ff.

Anstalten des öffentlichen Rechts sind von einem Hoheitsträger getragene, kraft öffentlichen Rechts gegründete, mit eigenen Personal- und Sachmitteln versehene Organisationen, die der Erfüllung sachlich zusammenhängender öffentlicher Zwecke dienen. Sie sind nicht mitgliedschaftlich verfasst, sondern haben Benutzer. **91**

Rechtlich selbstständige Anstalten sind durch Gesetz oder aufgrund eines Gesetzes geschaffene juristische Personen des öffentlichen Rechts, die – im Gegensatz insbesondere zum Regie- und Eigenbetrieb – *eigene Rechtsfähigkeit* aufweisen.[187] *Sparkassen* sind herkömmlich in einer solchen Rechtsform organisiert.[188] Anders als in Baden-Württemberg wurde in verschiedenen Bundesländern das *Kommunalunternehmen* zudem als zulässige rechtsfähige Anstalt eingeführt.[189] **92**

Rechtlich unselbstständige Anstalten sind Organisationen des Anstaltsträgers ohne selbstständige rechtliche Zuordnungs-, Vermögens- und Haftungsfähigkeit. Im Innenverhältnis zum Anstaltsträger verfügen sie aber in der Regel über ein Sondervermögen, einen eigenen Wirtschaftsplan, eigene Buchführung und eigenes Personal. Ihre Organe sind Unterorgane des Anstaltsträgers. Eine Form der unselbstständigen Anstalt sind die *Eigenbetriebe* (s. o.). **93**

---

186 Dazu *Werner*, NVwZ 2013, 1520 ff.
187 Näher *Maurer*, Verwaltungsrecht, § 23 Rn. 46 ff.
188 Dazu sogleich unter Rn. 94 ff.
189 Dazu *Lange*, Kommunalrecht, Kap. 14 Rn. 172; *Waldmann*, NVwZ 2008, 284 ff. Zur Kommunalanstalt und der geplanten Einführung dieser Rechtsform in BW *Fabry*, VBlBW 2014, 201 ff.; vgl. zudem Gesetzesentwurf des Innenministeriums vom 23.10.2013 (Az. 2–2207.0/18).

(6) Sparkassen

Weiterführend: *Kirchhof/Henneke (Hrsg.)*, Entwicklungsperspektiven kommunaler Sparkassen, 2000; *Blume*, Sparkassen im Spannungsfeld zwischen öffentlichem Auftrag und kreditwirtschaftlichem Wettbewerb, 2000; *Oebbecke*, Sparkassentätigkeit als kommunale Selbstverwaltungsaufgabe, LKV 2006, 145 ff.; *Jellinghaus*, Aktuelle Entwicklungen im Organisationsrecht der Sparkassen, NVwZ 2013, 407 ff.

94 Die Gemeinde darf **Bankunternehmen** nicht betreiben, soweit gesetzlich nichts anderes bestimmt ist (§ 102 Abs. 5 S. 1 GemO). Dies dient dem Schutz der Gemeinden vor den besonderen Risiken des Bankgeschäfts.[190]

95 Für das öffentliche **Sparkassenwesen** verbleibt es bei den besonderen Vorschriften (§ 102 Abs. 5 S. 2 GemO).[191] **Sparkassen** sind rechtsfähige Anstalten des öffentlichen Rechts.[192] Ihre Rechtsverhältnisse sind im *Sparkassengesetz* geregelt.[193] Die *Körperschaften*, die Sparkassen errichten dürfen, ergeben sich aus § 2 Abs. 1 SparkG: Stadtkreise, unter bestimmten Voraussetzungen Landkreise, Zweckverbände und der Sparkassenverband.[194] Diese Körperschaften sind nach Errichtung *Träger* der Sparkasse (§ 8 Abs. 1 SparkG). Die Sparkasse *haftet* für ihre Verbindlichkeiten mit ihrem gesamten Vermögen (§ 8 Abs. 5 S. 1 SparkG).[195] Der Träger der Sparkasse haftet nicht für deren Verbindlichkeiten (§ 8 Abs. 5 S. 2 SparkG).

96 Die Sparkassen sind selbstständige Wirtschaftsunternehmen in kommunaler Trägerschaft mit der **Aufgabe**, auf der Grundlage der Markt- und Wettbewerbserfordernisse vorrangig in ihrem Geschäftsgebiet den Wettbewerb zu stärken und die angemessene und ausreichende *Versorgung* aller Bevölkerungskreise, der Wirtschaft, insbesondere des Mittelstands und der öffentlichen Hand *mit Geld- und kreditwirtschaftlichen Leistungen* sicherzustellen (§ 6 Abs. 1 S. 1 SparkG). Auch fördern sie den *Sparsinn* und die *Vermögensbildung* breiter Bevölkerungskreise und die *Wirtschaftserziehung* der Jugend (§ 6 Abs. 1 S. 3 SparkG).

97 Die Sparkassen sind als öffentlich-rechtliche Anstalten *nicht grundrechtsfähig*.[196] Sie sind vielmehr als ausgelagerte Teile der Kommune selbst an die Grundrechte, das Rechtsstaatsprinzip und an das Demokratiegebot *gebunden*.[197]

98 Die Rechtsverhältnisse der Sparkasse sind durch **Satzung** zu regeln. Sie wird vom Hauptorgan des Trägers erlassen; Satzungsänderungen bedürfen der Zustimmung der *Rechtsaufsichtsbehörde* (vgl. § 7 SparkG), deren Prüfungskompetenz sich jedoch auf eine Rechtskontrolle beschränkt.

99 Organe der Sparkasse sind der Verwaltungsrat, der Kreditausschuss und der Vorstand (§ 11 SparkG).[198] Der *Verwaltungsrat* bestimmt die Richtlinien für die Geschäfte der Sparkasse. Er erlässt Geschäftsanweisungen für den Kreditausschuss sowie

---

190 *Kunze/Bronner/Katz*, GemO, § 102 Rn. 72.
191 Daher sind Sparkassen keine wirtschaftlichen Unternehmen i.S.d. § 102 Abs. 1 GemO: VGH BW, DÖV 1990, 623. Zur Gewährleistung des Sparkassenbetriebs durch *Art. 28 Abs. 2 S. 1 GG* BVerfG (K), Beschl. v. 23.09.1994 – 2 BvR 1547/85, juris Rn. 4.
192 Zur privatrechtlichen Rechtsnatur eines von einer Sparkasse ausgesprochenen *Hausverbots* OVG NW, Beschl. v. 04.01.1995 – 25 E 1298/94, juris Rn. 2 ff.
193 Zur speziellen Form der Landesbausparkasse vgl. § 40 ff. SparkG.
194 Zur Vereinigung und Neuordnung bei Gebietsänderungen sowie zur Auflösung vgl. §§ 3–5 SparkG. Zur Zulässigkeit des Verkaufs von Sparkassen *Pautsch*, DÖV 2005, 990 ff.
195 Zur erforderlichen Eigenkapitalausstattung BVerfG (K), Beschl. v. 23.09.1994 – 2 BvR 1547/85.
196 BVerfG, Beschl. v. 14.04.1987 – 1 BvR 775/84.
197 Zum Demokratieprinzip VerfGH NW, Urt. v. 15.09.1986 – 17/85.
198 Zum Verhältnis der Organe zueinander vgl. OVG NW, Urt. v. 18.08.1989 – 15 A 2422/86, NVwZ-RR 1990, 101 ff.

I. Kommunale Wirtschaftstätigkeit

den Vorstand und überwacht deren Tätigkeit (§ 12 Abs. 1 SparkG; zu weiteren Zuständigkeiten vgl. § 12 Abs. 2 SparkG). *Vorsitzender* des Verwaltungsrats ist der Vorsitzende des Hauptorgans des Trägers (vgl. § 14 SparkG). Der *Kreditausschuss* beschließt über die Kreditangelegenheiten (vgl. § 21 SparkG). Der *Vorstand* leitet die Sparkasse in eigener Verantwortung. Er vertritt die Sparkasse und führt ihre Geschäfte. Er ist für alle Angelegenheiten zuständig, die gesetzlich nicht anderen Organen zugewiesen sind (vgl. § 23 f. SparkG).

Die *Wirtschaftsführung* der Sparkasse ist in den §§ 28 bis 33 SparkG geregelt. Die Geschäfte sind unter Beachtung ihres öffentlichen Auftrags nach *kaufmännischen Grundsätzen* zu führen (§ 6 Abs. 4 SparkG). **100**

Eine unmittelbare und laufende **Kontrolle** durch das Hauptorgan des Gewährträgers (z.B. Gemeinderat) findet nicht statt. Es bestehen auch weder *Auskunftsansprüche* der Gemeinderatsmitglieder[199] noch *Weisungsbefugnisse des Gemeinderats* gegenüber den Vertretern der Gemeinde in den Gremien der Sparkasse.[200] Die Rechtsprechung sieht darin keinen Verstoß gegen Art. 28 Abs. 2 S. 1 GG. Die Trennung zwischen Sparkassenrecht und Gemeinderecht halte sich bei einer historischen Sichtweise in dem Rahmen, den Art. 28 Abs. 2 GG für die Einschränkung des Selbstverwaltungsrechts offenhält. **101**

Die Sparkassen unterliegen der **Rechtsaufsicht** des Landes (§ 48 SparkG); Rechtsaufsichtsbehörde ist grundsätzlich das Regierungspräsidium (§ 49 SparkG). Die **Fachaufsicht** übt das Bundesaufsichtsamt für das Kreditwesen aus (vgl. §§ 5, 6, 52 KWG). **102**

bb) Privatrechtliche Organisationsformen

Weiterführend: *Weiblen*, Die Novellierung des Gemeindewirtschaftsrechts BWGZ 1999, 1005 ff.; 2000, 177 ff.; *Schnaudigel*, Der Betrieb nichtwirtschaftlicher kommunaler Unternehmen in Rechtsformen des Privatrechts, 1995.

Die verfassungsrechtlich gewährleistete **Organisationshoheit** gestattet den Gemeinden, (wirtschaftliche oder nichtwirtschaftliche) Unternehmen auch in *Organisationsformen des Privatrechts* zu errichten.[201] In Betracht kommen grundsätzlich alle zivilrechtlich vorgesehenen Rechtsformen (z.B. GmbH, AG). Genossenschaften und Stiftungen haben aufgrund ihrer besonderen Zweckbestimmung in der kommunalen Praxis keine Bedeutung erlangt. **103**

Der Gesetzgeber hat dieses Recht insbesondere mit Blick auf die möglichen *Risiken* einer privatrechtlich organisierten Betätigung durch §§ 103 ff. GemO verschiedenen **Vorgaben** unterworfen. Diese Vorschriften sollen den *Einfluss der Gemeinden* auf die Unternehmensführung und *Haftungsbegrenzungen* sicherstellen sowie eine Harmonisierung von Gesellschafts- und Kommunalrecht ermöglichen. **104**

§ 102 Abs. 1 GemO gilt *ungeachtet der Rechtsform* wirtschaftlicher Unternehmen und daher sowohl für öffentlich-rechtliche als auch privatrechtliche Unternehmen. Die §§ 103–105 GemO gelten nur für *privatrechtlich* organisierte wirtschaftliche und nichtwirtschaftliche Unternehmen, wobei die Anwendbarkeit teilweise auf bestimmte Unternehmensformen beschränkt ist. Für privatrechtlich organisierte „Einrichtungen" **105**

---

199 VGH BW, Urt. v. 12.03.2001 – 1 S 785/00; s.a. VGH BW, Beschl. v. 18.10.2010 – 1 S 2029/10, juris Rn. 8.
200 BVerwG, Beschl. v. 20.12.1989 – 7 B 181.89.
201 Zur Organisationshoheit auch unter § 5 Rn. 22, 55.

i.S.d. § 102 Abs. 4 S. 1 Nr. 2 GemO gelten die §§ 103–106 GemO entsprechend (§ 106a GemO). § 105a GemO enthält Vorgaben für mittelbare Beteiligungen einer Gemeinde an Unternehmen in Privatrechtsform.

(1) § 103 GemO

106 Nach § 103 GemO gelten zusätzliche Anforderungen an kommunale Unternehmen in Privatrechtsform. Dies gilt sowohl für *wirtschaftliche* als auch *nichtwirtschaftliche* privatrechtlich organisierte Unternehmen, so dass auch die nach § 102 Abs. 4 S. 1 Nr. 1 GemO fiktiv als nichtwirtschaftliche Unternehmen eingeordneten Betriebe erfasst werden. Die Tatbestandsvoraussetzungen des § 103 Abs. 1 GemO gelten für die Errichtung, Übernahme, wesentliche Erweiterung oder Beteiligung durch eine Gemeinde.

107 Nach § 103 Abs. 1 S. 1 Nr. 1 GemO muss das Unternehmen seine **Aufwendungen** nachhaltig zu mindestens 25 % mit Umsatzerlösen decken können. Stark defizitäre Unternehmen können daher nicht privatrechtlich organisiert werden. Die obere Rechtsaufsichtsbehörde kann davon in besonderen Fällen *Ausnahmen* zulassen (§ 103 Abs. 1 S. 2 GemO).

108 Im Gesellschaftsvertrag oder in der Satzung muss sichergestellt sein, dass der **öffentliche Zweck** des Unternehmens erfüllt wird (§ 103 Abs. 1 S. 1 Nr. 2 GemO).

109 Die Gemeinde muss einen **angemessenen Einfluss** in den Unternehmensorganen erhalten (§ 103 Abs. 1 S. 1 Nr. 3 GemO). Dies hat durch entsprechende *Satzungs- oder Gesellschaftsvertragsregelungen* zu geschehen.

110 Nach § 103 Abs. 1 S. 1 Nr. 4 GemO muss die **Haftung** der Gemeinde auf einen ihrer Leistungsfähigkeit angemessenen Betrag begrenzt werden. Dadurch sollen Geschäfte verhindert werden, die ein *zu großes finanzielles Risiko* für die Gemeinde bedeuten. Eine wirksame Haftungsbegrenzung im Außenverhältnis kann insbesondere bei einer *Gesellschaft bürgerlichen Rechts* sowie einer *OHG oder KG* in der Regel nicht vorgenommen werden, weshalb diese Organisationsformen nicht verwendet werden können. Ausreichende Haftungsbegrenzungen (auf das Gesellschaftsvermögen) bieten insbesondere die *GmbH* und die *AG*.

111 § 103 Abs. 1 S. 1 Nr. 5 GemO enthält besondere Vorschriften über die **Finanzkontrolle**. Diese Vorschrift ist nur einschlägig, wenn die Kommune (ggf. zusammen mit einer anderen Körperschaft) die *Mehrheit* der Anteile eines Unternehmens hält.

(2) GmbH

112 § 103a GemO enthält Anforderungen für die Wahl der Rechtsform einer GmbH. Danach muss im Gesellschaftsvertrag sichergestellt werden, dass bestimmte **wesentliche Entscheidungen** der Gesellschafterversammlung übertragen werden.[202] Dies soll sicherstellen, dass die Gemeinde in wesentlichen Fragen über das Weisungsrecht gegenüber den Gesellschaftern ihren *Einfluss* auf die Gesellschaft wahrnehmen kann. In der Praxis werden zumeist weitere Kompetenzen auf die Gesellschafterversammlung übertragen.[203]

---

202 Zum Aufgabenkreis der Gesellschafter vgl. auch § 46 GmbHG.
203 Dazu *Kunze/Bronner/Katz*, GemO, § 103a Rn. 3.

I. Kommunale Wirtschaftstätigkeit

(3) Aktiengesellschaften

Aktiengesellschaften darf die Gemeinde nur errichten, übernehmen oder sich an einer solchen beteiligen, wenn der öffentliche Zweck des Unternehmens nicht ebenso gut in einer anderen Rechtsform erfüllt wird oder erfüllt werden kann (§ 103 Abs. 2 GemO). Dies hat seinen Grund in den beschränkten Steuerungs- und Einflussmöglichkeiten der Gemeinde.

113

(4) Vereine

Die Gründung **nichtrechtsfähiger wirtschaftlicher Vereine** scheidet grundsätzlich aus, da auch hier eine *Haftungsbeschränkung* in der Regel nicht möglich ist (§ 54 S. 2 BGB).

114

Bei Gründung **rechtsfähiger Vereine** sind zwei Arten zu unterscheiden: Der *wirtschaftliche Verein* (§ 22 BGB) und der Verein, der nicht auf einen wirtschaftlichen Geschäftsbetrieb gerichtet ist (sog. *Idealverein*) (§ 21 BGB). In der kommunalen Praxis hat nur der Idealverein eine gewisse Bedeutung erlangt. In Vereinsform werden teilweise Volkshochschulen, Musikschulen und Museen geführt.

115

(5) Kommunale Konzerne

Literatur: *Oebbecke*, Die Kommune als Konzern – Einführung in die Thematik, VBlBW 2010, 1 ff.
Zur Vertiefung: *Siegels*, Konzernrecht, in: Hoppe/Uechtritz/Reck, Unternehmen, § 13.

Die grundlegenden Vorschriften zum Konzernrecht als „**Recht der verbundenen Unternehmen**" finden sich in §§ 15 ff AktG. Das Konzernrecht zielt insbesondere darauf ab, *Minderheiten* in der abhängigen Gesellschaft gegen die Folgen fremdbestimmter wirtschaftlicher Machtausübung *zu schützen*.[204]

116

Ein „**Konzern**" ist die Zusammenfassung eines herrschenden und eines oder mehrerer abhängiger Unternehmen unter der einheitlichen Leitung des herrschenden Unternehmens (§ 18 Abs. 1 S. 1 AktG). Nach § 17 Abs. 1 AktG sind *abhängige Unternehmen* rechtlich selbstständige Unternehmen, auf die ein anderes Unternehmen (*herrschendes Unternehmen*) unmittelbar oder mittelbar einen beherrschenden Einfluss ausüben kann. Herrschendes Unternehmen eines Konzerns mit der Folge der Anwendbarkeit des Konzernrechts kann auch eine **Kommune** sein.[205]

117

Praktisch erwirbt in der Regel eine Eigengesellschaft der Gemeinde oder eine unter ihrem beherrschenden Einfluss stehende Beteiligungsgesellschaft Unterbeteiligungen und führt so eine horizontale und vertikale Verschachtelung herbei.[206] Eine besondere Form des Konzerns ist die **Holding-Gesellschaft**. Ihr obliegt lediglich die *Verwaltung* der angeschlossenen Unternehmen, während die *Leistungserbringung* bei den Unternehmen verbleibt. Die Holding wird typischerweise in der Weise gegründet, dass mehrere Gesellschaften ihre Anteile in eine neue Gesellschaft einbringen (z.B. Stadtwerke GmbH), welche als *Dachgesellschaft* die Verwaltungsspitze darstellt und die angeschlossenen Unternehmen auf der Basis eines *Beherrschungsvertrags* beherrscht.

118

---

204 BGH, Urt. v. 13.10.1977 – II ZR 123/76, juris Rn. 10; *Siegels*, in: Hoppe/Uechtritz/Reck, Unternehmen, § 13 Rn. 12.
205 *Oebbecke*, VBlBW 2010, 1 f.; *Siegels*, in: Hoppe/Uechtritz/Reck, Unternehmen, § 13 Rn. 21 ff.; zur BRD als herrschendem Unternehmen BGH, Urt. v. 13.10.1977 – II ZR 123/76.
206 Vgl. *Häuselmann*, VBlBW 1983, 230 (235).

119 Die Konzernkonstruktion wird zum einen zur *Steuerreduzierung* eingesetzt, da hier Gewinne und Verluste von Unternehmen unterschiedlicher Ertragslage steuermindernd saldiert werden können. Zum anderen können sich die Gemeinden über diese Lösung mittels des Beherrschungsvertrags *Weisungsrechte* sichern, die speziell im Aktienrecht sonst nicht möglich wären.[207] Als besonders zweckmäßig für eine Dachgesellschaft eignet sich die leicht steuerbare GmbH.

120 Die konzernrechtliche Einordnung einer Gemeinde als herrschendes Unternehmen führt zur Anwendbarkeit verschiedener **Schutzvorschriften** zugunsten des abhängigen Unternehmens (insb. *Konzernhaftung*).[208]

(6) Drittbeteiligung

Weiterführend: *Adamska*, Rechtsformen der Organisation der kommunalen Interessen im gemischt-wirtschaftlichen Unternehmen, 1992; *Pauly/Figgen/Hünnekens*, Gemischtwirtschaftliche Entsorgungsunternehmen, 1997; *Gern*, Der Rechtsstatus kommunal beherrschter Kapitalgesellschaften KommJur, 2004, 1 ff.

121 Gemeinden können nach Maßgabe der Regelungen des Gemeindewirtschaftsrechts auch mit Mehrheits- oder Minderheitsbeteiligung (vgl. § 53 HGrG) an **Unternehmen Dritter** beteiligt sein. Ist die Gemeinde an einer Gesellschaft beteiligt, ohne Allein-Gesellschafter zu sein, so handelt es sich um eine *Beteiligungsgesellschaft*. Besteht die Gesellschaft aus mehreren unterschiedlichen Trägern öffentlicher Verwaltung, handelt es sich um eine *gemischt öffentlich-rechtliche Beteiligungsgesellschaft*.

122 Zusätzliche Erfordernisse gelten gemäß § 105 a GemO für **mittelbare Beteiligungen** an Unternehmen in Privatrechtsform.[209]

cc) Umwandlung

Weiterführend: *Gaß*, Die Umwandlung gemeindlicher Unternehmen, Entscheidungsgründe für die Wahl einer Rechtsform und Möglichkeiten des Rechtsformwechsels, 2003.

123 Die **Umwandlung** kommunaler Unternehmen in eine andere Rechtsform richtet sich nach dem **Umwandlungsgesetz**.

124 Beispiel: Umgründung des Eigenbetriebs „Stadtwerke" in eine Eigen- oder Beteiligungsgesellschaft mbH.

g) Notwendige Einfluss- und Beteiligungsrechte in kommunalen Unternehmen

Literatur: *Faber*, Privatisierung streng geheim! – Öffentlichkeitsdefizite bei kommunalen Privatisierungen im Spannungsfeld zu den Anforderungen des Demokratieprinzips, NVwZ 2003, 1317 ff.; *Altmeppen*, Einflussrechte der Gemeindeorgane in einer kommunalen GmbH, NJW 2003, 2561 ff.; *Gern*, Der Rechtsstatus kommunal beherrschter Kapitalgesellschaften, KommJur 2004, 1 ff.; *Meiski*, Die Nichtöffentlichkeit der Aufsichtsratssitzung einer kommunalen GmbH und das Öffentlichkeitsprinzip der kommunalen Selbstverwaltung, NVwZ 2007, 1355 ff.; *Mann*, Steuernde Einflüsse der Kommunen in ihren Gesellschaften, VBlBW 2010, 7 ff.

---

207 Zu weiteren Gründen *Oebbecke*, VBlBW 2010, 1 (2).
208 Dazu *Siegels*, in: Hoppe/Uechtritz/Reck, Unternehmen, § 13 Rn. 75 ff., 164 ff.; des weiteren *Oebbecke*, VBlBW 2010, 1 (3 ff.); *Gern*, NVwZ 2007, 12 (15 f.).
209 Zur unzulässigen Beteiligung an einem überörtlich wirkenden Beratungsunternehmen VG Leipzig, Beschl. v. 13.04.2000 – 6 K 193/00.

I. Kommunale Wirtschaftstätigkeit

Zur Vertiefung: *Emmerich*, Das Wirtschaftsrecht der öffentlichen Unternehmen, 1969; *Erichsen*, Die Vertretung der Kommunen in den Mitgliedsorganen von juristischen Personen des Privatrechts, 1996; *Möller*, Die rechtliche Stellung und Funktion des Aufsichtsrats in öffentlichen Unternehmen der Kommunen, 1999; *Katz*, Kommunale Wirtschaft 2004; *Häußermann*, Die Steuerung der kommunalen Eigengesellschaft, 2004; *Ossola/Haring (Hrsg)*, Die GmbH mit kommunaler Beteiligung und die gemeinnützige GmbH, 3. Aufl., 2009; *Oebbecke*, in: Hoppe/Uechtritz/Reck, Unternehmen, § 9; *Lange*, Kommunalrecht, Kap. 14, Rn. 167 ff.

Bei öffentlich-rechtlichen Organisationsformen kommunaler Unternehmen sind grundsätzlich **ausreichende Einflussmöglichkeiten** kommunaler Organe vorhanden. Die Wahl einer privatrechtlichen Organisationsform dient dagegen oftmals gerade dazu, eine *unabhängige und flexible Unternehmenspolitik* losgelöst von politischen Einflussnahmen zu ermöglichen.[210] Zudem können auch die (nach Art. 31 GG vorrangigen) *gesellschaftsrechtlichen Vorgaben* zu einer Lockerung der sonst bestehenden Weisungs- und Kontrollrechte der kommunalen Gremien führen.[211] Dies kann in Widerspruch zu den Zielsetzungen der §§ 103 ff. GemO geraten, die einen *ausreichenden Einfluss der Gemeindeorgane* und eine *Sicherung der öffentlichen Zwecksetzung* der Unternehmen gewährleisten sollen.[212]

125

Umfang und Durchsetzbarkeit kommunaler Einflussrechte sollten ein wesentliches *Kriterium für die Rechtsformwahl* sein. Dies gilt auch im Vergleich der unterschiedlichen privatrechtlichen Organisationsformen, die insoweit deutliche Unterschiede aufweisen.

126

Auch bei privatrechtlicher Organisation kann die Kommune dem drohenden Verlust von Einflussmöglichkeiten vielfach begegnen, indem sie sich sowohl bei Mehrheits- als auch bei Minderheitsbeteiligungen ausreichende *Einwirkungs-, Beteiligungs-, Mitsprache- und Kontrollrechte* auf die Entscheidungsträger des Unternehmens (Vorstand, Aufsichtsrat, Hauptversammlung) vorbehält. Grenzen für die Ausgestaltung dieser Einflussrechte ergeben sich insbesondere aus dem *bundesrechtlichen Gesellschaftsrecht*.[213]

127

aa) Vertretung der Gemeinde in Unternehmen

Die **Vertretung** der Gemeinde in den Organen der Unternehmen und Einrichtungen in einer Rechtsform des privaten Rechts richtet sich nach § 104 GemO. Der *Bürgermeister* vertritt die Gemeinde in der Gesellschafterversammlung oder in den entsprechenden Organen dieser Unternehmen und Einrichtungen in einer Rechtsform des Privatrechts, an denen die Gemeinde beteiligt ist; er kann aber auch einen *Beamten oder Angestellten* der Gemeinde mit seiner Vertretung beauftragen. Die Gemeinde kann *weitere Vertreter* entsenden und deren Entsendung zurücknehmen; ist mehr als ein weiterer Vertreter zu entsenden und kommt eine Einigung über deren Entsendung nicht zustande, finden die Vorschriften über die Wahl der Mitglieder beschließender Ausschüsse des Gemeinderats Anwendung; speziell hat in diesem Fall Verhältniswahl nach § 40 Abs. 2 GemO stattzufinden.

128

---

[210] Zu möglichen Kriterien für eine Rechtsformwahl *Uechtritz/Reck*, in: Hoppe/Uechtritz/Reck, Unternehmen, § 16 Rn. 23 ff.
[211] Dazu etwa *Weiblen*, BWGZ 1992, 154 (155); *Erbguth/Stollmann*, DÖV 1993, 798 ff.
[212] Vgl. hierzu *Püttner*, DVBl. 1975, 353 ff.; *Altenmüller*, VBlBW 1984, 61 ff.; *Spannowsky*, DVBl. 1992, 1072 ff.; *Schoch*, DÖV 1993, 377 ff.
[213] Dazu etwa BGH, Urt. v. 13.10.1977 – II ZR 123/76; BVerwG, Urt. v. 31.08.2011 – 8 C 16.10.

129 Zur entsprechenden Regelung der Wahl der Mitglieder zur Entsendung in Leitungsgremien (z.B. Aufsichtsrat) vgl. § 104 Abs. 2 GemO.

130 Vom Gemeinderat entsandte Aufsichtsratsmitglieder müssen nicht der Zusammensetzung des Gemeinderatsplenums entsprechen, da der Aufsichtsrat anders als ein beschließender Ausschuss oder der Gemeinderat keine Aufgaben der Ortsgesetzgebung wahrnimmt.[214]

131 Die Gemeinde kann ihren Vertretern **Weisungen** erteilen (§ 104 Abs. 1 S. 3 GemO) und damit die Bindung an Recht und Gesetz sowie die Beschlüsse ihrer Gremien in Unternehmensfragen *im Innenverhältnis* sicherstellen. Ein Verstoß gegen eine solche Weisung führt jedoch nicht zur Rechtswidrigkeit der Beschlussfassung im Unternehmen.[215] Zuständig zur Erteilung von Weisungen ist der Gemeinderat.[216]

132 Die von der Gemeinde entsandten oder auf ihren Vorschlag gewählten Mitglieder des Aufsichtsrats oder eines entsprechenden Überwachungsorgans eines Unternehmens haben bei ihrer Tätigkeit auch die *besonderen Interessen der Gemeinde* zu berücksichtigen (vgl. § 104 Abs. 3 GemO).

133 Fraglich ist, ob mehrere Vertreter einer Gemeinde in Gremien eines Unternehmens ihr Stimmrecht nur **einheitlich** ausüben dürfen oder ob ein Splitting der einer Gemeinde zustehenden Stimmen zulässig ist.[217] Mit Blick darauf, dass an einem Unternehmen immer die Gemeinde als solche beteiligt ist und nicht der einzelne Vertreter, erscheint der Grundsatz der Einheitlichkeit der Stimmabgabe überzeugender. Dem Interesse eines Vertreters, seine ggfs. abweichende Minderheitsmeinung zum Ausdruck zu bringen, kann durch die vorherige Beteiligung des Gemeinderats ausreichend Rechnung getragen werden.

134 Werden Vertreter der Gemeinde aus ihrer Tätigkeit in einem Organ eines Unternehmens **haftbar** gemacht, hat ihnen die Gemeinde den *Schaden* zu ersetzen, es sei denn, dass sie ihn vorsätzlich oder grob fahrlässig herbeigeführt haben. Auch in diesem Fall ist allerdings *die Gemeinde* schadenersatzpflichtig, wenn ihre Vertreter *nach Weisung* gehandelt haben (§ 104 Abs. 4 GemO).

bb) GmbHG

135 Bei der GmbH können nach § 45 GmbHG durch eine entsprechende Gestaltung des Gesellschaftsvertrags *ausreichende Einflussmöglichkeiten* der Gemeinde geschaffen werden. Die Geschäftsführer sind verpflichtet, die Beschlüsse der Gesellschafter sowie den Gesellschaftsvertrag zu beachten (§§ 37, 45, 46 GmbHG). Weitere Einwirkungsmöglichkeiten bestehen über das Bestellungs- und Abberufungsrecht der Gesellschafter. Das der Gemeinde nach § 104 Abs. 1 S. 4 GemO gegenüber ihren Vertretern in der Gesellschaft zustehende Weisungsrecht ist auf diese Weise effektiv durchsetzbar.

---

214 VG Freiburg, Urt. v. 17.03.2009 – 5 K 650/07.
215 *Kunze/Bronner/Katz*, GemO, § 104 Rn. 15, 19.
216 *Aker/Hafner/Notheis*, § 104 GemO Rn. 12; *Weiblen*, BWGZ 1999, 1005 (1010).
217 *Lange*, Kommunalrecht, Kap. 14, Rn. 238; *Oebbecke*, in: *Hoppe/Uechtritz/Reck*, § 9, Rn. 40.

Ein Weisungsrecht besteht auch gegenüber einem (fakultativ bestellten) *Aufsichts-* **136** *rat*.[218] Die Aufsichtsratsmitglieder sind darüber hinaus der Gemeinde gegenüber unbeschränkt auskunftspflichtig. Verschwiegenheitspflichten nach § 52 GmbHG i.V.m. §§ 116, 93 Abs. 1 S. 3 AktG bestehen insoweit nicht.

cc) Aktiengesellschaft

Bei der **Aktiengesellschaft** gestalten sich die Einwirkungsmöglichkeiten der Gemeinde deutlich schwieriger. Anteilseigner einerseits und Vorstand sowie Aufsichtsrat andererseits sind deutlich voneinander abgegrenzt. Der vom Aufsichtsrat bestellte *Vorstand* (§ 84, § 111 AktG) leitet die Gesellschaft unter eigener Verantwortung (§ 76 Abs. 1 AktG). Hieraus ergibt sich – auch bei den Eigengesellschaften – sein Recht zu *weisungsfreier Geschäftsführung*. Die Aktionäre entscheiden nur insoweit über Fragen der Geschäftsführung, als diese der Hauptversammlung vom Vorstand vorgelegt werden. **137**

Auch der mit Kontroll- und sonstigen Innenrechtsbefugnissen ausgestattete, von der Hauptversammlung zu bestellende **Aufsichtsrat** (§§ 101, 119 AktG) ist aufgrund des Vorrangs des Gesellschaftsrechts *nicht* an Weisungen der Gemeinde gebunden.[219] Der Aufsichtsrat ist ausschließlich dem *Wohl der Gesellschaft* verpflichtet (§ 111 Abs. 3 AktG). Allerdings ist jedes Aufsichtsratsmitglied berechtigt und verpflichtet, bei seinen Entscheidungen im Unternehmen *auch die Interessen der Anteilseigner* und damit auch die Interessen der Gemeinden zu berücksichtigen.[220] Dies wird kommunalrechtlich durch *§ 104 Abs. 3 GemO* bestätigt.[221] **138**

Die **Hauptversammlung** als oberstes Gesellschaftsorgan schließlich entscheidet zwar insbesondere über Fragen der wirtschaftlichen Grundlagen und die Gesellschaftsziele (vgl. § 118 ff AktG) sowie über die Bestellung und Entlastung des Vorstands und des Aufsichtsrats (§§ 119, 120 AktG). Ein *direkter Einfluss auf die Geschäftsführung* ist ihr jedoch untersagt, da die Eigenverantwortlichkeit des Vorstandes und die Überwachungspflicht des Aufsichtsrats nicht eingeschränkt werden dürfen.[222] Weitere Zuständigkeiten können der Hauptversammlung nur übertragen werden, wenn dies gesetzlich vorgesehen ist. **139**

Aufgrund des begrenzten gemeindlichen Einflusses ist in § 103 Abs. 2 GemO eine **Nachrangigkeit der Aktiengesellschaft** gegenüber anderen Gesellschaftsformen festgelegt. Davon abgesehen sind die beschränkten Möglichkeiten der Einflussnahme aufgrund des *Vorrangs des Gesellschaftsrechts* und der regelmäßigen *Identität der Ziele* der Gesellschaftsführung mit den zu verfolgenden öffentlichen Zwecken hinzunehmen.[223] Aus den gesellschaftsrechtlichen Vorgaben ergibt sich dann unter anderem, dass die Berichtspflichten der Aufsichtsratsmitglieder nach § 394 AktG nur gegenüber dem nach § 395 AktG zur Verschwiegenheit verpflichteten sehr eng be- **140**

---

218 Vgl. BVerwG, Urt. v. 31.08.2011 – 8 C 16.10 (zu § 113 Abs. 1 S. 2 GemO NW; § 52 Abs. 1 GmbHG ermöglicht jedoch auch ohne ausdrückliche landesrechtliche Grundlage die Begründung von Weisungsrechten im Gesellschaftsvertrag [dazu BVerwG a.a.O. Rn. 21]); zudem *Altmeppen*, NJW 2003, 2561. Ist im Gesellschaftsvertrag keine Regelung getroffen worden, gelten gem. § 52 Abs. 1 GmbHG die Vorschriften des Aktienrechts, was eine Weisung ausschließt.
219 BGH, Urt. v. 18.09.2006 – II ZR 137/05, juris Rn. 18; näher *Kunze/Bronner/Katz*, GemO, § 104 Rn. 21.
220 *Lange*, Kommunalrecht, Kap. 14, Rn. 252.
221 Hierzu *Lutter/Grunewald*, WM 1984, 395; *Schwintowski*, NJW 1990, 1009 (1014); *ders.* NJW 1995, 1316 (1318).
222 *Häuselmann*, VBlBW 1983, 230 (234); *Kraft*, HKWP, Bd. 5 (1984), S. 174 m.w.N.
223 Vgl. *Schwintowski*, NJW 1990, 1009 (1015).

grenzten Personenkreis der Gemeinde bestehen. Die Aufsichtsratsmitglieder sind den Gemeindegremien gegenüber nach § 93 Abs. 1 S. 3 i.V.m. § 116 AktG zur *Verschwiegenheit* verpflichtet.

141 Diesen gesellschaftsrechtlichen Konsequenzen kann die Gemeinde bei der Wahl dieser Gesellschaftsform nur begrenzt begegnen.

142 Die gemeindliche Gründung einer Aktiengesellschaft oder die Beteiligung an einer solchen ist zwar nur zulässig, wenn in der Satzung als Gesellschaftsziel der zu verfolgende **öffentliche Zweck** (mit-)festgeschrieben wird (§ 103 Abs. 1 Ziff. 2 GemO). Alle Gesellschaftsorgane sind an diesen Zweck gebunden; die Höhe der Beteiligung der Gemeinde ist für die Ausrichtung auf den öffentlichen Zweck nicht entscheidend. Dies ermöglicht allerdings nur eine sehr *grobe Steuerung der Gesellschaftszwecke*. Das AktG ist zudem weitaus weniger dispositiv als das GmbHG, da es grundsätzlich auf die Teilhabe einer Vielzahl von Aktionären ausgerichtet ist, so dass eine weitere Ausrichtung auf die öffentlichen Zwecke schwer möglich ist.[224]

143 Auch der Rückgriff auf das **Konzernrecht** führt zu keinem grundsätzlich anderen Ergebnis. Zwar kann die Gemeinde als *„herrschendes Unternehmen"* i.S.d. Konzernrechts qualifiziert werden.[225] Auch ist es möglich, eine *Holding-Gesellschaft bzw. Organschaft* in der Rechtsform einer GmbH zu gründen und sich mithilfe eines Beherrschungsvertrags das volle *Einwirkungsrecht* der Obergesellschaft auf ihre Töchter bzw. deren Vertretungsorgane (Vorstand, Aufsichtsrat) zu sichern. In beiden Fällen geht die Kommune durch ihre Stellung als herrschendes Unternehmen jedoch jeweils das Risiko der *Konzernhaftung des § 302 AktG* ein. Diese unbegrenzte Haftung für die gemeindlich beherrschten Unternehmen steht in einem starken Spannungsverhältnis zu der Pflicht zur Beschränkung der kommunalen Haftung gem. § 103 Abs. 1 S. 1 Nr. 4 GemO.[226]

dd) Eingetragener Verein

144 Beim eingetragenen Verein kann der notwendige gemeindliche Einfluss durch die Vereinssatzung sichergestellt werden.

ee) Einwirkungspflichten der Gemeinde

145 Verletzt das Unternehmen seine kraft öffentlichen Rechts oder sonst gegenüber der Gemeinde bestehenden Pflichten, hat die Gemeinde eine öffentlich-rechtlich begründete **Einwirkungspflicht**, die durch die Vertreter der Gemeinde in dem Unternehmen wahrzunehmen ist. Dem kann ein *Einwirkungsanspruch* Privater gegen die Gemeinde entsprechen, wenn das Unternehmen durch seine Tätigkeit in deren subjektive Rechte eingreift und die Gemeinde durch die Einwirkung auf das Unternehmen diesen Eingriff beseitigen kann.[227] Der Einwirkungsanspruch Privater ist in diesen Fällen stets öffentlich-rechtlicher Natur und nicht gegen das Unternehmen, sondern *gegen die Gemeinde* im Verwaltungsrechtsweg zu verfolgen.[228]

---

224 Vgl. dazu *Uechtritz/Reck*, in: *Hoppe/Uechtritz/Reck*, Unternehmen, § 16 Rn. 35.
225 Dazu unter Rn. 116 ff.
226 Dazu *Lange*, Kommunalrecht, Kap. 14 Rn. 253; *Oebbecke*, in: Hoppe/Uechtritz/Reck, Unternehmen, § 8 Rn. 51, 64 und *Siegels*, ebda., § 13 Rn. 164 ff.
227 OVG NW, Urt. v. 02.12.1985 – 4 A 2214/84, NVwZ 1986, 1045 (1046).
228 VGH BW, Beschl. v. 21.07.1982 – 1 S 746/82, NJW 1984, 251.

I. Kommunale Wirtschaftstätigkeit

h) Mitbestimmungsrecht

Weiterführend: *Schäfer*, Mitbestimmung in kommunalen Eigengesellschaften, 1988; *Plander*, Mitbestimmung in öffentlich-privatrechtlichen Mischkonzernen, 1998; *Battis/Kersten*, DÖV 1996, 584.

Problematisch ist weiterhin, inwieweit in kommunalen wirtschaftlichen Unternehmen eine betriebliche und eine direktive Mitbestimmung der Bediensteten der Kommune möglich sind. **146**

aa) Direktive Mitbestimmung

Direktive Mitbestimmung bedeutet die *Beteiligung der Bediensteten* an unternehmerischen Leitungsentscheidungen gemeindlicher Unternehmen. Eine solche Mitbestimmung verstößt nach herrschender Auffassung gegen das *Selbstverwaltungs- und Demokratieprinzip*, da die notwendige ununterbrochene Legitimationskette der Entscheidungen zum (Gemeinde-)Volk nicht gewährleistet wäre.[229] Den Beschäftigten sind kompetenziell und organisationsrechtlich durch das Volk bzw. den Gesetzgeber in dieser spezifischen Eigenschaft keine Sachentscheidungszuständigkeiten zugewiesen.[230] Auch unterliegen sie in dieser Eigenschaft nicht der demokratischen Kontrolle und rechtsstaatlichen Verantwortlichkeit. Diese Rechtslage besteht unabhängig davon, ob ein gemeindliches Unternehmen in öffentlich-rechtlicher oder privatrechtlicher Form geführt wird. Die zivilrechtlichen Mitbestimmungsvorschriften des Aktienrechts und des GmbH-Rechts gelten wegen ihrer Überlagerung durch Verfassungsrecht nicht.[231] **147**

bb) Betriebliche Mitbestimmung

Betriebliche Mitbestimmung bedeutet Mitwirkung der Beschäftigten an den ihre innerbetrieblichen, sozialen und persönlichen Angelegenheiten betreffenden Entscheidungen (vgl. § 104 Bundespersonalvertretungsgesetz). Die betriebliche Mitbestimmung ist Ausfluss des *Sozialstaatsprinzips*[232] und des *Demokratieprinzips*[233]. Sie ist auch in wirtschaftlichen Unternehmen der Gemeinde grundsätzlich zulässig.[234] Gesetzlich geregelt ist sie in den §§ 69 ff. Landespersonalvertretungsgesetz. **148**

i) Weitere Vorgaben

aa) Monopolstellung

Nach § 102 Abs. 6 GemO dürfen bei Unternehmen, für die kein Wettbewerb gleichartiger Privatunternehmen besteht, der **Anschluss und die Belieferung** nicht davon abhängig gemacht werden, dass auch andere Leistungen oder Lieferungen abge- **149**

---

[229] Vgl. VerfGH RP, Urt. v. 18.04.1994 – VGH N 1/93, DVBl. 1994, 1059 (1064).
[230] Vgl. *Ehlers*, JZ 1987, 218 (221).
[231] Str., vgl. dazu *Katz*, Kommunale Wirtschaft, 2004, Rn. 185 m.w.N.; *Unruh*, VerwArch 92 (2001), 531 ff.
[232] BVerfG, Beschl. v. 26.05.1970 – 2 BvR 311/67, juris Rn. 31.
[233] BVerfG, Beschl. v. 24.05.1995 – 2 BvF 1/92, juris Rn. 140 f.
[234] Vgl. *Ehlers*, JZ 1987, 218 (220) m.w.N.

nommen werden. Verstöße gegen dieses Koppelungsverbot haben die Nichtigkeit der Verträge zur Folge (§ 117 Abs. 2 GemO).[235]

bb) Veräußerung von Unternehmen und Beteiligungen

150 Nach § 106 GemO sind die **Veräußerung** eines Unternehmens, von Teilen eines solchen oder einer Beteiligung an einem Unternehmen sowie andere Rechtsgeschäfte, durch welche die Gemeinde ihren Einfluss auf das Unternehmen verliert oder vermindert, nur zulässig, wenn die Erfüllung der Aufgaben der Gemeinde nicht beeinträchtigt wird. Durch diese Vorschrift sollen der *Fortbestand* der für die gemeindliche Aufgabenerfüllung notwendigen Unternehmen und der kommunale *Einfluss* auf solche Unternehmen gesichert werden.

cc) Vorlagepflicht

151 Beschlüsse der Gemeinde über Maßnahmen und Rechtsgeschäfte nach § 103 Abs. 1 und 2, § 103 a, § 105 a Abs. 1, § 106, § 106 a und § 107 sind der **Rechtsaufsichtsbehörde** unter Nachweis der gesetzlichen Voraussetzungen vorzulegen (§ 108 BauGB). Durch die Anordnung der Vorlagepflicht soll die Kontrolle der Gesetzmäßigkeit der Beschlüsse gesichert werden. Dementsprechend ist die Aufsichtsbehörde auf eine *Rechtmäßigkeitskontrolle* beschränkt. Soweit unbestimmte Rechtsbegriffe mit einem gemeindlichen *Beurteilungsspielraum* maßgeblich sind (z.B. öffentlicher Zweck), ist dieser auch von der Rechtsaufsichtsbehörde zu beachten.[236]

152 Ein in diesem Sinne vorlagepflichtiger Beschluss der Gemeinde darf erst dann *vollzogen* werden, wenn die Aufsichtsbehörde die Gesetzmäßigkeit bestätigt oder den Beschluss nicht binnen eines Monats beanstandet hat (vgl. § 121 Abs. 2 GemO). Die *Wirksamkeit* eines Beschlusses und seines Vollzugs bleibt durch die Vorlagepflicht jedoch unberührt.

dd) Wirtschaftliche Unternehmen als öffentliche Einrichtungen

153 Wirtschaftliche Unternehmen können **auch öffentliche Einrichtungen** i.S. des § 10 GemO sein. Dies setzt bei einer privatrechtlichen Organisation jedoch voraus, dass die Gemeinde die Nutzung durch die Allgemeinheit sicherstellen kann.[237]

4. Rechtsschutz

a) §§ 102 ff. GemO

154 Aus einem Verstoß gegen §§ 102 ff. GemO können sich **klagefähige Individualrechte** von Mitbewerbern ergeben.

---

235 Zu den wettbewerbsrechtlichen Vorgaben vgl. unter Rn. 162 ff.
236 *Kunze/Bronner/Katz*, GemO, § 108 Rn. 7 (unter Verweis auf BVerwGE 39, 329 [334]).
237 Vgl. dazu bereits unter § 21 Rn. 15 ff. Zu den notwendigen Einwirkungs- und Kontrollrechten beim Anschluss- und Benutzungszwang BVerwG, Urt. v. 06.04.2005 – 8 CN 1.04.

I. Kommunale Wirtschaftstätigkeit

aa) Rechtsweg

Für eine Klage aufgrund eines Verstoßes gegen §§ 102 ff. GemO ist der **Verwaltungsrechtsweg** nach § 40 Abs. 1 S. 1 VwGO eröffnet. Es handelt sich um *öffentlich-rechtliche Vorschriften*, da durch diese allein Träger hoheitlicher Gewalt berechtigt und verpflichtet werden.[238]

155

bb) Drittschutz

Nach einer vielfach vertretenen Ansicht gewähren kommunalwirtschaftliche Regelungen privaten Konkurrenten jedoch **keine subjektiv-öffentlichen Rechte**. Danach sollen diese Vorschriften die Kommunen vor den Gefahren überdehnter unternehmerischer Tätigkeit schützen, aber nicht einzelnen Unternehmen Rechtspositionen einräumen.[239] Nach anderer Auffassung ist die **drittschützende Wirkung** dieser Vorschriften jedoch zu bejahen.[240]

156

Eindeutig ist in Baden-Württemberg die drittschützende Wirkung der **Subsidiaritätsklausel** (§ 102 Abs. 1 Nr. 3 GemO). Allgemein ist dies bezüglich solcher Klauseln zwar ebenfalls *umstritten*.[241] Die 2006 in BW erfolgte *Verschärfung* des § 102 Abs. 1 Nr. 3 GemO[242] vermittelt nach dem eindeutigen Willen des Gesetzgebers jedoch „Drittschutzwirkung für private Anbieter".[243]

157

Ebenfalls drittschützend wirkt **§ 102 Abs. 7 GemO** zugunsten der von einer überörtlichen Wirtschaftstätigkeit betroffenen Gemeinde. Keine subjektiven Rechte begründen dagegen insbesondere die Anhörungsverpflichtung nach **§ 102 Abs. 2 GemO**[244] und **§ 102 Abs. 1 Nr. 2 GemO** (Leistungsfähigkeit und Bedarfsorientierung).

158

b) Grundrechte

Die drittschützende Wirkung der kommunalwirtschaftlichen Vorschriften kann sich bei einer hinreichenden Betroffenheit auch aus einem Eingriff in die **Berufsfreiheit** betroffener Konkurrenten ergeben.[245] Zwar ist Art. 12 Abs. 1 GG ein *Wettbewerbsprinzip* immanent, aufgrund dessen die Konkurrenz anderer Anbieter grundsätzlich

159

---

238 Z.B. OVG NW, Beschl. v. 1.4.2008 – 15 B 122/08, juris Rn. 7.
239 BVerwG, Urt. v. 22.02.1972 – I C 24.69, juris Rn. 21 (zu § 85 GemO BW a.F.); VGH BW, Urt. v. 15.08.1994 – 1 S 1613/93, juris Rn. 17 (nachfolgend BVerwG, Beschl. v. 21.03.1995 – 1 B 211.94, NJW 1995, S. 2938); OVG RP, Urt. v. 21.03.2006 – 2 A 11124/05, juris Rn. 30.
240 So zum Erfordernis eines *öffentlichen Zwecks* OVG NW Beschl. v. 13.08.2003 – 15 B 1137/03, juris Rn. 17 ff. m.w.N. auch zur Gegenansicht (dazu die Anm. von *Schliesky*, DVBl. 2004, 138); ebenso OVG NW, Beschl. v. 12.10.2004 – 15 B 1873/04, juris Rn. 8; OVG NW, Beschl. v. 23.03.2005 – 15 B 123/05, juris Rn. 10; zum „dringenden" öffentlichen Zweck OVG NW, Beschl. v. 1.4.2008 – 15 B 122/08, juris Rn. 11 ff.; vgl. dazu auch *Lange*, Kommunalrecht, Kap. 14 Rn. 124 ff.; *Schmidt-Aßmann*, FS Ulmer, 2003, S. 1015 (1020).
241 Bejahend VerfGH RP, Urt. v. 28.03.2000 – VGH N 12/98, DVBl. 2000, 992; *Pünder/Dittmar*, JURA 2005, 760 (764) m.w.N. Bezüglich § 102 Abs. 1 Nr. 3 GemO a.F. ablehnend OLG Karlsruhe, Urt. v. 16.11.2000 – 4 U 171/99, NVwZ 2001, 712 (713); VGH BW, Beschl. v. 06.03.2006 – 1 S 2490/05, GewArch 2006, 211; vgl. auch OVG LSA, Urt. v. 29.10.2008 – 4 L 146/05, juris Rn. 38 ff.; kritisch auch OVG Nds, Beschl. v. 14.08.2008 – 10 ME 280/08, juris Rn. 9.
242 Dazu unter Rn. 49.
243 LT-Drs. 13/4767, S. 9; vgl. auch VGH BW, Beschl. v. 06.03.2006 – 1 S 2490/05, juris Rn. 7; VGH BW, Beschl. v. 29.11.2012 – 1 S 1258/12, juris Rn. 52.
244 *Stehlin/Grabolle*, VBlBW 2007, 41 (42).
245 Vgl. dazu etwa *Schmittat*, ZHR 148 (1984), 428 (448 ff.); *Tettinger*, DVBl. 1999, 679 (684 ff.); *Hösch*, DÖV 2000, 393 (396 ff.); zudem *Lange*, Kommunalrecht, Kap. 14 Rn. 133 ff. m.w.N.

nicht in dieses Grundrecht eingreift. Art. 12 Abs. 1 GG schützt dementsprechend nach Auffassung der Rechtsprechung nicht vor Konkurrenz, auch nicht vor Konkurrenz der öffentlichen Hand. Ein Grundrechtsverstoß soll erst vorliegen, wenn die Wettbewerbsfreiheit der Konkurrenten in unerträglichem Maße eingeschränkt ist, also ein *Verdrängungswettbewerb* stattfindet oder eine *Monopolstellung* gegeben ist.[246] Dieses aus Art. 12 Abs. 1 GG abgeleitete Wettbewerbsprinzip gilt aber mangels Grundrechtsberechtigung[247] nicht für die *öffentliche* Wirtschaftstätigkeit. Wenn die Marktchancen privater Anbieter durch eine solche Tätigkeit spürbar verschlechtert werden, ist deren Berufsfreiheit daher beeinträchtigt.[248] Dies führt nicht zwingend zur Verfassungswidrigkeit kommunalwirtschaftlicher Betätigungen – diese bedürfen jedoch einer *gesetzlichen Grundlage*. Liegen deren Voraussetzungen nicht vor, kommt es zu einer Rechtsverletzung betroffener Konkurrenten.

160 Einen **Eigentumseingriff** kann eine konkurrierende öffentliche Wirtschaftstätigkeit jedoch nicht darstellen. Auch wenn man das Recht am eingerichteten und ausgeübten Gewerbebetrieb als von Art. 14 Abs. 1 S. 1 GG erfasst ansieht, sind *bloße Umsatz- und Gewinnchancen*, *tatsächliche Gegebenheiten* oder *günstige Gelegenheiten* nicht geschützt.[249]

c) Anspruchsinhalt

161 Der betroffene Konkurrent kann – je nach Konstellation – die Kommune entweder auf **Unterlassung** oder auf **Einwirkung** auf die von ihr beherrschten Unternehmen in Anspruch nehmen.

d) Wettbewerbs-, Kartell- und Zivilrecht

Literatur: *Jahn*, Kartell- und Wettbewerbsrecht, in: Wurzel/Schraml/Becker, Rechtspraxis der kommunalen Unternehmen, Teil I; *Karl/Beutelmann*, Kartellrecht, in: Hoppe/Uechtritz, Unternehmen, § 15; *Lux*, Wettbewerbsrecht, in: Hoppe/Uechtritz/Reck, Unternehmen, § 10.

aa) UWG

162 Das UWG schützt die **lautere geschäftliche Handlung** (vgl. §§ 1, 3 Abs. 1 UWG). Ein Verstoß gegen die §§ 102 ff. GemO begründet grundsätzlich jedoch *keine Unterlassungsansprüche* nach dem UWG, da die Unzulässigkeit der gemeindlichen Betätigung nicht automatisch zur Unlauterkeit gem. §§ 1, 3 Abs. 1 UWG führt.[250] Die Beurteilung nach diesem Gesetz bezieht sich nur auf die *Art und Weise* der Beteiligung der öffentlichen Hand am Wettbewerb, aber nicht auf die Frage, *ob* die öffentliche

---

246 BVerwG, Urt. v. 22.02.1972 – I C 24.69, juris Rn. 23; VGH BW, Beschl. v. 06.03.2006 – 1 S 2490/05, juris Rn. 19 m.w.N.
247 Dazu unter § 10 Rn. 42 f..
248 *Scholz*, in: Maunz/Dürig, GG, Art. 12, Rn 112, 303, 401ff; *Lange*, Kommunalrecht, Kap. 14 Rn. 134.
249 BVerfG, Beschl. v. 26.06.2002 – 1 BvR 558/91 u.a., juris Rn. 77 ff.
250 BGH, Urt. v. 25.04.2002 – I ZR 250/00, juris Rn. 17 ff. (zur sittenwidrigen Wettbewerbshandlung nach § 1 UWG a.F.) (mit Bespr. v. *Meyer*, NVwZ 2002, 1075); im Anschluss z.B. OVG NW, Beschl. v. 13.8.2003 – 15 B 1137/03, juris Rn. 6 f.; zu den zuvor vertretenen unterschiedlichen Auffassungen vgl. etwa OLG Hamm, Urt. v. 23.09.1997 – 4 U 99/97, juris Rn. 32 ff.; OLG Düsseldorf, NJW-RR 1997, 1470; OLG Düsseldorf, NVwZ 2000, 111; OLG Karlsruhe, Urt. v. 16.11.2000 – 4 U 171/99; LG Potsdam, Urt. v. 09.01.2001 – 2 O 453/00, BWGZ 2001, 303.

I. Kommunale Wirtschaftstätigkeit

Hand überhaupt erwerbswirtschaftlich tätig werden darf. Dieser Rechtsprechung hat der Gesetzgeber durch § 4 Nr. 11 UWG Rechnung getragen: Hiernach handelt unlauter, wer einer gesetzlichen Vorschrift zuwiderhandelt, die auch dazu bestimmt ist, im Interesse der Marktteilnehmer das Markt*verhalten* zu regeln.

Ansprüche nach dem UWG sind daher nur in besonderen, die Modalitäten der gemeindlichen Betätigung betreffenden Fällen gegeben. Ein solcher kann z.B. vorliegen, wenn die Kommune *ihre besondere Stellung als Hoheitsträger* gegenüber anderen Marktteilnehmern ausnutzt, also öffentlich-rechtliche und erwerbswirtschaftliche Tätigkeiten „verquickt".[251] In diesem Falle können Ansprüche auf Schadensersatz, auf Beseitigung und bei Wiederholungsgefahr auf Unterlassung bestehen (§ 8 i.V.m. § 3 UWG). **163**

Beispiel: Die Verwendung des *Gemeindewappens* oder anderer Hinweise darauf, dass es sich um ein kommunales Unternehmen handelt, erweckt noch nicht den unzulässigen Eindruck einer hoheitlichen Betätigung.[252] **164**

Unzulässig wäre es dagegen, wenn eine Gemeinde amtliche Beziehungen und Informationen für *Wettbewerbsvorteile* ausnutzt, etwa indem ein Verwaltungsakt mit Werbeaussagen verbunden wird.[253] **165**

Ein Landkreis darf Nummernschilder in den Diensträumen seiner Kfz-Zulassungsstelle zum Verkauf bereithalten, wenn er auf die vorhandenen *anderen Bezugsquellen* in geeigneter Weise hinweist.[254] **166**

bb) GWB

Das GWB soll wettbewerbsbeschränkende Verhaltensweisen verhindern, um die Freiheit und Funktionsfähigkeit des Wettbewerbs zu sichern. Es findet auch auf Unternehmen Anwendung, die ganz oder teilweise im Eigentum der *öffentlichen Hand* stehen oder von ihr verwaltet oder betrieben werden (§ 130 Abs. 1 S. 1 GWB).[255] Auf rein *hoheitliche Tätigkeiten* der öffentlichen Hand ist das GWB jedoch nicht anwendbar.[256] **167**

Unter anderem ist nach § 19 Abs. 1 GWB die *missbräuchliche Ausnutzung einer marktbeherrschenden Stellung* durch Unternehmen verboten.[257] § 20 GWB enthält ein *Diskriminierungs- und Behinderungsverbot*. Danach dürfen marktbeherrschende Unternehmen ein anderes Unternehmen in einem Geschäftsverkehr, der gleichartigen Unternehmen üblicherweise zugänglich ist, weder unmittelbar noch mittelbar unbillig behindern oder gegenüber gleichartigen Unternehmen ohne sachlich ge- **168**

---

251 Zu einem solchen Fall vgl. BGH, Urt. v. 24.09.2002 – KZR 4/01, juris Rn. 26–28 (kommunaler Schilderprägebetrieb); näher dazu *Wurzel/Schraml/Becker*, Unternehmen, S. 407 ff.; *Lux*, in: Hoppe/Uechtritz, Unternehmen, § 10 Rn. 48 ff.
252 OLG Frankfurt a.M., Urt. v. 06.12.2007 – 6 U 37/07, juris Rn. 17–19. Vgl. aber auch ebda. Rn. 20–25 zu einem irreführenden Hinweis auf hoheitliches Handeln („Der Magistrat"); a.A. *Lange*, Kommunalrecht, Kap. 14 Rn. 149 (vgl. auch die weiteren Bsp. ebda. Rn. 144 ff.).
253 BGH, Urt. v. 18.10.2001 – I ZR 193/99, juris Rn. 35 („Elternbriefe").
254 BGH, Urt. v. 26.04.1974 – I ZR 8/73, juris Rn. 22 ff.
255 Vgl. hierzu BGH, Beschl. v. 22.03.1976 – GSZ 2/75, juris Rn. 26; OLG München, Beschl. v. 14.10.2005 – W (K) 2385/05, juris Rn. 32 ff.; VGH BW, Beschl. v. 06.03.2006 – 1 S 2490/05, juris Rn. 12.
256 Dazu *Karl/Beutelmann*, in: Hoppe/Uechtritz, Unternehmen, § 15 Rn. 73 ff.
257 Dazu z.B. BGH, Beschl. v. 28.06.2005 – KVR 17/04, juris Rn. 17 ff. (Überhöhung von Nutzungsentgelten für Stromdurchleitung durch Stadtwerke GmbH).

rechtfertigten Grund unmittelbar oder mittelbar unterschiedlich behandeln.[258] Private Konkurrenten können kommunale Unternehmen bei Verstoß gegen die §§ 19 und 20 GWB nach *§ 33 GWB* auf Beseitigung, Unterlassung und Schadenersatz in Anspruch nehmen.

cc) BGB

169 Eine **Schutznorm** i.S.v. **§ 823 Abs. 2 BGB** stellen die §§ 102 ff. GemO grundsätzlich nicht dar.[259] Da Schutzgesetz in diesem Sinne jedoch Normen sind, die nach Zweck und Inhalt wenigstens auch auf den *Schutz von Individualinteressen* vor einer näher bestimmten Art ihrer Verletzung ausgerichtet sind,[260] können *im Rahmen des Drittschutzes* der §§ 102 ff. GemO auch Ansprüche auf der Grundlage von § 823 Abs. 2 BauGB geltend gemacht werden.

5. Privatisierung

Zur Vertiefung: *Ipsen (Hrsg.)*, Privatisierung öffentlicher Aufgaben, 1994; *Mombaur (Hrsg.)*, Privatisierung in Städten und Gemeinden, 1994; *Schoch*, Privatisierung von Verwaltungsaufgaben, DVBl. 1994, 962 ff.; *Burgi*, Funktionale Privatisierung und Verwaltungshilfe, 1999; *Zacharias*, Privatisierung der Abwasserbeseitigung, DÖV 2001, 454 ff.; *Pfüller*, Privatisierung öffentlicher Aufgaben, 1987; *Kahl*, GewArch 2007, 441 ff.; *Burgi*, Privatisierung öffentlicher Aufgaben – Gestaltungsmöglichkeiten, Grenzen, Regelungsbedarf, Gutachten D zum 67. DJT 2008; *Stober*, Privatisierung öffentlicher Aufgaben, NJW 2008, 2301 ff.; *Stein*, Privatisierung kommunaler Aufgaben, DVBl. 2010, 563 ff.

170 Die **Privatisierung** gemeindlicher Aufgaben kann in verschiedenen Formen erfolgen. Sie zielt oftmals auf die Lösung von haushaltsrechtlichen, besoldungsrechtlichen oder anderen Vorgaben, die Nutzung flexiblerer privatrechtlicher Regelungen oder eine Haftungsbeschränkung. Die Nachteile einer Privatisierung können dagegen insbesondere in einem *Transparenzverlust* und verminderten Steuerungs- und Kontrollmöglichkeiten bestehen.[261]

a) Formelle Privatisierung

171 Bei der **formellen Privatisierung** (oder „Organisationsprivatisierung") gründet die Gemeinde eine juristische Person des Privatrechts, der bestimmte Aufgaben übertragen werden.[262]

172 Beispiel: Gründung einer Gesellschaft, die die Abfallentsorgung oder Abwasserentsorgung in der Gemeinde betreibt.

---

258 Zum (funktionalen) *Unternehmensbegriff* des GWB sowie den Begriffen der *marktbeherrschenden Stellung* und *unbilligen Behinderung* vgl. VGH BW, Beschl. v. 06.03.2006 – 1 S 2490/05, juris Rn. 11 ff.; *Karl/Beutelmann*, in: Hoppe/Uechtritz, Unternehmen, § 15 Rn. 113 ff. Zur kartellrechtlichen Zulässigkeit *kommunaler Einkaufsgemeinschaften* BGH, Urt. v. 12.11.2002 – KZR 11/01. Zum Diskriminierungsverbot des § 46 Abs. 1 EnWG bei der Vergabe von Wegerechtskonzessionen vgl. BGH, Urt. v. 17.12.2013 – KZR 65/12.
259 Ablehnend für Art. 87 GemO Bay BGH, Urt. v. 25.04.2002 – I ZR 250/00, juris Rn. 28 f.; zu § 107 GemO NW BGH, Urt. v. 26.09.2002 – I ZR 293/99, juris Rn. 30; anders *Lange*, Kommunalrecht Kap. 14 Rn. 139 f.
260 BGH, Urt. v. 26.02.1993 – V ZR 74/92, juris Rn. 11.
261 Dazu unter Rn. 125 ff..
262 Zu den Organisationsformen vgl. unter Rn. 103 ff.

I. Kommunale Wirtschaftstätigkeit

b) Funktionale Privatisierung

Bei der **funktionalen Privatisierung** (oder „Verfahrensprivatisierung") wird der verfahrensmäßige Vollzug einer Aufgabe an einen Privaten als *Verwaltungshelfer oder Erfüllungsgehilfen* übertragen.[263] Die Gewährleistungsverantwortung verbleibt bei der Gemeinde. **173**

Beispiel: Einsatz von Abschleppunternehmern im Polizeirecht. **174**

Beispiel: Bei dem sog. *Betreibermodell* im Sinne einer „Public Private Partnership" kooperiert eine Kommune mit einem privatwirtschaftlichen Unternehmen, das den Bau, die Finanzierung und den Betrieb einer kommunalen Anlage oder Einrichtung (z.B. der Abwasserbeseitigung) mit eigenem Personal und in (teilweise) eigener Verantwortung übernimmt. Grundlage ist ein privatrechtlicher oder öffentlich-rechtlicher Betreibervertrag. Das private Unternehmen erhält für den ordnungsgemäßen Betrieb der Anlage ein Vertragsentgelt. Dieses gibt die Kommune über die Benutzungsgebühren oder Entgelte an die Benutzer weiter. Die öffentlich-rechtliche Zuständigkeit und Außenverantwortung bleibt bei der Kommune. Zur Sicherung dieser Verantwortung behält sich die Kommune im Betreibervertrag Weisungs-, Eingriffs- und Kontrollrechte vor („Gewährleistungsverantwortung").[264] **175**

Wenn sich der Private selbst refinanziert, handelt es sich um eine sog. *Dienstleistungskonzession*.[265] In diesem Falle erhält der Private regelmäßig das ausschließliche Recht zur Erbringung der Dienstleistung. **176**

Bei dem sog. *„Betriebs- oder Geschäftsführungsmodell"* überträgt die Gemeinde einem privaten Betriebsführungsunternehmen vertraglich gegen Entgelt die verwaltungsmäßige, kaufmännische bzw. technische Leitung eines kommunalen Unternehmens auf Rechnung und im Namen der Gemeinde. Die Gemeinde bleibt als Betriebsinhaberin Eigentümerin der Anlagen und öffentlich-rechtlich zuständig für die Aufgabenerfüllung. Der Betriebsführer (Geschäftsführer) ist kommunaler Verwaltungshelfer oder Erfüllungsgehilfe und unterliegt durchgängig dem Weisungsrecht der Gemeinde. Er tritt nicht in unmittelbare Rechtsbeziehungen zum Kunden. Anders als beim Betreibermodell trägt der Betriebsführer nicht das *wirtschaftliche Risiko* des Unternehmens. **177**

Die bei der funktionalen Privatisierung eingesetzten *Verwaltungshelfer* oder *Erfüllungsgehilfen* sind anders als **Beliehene** nicht zum Einsatz hoheitlicher Befugnisse ermächtigt. Durch die (nur kraft Gesetzes zulässige) Beleihung wird eine öffentlich-rechtliche Kompetenz des Staates gleichsam systemwidrig an Privatrechtssubjekte zur – nach wie vor – öffentlich-rechtlichen Wahrnehmung übertragen.[266] **178**

c) Materielle Privatisierung

Bei der **materiellen Privatisierung** (oder „Aufgabenprivatisierung") zieht sich die öffentliche Hand aus einem Aufgabenfeld zurück. Bisher wahrgenommene Aufgaben oder kommunale Unternehmen werden vollständig oder teilweise in die Verantwortung privater Rechtssubjekte übergeben. Dies kann geschehen durch Auflösung oder Übertragung eines Unternehmens, durch Rechtsumwandlung oder durch Ein- **179**

---

263 Zum Verwaltungshelfer etwa BGH, Urt. v. 14.10.2004 – III ZR 169/04.
264 Zur PPP vgl. auch das „Gesetz zur Beschleunigung der Umsetzung von öffentlich-privaten Partnerschaften und zur Verbesserung gesetzlicher Rahmenbedingungen für öffentliche Partnerschaften (BGBl. I 2005, 2676). Zur Praxis der PPP in BW vgl. LT-Drs. 14/2429.
265 Zur vergaberechtlichen Einordnung vgl. unter Rn. 216 ff.
266 Näher zur Beleihung *Burgi*, FS Maurer, 2001, S. 581 ff.; *Maurer*, Allgemeines Verwaltungsrecht, § 23 Rn. 56 ff.; *Wolff/Bachof/Stober*, Verwaltungsrecht Bd. 3, 5. Aufl., § 92.

räumung von Entscheidungs- oder Ausschließlichkeitsrechten zugunsten Privater oder schlichte Aufgabe einer Tätigkeit. In (noch) nicht funktionierenden Märkten kann eine *Gewährleistungs- oder Regulierungsverantwortung* bestehen.[267]

180 Von der Privatisierung wirtschaftlicher Betätigung ist die **Liberalisierung** zu unterscheiden. Sie ist durch die Beseitigung von Monopolstellungen von Betrieben gekennzeichnet und dient der Schaffung und Erhaltung wettbewerblicher Strukturen (z.B. Telekommunikation, Energieversorgung).[268]

aa) Einfachgesetzliche Zulässigkeit

181 Einfachgesetzliche **Beschränkungen einer materiellen Privatisierung** können sich insbesondere für *kommunale Pflichtaufgaben* ergeben. Zudem bestimmt § 106 GemO, dass die Veräußerung eines Unternehmens, von Teilen eines solchen oder einer Beteiligung an einem Unternehmen sowie andere Rechtsgeschäfte, durch welche die Gemeinde ihren Einfluss auf das Unternehmen verliert oder vermindert, nur zulässig sind, wenn die Erfüllung der Aufgaben der Gemeinde nicht beeinträchtigt wird.

182 Die normative Anordnung eines Privatisierungsverbots oder die Aufstellung einschränkender Voraussetzungen stellen einen *Eingriff in die Selbstverwaltungsgarantie* dar und sind somit nur unter den Voraussetzungen des Gesetzesvorbehalts i.S.d. Art. 28 Abs. 2 S. 1 GG zulässig.[269] Eine bloße gesetzliche Zielsetzung materieller Privatisierungen wie in § 1 Abs. 2 MiFöG greift dagegen noch nicht in das Selbstverwaltungsrecht ein.

bb) Verfassungsrechtliche Zulässigkeit

183 Materielle Privatisierungen sind grundsätzlich auch **verfassungsrechtlich zulässig**. Aus Art. 28 Abs. 2 S. 1 GG folgt mit Blick auf die kommunale Eigenverantwortlichkeit für die Erfüllung der Angelegenheiten der örtlichen Gemeinschaft grundsätzlich keine Wahrnehmungs- oder Regelungspflicht, sondern nur eine *Wahrnehmungs- oder Regelungsbefugnis*.[270]

184 Anderes kann sich im Einzelfall jedoch aus der verfassungsrechtlich durch Art. 28 Abs. 2 S. 1 GG abgesicherten **Gemeinwohlverpflichtung** der Kommunen ergeben. Eine Pflicht zur wirtschaftlichen Betätigung und damit ein Verbot materieller Privatisierung können bestehen, wenn die kommunale Betätigung der Daseinsvorsorge in Form der *sozialen Grundsicherung* dient.[271] Dies vermag jedoch nur in Sonderfällen zu überzeugen. Auch die Grundversorgung ist in der sozialen Marktwirtschaft nicht zwingend durch den Staat zu erbringen. Ein grundsätzliches Privatisierungsverbot besteht vor diesem Hintergrund nicht.[272]

185 Das BVerwG hat sogar die *Vollprivatisierung eines Weihnachtsmarktes* als unzulässig angesehen. Aus dem „Gebot der Sicherung und Wahrung des Aufgabenbestandes der Gemeinden" ergebe sich, dass eine „vollständige Übertragung von Aufgaben

---

267 Diese wurde z.B. durch das Telekommunikationsgesetz umgesetzt.
268 Z.B. EuGH, Urt. v. 18.12.2007 – Rs. C-220/06, NVwZ 2008, 177 – Liberalisierung der Postdienste.
269 Dazu § 5 Rn. 66 ff.
270 Dazu auch § 5 Rn. 54.
271 So z.B. *Püttner*, DÖV 1990, 461 (463) für die kommunale Energieversorgung.
272 Vgl. dazu *Schoch*, DVBl. 1994, 962, (969 f.); ferner BayVerfGH, Entscheidg. v. 04.07.1996 – Vf. 16-VII-94 (zur Privatisierung von Feuerbestattungsanlagen).

besonderer sozialer, kultureller und traditioneller Prägung wie ein Weihnachtsmarkt, an Dritte nicht zulässig ist."[273]

d) Rekommunalisierung

Zur Vertiefung: *Albrecht/Gabriel*, Die geplante neue EU-Verordnung zum ÖPNV, DÖV 2007, 907 ff.; *Brüning*, (Re-)Kommunalisierung von Aufgaben aus privater Hand, VerwArch 100 (2009), 453 ff.; *Bauer/Büchner/Hajasch*, Rekommunalisierung öffentlicher Daseinsvorsorge, 2012; *Bauer*, Zukunftsthema „Rekommunalisierung", DÖV 2012, 329 ff.; *Burgi*, Privatisierung und Rekommunalisierung aus rechtswissenschaftlicher Sicht, NdsVBl 2012, 225 ff.; *Guckelberger*, Die Rekommunalisierung privatisierter Leistungen in Deutschland, VerwArch 104 (2013), 161 ff.; *Leisner-Egensperger*, Rekommunalisierung und Grundgesetz: Verfassungsrechtliche Kriterien, Grenzen und Konsequenzen, NVwZ 2013, 1110 ff.; *von Hoff*, Rekommunalisierung – nur scheinbar kein Thema für das Vergaberecht, VergabeR 2013, 395 ff.; *Richter/Brahms*, Rekommunalisierung von Strom- und Gasnetzen, KommJur 2014, 6 ff.; *Schmidt*, Rahmenbedingungen und Perspektiven der Rekommunalisierung, DÖV 2014, 357 ff.

Teilweise werden privatisierte Unternehmen wieder **rekommunalisiert**. Grund dafür können vor allem politische Steuerungsdefizite sowie Erwägungen der Wirtschaftlichkeit sein. Auch hat sich das Ziel, durch eine Privatisierung bessere Leistungen der Daseinsvorsorge zu niedrigeren Preisen anzubieten, nicht immer erfüllt. Insbesondere der Rückkauf von Stadtwerken wird in den vergangen Jahren vielfach diskutiert; auslaufende Strom- oder Gaskonzessionsverträge werden von kommunalen Unternehmen übernommen.[274] **186**

Die Kommunalisierung unterliegt grundsätzlich den gleichen Regeln wie die (erstmalige) Gründung und der Erwerb dieser Unternehmen, so dass insbesondere die §§ 102 ff. GemO zur Anwendung kommen. **187**

II. Kommunale Auftragsvergabe

Literatur: *Otting/Ohler/Olgemöller*, Vergaberecht, in: Hoppe/Uechtritz/Reck, Handbuch Kommunale Unternehmen, § 14 mit zahlreichen Nachweisen.

Kommunale Auftragsvergaben sind vielgestaltig. Zumeist tritt der Staat als Nachfrager am Markt auf, um einen Bedarf an bestimmten Gütern und Dienstleistungen zu decken. **188**

Beispiele: Kauf von Büromaterial, Computern, Möbeln oder Dienstfahrzeugen, Abschluss von Stromlieferungs- oder Telefonverträgen, Beauftragung von Bauleistungen, Beauftragung von Winterdienstleistungen oder Gartenpflegearbeiten. **189**

Bei solchen Auftragsvergaben handelt es sich typischerweise um *privatrechtliche* *Rechtsgeschäfte* (z.B. Abschluss von Werk-, Kauf- oder Mietverträgen). Neben dem Privatrecht ergeben sich rechtliche Vorgaben für die öffentlichen Auftraggeber aus dem *europäischen Primärrecht*, den *nationalen Grundrechten* und dem *Haushaltsrecht*. Daneben kann das eigentliche **Recht der kommunalen Auftragsvergabe** zur Anwendung kommen, das gekennzeichnet ist durch sehr unterschiedliche Regelungsebenen und -systeme. Hier finden sich rechtliche Vorgaben insbesondere im **190**

---

273 BVerwG, Urt. v. 27.05.2009 – 8 C 10/08, juris Rn. 31; zurecht kritisch dazu *Ehlers*, DVBl. 2009, 1456 f.; *Schoch*, DVBl. 2009, 1533 ff.; *Burgi*, Kommunalrecht, § 17 Rn. 85.
274 Zu den Gründen für Rekommunalisierungen *Uechtritz/Reck*, in: Hoppe/Uechtritz/Reck, Unternehmen, § 16 Rn. 6. Vgl. auch *Bauer*, DÖV 2012, 329 ff.; *Burgi*, NdsVBl 2012, 225 ff.; *Guckelberger*, VerwArch 104 (2013), 161 ff. – S. ferner BGH, Urt. v. 17.12.2013 – KZR 66/12.

europäischen Gemeinschaftsrecht, in den §§ 97 ff. GWB, im Haushaltsrecht, im Kommunalrecht und in den Vergabe- und Vertragsordnungen (VOB/VOL/VOF).

191 Eine grundlegende Unterscheidung ergibt sich dabei aus dem Vergaberecht oberhalb und unterhalb bestimmter (europarechtlich vorgegebener) **Schwellenwerte**.

1. Vergaberecht oberhalb der Schwellenwerte

192 Verschiedene **europäische Vergaberechtlinien** und weitere Vorschriften enthalten zahlreiche Vorgaben für Vergabeverfahren in den Mitgliedstaaten.[275] Diese europäischen Regelungen dienen der Verwirklichung des *Binnenmarktes* und der *Grundfreiheiten* auch im Bereich des öffentlichen Auftragswesens. Die nationale Umsetzung erfolgte insbesondere durch den **vierten Teil des GWB** (§§ 97 ff. GWB), wonach die öffentlichen Auftraggeber zur Durchführung eines *europaweiten und diskriminierungsfreien Vergabeverfahrens* auf der Grundlage einer Bekanntmachung im Amtsblatt der EU verpflichtet sind.

a) Anwendungsbereich

193 Die §§ 97 ff. GWB gelten für öffentliche Auftraggeber, die öffentliche Aufträge oberhalb bestimmter Schwellenwerte vergeben, ohne dass ein Ausnahmetatbestand gegeben ist.

194 Zu den **öffentlichen Auftraggebern** i.S.v. § 98 GWB zählen unter anderem die *Gebietskörperschaften und deren Sondervermögen* (§ 98 Nr. 1 GWB), bestimmte öffentlich-rechtliche oder privatrechtliche *juristische Personen* (§ 98 Nr. 2 GWB), bestimmte *öffentliche Verbände* (§ 98 Nr. 3 GWB) und die sog. *Sektorenauftraggeber* (§ 98 Nr. 4 GWB).

195 Die Gemeinden, Landkreise, kommunalen Zweckverbände oder Verwaltungsgemeinschaften sind öffentliche Auftraggeber i.S.v. § 98 Nr. 1 oder Nr. 3 GWB; kommunale Eigen- oder Regiebetriebe zählen zu den Sondervermögen nach § 98 Nr. 1 GWB; kommunale Eigengesellschaften sind vielfach nach § 98 Nr. 2 GWB als öffentliche Auftraggeber einzuordnen.

196 **Öffentliche Aufträge** sind entgeltliche Verträge von öffentlichen Auftraggebern mit Unternehmen über die Beschaffung von Leistungen, die *Liefer-, Bau- oder Dienstleistungen* zum Gegenstand haben, *Baukonzessionen* und *Auslobungsverfahren*, die zu Dienstleistungsaufträgen führen sollen (§ 99 Abs. 1 GWB). Die davon erfassten Rechtsgeschäfte werden durch § 99 Abs. 2 bis 6 GWB näher definiert. Im Rahmen der Umsetzung der EU-Vergaberichtlinien zur Modernisierung des Vergaberechts[276] in nationales Recht ist der Anwendungsbereich auf Verträge über Dienstleistungskonzessionen zu erweitern. Besondere Vorschriften gelten für *verteidigungs- oder sicherheitsrelevante Aufträge* (vgl. § 99 Abs. 7 bis 9 GWB).

---

275 Näher dazu und zur Entwicklung der europäischen Vorgaben *Otting/Ohler/Olgemöller*, in: Hoppe/Uechtritz/Reck, Unternehmen, § 14 Rn. 1.
276 Richtlinie 2014/24/EU v. 26.02.2014 über die öffentliche Auftragsvergabe; Richtlinie 2014/25/EU v. 26.02.2014 über die Vergabe von Aufträgen durch Auftraggeber im Bereich der Wasser-, Energie- und Verkehrsversorgung sowie der Postdienste; Richtlinie 2014/23/EU v. 26.02.2014 über die Konzessionsvergabe. Die Richtlinien sind bis April 2016 in deutsches Recht umzusetzen.

II. Kommunale Auftragsvergabe 283

Die maßgeblichen **Schwellenwerte** werden alle zwei Jahre von der EU-Kommission 197
durch Verordnung festgelegt.[277]

Beispiel: Der Schwellenwert für die Ausschreibung von Bauaufträgen durch allgemeine öffentliche Auftraggeber beträgt derzeit 5,186 Mio. EUR. 198

Ausnahmen vom Anwendungsbereich der §§ 97 ff. GWB ergeben sich aus § 100 199
Abs. 2 bis 8 und §§ 100a bis 100c GWB. Von der Pflicht zur europaweiten Ausschreibung ausgenommen sind danach z.B. Arbeitsverträge (§ 100 Abs. 3 GWB).

b) Grundsätze

Die wichtigsten **Grundsätze für das Vergabeverfahren** bestehen darin, 200

- Waren, Bau- und Dienstleistungen im *Wettbewerb* und im Wege *transparenter Vergabeverfahren* zu beschaffen (§ 97 Abs. 1 GWB),
- alle Teilnehmer am Vergabeverfahren *gleich zu behandeln* (§ 97 Abs. 2 GWB),
- *mittelständische Interessen* angemessen zu berücksichtigen (§ 97 Abs. 3 GWB),
- Aufträge nur an *fachkundige*, *leistungsfähige* sowie *gesetzestreue* und *zuverlässige* Unternehmen zu vergeben (§ 97 Abs. 4) und
- den Zuschlag an das *wirtschaftlichste Angebot* zu erteilen (§ 97 Abs. 5 GBW).

c) Verfahren

Die Vergabe erfolgt nach § 101 GWB im *offenen Verfahren*, *nicht offenen Verfahren*, 201
Verhandlungsverfahren oder im *wettbewerblichen Dialog*. Nach § 101 Abs. 7 S. 1
GWB besteht ein grundsätzlicher *Vorrang des offenen Verfahrens*.

Einzelheiten der Ausschreibungsverfahren sind in den **Vergabe- und Vertragsordnungen** geregelt.[278] Hier finden sich Vorgaben insbesondere zur Art der Vergabeverfahren, dem Inhalt der Verdingungsunterlagen, den Bekanntmachungen und Fristen sowie zur Wertung der Angebote. 202

Der *Teil A* der VOB und der VOL regelt das zivilrechtliche Ausschreibungsverfahren 203
bis zum Vertragsschluss, der *Teil B* die Beziehungen der Vertragspartner nach Vertragsschluss (insb. Vertragserfüllung und Gewährleistung). Aus dem in der VOB zusätzlich enthaltenen *Teil C* ergeben sich allgemeine technische Vorschriften für die fachgerechte Erfüllung von Bauverträgen.

Die Vergabe- und Vertragsordnungen werden durch nichtstaatliche Fachgremien erarbeitet, weshalb ihnen grundsätzlich keine rechtliche Bindungswirkung zukommt. Sie werden jedoch **rechtsverbindlich**, soweit in der VgV auf sie verwiesen wird. 204

Vertragsrechtlich kommen die Vorschriften der VOB/B durch Einbeziehung in den 205
Bauvertrag als allgemeine Geschäftsbedingungen i.S. des § 305 BGB zur Geltung.[279] Sie sind der (isolierten) Inhaltskontrolle des § 307 BGB nur dann entzogen,

---

277 Verordnung (EU) Nr. 1336/2013 der Kommission vom 13.12.2013 zur Änderung der Richtlinien 2004/17/EG, 2004/18/EG und 2009/81/EG des Europäischen Parlaments und des Rates im Hinblick auf die Schwellenwerte für Auftragsvergabeverfahren.
278 Vergabe- und Vertragsordnung für Bauleistungen i.d.F. der Bekanntmachung vom 26.06.2012; Vergabe- und Vertragsordnung für Leistungen i.d.F. der Bekanntmachung vom 20.11.2009, geändert durch Bekanntmachung vom 19.02.2012; Vergabeordnung für freiberufliche Leistungen vom 18.11.2009.
279 Z.B. BGH, Urt. v. 17.09.1987 – VII ZR 155/86.

wenn sie als Ganzes vereinbart wurden.[280] Entsprechendes gilt für die vertragsrechtlichen Wirkungen der VOL/B.

206 Soweit die VOB/A und VOL/A bundesrechtlich über die VgV für anwendbar erklärt werden, gehen sie landesrechtlichen kommunalrechtlichen Vorschriften vor. Dies gilt etwa für § 35 GemO über die *Öffentlichkeit von Sitzungen*. Ob also nichtöffentlich zu verhandeln und zu entscheiden ist, richtet sich ausschließlich nach diesen bundesrechtlichen Vorgaben über die Geheimhaltungspflichten bei der Vergabe.

d) Verordnungen

207 Neben der **Verordnung über die Vergabe öffentlicher Aufträge**[281] sind auf untergesetzlicher Ebene bedeutsam vor allem die **Sektorenverordnung**[282] für Auftraggeber im Bereich Energie, Trinkwasserversorgung und Verkehr und die **Vergabeverordnung Verteidigung und Sicherheit**,[283] die für in § 99 Abs. 7 GWB näher beschriebene Aufträge im Verteidigungs- und Sicherheitsbereich gilt.

e) Nachprüfungsverfahren

208 Der vierte Teil des GWB enthält im Sinne einer „kartellrechtlichen Lösung" ein **subjektives Recht** auf Einhaltung der Bestimmungen über das Vergabeverfahren (§ 97 Abs. 7 GWB). Für die Geltendmachung dieses Rechts steht das *Nachprüfungsverfahren* gemäß §§ 102 ff. GWB offen.

209 Wenn ein Auftraggeber einen öffentlichen Auftrag unmittelbar an ein Unternehmen erteilt, ohne andere Unternehmen am Vergabeverfahren zu beteiligen und ohne dass dies aufgrund Gesetzes gestattet und dieser Verstoß in einem Nachprüfungsverfahren nach Absatz 2 festgestellt worden ist, ist dieser Vertrag *von Anfang an unwirksam* (§ 101b Abs. 1 Nr. 2 GWB).

210 Die Unwirksamkeit nach Absatz 1 kann jedoch nur festgestellt werden, wenn sie im Nachprüfungsverfahren innerhalb von 30 Kalendertagen ab Kenntnis des Verstoßes, jedoch nicht später als sechs Monate nach Vertragsschluss geltend gemacht worden ist (§ 101b Abs. 2 S. 1 GWB). Hat der Auftraggeber die Auftragsvergabe im Amtsblatt der Europäischen Union bekannt gemacht, endet die Frist zur Geltendmachung der Unwirksamkeit 30 Kalendertage nach Veröffentlichung der Bekanntmachung der Auftragsvergabe im Amtsblatt der Europäischen Union (§ 101b Abs. 2 S. 2 GWB).

211 Uneinheitlich wird beurteilt, ob der *Verstoß* einer Gemeinde als Bieter *gegen die kommunalwirtschaftlichen Vorschriften* der GemO in einem Vergabeverfahren zu berücksichtigen ist.[284]

---

280 BGH, Urt. v. 31.01.1991 – VII ZR 291/88.
281 Verordnung über die Vergabe öffentlicher Aufträge (VgV) i.d.F. der Bekanntmachung vom 11.02.2003 (BGBl. I, 169), zuletzt geändert durch Verordnung vom 15.10.2013 (BGBl. I, 3854).
282 Sektorenverordnung vom 23.09.2009 (BGBl. I, 3110), zuletzt geändert durch Art. 7 des Gesetzes vom 25.07.2013 (BGBl. I, 2722).
283 Vergabeverordnung Verteidigung und Sicherheit vom 12.07.2012 (BGBl. I, 1509), geändert durch Art. 8 des Gesetzes vom 25.07.2013 (BGBl. I, 2722).
284 Bejahend OLG Düsseldorf, Beschl. v. 04.05.2009 – VII-Verg 68/08 –, juris Rn. 108 ff.; anders OVG NW, Beschl. v. 01.04.2008 – 15 B 122/08, juris Rn. 15 ff.

f) Einzelfragen

Bei der Anwendung des förmlichen Vergaberechts gibt es zahlreiche Abgrenzungsschwierigkeiten. Praxisrelevant für die Kommunen sind vor allem folgende Konstellationen:

aa) „In-House"-Geschäfte

Wenn die öffentliche Hand einen **rechtlich nicht eigenständigen** Eigenbetrieb „beauftragt", entsteht von vornherein *kein ausschreibungspflichtiges Vertragsverhältnis*. Auch bei rechtlicher Eigenständigkeit des Auftragnehmers kann eine Ausschreibungspflicht nach den Grundsätzen des **„In-House"-Geschäfts** entfallen. Nach dem EuGH ist eine Ausschreibung nicht erforderlich, wenn der öffentliche Auftraggeber zwar ein rechtlich selbstständiges Unternehmen beauftragt, über dieses aber eine ähnliche *Kontrolle* ausübt wie über seine eigenen Dienststellen und diese Einrichtung ihre *Tätigkeit* im Wesentlichen mit der oder den öffentlichen Stellen verrichtet, die ihre Anteile innehaben.[285] Die – auch nur minderheitliche – Beteiligung eines privaten Unternehmens schließe es jedoch aus, dass der öffentliche Auftraggeber über diese Gesellschaft eine ähnliche Kontrolle ausübt wie über seine eigenen Dienststellen.[286] Diese durch richterliche Rechtsfortbildung entstandenen Grundsätze sind durch die europäischen Richtlinien zur Modernisierung des Vergaberechts kodifiziert worden.[287]

bb) Interkommunale Zusammenarbeit

Unter bestimmten Voraussetzungen ist auch eine **interkommunale Zusammenarbeit** auf vertraglicher Grundlage ohne Ausschreibung möglich. Nach Auffassung des EuGH muss es öffentlichen Stellen grundsätzlich möglich sein, allein oder gemeinsam mit anderen öffentlichen Stellen ihre öffentlichen Aufgaben zu erfüllen, ohne externe Einrichtungen einschalten zu müssen. Verträge über die Zusammenarbeit öffentlicher Einrichtungen unterfallen daher nicht dem Vergaberecht, wenn sie sich auf eine *allen Partnern obliegende Gemeinwohlaufgabe* beziehen, sie *zwischen öffentlichen Einrichtungen* ohne Beteiligung Privater geschlossen werden, kein privater Dienstleistungserbringer *besser gestellt* wird als seine Wettbewerber und die Zusammenarbeit nur durch Erfordernisse und Überlegungen bestimmt wird, die mit der Verfolgung von *im öffentlichen Interesse* liegenden Zielen zusammenhängen.[288] Der Vertragsschluss darf sich jedoch bei einer Würdigung aller Einzelfallumstände nicht

---

[285] Grundlegend EuGH, Urt. v. 18.11.1999 – Rs. C-107/98 (Teckal); zum zulässigen *Fremdgeschäftsanteil* vgl. etwa EuGH, Urt. v. 11.05.2006 – Rs. C-340/04 (Carbotermo) u. OLG Hamburg, Beschl. v. 14.12.2010 – 1 Verg 5/10, juris Rn. 54; zur *unzulässigen künstlichen Aufspaltung* eines Gesamtgeschäftes EuGH, Urt. v. 10.11.2005 – Rs. C-29/04, NVwZ 2006, 70.

[286] EuGH, Urt. v. 11.01.2005 – Rs. C-26/03 (Stadt Halle/TREA Leuna), NVwZ 2005, S. 187. Zur möglichen Kontrolle bei einer Minderheitsbeteiligung mehrerer öffentlicher Stellen vgl. EuGH, Urt. v. 29.11.2012 – Rs. C-182/11 u.a. (Econord SpA); OLG Düsseldorf, Beschl. v. 30.01.2013 – Verg 56/12, juris Rn. 4 ff. Näher zu den Anforderungen an „In-House"-Geschäfte *Otting/Ohler/Olgemöller*, in: Hoppe/Uechtritz/Reck (Hrsg.), Unternehmen, § 14 Rn. 37 ff.

[287] Z. B. Art. 12 Richtlinie 2014/24/EU über die öffentliche Auftragsvergabe.

[288] EuGH, Urt. v. 09.06.2009 – Rs. C-480/06 (Stadtreinigung Hamburg); zu den Grenzen vgl. EuGH, Urt. v. 19.12.2012 – Rs. C-159/11 (Azienda Sanitaria Locale die Lecce), Rn. 36 ff. Näher dazu *Otting/Ohler/Olgemöller*, in: Hoppe/Uechtritz/Reck (Hrsg.), Unternehmen, § 14 Rn. 52 ff.

als klassischer Vertrag über die *Beschaffung einer Leistung am Markt* darstellen.[289] Die vertragliche Verpflichtung einer Kommune, einzelne Aufgaben *für eine andere Kommune* wahrzunehmen, stellt – in Abgrenzung zu einer *gemeinsamen* kommunalen Aufgabenwahrnehmung – grundsätzlich einen marktüblichen und damit ausschreibungspflichtigen Vorgang dar.[290] Auch die Grundsätze zur interkommunalen Zusammenarbeit wurden in den Richtlinien zur Modernisierung des Vergaberechts normiert.[291]

cc) Grundstücksverkäufe

215 Der **Verkauf eines kommunalen Grundstücks** unterliegt im Ausgangspunkt nicht dem Vergaberecht, da *kein Beschaffungsvorgang* vorliegt. Dies gilt grundsätzlich auch dann, wenn der Kaufvertrag eine *Bauverpflichtung* des Erwerbers enthält. Das Vergaberecht ist jedoch anwendbar, wenn die zu erbringende Bauleistung der Gemeinde *unmittelbar wirtschaftlich zugutekommt.*[292] Dies kann etwa der Fall sein, wenn sich die Gemeinde die Nutzung des zu errichtenden Bauwerks sichert, sich an der Erstellung finanziell beteiligt oder das wirtschaftliche Risiko trägt.[293] Das städtebauliche Interesse an der Umsetzung eines Vorhabens führt allein hingegen nicht zur Anwendbarkeit des Vergaberechts.

dd) Dienstleistungskonzessionen

216 Bei **Dienstleistungskonzessionen** handelt es sich bislang nicht um ausschreibungspflichtige öffentliche Aufträge.[294] Durch die bis zum 18.04.2016 in nationales Recht umzusetzende Richtlinie über die Konzessionsvergabe (Richtlinie 2014/23/EU) wird jedoch auch für Dienstleistungskonzessionen ab einem Schwellenwert von 5,186 Mio. € grundsätzlich eine Pflicht zur förmlichen Ausschreibung eingeführt. Konzessionen im Bereich der Trinkwasserversorgung wurden dagegen – auch aufgrund der ersten erfolgreichen europäischen Bürgerinitiative nach Art. 11 Abs. 4 EUV – aus dem Anwendungsbereich der Richtlinie ausgenommen.

217 Im GWB findet sich zwar eine **Definition** der Baukonzession (§ 99 Abs. 6 GWB), jedoch bislang nicht der Dienstleistungskonzession. Gemäß Art. 1 Abs. 4 der Richtlinie 2004/18/EG (entspricht Art. 5 Abs. 1 S. 1 lit b der Richtlinie 2014/23/EU) sind Dienstleistungskonzessionen Verträge, die von öffentlichen Dienstleistungsaufträgen nur insoweit abweichen, als die *Gegenleistung* für die Erbringung der Dienstleistungen ausschließlich in dem Recht zur Nutzung der Dienstleistung oder in diesem Recht zuzüglich der Zahlung eines Preises besteht.[295] Die Gegenleistung für die Erbringung des Auftrags besteht damit nicht in einem vorher festgelegten Preis, sondern

---

289 OLG Celle, Urt. v. 29.10.2009 – 13 Verg 8/09.
290 Näher dazu EuGH, Urt. v. 13.06.2013 – Rs. C-386/11 (Piepenbrock), NVwZ 2013, 931; dazu etwa *Gruneberg*, VergabeR 2014, 99 ff.; vgl. auch OLG Frankfurt, Urt. v. 07.09.2004 – Verg 11/04.
291 Z. B. Art. 12 Abs. 4 Richtlinie 2014/24/EU über die öffentliche Auftragsvergabe.
292 EuGH, Urt. v. 25.03.2010 – Rs. C-451/08; OLG Düsseldorf, Beschl. v. 09.06.2010 – Verg 9/10; zur früheren abweichenden „Ahlhorn"-Rspr. vgl. etwa *Otting/Ohler/Olgemöller*, in: Hoppe/Uechtritz/Reck, Unternehmen, § 14 Rn. 15.
293 EuGH, Urt. v. 25.03.2010 – Rs. C-451/08.
294 EuGH, Urt. v. 13.10.2005 – Rs. C-458/03 (Parking Brixen), juris Rn. 31 ff.; in der Folge z.B. OLG Karlsruhe, Beschl. v. 06.02.2013 – 15 Verg 11/12, juris Rn. 51 m.w.N.; VK BW, Beschl. v. 25.07.2012, 1 VK 20/12, juris Rn. 25 ff.
295 Zur Definition vgl. auch z.B. BGH, Beschl. v. 08.02.2011 – X ZB 4/10, juris Rn. 31.

in dem Recht, die zu erbringende eigene Leistung zu nutzen. Die Konzession berechtigt somit dazu, *die eigene Leistung als Vergütung zu verwerten*; eine zusätzliche Vergütung ist zwar nicht ausgeschlossen, ist aber nicht als Haupteinnahmequelle vorgesehen.[296] Kennzeichnend für eine Konzession ist zudem, dass der Konzessionär ganz oder zum überwiegenden Teil das wirtschaftliche Risiko der Nutzung oder entgeltlichen Verwertung seiner eigenen Leistung trägt.[297]

Beispiele für Dienstleistungskonzessionen: gemeindliche Vergabe eines Wochenmarktes;[298] Überlassung des öffentlichen Straßenraums für Werbezwecke;[299] Betrieb eines gebührenpflichtigen öffentlichen Parkplatzes durch eine öffentliche Stelle an einen Dienstleistungserbringer, der als Entgelt für diese Tätigkeit von Dritten für die Benutzung dieses Parkplatzes entrichtete Beträge erhält.[300]

218

219

ee) Gebührenerhebung

Teilweise wird davon ausgegangen, dass eine Gebührenerhebung nur für solche Kosten zulässig ist, denen eine ordnungsgemäße Ausschreibung zugrunde liegt.[301] Überzeugender ist es jedoch, dass die Gemeinde im Falle einer unterlassenen Ausschreibung nachzuweisen hat, dass die dabei zugrunde gelegten Preise sich noch im Rahmen dessen bewegen, was der kostenbezogene Erforderlichkeitsgrundsatz voraussetzt und eine Gebührenerhebung nur insoweit als rechtswidrig anzusehen ist, als sich aus der unterlassen Ausschreibung *überhöhte Gebührensätze* ergeben.[302]

220

2. Vergaberecht unterhalb der Schwellenwerte

Die weitaus größte Zahl der öffentlichen Auftragsvergaben in der Bundesrepublik liegt **unterhalb der Schwellenwerte**. Die europarechtlichen Vergaberichtlinien und die §§ 97 ff. GWB kommen hier nicht zur Anwendung.

221

Rechtliche Vorgaben ergeben sich in diesem Bereich vor allem aus dem **Haushaltsrecht**. Die haushaltsrechtlichen Vorgaben sind Ausfluss insbesondere des Wirtschaftlichkeitsgrundsatzes (§ 77 Abs. 2 GemO) und sollen eine *sparsame und wirtschaftliche Haushaltsführung* gewährleisten.[303] *Wettbewerbliche Aspekte* sind im Haushaltsrecht nur insoweit von Bedeutung, als der Wettbewerb einen wirtschaftlichen Einkauf gewährleisten soll.[304]

222

---

296 So wohl auch VK BW, Beschl. v. 25.07.2012 – 1 VK 20/12, juris Rn. 26; vgl. auch OLG Bbg, Beschl. v. 30.05.2008 – Verg W 5/08, juris Rn. 71; OLG Düsseldorf, Beschl. v. 07.03.2012 – VII-Verg 78/11, juris Rn. 34.
297 EuGH, Urt. v. 14.11.2013 – Rs. C-221/12, juris Rn. 27; BGH, Beschl. v. 08.02.2011 – X ZB 4/10, juris Rn. 32; siehe auch Art. 5 Abs. 1 Satz 2 der Richtlinie 2014/23/EU.
298 OVG Bln-Bbg, Beschl. v. 30.11.2010 – OVG 1 S 107.10, juris Rn. 7; dazu auch *Lange*, Kommunalrecht, Kap. 13 Rn. 46.
299 Dazu *Götte/Heilshorn*, BWGZ 2005, 857 ff.
300 EuGH, Urt. v. 13.10.2005 – Rs. C-458/03 (Parking Brixen), juris Rn. 31 ff.
301 So OVG SH, Urt. v. 24.06.1998 – 2 L 113/97, juris Rn. 20 ff.; ähnlich OVG RP, Urt. v. 09.04.1997 – 6 A 12010/96, juris Rn. 27 ff.
302 VGH BW, Urt. v. 31.05.2010 – 2 S 2423/08, juris Rn. 41 m.w.N. (Nachweis durch Anwendung des öffentlichen Preisrechts); vgl. auch BVerwG, Urt. v. 30.01.2013 – 9 C 11.11, juris Rn. 22 ff., 29 (Darlegungslast der Gemeinde für Sach- und Marktgerechtigkeit von Erschließungskosten).
303 Vgl. BVerfG, Beschl. v. 13.6.2006 – 1 BvR 1160/03, juris Rn. 3.
304 BVerwG, Beschl. v. 2.5.2007 – 6 B 10.07, juris Rn. 11.

a) GemHVO

223 Nach § 31 Abs. 1 GemHVO muss der Vergabe von Aufträgen eine **öffentliche Ausschreibung** vorausgehen, sofern nicht die Natur des Geschäfts oder besondere Umstände eine *beschränkte Ausschreibung* oder *freihändige Vergabe* rechtfertigen.[305] Bei der Vergabe von Aufträgen und dem Abschluss von Verträgen sind die als verbindlich bekannt gegebenen **Vergabegrundsätze** anzuwenden (§ 31 Abs. 2 GemHVO). Die damit in Bezug genommenen Vergabegrundsätze ergeben sich aus der VergabeVwV.[306]

aa) Adressaten

224 Nach Ziff. 1 VergabeVwV sind kommunale Auftraggeber im Sinne dieser Verwaltungsvorschrift die *Gemeinden*, die *Landkreise* und die *sonstigen juristischen Personen des öffentlichen Rechts*, auf die das Gemeindewirtschaftsrecht Anwendung findet. Diese werden verpflichtet, bestimmte Teile der Vergabe- und Vertragsordnungen anzuwenden. Unter den Voraussetzungen des § 60 Abs. 1 GemHVO gilt dies auch für *Sonder- und Treuhandvermögen* kommunaler Auftraggeber (Ziff. 1 VergabeVwV).

bb) Vergabegrundsätze

225 Bei der Vergabe von Bauaufträgen unterhalb der EU-Schwellenwerte sind von den kommunalen Auftraggebern die **Teile A, B und C der VOB** anzuwenden (Ziff. 2.1.1 VergabeVwV).

226 Bis zu einem Auftragswert von 20.000 Euro ohne Umsatzsteuer kann abweichend von § 3 Abs. 5 S. 2 VOB/A eine Freihändige Vergabe erfolgen (Ziff. 2.1.1 VergabeVwV).

227 In Ziff. 3 VergabeVwV finden sich verschiedene Hinweise zur Anwendung der VOB, unter anderem auf das (eindeutige) Verbot der Bevorzugung ortsansässiger Bieter.

228 Zudem werden die **Mittelstandsrichtlinie** für öffentliche Aufträge[307] und ein Teil der **VwV Korruptionsverhütung und –bekämpfung**[308] zu verbindlichen Vergabegrundsätzen erklärt.

229 Aufgrund des Verweises in § 31 Abs. 2 GemHVO sind die VergabeVwV und die dort in Bezug genommenen Vergabegrundsätze **verbindlich**. Die damit einhergehende *Beschränkung des Selbstverwaltungsrechts* ist durch übergeordnete Gemeinwohlinteressen gerechtfertigt und nicht unverhältnismäßig.[309] Auch bestehen gegen die *dy-*

---

305 Zur Landes- bzw. Bundesebene vgl. die entsprechenden Vorschriften in § 55 Abs. 1 LHO und § 55 Abs. 1 BHO.
306 Verwaltungsvorschrift des Innenministeriums über die Vergabe von Aufträgen im kommunalen Bereich (VergabeVwV) i.d.F. vom 28.10.2011 (GABl. S. 542).
307 Verwaltungsvorschrift des Ministeriums über die Beteiligung der mittelständischen Wirtschaft an der der Vergabe öffentlicher Aufträge (Mittelstandsrichtlinie für öffentliche Aufträge – MRoÄ) vom 09.12.2010 (GABl. S. 562).
308 Verwaltungsvorschrift der Landesregierung und der Ministerien zur Verhütung unrechtmäßiger und unlauterer Einwirkungen auf das Verwaltungshandeln und zur Verfolgung damit zusammenhängender Straftaten und Dienstvergehen (VwV Korruptionsverhütung und –bekämpfung) vom 19.12.2005 (GABl. 2006 S. 125).
309 VGH BW, DÖV 1988, 649 ff. (nachgehend BVerwG, Beschl. v. 15.03.1989 – 7 B 108.88, juris Rn. 28 ff.).

namische Verweisung auf Vergabegrundsätze nach Auffassung des Bundesverwaltungsgerichts keine Bedenken.[310]

Anders als im Bereich oberhalb der Schwellenwerte werden unterhalb dieser Werte die landesrechtlichen Vorschriften etwa über die *Öffentlichkeit der Sitzungen (§ 35 GemO)* nicht verdrängt. Die Vergabe öffentlicher Aufträge in den kommunalen Gremien erfolgt danach grundsätzlich in öffentlicher Sitzung durch Abstimmung. Etwaige Geheimhaltungsregeln von VOB/A und VOL/A als Teile des § 31 GemHVO werden durch § 35 GemO als Gesetz in formellem Sinne verdrängt (dazu auch Nr. 3.2 VergabeVwV). 230

Nichtöffentlich ist zu verhandeln, wenn es das öffentliche Wohl oder die Interessen einzelner Bieter erfordern. Dies kann bei Beratung betriebsinterner Fragen sowie der Zuverlässigkeit und Leistungsfähigkeit der Bieter gelten. Nach nichtöffentlicher Verhandlung dieser Verhandlungsgegenstände ist die Öffentlichkeit zur Bekanntgabe der Angebotssummen und zur Beschlussfassung über die Vergabe wieder herzustellen. 231

Unmittelbar **kraft Gesetzes beachtlich** ist für die kommunalen Auftraggeber unter anderem § 22 des Gesetzes zur Mittelstandsförderung (MFG).[311] 232

Nach § 22 Abs. 4 MFG sind Auftragnehmer für den Fall der Weitergabe von Leistungen an *Nachunternehmer* vertraglich zu verpflichten, unter anderem die VOB/B und VOL/B zum Vertragsbestandteil zu machen. 233

Die Anwendung des **Teils A der VOL und der VOF** wird den kommunalen Auftraggebern *empfohlen* (Nr. 2.3.1. VergabeVwV).[312] 234

b) § 106b GemO

Anders als nach dem funktionalen Auftraggeberbegriff des § 98 Nr. 2 GWB sind unterhalb der Schwellenwerte **privatrechtlich organisierte kommunale Unternehmen** (insb. GmbH) grundsätzlich nicht zur Ausschreibung verpflichtet. Durch § 106b Abs. 1 GemO werden die Gemeinden jedoch verpflichtet, ihre *Gesellschafterrechte* in solchen Unternehmen (und Einrichtungen i.S.v. § 102 Abs. 1 S. 1 Nr. 2 GemO) *dergestalt auszuüben*, dass auch die Unternehmen des privaten Rechts Ausschreibungen durchführen.[313] In Anlehnung an das europäische Vergaberecht sollen so Einrichtungen, die *staatliche Funktionen* wahrnehmen, ungeachtet ihrer Rechtsform mittelbar in die Pflicht genommen werden. 235

Durch den Verweis auf § 98 Nr. 2 GWB wird der Kreis der in Bezug genommenen Unternehmen auf diejenigen beschränkt, die im Allgemeininteresse liegende Aufgaben nichtgewerblicher Art erfüllen. Zudem setzt die Verpflichtung nach § 106b GemO voraus, dass die Gemeinde einen bestimmenden *Einfluss* auf das privatrechtlich organisierte Unternehmen nehmen kann. 236

Bei den von § 106b GemO erfassten Gesellschaften hat eine beteiligte Gemeinde ihren Einfluss grundsätzlich so auszuüben, dass das kommunale Unternehmen die 237

---

310 BVerwG, Beschl. v. 15.03.1989 – 7 B 108.88, juris Rn. 24 (zulässig als „Binnenverweisung" aufgrund der Identität von Normgeber und der zur Bekanntgabe der Vergabegrundsätze ermächtigten Stelle).
311 Vgl. zu den beachtlichen Vorschriften auch die Aufzählung in Nr. 2.2. VergabeVwV.
312 Zu den weiteren zur Anwendung empfohlenen Bestimmungen vgl. Nr. 2.3.2. ff. VergabeVwV.
313 Auch *Fördermittelbescheide* können dem Zuwendungsempfänger die Anwendung vergaberechtlicher Grundsätze vorschreiben.

VOB sowie § 22 Abs. 1–4 MFG anwendet. Zudem ist die Anwendung der **VOL** zu empfehlen.

238 Eine weitgehend identische Regelung für **andere juristische Personen des öffentlichen Rechts** auf Landesebene enthält § 22 Abs. 6 MFG.

239 § 106b Abs. 2 GemO enthält verschiedene Fälle, in denen die Verpflichtung nach § 106b Abs. 1 GemO in der Regel entfällt.

c) Folgen von Verstößen, Rechtsschutz

240 Verstöße gegen § 31 GemHVO, § 106b GemO oder § 22 MiFöG **führen nicht zur Unwirksamkeit** eines abgeschlossenen Vertrags. Diese landesrechtlichen Vorgaben können die bundesrechtlichen Wirksamkeitsvoraussetzungen von Verträgen nicht modifizieren.

241 Unterhalb der Schwellenwerte besteht nur ein **eingeschränkter Primärrechtsschutz** unterlegener Bieter.

242 Ein *Nachprüfungsverfahren* entsprechend §§ 107 ff. GWB ist hier nicht vorgesehen. Die *haushaltsrechtlichen Bindungen*, aus denen Ausschreibungspflichten folgen können, haben grundsätzlich keine Außenwirkung und vermitteln privaten Bietern keine subjektiven Rechte.[314] Diese Vorschriften dienen der Sparsamkeit der Haushaltsführung, aber nicht dem Schutz von Mitbewerbern.

243 Die weiteren rechtlichen Bindungen[315] können aber auf dem ordentlichen Rechtsweg geltend gemacht werden.[316] Dies gilt sowohl für einen *Primärrechtsschutz* durch einstweilige Verfügungsverfahren nach §§ 935, 940 ZPO (gerichtet auf vorläufige Untersagung des Zuschlags)[317] als auch für die Geltendmachung von Schadensersatzansprüchen als *Sekundärrechtsschutz*.[318]

244 Schadensersatzansprüche sind grundsätzlich auf den Ersatz des *Vertrauensschadens* des Bieter (sog. „negatives Interesse") beschränkt. Dies umfasst vor allem die Kosten für die Angebotsbearbeitung. Den durch die Nichterteilung des Auftrages *entgangenen Gewinn* („positives Interesse") kann ein Bieter nur beanspruchen, wenn er bei ordnungsgemäßer Vergabe den Zuschlag hätte erhalten müssen.[319]

245 Einen Anspruch auf Nachprüfung durch die *Aufsichtsbehörden* kann ein Bieter nach allgemeinen Grundsätzen nicht geltend machen.

---

314 VGH BW, Urt. v. 29.06.1998 – 1 S 1580/96, juris LS 1; dem folgend OVG SH, Beschl. v. 25.08.1999 – 2 L 153/98, juris Rn. 22; VGH BW, Beschl. v. 23.1.2007 – 3 S 2946/06, juris Rn. 7; vgl. auch BVerwG, Beschl. v. 2.5.2007 – 6 B 10/07, juris Rn. 11.
315 Dazu sogleich unter Rn. 246 ff.
316 Zur Eröffnung des Zivilrechtswegs BVerwG, Beschl. v. 02.05.2007 – 6 B 10.07, NVwZ 2007, 820; dazu etwa *Burgi*, NVwZ 2007, 737 ff. Zum Rechtsschutz unterhalb der Schwellenwerte vgl. auch z.B. *Antweiler*, VergabeR 2008, 352 ff. und *Braun*, VergabeR 2008, 360 ff.
317 Z.B. OLG Bbg, Beschl. v. 04.12.2008 – 12 U 91/08, juris LS 1; OLG Hamm, Urt. v. 12.02.2008 – 4 U 190/07; OLG Schleswig, Beschl. v. 08.01.2013 – 1 W 51/12, juris Rn. 5; dazu auch *Grams*, VergabeR 2008, 474 ff.
318 Zum *vorvertraglichen Vertrauensverhältnis* zwischen Ausschreibungsstelle und Bieter aufgrund der Ausschreibung BGH, Urt. v. 27.06.2007 – X ZR 34/04; zu vorvertraglichen Pflichten des späteren Auftragnehmers OLG Stuttgart, Urt. v. 09.02.2010 – 10 U 76/09.
319 BGH, Urt. v. 3.4.2007 – X ZR 19/06, juris Rn. 8; OLG Koblenz, Urt. v. 06.02.2014 – 1 U 906/13.

3. Weitere Rechtsbindungen

Auch außerhalb der §§ 97 ff. GWB und des Haushaltsrechts bestehen **verschiedene** **Rechtsbindungen** öffentlicher Auftraggeber. Diese Bindungen können insbesondere zum Tragen kommen, wenn *kein öffentlicher Auftrag* i.S.d. § 99 Abs. 1 GWB vorliegt oder *die Schwellenwerte unterschritten* werden.

a) Gemeinschaftsrecht

Auch außerhalb des förmlichen Vergaberechts haben öffentliche Auftraggeber das **Primärrecht der Europäischen Union** zu beachten, sofern ein grenzüberschreitendes Interesse am Auftrag zu bejahen ist.

Für die Verbindlichkeit des Europarechts muss zunächst eine **Binnenmarktrelevanz** gegeben sein. Dies erfordert eine Prognose, ob der Auftrag nach den konkreten Marktverhältnissen *für ausländische Anbieter interessant sein könnte*.[320]

Bei Vorliegen eines solchen grenzüberschreitenden Sachverhalts müssen öffentliche Auftraggeber das **Verbot der Diskriminierung aus Gründen der Staatsangehörigkeit** und die weiteren **grundlegenden Vorschriften** des Unionsrechts beachten. Dies umfasst insbesondere die Freiheit des Warenverkehrs, die Dienstleistungsfreiheit und das Niederlassungsrecht. Daraus ergeben sich vor allem die verbindlichen Grundsätze der *Gleichbehandlung*, der *Verhältnismäßigkeit* und der *Transparenz*.[321]

Unzulässig sind danach insbesondere *Diskriminierungen aus Gründen der Staatsangehörigkeit*. Auch ist das gänzliche Unterbleiben eines ausreichend transparenten und wettbewerbsorientierten *Vergabeverfahrens* für Leistungsbeschaffungen von nicht völlig untergeordneter Bedeutung europarechtswidrig. Grundsätzlich muss eine *Bekanntmachungsform* gewählt werden, die potenziellen Anbietern aus anderen EU-Mitgliedstaaten die Kenntnisnahme von der anstehenden Vergabe ermöglicht. Ein Verfahren mit sämtlichen formalen Anforderungen der *Vergaberichtlinien* ist jedoch nicht gefordert.[322] Es ist jedoch zulässig, wenn sich die ausschreibende Stelle an das förmliche Vergaberecht *anlehnt*.[323] Den unionsrechtlichen Anforderungen ist jedenfalls genügt, wenn vor der Auftragsvergabe eine hinreichend zugängliche *Bekanntmachung* veröffentlicht wird, die Leistung *diskriminierungsfrei* festgelegt und über den Zuschlag *unparteiisch entschieden* wird.[324]

b) Nationales Recht

National ergeben sich rechtliche Anforderungen insbesondere aus dem **Verfassungsrecht**.

---

320 BGH, Urt. v. 30.08.2011 – ZR 55/10, juris Rn. 12; dazu auch EuGH, Urt. v. 29.05.2013 – Rs. T-384/10; EuGH, Urt. v. 14.11.2013 – Rs. C-221/12, juris Rn. 29.
321 EuGH, Urt. v. 13.10.2005 – Rs. C-458/03 (Parking Brixen), juris Rn. 46 ff.; EuGH, Urt. v. 23.12.2009 – Rs. C-376/08 (Serrantoni), juris Rn. 21 ff.; daran anschließend z.B. BGH, Urt. v. 30.08.2011 – ZR 55/10, juris Rn. 12 ff.; zum persönlichen Anwendungsbereich des „primären EG-Vergaberechts" *Gabriel*, VergabeR 2009, 7 ff.
322 Näher zu den primärrechtlichen Anforderungen Mitteilung der Europäischen Kommission zu Auslegungsfragen in Bezug auf das Gemeinschaftsrecht, das für die Vergabe öffentlicher Aufträge gilt, nicht oder nur teilweise unter die Vergaberichtlinien fallen, ABl. Nr. C 179 vom 1.8.2006, S. 2 ff.
323 OVG Nds, Beschl. v. 12.11.2012 – 13 ME 231/12, juris Rn. 15.
324 Vgl. dazu z.B. EuGH, Urt. v. 7.12.2000 – Rs. C-324/98, juris Rn. 62.

252 Nach einer vielfach vertretenen Auffassung sollen die Grundrechte im Bereich „fiskalischer Hilfsgeschäfte" nicht gelten.[325] Bei der Vergabe öffentlicher Aufträge wird eine Bindung an **Art. 3 Abs. 1 GG** jedoch ganz überwiegend anerkannt.[326] Ungeachtet einfachgesetzlicher Vorgaben dürfen die Vergabeverfahren und –kriterien nicht willkürlich bestimmt werden.[327] Bei einer entsprechenden Vergabepraxis kann es so über Art. 3 Abs. 1 GG auch zu einer Selbstbindung der Verwaltung und gegebenenfalls zu einer *mittelbaren Außenwirkung der Verdingungsordnungen* kommen.[328]

253 Deutlich zu weitgehend ist jedoch, den Verdingungsordnungen aufgrund Art. 3 GG eine pauschale Außenwirkung zuzuerkennen und aus den dort geregelten Diskriminierungsverboten einen „subjektiven Anspruch auf die Einhaltung der Vorschriften über das Vergabeverfahren" abzuleiten.[329] Nur im Rahmen einer tatsächlichen Verwaltungspraxis und einer daraus folgenden Selbstbindung der Verwaltung können Ansprüche aus dem verfassungsrechtlichen Gleichheitssatz abgeleitet werden.

254 Der verfassungsrechtliche Gleichbehandlungsgrundsatz gewährleistet aber keinen dem Nachprüfungsverfahren gem. §§ 97 ff. GWB vergleichbaren **Rechtsschutz**. Die unterschiedlichen Rechtsschutzmöglichkeiten oberhalb und unterhalb der Schwellenwerte sind verfassungskonform.[330]

III. Beihilfenrecht

255 Zur zulässigen gemeindlichen Betätigung zählt im Bereich der Angelegenheiten der örtlichen Gemeinschaft auch die *Wirtschaftsförderung*. Mit diesem Ziel oder zur Erreichung *sonstiger öffentlicher Zwecke* werden von den Kommunen oder kommunalen Unternehmen oftmals **Zuschüsse oder Subventionen** vergeben. Diese können bestehen z.B. in der Bereitstellung preisgünstiger Grundstücke, dem Erlass von Forderungen, in Geldleistungen oder sonstigen geldwerten Leistungen ohne marktmäßige Gegenleistung (verbilligte Darlehen, Übernahme von Bürgschaften zu Vorzugsbedingungen). Beihilfen sind europarechtlich **unzulässig**, sofern nicht ein *Ausnahmetatbestand* erfüllt ist oder die Kommission die betreffende Beihilfe (nach Durchführung eines Notifizierungsverfahrens) *genehmigt* hat.

1. Unionsrechtliche Vorgaben

256 Nach **Art. 107 Abs. 1 AEUV** sind staatliche oder aus staatlichen Mitteln gewährte Beihilfen gleich welcher Art, die durch die Begünstigung bestimmter Unternehmen oder Produktionszweige den Wettbewerb verfälschen oder zu verfälschen drohen, mit dem Binnenmarkt unvereinbar, soweit sie den Handel zwischen Mitgliedstaaten

---

325 Dazu unter § 10 Rn. 40.
326 BVerfG, Beschl. v. 13.6.2006 – 1 BvR 1160/03, juris LS 1; BVerwG, Beschl. v. 02.05.2007 – 6 B 10.07, juris Rn. 10; VGH BW, Beschl. v. 23.01.2007 – 3 S 2946/06, juris Rn. 7. Zum grundsätzlich nicht gegebenen Eingriff in die *Berufsfreiheit* BVerfG, Beschl. v. 23.4.2009 – 1 BvR 3424/08, NVwZ 2009, 835 (836).
327 Großzügig OLG Bbg, Beschl. v. 04.12.2008 – 12 U 91/08 juris Rn. 9.
328 OVG NW, Beschl. v. 12.01.2007 – 15 E 1/07, VergabeR 2007, 196 (198); dazu auch *Heilshorn/Tanneberger*, BWGZ 2006, 813 (815 f.).
329 So OVG RP, Beschl. v. 25.5.2005 – 7 B 10356/05, juris Rn. 7; ähnlich Sächs. OVG, Beschl. v. 13. 4.2006 – 2 E 270/05, juris Rn. 5; zu Recht differenzierter etwa OVG NW, Beschl. v. 4.5.2006 – 15 B 692/06.
330 BVerfG, Beschl. v. 13.6.2006 – 1 BvR 1160/03; dazu *Heilshorn/Tanneberger*, BWGZ 2006, 813 ff.

III. Beihilfenrecht

beeinträchtigen.[331] Der europarechtliche **Beihilfebegriff** ist weit auszulegen. Er beinhaltet alle Arten von Vergünstigungen und kann damit sowohl durch *Leistungsgewährungen* als auch durch die *Verminderung von Belastungen* erfüllt werden.[332] Eine *Begünstigung* i.S.v. Art. 107 Abs. 1 AEUV liegt vor, wenn das Unternehmen die Vergünstigung unter normalen Marktbedingungen nicht erhalten hätte.[333]

Im Gegenzug zu einer Beihilfe oder Begünstigung wird oftmals eine **gemeinwirtschaftliche Leistung** erbracht. Vor diesem Hintergrund liegt nach der Rechtsprechung des EuGH *keine Beihilfe* liegt vor, wenn 257

- eine Betrauung mit der Erfüllung klar definierter gemeinwirtschaftlicher Aufgaben erfolgt,
- objektive und transparente Berechnungsparameter bestehen,
- der Ausgleich auf gemeinwirtschaftliche Verpflichtungen beschränkt ist (d.h. Verbot genereller Verlustabdeckung) und
- die Höhe der zu erstattenden Kosten anhand einer Kostenanalyse ermittelt wird, soweit der Auftrag nicht aus einem Vergabewettbewerb hervorging.[334]

Art. 107 Abs. 2 AEUV sieht für Beihilfen bestimmte **Legalausnahmen** vor. Daneben ergeben sich aus Art. 107 Abs. 3 AEUV Maßnahmen, die im Einzelfall zulässig sein können („**Ermessensausnahmen**").[335] Zudem kann die Rechtfertigungsvorschrift des **Art. 106 Abs. 2 AEUV** zum Tragen kommen.[336] 258

Die **Beihilfeaufsicht** wird nach Art. 108 Abs. 3 AEUV von der Kommission durchgeführt. Die Kommission ist danach von beabsichtigten Beihilfen zu unterrichten. Die Beihilfen dürfen erst dann vergeben werden, wenn deren Zulässigkeit von der Kommission festgestellt worden ist (sog. „Notifizierungsverfahren").[337] Beihilfen unterhalb bestimmter Beträge sind nach den geltenden *„De-Minimis-Schwellen"* davon befreit.[338] Auch in diesem Fall bestehen jedoch Informationspflichten der Mitgliedstaaten gegenüber der Kommission, die die Einhaltung der De-Minimis-Verordnungen überprüft. 259

Die **Rücknahme** gemeinschaftsrechtswidriger Subventionsbescheide erfolgt mangels europarechtlicher Rechtsgrundlagen nach nationalem Verwaltungsrecht (§§ 48 ff. VwVfG).[339] Das *unionsrechtliche Effizienzgebot* („effet utile") verlangt, die 260

---

331 Zum Verkehrssektor vgl. Art. 93 AEUV.
332 Vgl. z.B. EuGH, Urt. v. 10.01.2006 – Rs. C-222/04 (Cassa di Risparmio), juris Rn. 131.
333 EuGH, Urt. v. 29.04.1999 – Rs. C-342/96 (Spanien/Kommission), juris Rn. 41. Zum sog. „Private Investor Test" *Schuhmacher*, KommJur 2012, 179 (180). Zu sog. Quersubventionen (z.B. Deckung des Defizits der Verkehrsbetriebe durch Gewinn der Stadtwerke) vgl. BVerwG, Urt. v. 19.10.2006 – 3 C 33.05; dazu z.B. *Wachinger*, NVwZ 2007, 401 ff.; *Guckelberger*, VerwArch 104 (2013), 161 (182 ff.).
334 EuGH, Urt. v. 23.07.2003 – Rs. C-280/00 (Altmark Trans), juris Rn. 95. Dazu auch Mitteilung der Kommission ABl. EU Nr. C 8 v. 11.01.2012, S. 4.
335 Vgl. als Bsp. im Rahmen der Finanz- und Wirtschaftskrise ABl. C 16 v. 22.01.2009, S. 1. Zur Freistellung von Versorgungsunternehmen vom Beihilfeverbot *Henneke*, VBlBW 2007, 241 (244).
336 Dazu *Lange*, Kommunalrecht, Kap. 14 Rn. 268 ff.
337 Zum *Drittschutz* des Durchführungsverbots nach Art. 108 Abs. 3 S. 3 AEUV vgl. BGH, Urt. v. 10.02.2011 – I ZR 136/09, juris Rn. 18 ff.; näher dazu *Schuhmacher*, KommJur 2012, 179 ff. Zur *Nichtigkeit* von Rechtsgeschäften über nicht genehmigte Beihilfen vgl. BGH, Urt. v. 20.01.2004 – XI ZR 53/03.
338 Für Dienstleistungen von allgemeinem Interesse (DAWI) setzt die VO (EU) Nr. 360/2012, ABl. L 114/8. einen Beihilfebetrag von maximal € 500.000 pro Unternehmen in drei Steuerjahren fest. Für andere Unternehmen liegt der Schwellenwert nach der VO (EU) Nr. 1407/2013, ABl. L 352/1 bei € 200.000 in drei Steuerjahren.
339 Dazu z.B. VGH BW, Urt. v. 19.03.2009 – 10 S 1578/08, juris m.w.N.; *Maurer*, Allgemeines Verwaltungsrecht, § 11 Rn. 38a ff.

praktische Wirksamkeit des Unionsrechts sicherzustellen; das nationale Recht darf eine unionsrechtlich geforderte Rückforderung nicht unmöglich machen.[340]

2. Nationale Vorschriften

261 Auf nationaler Ebene können sich Grenzen für die Gewährung von Beihilfen aus der **Kompetenzordnung**[341] und dem **Haushaltsrecht**[342] ergeben.

262 Wettbewerbsverzerrende Subventionierungen können zudem in **Art. 12 Abs. 1 GG** eingreifen.[343] Das Gleichbehandlungsgebot des **Art. 3 Abs. 1 GG** fordert *sachliche Gründe* für eine Ungleichbehandlung im Subventionsbereich.[344] Der Gleichbehandlungsgrundsatz kann auch zu einer *Selbstbindung der Verwaltung* führen.[345]

263 Als Leistungsverwaltung erfordert die Gewährung einer Beihilfe grundsätzlich keine **gesetzliche Grundlage**. Es genügt vielmehr eine *parlamentarische Willensäußerung*, die insbesondere in der Bereitstellung im Haushalt zu sehen ist. Neben den Fällen von Grundrechtseingriffen[346] ist nach h.M. jedoch auch in *grundrechtsbedeutsamen Bereichen* eine gesetzliche Grundlage erforderlich.[347]

---

340 Zur daraus folgenden Auslegung deutschen Verwaltungsrechts vgl. EuGH, Urt. v. 20.03.1997 – Rs. C-24/95 (Alcan).
341 Vgl. z.B. BVerwG, Urt. v. 15.12.1989 – 7 C 6.88: Kein Eingriff in die *Kompetenz der Immissionsschutzbehörde*, wenn die Gemeinde die Vergabe von Wirtschaftsförderungsmittel von der Einhaltung von Immissionsgrenzwerten abhängig macht. Zur *Mittelstandsförderung* vgl. Gesetz v. 19.12.2000 (GBl. 2000, 745).
342 Zum Verbot der Förderung eines Theaters ohne haushaltsrechtliche Grundlage vgl. VGH BW, Beschl. v. 15.10.2003 – 9 S 1858/03. Näher zum Haushaltsrecht § 20.
343 Z.B. VG Darmstadt, Urt. v. 21.10.2009 – 9 K 1230/07.
344 Vgl. BVerfG, Beschl. v. 12.05.2009 – 2 BvR 890/06: Pflicht zur Gleichbehandlung bei finanziellen Zuwendungen an Religionsgemeinschaften aus Art. 4 GG (mit Bespr. *Robbert*, NVwZ 2009, 1211 ff.).
345 Z.B. VGH BW, Urt. v. 12.06.1990 – 10 S 3081/89; BVerwG, Urt. v. 11.05.2006 – 5 C 10/05; VGH BW, Urt. v. 19.03.2009 – 10 S 1578/08.
346 Bsp.: Finanzierung eines privaten Vereins, der vor einer Sekte warnt (Eingriff in Art. 4 Abs. 1 und 2 GG der Sekte), dazu BVerwG, Urt. v. 27.03.1992 – 7 C 21.90.
347 Vgl. BVerfG, Beschl. v. 06.06.1989 – 1 BvR 727/84, juris Rn. 21; *Maurer*, Allgemeines Verwaltungsrecht, § 6 Rn. 19 ff.

§ 20
Allgemeine Wirtschafts- und Haushaltsgrundsätze

Literatur: *Henneke/Strobl/Diemert*, Recht der kommunalen Haushaltswirtschaft, 2008; *Reif*, Von der Kameralistik zur Doppik, BWGZ 2009, 526 ff.; *Schmid/Gössl*, Die Gemeinden und ihre Finanzen, BWGZ 2009, 504 ff.; *Groh*, Schuldenbremse und kommunale Selbstverwaltungsgarantie, LKV 2010, 1 ff.; *Glinder/Friedl*, Gemeindehaushaltsrecht Baden-Württemberg, 2011; *Bronner*, Das Gemeindewirtschaftsrecht in Baden-Württemberg, 2013; *Lammers*, Das kommunale Steuerfindungsrecht aus Art. 28 Abs. 2 GG, DVBl. 2013, 348 ff.

I. Begriff der Gemeindewirtschaft

Die **Gemeindewirtschaft** umfasst die Gesamtheit aller sachlichen, finanziellen und personellen Maßnahmen der Gemeinde zum Zwecke der Bedarfsdeckung (Bedürfnisbefriedigung) der Einwohner. Das Grundgesetz, die Landesverfassung sowie die GemO und die GemHVO normieren zur Ordnung der Gemeindewirtschaft allgemeine und besondere **Wirtschafts- und Haushaltsgrundsätze**.[348] **1**

Normativer Ausgangspunkt ist die Konstituierung der *kommunalen Finanzhoheit* durch Art. 28 Abs. 2 GG, Art. 106 Abs. 5 bis 8 GG sowie Art. 71 und 73 LV. Daneben sind die Gemeinden als Teile der Länder nach Art. 109 Abs. 2 u. 3 GG zur Beachtung bestimmter *Haushaltsgrundsätze* verpflichtet. Diese werden bundesrechtlich durch das StabG sowie das HGrG konkretisiert. **2**

II. Haushaltsziele, Wirtschaftlichkeitsgrundsatz

Nach § 77 Abs. 1 S. 1 GemO hat die Gemeinde ihre Haushaltswirtschaft so zu planen und zu führen, dass die **stetige Erfüllung ihrer Aufgaben** (§ 2 GemO) gesichert ist (Grundsatz der Substanz- oder Ressourcenerhaltung).[349] Gleichzeitig hat sie nach § 77 Abs. 1 S. 2 GemO als Teil des Staates auch den durch Art. 109 Abs. 2 GG normierten und in den europäischen Rechtsrahmen eingebundenen Erfordernissen des **gesamtwirtschaftlichen Gleichgewichts** Rechnung zu tragen.[350] Die Gemeindewirtschaft muss deshalb zur *Stabilität des Preisniveaus*, zur Schaffung eines *hohen Beschäftigungsstandes* mit möglichst geringer Arbeitslosigkeit, zur Erreichung eines *angemessenen Wirtschaftswachstums* sowie zum *außenwirtschaftlichen Gleichgewicht* beitragen („magisches Viereck", vgl. § 1 StabG). **3**

Tragendes Prinzip zur Erreichung dieser Ziele ist der **Wirtschaftlichkeitsgrundsatz** (§ 77 Abs. 2 GemO). Dieser gibt vor, mit geringstmöglichen Mitteln einen bestimmten Erfolg im Rahmen der Aufgabenerfüllung zu erzielen (Sparsamkeitsprinzip oder *Mini-* **4**

---

[348] Zur Entstehung dieser Vorschriften vgl. *Depiereux*, Haushaltsrecht, 4. Aufl. 1974, S. 3 ff. Zum Begriff der Gemeindewirtschaft *Kunze/Bronner/Katz*, GemO, § 77 Rn. 8 ff.
[349] Vgl. hierzu *Aker/Hafner/Notheis*, § 77 GemO Rn. 1.
[350] Vgl. hierzu BVerfG, Urt. v. 09.07.2007 – 2 BvF 1/04; BVerfG, Beschl. v. 15.12.1989 – 2 BvR 436/88; LVerfG MV, Urt. v. 07.07.2005 – 7/04.

malprinzip) oder mit bestimmten Mitteln einen größtmöglichen Erfolg zu erzielen (*Maximalprinzip*).[351]

III. Rechtsqualität und Kontrolldichte

5 Die in § 77 GemO normierten Pflichten, die durch zahlreiche weitere Vorschriften in der GemO und der GemHVO konkretisiert werden, sind **Rechtspflichten** und keine bloßen Programmsätze. Sie *begrenzen die Finanzhoheit* der Gemeinden auf der Grundlage des Gesetzesvorbehalts des Art. 28 Abs. 2 S. 1 GG.[352] Sie binden die Gemeinden indes nur im Innenverhältnis und haben grundsätzlich **keine Außenwirkung**. Insbesondere bestehen *keine subjektiv-öffentlichen Rechte* zugunsten Dritter auf Einhaltung dieser Grundsätze oder auf Schadenersatz bei Verletzung.[353]

6 Die Inhaltsbestimmung des **gesamtwirtschaftlichen Gleichgewichts** erfordert eine Abwägung mit *anderen Verfassungszielen*[354] und ist normativ in den europäischen Rechtsrahmen eingebunden. Es handelt sich dabei ebenso wie bei der stetigen Aufgabenerfüllung nach § 77 Abs. 1 S. 1 GemO und dem Wirtschaftlichkeitsgrundsatz um einen *unbestimmten Rechtsbegriff*. Der Gemeinde ist ein *Beurteilungsspielraum* einzuräumen, weil die Beurteilung der Wirtschaftlichkeit einer Maßnahme in den meisten Fällen nicht allein von objektiv fassbaren und messbaren Fakten, sondern auch von prognostischen, planerischen, finanzpolitischen und sonstigen auf Erwägungen der Zweckmäßigkeit beruhenden Gesichtspunkten abhängt.[355] Dies führt zu einer Rücknahme der gerichtlichen Kontrolldichte und im Rahmen der Kommunalaufsicht zu einer *Evidenz- bzw. Vertretbarkeitskontrolle*.[356]

7 Begrenzt wird der kommunale Gestaltungsspielraum durch den **Verhältnismäßigkeitsgrundsatz**. Danach sind den Kommunen etwa Aktivitäten untersagt, die zur Zweckerreichung nicht erforderlich sind oder die einen unverhältnismäßig hohen Aufwand erfordern.

8 Beispiele für einen Verstoß gegen den Wirtschaftlichkeitsgrundsatz sind etwa der *Bau überdimensionierter öffentlicher Einrichtungen*,[357] Aktivitäten der Gemeindeorgane *außerhalb der kommunalen Verbandskompetenz* oder *unverhältnismäßig kostspielige Veranstaltungen* der Gemeinde (Empfänge, Reisen, Feste). Derartige Aktivitäten können zudem strafrechtlich den Tatbestand der *Untreue* (§ 266 StGB) erfüllen oder *disziplinarrechtliche Folgen* haben.

IV. Rangfolge und Kollisionen

9 Im **Konfliktfall** zwischen den verschiedenen Haushaltszielen des § 77 Abs. 1 GemO hat die *stetige ressourcenschonende kommunale Aufgabenerfüllung* Vorrang vor *gesamtwirtschaftlichen Erfordernissen*. Die Aufgabenerfüllung nach § 77 Abs. 1 S. 1

---

351 Der Wirtschaftlichkeitsgrundsatz ist Ausfluss des Verhältnismäßigkeitsprinzips, VerfGH NW, Urt. v. 02.09.2003 – 6/02. Zum Begriff der Sparsamkeit BayVGH, Urt. v. 27.05.1992 – 4 B 91/190, juris Rn. 20.
352 VG Sigmaringen, Urt. v. 12.12.1997 – 4 K 306/96; VerfGH NW, Urt. v. 02.09.2003 – 6/02.
353 VG Karlsruhe, Urt. 18.02.2004 – 7 K 4720/02, juris Rn. 23 m.w.N.; a.A. bezüglich der Außenwirkung Peters, DÖV 2001, 749 (zum Wirtschaftlichkeitsgrundsatz).
354 Vgl. Hömig/Kienemund, GG, Art. 109 Rn. 7.
355 BVerwG, Urt. v. 14.12.1979 – IV C 28.76; OVG NW, Beschl. v. 26.10.1990 – 15 A 1099/87; VG Karlsruhe, Urt. v. 18.02.2004 – 7 K 4720/02, juris Rn. 23.
356 BVerfG, Urt. v. 18.04.1989 – 2 BvF 1/82; BVerfG, Urt. v. 09.07.2007 – 2 BvF 1/04; OVG NW, Beschl. v. 26.10.1990 – 15 A 1099/87; VGH BW, Urt. v. 22.10.1998 – 2 S 399/97.
357 BGH, Urt. v. 25.01.2006 – VIII ZR 398/03.

VI. Grundsätze der Einnahmebeschaffung

GemO genießt auch Vorrang vor dem *Wirtschaftlichkeitsgebot* i.S.v. § 77 Abs. 2 GemO.[358] Im Verhältnis zum Erfordernis des *gesamtwirtschaftlichen Gleichgewichts* (§ 77 Abs. 1 S. 2 GemO) ist dem Wirtschaftlichkeitsgebot dagegen im Zweifel der Vorrang einzuräumen.

V. Systeme der Haushaltsführung

Traditionell haben bis 2005 alle Kommunen ihren Haushalt nach dem sog. **kameralistischen Haushalts- und Rechnungswesen** geführt.[359] Dieses basiert auf einer *finanzwirtschaftlichen Betrachtungsweise* und orientiert sich an der Planung, Erfassung und Verbuchung von reinen Zahlungsvorgängen. Nicht dargestellt und ermittelt werden etwa der Ressourcenverbrauch, der Werteverzehr und die Kosten einer konkreten Verwaltungsleistung.[360] Der Aussagewert des kameralistischen Systems für den künftigen Handlungsbedarf einer Kommune ist deshalb relativ gering.[361]

10

Die Mängel des kameralistischen Systems haben seit längerer Zeit *Reformbemühungen* entfacht, die – nach bundesweiter Abstimmung in der Innenministerkonferenz – im Jahre 2005 zum ersten Mal in Nordrhein-Westfalen und in Hessen und später auch in allen anderen Bundesländern in Gesetzesform gegossen wurden und unter dem Begriff „Neues kommunales Finanzmanagement (NKF)" zusammengefast werden. Ausgelöst und vorgeformt durch das neue Steuerungsmodell ersetzt die Reform des Gemeindehaushaltsrechts das kameralistische Haushalts- und Rechnungswesens durch die **doppische Haushalts- und Rechnungsführung**. In Baden-Württemberg wurde das neue kommunale Finanzmanagement durch das „Gesetz zur Reform des Gemeindehaushaltsrecht" von 2009 (GBl. S. 185) eingeführt.[362] Nach § 77 Abs. 3 GemO (Fassung 2009) hat die Gemeinde Bücher zu führen, in denen nach Maßgabe der Grundsätze ordnungsgemäßer Buchführung die Verwaltungsvorfälle und die Vermögens- und Finanzlage in der Form der *doppelten Buchführung (kommunale Doppik)* ersichtlich zu machen sind.

11

Der Übergang zur kommunalen Doppik ist in Art. 13 des Gesetzes zur Reform des Gemeindehaushaltsrechts vom 04.05.2009 geregelt. Danach waren die neuen Vorgaben spätestens ab dem Haushaltsjahr 2016 anzuwenden. Eine freiwillige frühere Umsetzung ist allerdings möglich. Durch Art. 5 des „Gesetzes zur Änderung kommunalwahlrechtlicher und gemeindehaushaltsrechtlicher Vorschriften" vom 11.04.2013 wurde der Übergangszeitraum verlängert, die Einführung der Doppik muss nun spätestens 2020 erfolgen. Bis zur Einführung gelten die bisherigen Regelungen zur Haushaltswirtschaft weiter.

12

VI. Grundsätze der Einnahmebeschaffung

1. Finanzierung der Gemeinden und Ausgabenlast

Die Gemeinden benötigen zur Bewältigung ihrer Aufgaben **ausreichende finanzielle Mittel** (sog. kommunaler Einnahme- oder Finanzbedarf).

13

---

358 BVerfG, Beschl. v. 23.11.1998 – 2 BvR 1619/83 u.a.
359 Näher dazu *Henneke/Strobl/Diemert*, Recht der kommunalen Haushaltswirtschaft, S. 67 ff.
360 LT-Drs. 14/4002, S. 27 f.
361 Vgl. hierzu *Pegatzky/Sattler*, NVwZ 2005, 1376 (1378 f.).
362 Vgl. hierzu LT-Drs. 14/4002 v. 10.2.2009 mit Einzelbegründungen.

a) Grundlagen der Finanzierung

14 Das Recht aus Art. 28 Abs. 2 S. 1 GG, alle Angelegenheiten der örtlichen Gemeinschaft in eigener Verantwortung zu regeln, umfasst auch die *Grundlagen der finanziellen Eigenverantwortung*.[363] Zu diesen Grundlagen gehört eine den Gemeinden mit Hebesatzrecht zustehende *wirtschaftsbezogene Steuerquelle* (Art. 28 Abs. 2 S. 3 GG). Weiter gehört hierzu im Rahmen gesetzlicher Ausgestaltung und Begrenzung die *Abgabenhoheit*[364] sowie das Recht, für Leistungen *öffentlich-rechtliche Entgelte* zu verlangen. Im privatrechtlichen Bereich umfasst es die Befugnis der Kommunen zur Erhebung von privatrechtlichen Entgelten für Leistungen sowie ganz allgemein zur *Einnahme von Geldleistungen*, soweit diese das Zivilrecht vorsieht oder zulässt.

15 Seine landesrechtliche Entsprechung findet Art. 28 Abs. 2 S. 1 GG in Art. 71 Abs. 1 LV. Die Grundlagen der gemeindlichen Finanzausstattung sind in Art. 73 LV und Art. 71 Abs. 3 LV geregelt. Nach Art. 73 Abs. 1 LV sorgt das Land dafür, dass die Gemeinden und Gemeindeverbände ihre Aufgaben erfüllen können. Diese Garantie enthält einen Anspruch der Gemeinden auf **angemessene Finanzausstattung**[365] und wird in dreifacher Weise konkretisiert. Zum einen ist den Gemeinden und Kreisen ausdrücklich das Recht eingeräumt, *eigene Steuern* nach Maßgabe der Gesetze zu erheben (Art. 73 Abs. 2 LV). Zum anderen werden die Gemeinden und Gemeindeverbände unter Berücksichtigung der Aufgaben des Landes an dessen *Steuereinnahmen* beteiligt (Art. 73 Abs. 3 LV). Schließlich sieht Art. 71 Abs. 3 LV bei *Aufgabenübertragungen* an die Gemeinden und Gemeindeverbände bei wesentlicher Mehrbelastung einen Ausgleich vor.[366]

16 Art. 73 Abs. 1 LV soll eine **angemessene und kraftvolle Aufgabenwahrnehmung** durch die Kommunen gewährleisten und verhindern, dass es durch eine Schwächung der Finanzkraft zu einer Aushöhlung des Selbstverwaltungsrechts kommt.[367] Dabei steht dem Gesetzgeber ein *weiter Gestaltungsspielraum* zu.[368] Den Gemeinden und Gemeindeverbänden ist zum Schutz des Kernbereichs ihres Selbstverwaltungsrechts zwar eine *finanzielle Mindestausstattung* garantiert. Dies umfasst grundsätzlich auch eine sog. „freie Spitze", die der Gemeinde zur freien Verwendung für freiwillige Aufgaben zur Verfügung steht.[369] Der Anspruch auf eine finanzielle Mindestausstattung und damit insbesondere auch die Mittel für freiwillige Aufgaben der Gemeinde stehen allerdings unter dem *Vorbehalt der finanziellen Leistungsfähigkeit* des Landes.[370] Ein bezifferter Anspruch der einzelnen Kommunen bezüglich der Mindesthöhe der ihnen vom Lande zufließenden Mittel kann aus Art. 73 Abs. 1 LV nicht hergeleitet werden.[371]

---

363 Dazu unter § 7 Rn. 8.
364 Dazu unter § 7 Rn. 11.
365 Dazu unter § 5 Rn. 62, 113.
366 Hierzu *Aker*, VBlBW 2008, 258; *Engelken*, VBlBW 2008, 457; näher unter § 6 Rn. 3 ff.
367 Vgl. StGH BW, Urt. v. 10.11.1993 – 3/93, juris Rn. 74 ff.; StGH BW, Urt. v. 10.05.1999 – 2/97, juris Rn. 84.
368 StGH BW, Urt. v. 10.05.1999 – 2/97, juris Rn. 85.
369 StGH BW, Urt. v. 10.05.1999 – 2/97, juris Rn. 82 ff.; BVerwG, Urt. v. 31.01.2013 – 8 C 1.12, juris Rn. 18 ff. m.w.N. zur Rspr. der Verfassungsgerichte der Länder.
370 StGH BW, Urt. v. 10.05.1999 – 2/97; anders etwa Hess StGH, Urt. v. 21.05.2013 – P.St. 2361, Juris Rn. 88 ff.
371 StGH BW, Urt. v. 01.07.1972 – Gesch Reg 5/1971.

b) Ausgabenlast

Nach Art. 104a Abs. 1 GG gilt *bundesverfassungsrechtlich* der Grundsatz, dass Bund und Länder gesondert die Ausgaben tragen, die sich aus der Wahrnehmung ihrer Aufgaben ergeben. Dieses Lastentragungsprinzip gilt auch für die Kommunen als Teil der Länder.[372] Wer für die Wahrnehmung einer bestimmten Aufgabe zuständig ist, hat damit grundsätzlich die sich daraus ergebenden Ausgaben zu tragen (**Konnexitätsprinzip**).[373]

17

Auf *landesrechtlicher Ebene*, also innerhalb des Landes im Verhältnis zwischen Land und Kommunen, gilt das Konnexitätsprinzip des Art. 104 a Abs. 1 GG nicht.[374] Vielmehr trägt nach Art. 71 Abs. 1 i.V.m. Art. 73 Abs. 1 LV das Land grundsätzlich die Finanzverantwortung für die Gemeinden und Gemeindeverbände.

18

c) Einnahmequellen

Die **Einnahmen** einer Gemeinde umfassen im Wesentlichen öffentliche Abgaben, Zuweisungen aus dem kommunalen Finanzausgleich, Kredite und sonstige Einnahmen (z.B. Konzessionsentgelte, Vermögenserträge und Gewinnausschüttungen wirtschaftlicher Unternehmen).

19

Daneben verbleiben den Gemeinden nach § 2 LOWiG die Einnahmen aus den von ihnen bestandskräftig festgesetzten Buß- und Verwarnungsgeldern.

20

2. Öffentliche Abgaben

Die Finanzierung der Gemeinden aus **öffentlichen Abgaben** umfasst die Einnahmen aus *Grund- und Gewerbesteuer*, die Beteiligung an der *Einkommens- und Umsatzsteuer* sowie die Erhebung von *Kommunalabgaben*.

21

a) Grund- und Gewerbesteuer

Das Aufkommen an **Grund- und Gewerbesteuer** steht nach Art. 106 Abs. 6 GG den Gemeinden zu. Den Gemeinden ist dabei das Recht einzuräumen, die Hebesätze der Grund- und Gewerbesteuer im Rahmen der Gesetze festzusetzen. Dies ist geschehen durch § 25 Abs. 1 GrStG und § 16 Abs. 1 GewStG.[375]

22

Zum Ausgleich der Steuerkraftunterschiede zwischen einzelnen Gemeinden bei der Gewerbesteuer können Bund und Länder durch eine Umlage an dem Aufkommen der Gewerbesteuer beteiligt werden, Art. 106 Abs. 6 S. 4 GG.[376] Die **Gewerbesteuerumlage** ist durch das GemFinRefG von 1970 eingeführt worden. Auf dieser Grundlage müssen die Gemeinden einen Teil der Gewerbesteuer an Bund und Länder abführen (§ 6 GemFinRefG). Die Gewerbesteuerumlage lässt die Ertragshoheit der Gemeinden unberührt, sie gibt Bund und Ländern lediglich einen Anspruch ge-

23

---
372 Zum Konnexitätsprinzip § 6 Rn. 1 f.
373 BVerfG, Beschl. v. 15.07.1969 – 2 BvF 1/64, juris Rn. 177 ff.; vgl. auch BVerwG, Urt. v. 15.03.1989 – 7 C 42.87; Bay ObLG, Urt. v. 22.10.1990 – RReg 1 Z 424/89.
374 StGH BW, Urt. v. 10.05.1999 – 2/97, juris Rn. 79 ff.
375 Zur Gewerbesteuer vgl. *Selmer/Hummel*, NVwZ 2006, 14 ff. Zur Beschränkung des Hebesatzrechts im Rahmen der Rechtsaufsicht vgl. BVerwG, Urt. v. 27.10.2010 – 8 C 43/09, juris Rn. 27 ff.
376 Vgl. hierzu BVerfG, Urt. v. 10.06.1969 – 2 BvR 480/61.

gen die Gemeinden.[377] Als Ersatz für diesen Einnahmeausfall wurde der „Gemeindeanteil an der Einkommensteuer" zugunsten der Gemeinden geschaffen (Art. 106 Abs. 5 GG). Nach Art. 106 Abs. 6 S. 6 GG dürfen landesrechtlich von den Gemeinden **sonstige Umlagen** erhoben werden,[378] etwa die Finanzausgleichsumlage oder die Kreisumlage.[379]

b) Einkommens- und Umsatzsteuer

24 Nach Art. 106 Abs. 5 GG erhalten die Gemeinden einen Anteil an dem Aufkommen der **Einkommensteuer**, der von den Ländern an ihre Gemeinden auf der Grundlage der Einkommensteuerleistungen ihrer Einwohner weiterzuleiten ist. Der Gemeindeanteil an der Einkommensteuer ist geregelt in § 1 GemFinRefG. Hiernach erhalten die Gemeinden 15 v.H. des Aufkommens an Lohnsteuer und an veranlagter Einkommensteuer sowie 12 v.H. des Aufkommens an Kapitalertragsteuer.[380] Der Gemeindeanteil an der Einkommensteuer wird für jedes Land nach den Steuerbeträgen bemessen, die von den Finanzbehörden im Gebiet des Landes unter Berücksichtigung der Zerlegung nach Art. 107 Abs. 1 GG vereinnahmt werden. Die Verteilung des Anteils auf die einzelnen Gemeinden ist nach Maßgabe einer die örtliche Steuerkraft berücksichtigenden **Schlüsselzahl** festzusetzen (vgl. § 3 GemFinRefG). Das Gesetz kann nach Art. 106 Abs. 5 S. 3 GG auch bestimmen, dass die Gemeinden Hebesätze für den Gemeindeanteil festsetzen, wovon der Gesetzgeber bislang jedoch keinen Gebrauch gemacht hat.

25 Nach Art. 106 Abs. 5 a GG erhalten die Gemeinden daneben seit dem 01.01.1998 vorab einen Anteil am Aufkommen der **Umsatzsteuer**, bevor diese nach Art. 106 Abs. 3 S. 4 GG auf Bund und Länder verteilt wird (derzeit 2,2 v.H.). Der Anteil wird von den Ländern auf der Grundlage eines orts- und wirtschaftsbezogenen Schlüssels an ihre Gemeinden weitergeleitet. Einzelheiten sind in den §§ 5 a ff. GemFinRefG geregelt.

c) Kommunalabgaben

26 Die gemeindlichen Einnahmen aus **kommunalen Abgaben** umfassen zum einen *gemeindliche Steuern*, zum anderen *Gebühren und Beiträge*, die von den Gemeinden erhoben werden.[381]

aa) Aufwands-/Verbrauchssteuern

27 Nach Art. 105 Abs. 2a S. 1 GG haben die Länder die Befugnis zur Gesetzgebung über die **örtlichen Verbrauch- und Aufwandssteuern**, solange und soweit diese

---

377 BVerwG, Urt. v. 29.09.1982 – 8 C 48.82, juris Rn. 37.
378 BVerwG, Urt. v. 25.03.1998 – 8 C 11.97; zum Begriff der Umlage BVerfG, Beschl. v. 07.02.1991 – 2 BvL 24/84.
379 §§ 1a, 35 FAG; zur Kreisumlage OVG SH, Urt. v. 20.12.1994 – 2 K 4/94.
380 Nach § 43 Abs. 1 S. 1 Nrn. 6, 7, 8–12, S. 2 EStG.
381 Zur Abgrenzung der Abgabenarten vgl. *Gössl*, in: *Gössl/Reiff*, KAG BW, § 1 Ziff. 3.

nicht bundesgesetzlich geregelten Steuern gleichartig sind.[382] Nach dem KAG sind die Gemeinden und Gemeindeverbände berechtigt, Steuern, Gebühren, Beiträge und Abgaben eigener Art zu erheben. Dies erlaubt die Regelung entsprechender Steuern durch gemeindliche Satzungen (*Steuerfindungsrecht*, z.B. § 9 Abs. 4 KAG BW). Das Steuerfindungsrecht der Kommunen wird durch Art. 105 Abs. 2 a GG allerdings nicht garantiert.

Beispiele für kommunale Aufwandssteuern sind etwa die *Hundesteuer*,[383] die *Vergnügungssteuer*,[384] die *Übernachtungssteuer*[385] oder die *Zweitwohnungssteuer*.[386] **28**

bb) Beiträge und Gebühren

Neben den kommunalen Steuern erheben die Gemeinden **Beiträge** für die *Möglichkeit der Inanspruchnahme* öffentlicher Einrichtungen, etwa Anschluss- und Erschließungsbeiträge oder Fremdenverkehrsbeiträge. Die Gemeinden erheben weiter **Gebühren** als *Gegenleistung* für Verwaltungsleistungen (Verwaltungsgebühren) oder für die tatsächliche Inanspruchnahme von Einrichtungen (Benutzungsgebühren), z.B. Wasser- und Abwassergebühren. Beiträge und Gebühren werden auf der Grundlage des KAG in Verbindung mit einer kommunalen Satzung durch Verwaltungsakt erhoben. **29**

3. Finanzzuweisungen

Die Gemeinden erhalten Finanzzuweisungen im Rahmen des **kommunalen Finanzausgleichs**. Dies stellt neben den der Gemeinde zustehenden Abgaben die zweite wesentliche Einnahmequelle der Kommunen dar.[387] **30**

a) Finanzausgleich

aa) Grundlagen

Soweit das Aufkommen der Einkommensteuer nicht nach Art. 106 Abs. 5 GG und das Aufkommen der Umsatzsteuer nicht nach Art. 106 Abs. 5a GG den Gemeinden zugewiesen ist, steht nach Art. 106 Abs. 3 S. 1 GG das Aufkommen der Einkommensteuer, der Körperschaftssteuer und der Umsatzsteuer dem Bund und den Ländern gemeinsam zu (**Gemeinschaftssteuern**). Vom Länderanteil am Gesamtaufkommen der Gemeinschaftssteuern fließt den Gemeinden und Gemeindeverbänden nach Art. 106 Abs. 7 S. 1 GG insgesamt ein durch Landesgesetz zu bestimmender, der **31**

---

382 Vgl. hierzu BVerfG, Beschl. v. 04.02.1958 – 2 BvL 31/56, 2 BvL 33/56; BVerfG, Beschl. v. 06.12.1983 – 2 BvR 1275/79 (Zweitwohnungssteuer). Daneben muss eine kommunale Steuer einen örtlichen Bezug aufweisen, und die unmittelbaren Wirkungen der Steuer müssen auf das Gemeindegebiet begrenzt sein (*örtliche Radizierung*).
383 BVerwG, Beschl. v. 25.04.2013 – 9 B 41.12.
384 BVerfG, Beschl. v. 04.02.2009 – 1 BvL 8/05, juris Rn. 47.
385 Dazu BVerwG, Urt. v. 11.07.2012 – 9 C 1.11.
386 Weitere Beispiele bei *Gössl*, in: *Gössl/Reiff*, KAG BW, § 9 Ziff. 5.
387 Näher dazu *Kirchhof/Meyer* (Hrsg.), Kommunaler Finanzausgleich im Flächenbundesland; *Schmitt*, DÖV 2013, 452 ff. Zur Berücksichtigung der Finanzkraft und des Finanzbedarfs der Kommunen im Rahmen des Bund-Länder-Finanzausgleichs nach Art. 107 Abs. 2 S. 1 Hs. 2 GG vgl. BVerfG, Urt. v. 27.05.1992 – 2 BvF 1/88 u.a.

Höhe nach nicht garantierter Prozentsatz zu (*obligatorischer Finanzausgleich*). Die Höhe dieses Zuflusses ist in Baden-Württemberg durch das **Finanzausgleichsgesetz** (FAG) geregelt. Nach Art. 106 Abs. 7 S. 2 GG ist den Ländern darüber hinaus das Recht eingeräumt, durch Landesgesetz die Gemeinden und Gemeindeverbände nach pflichtgemäßem Ermessen am Aufkommen der Landessteuern zu beteiligen (*fakultativer Finanzausgleich*).[388] Die Beteiligung der Kommunen nach Art. 106 Abs. 7 GG bildet damit die wesentliche Grundlage des kommunalen Finanzausgleichs.[389]

32 Ziel des im FAG geregelten Finanzausgleichs ist es zum einen, einen Ausgleich zwischen Land und Kommunen zu schaffen (*vertikaler Finanzausgleich*), zum anderen zwischen den Kommunen unterschiedlicher Finanzkraft ausgleichend zu wirken, um so eine gewisse Einheitlichkeit der Lebensverhältnisse herbeizuführen (*horizontaler Finanzausgleich*).[390]

33 Ein Beispiel für den horizontalen Finanzausgleich ist die Pflicht zur Mitfinanzierung der Verkehrslasten in der Region Stuttgart durch die Landkreise.[391]

34 Ein Teil der Gesamtmittel des Finanzausgleichs dient dazu, allen Gemeinden einen geschätzten *pauschalierten allgemeinen Bedarf* zur Verfügung zu stellen. Dieser Bedarf ist nach Größenklassen der Gemeinden und den damit im allgemeinen unterschiedlichen Aufgaben differenziert, wie sich auch aus den nach Größenklassen gestaffelten Bedarfsmesszahlen ergibt. Dabei werden einwohnerstärkere Kommunen durch stärkere Gewichtung ihrer Einwohner begünstigt (sog. Einwohnerveredelung). Ein anderer Teil wird nach Gesichtspunkten des *besonderen Bedarfs* verteilt, aber auch zur gezielten Förderung von gemeindlichen Aufgaben, welche der Staat für vordringlich hält.

35 Dieses System ist grundsätzlich **verfassungskonform**. Dem Gesetzgeber kommt ein *weiter Gestaltungsspielraum* für die Ausgestaltung des Finanzausgleichs zu.[392] Grenzen ergeben sich aus dem Willkürverbot.[393] Danach muss für eine gesetzliche Differenzierung beim Finanzausgleich ein „vernünftiger, sich aus der Natur der Sache ergebender oder sonstwie einleuchtender Grund" vorhanden sein. Unzulässig wäre eine Regelung des Finanzausgleichs insbesondere dann, wenn die Regelung dazu führen würde, dass die Erfüllung von Gemeindeaufgaben bei einzelnen Gemeinden nicht oder nur ganz ungenügend möglich wäre.[394]

36 In **Art. 73 Abs. 3 S. 1 LV**, der die Finanzgarantie der Gemeinden und Gemeindeverbände nur unter dem Vorbehalt der finanziellen Leistungsfähigkeit des Landes gewährleistet, bringt die Verfassung die *Gleichwertigkeit von Landes- und Kommunalaufgaben* zum Ausdruck. Im Kollisionsfall hat der Gesetzgeber das Spannungsverhältnis zwischen diesen Belangen im Rahmen des Finanzausgleichs durch geeignete Einnahmen- und Lastenverteilungsregeln – unter prozeduraler Absicherung – zum Ausgleich zu bringen.[395]

---

388 Vgl. hierzu VerfGH NW, Urt. v. 16.12.1988 – 9/87, DÖV 1989, 310.
389 Hierzu NdsStGH, Urt. v. 15.08.1995 – 2, 3, 6–10/93, juris Rn. 100 ff.
390 BVerfG, Urt. v. 24.06.1986 – 2 BvF 1/83 u.a. Zur Beteiligung der Kommunen am früheren *Fonds Deutsche Einheit* vgl. BVerfG, Urt. v. 11.11.1999 – 2 BvF 2/98, 2 BvF 3/98, 2 BvF 1/99, 2 BvF 2/99; OVG RP, Urt. v. 11.04.2008 – 2 A 10828/07.
391 Vgl. StGH BW, Urt. v. 04.05.1998 – 1/96, NVwZ-RR 1998, 701.
392 StGH BW, Urt. v. 14.10.1993 – 2/92; StGH BW, Urt. v. 10.05.1999 – 2/97.
393 StGH BW, Urt. v. 14.10.1993 – 2/92.
394 StGH BW, Urt. v. 01.07.1972 – Gesch Reg 5/1971, 8/1971, 1/1972; StGH BW, Urt. v. 14.10.1993 – 2/92 (zum Finanzausgleich bei Landkreisen); StGH BW, Urt. v. 10.05.1999 – 2/97; VerfGH NW, Urt. v. 16.12.1988 – 9/87.
395 StGH BW, Urt. v. 10.05.1999 – 2/97.

VI. Grundsätze der Einnahmebeschaffung

bb) Verteilungsverfahren

Der Finanzausgleich gliedert sich in einen **allgemeinen Finanzausgleich** (§§ 1– 14 FAG) und einen **Ausgleich von Sonderlasten** (§§ 15–29). Die allgemeinen Finanzausgleichsleistungen erfolgen aus der *Finanzausgleichsmasse*. Diese setzt sich zusammen aus einem Prozentsatz des Landesanteils an Einkommens-, Körperschafts-, Umsatzsteuer und Gewerbesteuerumlage sowie einem Anteil an der Finanzausgleichsumlage (§ 1 Abs. 1 FAG). Letztere erhebt das Land von den Gemeinden und Landkreisen (§ 1a FAG). Die Finanzausgleichsmasse wird wiederum nach § 1b FAG in die Finanzausgleichsmasse A und die Finanzausgleichsmasse B aufgeteilt. 37

Die Finanzausgleichsmasse A dient nach Abzug der Vorwegentnahmen gemäß § 2 FAG der Finanzierung laufender Zuweisungen, deren Herzstück die sog. **Schlüsselzuweisungen** an die Gemeinden nach dem Schlüssel der mangelnden Steuerkraft darstellen (vgl. § 5–7 FAG).[396] Die Finanzausgleichsmasse B dient nach Abzug der Vorwegentnahmen gemäß § 3a FAG der Finanzierung von **Investitionshilfen** an Gemeinden (§ 4 FAG). Einen Teil dieser Finanzausgleichsmasse bildet der Ausgleichsstock (vgl. § 13 FAG), aus dem Bedarfszuweisungen an Gemeinden erfolgen können. Über diese Mittel ist nach Maßgabe des Bedarfs unter Beachtung des Gleichheitsgrundsatzes zu entscheiden.[397] 38

Neben der Finanzausgleichsmasse besteht für den **Verkehrslastenausgleich** ein besonderer Kraftfahrzeugsteuerverbund. Nach § 24 FAG stellt das Land den Gemeinden und Landkreisen zur Förderung der ihnen auf dem Gebiet des Verkehrs obliegenden Aufgaben in jedem Haushaltsjahr einen Prozentsatz seines Aufkommens an Kraftfahrzeugsteuer und an Straßenbenutzungsgebühren zur Verfügung (Verkehrslasten-Verbundmasse). Teil des Finanzausgleichs ist schließlich auch die Regelung der **Kreisumlage** (§ 35 FAG). 39

b) Sonstige Zuweisungen

Der Bund kann den Ländern gemäß Art. 104b GG **Finanzhilfen** gewähren für besonders bedeutsame Investitionen der Länder und Gemeinden bzw. Gemeindeverbände, die zur Abwehr einer Störung des gesamtwirtschaftlichen Gleichgewichts, zum Ausgleich unterschiedlicher Wirtschaftskraft oder zur Förderung des wirtschaftlichen Wachstums erforderlich sind.[398] Die Regelung erfolgt durch Gesetz oder aufgrund des Bundeshaushaltsgesetzes (BHG) durch Verwaltungsvereinbarung.[399] Die Vergabe der Mittel an die Gemeinden ist Sache der Länder.[400] 40

Daneben gibt Art. 106 Abs. 8 GG den Gemeinden oder Gemeindeverbänden einen Anspruch gegen den Bund auf den erforderlichen Ausgleich von **Sonderbelastungen,** wenn Einrichtungen besonderer Art in den Kommunen vom Bund veranlasst 41

---

396 Vgl. hierzu VGH BW, Urt. v. 01.07.2003 – 9 S 1504/02.
397 Zur Verteilung der Mittel aus dem Ausgleichsstock VGH BW, Urt. v. 01.07.2003 – 9 S 1504/02, juris Rn. 19 ff.; vgl auch die Verwaltungsvorschrift des IM und des FM über die Verteilung der Mittel des Ausgleichsstocks (VwV-Ausgleichsstock) vom 15.03.2002 (GABl. S. 282), neu erlassen durch VvW vom 20.11.2009 (GABl. S. 306), zuletzt geändert durch VwV vom 07.12.2012 (GABl. 2013, S. 2).
398 Die Finanzhilfekompetenz des Bundes wurde durch die Föderalismusreform im Jahre 2006 (BGBl I 2006, 2034) neu gefasst. Zur Fortgeltung bisheriger Finanzhilfen vgl. Art. 125 c GG.
399 Vgl. hierzu BVerfG, Urt. v. 04.03.1975 – 2 BvF 1/72; BVerfG, Beschl. v. 10.02.1976 – 2 BvG 1/74.
400 BVerfG, Urt. v. 04.03.1975 – 2 BvF 1/72, juris Rn. 55; BVerfG, Beschl. v. 10.02.1976 – 2 BvG 1/74, juris Rn. 65 ff.

werden und die Tragung der Sonderbelastung den Ländern und Gemeinden nicht zugemutet werden kann (Sonderbelastungsausgleich).[401]

42 Beispiele: Kasernen, Hauptstadteinrichtungen, Hochschulen.

4. Kredite

43 Die Gemeindeordnung sieht die Möglichkeit der **Kreditaufnahme** für die Gemeinden vor, wenn eine andere Finanzierung nicht möglich ist oder wirtschaftlich unzweckmäßig wäre (§ 78 Abs. 3 GemO).[402] Kredite dürfen nur für Investitionen, Investitionsförderungsmaßnahmen und zur Umschuldung aufgenommen werden (§ 87 Abs. 1 GemO). Einzelheiten der Kreditaufnahme und der haushaltsrechtlichen Behandlung sind in § 87 GemO geregelt.

5. Privatrechtliche Einnahmen und Finanzierungsmodelle

a) Grundsatz

44 Als Rechtssubjekte des Privatrechts sind die Kommunen im Rahmen von Art. 28 Abs. 2 GG legitimiert, am **Privatrechtsverkehr** teilzunehmen und sich Einnahmen in den Rechtsformen des Privatrechts zu verschaffen, etwa durch Beteiligung an Gesellschaften oder den Abschluss privatrechtlicher Verträge.

45 Beispiele: Vermögenserträge, Veräußerungserlöse, Konzessionsabgaben, Überschüsse aus dem Betrieb von Unternehmen nach § 29 GmbHG, § 174 AktG.

b) Spezielle Finanzierungsformen

46 Die Aufbringung finanzieller Mittel zur Erfüllung kommunaler Aufgaben kann über die dargestellten klassischen Einnahmequellen der Gemeinde auch im Zusammenwirken mit Privaten erfolgen.[403] Dies wird vielfach als **Finanzierungsprivatisierung** bezeichnet. Derartige Einnahme- und Finanzierungsformen sind weitgehend dem Oberbegriff „Public Private Partnership" zuzuordnen, der Kooperationsformen der Kommunen mit nichtstaatlichen Rechtssubjekten des Privatrechts umfasst.

aa) Kommunalleasing

47 **Leasing** bedeutet die Anmietung von Sachen oder Sachgesamtheiten durch eine Kommune, die von privaten Dritten angeschafft bzw. gebaut und finanziert werden. Regelmäßig besteht die Möglichkeit eines späteren Eigentumserwerbs durch die

---

401 BayVGH, Beschl. v. 12.01.2000 – E ZB 97.717; zum Verhältnis zu Landeszuschüssen vgl. BVerwG, Beschl. v. 17.10.1985 – 7 B 161.85.
402 Weiterführend: *Schwarting*, Kommunales Kreditwesen, 3. Aufl. 2007; *Faiss/Giebler/Lang/Notheis/Schmid*, Kommunales Wirtschaftsrecht in BW, S. 415 ff.; zu kreditähnlichen Rechtsgeschäften vgl. Sächs OVG, Urt. v. 25.04.2006 – 4 B 637/05. Zur „kommunalen Schuldenbremse" *Katz*, BWGZ 2013, 342 ff.
403 Weiterführend: *Budäus/Eichhorn* (Hrsg.), Public-Private-Partnership, 1997; *Henneke/Strobl/Dienert*, Recht der kommunalen Haushaltswirtschaft – Doppik und neue Steuerung, 2008, S. 160 ff.

VI. Grundsätze der Einnahmebeschaffung

Kommune nach einer bestimmten Laufzeit.[404] Gefahr und Haftung für Sachmängel, Untergang und Beschädigung trägt in der Regel der Leasingnehmer.
Der Leasingvertrag ist ein kreditähnliches Geschäft im Sinne der GemO und bedarf deshalb nach § 87 Abs. 5 GemO der Genehmigung durch die Rechtsaufsichtsbehörde.[405] Die Abgrenzung zwischen genehmigungsfreiem Mietvertrag und kreditähnlichem Leasinggeschäft erfolgt nach wirtschaftlichen Kriterien. Entscheidend ist, ob das betreffende Rechtsgeschäft bei wirtschaftlicher Betrachtungsweise zu dem gleichen Erfolg führen würde wie die Aufnahme eines Kredits.[406]

48

bb) Fondsfinanzierung

Eine Objektgesellschaft, in der Regel eine GmbH & Co KG, nimmt eine begrenzte Zahl von Kommanditisten in die Gesellschaft auf und verkauft an diese Fondsanteilscheine (**geschlossener Immobilienfonds**). Mit dem angesammelten Kapital finanziert die Gesellschaft Anlagen, die den Kommunen in der Regel durch Leasingvertrag überlassen werden. Die privaten Anleger erhalten als private Kommanditisten Anlaufverluste beim Fonds steuerlich zugewiesen. Die Fondsfinanzierung bedarf als kreditähnliches Geschäft der Genehmigung nach § 87 Abs. 5 GemO durch die Rechtsaufsichtsbehörde.[407]

49

cc) Forfaitierung

Bei der kommunalen **Forfaitierung** erfolgt die Finanzierung durch den Verkauf von Forderungen, die einem privaten Unternehmen gegen die Gemeinde zustehen, an die finanzierende Bank. Die Gemeinde wird damit im Ergebnis zum Schuldner der finanzierenden Bank. Die Gemeinde erklärt regelmäßig gegenüber der finanzierenden Bank einen Verzicht auf Einreden aus dem Vertragsverhältnis mit dem Investor und übernimmt für den Fall der Vertragsbeendigung offene Rückzahlungspflichten des Investors. Für die Bank entfällt damit das auf sie übergegangene Risiko des Forderungsausfalls. Für die Gemeinde hat dies den Nachteil, dass sie sich im Verhältnis zur Bank nicht auf eine nicht vertragsgemäße Leistung des Investors berufen kann. Durch den Einredeverzicht ist der Investor allerdings regelmäßig in der Lage, das Projekt zu Kommunalkonditionen zu finanzieren. Die Kreditbank, die die Forderungen erwirbt, stellt dem Privatunternehmen schließlich die notwendigen Finanzierungsmittel in Höhe des Forderungskaufpreises bereit. Die kommunale Forfaitierung unterfällt als kreditähnliches Geschäft der Genehmigungspflicht der Rechtsaufsicht gem. § 87 Abs. 5 GemO.[408]

50

---

404 Zum Kommunalleasing vgl. VerfGH RP, Urt. v. 20.11.1996 – N 3/96; *Elicker*, DÖV 2004, 875 ff. Zu Problemen und Risiken des US-Cross-Border-Leasings OVG NW, Urt. v. 23.11.2006 – 9 A 1029/04; vgl. auch *Smeets/Schwarz/Sander*, NVwZ 2003, 1061 ff.
405 *Aker/Hafner/Notheis*, § 87 GemO Rn. 93 ff.; VG Gera, Beschl. v. 01.03.2004 – 2 E 92.04.GE (zum Cross-Border-Leasing).
406 OLG Dresden, Urt. v. 11.07.2001 – 6 U 254/01, juris Rn. 88 ff.
407 OLG Dresden, Urt. v. 11.07.2001 – 6 U 254/01, juris Rn. 88 ff.
408 *Kunze/Bronner/Katz*, GemO, § 87 Rn. 87; *Aker/Hafner/Notheis*, § 87 GemO Rn. 100 ff.

dd) Contracting und Intracting

51 Beim **Contracting** beauftragt die Kommune einen Dritten mit der Energieversorgung kommunaler Liegenschaften bzw. der Durchführung von Energieeinsparmaßnahmen.[409] In der Regel kommen zwei Modelle zur Anwendung: das Anlagen-Contracting und das Energieeinspar-Contracting.

52 Beim *Anlagen-Contracting* stellt der Vertragspartner der Gemeinde (Contractor) die für kommunale Liegenschaften notwendige Energie bereit und verkauft diese an die Gemeinde. Sämtliche Kosten des Contractors einschließlich erforderlicher Investitionen sowie sein Gewinn werden durch die für die Energiebelieferung zu zahlende Vergütung während des Vertragszeitraums, ggf. ergänzt durch einen jährlichen Grundpreis für Kapital-, Wartungs- und Instandhaltungskosten, abgedeckt.

53 Durch *Energieeinspar-Contracting* wird regelmäßig die energetische Sanierung kommunaler Liegenschaften finanziert. Dabei führt der Contractor die energieeinsparenden Maßnahmen durch und stellt gleichzeitig die erforderliche Energie für das Objekt zur Verfügung. Gleichzeitig garantiert er eine bestimmte Energieverbrauchs- und Kosteneinsparung. Aus den eingesparten Mitteln werden die Kosten des Contractors refinanziert.

54 Eine Sonderform stellt das sog. **Intracting** dar, bei der in der Regel in größeren Kommunen das Energieeinspar-Contracting verwaltungsintern vereinbart wird. Dabei stellt eine Verwaltungseinheit (Intracting-Stelle) einer anderen Stelle Finanzmittel für Energieeinsparmaßnahmen zur Verfügung. Die erzielten Einsparungen fließen in Höhe der Investition wiederum an die Intracting-Stelle zurück und verbleiben im Übrigen bei der durchführenden Stelle.

ee) Beteiligungsfinanzierung

55 Im Rahmen der **Beteiligungsfinanzierung** beteiligt sich eine private Finanzierungsgesellschaft als stille Gesellschafterin an einer kommunalen Eigengesellschaft. Hierbei stellt die Einlage Haftungskapital der Eigengesellschaft dar. Der Vorteil dieser Konstruktion liegt im Bereich der Besteuerung.[410]

ff) Gemischtwirtschaftliche Finanzierungsunternehmen

56 Eine weitere Art der privatwirtschaftlichen Sonderfinanzierung öffentlicher Aufgaben sind **gemischtwirtschaftliche Unternehmen**. Die Kommune gründet zusammen mit nichtstaatlichen Rechtssubjekten des Privatrechts eine privatrechtliche Gesellschaft zur gemeinsamen Erfüllung einer kommunalen Aufgabe und nutzt so privates Kapital und die damit verbundenen Synergieeffekte.

57 Beispiele finden sich im Ver- und Entsorgungsbereich, bei Technologie- und Gewerbeparks, Baubetreuungs- und Grundstücksentwicklungsgesellschaften, im Verkehrsbereich (z.B. Verkehrslandeplätze) sowie bei Betrieb von Windkraftanlagen (Bürgerwindrad).

---

[409] Hierzu auch *Zeiss*, NZBau 2012, 201 (206).
[410] Bsp.: Mitfinanzierung der Neuen Messe in Freiburg durch stille Beteiligung der Rothaus AG.

VI. Grundsätze der Einnahmebeschaffung

Die Gründung gemischtwirtschaftlicher Unternehmen als Finanzierungsform unterliegt den kommunalrechtlichen Vorgaben über wirtschaftliche Unternehmen (§§ 102 ff. GemO).[411]

58

gg) Spenden und ähnliche Zuwendungen

Nach § 78 Abs. 4 GemO darf die Gemeinde zur Erfüllung ihrer Aufgaben Spenden, Schenkungen und ähnliche Zuwendungen einwerben und annehmen oder an Dritte vermitteln, die sich an der Erfüllung der Gemeindeaufgaben (§ 1 Abs. 2 GemO) beteiligen.[412]

59

(1) Anwendungsbereich

Neben klassischen Spenden und Schenkungen umfasst die Regelung in § 78 Abs. 4 GemO auch ähnliche Zuwendungen, etwa Sponsoringverträge. Erforderlich ist jedoch immer, dass die Zuwendung einer kommunalen Aufgabe dient.

60

Sponsoring bedeutet die Bereitstellung von Geld oder Sachmitteln oder Dienstleistungen durch Unternehmen oder Einzelne zur Förderung von Personen oder Organisationen im sportlichen, kulturellen, wissenschaftlichen oder ähnlich bedeutsamen gesellschafts- bzw. kommunalpolitischen Bereichen, um damit gleichzeitig Ziele der Unternehmenskommunikation, speziell Öffentlichkeitsarbeit, Werbung und sonstige unternehmens- oder personenbezogene Ziele zu erreichen.[413] Keine Zuwendungen im Sinne des § 78 Abs. 4 GemO sind innerhalb eines Sponsoringvertrags erbrachte Leistungen des Sponsors an die Kommune, wenn der Leistung eine angemessene (zulässige) Gegenleistung der Kommune gegenübersteht. Dies gilt dann nicht, wenn der Wert der kommunalen Gegenleistung unter dem Wert der Zuwendung zurückbleibt (sog. verdeckte Zuwendung).

61

(2) Verfahrensrechtliche Vorgaben

Die **Zuständigkeit** für die Einwerbung und die Entgegennahme einer Zuwendung liegt beim Bürgermeister und den Beigeordneten. Dies schließt nicht aus, dass Gemeindebedienstete auf Initiative und Weisung des Bürgermeisters und der Beigeordneten nach dessen Vorgaben ausführend tätig werden (§ 53 GemO).[414] Die erforderlichen Grundentscheidungen bleiben indes auch bei Beauftragung Gemeindebediensteter dem Bürgermeister bzw. dem Beigeordneten vorbehalten. Aus Gründen der Transparenz hat der Gemeinderat grundsätzlich in *öffentlicher Sitzung* über die Annahme der Zuwendung zu beschließen. Für Kleinspenden kann die Gemeinde ein vereinfachtes Verfahren vorsehen.[415]

62

---

411 Dazu näher unter § 19 Rn. 14 ff.; zu den vergaberechtlichen Folgen der privaten Beteiligung an einer kommunalen Gesellschaft vgl. EuGH, Urt. v. 11.01.2005 – Rs. C 26/03 (Stadt Halle).
412 Zur möglichen *Strafbarkeit* des sog. Public Fundraising vgl. BGH, Urt. v. 26.05.2011 – 3 StR 492/10. Zur möglichen Strafbarkeit des Sponsoring BGH, Urt. v. 06.12.2001 – 1 StR 215/01; BGH, Urt. v. 28.10.2004 – 3 StR 301/03 (Wahlkampfspende an Bürgermeister); BGH, Urt. v. 20.10.2005 – I ZR 112/03 (Unlauterer Wettbewerb durch Sponsoring – Schulfotos); BGH, Urt. v. 14.10.2008 – 1 StR 260/08 (WM-Tickets); dazu auch *Mansdörfer*, VBlBW 2007, 406 ff.
413 *Weiand*, NJW 1994, 227 f.
414 *Kunze/Bronner/Katz*, GemO, § 78 Rn. 53; a.A. *Aker/Hafner/Notheis*, § 78 GemO Rn. 34 unter Hinweis auf den Wortlaut „ausschließlich".
415 Ausführlich zum Verfahren *Kunze/Bronner/Katz*, GemO, § 78 Rn. 52 ff. m.w.N.

63 Gemäß § 78 Abs. 4 S. 4 GemO erstellt die Gemeinde jährlich einen Bericht, in welchem die Geber, die Zuwendungen und die Zuwendungszwecke anzugeben sind. Der Bericht ist an die Rechtsaufsichtsbehörde zu übersenden.

6. Die Rangfolge der Einnahmequellen

64 Die **Rangfolge** kommunaler Einnahmen – bzw. im Sprachgebrauch der Doppik: der Erzielung von Erträgen und Einzahlungen – bestimmt § 78 Abs. 2 GemO.

a) Sonstige Einnahmen

65 Als primäre Deckungsmittel der Aufgabenerfüllung hat die Gemeinde „sonstige Einnahmen" in Anspruch zu nehmen. Das sind alle Einnahmen, die nicht aus Entgelten für Leistungen, aus Steuern oder aus Kreditmitteln stammen.

66 Hierzu gehören vorrangig allgemeine und zweckgebundene **Finanzzuweisungen** des Landes an die Gemeinden nach dem FAG (allgemeiner Finanzausgleich und Ausgleich von Sonderlasten), weiter der **Gemeindeanteil an der Einkommensteuer** nach dem Gemeindefinanzreformgesetz, sonstige Finanzhilfen sowie Einnahmen aus Kapital- und Grundvermögen.[416] Darüber hinaus zählen dazu auch Erstattungen, z.B. für Sozialhilfeleistungen, außerdem Spenden und Schenkungen. Ein weiteres Deckungsmittel sind schließlich auch **Konzessionsabgaben**.

b) Entgelte für Leistungen

67 An zweiter Stelle hat die Gemeinde im Interesse einer gerechten Lastenverteilung grundsätzlich Entgelte für ihre Leistungen zu erheben. Entgelte in diesem Sinne sind alle öffentlich-rechtlichen und privatrechtlichen Ansprüche, die der Gemeinde kraft Gesetzes oder kraft Rechtsgeschäft gegenüber dem Bürger als Gegenleistung für eine konkrete Leistung zustehen. Hierunter fallen im wesentlichen **Gebühren und Beiträge** sowie privatrechtliche **Vertragsentgelte**, etwa für die Benutzung öffentlicher Einrichtungen.[417] Durch die Vorrangigkeit der Leistungsentgelte wird gewährleistet, dass derjenige, der eine gemeindliche Leistung in Anspruch nimmt, auch mit den entsprechenden Kosten belastet wird, dass diese also grundsätzlich nicht der Allgemeinheit angelastet werden.

68 Relativiert wird diese Rangfolge allerdings dadurch, dass Entgelte für Leistungen **vertretbar und geboten** sein müssen. Grundsätzlich geht das Gesetz vom Erfordernis der Kostendeckung und der Gleichwertigkeit von gemeindlicher Leistung und Leistungsentgelt aus (*Äquivalenzprinzip*). Diesen Grundsatz schränkt das Merkmal „soweit geboten" dahingehend ein, dass die Gemeinde bei der Bemessung der Leistungsentgelte dem Grundsatz der Verhältnismäßigkeit Rechnung zu tragen hat. Dies ist gerichtlich voll überprüfbar.[418] Soweit also eine Entgeltfestsetzung zur Deckung einer Finanzierungslücke zu einem *(groben) Missverhältnis* zwischen Leistung der Verwaltung und Höhe des Entgelts führen würde, muss die Gemeinde die Restfinan-

---

416 Z.B. Rücklagenentnahmen, Zinserträge, Erträge aus wirtschaftlicher Betätigung, Gewinnabführung nach § 29 GmbHG, § 174 AktG.
417 *Kunze/Bronner/Katz*, GemO, § 78 Rn. 31; BGH, Urt. v. 10.10.1998 – III ZR 100/90.
418 OVG NW, Urt. v. 07.09.1989 – 4 A 698/84, juris Rn. 26.

zierung im Bereich der dritten Rangstelle (kommunale Steuern) vornehmen. Das Merkmal der Vertretbarkeit ist dagegen Ausfluss des Sozialstaatsprinzips und erlaubt es der Gemeinde, auf eine Kostendeckung zu verzichten und auf die Leistungsfähigkeit und finanzielle Belastbarkeit der Bürger Rücksicht zu nehmen.[419] Dies eröffnet der Gemeinde einen gerichtlich nur beschränkt überprüfbaren **Beurteilungsspielraum**.[420] Für den Bereich der Benutzungsgebühren hat der Gesetzgeber die Vertretbarkeit und Gebotenheit der Entgeltbemessung in den §§ 13 ff. KAG konkretisiert.

c) Kommunale Steuern

Soweit der kommunale Finanzbedarf weder durch sonstige Einnahmen noch durch Leistungsentgelte gedeckt werden kann, hat die Gemeinde an dritter Stelle **kommunale Steuern** zu erheben. 69

Die Subsidiarität der Steuererhebung gilt für sämtliche landesrechtlich geregelten Einnahmequellen. Für bundesrechtlich normierte Einnahmequellen entfaltet die landesrechtliche Rangfestlegung hingegen keine Bindungswirkung.[421] Die Nachrangigkeit der kommunalen Steuererhebung gilt ebenfalls nicht bei kommunalen Pflichtsteuern, etwa der Hundesteuer (§ 9 Abs. 3 S. 1 KAG). 70

Nach § 78 Abs. 2 S. 2 GemO hat die Gemeinde bei der Steuererhebung auf die wirtschaftlichen Kräfte der Abgabenpflichtigen Rücksicht zu nehmen. Für die Erhebung von Leistungsentgelten ist dieser Gesichtspunkt bereits im Merkmal der Vertretbarkeit enthalten.[422] Das Gebot der Rücksichtnahme erfordert auch hier die Beachtung sozialer Gesichtspunkte bei der Steuerbemessung und beinhaltet ein Verbot der **erdrosselnden Steuererhebung**.[423] 71

d) Kreditaufnahme

Schließlich besteht für die Gemeinde die Möglichkeit der **Kreditaufnahme** (§ 78 Abs. 3 GemO), wenn eine andere Finanzierung nicht möglich ist oder wirtschaftlich unverhältnismäßig wäre.[424] 72

---

419 Beispiele für Ausnahmen vom Kostendeckungsprinzip: Eintrittspreise von Schwimmbädern, Museen, Theatern und Entgelte in der Musikschule oder der Stadtbücherei.
420 OVG NW, Urt. v. 07.09.1989 – 4 A 698/84, juris Rn. 21; für einen Beurteilungsspielraum ohne Differenzierung zwischen Vertretbarkeit und Gebotenheit *Kunze/Bronner/Katz*, GemO, § 78 Rn. 28; *Aker/Hafner/Notheis*, § 78 GemO Rn. 10. Vgl. auch Hess VGH, Beschl. v. 15.03.1991 – 5 TH 642/98 (Nichtausschöpfung der Wassergebühren).
421 BVerwG, Urt. v. 11.06.1993 – 8 C 32/90 (Gewerbesteuer).
422 *Kunze/Bronner/Katz*, GemO, § 78 Rn. 33.
423 Vgl. hierzu BVerfG, Beschl. v. 27.10.1975 – 1 BvR 82/73, NJW 1976, 101; VGH BW, Urt. v. 13.12.2012 – 2 S 1010/12, juris Rn. 39 ff. m.w.N.
424 Vgl. hierzu *Kunze/Bronner/Katz*, GemO, § 78 Rn. 38 ff.; zur Genehmigungspflicht vgl. OLG Karlsruhe, Urt. v. 06.05.2008 – 17 U 100/07, juris (Abschluss eines Bausparvertrags). Zu den Grenzen der Kreditaufnahme vgl. VerfGH NW, Urt. v. 02.09.2003 – 6/02, juris.

e) Rechtsnatur der Rangfolge und Kontrolldichte

73 Die Grundsätze über die Rangfolge der Einnahmequellen sind **verbindliches Haushaltsrecht** für die Gemeinde.[425] Bei Nichtbeachtung hat die *Kommunalaufsicht* daher die Möglichkeit einzuschreiten.[426]

74 Allerdings haben die Gemeinden bei der Rangfestlegung ein weites Ermessen, das nur einer beschränkten gerichtlichen Überprüfung unterliegt.[427] Ein Ermessensfehler liegt erst dann vor, wenn die Gemeinde sich im Zeitpunkt der Beschlussfassung erkennbar von tatsächlich oder rechtlich unhaltbaren Annahmen oder Prognosen leiten ließ, eindeutig sachfremde Überlegungen den Ausschlag gegeben haben oder sie erkennbar keine Erwägungen über die Wirtschaftlichkeit von kostenverursachenden Maßnahmen, die den Einnahmebedarf auslösen, angestellt hat.[428]

75 Die Rangfolgeregelung des § 78 GemO begründet grundsätzlich keine **Rechte Dritter**. Auch aus dem *Rücksichtnahmegebot* (§ 78 Abs. 2 S. 2 GemO) kann der Einzelne regelmäßig keinen Anspruch, etwa auf eine geringere steuerliche Belastung, herleiten.[429] Im Falle eines Verstoßes gegen das Rücksichtnahmegebot aufgrund *erdrosselnder Steuern* kann hiergegen aber auf der Grundlage des Art. 14 GG vorgegangen werden.[430]

VII. Der Haushalt[431]

1. Die Haushaltssatzung

a) Rechtsgrundlage und Inhalt

76 Die als Ausfluss der Finanzhoheit bestehende Haushaltshoheit ermöglicht der Kommune die *Planung der Haushaltswirtschaft*. Rechtsgrundlage dafür ist die **Haushaltssatzung**.

---

425 BVerwG, Urt. v. 11.06.1993 – 8 C 32.90, juris; VGH BW Urt. v. 31.08.1989 – 2 S 2805/87, VBlBW 1990, 103; OVG NW, Beschl. v. 24.05.2007 – 15 B 778/07.
426 OVG NW, Beschl. v. 24.05.1007 – 15 B 778/07; Hess VGH, Beschl. v. 20.12.2001 – 5 B 2017/11, juris Rn. 6 (Pflicht zum Erlass einer Straßenausbaubeitragssatzung).
427 BVerwG, Urt. v. 11.06.1993 – 8 C 32.90, juris Rn. 11; VGH BW, Urt. v. 12.02.1998 – 2 S 1648/97, juris Rn. 2; ausführlich *Kunze/Bronner/Katz*, GemO, § 78 Rn. 34 ff. und Rn. 49 jeweils m.w.N.
428 VGH BW, Urt. v. 05.10.1989 – 2 S 1429/87, KStZ 1990, 35.
429 BVerwG, Urt. v. 11.06.1993 – 8 C 32.90, juris Rn. 11; VGH BW, Urt. v. 05.10.1989 – 2 S 1429/87, KStZ 1990, 35; BayVGH, Urt. v. 01.02.2007 – 4 ZB 06.2567, juris Rn. 15; inzident kann die Überschreitung von Ermessensgrenzen eine Rolle spielen, vgl. VGH BW Urt. v. 31.08.1989 – 2 S 2805/87, VBlBW 1990, 103.
430 *Kunze/Bronner/Katz*, GemO, § 78 Rn. 33 m.w.N.
431 Die nachfolgenden Ausführungen behandeln sowohl den *kameralistischen* Haushalt als auch das *doppische* System. Diejenigen Vorschriften der GemO, die im bisherigen kameralistischen System anzuwenden sind, sind mit dem Zusatz „a.F." gekennzeichnet. Soweit auf die Vorschriften zur doppischen Haushaltsführung in der Fassung von 2009 Bezug genommen wird, entfällt dieser Zusatz.

VII. Der Haushalt

aa) Kameralistik

Die Haushaltssatzung enthält im **kameralistischen** System gemäß § 79 Abs. 2 GemO a.f. folgende Festsetzungen: **77**
1. den *Haushaltsplan* unter Angabe des Gesamtbetrags
   a) der Einnahmen und der Ausgaben des Haushaltsjahres,
   b) der vorgesehenen Kreditaufnahmen für Investitionen und Investitionsförderungsmaßnahmen (Kreditermächtigung),
   c) der vorgesehenen Ermächtigung zum Eingehen von Verpflichtungen, die künftige Haushaltsjahre mit Ausgaben für Investitionen und Investitionsförderungsmaßnahmen belasten (Verpflichtungsermächtigung),
2. den Höchstbetrag der Kassenkredite und
3. die Steuerhebesätze, die für jedes Haushaltsjahr neu festzusetzen sind.[432]

Außerdem können *weitere Vorschriften* aufgenommen werden, die sich auf Einnahmen und Ausgaben sowie den Stellenplan für das Haushaltsjahr beziehen (§ 79 Abs. 2 S. 2 GemO a.F.). Die Gemeinde hat die Haushaltssatzung entweder für ein **Haushaltsjahr** oder für zwei Haushaltsjahre, getrennt nach Jahren, zu erlassen (§ 79 Abs. 1 GemO a.F.). Haushaltsjahr ist grundsätzlich das *Kalenderjahr* (§ 79 Abs. 4 GemO a.F.). **78**

bb) Doppik

Auch nach dem **doppischen** Haushaltssystem hat die Gemeinde weiterhin für jedes Haushaltsjahr eine *Haushaltssatzung* zu erlassen, wobei ein Erlass auch für zwei Haushaltsjahre (nach Jahren getrennt) möglich ist (§ 79 Abs. 1 GemO). Haushaltsjahr ist stets das Kalenderjahr (Abs. 4). Die Satzung tritt mit Beginn des Haushaltsjahres in Kraft und gilt für das gesamte Haushaltsjahr (Abs. 3). **79**

Die Haushaltssatzung enthält allerdings abweichend vom bisherigen System gemäß § 79 Abs. 2 GemO folgende *Festsetzungen*: **80**
1. Die Festsetzung des Ergebnishaushalts unter Angabe des Gesamtbetrags
   a) der ordentlichen Erträge und Aufwendungen einschließlich der Abdeckung von Fehlbeträgen aus Vorjahren und deren Saldo als veranschlagtes ordentliches Ergebnis,
   b) der außerordentlichen Erträge und Aufwendungen und deren Saldo als veranschlagtes Sonderergebnis,
   c) des veranschlagten ordentlichen Ergebnisses und des veranschlagten Sonderergebnisses als veranschlagtes Gesamtergebnis;
2. die Festsetzung des Finanzhaushalts unter Angabe des Gesamtbetrags
   a) der Einzahlungen und Auszahlungen aus laufender Verwaltungstätigkeit sowie deren Saldo als Zahlungsmittelüberschuss oder -bedarf des Ergebnishaushaltes,
   b) der Einzahlungen und Auszahlungen aus Investitionstätigkeit und deren Saldo,
   c) aus den Salden nach a) und b) als Finanzierungsmittelüberschuss oder -bedarf,

---

[432] Alternativ ist nach § 25 GrStG und § 25 GewStG auch eine Festsetzung der Grund- und Gewerbesteuerhebesätze durch besondere Steuersatzung möglich.

d) der Einzahlungen und Auszahlungen aus Finanzierungstätigkeit und deren Saldo,
e) aus den Salden nach c) und d) als Saldo des Finanzhaushalts;
3. die Festsetzung des Gesamtbetrags
   a) der vorgesehenen Kreditaufnahmen für Investitionen und Investitionsförderungsmaßnahmen (Kreditermächtigung) und
   b) der vorgesehenen Ermächtigungen im Eingehen von Verpflichtungen, die künftige Haushaltsjahre mit Auszahlungen für Investitionen und Investitionsförderungsmaßnahmen belasten (Verpflichtungsermächtigung);
4. die Festsetzung des Höchstbetrags der Kassenkredite und
5. der Steuersätze für die Grundsteuer und die Gewerbesteuer, soweit diese nicht in einer gesonderten Satzung festgesetzt sind.

81 Außerdem können weitere Vorschriften in der Haushaltssatzung enthalten sein, die sich auf die Erträge, Aufwendungen, Einzahlungen und Auszahlungen und den Stellenplan für das Haushaltsjahr beziehen (§ 79 Abs. 2 S. 2 GemO).

b) Rechtsnatur und Rechtsschutz

82 Nach § 79 Abs. 1 S. 1 GemO ist die Haushaltssatzung eine **Pflichtsatzung** mit verschiedenen Besonderheiten. Soweit sie haushaltsrechtliche Vorschriften enthält, kommt ihr nur *interne Bindungswirkung* zu. Materielle Rechtssätze mit *Wirkung im Außenverhältnis* enthalten nur die abgabenrechtlichen Regelungen der Haushaltssatzung nach § 79 Abs. 2 S. 1 Nr. 5 GemO (Nr. 3 a.F.) in Gestalt der Festsetzung der Steuerhebesätze.[433]

83 Im Übrigen werden durch die Haushaltssatzung und den Haushaltsplan **Ansprüche und Verbindlichkeiten** zugunsten oder zulasten Dritter nicht begründet (§ 80 Abs. 3 S. 2 GemO a.F. bzw. § 80 Abs. 4 S. 2 GemO).[434] So können etwa Private *keine subjektiven Rechte* auf Bezuschussung aus der Haushaltssatzung herleiten.[435] Umgekehrt kann sich die Gemeinde *gegenüber Ansprüchen Dritter* gegen die Gemeinde nicht auf die „leere Haushaltskasse" oder die Nichteinstellung der Verbindlichkeit in den Haushaltsplan berufen.

84 Die Haushaltssatzung wird durch die *Rechtsaufsichtsbehörde* im Hinblick auf die Einhaltung des Gesetzmäßigkeitsprinzips uneingeschränkt überprüft. Eine Überprüfung ist auch als *Inzidentkontrolle* bei Klagen gegen Vollzugsakte der Haushaltssatzung (z.B. Gewerbesteuerfestsetzung) möglich oder im Wege der *abstrakten Normenkontrolle* gem. § 47 VwGO. Eine Antragsbefugnis ist indes nur bei einer Rüge von außenrechtswirksamen Normen gegeben, was nur für die Festsetzung der Hebesätze für Steuern zutrifft.[436] Die Normenkontrolle ist nur dann begründet, wenn der den Kommunen zustehende *weite Gestaltungsspielraum* überschritten und insbesondere das Willkürverbot verletzt ist.[437] Soweit die Steuerhebesätze unwirksam

---

433 VGH BW, Beschl. v. 30.07.1965 – I 404/64; Aker/Hafner/Notheis, § 79 GemO Rn. 1.
434 VGH BW, Urt. v. 02.12.1986 – 1 S 3275/85; BVerwG, Urt. v. 26.04.1979 – 3 C 111/79.
435 Zur Unzulässigkeit der Herleitung von Ansprüchen auf Subvention ohne haushaltsrechtliche Grundlage vgl. VGH BW, Beschl. v. 15.10.2003 – 9 S 1858/03, juris Rn. 5. – Soweit der Haushaltsplan einen konkreten Zuschuss ausweist, besteht auf entsprechenden Antrag hin ein Anspruch auf ermessensfehlerfreie Entscheidung über die Bewilligung eines Zuschusses, ebda Rn. 6.
436 VGH BW, Beschl. v. 30.07.1965 – I 404/64.
437 VGH BW, Beschl. v. 30.07.1965 – I 404/64; vgl. auch VGH BW, Urt. v. 05.10.1989 – 2 S 1429/87, KStZ 1990, 35.

festgesetzt wurden, ist die Haushaltssatzung teilnichtig.[438] Weitergehende Rechte stehen auch einem Gemeinderatsmitglied nicht zu. Ein Klage- oder Antragsrecht gegenüber einem rechtswidrigen Gemeinderatsbeschluss besteht zugunsten eines Gemeinderats nicht.[439]

c) Erlass der Haushaltssatzung

Für den Erlass der Haushaltssatzung ist ein *besonderes*, von § 4 Abs. 1 bis 3 GemO abweichendes *Verfahren* vorgesehen. Die Haushaltssatzung ist vom Gemeinderat in öffentlicher Sitzung zu beraten und zu beschließen (§ 81 Abs. 1 GemO). Sie ist zum Zwecke der *Rechtskontrolle* der Rechtsaufsichtsbehörde vorzulegen; sie soll ihr spätestens einen Monat vor Beginn des Haushaltsjahres vorliegen (§ 81 Abs. 2 GemO). Mit der öffentlichen Bekanntmachung der Haushaltssatzung ist der Haushaltsplan an sieben Tagen öffentlich auszulegen, in der Bekanntmachung ist auf die Auslegung hinzuweisen (§ 81 Abs. 3 S. 1 GemO). Die Haushaltssatzung darf erst vollzogen werden, wenn die Rechtsaufsichtsbehörde die Gesetzmäßigkeit bestätigt oder die Satzung innerhalb eines Monats nicht beanstandet hat (§ 121 Abs. 2 GemO). **85**

Enthält die Haushaltssatzung *genehmigungspflichtige Teile*, kann sie erst nach der Genehmigung öffentlich bekanntgemacht werden (§ 81 Abs. 3 S. 2 GemO). Genehmigungspflichtig ist der Gesamtbetrag der in der Haushaltssatzung vorgesehenen Kreditaufnahmen (§ 87 Abs. 2 GemO) sowie der Verpflichtungsermächtigungen, soweit in den Jahren, in denen voraussichtlich Ausgaben aus den Verpflichtungsermächtigungen zu leisten sind, Kreditaufnahmen vorgesehen sind (§ 86 Abs. 4 GemO). Weiter bedarf der Genehmigung auch der Höchstbetrag der Kassenkredite (§ 89 Abs. 2 GemO). **86**

d) Nachtragshaushaltssatzung

Die Haushaltssatzung kann bis zum Ablauf des Haushaltsjahres nur durch eine spezielle Form der Änderungssatzung, die sog. **Nachtragshaushaltssatzung**, abgeändert werden. Dabei sind die Vorschriften über die Haushaltssatzung entsprechend anzuwenden (§ 82 Abs. 1 S. 2 GemO). Die Fälle, in denen die Gemeinde unverzüglich eine Nachtragshaushaltssatzung zu erlassen hat, ergeben sich aus *§ 82 Abs. 2 GemO*. Ausnahmen vom Erfordernis einer Nachtragshaushaltssatzung sind in *§ 82 Abs. 3 GemO* geregelt. Die Vorschrift entspricht inhaltlich im Wesentlichen der kameralistischen Vorgängerregelung. **87**

e) Vorläufige Haushaltsführung

Ist die Haushaltssatzung bei Beginn des Haushaltsjahres **noch nicht erlassen**, darf die Gemeinde nach § 83 Abs. 1 GemO nur *bestimmte Ausgaben* leisten, *Steuern*, deren Sätze nach § 79 Abs. 2 Nr. 5 GemO festgesetzt werden, vorläufig nach den Sätzen des Vorjahres erheben und *Kredite* umschulden. Unter bestimmten Voraus- **88**

---

438 Die Teilbarkeit ergibt sich aus der Möglichkeit einer isolierten Hebesatzsatzung („soweit", § 79 Abs. 2 Nr. 5 GemO). – Zur Teilnichtigkeit vgl. *Gern*, NVwZ 1987, 851 ff.
439 BVerwG, Beschl. v. 05.11.1971 – VII B 35.70.

setzungen darf sie auch Kredite aufnehmen (§ 83 Abs. 2 GemO). Der *Stellenplan* des Vorjahres gilt bis zum Erlass der neuen Haushaltssatzung weiter (§ 83 Abs. 3 GemO).

89 Die Regeln über die vorläufige Haushaltsführung schränken den Haushaltsgrundsatz der Vorherigkeit im Interesse der Weiterführung notwendiger Aufgaben und der Erfüllung bestehender rechtlicher Verpflichtungen ein. Die Vorschrift entspricht inhaltlich der kameralistischen Vorgängerregelung.

2. Haushaltsplan

90 Hauptbestandteil der Haushaltssatzung ist der **Haushaltsplan**.[440] Inhalt und Struktur des Haushaltsplans ergeben sich aus § 80 Abs. 1 GemO. Er muss nach alter Fassung alle im Haushaltsjahr für die Erfüllung der Aufgaben der Gemeinde voraussichtlich eingehenden *Einnahmen* und die zu leistenden *Ausgaben* enthalten. Im doppischen System wird dies durch anfallende *Erträge* und entstehende *Aufwendungen* sowie *ergebnis- und vermögenswirksame Ein- und Auszahlungen* ersetzt.

91 Nach § 80 Abs. 1 S. 2 GemO sollen zusätzlich **Schlüsselprodukte** und die bei diesen zu erbringenden Leistungen dargestellt werden. Produkte sind bewertbare bzw. messbare Arbeitsergebnisse einer Verwaltungseinheit, die für Stellen außerhalb der Verwaltungseinheit erbracht werden (§ 61 Nrn. 29, 30, 33 GemHVO). Schlüsselprodukte werden von der Gemeinde entsprechend dem Steuerungsbedarf und aufgrund finanzieller oder örtlicher Bedeutung festgelegt. Durch die Beschränkung auf die Darstellung von Schlüsselprodukten wird eine Überfrachtung des Haushaltsplans vermieden.[441]

92 Nach wie vor enthält der Haushaltsplan die notwendigen **Verpflichtungsermächtigungen** sowie den **Stellenplan** nach § 57 S. 1 GemO. Verpflichtungen zur Leistung von Auszahlungen für Investitionen und Investitionsförderungsmaßnahmen in künftigen Jahren dürfen nur eingegangen werden, wenn der Haushaltsplan hierzu ermächtigt. Diese Verpflichtungsermächtigungen dürfen zulasten der dem Haushaltsjahr folgenden drei Jahre veranschlagt werden, erforderlichenfalls bis zum Abschluss einer Maßnahme. Sie sind nur zulässig, wenn ihre Finanzierung in künftigen Haushalten möglich ist (zu Einzelheiten vgl. § 86 GemO). Der Stellenplan weist den Stellenbedarf für das Haushaltsjahr aus, wobei die fachliche Aufteilung der Stellen für die Organisation der Verwaltung durch den Bürgermeister allerdings nicht verbindlich ist.

a) Bestandteile des Haushaltsplans

aa) Kameralistik

93 Wesentliche Bestandteile des **kameralistischen** Haushaltsplans sind nach § 2 Abs. 1 GemHVO a.F. der Gesamtplan (§ 4 GemHVO a.F.), die Einzelpläne, die Sammelnachweise und der Stellenplan. Der Haushaltsplan ist in einen *Verwaltungs-* und einen *Vermögenshaushalt* zu gliedern.

94 Nach § 1 GemHVO a.F. fallen alle Einnahmen und Ausgaben in den *Verwaltungshaushalt*, soweit sie nicht durch die GemHVO speziell zur Einstellung in den Vermö-

---

440 Dazu *Glinder/Friedl*, Gemeindehaushaltsrecht BW, S. 60 ff.
441 *Glinder/Friedl*, Gemeindehaushaltsrecht BW, S. 19.

VII. Der Haushalt

genshaushalt vorgesehen sind. Die Zuordnung richtet sich dabei nach vermögenswirksamen Gesichtspunkten. Der *Vermögenshaushalt* enthält alle Einnahmen und Ausgaben, die den Bestand des Gemeindevermögens berühren. Die formale Gliederung in Einzelpläne, Abschnitte und Unterabschnitte sowie die weitere Gliederung in Hauptgruppen, Gruppen und Untergruppen erfolgt nach § 5 GemHVO a.F. i.V.m. der Verwaltungsvorschrift zur Gliederung und Gruppierung des Haushalts.[442]

Zwingende Anlagen des Haushaltsplans sind nach § 2 Abs. 2 GemHVO a.f. **95**
- der Vorbericht (§ 3 GemHVO a.F.),
- der Finanzplan mit dem ihm zugrunde liegenden Investitionsprogramm,
- eine Übersicht über die aus Verpflichtungsermächtigungen in den einzelnen Jahren voraussichtlich fällig werdenden Ausgaben,
- eine Übersicht über den voraussichtlichen Schulden- und Rücklagenstand zum Beginn des Haushaltsjahres und
- die Wirtschaftspläne und neuesten Jahresabschlüsse der Sondervermögen, für die Sonderrechnungen geführt werden, sowie für Minderheitsbeteiligungen der Gemeinde.

bb) Doppik

Im **doppischen** System besteht der Haushaltsplan gemäß § 1 Abs. 1 GemHVO aus **96** dem Gesamthaushalt, den Teilhaushalten und dem Stellenplan. Der Gesamthaushalt wiederum besteht nach § 1 Abs. 2 GemHVO aus einem *Ergebnishaushalt* und einem *Finanzhaushalt*. Der Ergebnishaushalt beinhaltet alle voraussichtlichen ordentlichen und außerordentlichen Erträge und Aufwendungen des Haushaltsjahres sowie nachrichtlich die Behandlung von Überschüssen und Fehlbeträgen (§ 2 GemHVO). Der Finanzhaushalt enthält alle Ein- und Auszahlungen aus laufender Verwaltungstätigkeit, aus Investitions- und aus Finanzierungstätigkeiten der Gemeinde sowie nachrichtlich die Finanzierung der Investitionen mit Eigenmitteln (§ 3 GemHVO). Daneben ist Bestandteil des Gesamthaushalts je eine Übersicht (Haushaltsquerschnitt) über die Erträge und Aufwendungen der Teilhaushalte des Ergebnishaushalts sowie der Einzahlungen, Auszahlungen und Verpflichtungsermächtigungen der Teilhaushalte des Finanzhaushalts (vgl. §§ 4 Abs. 3 und 4, 11 GemHVO).

Als Anlagen sind dem Haushaltsplan gemäß § 1 Abs. 3 GemHVO beizufügen **97**
- der Vorbericht (§ 6 GemHVO),
- der Finanzplan mit dem ihm zugrunde liegenden Investitionsprogramm,
- eine Übersicht über die aus Verpflichtungsermächtigungen in den einzelnen Jahren voraussichtlich fällig werdenden Ausgaben,
- eine Übersicht über den voraussichtlichen Stand von Schulden, Rückstellungen und Rücklagen zum Beginn des Haushaltsjahres,
- der letzte Gesamtabschluss (§ 95 a GemO),
- die Wirtschaftspläne und neuesten Jahresabschlüsse der Sondervermögen, für die Sonderrechnungen geführt werden, sowie der Unternehmen und Einrichtungen, an denen die Gemeinde mit mehr als 50 % beteiligt ist, oder eine Übersicht über deren Wirtschaftslage und voraussichtliche Entwicklung und
- eine Übersicht über die Budgets nach § 4 Abs. 5 GemHVO.

---

442 Vgl. hierzu *Reif*, BWGZ 1990, 97.

b) Bindungswirkung und Planabweichungen

98 Der Haushaltsplan als Teil der Haushaltssatzung entfaltet **Bindungswirkung** für die Verwaltung und sonstigen Organe der Gemeinde, die den Gemeindehaushalt nach dem Haushaltsplan zu führen haben (§ 80 Abs. 4 S. 1 GemO).

99 Eine **Einschränkung der Bindung** ergibt sich insbesondere aus § 84 GemO, in welchem *über- und außerplanmäßige Aufwendungen und Auszahlungen* geregelt sind.[443] Diese sind nur zulässig, soweit ein dringendes Bedürfnis hierfür besteht oder sie unabweisbar sind. Aufwendungen und Auszahlungen sind *außerplanmäßig*, wenn für sie im Haushaltsplan keine Ermächtigung veranschlagt und keine aus den Vorjahren übertragenen Ermächtigungen verfügbar sind (§ 61 Nr. 5 GemHVO). Sie sind *überplanmäßig*, wenn sie die im Haushaltsplan veranschlagten Beträge und die aus den Vorjahren übertragenen Ermächtigungen überschreiten (§ 61 Nr. 40 GemHVO). Ergänzend sind in § 86 Abs. 5 GemO über- und außerplanmäßige Verpflichtungsermächtigungen sowie in § 82 Abs. 3 Nr. 4 GemO über- und außerplanmäßige Stellenabweichungen geregelt. Die im doppischen System einzuhaltenden Vorgaben entsprechen dabei jeweils der kameralistischen Vorgängerregelung.

100 Planabweichende Aufwendungen und Auszahlungen, die nach Umfang oder Bedeutung **erheblich** sind, bedürfen der *Zustimmung des Gemeinderats* (§ 84 Abs. 1 S. 3 GemO), soweit die Befugnis hierzu nicht im Rahmen des § 39 Abs. 2 GemO durch in der Hauptsatzung festgelegte Wertgrenzen auf einen beschließenden Ausschuss oder den Bürgermeister übertragen ist. Bei Auszahlungen für Investitionen, die *im Folgejahr fortgesetzt* werden, ist stets die Zustimmung des Gemeinderats erforderlich (§ 84 Abs. 2 GemO). Ist gemäß § 82 Abs. 2 GemO eine Nachtragshaushaltssatzung erforderlich, kommt eine Anwendung von § 84 GemO nicht in Betracht. Gleiches gilt während vorläufiger Haushaltsführung, in diesem Zeitraum gelten allein die Bestimmungen des § 83 GemO.

c) Haushaltsausgleich

101 Der **Haushaltsausgleich** ist ein zentraler Grundsatz der gemeindlichen Haushaltswirtschaft.[444] Ein unausgeglichener Haushaltsplan würde langfristig die sachgerechte Aufgabenerfüllung gefährden (§ 77 Abs. 1 S. 1 GemO) und künftige Haushalte vorbelasten.

aa) Kameralistischer Haushaltsausgleich

102 Im **kameralistischen** System sind Verwaltungs- und Vermögenshaushalt als getrennte Deckungskreise (§ 16 GemHVO a.F.) *jeder für sich auszugleichen*.[445] Vermögens- und Verwaltungshaushalt sind dabei über Ausgleichsverrechnungen verbunden (sog. *Zuführungen*). Dem liegt die Überlegung zugrunde, dass die laufenden Einnahmen, die im Verwaltungshaushalt veranschlagt werden, die laufenden Ausgaben regelmäßig übersteigen. Der hierdurch entstehende Überschuss soll dem Vermö-

---

443 Vgl. hierzu VG Sigmaringen, Urt. v. 29.01.1990 – 6 K 995/89, VBlBW 1990, 355.
444 Weiterführend *Schwarting*, Haushaltskonsolidierung in Kommunen, 3. Aufl. 2011; *Gern*, NVwZ 2007, 12; *Reif*, BWGZ 2009, 526 (545 ff.). Zum doppischen Haushaltsausgleich *Diemert*, in: Henneke/Strobl/Diemert, Recht der kommunalen Haushaltswirtschaft, S. 183 ff.
445 Zum kameralistischen Haushaltsausgleich vgl. *Faiss/Giebler/Lang/Notheis/Schmid*, Kommunales Wirtschaftsrecht, S. 104 ff.

genshaushalt zugeführt werden. Auf diese Weise trägt der Verwaltungshaushalt zu den im Vermögenshaushalt zu verbuchenden Investitionen der Gemeinde bei. Der abzuführende Betrag muss dabei nach § 22 Abs. 2 S. 2 GemHVO a.f. mindestens so hoch sein, dass Kreditbeschaffungskosten und ordentliche Tilgungen abgedeckt sind (*Pflichtzuführung*). Eine Reduzierung der Mindestzuführung kommt nur dann in Betracht, wenn dafür andere Einnahmen des Vermögenshaushalts, etwa Veräußerungserlöse, verfügbar sind (*Ersatzdeckungsmittel*). Darüber hinaus soll die Zuführung mindestens so hoch sein wie die aus Entgelten gedeckten Abschreibungen und so die Ansammlung von Rücklagen ermöglichen (*Sollzuführung*). Übersteigt die Zuführung die ordentliche Tilgung und die Kreditbeschaffungskosten, steht der verbleibende Teil für Investitionen zur Verfügung (Netto-*Investitionsrate*).

Kann eine Kommune den Verwaltungshaushalt nicht ausgleichen, ist eine umgekehrte Zuführung vom Vermögens- an den Verwaltungshaushalt möglich (*Rückzuführung*). Die Pflichtzuführung an den Vermögenshaushalt bleibt hiervon allerdings unberührt. Die Gemeinde lebt in diesem Fall „von ihrer Substanz", weshalb zuvor alle anderen Einnahmemöglichkeiten auszuschöpfen und Sparmöglichkeiten zu nutzen sind (§ 22 Abs. 3 GemHVO a.F.). Die Ausweisung eines Fehlbetrags im Verwaltungshaushalt ist nicht zulässig. Weist der Vermögenshaushalt einen Überschuss aus, erfolgt eine Zuführung zur allgemeinen Rücklage. Verbleibt trotz Zuführung im Vermögenshaushalt eine Deckungslücke, kann diese durch Kredite oder durch Zugriff auf die allgemeine Rücklage geschlossen werden. **103**

bb) Doppischer Haushaltsausgleich

Im Rahmen der **doppischen** Haushaltsführung beziehen sich die Regelungen zum Haushaltsausgleich lediglich auf den *Ergebnishaushalt*, nicht aber auf den Finanzhaushalt. Da der Finanzhaushalt die Ein- und Auszahlungen umfasst, hätte eine Ausgleichspflicht lediglich zur Folge, dass der Liquiditätsbestand zu Beginn des Haushaltsjahres mit demjenigen zum Ende des Haushaltsjahres übereinstimmen muss. Soweit zur Begründung eines Ausgleichs auch des Finanzhaushalts auf die Sicherung der Zahlungsfähigkeit verwiesen wird, wird dem bereits durch § 89 Abs. 1 GemO Rechnung getragen (Pflicht zur Liquiditätssicherung).[446] Die Gemeinde kann zur rechtzeitigen Leistung der Auszahlungen *Kassenkredite* bis zu dem in der Haushaltssatzung festgesetzten Höchstbetrag aufnehmen, soweit für die Kasse keine anderen Mittel zur Verfügung stehen. **104**

Der Ergebnishaushalt umfasst sowohl ordentliche als auch außerordentliche Aufwendungen und Erträge. *Ordentliche Erträge und Aufwendungen* sind diejenigen Erträge und Aufwendungen, die innerhalb der gewöhnlichen Verwaltungstätigkeit anfallen (§ 61 Nr. 32 GemHVO). *Außerordentliche Erträge* und Aufwendungen sind solche, die außerhalb der gewöhnlichen Verwaltungstätigkeit anfallen, insbesondere Gewinne und Verluste aus Vermögensveräußerungen (§ 61 Nr. 4 GemHVO). Der Haushaltsausgleich umfasst lediglich das *ordentliche Ergebnis* aus ordentlichen Aufwendungen und Erträgen, nicht aber das *Sonderergebnis* aus außerordentlichen Aufwendungen und Erträgen (§ 80 Abs. 2 S. 2 GemO). Dabei sieht das Gesetz in § 80 Abs. 2, 3 GemO eine *Stufenfolge* vor: **105**

1. Grundsätzlich sind die *ordentlichen Aufwendungen* einschließlich etwaiger Fehlbeträge aus Vorjahren bereits durch die ordentlichen Erträge zumindest abge- **106**

---

446 *Kunze/Bronner/Katz*, GemO, § 80 Rn. 65.

deckt oder es ergibt sich ein Überschuss. Ein Substanzverzehr findet in diesem Fall nicht statt. Aus einem sich ergebenden Überschuss sind *Rücklagen* zu bilden (§ 23 S. 1 GemHVO). Dabei sind soweit erforderlich zum Ausgleich alle Sparmöglichkeiten auszunutzen und alle Ertragsmöglichkeiten auszuschöpfen (§ 80 Abs. 3 S. 1 GemO), etwa Kürzung oder Streichung freiwilliger Aufwendungen, zeitliche Streckung/Verschiebung nicht zwingender Aufwendungen, Verbesserung der Kostendeckung bei entgeltfinanzierten Einrichtungen oder Steuererhöhungen.[447]

107   2. Gelingt ein Haushaltsausgleich trotz Ausnutzung aller Spar- und Ertragsmöglichkeiten nicht, sollen nach § 24 Abs. 1 GemHVO auf der nächsten Stufe Mittel der Rücklage aus *(früheren) Überschüssen* des ordentlichen Ergebnisses zum Ausgleich verwendet werden. Zusätzlich oder stattdessen kann im Ergebnishaushalt auch eine pauschale Kürzung von Aufwendungen bis zu einem Betrag von einem Prozent der Summe der ordentlichen Aufwendungen unter Angabe der zu kürzenden Teilhaushalte veranschlagt werden (*globaler Minderaufwand*). Bei einer Verwendung von Rücklagen wird allerdings das Ungleichgewicht von Erträgen und Aufwendungen nicht beseitigt.[448]

108   3. Auf der dritten Stufe sollen *Überschüsse des Sonderergebnisses* und Mittel der *Rücklage aus Überschüssen des Sonderergebnisses* zum Ausgleich verwendet werden (§ 24 Abs. 2 GemHVO). Die Verwendung von Mitteln des Sonderergebnisses ist nachrangig, da es sich dabei um periodenfremde Mittel handelt. Gleichzeitig zeigt eine Verwendung von Mitteln des Sonderergebnisses, die nicht regelmäßig anfallen und daher für einen Ausgleich des Haushalts nur ausnahmsweise zur Verfügung stehen, dass ein strukturelles Ungleichgewicht vorliegt.[449]

109   4. Kann der Haushalt auch bei Verwendung von Mitteln des Sonderergebnisses nicht ausgeglichen werden oder stehen derartige Mittel nicht zur Verfügung, ist auf der vierten Stufe ein *Fehlbetrag* zu veranschlagen. Dieser darf längstens in die drei folgenden Haushaltsjahre vorgetragen werden (§ 80 Abs. 3 S. 1 GemO, § 24 Abs. 3 GemHVO). Dies hat eine Verringerung des Zahlungsmittelsaldos im Finanzhaushalt zur Folge (vgl. § 3 Nr. 3 GemHVO).

110   5. Kann ein Fehlbetrag nicht innerhalb von drei Jahren nicht gedeckt werden, so ist er als letzte Stufe auf das *Basiskapital*[450] zu verrechnen (§ 80 Abs. 2 S. 2 GemO, § 25 Abs. 3 GemHVO). Die Verrechnung wird allerdings dadurch begrenzt, dass das Basiskapital nicht negativ werden darf. Soweit das Basiskapital aufgebraucht ist, ist auf der Aktivseite der Vermögensrechnung eine Nettoposition einzustellen (§ 52 Abs. 3 Nr. 3 GemHVO). Können mehrjährige Fehlbeträge nur noch durch Verrechnung auf das Basiskapital ausgeglichen werden, zeigt dies ein grundlegendes Ungleichgewicht von Ressourcenaufkommen und -verbrauch. Dies erfordert ein langfristiges *Haushaltssicherungskonzept*, da die defizitäre Haushaltssituation offensichtlich im zeitlichen Rahmen des Haushalts nicht ins

---

447   Beispiele bei *Aker/Hafner/Notheis*, § 23 GemHVO Rn. 6; *Kunze/Bronner/Katz*, GemO, § 80 Rn. 73; *Diemert*, in: Henneke/Strobl/Diemert, Haushaltswirtschaft, S. 198 ff.
448   *Kunze/Bronner/Katz*, GemO, § 80 Rn. 74.
449   *Kunze/Bronner/Katz*, GemO, § 80 Rn. 75.
450   Das Basiskapital ist die sich in der Vermögensrechnung (Bilanz) ergebende Differenz zwischen Vermögen und Abgrenzungsposten der Aktivseite sowie Rücklagen, Sonderposten, Rückstellungen, Verbindlichkeiten und Rechnungsabgrenzungsposten der Passivseite der Bilanz (§ 61 Nr. 6 GemHVO).

VII. Der Haushalt 319

Gleichgewicht gebracht werden kann.[451] Entsprechende Maßnahmen können auch von der Rechtsaufsichtsbehörde angeordnet werden.

Für das **Sonderergebnis** sieht das Gesetz keine Ausgleichsverpflichtung vor. Überschüsse sind der Rücklage des Sonderergebnisses zuzuführen (§ 23 GemHVO) oder können zum Haushaltsausgleich verwendet werden (§ 24 Abs. 3 GemHVO). Fehlbeträge werden durch Entnahmen aus der Rücklage des Sonderergebnisses abgedeckt. Ist dies nicht möglich, ist der Fehlbetrag zulasten des Basiskapitals zu verrechnen (§ 25 Abs. 4 GemHVO). 111

cc) Rechtsaufsicht

Eine Haushaltssatzung mit nicht ausgeglichenem Haushalt kann von der **Rechtsaufsichtsbehörde** nach § 122 GemO beanstandet werden. Dabei kann die Rechtsaufsicht mit Blick auf die Haushaltshoheit der Gemeinde und dem damit verbundenen weiten Gestaltungsspielraum bei der Einnahmen- und Ausgabenwirtschaft jedoch grundsätzlich nicht vorschreiben, *auf welche Weise* der Haushalt auszugleichen ist.[452] Eine Ausnahme besteht, soweit bei einzelnen Haushaltsstellen der Wirtschaftlichkeitsgrundsatz verletzt ist.[453] 112

3. Haushaltsgrundsätze

Für Aufstellung und Vollzug des Haushalts gelten bestimmte **Haushaltsgrundsätze**,[454] die insbesondere in der GemHVO konkretisiert sind: 113

a) Jährlichkeit des Haushaltsplans

Nach §§ 79 Abs. 1, 80 Abs. 1 GemO gilt das Prinzip der **Jährlichkeit**. Hiernach sind die Haushaltssatzung und der Haushaltsplan für jedes Jahr zu erlassen. Haushaltsjahr ist das Kalenderjahr, § 79 Abs. 4 GemO. 114

b) Vorherigkeit

Seiner Rechtsnatur als Planungsinstrument entsprechend gilt für den Haushaltsplan das Prinzip der **Vorherigkeit**, d.h. er ist vor Beginn des Haushaltsjahres aufzustellen. 115

c) Vollständigkeit

Nach § 80 Abs. 1 GemO hat der Haushaltsplan alle im Haushaltsjahr für die Erfüllung der Aufgaben der Gemeinde voraussichtlich eingehenden Einnahmen bzw. Erträge 116

---

451 Vgl. hierzu *Kunze/Bronner/Katz*, GemO, § 80 Rn. 78 f; *Diemert*, in: Henneke/Strobl/Diemert, Haushaltswirtschaft, S. 200 ff.
452 BVerwG, Urt. v. 27.10.2010 – 8 C 43.09.
453 OVG RP, Urt. v. 08.06.2007 – 2 A 10286/07.
454 Zur Vertiefung *Schwarting*, in: Henneke/Strobl/Diemert, Recht der kommunalen Haushaltswirtschaft, S. 144 ff.

usw. zu enthalten (Prinzip der **Vollständigkeit**). Dieser Grundsatz zielt darauf ab, das gesamte Finanzvolumen der Haushaltsplanung und -entscheidung des Gemeinderats zu unterstellen.[455] Mehrere Haushaltspläne und Nebenhaushalte sind daher unzulässig.

d) Klarheit und Wahrheit

117 Nach § 7 Abs. 1 GemHVO a.F. bzw. § 10 Abs. 1 S. 3 GemHVO müssen alle Einnahmen und Ausgaben, soweit sie nicht errechenbar sind, sorgfältig geschätzt werden. Außerdem sollen sie für denselben Haushaltszweck im Interesse der Transparenz nicht an verschiedenen Stellen im Haushaltsplan veranschlagt werden, § 7 Abs. 4 S. 1 GemHVO a.F. bzw. § 10 Abs. 4 S. 1 GemHVO (Prinzip der **Klarheit und Wahrheit**).

e) Kassenwirksamkeit/Ergebniswirksamkeit

118 Grundsätzlich sind im *kameralistischen* System alle Einnahmen und Ausgaben des Haushaltsjahres in den Haushaltsplan einzustellen, soweit sie im Haushaltsjahr kassenwirksam werden, mithin deckungsfähige und deckungsbedürftige Einnahmen und Ausgaben sind (Prinzip der **Kassenwirksamkeit**).[456] Im *doppischen* System gilt dieses Prinzip weiterhin für den Finanzhaushalt (§ 10 Abs. 1 S. 2 GemHVO). Für den Ergebnishaushalt ist dagegen nach §§ 10 Abs. 1 S. 1, 43 Abs. 1 Nr. 4 GemHVO entscheidend, welchem Zeitraum Aufwendungen und Erträge wirtschaftlich zuzurechnen sind, unabhängig vom Zeitpunkt der Ein- oder Auszahlung (Prinzip der **Ergebniswirksamkeit**).[457]

f) Grundsatz der Gesamtdeckung

119 Nach § 16 GemHVO a.F. bzw. § 18 GemHVO gilt das Prinzip der **Gesamtdeckung**. Hiernach dienen die Einnahmen insgesamt zur Deckung aller Ausgaben, getrennt nach Verwaltungs- und nach Vermögenshaushalt bzw. im doppischen System nach Ergebnis- und Finanzhaushalt.[458]

120 Eine Ausnahme vom Prinzip der Gesamtdeckung besteht für **zweckgebundene Einnahmen bzw. Erträge** (§ 17 GemHVO a.F. bzw. § 19 GemHVO). Diese sind auf die Verwendung für bestimmte Ausgaben bzw. Aufwendungen beschränkt. Die Zweckbindung kann sich entweder aus einer rechtlichen Verpflichtung oder aus einem entsprechenden Haushaltsvermerk der Gemeinde ergeben. Weiter wird der Gesamtdeckungsgrundsatz im Rahmen der **Budgetierung** (§ 16 Abs. 2 GemHVO a.F. bzw. § 4 Abs. 2 GemHVO) durchbrochen. Durch die Bildung eines Budgets wird eine Bewirtschaftungseinheit geschaffen, innerhalb derer wiederum der Grundsatz der Gesamtdeckung gilt. Soweit sich die Zweckbindung allerdings aus einer rechtlichen Verpflichtung ergibt, sind diese Einnahmen bzw. Erträge auch innerhalb eines

---

455 Vgl. hierzu BVerfG, Beschl. v. 7.11.1995 – 2 BvR 1300/93 (Wasserpfennig).
456 Vgl. hierzu OVG NW, Urt. v. 20.12.1979 – XV A 1645/76.
457 *Glinder/Friedl*, Gemeindehaushaltsrecht BW, S. 45 ff.
458 Dem Grundsatz der Gesamtdeckung kommt kein Verfassungsrang zu, BVerfG, Beschl. v. 7.11.1995 – 2 BvR 1300/93 (Wasserpfennig).

VII. Der Haushalt

Budgets der Gesamtdeckung entzogen und dürfen nur zweckgebunden verwendet werden.

g) Bruttoveranschlagung

Einnahmen und Ausgaben nach § 7 Abs. 2 GemHVO a.F. bzw. Erträge, Aufwendungen, Einzahlungen und Auszahlungen nach § 10 Abs. 2 GemHVO sind in voller Höhe und getrennt voneinander zu veranschlagen. Eine gegenseitige Aufrechnung ist unzulässig (Prinzip der **Bruttoveranschlagung**). **121**

h) Einzelveranschlagung und sachliche Bindung

Nach § 7 Abs. 3 GemHVO a.F. sind im Rahmen der *Planung* die Einnahmen einzeln nach ihrem Entstehungsgrund, die Ausgaben nach ihren Einzelzwecken zu veranschlagen (Gebot der **Einzelveranschlagung**). Die im kameralistischen System sehr detaillierte Gliederung nach Haushaltsstellen wird im *doppischen* System ersetzt durch eine globalere Veranschlagung nach Haushaltspositionen gemäß §§ 2, 3 GemHVO, in denen eine Vielzahl von Einzelpositionen zusammengefasst sein können (§ 10 Abs. 3 S. 1 GemHVO). **122**

Die Entsprechung zur Einzelveranschlagung stellt auf der Ebene der *Ausführung* des Haushaltsplans der Grundsatz der **sachlichen Bindung** dar. Dieser Grundsatz ergibt sich aus § 80 Abs. 4 S. 1 GemO, wonach der Haushaltsplan verwaltungsinterne Bindung entfaltet und Haushaltsmittel daher nur für die im Haushaltsplan vorgegebenen Zwecke verwendet werden dürfen. Eine Ausnahme besteht im Falle der **Deckungsfähigkeit** (§ 20 GemHVO). Bei Deckungsfähigkeit können deckungsberechtigte Ansätze zulasten deckungspflichtiger Ansätze erhöht werden. Bei *gegenseitiger* Deckungsfähigkeit sind die Haushaltsansätze sowohl deckungsberechtigt als auch deckungsverpflichtet, bei *einseitiger* Deckungsfähigkeit ist eine Haushaltsposition berechtigt, die andere verpflichtet.[459] Gegenseitige Deckungsfähigkeit besteht grundsätzlich innerhalb eines Budgets. Darüber hinaus kann die Gemeinde – was in der Praxis oft geschieht – Ausgaben bzw. Aufwendungen durch Haushaltsvermerk für (einseitig oder gegenseitig) deckungsfähig erklären. **123**

i) Publizitätsprinzip

Tragendes Prinzip ist schließlich der dem Demokratieprinzip entspringende Grundsatz der **Publizität**. Die Haushaltssatzung ist in öffentlicher Sitzung zu beschließen. Der Haushaltsplan mit Anlagen ist aus Publizitätsgründen an sieben Tagen auszulegen. In der Bekanntmachung der Haushaltssatzung ist auf die Auslegung hinzuweisen (vgl. § 81 GemO). **124**

---

459 *Glinder/Friedl*, Gemeindehaushaltsrecht BW, S. 58.

4. Kassengeschäfte

125 Die *Gemeindekasse* erledigt alle **Kassengeschäfte** der Gemeinde. Die Einzelheiten der Kassenführung sind in der GemKVO geregelt. Der Umfang der Kassengeschäfte ergibt sich aus § 1 GemKVO.

126 Es besteht die Möglichkeit, die Kassengeschäfte im Wege der *Verwaltungshilfe* außerhalb der Gemeindeverwaltung besorgen zu lassen, sofern die Gemeinde keinen Kassenverwalter bestellt. Das „Outsourcing" von Kassengeschäften außerhalb der Gemeindeverwaltung ist zulässig, wenn die ordnungsgemäße Erledigung und die Prüfung nach den für die Gemeinde geltenden Vorschriften gewährleistet ist (vgl. §§ 93, 94 GemO).[460]

5. Finanzplanung

127 Die Gemeinde ist gemäß § 85 GemO zur **Finanzplanung** verpflichtet. Dies konkretisiert die Pflicht, die Haushaltswirtschaft so zu planen und zu führen, dass die stetige Erfüllung der gemeindlichen Aufgaben gesichert ist. Die Gemeinde hat ihrer Haushaltswirtschaft eine *fünfjährige Finanzplanung* zugrunde zu legen (näher zum Planungszeitraum § 9 Abs. 1 S. 1 GemHVO). In der Finanzplanung sind Umfang und Zusammensetzung der voraussichtlichen Aufwendungen und Auszahlungen sowie die Finanzierungsmöglichkeiten darzustellen. Weiter ist als Grundlage der Finanzplanung ein **Investitionsprogramm** aufzustellen. Der Finanzplan ist mit dem Investitionsprogramm dem Gemeinderat spätestens mit dem Entwurf der Haushaltssatzung vorzulegen (§ 85 Abs. 4 GemO). Sowohl Finanzplan als auch Investitionsprogramm sind jährlich der Entwicklung anzupassen und fortzuführen. Das Investitionsprogramm und der Finanzplan werden vom Gemeinderat beschlossen und sind dem Haushaltsplan nach § 1 Abs. 3 Nr. 2 GemHVO beizufügen. Die Vorgaben zur Finanzplanung entsprechen inhaltlich den kameralistischen Vorgängerregelungen.

128 Ihrer Rechtsnatur nach ist die Finanzplanung ein *schlichter Gemeinderatsbeschluss* mit interner Bindungswirkung für Gemeinderat und Verwaltung. Entsprechendes gilt für die Änderung der Finanzplanung. Rechtsnormcharakter kommt diesen Beschlüssen nicht zu. Bei der Aufstellung und Fortschreibung des Finanzplans sollen die vom Innenministerium auf der Grundlage der Empfehlungen des Finanzplanungsrats bekanntgegebenen *Orientierungsdaten* über die voraussichtliche allgemeine Wirtschafts- und Finanzentwicklung berücksichtigt werden (§ 9 Abs. 3 GemHVO).

6. Gemeindevermögen

a) Vermögensbegriff

129 Nach dem **Zweck** des kommunalen Vermögens ist zunächst zwischen dem zweckgebundenen *Sonder- und Treuhandvermögen* und dem übrigen *„freien" Vermögen* der Gemeinde zu unterscheiden.[461]

---

460 Zur Privatisierung des Forderungsmanagements der Kommunen vgl. *Gern*, DÖV 2009, 269 m.w.N.
461 Näher zum Gemeindevermögen *Weiß*, Erwerb, Veräußerung und Verwaltung von Vermögensgegenständen durch die Gemeinde, 1991.

VII. Der Haushalt

Zum **Sondervermögen** der Gemeinde gehören gemäß § 96 GemO **130**
- das *Gemeindegliedervermögen* i.S.d. § 100 GemO, bei dem die Gemeinde zwar Eigentümerin ist, das Nutzungsrecht aber den Einwohnern oder örtlichen Institutionen zusteht,[462]
- das Vermögen der *rechtlich unselbstständigen örtlichen Stiftungen*, deren Erträge der Gemeinde zufließen, aber von dieser nach dem Willen des Stifters zu verwenden sind (sog. fiduziarische Stiftungen),[463]
- das Vermögen der *Eigenbetriebe*,
- rechtlich unselbstständige *Versorgungs- und Versicherungseinrichtungen* für Bedienstete der Gemeinde (z.B. Zusatzversorgungskassen, Eigenunfallversicherungen) und
- das Sondervermögen für die Kameradschaftspflege der Feuerwehr nach *§ 18a FwG*.

Zum **Treuhandvermögen** gehören gemäß § 97 Abs. 1 GemO *rechtlich selbstständige örtliche Stiftungen* sowie Vermögen, das die Gemeinde nach besonderem Recht *treuhänderisch* zu verwalten hat. **131**

Im Bereich des **freien Vermögens** ist grundsätzlich zwischen dem Vermögensbegriff der §§ 91, 92 GemO, die den Erwerb, die Verwaltung und die Veräußerung von Vermögensgegenständen regeln, und demjenigen im Rahmen des Jahresabschlusses bzw. der Jahresrechnung (§ 95 GemO) zu differenzieren. Darüber hinaus bestehen erhebliche Unterschiede zwischen der Verwendung des Vermögensbegriffs im kameralen sowie im doppischen System. **132**

Das nicht zweckgebundene Vermögen der Gemeinde im Sinne der §§ 91, 92 GemO a.F. besteht im **kameralen** Haushaltssystem weitestgehend aus dem Anlagevermögen im Sinne des § 46 Nr. 2 GemHVO a.F., das der dauernden Aufgabenerfüllung durch die Gemeinde dient. Zu unterscheiden sind dabei das *Sachanlagevermögen* (unbewegliche und bewegliche Sachen mit Ausnahme geringwertiger Wirtschaftsgüter, dingliche Rechte) und das *Finanzanlagevermögen*. Immaterielle Wirtschaftsgüter werden ebenfalls von den §§ 91, 92 GemO a.F. erfasst. Nicht zum Vermögen gehören dagegen Rücklagen, Geldanlagen (Erwerb von Wertpapieren/Forderungen aus Mitteln des Kassenbestands oder der Rücklage, § 46 Nr. 9 GemHVO a.F.), Handvorschüsse (§ 4 GemKVO), der Kassenbestand sowie Hoheitsrechte.[464] **133**

Im Rahmen der *Jahresrechnung* (§ 95 GemO a.F.) wird der Vermögensbegriff dagegen abweichend verwendet. Gemäß § 43 Abs. 1 GemHVO a.F. sind im Rahmen der Vermögensrechnung lediglich Finanzanlagen (§ 46 Nr. 2 d-g GemHVO a.F.), Forderungen aus Geldanlagen, Rückzahlungsverpflichtungen aus Kreditanlagen und ihnen wirtschaftlich gleichkommenden Vorgängen sowie Rücklagen auszuweisen (*Geldvermögensrechnung*). Die Sachanlagen kostenrechnender Einrichtungen werden entweder in die der Jahresrechnung beizufügende Vermögenübersicht oder in die Vermögensrechnung übernommen (§ 39 Abs. 2 Nr. 1 GemHVO a.F.). Sonstige Sachanlagen können in der Vermögensrechnung ausgewiesen werden (§ 43 Abs. 2 GemHVO a.F.) **134**

---

462 Es handelt sich dabei um ein subjektiv-öffentliches Recht, OVG NW, Urt. v. 30.08.1991 – 15 A 1327/86, juris Rn. 9; zur Umwandlung in freies Gemeindevermögen vgl. § 13 DVOGemO; s. a. OVG NW, Urt. v. 30.08.1991 – 15 A 1327/86.
463 Vgl. OVG NW, Beschl. v. 12.12.1995 – 25 B 3342/95.
464 *Kunze/Bronner/Katz*, GemO, § 91 Rn. 10.

135 Das **doppische** System geht im Grundsatz von einem weiten Vermögensbegriff aus, der demjenigen des Handelsrechts entspricht. Danach sind als Vermögensgegenstände alle Gegenstände zu verstehen, die sich im wirtschaftlichen Eigentum der Kommune befinden und selbstständig bewertbar und verwertbar sind (*abstrakte Aktivierungs- und Verkehrsfähigkeit*). Dieser Vermögensbegriff ist Grundlage insbesondere der Vorschriften zum Jahresabschluss in § 95 GemO.[465] Das in der Vermögensrechnung auszuweisende Vermögen der Gemeinde umfasst damit gemäß § 52 Abs. 3 GemHVO

- *immaterielle Vermögensgegenstände* (Vermögensgegenstände, die keine Sachen i.S.v. § 90 BGB sind, z.B. Lizenzen oder Konzessionen),
- das *Sachvermögen* (unbewegliche und bewegliche Sachen, grundstücksgleiche Rechte) und
- das *Finanzvermögen* (insbesondere Anteile an verbundenen Unternehmen, sonstige Beteiligungsrechte, andere geldwerte Forderungen).

136 Im Anwendungsbereich der *§§ 91, 92 GemO* entspricht der Vermögensbegriff allerdings auch im doppischen System dem bisherigen Verständnis und ist damit enger gefasst als nach § 95 GemO. Er umfasst alle Vermögenspositionen der Ziff. 1 der Aktivseite der Vermögensrechnung mit Ausnahme der Position 1.3.9 (liquide Mittel). Geldanlagen, Kassenmittel und Handvorschüsse sind damit weiterhin nicht erfasst. Gleiches gilt für Rücklagen, die in der Bilanz auf der Passivseite erfasst werden.[466]

b) Vermögenserwerb, -veräußerung und -verwaltung

137 Die Gemeinde soll Vermögensgegenstände nur **erwerben**, wenn dies zur Erfüllung ihrer Aufgaben erforderlich ist (§ 91 Abs. 1 GemO). Das Gemeindevermögen ist *pfleglich und wirtschaftlich* zu verwalten und *ordnungsgemäß nachzuweisen* (§ 91 Abs. 2 S. 1 GemO). Bei *Geldanlagen* ist auf eine ausreichende Sicherheit zu achten; sie sollen einen angemessenen Ertrag bringen (§ 91 Abs. 2 S. 2 GemO). Für die Bewirtschaftung des *Gemeindewalds* gilt im Übrigen das Landeswaldgesetz (vgl. § 91 Abs. 3 GemO). Eine Neuregelung gilt für die Wertansätze von Vermögensgegenständen: Nach *§ 91 Abs. 4 GemO* sind Vermögensgegenstände mit den Anschaffungs- oder Herstellungskosten, vermindert um Abschreibungen, anzusetzen. Verbindlichkeiten sind mit ihrem Rückzahlungsbetrag und Rückstellungen in Höhe des Betrags anzusetzen, der nach vernünftiger Beurteilung notwendig ist.

138 Die Gemeinde darf Vermögensgegenstände, die sie zur Erfüllung ihrer Aufgaben nicht braucht, **veräußern** (§ 92 Abs. 1 S. 1 GemO). Ein Vermögensgegenstand wird im Sinne des Gesetzes nicht gebraucht, wenn auch ohne ihn eine ausreichende, zweckmäßige und wirtschaftliche *Aufgabenerfüllung* der Gemeinde *gesichert ist*.[467] Hierbei besteht zugunsten der Gemeinde ein *Beurteilungsspielraum*. Entsprechendes gilt für die Überlassung der *Nutzung* eines Vermögensgegenstandes (§ 92 Abs. 2 GemO).

139 Eine Veräußerung darf i.d.R. nur **zum vollen Wert** des Vermögensgegenstandes erfolgen (§ 92 Abs. 1 S. 2 GemO). Als voller Wert gilt der *Verkehrswert*,[468] bei Nut-

---

[465] Vgl hierzu *Kunze/Bronner/Katz*, GemO, § 91 Rn. 7 a f. m.w.N.
[466] *Kunze/Bronner/Katz*, GemO, § 91 Rn. 7 b; *Glinder/Friedl*, Gemeindehaushaltsrecht BW, S. 96.
[467] Vgl. hierzu *Gern*, NVwZ 2007, 12 (15) m.w.N.
[468] OVG NW, Urt. v. 05.08.1982 – 15 A 1634/81. – § 92 GemO ist ein Verbotsgesetz im Sinne des § 134 BGB, s. OLG Karlsruhe, Beschl. v. 04.04.2012 – 11 Wx 111/11, juris Rn. 30 ff.; OLG Jena, Urt. v. 02.03.2005 – 4 U 943/01; Bay ObLG, Urt. v. 05.03.2001 – 5Z RR 174/99.

zungsüberlassung das marktübliche Entgelt. Ein *Verkauf unter Wert* kommt ausnahmsweise in Betracht,

- wenn die Gemeinde hierzu gesetzlich ermächtigt oder verpflichtet ist,
- wenn gewährleistet ist, dass der Gemeinde der volle Wert auf andere Weise zufließt als unmittelbar durch eine vertragliche Gegenleistung, oder
- wenn die Gemeinde eine gemeindliche Angelegenheiten erfüllt.

Beispiele: Preisnachlässe bei Gewerbegrundstücken zur Schaffung von Arbeitsplätzen,[469] verbilligter Grundstücksverkauf an Einheimische (Einheimischenmodell)[470] bzw. im sozialen Wohnungsbau. **140**

Der Beschluss über die Veräußerung eines Vermögensgegenstandes unter seinem Wert ist nach § 92 Abs. 3 GemO grundsätzlich der **Rechtsaufsichtsbehörde** vorzulegen. Beurteilungsmaßstäbe sind insbesondere § 77 Abs. 1 und 2 GemO sowie § 92 Abs. 1 GemO. Die Rechtsaufsichtsbehörde ist auf die *Rechtmäßigkeitskontrolle* beschränkt und besitzt hinsichtlich der Genehmigung keinen Ermessensspielraum. Stellt die verbilligte Veräußerung zugleich eine *Beihilfe* i.S. der Art. 107 f. AEUV dar, sind die dort geregelten zusätzlichen einschränkenden Kautelen zu beachten. **141**

Für das **Verschenken von Geld** – sei es in öffentlich-rechtlicher Form als Subvention oder in privatrechtlicher Form durch Schenkungsvertrag oder als Forderungsverzicht – gelten die vorstehenden Grundsätze entsprechend. Hiernach darf die Gemeinde Geldbeträge an ihre Einwohner oder Dritte nur verschenken, wenn sie damit zugleich eine Angelegenheit der örtlichen Gemeinschaft im Sinne des Art. 28 Abs. 2 GG erfüllt. Bei Geldgeschenken nach dem Gießkannenprinzip ist dieser Tatbestand regelmäßig nicht erfüllt.[471] **142**

c) Sicherheiten

Nach § 88 Abs. 1 S. 1 GemO darf eine Gemeinde keine **Sicherheiten zugunsten Dritter** bestellen, was insbesondere dingliche Sicherungen erfasst. Die Rechtsaufsicht kann allerdings hiervon Ausnahmen zulassen (§ 88 Abs. 1 S. 2 GemO). Im Übrigen darf die Gemeinde *Bürgschaften* und Vertragspflichten aus *Gewährverträgen* (z.B. Haftungsfreistellungen) und diesen wirtschaftlich gleichkommende Rechtsgeschäfte nur zur Erfüllung ihrer Aufgaben übernehmen (§ 88 Abs. 2 S. 1 GemO). Diese Rechtsgeschäfte bedürfen grundsätzlich der Genehmigung der Rechtsaufsicht.[472] Die Genehmigung soll unter dem Gesichtspunkt einer geordneten Haushaltswirtschaft, gegebenenfalls unter Bedingungen oder Auflagen, erteilt werden (vgl. § 88 Abs. 2 und 3 GemO). **143**

Die Erteilung einer Ausnahme oder Genehmigung ist gegenüber der Gemeinde ein begünstigender Verwaltungsakt, der im Ermessen der Rechtsaufsichtsbehörde steht. Liegen die Genehmigungsvoraussetzungen vor, reduziert sich das Ermessen allerdings in der Regel auf Null.[473] Ein Verstoß gegen § 88 Abs. 1 GemO führt nach § 117 Abs. 2 GemO zur *Nichtigkeit* des Geschäfts. **144**

---

469 BayVGH, Beschl. v. 22.12.1998 – 1 B 94.3288.
470 Vgl. BVerwG, Urt. v. 11.02.1993 – 4 C 18.91; zur grundsätzlichen Vereinbarkeit mit Europarecht vgl. EuGH, Urt. v. 08.05.2013 – Rs. C-197/11 u.a. (dazu auch § 4 Rn. 11 und § 21 Rn. 76). Zum Bauplatzverkauf auch *Grziwotz*, KommJur 2007, 295 ff.
471 Hierzu *Sendler*, NJW 1999, 2233 ff., 2647 ff.
472 Zur Haftung der Gemeinde aus c.i.c. bei fehlendem Hinweis auf die Genehmigungsbedürftigkeit BGH, Urt. v. 06.06.2000 – XI ZR 235/99.
473 Zur Ermessensreduzierung *Schoch*, Jura 2004, 462 (468).

7. Rücklagen und Rückstellungen

a) Rücklagen

145 Rücklagen sind im **kameralistischen** System Geldbestände, die aus der jährlichen Haushaltswirtschaft ausgeschieden werden. Nach § 90 Abs. 1 S. 1 GemO a.f. hat die Gemeinde zur Sicherung der Haushaltswirtschaft und für Zwecke des Vermögenshaushalts Rücklagen in angemessener Höhe zu bilden. Die *allgemeine Rücklage* dient der Sicherung der rechtzeitigen Leistung von Ausgaben sowie der Erleichterung der Deckung des Ausgabenbedarfs im Vermögenshaushalt künftiger Jahre durch Ansammlung allgemeiner Deckungsmittel (§ 20 GemHVO a.F.). *Sonderrücklagen* sind dagegen freiwillige Einzelrücklagen zur Ansammlung zweckgebundener Mittel. Die Bildung der Rücklagen erfolgt durch Zuführungen zur Rücklage, also Haushaltsausgaben. Bei Auflösung der Rücklagen werden diese als Haushaltseinnahmen verbucht.

146 Nach der Neufassung des § 90 Abs. 1 GemO sind Überschüsse aus der Ergebnisrechnung den Rücklagen zuzuführen. Dabei sind gemäß § 23 S. 1 GemHVO für Überschüsse aus dem ordentlichen Ergebnis und Überschüsse aus dem außerordentlichen Ergebnis gesonderte *Ergebnisrücklagen* zu führen. Daneben kann die Gemeinde – ebenfalls aus Überschüssen der Ergebnisrechnung – *zweckgebundene Rücklagen* bilden.

147 Die Rücklagen im **doppischen** System entsprechen *nicht* den bisherigen kameralistischen Rücklagen. Letztere dienen der Liquiditätssicherung und sind daher grundsätzlich in liquiden Mitteln vorzuhalten bzw. müssen rechtzeitig zur Erfüllung ihres Zwecks in solchen zur Verfügung stehen. Dementsprechend sind die kameralen Rücklagen bei der Umstellung auf die doppische Haushaltsführung in der Eröffnungsbilanz regelmäßig auf der Aktivseite in der Position „liquide Mittel" (Bilanzposition 1.3.9) oder als Forderungen erfasst. Bei den Rücklagen im Sinne der doppischen Haushaltsführung handelt es sich dagegen um einen vom Basiskapital abgegrenzten *Teil der Kapitalposition*, also um einen Passivposten.[474] Dabei werden die Rücklagen als Teil der Passiva durch die Gesamtheit aller Vermögensgegenstände abgedeckt, es steht ihnen also kein bestimmter Posten der Aktivseite gegenüber. Die Ansammlung von Eigenmitteln für Investitionen erfolgt im doppischen System über erwirtschaftete Abschreibungen, welche die liquiden Mittel auf der Aktivseite der Bilanz erhöhen.[475]

b) Rückstellungen

148 **Rückstellungen** sieht das kameralistische System nicht vor. Bei doppischer Haushaltsführung sind gemäß § 90 Abs. 2 S. 1 GemO für *ungewisse Verbindlichkeiten* und für hinsichtlich ihrer Höhe oder des Zeitpunkts ihres Eintritts *unbestimmte Aufwendungen* Rückstellungen zu bilden.[476] Diese sind anders als Rücklagen in der Bilanz dem *Fremdkapital* zuzurechnen und dienen dazu, künftige Aufwendungen dem Zeitraum zuzurechnen, in dem sie wirtschaftlich verursacht wurden. Die von der Gemeinde zu bildenden *Pflichtrückstellungen* sind in § 41 Abs. 1 GemHVO geregelt.

---

474 *Kunze/Bronner/Katz*, GemO, § 90 Rn. 3 ff.
475 LT-Drs. 14/4002, S. 56; *Kunze/Bronner/Katz*, GemO, § 90 2009 Rn. 7.
476 Zur Bildung von Rückstellungen *Lüder*, in: Henneke/Strobl/Diemert, Recht der kommunalen Haushaltswirtschaft, S. 340 ff.; *Glinder/Friedl*, Gemeindehaushaltsrecht BW, S. 210 ff.

Daneben kann die Gemeinde weitere *freiwillige Rückstellungen* bilden, § 41 Abs. 2 S. 1 GemHVO. Für Pensionsrückstellungen gilt abweichend hiervon nach § 41 Abs. 2 S. 2 GemHVO weiterhin § 27 Abs. 5 GKV, diese sind daher nicht rückstellungsfähig.

8. Rechnungswesen und Jahresrechnung

Das **Rechnungswesen** der Kommunen umfasst sämtliche Verfahren und Regeln, die einer systematischen Erfassung und Verarbeitung aller in Zahlen ausdrückbaren Vorgänge dienen. 149

a) Kameralistik

Teilsegmente des **kameralistischen** Rechnungswesens sind vor allem die *Buchhaltung* und die *Jahresrechnung*. 150

Die **Jahresrechnung** ist Ergänzung und Gegenstück zum Haushaltsplan der Gemeinde. Mit ihr gibt die Gemeinde Rechenschaft über ihre Wirtschaftsführung im abgelaufenen Rechnungsjahr. In der Jahresrechnung ist das Ergebnis der Haushaltswirtschaft einschließlich des Standes des Vermögens und der Schulden zu Beginn und am Ende des Haushaltsjahres nachzuweisen (§ 95 Abs. 1 S. 1 GemO a.F.). Sie besteht aus dem kassenmäßigen Abschluss, der Haushaltsrechnung sowie der Vermögensrechnung (§§ 39 ff. GemHVO a.F.) und ist durch einen *Rechenschaftsbericht* zu erläutern, der sich mit den wesentlichen Ergebnissen der Jahresrechnung und erheblichen Abweichungen der Jahresergebnisse von den Haushaltsansätzen befasst (§ 44 Abs. 3 GemHVO a.F.). 151

Die Jahresrechnung ist innerhalb von sechs Monaten nach Ende des Haushaltsjahres aufzustellen und vom Gemeinderat innerhalb eines Jahres nach Ende des Haushaltsjahres festzustellen. Eine Zuständigkeitsübertragung auf einen beschließenden Ausschuss ist unzulässig (§ 39 Abs. 2 Nr. 14 GemO a.F.). Durch den *Feststellungsbeschluss* wird die Jahresrechnung formell und materiell anerkannt. Gleichzeitig wird konkludent die Entscheidung darüber getroffen, welcher Überschuss der Rücklage zuzuführen ist und welcher Fehlbetrag vorzutragen ist. Rechtsfehler bei der Haushalts- und Rechnungsführung bleiben von dem Beschluss unberührt, er bewirkt insbesondere keine Entlastung des Bürgermeisters. Die Jahresrechnung gibt Anlass zur politischen Bewertung der haushaltswirtschaftlichen Maßnahmen im vergangenen Haushaltsjahr und zur Erörterung von Konsequenzen für die künftige Haushaltspolitik. 152

Der Beschluss über die Feststellung der Jahresrechnung ist der Rechtsaufsicht unverzüglich mitzuteilen und öffentlich bekanntzugeben. Gleichzeitig ist die Jahresrechnung nebst Rechenschaftsbericht an sieben Tagen öffentlich auszulegen, wobei in der Bekanntgabe auf die Auslegung hinzuweisen ist (§ 95 Abs. 3 GemO a.F.).[477] 153

---

[477] Zum Umfang des Rechts der Gemeinderäte auf Zusendung der Unterlagen der Jahresrechnung zur Sitzungsvorbereitung vgl. VGH BW, Urt. v. 14.12.1987 – 1 S 2832/86, DÖV 1988, 469.

b) Doppik

154 Nach dem *doppischen* Haushaltssystem hat die Gemeinde einen **Jahresabschluss** aufzustellen.[478] Er ist nach den Grundsätzen ordnungsgemäßer Buchführung aufzustellen und muss klar und übersichtlich sein. Der Jahresabschluss hat sämtliche Vermögensgegenstände, Schulden, Rückstellungen, Rechnungsabgrenzungsposten, Erträge, Aufwendungen, Einzahlungen und Auszahlungen zu enthalten und die tatsächliche Vermögens-, Ertrags- und Finanzlage der Gemeinde darzustellen (§ 95 Abs. 1 GemO). Der Jahresabschluss besteht gemäß § 95 Abs. 2 GemO aus der *Ergebnisrechnung*, der *Finanzrechnung* und der *Vermögensrechnung* (Bilanz).

155 Die *Vermögensrechnung* gibt Auskunft über Höhe und Zusammensetzung des gemeindlichen Vermögens sowie des finanzierenden Eigen- und Fremdkapitals zum Bilanzstichtag. In der *Ergebnisrechnung* werden alle ordentlichen und außerordentlichen Erträge und Aufwendungen verbucht, die dem Haushaltsjahr wirtschaftlich zuzurechnen sind. In der *Finanzrechnung* werden schließlich die Ein- und Auszahlungen nach Maßgabe des Kassenwirksamkeitsprinzips verbucht.

156 Abbildung: Drei-Komponenten-Modell[479]

Vermögensrechnung (Bilanz)	
Aktivseite	**Passivseite**
1. Vermögen	1. Kapitalposition
• Immaterielle Vermögensgegenstände • Sachvermögen • Finanzvermögen – ... – Liquide Mittel (1.3.9)	• Basiskapital • Rücklagen • Fehlbeträge des ordentlichen Ergebnisses
2. Abgrenzungsposten	2. Sonderposten
3. Nettoposition (nicht gedeckter Fehlbetrag)	3. Rückstellungen
	4. Verbindlichkeiten
	5. Passive Rechnungsabgrenzung

Finanzrechnung	Ergebnisrechnung
Einzahlungen	Erträge
./. Auszahlungen	./. Aufwendungen
= Zahlungssaldo	= Ergebnissaldo

---

478 Hierzu *Glinder/Friedl*, Gemeindehaushaltsrecht BW, S. 141 ff.
479 Vgl. hierzu *Glinder/Friedl*, Gemeindehaushaltsrecht BW, S. 6 ff.

VIII. Kommunales Prüfungswesen

Hinzu kommt ein *Anhang nebst Anlagen* (Vermögensübersicht, Schuldenübersicht **157** und Übersicht über die ins Folgejahr zu übertragenden Haushaltsermächtigungen) sowie ein Rechenschaftsbericht zur Erläuterung des Anhangs (§ 95 Abs. 2 S. 2 und Abs. 3 GemO). Die konkrete Ausgestaltung der Rechnungslegung ist in den §§ 47 bis 55 GemHVO geregelt.

Im **Gesamtabschluss**[480] werden gemäß § 95a Abs. 1 S. 1 GemO die Jahresab- **158** schlüsse der ausgelagerten und von der Gemeinde beherrschten oder abhängigen Einrichtungen mit dem Jahresabschluss der Gemeinde konsolidiert. Ziel ist es, als Grundlage der Steuerung des gemeindlichen Wirtschaftens einen *Gesamtüberblick* über die Vermögens, Ertrags- und Finanzlage der Gemeinde zu erhalten. Der Gesamtabschluss hat gemäß § 95a Abs. 1 S. 2 GemO unter Beachtung der Grundsätze ordnungsgemäßer Buchführung und unter Berücksichtigung der besonderen gemeindehaushaltsrechtlichen Bestimmungen ein den tatsächlichen Verhältnissen entsprechendes Bild der Vermögens-, Ertrags- und Finanzlage einschließlich ihrer ausgegliederten Aufgabenträger zu vermitteln. Der Gesamtabschluss ist durch eine Kapitalflussrechnung zu ergänzen und durch einen Konsolidierungsbericht zu erläutern (§ 95a Abs. 4 S. 1 GemO). Das Verfahren der *Aufstellung* und *Bekanntmachung* von Jahres- und Gesamtabschluss ist in § 95b GemO geregelt.

VIII. Kommunales Prüfungswesen

1. Örtliche Prüfung

Als Vorstufe zur überörtlichen Prüfung nach § 114 GemO haben die Gemeinden **159** durch Dienstkräfte der Gemeinde nach § 110 GemO eine Eigenprüfung (**örtliche Prüfung**) durchzuführen.[481] Die Prüfung erfolgt grundsätzlich durch das *Rechnungsprüfungsamt*, dessen Einrichtung in § 109 Abs. 1 GemO geregelt ist. Stadtkreise und Große Kreisstädte müssen, andere Gemeinden können ein Rechnungsprüfungsamt als besonderes Amt einrichten, sofern sie sich nicht eines anderen kommunalen Rechnungsprüfungsamts bedienen. Gemeinden ohne Rechnungsprüfungsamt können einen geeigneten Bediensteten als Rechnungsprüfer bestellen oder sich eines anderen kommunalen Rechnungsprüfers bedienen. Das Rechnungsprüfungsamt ist bei der Erfüllung der ihm zugewiesenen Prüfungsaufgaben unabhängig, an Weisungen nicht gebunden und untersteht unmittelbar dem Bürgermeister (§ 109 Abs. 2 GemO). Die Anforderungen an den Leiter des Rechnungsprüfungsamts regelt § 109 Abs. 3 GemO.[482]

Das Rechnungsprüfungsamt hat die Jahresrechnung (Kameralistik) bzw. den Jahres- **160** abschluss (Doppik) sowie den Gesamtabschluss vor der Feststellung durch den Gemeinderat nach Maßgabe von § 110 GemO zu prüfen. Eine Prüfungspflicht besteht auch bezüglich der Jahresabschlüsse von Eigenbetrieben und bestimmten Sonder- und Treuhandvermögen (vgl. § 111 GemO). Weitere Aufgaben des Rechnungsprüfungsamts ergeben sich aus § 112 GemO.

---

480 *Glinder/Friedl*, Gemeindehaushaltsrecht BW, S. 293 ff.
481 Die gesetzlichen Vorgaben nach der GemO 2009 entsprechen inhaltlich der kameralistischen Vorgängerregelung. Dies gilt auch für die nachfolgend dargestellte überörtliche Prüfung.
482 Zur Entziehung der Leitung des Rechnungsprüfungsamts gemäß § 109 Abs. 4 GemO vgl. VGH BW, Beschl. v. 11.10.1991 – 4 S 1663/91.

161 Im Rahmen der Rechnungsprüfung ist auch den Erfordernissen des Datenschutzes und des Telekommunikationsgeheimnisses Rechnung zu tragen. Sie sind jeweils im Einzelfall mit den Belangen der Rechnungsprüfung abzuwägen.[483]

162 Der Rechnungsprüfung kommt nur *interne Wirkung* zu. Das Ergebnis der Prüfung ist dem Bürgermeister vorzulegen, der die Aufklärung von Beanstandungen veranlasst. Das Rechnungsprüfungsamt fasst seine Bemerkungen in einem *Schlussbericht* zusammen, der dem Gemeinderat vorzulegen und zu erläutern ist (§ 110 Abs. 2 GemO).

2. Überörtliche Prüfung

163 Neben der örtlichen Prüfung sieht die Gemeindeordnung eine **überörtliche Prüfung** vor (§§ 113 ff. GemO).[484] Prüfungsbehörde ist die *Rechtsaufsichtsbehörde*, bei Gemeinden mit mehr als 4.000 Einwohnern die *Gemeindeprüfungsanstalt*. Die Gemeindeprüfungsanstalt handelt im Auftrag der Rechtsaufsichtsbehörde unter eigener Verantwortung.

164 Die überörtliche Prüfung ist Teil der *staatlichen Aufsicht* über die Gemeinden. Hinsichtlich ihres Inhalts und ihrer Grenzen gelten daher die für die Aufsicht des Staates geltenden Grundsätze. *Prüfungsgegenstand* ist die gesamte Gemeindewirtschaft. Die überörtliche Prüfung erstreckt sich darauf, ob bei der Haushalts-, Kassen- und Rechnungsführung, der Wirtschaftsführung, dem Rechnungswesen und der Vermögensverwaltung der Gemeinde sowie ihrer Sonder- und Treuhandvermögen die *gesetzlichen Vorschriften* eingehalten worden sind (vgl. § 114 GemO). Auf Antrag der Gemeinde soll die Prüfungsbehörde außerdem die Gemeinde in Fragen der *Organisation* und der *Wirtschaftlichkeit* der Verwaltung beraten.

165 Die überörtliche Aufsichtsprüfung ist eine reine *Gesetzmäßigkeitsprüfung*. Sie besitzt ausschließlich Feststellungsfunktion. Die Entscheidung über erforderliche Aufsichtsmaßnahmen liegt in der Zuständigkeit der Rechtsaufsichtsbehörden.

166 Die Prüfungsbehörde teilt der Gemeinde das Ergebnis der überörtlichen Prüfung in Form eines *Prüfungsberichts* mit. Ist die Gemeindeprüfungsanstalt Prüfungsbehörde, teilt sie das Ergebnis zudem der Rechtsaufsichtsbehörde mit. Über den wesentlichen Inhalt des Prüfungsberichts ist der Gemeinderat zu unterrichten. Jedem Gemeinderat ist auf Verlangen Einsicht in den Prüfungsbericht zu gewähren (§ 114 Abs. 4 S. 2 GemO). Die Prüfungsbehörde kann anlässlich der Prüfung auch Anregungen und Vorschläge betreffend die *Zweckmäßigkeit* aussprechen. Diese sind der Gemeinde getrennt vom Prüfungsbericht mitzuteilen (§ 17 Abs. 3 GemPrO).

167 Die Gemeinde hat zu den Feststellungen des Prüfungsberichts *Stellung zu nehmen*. Dabei ist mitzuteilen, ob den Feststellungen Rechnung getragen ist. Hat die überörtliche Prüfung keine wesentlichen Beanstandungen ergeben oder sind diese erledigt, *bestätigt* die Rechtsaufsichtsbehörde dies der Gemeinde zum Abschluss der Prüfung. Soweit wesentliche Beanstandungen nicht erledigt sind, schränkt die Rechtsaufsichtsbehörde die Bestätigung entsprechend ein und veranlasst ggf. die Durch-

---

[483] Vgl. hierzu LT-Drs. 14/3996.
[484] Hierzu *Fiebig*, Kommunale Rechnungsprüfung, Grundlagen – Aufgaben – Organisation, 2007; *Thormann*, VBlBW 2006, 48 ff.; Sächs VerfGH, Urt. v. 20.05.2005 – Vf. 34-VIII-04 (zur Duldungspflicht überörtlicher Prüfung bei wirtschaftlichen Unternehmen). Weitere Einzelheiten ergeben sich aus dem Gemeindeprüfungsanstaltsgesetz (GPAG) sowie der Gemeindeprüfungsordnung (GemPrO).

IX. Genehmigungsbedürftige und nichtige Rechtsgeschäfte

führung der erforderlichen Maßnahmen durch die Gemeinde (vgl. § 114 Abs. 5 GemO).

IX. Genehmigungsbedürftige und nichtige Rechtsgeschäfte

Zum Schutz des kommunalen Vermögens sowie zur Wahrung anderer öffentlicher Interessen hat der Gesetzgeber bestimmte Rechtsgeschäfte entweder **verboten** oder der **Genehmigungspflicht** durch die Rechtsaufsichtsbehörde unterworfen. **168**

1. Genehmigungspflichtige Rechtsgeschäfte

Nach § 117 Abs. 1 GemO sind privatrechtliche Rechtsgeschäfte sowohl in ihrem schuldrechtlichen als auch in ihrem dinglichen Teil bis zur Erteilung der erforderlichen Genehmigung durch die Rechtsaufsichtsbehörde **schwebend unwirksam**.[485] Wird die Genehmigung endgültig versagt, sind sie **nichtig**. Allerdings bezieht sich § 177 Abs. 1 GemO nur auf die Genehmigung einzelner Rechtsgeschäfte, nicht aber auf Regelungen im Rahmen der Haushaltssatzung (§§ 86 Abs. 4, 87 Abs. 2 S. 1, 89 Abs. 3 GemO).[486] **169**

§ 117 Abs. 1 GemO gilt damit in folgenden Fällen: **170**

- § 83 Abs. 2 GemO: *Kreditverträge* außerhalb einer zur Kreditaufnahme ermächtigenden Haushaltssatzung,
- § 87 Abs. 4 GemO: *Kreditverträge* unter Abweichung von einer nach § 19 Stabilitätsgesetz angeordneten Kreditsperre,
- § 87 Abs. 5 GemO: Begründung von *Zahlungsverpflichtungen*, die einer Kreditaufnahme gleichkommen, und
- § 88 Abs. 2 und 3 GemO: Übernahme von *Bürgschaften* und Verpflichtungen aus *Gewährverträgen* sowie der Abschluss *wirtschaftlich gleichkommender Rechtsgeschäfte*.

Aufgrund der Verweisungen in § 96 Abs. 2 S. 1 GemO und § 97 Abs. 2 GemO gilt § 117 Abs. 1 GemO auch im Bereich der *Treuhand- und Sondervermögen*. Keine Anwendung findet § 117 Abs. 1 GemO hingegen auf Rechtsgeschäfte rechtlich selbstständiger Unternehmen der Gemeinde (z.B. GmbH). **171**

2. Nichtige Rechtsgeschäfte

Nach § 117 Abs. 2 GemO sind privatrechtliche und öffentlich-rechtliche Rechtsgeschäfte schuldrechtlich und dinglich **nichtig**, die gegen **172**

- § 87 Abs. 6 S. 1 GemO (keine Bestellung von *Sicherheiten für Kredite*),
- § 88 Abs. 1 S. 1 GemO (keine Bestellung von *Sicherheiten zugunsten Dritter*) oder
- § 102 Abs. 5 GemO (kein Betrieb von *Bankunternehmen*)

verstoßen. *Andere* gemeindehaushaltsrechtliche Verbote, etwa § 92 Abs. 1 GemO, unterfallen nicht unmittelbar der Rechtsfolge des § 117 Abs. 2 GemO.[487]

---

[485] BGH, Urt. v. 10.06.1999 – IX ZR 409/97.
[486] *Kunze/Bronner/Katz*, GemO, § 117 Rn. 6, 11.
[487] Missverständlich insoweit VG Sigmaringen, Urt. v. 10.10.2007 – 3 K 102/06.

173 Die Rechtsaufsichtsbehörde kann von den Verboten der §§ 87 Abs. 6 S. 1, 88 Abs. 1 S. 1 GemO **Ausnahmen** zulassen. Die Erteilung einer Ausnahme nach Abschluss des Rechtsgeschäfts führt zur Wirksamkeit, wenn eine entsprechende aufschiebende Bedingung vereinbart wurde. Andernfalls ist eine Bestätigung des Rechtsgeschäfts gemäß § 141 BGB für dessen Wirksamkeit erforderlich.[488]

174 Schadensersatzansprüche Dritter aus **Verschulden bei Vertragsschluss** (c.i.c.) bleiben zugunsten der Vertragspartner der Gemeinde bei Abschluss von Geschäften entgegen § 117 GemO oder bei Unterlassung eines Hinweises auf die Genehmigungspflicht unberührt. Der Anspruch ist beschränkt auf das negative Interesse.[489]

175 Die Nichtigkeit kann sich daneben aus einem Verstoß gegen *sonstige Vorgaben* der GemO ergeben, soweit es sich bei der betreffenden Regelung der GemO um ein **Verbotsgesetz i.S.v. § 134 BGB** handelt.[490] So stellt der Verkauf unter Wert (§ 92 Abs. 1 GemO) einen *Verstoß gegen das kommunalrechtliche „Verschleuderungsverbot"* dar mit der Folge der Nichtigkeit des Geschäfts.[491]

176 Dies gilt auch für *öffentlich-rechtliche* Verträge, auf die § 134 BGB aufgrund von § 59 Abs. 1 VwVfG ebenfalls anzuwenden ist, sofern die jeweilige Vorschrift der GemO ein qualifiziertes Verbot beinhaltet.[492] Die in § 117 Abs. 2 GemO aufgeführten Nichtigkeitsgründe sind insoweit *nicht abschließend*.[493]

177 Ein Verstoß gegen das kommunale Haushaltsrecht kann schließlich die **Sittenwidrigkeit** des Rechtsgeschäfts und damit die Nichtigkeit nach § 138 Abs. 1 BGB begründen.[494]

X. Zwangsvollstreckung gegen die Gemeinde

1. Gesetzliche Grundlagen

178 Bei der **Vollstreckung von Geldforderungen** ist zunächst danach zu unterscheiden, ob aus einem zivilrechtlichen Titel gemäß §§ 704, 794 ZPO oder einem verwaltungsrechtlichen Titel gemäß § 168 VwGO vollstreckt wird. Die Vollstreckung aus *zivilrechtlichen* Titeln erfolgt nach den Vorgaben der ZPO, setzt allerdings grundsätzlich eine *Zulassungsverfügung* der Rechtsaufsichtsbehörde gemäß § 127 GemO voraus. Die Vollstreckung aus *verwaltungsgerichtlichen* Titeln erfolgt nach Maßgabe der §§ 170, 171 VwGO, ergänzend gelten gemäß § 167 Abs. 1 S. 1 VwGO die Regelungen der ZPO. § 127 GemO ist in diesem Fall nicht anzuwenden.

179 § 882a ZPO über die Vollstreckung von Geldforderungen gegen den Bund oder ein Land ist in Baden-Württemberg nicht anzuwenden. Die Befugnis zum Erlass einer abweichenden Landesregelung (§ 127 GemO) ergibt sich aus § 15 Nr. 3 EGZPO.

---

488 *Kunze/Bronner/Katz*, GemO, § 117 Rn. 30 f.
489 BGH, Urt. v. 06.06.2000 – XI ZR 235/99; BGH, Urt. v. 10.06.1999 – IX ZR 409/97. Zur Haftung aus Patronatserklärungen der Gemeinde vgl. BGH, Urt. v. 30.01.1992 – IX ZR 112/91; OLG Dresden, Urt. v. 27.06.2000 – 23 U 2724/99.
490 VGH BW, Beschl. v. 29.11.2012 – 1 S 1258/12 (für § 102 Abs. 1 Nr. 3 GemO verneint).
491 OLG Karlsruhe, Beschl. v. 04.04.2012 – 11 Wx 111/11, juris Rn. 30 ff.; OLG Jena, Urt. v. 02.03.2005 – 4 U 943/01; BayObLG, Urt. v. 05.03.2001 – 5Z RR 174/99; vgl. auch BGH, Urt. v. 30.01.1967 – III ZR 35/65.
492 BVerwG, Urt. v. 03.03.1995 – 8 C 32/93; vgl. auch *Maurer*, Allgemeines Verwaltungsrecht, § 14 Rn. 41 ff.
493 A.A. *Kunze/Bronner/Katz*, GemO, § 117 Rn. 26 sowie die Vorauflage.
494 BGH, Urt. v. 25.01.2006 – VIII ZR 398/03, juris Rn. 27 ff. m.w.N. zur Rechtsprechung.

§ 170 VwGO enthält dagegen für die Vollstreckung aus verwaltungsgerichtlichen Titeln keinen Vorbehalt des Landesrechts.

Die Vollstreckung von Ansprüchen auf **Herausgabe beweglicher oder unbeweglicher Sachen** oder auf die **Erwirkung von Handlungen oder Unterlassungen** richtete sich bei zivil- wie verwaltungsgerichtlichen Titeln nach den §§ 883 ff. ZPO. § 127 GemO ist ebenso wie §§ 171, 172 VwGO nicht anzuwenden.[495] Abweichend hiervon richtet sich die Vollstreckung in den Fällen des § 113 Abs. 1 S. 2 und Abs. 5 VwGO sowie die Vollstreckung von einstweiligen Anordnungen (§ 123 VwGO) nach § 172 VwGO.[496] 180

Die Vollstreckung von **Verwaltungsakten** erfolgt nach den Vorgaben des LVwVG. Soweit dabei Geldforderungen gegen eine Gemeinde vollstreckt werden sollen, ist nach § 17 Abs. 1 S. 2 LVwVG eine *Zulassung* durch die Rechtsaufsichtsbehörde erforderlich. Im Anwendungsbereich der AO ist das steuerliche Beitreibungsverfahren durchzuführen. 181

2. Vollstreckung wegen Geldforderungen nach § 127 GemO

Zur Einleitung der Zwangsvollstreckung gegen die Gemeinde wegen einer **Geldforderung** bedarf der Gläubiger nach § 127 GemO grundsätzlich einer *Zulassungsverfügung* der Rechtsaufsichtsbehörde. Dies soll verhindern, dass die Vollstreckung in Gegenstände betrieben wird, die für die sachgerechte und geordnete Wahrnehmung der Verwaltungsaufgaben durch die Gemeinde und die Versorgung der Einwohner unentbehrlich sind. 182

a) Voraussetzungen der Zulassungspflicht

Der Anspruch muss im *Zivilrechtsweg* verfolgt werden und *tituliert* sein (z.B. Urteil [§ 704 ZPO], gerichtlicher Vergleich oder notarielle Urkunde [§ 794 ZPO]). Unerheblich ist, ob die Forderung selbst privatrechtlicher oder öffentlich-rechtlicher Natur ist. So fällt etwa auch der Amtshaftungsanspruch aus § 839 BGB i.V.m. Art. 34 GG unter die Zulassungspflicht. 183

Die Zwangsvollstreckung muss wegen einer *Geldforderung* erfolgen. Die Zulassungspflicht besteht deshalb nicht für Ansprüche, die auf die Herausgabe beweglicher oder unbeweglicher Sachen oder auf die Erwirkung von Handlungen oder Unterlassungen gerichtet sind (§§ 883 f. ZPO). Sie besteht auch nicht für die Verfolgung dinglicher Rechte (z.B. Ansprüche aus Grundschulden), soweit nicht ein dingliches Recht erst begründet werden soll (z.B. Eintragung einer Zwangshypothek gemäß § 866 ZPO zur Sicherung einer Geldforderung). Dingliche Rechte werden unmittelbar durch Zwangsvollstreckung in das belastete Grundstück vollstreckt. 184

Der Anspruch muss *gegen die Gemeinde* gerichtet sein. Die Gemeinde in diesem Sinne umfasst alle in sie eingegliederten und rechtlich unselbstständigen Einrichtungen, Anstalten, Regiebetriebe, Eigenbetriebe und wirtschaftlichen Unternehmen. Nicht darunter fallen rechtlich selbstständige Unternehmen, auch wenn die Gemeinde Alleinbetreiber ist, z.B. bei einer GmbH in der Hand der Gemeinde. Eine Ausnah- 185

---

[495] Zur Geltung der allgemeinen Vollstreckungsvoraussetzungen VGH BW, Beschl. v. 29.08.2012 – 10 S 1085/12 m.w.N.
[496] Zum Anwendungsbereich *Pietzner/Möller*, in: Schoch/Schneider/Bier (Hrsg.), VwGO, § 172 Rn. 14 ff.

me gilt für rechtsfähige örtliche Stiftungen, die von der Gemeinde verwaltet werden (§ 31 Abs. 2 Nr. 1 StiftG).

b) Zulassungsverfügung

186 Die Zulassungsverfügung ist ein *Verwaltungsakt* gegenüber der Gemeinde und dem Gläubiger. Beide Teile können gegen die Entscheidung Anfechtungsklage erheben. Die Zulassungsverfügung ist gegenüber der Gemeinde eine Maßnahme der Rechtsaufsicht gem. § 125 GemO.

187 Die Zulassungsprüfung und Entscheidung erfolgt durch die *Rechtsaufsichtsbehörde*. Die Rechtsaufsichtsbehörde hat dem Gesetzeszweck entsprechend zu prüfen, ob und inwieweit die beabsichtigte Zwangsvollstreckung in die vom Gläubiger bezeichneten Gegenstände die sachgerechte und geordnete Wahrnehmung der Verwaltungsaufgaben und die Versorgung der Einwohner beeinträchtigen würde. Die formelle Zulässigkeit der Zwangsvollstreckung und die inhaltliche Richtigkeit des Titels sind von der Rechtsaufsichtsbehörde nicht zu prüfen.[497] Die Gemeinde ist vor der Entscheidung zu hören.

188 Die Entscheidung über die Zulassung wird herkömmlich als *gebundene Entscheidung* angesehen,[498] die aber eine *Interessenabwägung* der Rechtsaufsichtsbehörde erfordere. Das öffentliche Interesse an der Nichtzulassung der Zwangsvollstreckung in bestimmte Gegenstände sei mit dem Interesse des Gläubigers an der Durchsetzung seines Anspruchs abzuwägen, wobei der Behörde ein *Beurteilungsspielraum* zustehe.[499] Da die klassischen Voraussetzungen für einen Beurteilungsspielraum nicht vorliegen[500] und § 117 GemO nach seinem Wortlaut („bedarf") auch als Ermessensnorm verstanden werden kann, ist u.E. von einem Anspruch auf fehlerfreie Ermessensausübung auszugehen.

189 In der Verfügung hat die Rechtsaufsichtsbehörde die *Vermögensgegenstände* zu bestimmen, in welche die Zwangsvollstreckung zugelassen wird, und über den *Zeitpunkt* zu befinden, in dem sie stattfinden darf. Zur endgültigen Nichtzulassung der Zwangsvollstreckung darf die Zulassungsverfügung aber nicht führen. Der Gläubiger hat einen Anspruch auf Durchsetzung seiner Forderung.[501] Die Zulassungsverfügung kann deshalb nur dann ermessensfehlerfrei sein, wenn sie nicht die Zwangsvollstreckung gänzlich untersagt, sondern entweder zunächst nur teilweise zulässt oder sie zeitlich hinausschiebt, etwa um der Gemeinde Gelegenheit zu geben, sich auf die Zwangsvollstreckung einzustellen und so Gefahren für die Einwohnerschaft abzuwenden. Dies kann durch Ersatzbeschaffung unentbehrlicher Vermögensgegenstände oder durch Zuschüsse Dritter zur Erfüllung der Forderung erfolgen. In der Zulassungsverfügung sind die Gegenstände zu benennen, in die die Zwangsvollstreckung unbedenklich ist. Außerdem ist der genaue Zeitpunkt der Zwangsvollstreckung vorzuschreiben.

---

497 VG Freiburg, Urt. v. 10.10.1957 – VS IV 316/57, BWVBl 1958, 127.
498 *Kunze/Bronner/Katz*, GemO, § 127 Rn. 4; *Aker/Hafner/Notheis*, § 127 GemO Rn. 9.
499 *Kunze/Bronner/Katz*, GemO, § 127 Rn. 10; *Aker/Hafner/Notheis*, § 127 GemO Rn. 9.
500 Vgl. *Maurer*, Allgemeines Verwaltungsrecht, § 7 Rn. 31, 37 ff.
501 OVG NW, DÖV 1955, 255.

3. Kein Insolvenzverfahren

Nach § 12 Abs. 1 Nr. 2 InsO ist über das Vermögen einer juristischen Person des öffentlichen Rechts, die der Aufsicht des Landes untersteht, ein **Insolvenzverfahren** ausgeschlossen,[502] wenn das Landesrecht dies bestimmt. Nach *§ 45 AGGVG* ist ein Insolvenzverfahren über eine Körperschaft oder Anstalt des öffentlichen Rechts nicht zulässig. Ausgenommen hiervon sind die Landesbank Baden-Württemberg, die Sparkassen und die Landesbausparkasse. 190

Ist eine Gemeinde Alleingesellschafterin einer GmbH, ist diese grundsätzlich insolvenzfähig. Es besteht keine gesteigerte Konkursabwendungspflicht der Gemeinde.[503] Eine konzernrechtliche Haftung ist allerdings nicht ausgeschlossen.[504] 191

---

502 Weiterführend *Hornfischer*, Die Insolvenzfähigkeit von Kommunen, 2010; *Hoppe/Uechtritz/Reck*, Handbuch Kommunale Unternehmen, § 9 Rn. 72 ff. und Rn. 164 ff. (zur Haftung der Kommune für eine Gesellschaft).
503 OLG Celle, Urt. v. 12.07.2000 – 9 U 125/99.
504 OLG Celle a.a.O., BGH, Urt. v. 13.10.1977 – II ZR 123/76; BGH, Urt. v. 17.03.1997 – II ZB 3/96.

§ 21
Öffentliche Einrichtungen

Literatur: *Axer*, Die Widmung als Grundlage der Nutzung kommunaler öffentlicher Einrichtungen, NVwZ 1996, 114 ff.; *Dietlein*, Rechtsfragen des Zugangs zu kommunalen Einrichtungen, Jura 2002, 445 ff.; *Lange*, Kommunalrecht, Kap. 13.
Zur Vertiefung: *Scholz*, Das Wesen und die Entwicklung der gemeindlichen öffentlichen Einrichtungen, 1967; *Brehm*, Benutzungsregelungen gemeindlicher öffentlicher Einrichtungen, 1975; *Hauser*, Die Wahl der Organisationsform kommunaler Einrichtungen, 1987; *Roth*, Die kommunalen öffentlichen Einrichtungen, 1998; *Ludwig*, Der Anspruch auf Benutzung gemeindlicher öffentlicher Einrichtungen, 2000; *Faber*, Der kommunale Anschluss- und Benutzungszwang: Zukunftsperspektiven trotz Privatisierung und Deregulierung?, 2005.
Fallbearbeitungen: *Schönberger/Reimer*, Jura 2006, 139 ff.; *Bader*, Jura 2009, 940; *Heckel*, JA 2012, 361.

I. Schaffung öffentlicher Einrichtungen für die Einwohner

1 Die Gemeinde schafft in den Grenzen ihrer Leistungsfähigkeit die für das wirtschaftliche, soziale und kulturelle Wohl ihrer Einwohner erforderlichen **öffentlichen Einrichtungen** (§ 10 Abs. 2 S. 1 GemO). Diese öffentlichen Einrichtungen sind das wesentliche organisatorische Mittel, mit dem Gemeinden ihre Aufgaben der *Daseinsvorsorge* erfüllen. Die Einwohner sind im Rahmen des geltenden Rechts *berechtigt*, die öffentlichen Einrichtungen der Gemeinde nach gleichen Grundsätzen zu benutzen (§ 10 Abs. 2 S. 2 GemO).

1. Begriff der öffentlichen Einrichtung

2 Die GemO enthält keine **Definition** der „öffentlichen Einrichtung". Nach der Rechtsprechung ist hierunter eine *Zusammenfassung von Personen oder Sachen* zu verstehen, die von der Gemeinde im Rahmen ihres in § 1 Abs. 2 und § 2 GemO umschriebenen Wirkungskreises geschaffen wird und die durch einen gemeindlichen *Widmungsakt* der unmittelbaren und gleichen Benutzung durch Gemeindeangehörige und ortsansässige Vereinigungen zugänglich gemacht wird.[505]

3 Eine öffentliche Einrichtung ist damit zunächst ein „organisatorisches Substrat", das aus sachlichen oder personellen Mitteln bestehen kann.[506] Die wenigsten öffentlichen Einrichtungen bestehen dabei aus *reinen Sachgesamtheiten* (Bsp.: gemeindeeigener Grillplatz,[507] Festwiese). In der Regel bedarf es zur Erbringung von Dienstleistungen auch des Einsatzes von *Personen* (Bsp.: Museum, Theater).

4 Durch die **Widmung** wird eine kommunale Einrichtung zu einer *öffentlichen* Einrichtung. Die Widmung legt den *Benutzerkreis* und *Nutzungszweck* der öffentlichen Ein-

---

505 VGH BW, Urt. v. 09.01.1996 – 2 S 2757/95; weitere Nachweise bei *Kunze/Bronner/Katz*, GemO, § 10 Rn. 15 ff. Die Zulassung auch von *Nichteinwohnern* steht der Einordnung als öffentliche Einrichtung nicht entgegen: VG Hannover, Urt. v. 18.07.2006 – 11 A 1391/04, juris Rn. 28; *Lange*, Kommunalrecht, Kap. 13 Rn. 6 f.
506 *Wolff/Bachof/Stober*, Verwaltungsrecht, Bd. 3, 5. Aufl. 2004, § 95 Rn. 180.
507 VGH BW, Urt. v. 11.04.1994 – 1 S 1081/93; BayVGH, Urt. v. 15.06.1989 – 22 B 87.1866, NVWZ-RR 1989, 532.

I. Schaffung öffentlicher Einrichtungen für die Einwohner

richtung fest.[508] Von Einrichtungen der Gemeinde, die nur dem **Verwaltungsgebrauch** dienen (und damit nicht zu den „öffentlichen Einrichtungen" i.S.d. § 10 GemO gehören), unterscheidet sich eine öffentliche Einrichtung dadurch, dass ihr Zweck auf eine Benutzung durch die Gemeindeeinwohner gerichtet ist und diesen hierauf ein Anspruch zustehen soll.[509]

Beispiele für *öffentliche Einrichtungen*: öffentliche Wasserversorgung, Abwasserbeseitigung und Stromversorgung,[510] Theater,[511] Büchereien,[512] Museen,[513] städtische Musikschulen,[514] Schwimmbäder,[515] Festplätze,[516] Stadthallen,[517] Sporthallen,[518] kommunale Sportbootshäfen,[519] Verkehrslandeplätze nach § 6 LuftVG,[520] Obdachlosenunterkünfte,[521] Asylbewerberunterkünfte,[522] Friedhöfe,[523] gemeindliche Plakatflächen im Wahlkampf,[524] die Oberammergauer Passionsspiele,[525] Rinderbesamungsstationen,[526] Abfallsauganlagen,[527] Kinderspielplätze,[528] Jugendtreffs, Skateboardanlagen, Bolzplätze, Kindertagesstätten,[529] Wochen- und Weihnachtsmärkte,[530] Werbeteil einer städtischen Informationsschrift[531] oder kommunale Internetseiten.[532] **5**

Beispiele für Einrichtungen, die nur dem *Verwaltungsgebrauch* dienen: städtischer Fuhrpark, Rathaus, Schulen,[533] Amtsblätter der Gemeinde.[534] **6**

Keine öffentlichen Einrichtungen im Sinne des § 10 Abs. 2 GemO stellen Sachen im **Gemeingebrauch** wie öffentliche Straßen, Wege und Plätze dar, deren Nutzung im Rahmen der Widmung *jedermann* (nicht nur den Gemeindeeinwohnern) und *ohne besondere Zulassung* kraft Gesetzes gestattet ist (vgl. § 13 StrG).[535] **7**

---

508 Näher dazu unten Rn. 19 ff.
509 Zur Frage des *Hausverbots* bei Verwaltungseinrichtungen *Lange*, Kommunalrecht, Kap. 13 Rn. 9 m.w.N.
510 VGH BW, Urt. v. 18.10.1990 – 2 S 2098/89.
511 OVG NW, Urt. v. 23.10.1968 – III A 1522/64, juris Ls. 2.
512 BayVGH, Urt. v. 23.03.1983 – 4 B 81 A.2272, BayVBl 1983, 374.
513 VG Augsburg, Beschl. v. 08.05.2013 – Au 7 E 13.652, juris Rn. 14 ff.; *Geis*, Kommunalrecht, § 10 Rn. 13.
514 OVG NW, Urt. v. 18.11.1994 – 22 A 2478/93.
515 VGH BW, Beschl. v. 07.07.1975 – I 884/74.
516 VGH BW, Beschl. v. 10.09.2003 – 1 S 2007/03; VGH BW, Beschl. v. 13.11.1995 – 1 S 3067/95.
517 Zu den Voraussetzungen VGH BW, Urt. v. 20.11.1978 – I 2400/78, juris Rn. 22.
518 VGH BW, Urt. v. 26.06.2002 – 10 S 1559/01.
519 VGH BW, Beschl. v. 25.09.1997 – 1 S 1261/97.
520 VGH BW, Urt. v. 23.09.1980 – I 3895/78, DVBl. 1981, 1120; kritisch *Horn*, VBlBW 1992, 5.
521 VGH BW, Urt. v. 09.06.1996 – 2 S 2757/95.
522 VGH BW, Urt. v. 10.02.1994 – 1 S 1027/93.
523 VGH BW, Urt. v. 01.12.1967 – II 477/64. Zum Erfordernis einer Zustimmung der Nachbargemeinde bei der Errichtung eines Friedhofs auf deren Gemarkung vgl. VGH BW, Urt. v. 06.11.1989 – 1 S 2842/88.
524 VGH BW, Beschl. v. 25.10.1972 – I 1168/72.
525 BayVGH, Urt. v. 22.02.1990 – 4 B 88.3280.
526 VGH BW, Urt. v. 14.04.1971 – I (IV) 762/69.
527 VG Karlsruhe, Beschl. v. 27.05.2004 – 5 K 1461/04.
528 VGH BW, Beschl. v. 06.03.2012 – 10 S 2428/11, juris Rn. 8.
529 Dazu VGH BW, Beschl. vom 30.11.1988 – 2 S 1140/87, NVwZ-RR 1989, 267.
530 BayVGH, NVwZ 1982, 120 (Oktoberfest); a.A. *Lange*, Kommunalrecht Kap. 13 Rn. 4 m.w.N.
531 VG Minden, Beschl. v. 10.10.1991 – 10 L 1305/91.
532 Hierzu *Frey*, DÖV 2005, 411; zurückhaltend VG Aachen, Beschl. v. 08.02.2008 – 3 K 1351/07, juris Rn. 7.
533 Schulgebäude bzw. -räume können jedoch öffentliche Einrichtungen sein, wenn von der Widmung auch *außerschulische Nutzungszwecke* umfasst sind, vgl. VGH BW, Beschl. v. 12.10.2007 – 1 S 2132/07, juris Rn. 7 f.
534 Die Widmung als Veröffentlichungsorgan der Gemeinde prägt auch die Rechtswegfrage für Ansprüche auf Veröffentlichung im *nicht amtlichen Teil* des Amtsblatts, vgl. VGH BW, Urt. v. 23.04.1979 – I 4163/78, juris Rn. 14, 16; zu Einzelheiten vgl. *Herrmann/Schiffer*, VBlBW 2004, 163; *Bock*, BWGZ 2005, 491.
535 *Kunze/Bronner/Katz*, GemO, § 10 Rn. 15.

8 Die Nutzung öffentlicher Einrichtungen erfolgt in der Regel *freiwillig*.[536] Nur unter bestimmten Voraussetzungen kann ein Benutzungszwang angeordnet werden.[537]

2. Errichtung öffentlicher Einrichtungen

9 Der Gemeinderat entscheidet bei **freiwilligen Aufgaben** nach *pflichtgemäßem Ermessen*, welche öffentlichen Einrichtungen er zur Erfüllung der Aufgaben der Daseinsvorsorge für erforderlich hält.[538] Die Übertragung der Beschlussfassung auf einen *beschließenden Ausschuss* ist unzulässig (§ 39 Abs. 2 Nr. 11 GemO). Die Entscheidung des Gemeinderats ist auszurichten an den örtlichen Bedürfnissen sowie der Leistungsfähigkeit der Gemeinde. Bei Anordnung eines Anschluss- und Benutzungszwangs muss die Gemeinde auf die wirtschaftlichen Kräfte der Abgabenpflichtigen besondere Rücksicht nehmen.

10 Bei **Pflichtaufgaben** (z.B. § 1 BestattG; § 44 Abs. 1 WG) hat der Gemeinderat *kein Ermessen*. Diese Aufgaben müssen notfalls unter Zurückstellung anderer Projekte und unter äußerster Anspannung der Gemeindefinanzen erfüllt werden.[539]

11 Die Entscheidung über die Errichtung einer öffentlichen Einrichtung darf nicht gegen **höherrangiges Recht** verstoßen. Ein solcher Verstoß läge etwa bei der Einrichtung eines Gemeinderundfunks vor. Aus Art. 5 Abs. 1 S. 2 GG ergibt sich das Gebot zur Staats- und Gemeindefreiheit des Rundfunks.[540]

12 Der einzelne Einwohner hat grundsätzlich **keinen Anspruch auf Schaffung und Erweiterung** öffentlicher Einrichtungen durch die Gemeinde. Dies gilt auch bei der Erfüllung von Pflichtaufgaben.[541] Im Einzelfall kann ausnahmsweise ein klagbarer Anspruch bestehen, wenn es sich um Pflichten handelt, die „offenkundig" auch im *Individualinteresse* des einzelnen Einwohners liegen[542] und das entsprechende Bedürfnis des Einwohners nicht schon auf andere Weise gedeckt wird.[543] Zudem entspricht einem nach § 11 Abs. 1 GemO angeordneten Anschluss- und Benutzungs*zwang* ein entsprechendes Anschluss- und Benutzungs*recht*.

3. Wahlfreiheit hinsichtlich der Organisationsform

13 Organisationsrechtlich ist zu unterscheiden zwischen der Trägerschaft der kommunalen Einrichtung und ihrer tatsächlichen Bereitstellung und Unterhaltung.[544]

14 Träger einer gemeindlichen öffentlichen Einrichtung ist immer *die Gemeinde*. Das bedeutet aber nicht, dass sie die sachlichen und personellen Mittel einer öffentlichen Einrichtung unmittelbar selbst bereitstellen muss. Der Gemeinde steht vielmehr hin-

---

536 VGH BW, Urt. v. 24.02.1983 – 2 S 697/82, VBlBW 1984, 25 (gemeindliche Anlage zur Starenbekämpfung während der Weinlesezeit).
537 Dazu Rn. 77 ff.
538 VGH BW, Urt. v. 30.03.1990 – 1 S 619/87, juris Rn. 21 (Anschluss an Wasserversorgung); VG Karlsruhe, Beschl. v. 27.05.2004 – 5 K 1461/04, juris Rn. 26.
539 *Kunze/Bronner/Katz*, GemO, § 10 Rn. 13.
540 BVerfG, Urt. v. 04.11.1986 – 1 BvF 1/84; Bay VerfGH, Urt. v. 21.11.1986 – Vf. 5-VII-85.
541 *Lange*, Kommunalrecht, Kap. 13 Rn. 32, 35.
542 Vgl. VGH BW, Urt. v. 14.04.1971 – I (IV) 762/69 (Rinderbesamung).
543 Hess VGH, Urt. v. 07.02.1990 – 5 UE 2894/86.
544 Dazu sowie zum folgenden *Wolff/Bachof/Stober*, Verwaltungsrecht, Bd. 3, 5. Aufl. 2004, § 95 Rn. 196 ff.

I. Schaffung öffentlicher Einrichtungen für die Einwohner

sichtlich der Organisationform ein *mehrfaches Wahlrecht* zu.[545] Sie kann die notwendigen Mittel *selbst* bereitstellen oder *durch Dritte* in *öffentlich-rechtlicher* oder *privatrechtlicher* Organisationsform bereitstellen lassen. So kann die Gemeinde eine öffentliche Einrichtung etwa in öffentlich-rechtlicher Organisationsform als Regiebetrieb oder Eigenbetrieb selbst betreiben oder von einer rechtsfähigen Anstalt des öffentlichen Rechts[546] oder von einer juristischen Person des Privatrechts (z.B. GmbH, AG) betreiben lassen.[547]

Bedient sich eine Gemeinde rechtlich **verselbstständigter Organisationseinheiten** (z.B. GmbH, AG), ist entscheidend, ob sie sich vertraglich oder durch Organisationsstatut den *maßgeblichen Einfluss* auf die Zweckbestimmung und den Betrieb der Einrichtung vorbehalten hat,[548] etwa durch entsprechende Mitwirkungs- und Weisungsbefugnisse. Durch solche Vorbehalte kann sie die Benutzung der Einrichtung durch ihre Einwohner nach gleichen Grundsätzen und zu angemessenen Bedingungen gewährleisten.[549]

Beispiel: Ein ausreichender Einfluss ist gesichert, wenn eine Veranstaltungshalle von einer GmbH betrieben wird, deren Alleingesellschafterin die Gemeinde ist. In diesem Fall kann die Gemeinde, organschaftlich vertreten durch den Bürgermeister, dem Geschäftsführer der GmbH bindende Weisungen erteilen.[550]

Fehlt es an entsprechenden Mitwirkungs- und Weisungsbefugnissen gegenüber dem rechtlich verselbstständigten Betreiber der Einrichtung, handelt es sich nicht um eine öffentliche, sondern um eine *private Einrichtung*, deren Benutzung sich ausschließlich nach privatrechtlichen Grundsätzen richtet.[551]

Überschneidungen bestehen zwischen der Regelung der öffentlichen Einrichtung in § 10 Abs. 2 GemO und den Bestimmungen über *kommunale Unternehmen* in den §§ 102 ff. GemO.[552] Öffentliche Einrichtungen *können* zugleich wirtschaftliche Unternehmen i.S.d. §§ 102 ff. GemO sein. Die Vorschriften verfolgen jedoch *unterschiedliche Zielsetzungen*: Während § 10 Abs. 2 GemO vor allem die Rechtsstellung der Einwohner als Nutzer einer öffentlichen Einrichtung betrifft, geht es bei den §§ 102 ff. GemO in erster Linie um haushaltsrechtliche Aspekte sowie die Sicherung der Kontrolle der Unternehmen durch kommunale Organe.[553]

4. Widmung

Eine gemeindliche Einrichtung wird nicht bereits mit ihrer Errichtung, sondern erst durch eine – gesetzlich nicht geregelte – **Widmung** zu einer „öffentlichen Einrichtung".[554] Durch die Widmung werden die *Zweckbestimmung* der Einrichtung und der *Benutzerkreis* verbindlich festgelegt. Dabei handelt es sich um eine gemeindliche Willenserklärung, die häufig in Form eines *dinglichen Verwaltungsakts* **als Allge-**

---

545 Ausnahmen können sich im Einzelfall aus abweichenden gesetzlichen Vorgaben ergeben, vgl. etwa § 38 LKHG. Zum Wahlrecht bzgl. Organisations- und Handlungsformen vgl. auch unter § 10 Rn. 28 ff.
546 VGH BW, Beschl. v. 30.11.1988 – 2 S 1140/87.
547 VG Freiburg, Urt. v. 18.12.2000 – 10 K 1666/00 („Privatisierung" eines Volksfestes).
548 Vgl. dazu BVerwG, Beschl. v. 21.07.1989 – 7 B 184/88; vgl. auch VG Stuttgart, Beschl. v. 13.10.2008 – 7 K 3583/08.
549 *Aker/Hafner/Notheis*, § 10 GemO Rn. 9.
550 VG Stuttgart, Beschl. v. 13.10.2008 – 7 K 3583/08.
551 *Burgi*, Kommunalrecht, § 16 Rn. 14.
552 Zu den §§ 102 ff. GemO im Einzelnen § 19 Rn. 14 ff.
553 *Wolff/Bachof/Stober*, Verwaltungsrecht, Bd. 3, 5. Aufl. 2004, § 95 Rn. 203 f.
554 VGH BW, Urt. v. 20.11.1978 – I 2400/78, juris Rn. 22.

meinverfügung ergeht (§ 35 S. 2 LVwVfG), aber auch in einer *Satzung* oder einem *Gemeinderatsbeschluss*[555] enthalten sein kann. Wenn es an einer ausdrücklichen Willenserklärung fehlt, lässt die Rechtsprechung eine *konkludente oder faktische Widmung* genügen.[556] Maßgebend ist dabei immer, ob aus bestimmten Umständen auf einen Behördenwillen geschlossen werden kann, dass die Sache einem bestimmten öffentlichen Zweck dienen soll.[557] Indiz hierfür kann etwa die *faktische Indienststellung* und *ständige Nutzungspraxis* sein.

20 Beispiel: Ausstattung eines gemeindeeigenen Baggersees mit Infrastruktureinrichtungen und Duldung des Badens.

21 Zudem können sich *Indizien* für eine konkludente Widmung auch aus einer Benutzungsordnung[558] oder allgemeinen Vertragsbedingungen ergeben.[559] Eine *förmliche*, z.B. durch einen Gemeinderatsbeschluss gedeckte Widmung kann durch eine hiervon abweichende Zulassungspraxis *erweitert* werden.[560] Der auf diese Weise erweiterte Widmungsumfang einer öffentlichen Einrichtung kann umgekehrt durch Änderung der Vergabepraxis für die Zukunft wieder auf den ursprünglichen Widmungszweck *zurückgeführt* werden.[561] Dagegen kann der Umfang einer förmlichen Widmung nicht durch eine hiervon abweichende Verwaltungspraxis eingeschränkt werden; hierzu bedarf es – als „actus contrarius" – einer förmlichen *Widmungsbeschränkung*.[562]

22 Ist die Widmung einer Einrichtung, die eine Gemeinde in ihrem Aufgabenbereich geschaffen hat, weder förmlich erfolgt noch aus Indizien ableitbar, kann dennoch eine *Vermutung* dafür sprechen, dass sie als öffentliche Einrichtung betrieben wird.[563] So soll beispielsweise für eine gemeindeeigene, mit öffentlichen Mitteln gebaute Sportanlage die Vermutung bestehen, dass die Gemeinde sie zur Benutzung durch Sportler und Sportvereine aus ihrem Gebiet geschaffen und gewidmet hat.[564] Diese Vermutung ist durch die Gemeinde nur *widerlegbar*, wenn sie den Nachweis führen kann, dass sich aus der eindeutigen Beschränkung der Bereitstellung ergibt, dass die Einrichtung als private Einrichtung betrieben werden soll.[565]

23 Der Einordnung als öffentliche Einrichtung steht nicht entgegen, dass die Einrichtung nicht im Eigentum der Gemeinde steht, sondern dieser nur ein **Nutzungsrecht** zusteht (z.B. aufgrund eines Mietvertrags).[566] Wird ein Gegenstand im Eigentum eines Dritten als öffentliche Einrichtung gewidmet, bedarf die Widmung zu ihrer Wirk-

---

555 *Aker/Hafner/Notheis*, § 10 GemO Rn. 8; VGH BW, Beschl. v. 29.10.1997 – 1 S 2629/97, juris Rn. 11.
556 VGH BW, Urt. v. 28.04.1997 – 1 S 2007/96, juris Rn. 58; instruktiv dazu *Wolff/Bachof/Stober*, Verwaltungsrecht, Bd. 3, 5. Aufl. 2004, § 95 Rn. 190.
557 Vgl. VGH BW, Beschl. v. 11.05.1995 – 1 S 1283/95; VGH BW, Beschl. v. 30.11.1988 – 2 S 1140/87, NVwZ-RR 1989, 267 (268).
558 VGH BW, Beschl. v. 29.10.1997 – 1 S 2629/97.
559 VGH BW, Urt. v. 20.11.1978 – I 2400/78, juris Rn. 23 m.w.N.
560 VGH BW, Beschl. v. 29.10.1997 – 1 S 2629/97, juris Rn. 11. Eine solche konkludente Widmung ist aber nur dann wirksam, wenn von einer zumindest stillschweigenden Billigung der tatsächlichen Vergabepraxis durch das nach der Kommunalverfassung zuständige Organ (im Hinblick auf § 39 Abs. 2 Nr. 11 GemO zumeist der Gemeinderat) ausgegangen werden kann, so zutr. BayVGH, Beschl. v. 04.01.2012, 4 CE 11.3002, juris Rn. 9.
561 VGH BW, Beschl. v. 29.10.1997 – 1 S 2629/97, juris Rn. 11; BayVGH, Beschl. v. 21.01.1988 – 4 CE 87.03883.
562 Ebenso *Burgi*, Kommunalrecht, § 16 Rn. 7.
563 OVG NW, Urt. v. 16.09.1975 – III A 1279/75.
564 BayVGH, Beschl. v. 14.09.1990 – 4 CE 90.2468.
565 OVG NW, Urt. v. 16.09.1975 – III A 1279/75; vgl. auch BGH, Urt. v. 24.10.1974 – VII ZR 80/73, juris Rn. 10 ff.
566 OVG Nds, Urt. v. 25.03.2004 – 11 LC 333/03.

I. Schaffung öffentlicher Einrichtungen für die Einwohner

samkeit jedoch entweder der *Zustimmung des Eigentümers* oder der *Beschlagnahme* des Gegenstandes.

Beispiel: Beschlagnahme einer Privatwohnung als Obdachlosenunterkunft.[567]

24

5. Die Zulassung zur Einrichtung

a) Zulassungsanspruch

Die Einwohner einer Gemeinde haben nach § 10 Abs. 2 S. 2 GemO einen **Rechtsanspruch** auf Nutzung der öffentlichen Einrichtungen einer Gemeinde. Die Gemeinde ist verpflichtet, die Einwohner im Rahmen des geltenden Rechts, speziell der jeweiligen Benutzungsordnung,[568] zu ihren öffentlichen Einrichtungen zuzulassen.[569] Die Entscheidung über die Zulassung kann Sache des Gemeinderats[570] oder ein Geschäft der laufenden Verwaltung[571] sein.

25

Manche Einrichtungen (z.B. Jahrmärkte, Volksfeste) können nicht nur als öffentliche Einrichtungen nach § 10 Abs. 2 GemO betrieben, sondern auch als **Veranstaltung nach der GewO** festgesetzt werden (vgl. §§ 69 Abs. 1 GewO).[572] In diesem Falle richtet sich der Zulassungsanspruch nicht nach § 10 Abs. 2 S. 2 GemO, sondern nach § 70 Abs. 1 GewO, der *„jedermann"*, also nicht nur Gemeindeeinwohnern, ein Recht zur Teilnahme einräumt.[573] Dieser Zulassungsanspruch *geht* als bundesrechtliche Regelung der landesrechtlichen Bestimmung des § 10 Abs. 2 S. 2 GemO *vor*. Bei einer nach der GewO festgesetzten Veranstaltung scheidet ein Rückgriff auf die Regelung über die Nutzung gemeindlicher Einrichtungen selbst dann aus, wenn ein Zulassungsanspruch nach § 70 GewO nicht besteht.[574]

26

Weitere Beispiele für spezialgesetzliche Rechtsgrundlagen sind etwa der Rechtsanspruch auf staatliche *Kinderbetreuungsplätze*[575] oder § 22 PBefG für die *Personenbeförderung*.

27

b) Zulassung gebietsfremder Personen

Gebietsfremden Personen steht der Zulassungsanspruch aus § 10 Abs. 2 S. 2 GemO nicht zu. Es steht jedoch **im Ermessen der Gemeinde**, eine öffentliche Einrichtung

28

---

567 OVG NW, Beschl. v. 11.04.1990 – 9 B 1042/90, juris Rn. 5, 8.
568 Vgl. VGH BW, Beschl. v. 12.07.1966 – III 181/66, BWVBl 1967, 109 (110).
569 Vgl. VGH Freiburg, DVBl. 1955, 745; VGH BW DÖV 1968, 179, VGH BW, Beschl. v. 14.08.1989 – 1 S 952/89; VGH BW, Urt. v. 9.10.1992 – 1 S 795/92; OVG Berlin, Urt. v. 25.02.1992 – 8 B 73.90.
570 Dies gilt insb. für Zulassungsrichtlinien; vgl. dazu VGH BW, Urt. v. 06.07.2001 – 8 S 716/01, juris Rn. 22 (Werbeanlagen im öffentlichen Straßenraum); VGH BW, Urt. v. 19.05.2003 – 1 S 1449/01, juris Rn. 36 (Bootsliegeplätze); VGH BW, Urt. v. 01.10.2009 – 6 S 99/09, juris Rn. 20 (Jahrmärkte und Volksfeste).
571 Z.B. Eintritt in Schwimmbad; vgl. auch VG Stuttgart, Urt. v. 29.09.2000 – 4 K 1878/00, juris LS 2 für die Standvergabe bei „kleineren Jahrmärkten mit geringer wirtschaftlicher Bedeutung".
572 Zu dem *Wahlrecht* zwischen Marktfestsetzung und kommunaler Einrichtung VGH BW, Urt. v. 17.03.2000 – 5 S 369/99. Auch Schausteller und Marktbeschicker sind *Nutzer* einer öffentlichen Einrichtung, so z.B. BayVGH, Urt. v. 17.02.1999 – 4 B 96.1710, juris Rn. 31; anders *Lange*, Kommunalrecht, Kap. 13 Rn. 16 m.w.N.
573 Zu den zulässigen Auswahlkriterien und § 70 Abs. 3 GewO z.B. BVerwG, Beschl. v. 04.10.2005 – 6 B 63/05; VG Hannover, Urt. v. 09.12.2008 – 11 A 1537/07; *Braun*, NVwZ 2009, S. 747 ff..
574 VGH BW, Beschl. v. 19.07.2001 – 1 4 S 1567/01, juris Rn. 4; VG Hannover, Urt. v. 18.07.2006 – 11 A 1391/04, juris Rn. 27; VG Stuttgart, Urt. v. 21.09.2006 – 4 K 1700/06.
575 Dazu unter § 5 Rn. 86 und (unter dem Gesichtspunkt der Kostenerstattung) § 6 Rn. 3 ff; vgl. dazu (und zu anderen Spezialgesetzen) auch *Lange*, Kommunalrecht, Kap. 13 Rn. 55 f.

auch Ortsfremden allgemein oder im Einzelfall zu öffnen.[576] Ortsfremde haben daher einen *Anspruch auf ermessensfehlerfreie Entscheidung*, die den Grundsätzen der Gleichbehandlung (Art. 3 GG) genügen muss, über die Zulassung zur öffentlichen Einrichtung.[577] Durch eine ständige Vergabepraxis auch an Ortsfremde kann sich deren Anspruch auf ermessensfehlerfreie Entscheidung im Einzelfall zu einem Zulassungsanspruch verdichten („Ermessensreduzierung auf Null"). In der Praxis werden gebietsfremde Personen häufig zu kommunalen Kultur- und Freizeiteinrichtungen (z.B. Theater, Schwimmbäder) zugelassen, um so eine höhere Auslastung der Einrichtung zu erreichen, während Gemeindeeinwohner dort, wo subventionierte Plätze knapp sind (z.B. Kindergärten), gegenüber Nichteinwohnern bevorzugt werden.

29 Umstritten ist, ob von Nichteinwohnern ein *höheres Benutzungsentgelt* verlangt werden kann als von Gemeindeeinwohnern.[578] Es verstößt jedenfalls nicht gegen den allgemeinen Gleichheitssatz, wenn von Einwohnern für den Besuch einer – nicht kostendeckend betriebenen – öffentlichen Einrichtung (z.B. städtische Musikschule) eine um einen gemeindlichen Zuschuss abgesenkte Gebühr erhoben wird, während auswärtige Benutzer die volle Gebühr bezahlen müssen. Bei einer solchen Ausgestaltung handelt es sich um eine Subvention, bei der das Kriterium der Ortsverbundenheit und der Beteiligung der Einwohner an den Gemeinlasten der Gemeinde (vgl. § 10 Abs. 2 S. 3 GemO) einen hinreichend *sachlichen Differenzierungsgrund* darstellt.[579]

30 Die gesetzliche Beschränkung des Zugangsanspruchs aus § 10 Abs. 2 S. 2 GemO („Einwohnerprivileg") ist mit Blick auf die **Grundfreiheiten des AEUV**, insbesondere die passive Dienstleistungsfreiheit, bei grenzüberschreitenden Sachverhalten („Binnenmarktrelevanz") unionsrechtlich nur unter bestimmten Voraussetzungen zulässig. Eine mittelbare Diskriminierung, die vorliegt, wenn eine Beschränkung der Grundfreiheiten an Kriterien anknüpft, die typischerweise von EU-Ausländern nicht erfüllt werden (wie beispielsweise das Kriterium der Ortsansässigkeit), kann unionsrechtlich nur aus *zwingenden Gründen des Allgemeininteresses* und unter *Beachtung des Verhältnismäßigkeitsprinzips* gerechtfertigt sein.[580] Die Stärkung der kommunalen Selbstverwaltung und die Kriterien der Ortsverbundenheit und Beteiligung der Einwohner an den Gemeindelasten rechtfertigen unseres Erachtens die Beschränkung des Zulassungsanspruchs.[581]

c) Zulassungsanspruch von Grundstücksbesitzern und Gewerbetreibenden

31 Das Nutzungsrecht von Personen, die in der Gemeinde ein Grundstück besitzen oder ein Gewerbe betreiben, aber nicht in der Gemeinde wohnen, ist dem Nutzungsrecht von Gemeindeeinwohnern durch **§ 10 Abs. 3 GemO** angeglichen, aber nicht gleichgestellt. Für diese Personengruppen beschränkt sich das Nutzungsrecht auf diejenigen öffentlichen Einrichtungen, die in der Gemeinde *für Grundbesitzer oder*

---

576 Kritisch *Dietlein*, Jura 2002, 445 (449); *Ehlers*, DVBl. 1986, 912 (919).
577 VGH BW, Beschl. v. 13.11.1995 – 1 S 3067/95, juris Rn. 2; VGH BW, Beschl. v. 10.09.2003 – 1 S 2007/03.
578 Näher *Kunze/Bronner/Katz*, GemO, § 10 Rn. 21.
579 BVerwG, Beschl. v. 30.01.1997 – 8 NB 2.96; a.A. noch VGH BW, Beschl. v. 04.01.1996 – 2 S 2499/93.
580 Dazu *Geuer*, BayVBl. 2011, 752; aus der Rspr. EuGH, Urt. v. 23.05.1996, Rs. C-237/94 (O'Flynn), Slg. 1996, I-2617, Rn. 19 f.
581 So auch *Burgi*, Kommunalrecht, § 16 Rn. 22 f. m.w.N.; *Roeßing*, Einheimischenprivilegierung und EG-Recht, 2008, S. 461 ff.; offenlassend *Donhauser*, NVwZ 2010, 931 (936).

I. Schaffung öffentlicher Einrichtungen für die Einwohner

Gewerbetreibende bestehen (z.B. Einrichtungen der Wasserversorgung oder Abwasserbeseitigung).

d) Zulassungsanspruch juristischer Personen

Nach **§ 10 Abs. 4 GemO** gilt § 10 Abs. 2, 3 GemO für *juristische Personen* und *nichtrechtsfähige Personenvereinigungen* entsprechend. Dies setzt nach der Rechtsprechung voraus, dass diese ihren Sitz im Gemeindegebiet haben und der räumliche Schwerpunkt ihrer Tätigkeit im Gemeindegebiet liegt.[582] Wenn juristische Personen oder nichtrechtsfähige Personenvereinigungen in öffentlichen Einrichtungen der Gemeinde Veranstaltungen durchführen wollen, können sie nach § 10 Abs. 4 GemO ihre Zulassung zudem nur beanspruchen, wenn es sich um *widmungsgemäße Veranstaltungen* örtlichen Charakters mit örtlichem Einzugsbereich handelt.[583] 32

Beispiel: Zugangsanspruch eines örtlichen Schwimmvereins (e.V.) zum Hallenbad.[584] 33

Dies bedeutet für *politische Parteien*, dass nach § 10 Abs. 4 i.V.m. Abs. 2 S. 2 GemO nur die *Ortsverbände* (nicht: Landes- oder Bundesverbände) einen Zulassungsanspruch zur Nutzung einer kommunalen Festhalle haben, und dies auch nur für Veranstaltungen, die sich an die örtliche Gemeinschaft richten, was etwa bei der Ausrichtung von Bundes- oder Landesparteitagen nicht der Fall ist.[585] Durch die Widmung der öffentlichen Einrichtung können Parteien und Wählervereinigungen aber zulässigerweise gänzlich von der Benutzung einer öffentlichen Einrichtung ausgeschlossen werden.[586] 34

Beispiel: Ausschluss von Parteiveranstaltungen in Schulräumen.[587] Eine Gemeinde kann auch die widmungsfremde Überlassung von Schulhallen zu Übernachtungszwecken bei Veranstaltungen politischer Parteien generell ablehnen.[588] 35

Für die Zulassung von Parteien gelten zudem Art. 21 Abs. 1 i.V.m. Art. 3 GG und § 5 Abs. 1 PartG. Hiernach haben alle Parteien, solange sie nicht im Verfahren nach Art. 21 Abs. 2 GG vom BVerfG verboten wurden, einen *Anspruch auf Gleichbehandlung* – was insbesondere für den Zugang überörtlicher Parteiverbände bzw. die Durchführung überörtlicher Parteiveranstaltungen relevant wird.[589] 36

e) Grenzen der Zulassung zu öffentlichen Einrichtungen

Der Zulassungsanspruch ist inhaltlich in mehrfacher Hinsicht *beschränkt*. 37

aa) „Im Rahmen des geltenden Rechts"

Der Anspruch besteht nach § 10 Abs. 2 S. 2 GemO nur „im Rahmen des geltenden Rechts". Das geltende Recht ergibt sich aus dem *Widmungszweck* sowie den *ge-* 38

---

582 VGH BW, Urt. v. 09.05.1988 – 1 S 355/87.
583 VGH BW, Beschl. v. 16.05.1988 – 1 S 1746/88.
584 BayVGH, Urt. v. 14.05.1997 – 4 B 96.1451.
585 Dazu *Bader,* Jura 2009, 940.
586 Vgl. VG Karlsruhe, Beschl. v. 07.09.2009 – 8 K 2196/09.
587 BayVGH, Beschl. v. 17.02.2011 – 4 CE 11.287, juris Rn. 23; VG Neustadt (Weinstraße), Beschl. v. 17.10.2011 – 3 L 904/11.NW.
588 VGH BW, Beschl. v. 16.05.1988 – 1 S 1746/88.
589 VGH BW, Urt. v. 25.04.1989 – 1 S 1635/88; VGH BW, Beschl. v. 11.05.1995 – 1 S 1283/95.

setzlichen Bestimmungen (Verfassungsrecht, Bundesrecht, Landesrecht, Ortsrecht [Satzungen, Benutzungsvorschriften]).[590]

39 Die Nutzung muss sich zunächst im Rahmen der Widmung halten (*„Anstaltszweck"*).[591] Bei der Festsetzung der Zweckbestimmung hat die Gemeinde einen weiten Gestaltungsspielraum.

40 Beispielsweise darf die Gemeinde die Nutzung eines öffentlichen Festplatzes aus sachlichen Gründen auf eine bestimmte Anzahl an Veranstaltungen im Jahr beschränken[592] oder die Benutzung gemeindlicher Plakatanschlagstafeln zu Zwecken privater Meinungsäußerung verbieten.[593]

41 Die Benutzung einer öffentlichen Einrichtung darf zudem nicht gegen *Gesetze*, insbesondere das Grundgesetz, Straf- oder Ordnungswidrigkeitenrecht oder Ortsrecht verstoßen.[594]

42 So dürfen im Rahmen einer politischen Veranstaltung, die in einer öffentlichen Einrichtung abgehalten wird, die Grenzen der Meinungsfreiheit (Art. 5 Abs. 1, 2 GG) nicht überschritten werden. Dass die Veranstaltung und die auf ihr geäußerten Meinungen nur „unerwünscht" sind, begrenzt die Zulassung danach noch nicht.[595] Eine wegen der Gefahr der *Volksverhetzung* (§ 130 StGB) voraussichtlich rechtswidrige Nutzung einer öffentlichen Einrichtung kann dagegen auch einer zugelassenen Partei versagt werden.[596] Die Nutzung einer öffentlichen Einrichtung für eine Veranstaltung, die gewalttätige Gegenreaktionen erwarten lässt, darf einer zugelassenen Partei als „Nichtstörerin" i.S.d. 9 PolG nur unter den dort normierten strengen Voraussetzungen versagt werden.[597] Veranstaltungen von Gruppierungen am Rande des politischen Spektrums verstoßen unabhängig vom Thema der Veranstaltung dann gegen höherrangiges Recht, wenn die Gruppierungen vom Bundesverfassungsgericht nach Art. 21 GG für verfassungswidrig erklärt oder etwa nach § 3 Vereinsgesetz verboten wurden.[598]

bb) „Nach gleichen Grundsätzen"

43 § 10 Abs. 2 S. 2 GemO hebt hervor, dass die Einwohner berechtigt sind, die öffentlichen Einrichtungen **„nach gleichen Grundsätzen"** zu benutzen. In der Sache handelt es sich dabei lediglich um einen besonderen gesetzlichen Hinweis auf das Gleichbehandlungsgebot des Art. 3 GG: Allen Einwohnern ist das Nutzungsrecht unter den gleichen Voraussetzungen ohne persönliche Bevorzugung einzelner einzuräumen.[599]

44 Aus dem Gleichbehandlungsgebot folgt auch die Pflicht zur *Wettbewerbsneutralität* bei der Zulassung (Verbot des Konkurrentenschutzes).[600] Unzulässig ist mit Blick auf Art. 3 GG zudem der generelle Vorrang *eigener Reservierungswünsche* der Gemeinde.[601]

---

590 *Kunze/Bronner/Katz*, GemO, § 10 Rn. 18.
591 Vgl. VGH BW, Beschl. v. 29.10.1997 – 1 S 2629/97; BayVGH, Urt. v. 14.05.1997 – 4 B 96.1451; *Axer*, NVwZ 1996, 114.
592 VGH BW, Beschl. v. 11.10.1988 – 1 S 2768/88.
593 VGH BW, Beschl. v. 04.05.1998 – 1 S 749/97.
594 Vgl. etwa VG Stuttgart, Beschl. v. 13.10.2008 – 7 K 3583/08.
595 VGH BW, VBlBW 1983, 35; VGH BW, Beschl. v. 14.04.1989 – 1 S 952/89.
596 Hess VGH, Beschl. v. 24.02.1993 – 6 TG 414/93. Siehe aber auch BayVGH, Urt. v. 09.10.2007 – 24 B 06.3067, juris Rn. 36 (Redeverbot als milderes Mittel).
597 Vgl. auch Hess VGH, Beschl. v. 24.02.1993 – 6 TG 414/93 (keine Zurechnung einer Gegendemonstration über die Figur des „Zweckveranlassers").
598 BayVGH, Beschl. v. 21.01.1988 – 4 CE 87.3883, NJW 1989, 2491 (2492).
599 *Kunze/Bronner/Katz*, GemO, § 10 Rn. 19.
600 VGH BW, Urt. v. 09.05.1988 – 1 S 355/87; Hess VGH, Beschl. v. 13.02.1985 – 2 TG 151/85.
601 VGH BW, Beschl. v. 05.10.1993 – 1 S 2333/93.

I. Schaffung öffentlicher Einrichtungen für die Einwohner

Besondere Bedeutung erlangt der Grundsatz der Gleichbehandlung in Fällen, in denen die **Kapazität** einer Einrichtung nicht ausreicht, um die Nachfrage zu erfüllen. Ein Anspruch auf *Ausweitung* der zur Verfügung stehenden Kapazität besteht nicht. Es kann also lediglich darum gehen, die zur Verfügung stehende Kapazität nach *sachgerechten Kriterien* unter den Interessenten aufzuteilen. Der rechtlich gebundene Zugangsanspruch wandelt sich in einem solchen Fall in einen Anspruch auf Teilhabe an den „knappen Ressourcen" der öffentlichen Einrichtung und damit in einen Anspruch auf fehlerfreie Ermessensentscheidung.[602] **45**

Welche **Auswahlkriterien** angemessen sind, muss im Einzelfall entschieden werden.[603] Unter Umständen kann auch eine Kombination verschiedener Kriterien geboten sein. Anerkannt wurden u.a. das Prioritätsprinzip („wer zuerst kommt mahlt zuerst)[604] sowie der Grundsatz der Wirtschaftlichkeit.[605] Zulässige Maßstäbe für die Ermessensausübung können auch das Prinzip "bekannt und bewährt"[606] sowie andere sachangemessene Gesichtspunkte wie soziale Kriterien (z.B. bei Kindergärten), Ausstattung, technischer Standard, Anziehungskraft, Beitrag zur Tradition, Platzbedarf, Ortsansässigkeit, steuerlicher Wohnsitz bis hin zum Lossystem[607] sein. **46**

Unzulässig ist es aber, bei einer planbaren Auswahl (z.B. Bewerber für Standplätze auf einem Weihnachtsmarkt) einen an sich geeigneten Bewerber durch ein Zulassungssystem *auf Dauer gänzlich auszuschließen*,[608] was der Anwendung des Prioritätsprinzips sowie des Prinzips „bekannt und bewährt" Schranken setzt. Dieser Anforderung kann beispielsweise durch Einführung eines „rollierenden" Zulassungssystems, das Neubewerbern „in einem erkennbaren zeitlichen Turnus"[609] eine Zulassungschance eröffnet, begegnet werden.[610] **47**

cc) Abwehr von Störungen

Bei konkret zu erwartender **Schädigung** der öffentlichen Einrichtung oder **Nichteinhaltung der Benutzungsordnung**[611] darf die Zulassung nach der Rspr. des VGH BW unter Beachtung des Verhältnismäßigkeitsgrundsatzes eingeschränkt werden. Das gilt auch bei Bestehen eines Anschluss- und Benutzungszwangs. Bei einer „Veranstaltung mit gefahr- oder schadensgeneigtem Charakter"[612] kann die Zulassung von einer Haftungsübernahme des Veranstalters für Schäden, die von ihm **48**

---

602 BayVGH, Beschl. v. 02.12.2003 – 7 CE 03.2722.
603 Zu den Vorzügen und Nachteilen der einzelnen Verteilungskriterien vgl. *Schmidt,* Kommunalrecht, § 18 Rn. 634 ff. Die Nutzerauswahl darf nicht allein einem Privaten überlassen werden: VG Augsburg, Beschl. v. 07.07.2005 – Au 5 E 05.629, juris Rn. 45 f.; VG Stuttgart, Beschl. v. 11.07.2006 – 4 K 2292/06, juris (zu § 69 f. GewO); dazu auch *Donhauser,* NVwZ 2010, 931 (932 f.). Zur vollständigen Privatisierung vgl. unter § 19 Rn. 179 ff.
604 Eingehend *Voßkuhle,* Die Verwaltung 32 (1999), 21; vgl. auch BayVGH, BayVBl. 1982, 658.
605 OVG NW, Urt. v. 23.10.1968 – III A 1522/64, OVGE 24, 175 (182).
606 BVerwG, Beschl. v. 14.09.1981 – 7 B 217/80 (Volksfest); BayVGH, Urt. v. 14.05.1997 – 4 B 96.1451: Kein sachgerechtes Auswahlkriterium bei der Zulassung zu Hallenbädern.
607 OVG Nds, Urt. v. 16.06.2005 – 7 LC 201/03, juris Rn. 31.
608 BVerwG, Urt. v. 18.02.1976 – VIII C 14.75, GewArch. 1976, 379.
609 BVerwG, Urt. v. 27.04.1987 – 1 C 24/82 (für festgesetzten Jahrmarkt nach §§ 69, 70 GewO); VG Karlsruhe, Urt. v. 17.05.2004 – 2 K 822/04.
610 VG Stuttgart, Urt. v. 29.09.2000 – 4 K 1878/00: Zulassungschance im Fünf-Jahres-Rhythmus akzeptabel; dagegen OVG Saarl, Beschl. v. 14.09.2010 – 3 B 268/10: Zeitraum von fünf Jahren zu lang gewählt.
611 BayVGH, Beschl. v. 14.09.1990 – 4 CE 90.2468, NVwZ 1991, 906.
612 VGH BW, Beschl. v. 25.05.1990 – 1 S 1103/90.

selbst oder Dritten verursacht werden,[613] einer Sicherheitsleistung in angemessener Höhe (Kaution, Bürgschaft) oder dem Abschluss einer Haftpflichtversicherung[614] abhängig gemacht werden.

49 Eine Rechtfertigung hierfür ergibt sich aus der Aufgabe der Gemeinden, ihre Vermögensgegenstände wirtschaftlich und pfleglich zu behandeln (§ 91 Abs. 2 S. 1 GemO).[615] Derartige Einschränkungen können etwa durch Nebenbestimmungen nach § 36 LVwVfG zum Zulassungs-Verwaltungsakt erfolgen, oder dadurch, dass die Zulassungsentscheidung von einer vertraglichen Regelung (§§ 54 ff. LVwVfG) zum Ersatz drohender Schäden und der Leistung bestimmter Sicherheiten abhängig gemacht wird. Teilweise wird diese Rechtsprechung kritisiert: Der Gemeinde sei es verwehrt, im Rahmen der Prüfung des Zulassungsanspruchs Erwägungen anzustellen, die in den Zuständigkeitsbereich der Polizei- und Ordnungsbehörden fallen.[616]

50 Störer können von der Nutzung der öffentlichen Einrichtung auch nachträglich **ausgeschlossen** werden. Die Ermächtigungsgrundlage hierfür ist umstritten. Teilweise wird diese Befugnis auf die allgemeinen kommunalrechtlichen Regeln über die Berechtigung zum Betrieb öffentlicher Einrichtungen *(§ 10 Abs. 2 GemO)*,[617] teilweise auf die *gewohnheitsrechtliche Anstaltsgewalt*[618] und teilweise auf die *polizeiliche Generalklausel*[619] (Funktionsfähigkeit öffentlicher Einrichtungen als Teil der von § 1 PolG geschützten öffentlichen Sicherheit) gestützt.

6. Regelung des Benutzungsverhältnisses

a) Wahlfreiheit der Kommune

51 Nicht nur bei der Wahl der Organisationsform, sondern auch bei der Ausgestaltung der **Rechtsbeziehungen mit den Nutzern** der Einrichtung („Benutzungsverhältnis") steht der Gemeinde ein Wahlrecht zu.

52 Betreibt die Gemeinde eine öffentliche Einrichtung unmittelbar selbst oder bedient sie sich hierfür öffentlich-rechtlicher Organisationsformen, steht es in ihrem Ermessen, ob sie die Rechtsbeziehungen zu den Benutzern der Einrichtung *öffentlich-rechtlich* oder *privatrechtlich* regeln will.[620] Dieses Wahlrecht gilt auch dann, wenn die Leistungsgewährung mit einem *Anschluss- und Benutzungszwang* (vgl. § 11 GemO) verknüpft ist.[621] Wenn ein Leistungsaustausch auf öffentlichem Zwang beruht, ist zwar für die Zwangsbeziehung selbst das Privatrecht ausgeschlossen, nicht jedoch die Möglichkeit, für die *Abwicklung* auf das Privatrecht zurückzugreifen.[622]

53 Ob das Nutzungsverhältnis öffentlich-rechtlicher oder privatrechtlicher Natur ist, muss durch **Auslegung** ermittelt werden. *Kriterien* hierfür sind die gewählten Hand-

---

613 VGH BW, Beschl. v. 09.04.1987 – 1 S 851/87.
614 VGH BW, Beschl. v. 23.05.1989 – 1 S 1303/89.
615 VGH BW, Beschl. v. 25.05.1990 – 1 S 1103/90; *Burgi*, Kommunalrecht, § 16 Rn. 30 ff.
616 *Vollmer*, DVBl. 1989, 1087 ff.
617 OVG NW, Urt. v. 28.11.1994 – 22 A 2478/93 (Ausschluss aus Musikschulchor).
618 Kritisch hierzu – insbesondere bei grundrechtsrelevanten Eingriffen – VGH BW, Beschl. v. 12.02.1993 – 10 S 101/93.
619 VGH BW, Beschl. v. 19.06.1991 – 1 S 1268/91.
620 Vgl. VGH BW, Beschl. v. 30.11.1988 – 2 S 1140/87, NVwZ-RR 1989, 267 (268); BGH, Urt. v. 28.01.1991 – III ZR 49/90; BayVerfGH, Entsch. v. 27.03.1998 – Vf. 8-VI-97.
621 BVerwG, Urt. v. 06.04.2005 – 8 CN 1/04, juris Rn. 27; BGH, Urt. v. 10.01.1991 – III ZR 100/90, juris Rn. 11.
622 BGH, Urt. v. 11.10.1990 – III ZR 169/89.

I. Schaffung öffentlicher Einrichtungen für die Einwohner

lungsformen für die Zulassung zur Einrichtung (Verwaltungsakt/ öffentlich-rechtlicher Vertrag oder privatrechtlicher Vertrag), die Art der Gegenleistung für die Benutzung (Gebühr oder Entgelt), die Art und Weise und die äußere Form, in der die Benutzungsordnung aufgestellt ist (Satzung, öffentlich-rechtliche Anstaltsordnung oder allgemeine Benutzungsbedingungen in Form von AGB), die Form der Veröffentlichung, der systematische Zusammenhang der Regelungen, die Art der Entscheidungsbefugnisse (einseitig oder nicht) sowie ein möglicher Hinweis auf Rechtsmittel.[623] Wenn die Benutzungsbedingungen nicht eindeutig eine privatrechtliche Ausgestaltung erfahren haben, ist *im Zweifel* von einem öffentlich-rechtlichen Benutzungsverhältnis auszugehen.[624]

54 Die Festsetzung von *Benutzungsgebühren* kann nur auf der Grundlage einer kommunalen Satzung erfolgen (vgl. § 13 Abs. 1 i.V.m. § 2 KAG). Eine *privatrechtliche Regelung* zur Kostenabgeltung ist jedoch auch dann möglich, wenn das Benutzungsverhältnis hoheitlich und damit öffentlich-rechtlich ausgestaltet ist. Die gegenteilige frühere Rechtsprechung des VGH BW[625] ist durch § 13 Abs. 2 KAG n.F. überholt.

55 Wird eine öffentliche Einrichtung dagegen durch ein *Rechtssubjekt des Privatrechts* (GmbH, AG) betrieben, unterliegt das Benutzungsverhältnis immer dem Privatrecht, also zivilrechtlichen vertraglichen Regelungen. Einem Privatrechtssubjekt stehen öffentlich-rechtliche Handlungsformen nicht zur Verfügung. Eine Ausnahme hiervon gilt nur für den Fall, dass das Privatrechtssubjekt zugleich *beliehener Hoheitsträger* ist.

56 Bei öffentlich-rechtlicher Ausgestaltung des Benutzungsverhältnisses wird mit der immer dem öffentlichen Recht angehörenden Zulassung in einem einheitlichen Vorgang („einstufig") ein Benutzungsverhältnis begründet. Bei privatrechtlicher Ausgestaltung des Benutzungsverhältnisses muss neben der öffentlich-rechtlichen Zulassung noch eine privatrechtliche Regelung getroffen werden („*Zweistufentheorie*").[626]

b) Inhaltliche Ausgestaltung

57 Die **Einzelheiten der Benutzung** (z.B. Verhaltenspflichten, Haftungsregelungen, Entgeltfragen) sind bei öffentlich-rechtlichem Benutzungsverhältnis durch Satzung, Verwaltungsakt,[627] Benutzungsordnung[628] oder öffentlich-rechtlichen Vertrag, bei privatrechtlichem Benutzungsverhältnis in der Regel durch allgemeine Geschäftsbedingungen (AGB) zu regeln. In beiden Fällen hat die Gemeinde einen weiten Gestaltungsspielraum.

58 Inhaltlich ist das Benutzungsverhältnis so auszugestalten, dass der *Widmungszweck* erreicht und **höherrangiges Recht** beachtet wird. Insbesondere sind die *verfassungsrechtlichen Vorgaben* einzuhalten.[629] Beispielsweise darf eine Obdachlosenun-

---

623 Vgl. hierzu VGH BW, Beschl. v. 30.11.1988 – 2 S 1140/87, NVwZ-RR 1989, 267; BGH, Urt. v. 11.10.1990 – III ZR 169/89.
624 VGH BW, Beschl. v. 30.10.1986 – 9 S 2497/86; VGH BW, Beschl. v. 30.11.1988 – 2 S 1140/87.
625 VGH BW, Urt. v. 11.05.1995 – 2 S 2568/92.
626 *Aker/Hafner/Notheis*, § 10 GemO Rn. 10. Zur Zweistufentheorie und den Konsequenzen für den Rechtsschutz vgl. unten Rn. 68 ff.
627 VGH BW, Urt. v. 11.04.1994 – 1 S 1081/93 (Benutzungsordnung für einen Grillplatz).
628 Sofern nicht der Erlass einer Satzung vorgeschrieben ist, vgl. etwa § 15 BestattG.
629 Vgl. etwa BayVGH, Beschl. v. 04.02.1997 – 4 CS 96.3560: Durch gemeindliche Satzung kann kein Recht zum Betreten einer Wohnung durch Beauftragte der Stadt begründet werden, da es sich nicht um ein formelles Gesetz i.S.d. Art. 13 Abs. 7 GG handelt.

terkunft nicht gegen die Menschenwürde verstoßen.[630] In Grundrechte eingreifende Benutzungsregelungen bedürfen einer dem Gesetzesvorbehalt genügenden Rechtsgrundlage[631] und müssen durch den Einrichtungszweck ("Anstaltszweck") gerechtfertigt sowie verhältnismäßig sein.[632]

59 Eine verfassungsrechtliche Rechtfertigung kann beispielsweise beim Verbot der Haltung von bestimmten Tieren in Obdachlosenunterkünften gegeben sein;[633] sie ist hingegen nicht gegeben bei einem generellen Verbot „schwarz polierter Grabsteine" in einer Friedhofsordnung (unverhältnismäßiger Eingriff in das durch Art. 2 Abs. 1 GG geschützte Recht des Verstorbenen und seiner Angehörigen, über Bestattungsart, Gestaltung und Pflege der Grabstätte zu entscheiden).[634]

60 Sofern es sich um kommunale Einrichtungen im Bereich der *Leistungsverwaltung* handelt, die ausschließlich freiwillig in Anspruch genommen werden (Bsp.: Hallenbad), sind Beschränkungen innerhalb des Benutzungsverhältnisses häufig nicht grundrechtsrelevant und können in diesem Falle auch durch nichtförmliche Benutzungsordnungen erfolgen.

61 Bei privatrechtlicher Ausgestaltung des Benutzungsverhältnisses gelten die Grundsätze des *Verwaltungsprivatrechts*.[635]

c) Haftungsfragen

62 Von der Ausgestaltung des Benutzungsverhältnisses hängt auch ab, nach welchen Bestimmungen **Haftungsfragen** zu beurteilen sind.

63 Ist das Benutzungsverhältnis **öffentlich-rechtlich** ausgestaltet, entsteht – sofern die Benutzung nicht ohnehin durch einen öffentlich-rechtlichen Vertrag geregelt wird – zwischen Gemeinde und Benutzer ein *verwaltungsrechtliches Schuldverhältnis*.[636] Für Leistungsstörungen und sonstige Pflichtverletzungen haften Gemeinde[637] bzw. Benutzer[638] nach vertraglichen und vertragsähnlichen Grundsätzen. Die Vorschriften des BGB, insbesondere zum Verschulden (§ 276 BGB) und zur Verschuldenszurechnung (§ 278 BGB), sind sinngemäß anzuwenden,[639] sei es im Wege der Analogie, sei es als Ausdruck allgemeiner Rechtsgrundsätze.

64 Beispiel: Infolge von Mängeln im kommunalen Schlachthof wird Fleisch ungenießbar.[640]

65 Nach der Rechtsprechung kann die Gemeinde die Haftung aus einem verwaltungsrechtlichen Schuldverhältnis – mit Ausnahme der Haftung für Vorsatz (§ 276 Abs. 3

---

630 Vgl. etwa VGH BW, Beschl. v. 24.02.1993 – 1 S 279/93.
631 VGH BW, Beschl. v. 12.02.1993 – 10 S 101/93.
632 *Püttner*, Kommunalrecht Baden-Württemberg, 3. Aufl. 2004, Rn. 85.
633 Vgl. OVG Lüneburg, Urt. v. 13.06.1985 – 12 C 5/84, DÖV 1986, 341 m.w.N.
634 VGH BW, Urt. v. 16.10.1996 – 1 S 3164/95. Der Erlass und Inhalt einer Friedhofsordnung wird durch § 15 BestattG näher festgelegt.
635 Vgl. etwa BGH, Urt. v. 05.04.1984 – III ZR 12/83; BVerwG, Beschl. v. 29.05.1990 – 7 B 30.90. Näher dazu unter § 10 Rn. 35 ff.
636 Allgemein dazu *Maurer*, Allgemeines Verwaltungsrecht, 18. Aufl. 2011, § 29.
637 BGH, Entsch. v. 04.10.1972 – VIII ZR 117/71; BGH, Urt. v. 17.05.1973 – III ZR 68/71.
638 BVerwG, Urt. v. 01.03.1995 – 8 C 36.92 (Schäden aus der Einleitung betonaggressiver Abwässer aus deren Fabrik in die städtische Kanalisation).
639 Ein Recht auf Gebührenminderung bei mangelhaft erbrachter Leistung in Analogie zu zivilrechtlichen Vorschriften besteht nach Auffassung des VGH BW dagegen nicht, vgl. VGH BW, Urt. v. 22.09.1975 – I 181/74; a.A. für Leistungsstörungen von „gewissem Gewicht" OVG RP, Urt. v. 09.02.2006 – 7 A 11037/05, juris Rn. 35; OVG Nds, Beschl. v. 13.01.2010 – 9 LA 205/08, juris Rn. 5.
640 BGH, Urt. v. 17.05.1973 – III ZR 68/71.

BGB) – *beschränken*. Eine solche Beschränkung ist auch durch Satzung möglich. Allerdings darf dem Benutzer hierdurch kein unbilliges Opfer abverlangt werden. Die Beschränkung der Haftung muss durch sachliche Gründe gerechtfertigt sein und den Grundsätzen der Erforderlichkeit und der Verhältnismäßigkeit entsprechen.[641] Sie darf auch nicht im Widerspruch stehen zu den allgemeinen fürsorgerischen Aufgaben der Gemeinde und darf die Verantwortung für Schäden nicht ausschließen, die auf offensichtliche Missstände zurückzuführen sind.[642] Für die öffentliche Wasserversorgung ist die Möglichkeit der Haftungsbeschränkung durch die Gemeinde nach Maßgabe des § 6 AVBWasserV zulässig, für die Elektrizitätsversorgung ist § 18 NAV zu beachten.

Neben Ansprüchen aus verwaltungsrechtlichem Schuldverhältnis können den Benutzern *weitere Haftungsansprüche* gegen die Gemeinde zustehen. Zu denken ist insbesondere an Schadensersatz aus Amtshaftung (§ 839 BGB/Art. 34 GG) oder Entschädigung aus den richterrechtlich entwickelten Instituten des enteignenden oder enteignungsgleichen Eingriffs.[643] Die Möglichkeit einer Haftungsbeschränkung entsprechend § 276 Abs. 3 BGB besteht bei der Amtshaftung nicht.[644] Im Einzelfall können auch spezialgesetzliche Anspruchsgrundlagen eingreifen, etwa § 2 HPflG (Gefährdungshaftung für Rohrleitungsanlagen[645]) oder § 89 WHG (Gefährdungshaftung für negative Gewässerveränderungen[646]). **66**

Bei **privatrechtlichem Benutzungsverhältnis** haften die Gemeinde und die Benutzer nach den allgemeinen zivilrechtlichen vertraglichen und deliktischen Regelungen. Ähnlich wie bei öffentlich-rechtlichem Benutzungsverhältnis kann auch bei privatrechtlichem Nutzungsverhältnis die Gemeinde ihre Haftung begrenzen. Soweit das Benutzungsverhältnis durch allgemeine Geschäftsbedingungen geregelt ist, gelten die §§ 305 ff. BGB. **67**

7. Rechtsschutz

Bei **Rechtsschutzfragen** ist danach zu unterscheiden, ob das Rechtsschutzbegehren auf *Zulassung* zu einer öffentlichen Einrichtung gerichtet ist („ob" der Nutzung) oder ob es lediglich *Modalitäten der Benutzung* betrifft („wie" der Nutzung). **68**

Bei dem sich aus § 10 Abs. 2 GemO ergebenden **Anspruch auf Zulassung** zu öffentlichen Einrichtungen handelt es sich um öffentliches Sonderrecht,[647] für dessen Durchsetzung der *Verwaltungsrechtsweg* (§ 40 Abs. 1 VwGO) eröffnet ist. Die öffentlich-rechtliche Zuordnung gilt auch dann, wenn ein Nichteinwohner diesen Anspruch geltend macht und die Einrichtung nach ihrem Widmungszweck auch für Nichteinwohner offen steht.[648] Die richtige *Klageart* hängt davon ab, ob die Zulassung durch Verwaltungsakt (dann Verpflichtungsklage, § 42 Abs. 1 VwGO) oder durch öffentlich- **69**

---

641 BGH, Urt. v. 21.06.2007 – III ZR 177/06, juris Rn. 8.
642 BGH, Urt. v. 17.05.1973 – III ZR 68/71; a.A. *Reiter*, BayVBl. 1990, 711, der eine formellgesetzliche Grundlage fordert.
643 BGH, Urt. v. 11.03.2004 – III ZR 274/03.
644 BGH, Urt. v. 17.05.1973 – III ZR 68/71, Rn. 26 (für die Amtshaftung); BGH, Urt. v. 21.06.2007 – III ZR 177/06, juris Rn. 9; a.A. BayVGH, Urt. v. 17.10.1984 – 5 B 83 A.1134, NVwZ 1985, 844.
645 BGH, Beschl. v. 30.04.2008 – III ZR 5/07.
646 BGH, Urt. v. 16.05.1983 – III ZR 89/82 (zu § 22 WHG a.F.): Schädigung einer Fischzucht durch gemeindliche Abwässer.
647 VGH BW, Beschl. v. 07.07.1975 – I 884/74, ESVGH 25, 203 (204); BVerwG, Beschl. v. 19.05.1990 – 7 B 30.90, NVwZ 1991, 59.
648 VGH BW, Beschl. v. 30.10.1986 – 9 S 2497/86.

rechtlichen Vertrag (dann Feststellungsklage, § 43 VwGO) erfolgen soll. Prozessuale Besonderheiten sind zu beachten, wenn ein Zulassungsbegehren unter Hinweis auf eine Kapazitätserschöpfung abgelehnt wurde („Konkurrentenklage").[649]

70 Wird eine öffentliche Einrichtung in *Privatrechtsform* betrieben (GmbH, AG), wandelt sich der Zulassungsanspruch gegenüber der Gemeinde in einen *Zulassungsverschaffungsanspruch*, also in einen Anspruch auf Ausübung der kommunalen Einwirkungsbefugnisse gegenüber der privatrechtlichen Organisation zur Durchsetzung des dem Einwohner zustehenden Zulassungsanspruchs.[650] Für die Durchsetzung des Anspruchs im Wege der allgemeinen Leistungsklage ist ebenfalls der Verwaltungsrechtsweg eröffnet. Alternativ kann auch *unmittelbar* gegen die in Privatrechtsform betriebene Einrichtung ein aus Art. 3 GG oder §§ 138, 826 BGB abgeleiteter Zugangsanspruch geltend gemacht werden, der den Grundsätzen des „Verwaltungsprivatrechts" folgt. Hierfür ist jedoch – soweit das beklagte Privatrechtssubjekt nicht ausnahmsweise durch Gesetz oder aufgrund eines Gesetzes zu öffentlich-rechtlichem Handeln ermächtigt ist – der ordentliche Rechtsweg (§ 13 GVG) eröffnet.[651]

71 Der Rechtsweg für Streitigkeiten über das **„Wie"** der Benutzung ist davon abhängig, ob das Benutzungsverhältnis öffentlich-rechtlich (öffentlich-rechtliche Benutzungsordnung, öffentlich-rechtlicher Vertrag, Verwaltungsakt) oder privatrechtlich (allgemeine Benutzungsbedingungen, privatrechtlicher Vertrag) ausgestaltet ist. Wählt die Gemeinde *Privatrecht*, sind das Rechtsverhältnis und damit auch der Rechtsweg zweistufig (Zweistufentheorie).[652] Zu beachten ist jedoch, dass auch dem „Wie" der Benutzung unterfallende Ansprüche kraft gesetzlicher Zuweisung selbst bei öffentlich-rechtlicher Ausgestaltung des Benutzungsverhältnisses dem ordentlichen Rechtsweg unterliegen können. So ist für Schadensersatzansprüche aus Amtshaftung stets der ordentliche Rechtsweg gegeben (Art. 34 S. 3 GG). Auch Schadensersatzansprüche aus verwaltungsrechtlichem Schuldverhältnis[653] oder Entschädigungsansprüche aus enteignungsgleichem Eingriff[654] sind vor den ordentlichen Gerichten geltend zu machen (§ 40 Abs. 2 VwGO).

8. Schließung und Privatisierung einer öffentlichen Einrichtung

72 Für die **Schließung** einer öffentlichen Einrichtung gelten dieselben Grundsätze wie für ihre Schaffung. Bei freiwilligen Aufgaben entscheidet die Gemeinde nach *pflichtgemäßem Ermessen*, ob sie eine einmal errichtete öffentliche Einrichtung fortführt, schließt oder im Sinne einer materiellen Privatisierung die Trägerschaft der öffentlichen Einrichtung auf einen Privaten überträgt, ohne sich selbst für die Zukunft Einwirkungsbefugnisse vorzubehalten. Die Schließung einer öffentlichen Einrichtung

---

649 Dazu *Rennert*, DVBl. 2009, 1333; zu einer Marktzulassung OVG Nds, Beschl. v. 17.11.2009 – 7 ME 116/09.
650 BVerwG, Beschl. v. 21.07.1989 – 7 B 184.88. Auch im Streit um einen spezialgesetzlichen Zulassungsanspruch aus § 70 GewO ist nach h.M. auch bei Einschaltung privatrechtlicher Verwaltungshelfer der Verwaltungsrechtsweg eröffnet, vgl. *Ennuschat*, in: Tettinger/Wank/Ennuschat, GewO, § 70 Rn. 65 m.w.N.; ähnlich BayVGH, Urt. v. 23.03.1988 – 4 B 86.02336, NVwZ-RR 1988, 71; a.A. VG Neustadt, Beschl. v. 17.06.2008 – 4 L 614/08.NW, juris Rn. 14ff.
651 BVerwG, Beschl. v. 29.05.1990 – 7 B 30.90.
652 Vgl. BVerwG, Beschl. v. 29.05.1990 – 7 B 30.90. Weiterführend zur Zweistufentheorie (insbesondere zur Vergabe öffentlicher Aufträge unterhalb der Schwellenwerte) *Siegel*, DVBl. 2007, 942 f. m.w.N.
653 BGH, Urt. v. 13.10.1977 – III ZR 122/75.
654 Näher dazu *Maurer*, Allgemeines Verwaltungsrecht, 18. Aufl. 2011, § 27 Rn. 116.

wird regelmäßig nicht lediglich als tatsächliches Handeln, sondern als Organisationsakt in Form eines (dinglichen) Verwaltungsakts zu qualifizieren sein.[655]
In einer neueren Entscheidung ist das BVerwG hingegen überraschend von seiner bisherigen Rechtsprechung[656] abgewichen: Aus der verfassungsrechtlichen Garantie der kommunalen Selbstverwaltung (Art. 28 Abs. 2 S. 1 GG) folge, dass sich eine Gemeinde im Interesse der wirksamen Wahrnehmung der Angelegenheiten der örtlichen Gemeinschaft nicht ihrer gemeinwohlorientierten Handlungsspielräume begeben dürfe. Die *materielle Privatisierung* eines kulturell, sozial und traditionsmäßig bedeutsamen Weihnachtsmarktes stehe damit nicht in Einklang. Eine Gemeinde könne sich nicht ihrer hierfür bestehenden *Aufgabenverantwortung* entziehen.[657] Neu ist an dieser Entscheidung, dass das BVerwG Art. 28 Abs. 2 GG nicht lediglich als institutionelle Garantie zur eigenverantwortlichen Durchführung aller Aufgaben der örtlichen Gemeinschaft und damit als Schutzrecht zugunsten der Gemeinden versteht, sondern die Gemeinde zur Aufrechterhaltung eines einmal freiwillig übernommenen Aufgabenbestandes verpflichtet und hieraus ein **Verbot der materiellen Privatisierung** sowie der Schließung öffentlicher Einrichtungen ableitet. Bei richtigem Verständnis enthält Art. 28 Abs. 2 GG jedoch keine solche Garantie für den unveränderten Fortbestand gemeindlicher Aufgaben.[658]

73

II. Teilhabe der Einwohner an kommunalen Vergünstigungen

Gemeinden gewähren ihren Einwohnern Vorteile nicht nur durch die Errichtung kommunaler Einrichtungen, sondern auch zahlreiche **Vergünstigungen anderer Art**, meist im Bereich der *Daseinsvorsorge*. Beispielsweise stellen Gemeinden an Einwohner im Rahmen kommunaler Siedlungspolitik *preisgünstige Baugrundstücke* zur Verfügung, sie geben *Zuschüsse* und weiteres mehr.

74

Entscheidungen dieser Art unterliegen im Rahmen des Selbstverwaltungsrechts einem *weiten kommunalen Gestaltungsspielraum*. Grenzen ergeben sich aus Recht und Gesetz, speziell der GemO (§§ 77 f., 91 f. GemO), aus der Verfassung sowie aus Europarecht. Hiernach ist es etwa unzulässig,

75

- Vergünstigungen gegenüber dem Bürger von sachwidrigen wirtschaftlichen Gegenleistungen abhängig zu machen (Kopplungsverbot, vgl. §§ 56, 59 Abs. 2 Nr. 4 VwVfG, § 11 Abs. 2 BauGB),[659]
- Förderungsleistungen ohne entsprechende Rechtsgrundlage an private Vereine zu erbringen, die gegen durch Art. 4 GG geschützte Religionsgemeinschaften kämpfen,[660] oder
- Zuschüsse unter Verstoß gegen das Wirtschaftlichkeitsgebot des § 77 Abs. 2 GemO oder für Aktivitäten zu geben, die gegen die guten Sitten verstoßen.[661]

---

655 VG Karlsruhe, Beschl. v. 27.05.2004 – 5 K 1461/04 (Abfallsauganlage); Hess VGH, Beschl. v. 25.08.1988 – 5 TG 3303/88 (Schlachthof); a.A. OVG Bbg, Beschl. v. 30.12.1996 – 4 B 175/96 (Kindertagesstätte). Weiterführend *Dietlein*, Jura 2002, 445.
656 BVerwG, Urt. v. 21.07.1964 – I C 60.61.
657 BVerwG, Urt. v. 27.05.2009 – 8 C 10.08 ("Offenbacher Weihnachtsmarkt").
658 Dazu auch unter § 19 Rn. 183 ff.; zudem *Donhauser*, NVwZ 2010, 931 (933 f.); *Schoch*, DVBl. 2009, 1533.
659 Vgl. etwa OVG Lüneburg, Urt. v. 03.05.2006 – 1 LC 170/04.
660 BVerwG, Urt. v. 27.03.1992 – 7 C 21.90.
661 BayVGH, Urt. v. 27.05.1992 – 4 B 91.90, juris Rn. 20, 23.

76 Umstritten ist, inwieweit die *Vergabe von Grundstücken* unter anderem mit Blick auf Art. 18 AEUV (Diskriminierungsverbot), Art. 49 AEUV (Niederlassungsfreiheit) und Art. 63 AEUV (Freiheit des Kapitalverkehrs) vom Besitz der deutschen Staatsangehörigkeit oder des Bürgerrechts in einer Gemeinde abhängig gemacht werden darf bzw. Einheimische, etwa durch *verbilligte Grundstückspreise*,[662] bevorzugt werden dürfen („Einheimischenmodelle"). Nach Auffassung des EuGH können Kriterien der Sozialwohnungspolitik, die den Immobilienbedarf der *weniger begüterten einheimischen Bevölkerung* decken sollen, unionsrechtlich zulässig sein.[663] Auf die *Angemessenheit* und *Verhältnismäßigkeit* solcher Regelungen ist jedoch besonderes Augenmerk zu richten, damit diese den Eingriff in die Grundfreiheiten rechtfertigen können. Nicht zulässig ist z.B. eine Bevorzugung von Einwohnern oder örtlicher Gewerbetreibender allein aufgrund ihrer lokalen Bindung zur Gemeinde.[664]

III. Anschluss- und Benutzungszwang

1. Allgemeines

77 Die Gemeinde kann bei öffentlichem Bedürfnis durch Satzung für die Grundstücke ihres Gebiets den Anschluss an Wasserleitung, Abwasserbeseitigung, Straßenreinigung, die Versorgung mit Nah- und Fernwärme und ähnliche der Volksgesundheit oder dem Schutz der natürlichen Grundlagen des Lebens einschließlich des Klima- und Ressourcenschutzes dienende Einrichtungen (**Anschlusszwang**) und die Benutzung dieser Einrichtungen sowie der Schlachthöfe (**Benutzungszwang**) vorschreiben (§ 11 Abs. 1 S. 1 GemO). In gleicher Weise kann die Benutzung der Bestattungseinrichtungen vorgeschrieben werden (vgl. § 11 Abs. 1 S. 2 GemO).

78 Der Anschlusszwang hat zum Inhalt, dass jeder, für dessen Grundstück das Gebot des Anschlusszwanges besteht, die zur Herstellung des Anschlusses *notwendigen Vorrichtungen* auf seine Kosten treffen muss. Der Begriff „Anschluss" umfasst jede technische Verbindung eines Grundstücks zur öffentlichen Einrichtung. Sie kann in der Verlegung einer Leitung oder in der Schaffung eines anderen Transportwegs bestehen.

79 Der Benutzungszwang verpflichtet zur *tatsächlichen Inanspruchnahme* einer Einrichtung und verbietet zugleich die Benutzung anderer, vergleichbarer Einrichtungen (z.B. des eigenen Brunnens, der eigenen Heizung). Mit der Benutzungspflicht korrespondiert ein *Anspruch* auf Benutzung der öffentlichen Einrichtung (§ 10 Abs. 2 S. 2 GemO) im Rahmen des tatsächlich und rechtlich Möglichen.[665]

80 Anschluss- und Benutzungszwang sind *nicht zwangsläufig deckungsgleich*. So muss ein Anschlusszwang für eine gemeindliche Einrichtung nicht notwendig durch einen Benutzungszwang ergänzt werden, wenn der Anschluss zur Erreichung des angestrebten Zwecks genügt. Teilweise ist ein Anschlusszwang nicht denkbar, so dass lediglich ein Benutzungszwang angeordnet werden kann (z.B. Bestattungseinrichtungen und Schlachthöfe). Auch sind die *verpflichteten Personen* nicht zwingend identisch; der zum Anschluss Verpflichtete kann zwar zugleich zur Nutzung der Ein-

---

662 Vgl. hierzu BVerwG, Urt. v. 11.02.1993 – 4 C 18.91 (Weilheimer Modell); zur Klauselkontrolle vgl. etwa BGH, Urt. v. 13.10.2006 – V ZR 33/06.
663 EuGH, Urt. v. 08.05.2013 – Rs. C-197/11 (Libert u.a.) u.a.; vgl. dazu *Portz*, KommJur 2013, 201 ff.; *Stüer*, DVBl. 2013, 1044 ff.
664 EuGH a.a.O. Rn. 52 ff.
665 Dazu oben Rn. 25 ff. sowie *Kunze/Bronner/Katz*, GemO, § 11 Rn. 21.

III. Anschluss- und Benutzungszwang

richtung verpflichtet sein, die Gruppe der Benutzer kann sich jedoch auch von derjenigen des Anschlussnehmers unterscheiden.[666]

Für einzelne Sachmaterien finden sich *spezialgesetzliche Rechtsgrundlagen* für einen **81** Anschluss- und Benutzungszwang. Teilweise sind gesetzlich auch sog. *Überlassungspflichten* geregelt, die in der Sache nichts anderes darstellen als die Normierung eines Anschluss- und Benutzungszwangs. Solche Regelungen gehen § 11 GemO als leges speciales vor.[667]

Beispiel: Pflicht zur Überlassung von Abfällen an den zuständigen Entsorgungsträger nach § 17 **82** KrWG; Überlassungspflicht für Abwasser gem. § 46 Abs. 1 S. 2 WG; § 33 BestattG BW.

2. Gegenstände des Anschluss- und Benutzungszwangs

Gegenstand des Anschluss- und Benutzungszwangs sind der *Volksgesundheit* oder **83** dem *Schutz der natürlichen Grundlagen des Lebens* einschließlich des Klima- und Ressourcenschutzes dienende öffentliche Einrichtungen. Für die in § 11 Abs. 1 S. 1 GemO konkret genannten Einrichtungen hat die GemO das Vorliegen dieser Voraussetzungen selbst bejaht.

a) Der Volksgesundheit dienende öffentliche Einrichtungen

aa) Begriff

Für den Begriff der „öffentlichen Einrichtung" gilt § 10 GemO.[668] Damit kann der An- **84** schluss- und Benutzungszwang auch zugunsten einer öffentlichen Einrichtung, die *nicht oder nur teilweise in kommunaler Trägerschaft* steht, oder die *organisationsprivatisiert* wurde, angeordnet werden. Wird eine öffentliche Einrichtung dagegen an einen privaten Dritten veräußert, ohne dass sich die Gemeinde die Möglichkeit vorbehält, auf dessen Geschäftstätigkeit weiterhin maßgeblichen Einfluss zu nehmen („materielle Privatisierung"), so kann ein Anschluss- und Benutzungszwang nicht mehr angeordnet werden.[669]

Einrichtungen dienen „der **Volksgesundheit**", wenn sie die Erhaltung der Gesund- **85** heit der Einwohner fördern.[670] Das Gesetz selbst nennt als solche Einrichtungen die öffentliche Wasserversorgung, die Abwasserbeseitigung sowie die Straßenreinigung. Der Begriff „der Volksgesundheit dienen" ist ein unbestimmter Rechtsbegriff ohne Beurteilungsspielraum, der einer vollen gerichtlichen Überprüfung zugänglich ist. Der frühere Streit darüber, welche neben den im Gesetz aufgezählten Einrichtungen als „ähnliche Einrichtungen" ebenfalls der Volksgesundheit dienen, hat sich in der Praxis dadurch entschärft, dass der Gesetzgeber die praktisch wichtigsten Fällen, nämlich Bestattungseinrichtungen und Nah- und Fernwärmeeinrichtungen, in § 11 Abs. 1 GemO ausdrücklich aufgenommen hat.

---

666 Vgl. VGH BW, Urt. v. 03.10.1962 – IV 416/61, BWVBl 1963, 26 (27).
667 *Kunze/Bronner/Katz*, GemO § 11 Rn. 1a m.w.N.
668 vgl. dazu oben Rn. 2 ff.
669 Sächs. OVG, Urt. v. 03.06.2003 – 4 D 373/99; bestätigt durch BVerwG, Urt. v. 06.04.2005 – 8 CN 1.03.
670 VGH BW, Beschl. v. 12.06.1961 – II 479/60, ESVGH 11, 123.

bb) Einzelne Einrichtungen

86 Der **Anschluss an die Wasserleitung** umfasst alle Einrichtungen und Maßnahmen, die den Benutzer in die Lage versetzen, Frischwasser aus der Wasserleitung zu entnehmen. Die öffentliche Wasserversorgung dient der Volksgesundheit, weil sie überhaupt erst eine ausreichende und zuverlässige Versorgung der Bevölkerung mit gesundheitlich einwandfreiem Trinkwasser sichert oder jedenfalls zu deren Verbesserung beiträgt.[671]

87 Unter der **öffentlichen Abwasserbeseitigung** versteht man alle Einrichtungen und Maßnahmen, die die unschädliche Beseitigung und Reinigung von Niederschlags- und Schmutzwasser ermöglichen (vgl. dazu §§ 56 WHG, 46 Abs. 1, 4 WG BW). Zu ihnen gehören Abwasserkanäle, Klärwerke ebenso wie etwa Transportfahrzeuge für die Entleerung von Hauskläranlagen.

88 Für die **Straßenreinigung** hat § 11 GemO keine praktische Bedeutung mehr. Die Pflicht zur Reinigung der Straßen innerhalb der geschlossenen Ortslage obliegt nach § 41 Abs. 1 StrG den Gemeinden. Für Gehwege kann die Reinigungspflicht nach § 41 Abs. 2 StrG durch gemeindliche Satzung den Straßenanliegern auferlegt werden. Soweit die Gemeinde zu einer solchen Pflichtenauferlegung berechtigt ist, die Reinigungspflicht aber gleichwohl selbst erfüllt, kann sie von den Straßenanliegern nach § 41 Abs. 5 KAG Gebühren erheben.

89 Der Anschluss- und Benutzungszwang kann auch für die **Nah- und Fernwärmeversorgung** eingeführt werden. Gegenstand der Fernwärmeversorgung ist die Zuleitung von Wärme durch Dampf oder Warmwasser für Heizzwecke und den Warmwasserbedarf.[672]

90 Die Gemeinde kann auch den Anschluss an Einrichtungen, die dem **Schutz der natürlichen Lebensgrundlagen einschließlich des Klimaschutzes sowie des Ressourcenschutzes** dienen, anordnen und deren Benutzung vorschreiben. Hierzu gehören etwa Anlagen zur Erd- und Solarwärmenutzung oder auch Biomasse-Heizwerke.[673] Die Erdgasversorgung fällt dagegen nicht hierunter.[674]

91 **Schlachthöfe** sind alle Einrichtungen, die zum Schlachten von Tieren und der Verwertung des Fleisches zu menschlichem Genuss dienen. Für sie kann nur ein Benutzungszwang vorgeschrieben werden.

92 Auch für **Bestattungseinrichtungen** kann ausschließlich ein Benutzungszwang vorgesehen werden. Unter diese Einrichtungen fallen alle Maßnahmen und Einrichtungen, die der menschenwürdigen und hygienischen Bestattung von Verstorbenen dienen. Dies gilt insbesondere für Friedhöfe, Trauerhallen und Krematorien.[675] Einzelheiten regelt das Bestattungsgesetz (vgl. § 33 BestG).[676]

93 Bis 1975 war auch die **Müllabfuhr** als Einrichtung aufgeführt, für die Gemeinden einen Anschluss- und Benutzungszwang einführen konnten. Heute ist in § 17

---

671 BayVGH, Urt. v. 18.08.1987 – 23 B 85 A.2655, DÖV 1988, 301.
672 Zum Schutz der Abnehmer von Nah- und Fernwärme vgl. die AVBFernwärmeV. Aus der Rspr. vgl. BVerwG, Urt. v. 25.01.2006 – 8 C 13.05.
673 Näher *Kunze/Bronner/Katz*, GemO, § 11 Rn. 6.
674 VGH BW, Beschl. v. 25.02.1994 – 5 S 317/93, juris Rn. 25. Zur zulässigen privatrechtlichen Verpflichtung von Grundstückseigentümern zum Erdgasbezug durch die Gemeinde in Grundstückskaufverträgen vgl. *Quecke*, VBlBW 1998, 44.
675 Vgl. hierzu *Weber*, NVwZ 1987, 641.
676 Zu den Grenzen der kommunalen Regelungsbefugnis durch Satzung vgl. etwa BVerwG, Urt. v. 16.10.2013 – 8 CN 1.12; BayVerfGH, Entsch. v. 23.12.2004 – Vf. 6-VII-03; ferner *Burgi*, Kommunalrecht, § 16 Rn. 61 m.w.N.

III. Anschluss- und Benutzungszwang

Abs. 1–3 KrWG bundesrechtlich abschließend eine Überlassungspflicht für bestimmte Abfälle geregelt. Nach § 17 Abs. 1 KrWG sind Erzeuger und Besitzer von Abfällen aus privaten Haushaltungen verpflichtet, diese Abfälle den öffentlich-rechtlichen Entsorgungsträgern zu überlassen. Diese Überlassungspflicht entspricht einem kommunalrechtlichen Anschluss- und Benutzungszwang. Die Stadt- und Landkreise regeln als zuständige öffentlich-rechtliche Entsorgungsträger (vgl. § 6 Abs. 1 LAbfG) durch Satzung die Einzelheiten des Anschluss- und Benutzungszwangs, insbesondere, welche Abfälle getrennt zu überlassen sind sowie in welcher Weise, an welchem Ort und zu welcher Zeit ihnen die Abfälle zu überlassen sind. Dabei kann auch bestimmt werden, dass mindestens ein bestimmtes Behältervolumen vorhanden sein muss (vgl. § 10 LAbfG).

b) Öffentliches Bedürfnis

Generelle Voraussetzung der Anordnung des Anschluss- und Benutzungszwangs ist das Bestehen eines „**öffentlichen Bedürfnisses**". Dabei handelt es sich um einen unbestimmten Rechtsbegriff ohne Beurteilungsspielraum, der umfassender gerichtlicher Kontrolle unterliegt.[677] 94

Dieses liegt vor, wenn für eine Maßnahme in der Gemeinde ausreichende Gründe des öffentlichen Wohls mit örtlichem Bezug vorliegen, wenn also nach objektiven Maßstäben die Wohlfahrt (besser: Lebensqualität) der Einwohner gefördert wird.[678] Auch *Rentabilitätsgesichtspunkte* können einen Anschluss- und Benutzungszwang rechtfertigen.[679] Auch die nach § 102 Abs. 2 GemO für wirtschaftliche Unternehmen geforderte Gewinnerzielung steht der Annahme eines öffentlichen Bedürfnisses nicht entgegen. Fiskalische Gesichtspunkte *allein* können indes kein öffentliches Bedürfnis begründen.[680] Das öffentliche Bedürfnis muss allgemein zu bejahen sein, aber nicht mit Blick auf jeden einzelnen Betroffenen vorliegen.[681] 95

Ein öffentliches Bedürfnis für einen Anschluss- und Benutzungszwang besteht z.B. hinsichtlich der **Abwasserbeseitigung**[682] (öffentliches Bedürfnis der Verhinderung des Eintrags von Abwässern ins Grundwasser) und der öffentlichen **V**ersorgung **mit Trink- und Brauchwasser**[683] (öffentliches Bedürfnis für die Lieferung hygienisch einwandfreien Wassers). 96

Kein öffentliches Bedürfnis besteht insoweit, als eine **Friedhofs- und Bestattungsordnung** den Beteiligten vorschreibt, für die Lieferung des Sarges einschließlich der Innenausstattung sowie das Einsargen der Leichen ausschließlich die städtischen Einrichtungen zu benutzen.[684] 97

Für die Anordnung eines Anschluss- und Benutzungszwangs für **Fernwärme** hatte der VGH BW zur Vorgängerfassung von § 11 GemO die Annahme eines „öffentlichen 98

---

677 VGH BW, Urt. v. 20.09.2012 – 1 S 3072/11, juris Rn. 28; *Schoch*, NVwZ 1990, 801 (810); a.A. *Kunze/ Bronner/Katz*, GemO, § 11 Rn. 10 m.w.N.; OVG NW, Urt. v. 28.11.1986 – 22 A 1206/81, NVwZ 1987, 727; OVG LSA, Urt. v. 08.04.2008 – 4 K 95/07, juris Rn. 23.
678 VGH BW, Urt. v. 20.09.2012 – 1 S 3072/11, juris Rn. 28.
679 VGH BW, Urt. v. 18.03.2004 – 1 S 2261/02, juris Rn. 23; VGH BW, Urt. v. 20.09.2012 – 1 S 3072/11, juris Rn. 28.
680 Dazu näher unter § 19 Rn. 39 ff.
681 VGH BW, Beschl. v. 23.11.1972 – I 732/72, ESVGH 23, 21 (25).
682 Vgl. BVerwG, Beschl. v. 19.12.1997 – 8 B 234.97.
683 VGH BW, Urt. v. 19.03.1990 – 1 S 1991/89.
684 VGH BW, Entscheid. v. 09.12.1958 – 3 K 20/58, ESVGH 8, 164; Beschl. v. 12.06.1961 – II 479/60, ESVGH 11, 122.

Bedürfnisses" noch davon abhängig gemacht, dass die das Bedürfnis rechtfertigenden Gründe des öffentlichen Wohls einen *hinreichenden örtlichen Bezug* aufweisen, was etwa der Fall war, wenn die Fernwärmeeinrichtung zu einer Verbesserung der Umweltsituation im Gemeindegebiet führte. Positive Auswirkungen auf die Umwelt von lediglich überörtlicher (oder gar globaler) Relevanz waren nicht geeignet, den gemeindlichen Anschluss- und Benutzungszwang zu rechtfertigen.[685] Durch Gesetz vom 28.07.2005[686] wurde § 11 Abs. 1 GemO jedoch neu gefasst und der Anschluss- und Benutzungszwang auch auf solche öffentlichen Einrichtungen erstreckt, die dem „Schutz der natürlichen Grundlagen des Lebens *einschließlich des Klima-und Ressourcenschutzes*" dienen. Für die Auslegung der Reichweite dieser Ermächtigungsgrundlage ist auch der zum 01.05.2011 in Kraft getretene § 16 EEWärmeG[687] zu beachten, wonach Gemeinden von einer landesrechtlichen Bestimmung, die sie zur Begründung eines Anschluss- und Benutzungszwangs an ein Netz der öffentlichen Fernwärme- oder Fernkälteversorgung ermächtigt, auch zum Zwecke des Klima- und Ressourcenschutzes Gebrauch machen können. Insgesamt besteht nunmehr eine hinreichende Ermächtigungsgrundlage, durch Satzung einen Anschluss- und Benutzungszwang auch mit dem *Ziel des globalen Klimaschutzes* zu erlassen.[688] Der nach wie vor nicht gänzlich entbehrliche Ortsbezug kann darin gesehen werden, dass die Gemeindeeinwohner („vor Ort") an das Fernwärmenetz angeschlossen werden.[689]

99 Die Gesetzesbegründung zur Neufassung von § 11 GemO führte dagegen aufgrund verfassungsrechtlicher Bedenken (Art. 28 Abs. 2 S. 1 GG, Art. 71 Abs. 2 LV) noch aus, es müssten Umstände des Klimaschutzes vorliegen, die „zumindest auch einen spezifischen Bezug zur örtlichen Gemeinschaft von relevanter Bedeutung aufweisen".[690] Der bloße Anschluss der Gemeindeeinwohner genügte insofern nicht. Das BVerwG[691] teilte später – noch vor Inkrafttreten von § 16 EEWärmeG – diese verfassungsrechtlichen Bedenken hinsichtlich einer vergleichbaren Regelung der GemO Schleswig-Holstein jedoch nicht und bestätigte ein Urteil des OVG Schleswig-Holstein, das einen mit Gründen des globalen Klimaschutzes gerechtfertigten Anschluss- und Benutzungszwang für rechtmäßig erklärt hatte.[692] Vor diesem Hintergrund dürften die Bedenken des historischen Landesgesetzgebers ausgeräumt sein.[693]

3. Satzungserfordernis

100 Der Anschluss- und Benutzungszwang muss **durch Satzung** geregelt werden (vgl. § 11 Abs. 1 S. 1 GemO). Die Satzung kann dabei nicht auf die Generalermächtigung des § 4 Abs. 1 S. 1 GemO gestützt werden, sondern bedarf einer *gesetzlichen Spezialermächtigung*.[694] Denn soweit Grundrechte (Art. 14 GG, Art. 12 GG, Art. 2 Abs. 1

---

685 VGH BW, Urt. v. 18.03.2004 – 1 S 2261/02, juris Rn. 26 ff.
686 GBl. 2005, S. 578.
687 Zur Gesetzgebungskompetenz des Bundes *Kahl*, VBlBW 2011, 53 (55 f.).
688 Im Ergebnis ebenso Aker/Hafner/Notheis, § 11 GemO Rn. 17; *Kahl*, VBlBW 2011, 53 (57 f.).
689 Vgl. Dazu BVerwG, Urt. v. 25.01.2006 – 8 C 13.05, juris Rn. 17 a.E.
690 LT-Drs. 13/4385, S. 16. Kritisch auch *Glaser*, DV 41 (2008), 483 (499 f.).
691 BVerwG, Urt. v. 25.01.2006 – 8 C 13.05; zustimmend *Groß*, ZUR 2009, 364 (366); *Lange*, DÖV 2007, 820 (821).
692 OVG SH, Urt. v. 05.01.2005 – 2 LB 62/04.
693 Näher *Kahl*, VBlBW 2011, 53 (56 ff.).
694 VGH BW, Urt. v. 20.09.2012 – 1 S 3072/11, juris Rn. 27.

III. Anschluss- und Benutzungszwang

GG[695]) betroffen sind, muss der Gesetzgeber selbst festlegen, in welchem Rahmen und zu welchem Zweck dem Satzungsgeber die Befugnis eröffnet ist, Grundrechte der Gemeindeeinwohner einzuschränken. Die grundlegende Entscheidung, ob und welche Gemeinschaftsinteressen so wichtig sind, dass sie eine Einschränkung der Freiheitsrechte des Einzelnen rechtfertigen, fällt damit in den Verantwortungsbereich des staatlichen Gesetzgebers.[696] Neben § 11 GemO finden sich Spezialermächtigungen für den Anschluss- und Benutzungszwang auch in § 46 Abs. 4 WG (für die Abwasserbeseitigung) und in § 10 LAbfG (für die Abfallentsorgung). Die Einführung eines Anschluss- und Benutzungszwangs durch Polizeiverordnung ist nicht zulässig.

Der **Mindestinhalt** einer Satzung ergibt sich aus § 8 DVO GemO. Hiernach sind in der Satzung über den Anschluss- und Benutzungszwang insbesondere zu regeln **101**

- die Bereitstellung der Einrichtung zur öffentlichen Benutzung,
- die Art des Anschlusses und der Benutzung,
- der Kreis der zum Anschluss oder zur Benutzung Verpflichteten und
- im Falle des § 11 Abs. 2 S. 1 GemO die Tatbestände, für die Ausnahmen vom Anschluss- oder Benutzungszwang zugelassen werden können, sowie im Falle des § 11 Abs. 2 S. 2 GemO die Art und der Umfang der Beschränkung des Zwangs.

Anforderungen an die inhaltliche Ausgestaltung der Satzung können sich auch aus **102** **sonstigen Rechtsvorschriften** ergeben, etwa den bundesrechtlichen Verordnungen über Allgemeine Bedingungen für die Versorgung mit Wasser (AVBWasserV)[697] oder mit Fernwärme (AVBFernwärmeV).[698] Beide Verordnungen normieren eine Pflicht zur Anpassung der kommunalen Satzungen über den Anschluss- und Benutzungszwang an die Bestimmungen der jeweiligen Verordnung (vgl. § 35 Abs. 1 AVBWasserV bzw. § 35 Abs. 1 AVBFernwärmeV).

Die Anordnung des Anschluss- und Benutzungszwangs schließt es – wie auch bei **103** anderen öffentlichen Einrichtungen – nicht aus, dass das Benutzungsverhältnis *privatrechtlich* ausgestaltet wird[699], was auch für die Regelung privatrechtlicher Entgelte (statt Festsetzung öffentlich-rechtlicher Gebühren) gilt (vgl. § 13 Abs. 2 KAG). Aus dem Anschluss- und Benutzungszwang folgt in diesem Fall für die Bürger notwendigerweise ein öffentlich-rechtlicher Kontrahierungszwang im Hinblick auf den Anschluss an die und die Benutzung der Einrichtung, d.h. die Verpflichtung, einen privatrechtlichen Versorgungsvertrag abzuschließen, der den technischen Anschluss an die Einrichtung und deren Nutzung vorsieht.[700]

4. Anschluss- und Benutzungsverpflichtete

Da sich der *Anschlusszwang* auf die Grundstücke im Gemeindegebiet bezieht, kann **104** sich dieser in der Regel nur gegen denjenigen richten, der die öffentlichen Lasten des Grundstücks zu tragen hat. Das ist grundsätzlich der Eigentümer,[701] nicht dagegen der Mieter. Verpflichteter eines *Benutzungszwangs* ist dagegen derjenige, der die Einrichtung tatsächlich in Anspruch nehmen soll. Verpflichtete können grund-

---

695 Dazu unten Rn. 114 ff.
696 BVerwG, Urt. v. 25.01.2006 – 8 C 13/05, juris Rn. 13; BVerwG, Beschl. v. 07.09.1992 – 7 NB 2/92.
697 Vom 01.04.1980, BGBl. I 1980, 750, zuletzt geändert durch Art. 3 Ges. v. 21.01.2013, BGBl. I, 91.
698 Vom 01.04.1980, BGBl. I 1980, 742, zuletzt geändert durch Art. 16 Ges. v. 25.07.2013, BGBl. I, 2722.
699 BVerwG, Urt. v. 06.04.2005 – 8 CN 1.04, juris Rn. 27; BGH, Urt. v. 10.10.1991 – III ZR 100/90, juris Rn. 11; *Gern*, VBlBW 2006, 458 f.
700 OVG Bln-Bbg, Urt. v. 22.02.2012 – OVG 9 B 50.11, juris Rn. 17.
701 Vgl. VGH BW, Urt. v. 03.10.1962 – IV 416/61, BWVBl. 1963, 26 (27).

sätzlich auch Träger öffentlicher Verwaltung sein.[702] Die Gemeinde ist kraft ihrer Einrichtungsgewalt berechtigt, die sich aus dem öffentlich-rechtlich ausgestalteten Benutzungsverhältnis ergebenden Pflichten durch Verwaltungsakt zu konkretisieren und ggf. auch durchzusetzen.[703] Im Bereich der Wasserversorgung und Abwasserentsorgung bestehen seit 2008 Aufgaben- und Befugnisnormen (vgl. § 43 Abs. 5 bzw. § 45b Abs. 5 WG), die den Gemeinden die Möglichkeit geben, Anordnungen zur Durchsetzung und Überwachung des Anschluss- und Benutzungszwangs zu erlassen.[704]

5. Ausnahmen vom Anschluss- und Benutzungszwang

a) Grundsatz

105 Die Satzung kann bestimmte **Ausnahmen** vom Anschluss- und Benutzungszwang zulassen (§ 11 Abs. 2 S. 1 GemO) und den Zwang auf bestimmte Teile des Gemeindegebiets oder auf bestimmte Gruppen von Grundstücken, Gewerbebetrieben oder Personen beschränken (§ 11 Abs. 2 S. 2 GemO). Diese Ausnahmen sind auf besonders gelagerte Tatbestände zu beschränken (§ 8 Abs. 2 S. 2 DVO GemO).

106 Die Notwendigkeit zur Festlegung von Ausnahmetatbeständen ergibt sich aus *Art. 3 GG*, dem *Rechtsstaatsprinzip* und insbesondere dem *Verhältnismäßigkeitsgrundsatz*, die die satzungsrechtliche Gestaltungsfreiheit der Kommune im grundrechtsgeschützten Bereich begrenzen.[705] Ausnahmen vom Anschluss- und Benutzungszwang kommen in Betracht, wenn die sonst allgemein gegebenen Voraussetzungen für die Einführung des Anschluss- und Benutzungszwangs im konkreten Einzelfall nicht vorliegen oder ihn unbillig erscheinen lassen.[706]

107 Gründe für eine Ausnahme können in der örtlichen Lage oder der sachlichen Besonderheit, in der Art der Nutzung des Grundstücks (Grundstücksbezogenheit) oder im Beruf der die Einrichtung benutzenden Personen (Personenbezogenheit) liegen. Gesichtspunkte gegen die Festlegung einer Ausnahme können sachbezogene öffentliche Interessen jeder Art sein. Hierzu gehört auch der Grundsatz der Wirtschaftlichkeit öffentlicher Einrichtungen. Die für und gegen einen Anschluss- und Benutzungszwang sprechenden öffentlichen und privaten Interessen sind gegeneinander abzuwägen.[707]

108 Die Satzung hat die *tatbestandlichen Voraussetzungen* für die Ausnahme möglichst bestimmt zu konkretisieren. Andernfalls ist die Satzung auch im Hinblick auf die Anordnung des Anschluss- und Benutzungszwangs nichtig.[708] Da allerdings nicht sämtliche Fälle, in denen eine Ausnahmeregelung erforderlich ist, vorhergesehen werden können, ist es auch zulässig und im Hinblick auf den Grundsatz der Vorausschaubarkeit staatlichen Handelns auch geboten, eine allgemeine Ausnahme-Gene-

---

702 BVerwG, Urt. v. 18.04.1975 – VII C 2.74.
703 OVG NW, Urt. v. 07.03.1994 – 22 A 753/92, juris Rn. 15.
704 Näher *Kunze/Bronner/Katz*, GemO, § 11 Rn. 18.
705 Grundsätzlich zur erforderlichen Verhältnismäßigkeit (Denkmalschutzrecht) BVerfG, Beschl. v. 02.03.1999 – 1 BvL 7/91; zum Anschluss- und Benutzungszwang BVerwG, Beschl. v. 19.12.1997 – 8 B 234.97, juris Rn. 2; des Weiteren OVG Bbg, Beschl. v. 27.11.2003 – 2 B 303/03 (Abwasser); OVG NW, Urt. v. 10.08.1998 – 22 A 5429/96 (Biotonne). Zur Bedeutung der Grundrechte siehe auch unten Rn. 114 ff.
706 *Kunze/Bronner/Katz*, GemO, § 11 Rn. 21.
707 Vgl. VG Freiburg, Urt. v. 23.10.1998 – 9 K 1704/97, BWGZ 2000, 115.
708 VGH BW, Urt. v. 11.11.1981 – 3 S 1742/81, VBlBW 1982, 235 (236).

III. Anschluss- und Benutzungszwang

ralklausel für Fälle in der Satzung vorzusehen, in denen die Anordnung des Anschluss- und Benutzungszwangs unbillig erscheint. Liegen die satzungsmäßigen Voraussetzungen für eine Ausnahme im Einzelfall vor, besteht zugunsten des Betroffenen ein *Rechtsanspruch auf Befreiung* vom Anschluss- und Benutzungszwang.

109

b) Einzelfälle von Ausnahmen

aa) Öffentliche Wasserversorgung

Sowohl bei privatrechtlicher als auch bei öffentlich-rechtlicher[709] Ausgestaltung des Benutzungsverhältnisses von Einrichtungen der öffentlichen Wasserversorgung müssen die Gemeinden Regelungen treffen, die den Bestimmungen der **AVBWasserV** entsprechen. Das Wasserversorgungsunternehmen ist gehalten, den Kunden im Rahmen des wirtschaftlich Zumutbaren die Möglichkeit einzuräumen, den Wasserverbrauch auf einen von ihm gewünschten Verbrauchszweck oder einen Teilbedarf *zu beschränken* (§ 3 Abs. 1 S. 1 AVBWasserV). Die AVBWasserV trifft damit eine Regelung zur Einschränkung des Benutzungszwangs auf Wunsch des Wasserbeziehers, nicht dagegen zu einer Befreiung vom Anschlusszwang. Bei öffentlich-rechtlicher Ausgestaltung des Benutzungsverhältnisses haben die Gemeinden diese Vorschrift durch Regelung einer *Ausnahme* vom Benutzungszwang in der kommunalen Satzung umzusetzen. Es ist zulässig, § 3 Abs. 1 S. 1 AVBWasserV wortgleich in die Satzung zu übernehmen.[710] Hierzu ist die Gemeinde jedoch nicht verpflichtet. Sie hat vielmehr einen gewissen *Beurteilungsspielraum*, wie die Einschränkung des Benutzungszwangs unter Berücksichtigung der in ihrem Versorgungsbereich herrschenden Verhältnisse und nach Maßgabe des für die Gemeinde wirtschaftlich Zumutbaren erfolgen soll, falls ein Verbraucher nur einen Teil- oder Zusatzbedarf durch ihre Anlage decken will. Die zu diesem Zweck erforderliche Prüfung kann beispielsweise dazu führen, dass der Benutzungszwang für Brauchwasser entweder generell oder nur nach Maßgabe einer Einzelprüfung im Wege der Ausnahme entfällt.[711]

110

Die Erstreckung des Anschluss- und Benutzungszwangs auf das Brauchwasser lässt sich weder allein mit dem Interesse an einem wirtschaftlichen Betrieb der Wasserversorgung noch mit dem bloßen Hinweis rechtfertigen, dass die gemeindliche Wasserversorgung als Ganzes dem Interesse der Allgemeinheit und in diesem Rahmen vor allem der Volksgesundheit dient. Ein hinreichender Bezug zum und eine Rechtfertigung durch den Gesetzeszweck des Gesundheitsschutzes besteht aber, wenn entweder festgestellt werden kann, dass für die Erstreckung auf den Brauchwasserbereich selbst Gründe der Volksgesundheit sprechen oder wenn die Trinkwasserversorgung selbst hiervon abhängt – sei es, weil erst auf diese Weise die erforderlichen Durchsatzmengen gewonnen werden können, sei es, weil eine nur das Trinkwasser betreffende Versorgung den Rahmen des wirtschaftlich Zumutbaren verlässt, weil sie die finanziellen Kapazitäten des Versorgungsträgers überfordert oder zu erträglichen Preisen nicht möglich ist.[712] Den Träger der Wasserversorgung trifft dabei die Darlegungslast.[713]

111

---

709 Vgl. § 35 Abs. 1 AVBWasserV.
710 VGH BW, Urt. v. 19.03.1990 – 1 S 1991/89, juris Rn. 21.
711 BVerwG, Urt. v. 11.04.1986 – 7 C 50.83, juris Rn. 13.
712 VGH BW, Urt. v. 28.05.2009 – 1 S 1173/08, juris Rn. 28.
713 BayVGH, Urt. v. 26.04.2007 – 4 B 05.579, juris Rn. 27.

bb) Fernwärmeversorgung

112 Auch bei der Ausgestaltung privatrechtlicher Benutzungsverhältnisse oder kommunaler Satzungen zur Regelung eines Anschluss- und Benutzungszwangs von Einrichtungen der **Fernwärmeversorgung** sind die bundesverordnungsrechtlichen Vorgaben zur *Beschränkung des Benutzungszwangs* im Rahmen des der Gemeinde wirtschaftlich Zumutbaren zu beachten (§ 3 S. 1, ggf. i.V.m. § 35 Abs. 1 AVBFernwärmeV).

cc) Abwasserbeseitigung

113 § 46 Abs. 2 WG regelt *gesetzliche Ausnahmen* von der Entsorgungspflicht für Abwasser, welche dem Anschluss- und Benutzungszwang für Abwasser korrespondiert. Dies betrifft vor allem Straßenoberflächenwasser und dezentral beseitigtes Niederschlagswasser. Nach § 46 Abs. 5 WG können die Gemeinden durch Satzung weitere Ausnahmen von der Überlassungspflicht zulassen, wenn dies wasserwirtschaftlich unbedenklich ist.

6. Vereinbarkeit mit den Grundrechten

114 Der Anschluss- und Benutzungszwang berührt verschiedene **Grundrechtspositionen** des Bürgers.

a) Art. 14 GG

115 Die Anordnung eines Anschluss- und Benutzungszwangs führt dazu, dass bereits *vorhandene eigene Einrichtungen* (z.B. eigener Brunnen, eigene Schlachtanlage) nicht mehr benutzt werden dürfen. Der Anschluss- und Benutzungszwang beeinflusst zudem den *Wettbewerb* um die Erbringung der Leistung, da er der gemeindlichen Einrichtung auf örtlicher Ebene zu einer Monopolstellung verhilft.

116 Gleichwohl liegt in einem solchen Zwang regelmäßig kein unzulässiger Eingriff in **Art. 14 GG**. Auch wenn der Anschluss- und Benutzungszwang dazu führt, dass eine eigene Einrichtung nicht mehr genutzt werden darf und damit „wertlos" wird, bedeutet dies – mangels form- und zweckgerichteten (teilweisen) Eigentumsentzugs – keine Enteignung (Art. 14 Abs. 3 GG), sondern eine *Inhalts- und Schrankenbestimmung* (Art. 14 Abs. 1 S. 2 GG). Die Eigentumsrechte des Grundeigentümers, der eine private Anlage betreibt, sind von vornherein dahin gehend *eingeschränkt*, dass er seine Anlage nur solange benutzen darf, bis die Gemeinde von der ihr gesetzlich zustehenden Befugnis Gebrauch macht, im öffentlichen Interesse einen Anschluss- und Benutzungszwang zu begründen.[714] Zur Vermeidung eines Verstoßes gegen den Verhältnismäßigkeitsgrundsatz ist besonderen Fallgestaltungen durch *Übergangsfristen* oder *Befreiungsmöglichkeiten* Rechnung zu tragen, wofür § 11 Abs. 2 GemO als Rechtsgrundlage dient.

117 Die „*Monopolisierung*" führt ebenfalls zu keinem unzulässigen Eingriff in das Eigentumsgrundrecht der privaten Wettbewerber. Dies gilt auch dann, wenn dem privaten

---

[714] BVerwG, Beschl. v. 12.01.1988 – 7 B 55.87 (Wasserversorgungsanlage); BVerwG, Beschl. v. 22.08.1972 – VII B 31.71.

III. Anschluss- und Benutzungszwang

Konkurrenten ein bestehender Kundenstamm verloren geht. Nach der Rechtsprechung des BVerfG sind tatsächliche vorteilhafte Gegebenheiten wie z.b. bestehende Geschäftsverbindungen und günstige Umweltbedingungen (wie Lage, Kundenstamm oder Marktstellung) sowie bloße „Erwerbschancen" *nicht* vom Schutzbereich des Art. 14 GG umfasst.[715]

b) Art. 12 GG

Die Schaffung eines solchen „kommunalen Anbietermonopols" stellt zwar häufig einen Eingriff in die durch **Art. 12 GG** geschützte Berufswahlfreiheit dar. Die für eine Einschränkung erforderlichen Voraussetzungen des *Schutzes wesentlicher Gemeinschaftsgüter* sind aber jedenfalls dann gegeben, wenn durch den Anschluss- und Benutzungszwang Gefahren für die Volksgesundheit und eine menschenwürdige Umwelt abgewendet werden können.[716]   **118**

c) Art. 2 Abs. 1 GG

Die Anordnung des Anschluss- und Benutzungszwangs verstößt schließlich nicht gegen **Art. 2 Abs. 1 GG**, soweit den Verpflichteten untersagt wird, ihren Bedarf anderweitig zu decken. Dieses Grundrecht untersteht nach der Rechtsprechung des Bundesverfassungsgerichts dem Vorbehalt, dass es durch jede formell und (sonst) materiell verfassungsmäßig zustande gekommene Rechtsnorm eingeschränkt werden kann.[717] Hält sich die Einführung des Anschluss- und Benutzungszwangs im Rahmen des § 11 GemO, sind diese Voraussetzungen grundsätzlich erfüllt.[718]   **119**

7. Unionsrechtliche Zulässigkeit des Anschluss- und Benutzungszwanges

Art. 56 AEUV garantiert den **freien Dienstleistungsverkehr** in der EU. Dieser steht einer *Bildung von Monopolen*, wie sie in einem Anschluss- und Benutzungszwang zu sehen ist, grundsätzlich entgegen. Art. 62 i.V.m. Art. 51, 52 AEUV gestatten die Monopolbildung indes *ausnahmsweise* für Tätigkeiten, die mit der Ausübung öffentlicher Gewalt verbunden sind (Art. 51 AEUV) sowie für Regelungen, die aus Gründen der öffentlichen Ordnung, Sicherheit oder Gesundheit gerechtfertigt sind (Art. 52 AEUV). Mit Blick auf den Zweck der Einführung und die öffentlich-rechtliche Form der Anordnung sind die Regelungen der Gemeindeordnungen über den Anschluss- und Benutzungszwang nach diesen Vorschriften unionsrechtlich *unbedenklich*.[719]   **120**

Soweit der Anschluss- und Benutzungszwang zugunsten von Unternehmen der Kommunen angeordnet wird, die mit Dienstleistungen von allgemeinem wirtschaftlichem Interesse betraut sind, speziell Aufgaben der Daseinsvorsorge erfüllen, gelten die unionsrechtlichen Wettbewerbsregeln im Übrigen nicht, wenn ihre Anwendung   **121**

---

715 BVerwG, Urt. v. 27.05.1981 – VII C 34.77 (Abfallbeseitigung); BVerfG, Beschl. v. 06.10.1987 – 1 BvR 1086/82, juris Rn. 106; BVerfG, Beschl. v. 08.06.1977 – 2 BvR 499/74, juris Rn. 77 ff.
716 BVerwG, Urt. v. 27.05.1981 – VII C 34.77.
717 BVerfG, Urt. v. 16.01.1957 – 1 BvR 253/56 („Elfes").
718 Vgl. VGH BW, Beschl. v. 24.02.1976 – X 1863/75, ESVGH 26, 51.
719 I.E. auch *Lange*, Kommunalrecht, Kap. 13 Rn. 143; vgl. ferner EuGH, Urt. v. 01.06.2010, Rs. C-570/07; *Forsthoff*, in: Grabitz/Hilf/Nettesheim, Das Recht der EU, Art. 52 AEUV Rn. 28.

die Erfüllung der den Unternehmen übertragenen besonderen Aufgabe rechtlich oder tatsächlich verhindern würde (Art. 106 Abs. 2 AEUV).[720]

8. Haftungsbeschränkungen, Rechtsschutz

122 Bei Anordnung eines Anschluss- und Benutzungszwangs gelten dieselben Grundsätze zur Möglichkeit von *Haftungsbeschränkungen* und zum *Rechtsschutz* wie bei öffentlichen Einrichtungen ohne Anschluss- und Benutzungszwang.[721]

9. Muster einer Satzung für eine Wasserversorgungssatzung – ohne Bereitstellungsgebühren – (Auszug)[722]

123 Aufgrund der §§ 4 Abs. 1 und 11 GemO sowie der §§ 2, 8 Abs. 2, 11, 13, 20 und 42 KAG hat der Gemeinderat am ... folgende Satzung beschlossen:

§ 1 Wasserversorgung als öffentliche Einrichtung

1. Die Gemeinde/Stadt betreibt die Wasserversorgung als eine öffentliche Einrichtung zur Lieferung von Trinkwasser. Art und Umfang der Wasserversorgungsanlagen bestimmt die Gemeinde/Stadt.
2. Die Gemeinde/Stadt kann die Wasserversorgung ganz oder teilweise durch Dritte vornehmen lassen.

§ 2 Anschlussnehmer, Wasserabnehmer

1. Anschlussnehmer ist der Grundstückseigentümer, dem Erbbauberechtigte, Wohnungseigentümer, Wohnungserbbauberechtigte und sonstige zur Nutzung eines Grundstücks dinglich Berechtigte gleichstellen.
2. Als Wasserabnehmer gelten der Anschlussnehmer, alle sonstigen zur Entnahme von Wasser auf dem Grundstück Berechtigten sowie jeder, der der öffentlichen Wasserversorgung tatsächlich Wasser entnimmt.

§ 3 Anschlusszwang

1. Jeder Eigentümer eines im Gebiet der Gemeinde/Stadt liegenden Grundstücks ist berechtigt, den Anschluss seines Grundstücks an die Wasserversorgungsanlage und die Belieferung mit Trinkwasser nach Maßgabe der Satzung zu verlangen.
2. Das Anschluss- und Benutzungsrecht erstreckt sich nur auf solche Grundstücke, die durch eine Versorgungsleitung erschlossen werden. Die Grundstückseigentümer können nicht verlangen, dass eine neue Versorgungsleitung hergestellt oder eine bestehende Versorgungsleitung geändert wird.
3. Der Anschluss eines Grundstücks an eine bestehende Versorgungsleitung kann abgelehnt werden, wenn die Wasserversorgung wegen der Lage des Grundstücks oder aus sonstigen technischen oder betrieblichen Gründen der Gemein-

---

[720] Vgl. hierzu BVerwG, Urt. v. 18.06.2009 – 7 C 16.08, juris Rn. 40; VG Ansbach, Urt. v. 23.01.2013 – AN 11 K 12.01588, juris Rn. 67 ff. m.w.N.; VG Düsseldorf, Beschl. v. 21.03.2013 – 17 L 260/13, juris Rn. 20; *Hofmann*, Verw 43 (2010), 501 ff.; *Geiger/Khan/Kotzur*, EUV/AEUV Komm. 5. Aufl. 2010 Rn. 8 ff. zu Art. 106 AEUV.
[721] Dazu oben Rn. 62 ff.
[722] Nach Satzungsmuster des Gemeindetags, BWGZ 2007, 259 ff.

III. Anschluss- und Benutzungszwang

de/Stadt erhebliche Schwierigkeiten bereitet oder besondere Maßnahmen erfordert.
4. Die Gemeinde/Stadt kann im Falle der Absätze 2 und 3 den Anschluss und die Benutzung gestatten, sofern der Grundstückseigentümer sich verpflichtet, die mit dem Bau und Betrieb zusammenhängenden Mehrkosten zu übernehmen und auf Verlangen Sicherheit zu leisten.

§ 4 Anschlusszwang
1. Die Eigentümer von Grundstücken, auf denen Wasser verbraucht wird, sind verpflichtet, diese Grundstücke an die öffentliche Wasserversorgungsanlage anzuschließen, wenn sie an eine öffentliche Straße mit einer betriebsfertigen Versorgungsleitung grenzen oder ihren unmittelbaren Zugang zu einer solchen Straße durch einen Privatweg haben. Befinden sich auf einem Grundstück mehrere Gebäude zum dauernden Aufenthalt von Menschen, so ist jedes Gebäude anzuschließen.
2. Von der Verpflichtung zum Anschluss wird der Grundstückseigentümer auf Antrag befreit, wenn der Anschluss ihm aus besonderen Gründen auch unter Berücksichtigung der Erfordernisse des Gemeinwohls nicht zugemutet werden kann. Der Antrag auf Befreiung ist unter Angabe der Gründe schriftlich bei der Gemeinde/Stadt einzureichen.

§ 5 Benutzungszwang
1. Auf Grundstücken, die an die öffentliche Wasserversorgungsanlage angeschlossen sind, haben die Wasserabnehmer ihren gesamten Wasserbedarf aus dieser zu decken. Ausgenommen hiervon ist die Nutzung von Niederschlagswasser für Zwecke der Gartenbewässerung.
2. Von der Verpflichtung zur Benutzung wird der Wasserabnehmer auf Antrag befreit, wenn die Benutzung ihm aus besonderen Gründen auch unter Berücksichtigung der Erfordernisse des Gemeinwohls nicht zugemutet werden kann.
3. Die Gemeinde/Stadt räumt dem Wasserabnehmer darüber hinaus im Rahmen des ihr wirtschaftlich Zumutbaren auf Antrag die Möglichkeit ein, den Bezug auf einen von ihm gewünschten Verbrauchszweck oder auf einen Teilbedarf zu beschränken.
4. Der Antrag auf Befreiung oder Teilbefreiung ist unter Angabe der Gründe schriftlich bei der Gemeinde/Stadt einzureichen.
5. Der Wasserabnehmer hat der Gemeinde/Stadt von Errichtung einer Eigengewinnungsanlage Mitteilung zu machen. Er hat durch geeignete Maßnahmen sicherzustellen, dass von seiner Eigenanlage keine Rückwirkungen in die öffentliche Wasserversorgungsanlage möglich sind.

§ 6 Befreiung vom Benutzungszwang
1. Das Wasser muss den jeweils geltenden Rechtsvorschriften und den anerkannten Regeln der Technik für Trinkwasser entsprechen. Die Gemeinde /Stadt ist verpflichtet, das Wasser unter dem Druck zu liefern, der für eine einwandfreie Deckung des üblichen Bedarfs in dem betreffenden Versorgungsgebiet erforderlich ist. Sie ist berechtigt, die Beschaffenheit und den Druck des Wassers im Rahmen der gesetzlichen und behördlichen Bestimmungen sowie der anerkannten Regeln der Technik zu ändern, falls dies in besonderen Fällen aus wirtschaftlichen oder technischen Gründen zwingend notwendig ist; dabei sind die Belange des Wasserabnehmers möglichst zu berücksichtigen.

2. Stellt der Wasserabnehmer Anforderungen an Beschaffenheit und Druck des Wassers, die über die vorgenannten Verpflichtungen hinausgehen, so obliegt es ihm selbst, die erforderlichen Vorkehrungen zu treffen.

§ 7 Umfang der Versorgung, Unterrichtung bei Versorgungsunterbrechungen

1. Die Gemeinde/Stadt ist verpflichtet, das Wasser jederzeit am Ende der Anschlussleitung zur Verfügung zu stellen. Dies gilt nicht,
   1. soweit zeitliche Beschränkungen zur Sicherstellung der öffentlichen Wasserversorgung erforderlich oder sonst nach dieser Satzung vorbehalten sind,
   2. soweit und solange die Gemeinde/Stadt an der Versorgung durch höhere Gewalt oder sonstige Umstände, deren Beseitigung ihr wirtschaftlich nicht zugemutet werden kann, gehindert ist.
2. Die Versorgung kann unterbrochen werden, soweit dies zur Vornahme betriebsnotwendiger Arbeiten erforderlich ist. Die Gemeinde/Stadt hat jede Unterbrechung oder Unregelmäßigkeit unverzüglich zu beheben.
3. Die Gemeinde/Stadt hat die Wasserabnehmer bei einer nicht nur für kurze Dauer beabsichtigten Unterbrechung der Versorgung rechtzeitig in geeigneter Weise zu unterrichten. Die Pflicht zur Unterrichtung entfällt, wenn sie
   1. nach den Umständen nicht rechtzeitig möglich ist und die Gemeinde/Stadt dies nicht zu vertreten hat oder
   2. die Beseitigung von bereits eingetragenen Unterbrechungen verzögern würde.

§ 8 Verwendung des Wassers, sparsamer Umgang

1. Das Wasser wird nur für die eigenen Zwecke des Anschlussnehmers, seiner Mieter und ähnlich berechtigter Personen zur Verfügung gestellt. Die Weiterleitung an sonstige Dritte ist nur mit schriftlicher Zustimmung der Gemeinde/Stadt zulässig. Diese muss erteilt werden, wenn dem Interesse an der Weiterleitung nicht überwiegende versorgungswirtschaftliche Gründe entgegenstehen.
2. Das Wasser darf für alle Zwecke verwendet werden, soweit nicht in dieser Satzung oder aufgrund sonstiger gesetzlicher oder behördlicher Vorschriften Beschränkungen vorgesehen sind. Die Gemeinde/Stadt kann die Verwendung für bestimmte Zwecke beschränken, soweit dies zur Sicherstellung der allgemeinen Wasserversorgung erforderlich ist.
3. Der Anschluss von Anlagen zum Bezug von Bauwasser ist bei der Gemeinde/Stadt vor Beginn der Bauarbeiten zu beantragen. Entsprechendes gilt für Anschlüsse zu sonstigen vorübergehenden Zwecken.
4. Soll Wasser aus öffentlichen Hydranten nicht zum Feuerlöschen, sondern zu anderen vorübergehenden Zwecken entnommen werden, sind hierfür Hydrantenstandrohre der Gemeinde/Stadt mit Wasserzählern zu benutzen.
5. Sollen auf einem Grundstück besondere Feuerlöschanschlüsse eingerichtet werden, sind über ihre Anlegung, Unterhaltung und Prüfung besondere Vereinbarungen mit der Gemeinde/Stadt zu treffen.
6. Mit Wasser aus der öffentlichen Wasserversorgung ist sparsam umzugehen. Die Wasserabnehmer werden aufgefordert, wassersparende Verfahren anzuwenden, soweit dies insbesondere wegen der benötigten Wassermenge mit Rücksicht auf den Wasserhaushalt zumutbar und aus hygienischen Gründen vertretbar ist.

§ 9 Unterbrechung des Wasserbezugs

1. Will ein Anschlussnehmer den Wasserbezug länger als drei Monate einstellen, so hat er dies der Gemeinde, Stadt mindestens zwei Wochen vor der Einstellung

schriftlich mitzuteilen. Wird der Wasserverbrauch ohne rechtzeitige schriftliche Mitteilung eingestellt, so haftet der Anschlussnehmer der Gemeinde/Stadt für die Erfüllung sämtlicher sich aus der Satzung ergebenden Verpflichtungen.
2. Der Anschlussnehmer kann eine zeitweilige Absperrung seines Anschlusses verlangen, ohne damit das Benutzungsverhältnis aufzulösen.

§ 10 Einstellung der Versorgung

1. Die Gemeinde/Stadt ist berechtigt, die Versorgung fristlos einzustellen, wenn der Wasserabnehmer den Bestimmungen dieser Satzung zuwiderhandelt und die Einstellung erforderlich ist, um
   1. eine unmittelbare Gefahr für die Sicherheit von Personen oder Anlagen abzuwehren,
   2. den Verbrauch von Wasser unter Umgehung, Beeinflussung oder vor Anbringung der Messeinrichtungen zu verhindern oder
   3. zu gewährleisten, dass Störungen anderer Wasserabnehmer, störende Rückwirkungen auf Einrichtungen der Gemeinde/Stadt oder Dritter oder Rückwirkungen auf die Güte des Trinkwassers ausgeschlossen sind.
2. Bei anderen Zuwiderhandlungen, insbesondere bei Nichtzahlung einer fälligen Abgabenschuld trotz Mahnung, ist die Gemeinde/Stadt berechtigt, die Versorgung zwei Wochen nach Androhung einzustellen. Dies gilt nicht, wenn der Wasserabnehmer darlegt, dass die Folgen der Einstellung außer Verhältnis zur Schwere der Zuwiderhandlung stehen und hinreichende Aussicht besteht, dass der Wasserabnehmer seinen Verpflichtungen nachkommt. Die Gemeinde/Stadt kann mit der Mahnung zugleich die Einstellung der Versorgung androhen.
3. Die Gemeinde/Stadt hat die Versorgung unverzüglich wieder aufzunehmen, sobald die Gründe für ihre Einstellung entfallen sind und der Wasserabnehmer die Kosten der Einstellung und Wiederaufnahme der Versorgung ersetzt hat.

§ 11 Grundstücksbenutzung

1. Die Anschlussnehmer haben zur örtlichen Versorgung das Anbringen und Verlegen von Leitungen einschließlich Zubehör zur Zu- und Fortleitung von Wasser über ihre im gleichen Versorgungsgebiet liegenden Grundstücke sowie erforderliche Schutzmaßnahmen unentgeltlich zuzulassen. Diese Pflicht betrifft nur Grundstücke, die an die Wasserversorgung angeschlossen sind, die vom Anschlussnehmer in wirtschaftlichem Zusammenhang mit der Wasserversorgung genutzt werden oder für die Möglichkeit der Wasserversorgung sonst wirtschaftlich vorteilhaft ist. Sie entfällt, wenn die Inanspruchnahme der Grundstücke den Anschlussnehmer mehr als notwendig oder in zumutbarer Weise belasten würde.
2. Der Wasserabnehmer oder Anschlussnehmer ist rechtzeitig über Art und Umfang der beabsichtigten Inanspruchnahme des Grundstücks zu benachrichtigen.
3. Der Anschlussnehmer kann die Verlegung der Einrichtungen verlangen, wenn sie an der bisherigen Stelle für ihn nicht mehr zumutbar sind. Die Kosten der Verlegung hat die Gemeinde/Stadt zu tragen. Dienen die Einrichtungen ausschließlich der Versorgung des Grundstücks, so hat der Anschlussnehmer die Kosten zu tragen.
4. Wird der Wasserbezug eingestellt, so hat der Grundstückseigentümer die Entfernung der Einrichtungen zu gestatten oder sie auf Verlangen der Gemeinde/Stadt noch fünf Jahre unentgeltlich zu dulden, es sei denn, dass ihm dies nicht zugemutet werden kann.

5. Die Absätze 1 bis 4 gelten nicht für öffentliche Verkehrswege und Verkehrsflächen sowie für Grundstücke, die durch Planfeststellung für den Bau von öffentlichen Verkehrswegen und Verkehrsflächen bestimmt sind.

§ 12 Zutrittsrecht

Der Wasserabnehmer hat dem mit einem Ausweis versehenen Beauftragten der Gemeinde, im Rahmen der § 99 der Abgabenordnung, den Zutritt zu seinen Räumen und zu den in § 24 genannten Einrichtungen, zu gestatten, soweit dies zur Ermittlung der Grundlagen für die Gebührenbemessung, insbesondere zur Wasserzählerablesung, erforderlich ist.

Teil E
Weitere kommunale Träger der Selbstverwaltung

§ 22
Landkreisrecht

Literatur: *Maurer*, Verfassungsrechtliche Grundlagen der kommunalen Selbstverwaltung, DVBl. 1995, 1037 ff.; *Schoch*, Aufgaben und Funktionen der Landkreise, DVBl. 1995, 1047 ff.; *Schmidt*, „In dubio pro municipio?": Zur Aufgabenverteilung zwischen Landkreisen und Gemeinden, DÖV 2013, 509 ff.
Zur Vertiefung: *F. Kirchhof*, Das Finanzsystem der Landkreise, DVBl. 1995, 1057 ff.; *Schmidt-Aßmann*, Perspektiven der Selbstverwaltung der Kreise, DVBl. 1996, 533 ff.; *Lusche*, Die Selbstverwaltungsaufgaben der Landkreise, 1998; *Henneke*, Entwicklungen der inneren Kommunalverfassung am Beispiel der Kreisordnungen, DVBl. 2007, 87 ff.; *Trumpp/Pokrop*, Landkreisordnung für Baden-Württemberg, Handkommentar, 5. Aufl. 2009.
Fallbearbeitungen: *Wollenschläger/Lippstreu*, Zweitwohnungssteuer, JuS 2008, 529 ff.

I. Bestand und verfassungsrechtlicher Schutz der Kreise

Die Landkreise sind Verwaltungseinheiten oberhalb der Gemeindeebene, die verfassungsrechtlichen Schutz nach Art. 28 Abs. 2 GG und Art. 71 Abs. 1 LV genießen.[1] Ihr Rechtsstatus ist in der am 1.4.1956 (GBl. 1955, S. 207) in Kraft getretenen **Landkreisordnung** geregelt. Die Landkreise sind *(Gebiets-)Körperschaften des öffentlichen Rechts* mit mitgliedschaftlicher Struktur (§ 1 Abs. 2 LKrO). Ihre Mitglieder sind die *Einwohner* des Kreises. Einwohner des Kreises ist, wer in einer Gemeinde oder in einem gemeindefreien Grundstück des Landkreises wohnt (§ 9 LKrO). Die *Gemeinden* sind weder Mitglied des Landkreises noch sind sie an der Kreisverwaltung beteiligt. Das Gebiet des Landkreises besteht aus der Gesamtheit der zum Landkreis gehörenden Gemeinden und gemeindefreien Grundstücke. Es ist zugleich der Bezirk der Unteren Verwaltungsbehörde (§ 1 Abs. 4 LKrO). In Baden-Württemberg gibt es 35 Landkreise und 9 kreisfreie Städte (Stadtkreise).[2]

1

Der **verfassungsrechtliche Schutz** der Landkreise erstreckt sich zwar auf die Rechtssubjektsgarantie, die Rechtsinstitutionsgarantie und die damit verbundene subjektive Rechtsstellung. Er ist aber beschränkt auf den gesetzlichen Aufgabenbereich – beinhaltet also **keine Allzuständigkeit**[3] – und damit ein „status minor"[4] gegenüber den Gemeinden. Die in der Rastede-Entscheidung[5] für die Gemeinden herausgearbeitete relative Aufgabenbestandsgarantie erstreckt sich nicht auf die Land-

2

---
1 S. § 5 Rn. 115 ff.
2 Während der kommunalen Gebietsreform 1973–1975 wurde die Anzahl der Landkreise von 63 auf 35 reduziert.
3 Was aber nicht hindert, den Landkreisen *einfachgesetzlich* die Allzuständigkeit wie in § 2 Abs. 1 LKrO zuzugestehen.
4 *Steiner*, BayVBl 2010, 161 (162).
5 BVerfG, Beschl. v. 23.11.1988 – 2 BvR 1619/83, BVerfGE 79, 127 (153).

kreise.[6] Die Aufgaben der Kreise sind verfassungsrechtlich dem Gesetzgeber überantwortet, der diese bestimmen kann, solange er den Kreisen nicht nur nebensächliche Selbstverwaltungsaufgaben des eigenen Wirkungskreises zuweist (Mindestmaß an weisungsfreien Selbstverwaltungsaufgaben).[7] Den Landkreisen muss es deshalb nicht an Selbstbewusstsein mangeln, denn Bundes- und Landesgesetzgeber haben den Kreisen vielfältige Aufgaben übertragen, zuletzt das Land mit der Eingliederung der meisten unteren Sonderbehörden in die Landratsämter im Rahmen der Verwaltungsreform 2005. Lediglich im Bereich der Planungshoheit fehlen eigene Befugnisse.[8]

3 Art. 28 Abs. 2 GG entfaltet – wie bei den Gemeinden auch – keine Schutzwirkung zugunsten des *Bestandes bestimmter Kreise*.[9] Jedoch lassen Art. 74 LV und § 7 LKrO eine Änderung der Grenzen eines Landkreises nur „aus Gründen des öffentlichen Wohls" zu und unterstellen die **Auflösung und Neubildung eines Landkreises** sowie die Grenzänderung einem strikten Gesetzesvorbehalt. § 7 Abs. 3 LKrO begründet bei Grenzänderungen ein Anhörungsrecht der beteiligten Landkreise und Gemeinden. Die Bindung der Grenzänderung an „Gründe des öffentlichen Wohls" lässt dem Gesetzgeber einen weiten Raum eigenverantwortlicher Gestaltungsfreiheit, der allerdings dadurch beschränkt ist, dass Art. 28 Abs. 1 S. 2 GG auch auf Kreisebene eine Volksvertretung verlangt, und es dem ehrenamtlichen Volksvertretern typischerweise möglich bleiben muss, nachhaltig und zumutbar im Kreistag und seinen Ausschüssen tätig zu sein.[10] Dies beschränkt die Gebietsgröße der Kreise nach oben hin.

4 Das Landkreisrecht entspricht weitgehend dem Gemeinderecht. Die LKrO übernimmt teilweise wörtlich Bestimmungen der GemO und verweist zum Wirtschaftsrecht und zur Aufsicht pauschal auf die Regelungen der GemO. Deshalb sind nachfolgend nur die Besonderheiten des Landkreisrechts dargestellt.

II. Aufgaben des Landkreises

1. Allgemeines

5 Der Landkreis verwaltet nach § 2 Abs. 1 LKrO in seinem Gebiet unter eigener Verantwortung alle *die Leistungsfähigkeit der kreisangehörigen Gemeinden übersteigenden öffentlichen Aufgaben*, soweit die Gesetze nichts anderes bestimmen. Er hat sich dabei auf die Aufgaben zu beschränken, die der einheitlichen Versorgung und Betreuung der Einwohner des ganzen Landkreises oder eines größeren Teils desselben dienen. Neben diesen freiwilligen Aufgaben nimmt der Landkreis – wie die Gemeinde – Aufgaben wahr, die ihm durch Gesetz zur Erledigung übertragen sind, und zwar *Weisungsaufgaben* mit und *Pflichtaufgaben* ohne Weisungsrecht (§ 2 Abs. 3 u. 4 LKrO).

6 Soweit mit der Übertragung von Pflicht- oder Weisungsaufgaben von örtlichem Charakter ein Entzug der gemeindlichen Zuständigkeit verbunden ist, muss das aufgabenübertragende Gesetz den Anforderungen genügen, die in der Rastede-Entschei-

---

6 *Maurer*, DVBl. 1995, 1037 (1046).
7 BVerfG, Urt. v. 20.12.2007 – 2 BvR 2433/04, BVerfGE 119, 331 (352 ff.).
8 Wobei auch hier mit § 11 ÖPNV erste Ansätze für die Ausbildung eigenständiger Planungsaufgaben bestehen.
9 StGH BW, Urt. v. 08.09.1972 – GR 6/71, ESVGH 23, 1.
10 VerfG MV, Urt. v. 18.08.2011 – 21/10, juris Rn. 166; hierzu *Obermann*, LKV 2011, 495 ff.

II. Aufgaben des Landkreises

dung des BVerfG zur Hochzonung gemeindlicher Aufgaben aufgestellt wurden. Die Hochzonung muss daher aus überwiegenden Gründen des Allgemeinwohls erforderlich und verhältnismäßig sein, weil andernfalls die ordnungsgemäße Aufgabenerfüllung nicht sicherzustellen wäre,[11] wobei dem Gesetzgeber eine Einschätzungsprärogative zusteht.[12]

2. Freiwillige Aufgaben

Hinsichtlich der von den Landkreisen wahrgenommenen freiwilligen Aufgaben werden herkömmlich folgende Aufgabentypen unterschieden:[13] 7

- **Übergemeindliche Aufgaben,** die über das Gebiet einer einzelnen Gemeinde hinausgehen und Auswirkungen auf mehrere Gemeinden haben, wie der Bau von Kreisstraßen, der öffentliche Personennahverkehr oder die regionale Wirtschaftsförderung.[14]
- **Ergänzungsaufgaben** sind überörtliche Aufgaben, die die gemeindliche Aufgabenerfüllung ergänzen. Hierfür kommen Aufgaben in Betracht, die deshalb „überörtlich" sind, weil die Kommunen im Hinblick auf die „Anforderungen, die an eine sachgerechte Aufgabenerfüllung zu stellen sind",[15] überfordert sind oder – nach Auffassung des BVerwG – zu deren Erfüllung den Gemeinden die Leistungsfähigkeit fehlt.[16] Das betrifft etwa Kreiskrankenhäuser, Kreisaltenheime, Kreisbildstellen, Volkshochschulen und große Jugendeinrichtungen.
- **Ausgleichsaufgaben** sind überörtliche Aufgaben, die in der Unterstützung gemeindlicher Erledigungskompetenz bestehen und auf einen Ausgleich der unterschiedlichen Belastungen einzelner Gemeinden abzielen. Dazu gehört die Gewährung von Zuschüssen an einzelne Gemeinden für die Erledigung von Gemeindeaufgaben sowie die Rechtsberatung und Rechtsbetreuung des Landkreises zugunsten von Gemeinden.[17]

Bei Ausgleichs- und Ergänzungsaufgaben ist Kreisangelegenheit lediglich die Ergänzung bzw. der Ausgleich als solcher.[18] Eine Hochzonung der unterstützten Aufgaben der Gemeinden oder ein Aufgabenentzug zulasten der Gemeinden selbst erfolgt durch die Unterstützung des Kreises grundsätzlich nicht.[19] Vielmehr wird mit der Zuweisung von Ausgleichs- und Ergänzungsaufgaben zugunsten der Kreise lediglich eine *Subsidiärkompetenz* der Kreise im gemeindlichen Zuständigkeitsbereich begründet. Diese ist gerechtfertigt, soweit sie durch sachliche Gründe des Gemein- 8

---

11 BVerfG, Beschl. v. 23.11.1988 – 2 BvR 1619/83, BVerfGE 79, 127 (159).
12 S. § 5 Rn. 78.
13 *Lange*, Kommunalrecht, Kap. 18 Rn. 60 ff.; *Schoch*, DVBl. 1995, 1047 (1049); *Schmidt*, DÖV 2013, 509 (510).
14 Vgl. § 2 Abs. 1 LKrO: „alle die Leistungsfähigkeit der kreisangehörigen gemeinden übersteigenden öffentlichen Aufgaben, soweit die Gesetze nichts anderes bestimmen." – Soweit vertreten wird, dass in die überörtliche Kategorie freiwilliger Aufgaben nur originäre Kreisaufgaben zählen dürften, die die Funktion der Landkreise erst begründen, wie die Binnenorganisation oder die Selbstrepräsentation des Landkreises (*Beckmann*, DVBl. 1990, 1193 [1195]; *Geis*, Kommunalrecht, § 16 Rn. 1; *Schmidt*, DÖV 2013, 509 [510]), entspricht dies nicht der Gesetzeslage im Land.
15 BVerfG, Beschl. v. 23.11.1988 – 2 BvR 1619/83, BVerfGE 79, 127 (143 ff.).
16 BVerwG, Beschl. v. 24.04.1996 – 7 NB 2.95, BVerwGE 101, 99 (103), juris Rn. 8.
17 BGH, Urt. v. 16.03.2000 – I ZR 214/97, BGHZ 144, 68, juris Rn. 29. Teilweise wird die Rechtsberatung auch als Ergänzungsaufgabe angesehen, so z.B. *Schmidt*, DÖV 2013, 509 (511); die Grenzen beider Institute sind fließend, s. *Lange*, Kommunalrecht, Kap. 18 Rn. 86.
18 *Schoch*, DVBl. 1995, 1047 (1050).
19 BVerwG, Beschl. v. 24.04.1996 – 7 NB 2.95, BVerwGE 101, 99 (103), juris Rn. 11 f.

wohls, speziell die mangelnde Leistungsfähigkeit einer Gemeinde, getragen wird. Dem staatsorganisationsrechtlichen Gesetzesvorbehalt des Art. 28 Abs. 2 GG ist durch die Generalklausel des § 2 Abs. 1 LKrO für die Begründung von Ergänzungs- und Ausgleichsaufgaben Genüge getan.[20]

9 In § 2 Abs. 2 LKrO wird den Kreisen darüber hinausgehend die Befugnis eingeräumt, durch qualifizierten Mehrheitsbeschluss des Kreistags (2/3-Mehrheit der Stimmen aller Mitglieder) die Erfüllung einer Aufgabe zur *ausschließlichen* Kreisangelegenheit zu bestimmen, soweit der Kreis hierfür ausreichende Einrichtungen geschaffen oder übernommen hat. Der Übernahmebeschluss bedarf vor der verfassungsrechtlichen Aufgabenverteilung zugunsten der Gemeinden[21] besonderer Rechtfertigung.[22]

3. Pflichtaufgaben

10 Beispiele für **weisungsfreie Pflichtaufgaben** der Landkreise sind
- die Erbringung von Leistungen nach SGB VIII und SGB XII (Sozial- und Jugendhilfe),
- die Trägerschaft u.a. der Berufsschulen (§ 28 Abs. 3 SchulG),
- die Straßenbaulast für die Kreisstraßen (§ 43 Abs. 2 StrG),
- die Trägerschaft für die Abfallentsorgung (§ 6 Abs. 1 AbfG),
- die Krankenhausträgerschaft (bedingte Pflichtaufgabe nach § 3 Abs. 1 LKHG) sowie
- die Aufstellung von Nahverkehrsplänen nach § 11 ÖPNVG.

11 Beispiele für **Pflichtaufgaben nach Weisung** sind[23]
- die Ausführung des BAföG (vgl. § 2 Abs. 1 AG BAföG) sowie
- die Ausführung des Wohngeldgesetzes (WoGGAG).

12 Die *Weisungsaufgaben der Landkreise* sind zu unterscheiden von den **Aufgaben der unteren Verwaltungsbehörde**. Diese sind – anders als bei den Stadtkreisen und Großen Kreisstädten – nicht den Aufgaben der Kommune zuzuordnen, sondern sind dem Landratsamt übertragene *staatliche* Aufgaben (vgl. § 1 Abs. 3 S. 2 LKrO). Insofern folgt die LKrO keinem rein monistischen Aufgabenmodell wie die GemO, sondern beinhaltet ein Mischsystem von monistischem und dualistischem Aufgabenmodell. Während für die Erledigung der Kreisaufgaben grundsätzlich der Kreistag und der Landrat als *Kreis*organe zuständig sind, wird bei der Erledigung der Aufgaben der unteren Verwaltungsbehörde der Landrat als *Landes*organ tätig; der Kreistag kann nur im Rahmen einer vom Landrat gem. § 54 Abs. 2 LKrO veranlassten Anhörung mitwirken.[24]

---

20 BVerwG, Beschl. v. 24.04.1996 – 7 NB 2.95, BVerwGE 101, 99 (103), juris Rn. 13; *Schoch*, DVBl. 1995, 1047 (1051); *Ehlers*, DVBl. 1997, 225 (226); a.A. *Wimmer*, NVwZ 1998, 28 (30).
21 BVerfG, Beschl. v. 23.11.1988 – 2 BvR 1619/83, BVerfGE 79, 127 (147).
22 So auch *Lange*, Kommunalrecht, Kap. 18 Rn. 93.
23 Die Pflichtaufgaben nach Weisung sind nach § 42 Abs. 3 S. 1 LKrO grundsätzlich dem Landrat zur Erledigung übertragen.
24 Von § 54 Abs. 1 LKrO, wonach der Kreistag auch in gesetzlich bestimmten Angelegenheiten der unteren Verwaltungsbehörde mitwirkt, ist soweit ersichtlich noch kein Gebrauch gemacht worden.

III. Binnenorganisation des Landkreises

Die innere Organisation des Landkreises ist weitgehend derjenigen der Gemeinden angeglichen. Die gesetzlichen Regelungen der Landkreisordnung sind meist wortgleich mit denen der Gemeindeordnung; der zentrale Unterschied der Gebietskörperschaften liegt darin, dass im Landkreis in der Person des Landrats als Leiter des Landratsamts „dualistisch" Selbstverwaltungsaufgaben des Landkreises und Staatsaufgaben der unteren Verwaltungsbehörde zusammengeführt werden. Anders als der Bürgermeister der Gemeinde wird der Landrat nicht vom Kreisvolk gewählt, sondern vom Kreistag mit der Mehrheit der Stimmen seiner Mitglieder (§ 39 Abs. 5 LKrO).[25]

13

Die politische Mitwirkung der Kreiseinwohner geht in Baden-Württemberg nicht so weit wie in anderen Bundesländern. **Bürgerbegehren und Bürgerentscheide** sind bisher nicht vorgesehen.

14

1. Verwaltungsorgane des Landkreises

Verwaltungsorgane des Landkreises sind nach § 18 LKrO der Kreistag und der Landrat. In Parallele zur Gemeindeordnung ist der Kreistag das *Hauptorgan* des Landkreises (§ 19 Abs. 1 S. 1 LKrO). Er ist die von Art. 28 Abs. 1 S. 2 GG geforderte demokratisch gewählte Vertretung der Kreiseinwohner, der – wie der Gemeinderat – die Grundsätze der Verwaltung festlegt und über alle Angelegenheiten des Landkreises entscheidet, soweit nicht der Landrat kraft Gesetzes zuständig ist oder ihm der Kreistag bestimmte Angelegenheiten überträgt.

15

Der **Kreistag** besteht gem. § 20 Abs. 1 LKrO aus dem – grundsätzlich nicht stimmberechtigten[26] – Landrat und den auf 5 Jahre gewählten ehrenamtlichen Kreisräten.[27] Für den Geschäftsgang des Kreistags und seiner Ausschüsse bestehen gegenüber der Gemeindeordnung keine Besonderheiten.[28] Abweichend von der Regelung der GemO steht den *beschließenden Ausschüssen* in dringenden Angelegenheiten, deren Erledigung nicht bis zur nächsten Kreistagssitzung warten kann, ein *Eilentscheidungsrecht* zu (§ 34 Abs. 4 S. 2 LKrO).

16

Die Kreistagsmitglieder unterliegen nach § 13 Abs. 3 LKrO wie die Gemeinderäte einem Verbot, Ansprüche oder Interessen eines anderen gegen den Landkreis geltend zu machen. Das Vertretungsverbot erstreckt sich allerdings nicht auf den Tätigkeitskreis des Landratsamts als untere Verwaltungsbehörde, da dieses als Staatsbehörde handelt, so dass bspw. ein Kreisrat gegenüber dem Landratsamt ein Baugesuch vertreten darf.[29]

17

Bei der Wahl des **Landrats** wirken Staat und Gebietskörperschaft im Hinblick auf dessen Doppelfunktion zusammen (vgl. § 39 LKrO). Der Kreistag bildet hierfür einen besonderen Wahlausschuss, der über die öffentliche Ausschreibung der Stelle entscheidet und dann zusammen mit dem Innenministerium aus den eingegangenen Bewerbungen mindestens drei aussucht, die dem Kreistag zur Wahl vorgeschlagen

18

---

25 Bei Drucklegung war noch nicht abzusehen, ob die grünrote Landesregierung – wie im Koalitionsvertrag angekündigt – die Direktwahl der Landräte einführt und die Rechtslage Baden-Württembergs derjenigen fast aller anderen Bundesländer (mit Ausnahme Schleswig-Holsteins) angleicht.
26 Vgl. § 32 Abs. 6 S. 3 LKrO für die abschließende Beschlussfassung einerseits, § 34 Abs. 5 S. 5 LKrO für die Vorberatung in Ausschüssen andererseits.
27 Wählbar sind auch Bürgermeister kreisangehöriger Gemeinden, VGH BW, Urt. v. 09.11.1992 – 1 S 65/92, juris Rn. 17.
28 S. § 14 Rn. 129 ff.
29 *Schoch*, Vertretungsverbot, S. 146 ff.

werden.[30] Können sich Kreisausschuss und Innenministerium nicht auf drei Bewerber verständigen, ist die Stelle neu auszuschreiben, es sei denn, der Kreisausschuss verzichtet auf die Benennung weiterer Bewerber. Für die Wahl[31] ist dann die Mehrheit der Stimmen aller Kreisräte erforderlich (§ 39 Abs. 5 S. 2 LKrO).

19 Der **Landrat** führt den Vorsitz im Kreistag,[32] leitet das Landratsamt und vertritt den Landkreis nach außen (§ 37 Abs. 1 LKrO). Er ist Beamter des Landkreises (§ 37 Abs. 2 S. 1 LKrO); seine Stellung entspricht im Übrigen derjenigen des Bürgermeisters einer Gemeinde.[33] Ständiger allgemeiner Stellvertreter des Landrats in der Leitung des Landratsamts ist der sogen. *Erste Landesbeamte* beim Landratsamt („ELB"), der vom Land im Benehmen mit dem Landrat bestellt wird (§ 42 Abs. 5 LKrO). Eine Stellvertretung durch Beigeordnete entsprechend § 50 GemO kennt das Landkreisrecht in Baden-Württemberg nicht.

2. Doppelfunktion des Landratsamts und prozessuale Folgerungen

20 Die Verwaltungsbehörde des Landkreises und der unteren Verwaltungsbehörde im Landkreis ist das **Landratsamt**. Das Landratsamt ist damit Verwaltungsbehörde für die Selbstverwaltungsaufgaben des Landkreises (verwaltungsprozessual ist dann der Landkreis Beklagter gem. § 78 Abs. 1 VwGO) und *zugleich* als untere Verwaltungsbehörde (§ 15 Abs. 1 Nr. 1 LVG) staatliche Behörde (§ 1 Abs. 3 S. 2 LKrO); verwaltungsprozessual richtet sich die Klage gegen eine Verfügung des Landratsamts als untere Verwaltungsbehörde gegen das Land Baden-Württemberg, vertreten durch das Landratsamt.

21 Landesbehörde und Kreisbehörde sind im Landratsamt als einheitliche Behörde organisatorisch und funktionell verzahnt.[34] Während ursprünglich Selbstverwaltungsaufgaben von Kreisbediensteten und Aufgaben der unteren Verwaltungsbehörden von Landesbediensteten wahrgenommen wurden, ist die Personalhoheit der Landkreise sukzessive dergestalt ausgeweitet worden, dass nur noch einzelne Verwaltungsbeamte des höheren Dienstes vom Land gestellt werden (§ 52 Abs. 1 LKrO), und alle anderen Beschäftigten Landkreisbeamte oder –angestellte sind, wobei das Land für die Erledigung der staatlichen Aufgaben Personal- und Sachkosten ersetzt (§ 52 Abs. 2 LKrO).[35] Rechtsdogmatisch liegt bei dieser Konstruktion eine sogen. *Institutionsleihe* vor. Soweit der VGH BW von „Organleihe" spricht,[36] beachtet er nicht, dass das Landratsamt kein Organ, sondern eine Behörde ist; eine *Organleihe* liegt nur in der Person des Landrats vor.[37]

---

30 Zur Vereinbarkeit der Regelung mit der Personalhoheit des Landkreises VGH BW, Urt. v. 15.08.1983 – 1 S 339/82, ESVGH 34, 45 (49).
31 Zum Zeitpunkt der Landratswahl s.a. VG Freiburg, Beschl. v. 03.06.2014 – 3 K 1317/14.
32 Da der Landrat nicht vom Kreisvolk gewählt ist, hat er konsequenterweise kein Stimmrecht im Kreistag (§ 32 Abs. 6 S. 3 LKrO).
33 S. § 15 Rn. 10.
34 VGH BW, Urt. v. 16.12.1975 – X 232/74, ESVGH 26, 151 (153).
35 Zur Zulässigkeit dieser Regelung StGH BW, Urt. v. 14.10.1993, 2/92, VBlBW 1994, 12. – Zu einzelnen Kostenerstattungsfragen s. VGH BW, Urt. v. 23.09.1997 – 10 S 956/96; VGH BW, Urt. v. 19.07.1999 – 1 S 1653/98; VGH BW, Urt. v. 23.04.2004 – 1 S 2322/02.
36 VGH BW, Urt. v. 16.12.1975 – X 232/74, ESVGH 26, 151 (153).
37 Vgl. *Maurer*, Allgemeines Verwaltungsrecht, § 22 Rn. 24 f.; *Geis*, Kommunalrecht, § 18 Rn. 2.

Im Hinblick auf den Charakter des Landratsamts als Einheitsbehörde ist ein Bescheid des Landratsamts als Untere Verwaltungsbehörde aber auch dann von einem zuständigen Bediensteten erlassen, wenn dieser der Kreisbehörde im Landratsamt angehört.[38]

Hinsichtlich der Haftung für **Amtspflichtverletzungen** gilt grundsätzlich die Anstellungstheorie, wonach die anstellende Körperschaft des Beamten haftet.[39] Für *staatsrechtliche Beamte* beinhalten §§ 53 Abs. 2, 56 Abs. 2 LKrO eine hiervon abweichende spezialgesetzliche Regelung:[40] Verletzt der Landrat in Ausübung seiner Tätigkeit als Leiter der unteren Verwaltungsbehörde die ihm einem Dritten gegenüber obliegende Amtspflicht, haftet nach § 53 Abs. 2 LKrO das Land. Verletzen sonstige Beamte (des Landkreises oder Landesbeamte) eine Amtspflicht, kommt es für die Haftung gem. § 56 Abs. 2 LKrO ebenfalls darauf an, in welcher Funktion sie tätig wurden (*Funktionstheorie*): Bei Erfüllung der Aufgaben der unteren Verwaltungsbehörde haftet das Land; im Übrigen der Landkreis.[41] Bei Amtspflichtverletzungen von *Angestellten und Arbeitern* haftet immer der Landkreis als Anstellungskörperschaft, gleichgültig ob diese Kreis- oder Landesangelegenheiten wahrnehmen, da sie nach § 52 Abs. 1 LKrO immer vom Landkreis angestellt werden. Insoweit verbleibt es bei der Anwendung der auch sonst geltenden Anstellungs- oder *Amtsübertragungstheorie*.[42]

IV. Das Wirtschaftsrecht der Landkreise

Das **Haushaltsrecht** der Landkreise entspricht grundsätzlich dem der Gemeinden[43] mit der Besonderheit, dass die Finanzierung der Kreisaufgaben und damit auch der Umfang der Aufgabenwahrnehmung faktisch von der Höhe der sogen. **Kreisumlage** bestimmt wird. Die Kreisumlage, die vom Landkreis bei den Gemeinden des Kreisgebiets erhoben wird, bezweckt die Deckung des nicht anderweitig gedeckten Finanzbedarfs der Kreise (§ 49 Abs. 2 LKrO); ihre Höhe ist in der Haushaltssatzung für jedes Haushaltsjahr festzusetzen.[44] Die Belastung der einzelnen Gemeinden orientiert sich dabei an der Steuerkraft und der Finanzkraft entsprechend den Schlüsselzuweisungen, die die Gemeinden nach dem FAG vom Land erhalten.

Die **Kreisumlage** darf die kommunale Finanzhoheit nicht aushöhlen, ihre Erhebung muss aus Gründen des Gemeinwohls dem Grunde und der Höhe nach geboten sein, dem Grundsatz der Verhältnismäßigkeit genügen und darf nicht willkürlich sein.[45]

---

38 Ganz h.M., s. VGH BW, Urt. v. 16.12.1975 – X 232/74, ESVGH 26, 151; VGH BW, Urt. v. 23.06.1983 – 5 S 2785/82; *Geis*, Kommunalrecht, § 18 Rn. 2; a.A. lediglich VGH BW, Beschl. vom 28.08.2006 – 10 S 2731/03, juris Rn. 17, wo verkannt wird, dass alle Entscheidungen des LRA – auch seiner Eigenbetriebe – auf den Landrat zurückzuführen sind (hierzu BVerwG, Urt. v. 06.11.1991 – 8 C 10.90, juris Rn. 15).
39 *Kapsa*, in: Geigel, Haftpflichtprozess, 26. Aufl. 2011, Kap. 20 Rn. 24; *Lange*, Kommunalrecht, Kap. 18 Rn. 32.
40 Zur Zulässigkeit abweichenden Landesrechts BGH, Urt. v. 14.12.2006 – III ZR 74/06, juris Rn. 8.
41 OLG Karlsruhe, Urt. v. 12.03.1987 – 9 U 12/86, NVwZ-RR 1988, 2. – Da das Land dem Landkreis die Kosten auf Antrag erstattet, soweit sie 10.000 EUR je Haftungsfall übersteigen, dürfte jedoch auch bei staatsrechtlichen Beamten der Landkreis (nicht das Land) passivlegitimiert sein.
42 OLG Karlsruhe, Urt. v. 12.03.1987 – 9 U 12/86, NVwZ-RR 1988, 2; s.a. BGH, Urteil v. 19.05.1988 – III ZR 213/86, NVwZ-RR 1989, 523 (524); Urt. v. 05.06.2008 – III ZR 137/07, juris Rn. 14; *Wöstmann*, in: Staudinger, § 839 BGB Rn. 52; *Kapsa*, in: Geigel, Haftpflichtprozess, 26. Aufl. 2011, Kap. 20 Rn. 25, 30.
43 Vgl. *F. Kirchhof*, DVBl. 1995, 1057 ff.
44 BVerfG, Beschl. v. 07.02.1991 – 2 BvL 24/84, BVerfGE 83, 363 (389); BayVGH, Urt. v. 21.03.2011 – 4 BV 10.108, juris Rn. 51 ff.; zur Kreisumlage auch *Wohltmann*, BayVBl 2012, 33 ff.; *Schwarz*, ZKF 2013, 163 ff.; krit. *Tysper*, KommJur 2009, 408 ff., 458 ff.
45 Vgl. BVerwG, Beschl. v. 28.02.1997 – 8 N 1.96, juris Rn. 18; Hess VGH, Urt. v. 27.01.1999 – 8 N 3392/94, juris Rn. 71.

Weder der allgemeine Gleichheitsgrundsatz noch Art. 28 Abs. 2 i.V.m. Art. 20 Abs. 1 GG schließen dabei aus, dass eine kreisangehörige Gemeinde mit der von ihr geleisteten Kreisumlage auch eine Verwaltungstätigkeit des Kreises mitfinanziert, die für sie und ihre Einwohner ohne Nutzen ist, weil sie selbst diese Verwaltungstätigkeit leisten muss.[46] Die Höhe der Kreisumlagequote kann nur individuell für jeden Kreis durch Abwägung der gegenseitigen Interessenlage zwischen einer noch rücksichtsvollen Beachtung der gemeindlichen Interessen einerseits und einer sich als für die Finanzkraft der Gemeinden unzumutbar darstellenden Belastung andererseits gefunden werden.[47] Der Landkreis muss bei der Festsetzung der Kreisumlage berücksichtigen, dass die Gemeinden den Anspruch auf eine aufgabenadäquate Finanzausstattung (mit einem „abwägungsfesten" Kerngehalt) haben.[48]

26 Der Bescheid, mit dem die Kreisumlage von den Gemeinden erhoben wird, ist ihnen gegenüber ein anfechtbarer Verwaltungsakt.[49] Die Rechtmäßigkeit der Haushaltssatzung des Kreises, die Grundlage für die Kreisumlage ist (§ 49 Abs. 2 LKrO), kann zudem im Normenkontrollverfahren nach § 47 Abs. 1 Nr. 2 VwGO i.V.m. § 4 AGVwGO überprüft werden.

27 Der Landkreis hat nach § 49 Abs. 1 LKrO das Recht, eigene Steuern und sonstige Abgaben nach Maßgabe der Gesetze zu erheben. Eine **Kreissteuer** im Sinne des § 49 Abs. 1 LKrO ist die *Jagdsteuer* nach § 10 Abs. 2 KAG.[50]

---

46 BVerfG, Beschl. v. 07.02.1991 – 2 BvL 24/84, BVerfGE 83, 363 (393); BVerwG, Beschl. v. 03.03.1997 – 8 B 130.96, juris Rn. 3.
47 OVG Nds, Urt. v. 27.01.1999 – 10 L 6960/95, juris Rn. 6; OVG Nds, Urt. v. 07.07.2004 – 10 LB 4/02, juris Rn. 32 ff.; Hess. VGH, Urt. v. 27.01.1999 – 8 N 3392/94, juris Rn. 70 ff.; OVG RP, Urt. v. 07.06.2011 – 2 A 10213/11, juris Rn. 39.
48 BVerwG, Urt. v. 31.01.2013 – 8 C 1.12, juris Rn. 18, 36, m. Anm. *Henneke*, DVBl. 2013, 652 ff.; *Deiseroth*, jurisPR-BVerwG 19/2013, Anm. 1.
49 Vgl. BayVGH, Urt. v. 21.03.2011 – 4 BV 10.108, juris Rn. 37: Die Gemeinden können Kreisumlagebescheide z.B. mit der Begründung anfechten, dass der Kreishaushalt Ausgaben für landkreisfremde Zwecke vorsieht. Dies ist grundsätzlich zutreffend, erstreckt sich allerdings nicht auf die Ausgaben für Kreisbedienstete, die für staatliche Aufgaben der unteren Verwaltungsbehörde eingesetzt werden, so zutr. OVG SH, Urt. v. 12.12.2007 – 2 KN 1/07, juris Rn. 86.
50 Hierzu VGH BW, Urt. v. 30.07.1992 – 2 S 753/92; VGH BW, Urt. v. 07.02.1986 – 14 S 2170/84. Zur problematischen Jagdsteuerpflicht einer Gemeinde VG Freiburg, Beschl. v. 29.04.2010 – 1 K 103/10, juris Rn. 5.

IV. Das Wirtschaftsrecht der Landkreise 375

Landrat
- Vorsitzender des Kreistages
- Leiter des LRA (Behörde)
- Wahl durch Kreistag aus gemeinsam von Land und Kreistag erstellter Vorschlagsliste
- kein Stimmrecht im Kreistag, § 32 Abs. 6 S. 3 LKrO

Doppelfunktion der Kreisverwaltung:
- Inanspruchnahme für die staatliche Verwaltung im Landkreisgebiet (Organleihe) – str. ist, ob VA der unteren Verwaltungsbehörde rechtswidrig ist, wenn er unter dem Briefkopf „Kreisverwaltung" und nicht „Landratsamt" erlassen wird
- Beklagter ist das Land, wenn LRA als untere Verwaltungsbehörde tätig wird
- Amtshaftung des Landes nach §§ 53 Abs. 2, 56 Abs. 2 LKrO (Funktionstheorie) für LR und Beamte im Rahmen bei Aufgaben der unteren Verwaltungsbehörde; für Angestellte der Arbeitgeber = Amtsübertragungstheorie

Aufgabenbereiche wie Gemeinden (§ 2 LKrO):
- freiwillige Aufgaben
- Pflichtaufgaben
- Pflichtaufgaben nach Weisung

L A N D K R E I S

Selbstverwaltungsgarantie Art. 28 Abs. 2 S. 2 GG
- Rechtssubjektsgarantie
- Rechtsinstitutionsgarantie ohne verfassungsrechtlich garantierte Allzuständigkeit => Ausgestaltungsauftrag an Landesgesetzgeber §§ 1 Abs. 1, 2 Abs. 1 u. 2 LKrO
- übergemeindliche Aufgaben
- ergänzende Aufgaben
- ausgleichende Aufgaben
- Kompetenzkompetenz § 2 Abs. 2 LKrO

ergänzende Finanzierung durch Kreisumlage (§ 49 II LKrO)

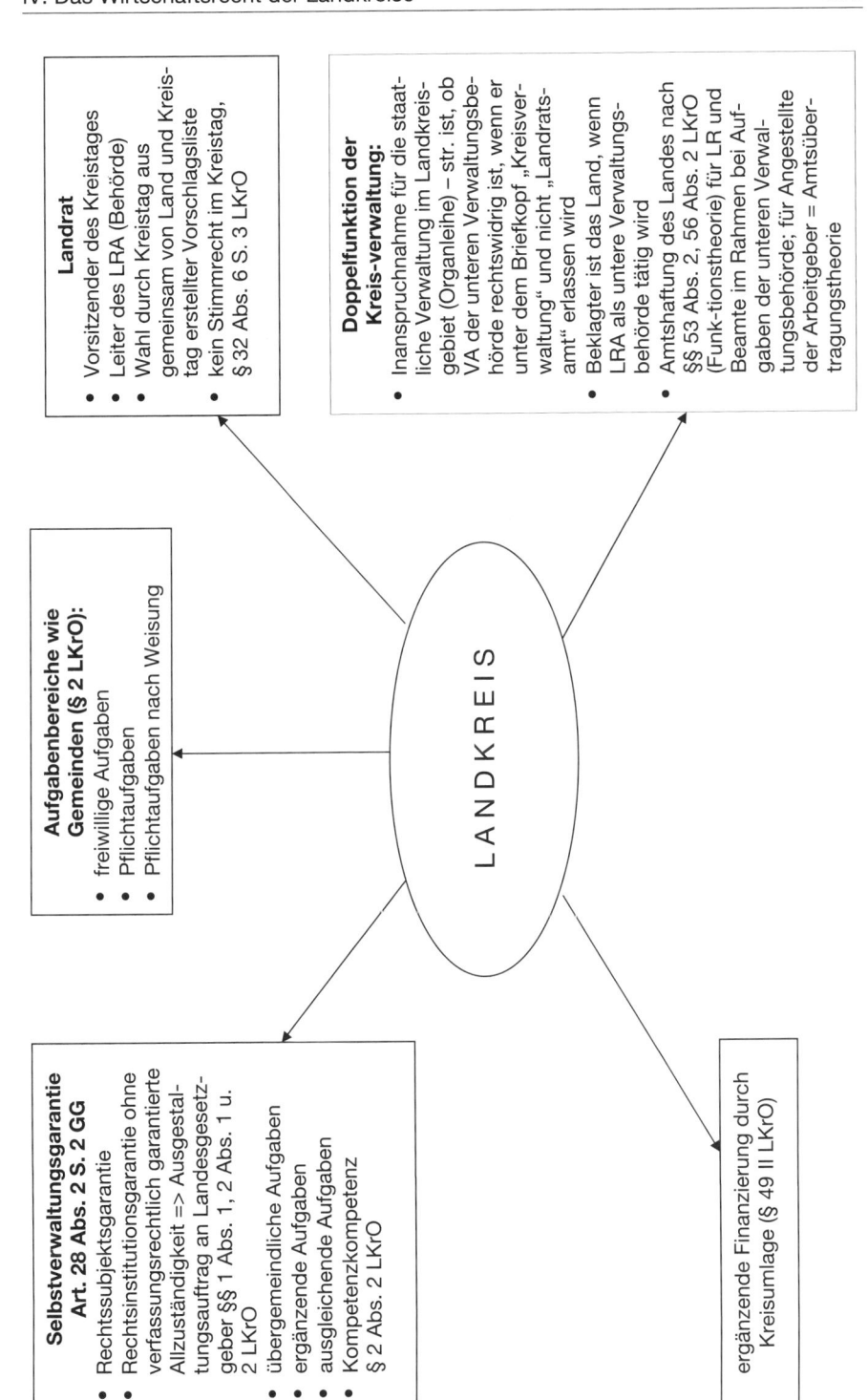

§ 23
Interkommunale Zusammenarbeit

Literatur: *Dittmann*, in: Achterberg/Püttner/Würtenberger, BesVwR II, 2. Aufl. 2000, § 18 (Kommunalverbandsrecht); *Ehlers*, Interkommunale Zusammenarbeit in Gesellschaftsform, DVBl. 1997, 137 ff.; *Lange*, Kommunalrecht, Kap. 19.
Weiterführend: *Oebbecke*, Zweckverbandsbildung und Selbstverwaltungsgarantie, 1982; *Beyerlin*, Rechtsprobleme der lokalen grenzüberschreitenden Zusammenarbeit, 1988; *v. Schwanenflügel*, Entwicklungszusammenarbeit als Aufgabe der Gemeinden und Kreise, 1993; *Bovenschulte*, Gemeindeverbände als Organisationsformen kommunaler Selbstverwaltung, 2000; *Niedobitek*, Das Recht der grenzüberschreitenden Verträge, 2001; *Pfeil*, Mehrzweckverbände und Eurodistrikte, NVwZ 2006, 787 ff.; *Saugier*, Der fehlerhafte Zweckverband, 2001; *Müller*, Die Entwicklung der Zweckverbände in Nordrhein-Westfalen, DÖV 2010, 931 ff.

I. Hintergrund

1 Kommunen erfüllen ihre Aufgaben oftmals im Wege **interkommunaler Zusammenarbeit**, ohne dabei ihre rechtliche Eigenständigkeit aufzugeben.[51] Die Gründe dafür sind vielgestaltig. Zahlreiche Aufgaben übersteigen die finanzielle oder verwaltungsmäßige *Leistungsfähigkeit* einzelner Gemeinden. Dies kann etwa die Wasserversorgung, die Müll- und Abwasserbeseitigung oder den Bau von Schulen betreffen.[52] Häufig ermöglicht eine Zusammenarbeit auch eine *sachgerechtere Aufgabenwahrnehmung*.[53] Zudem beschränken sich die Anforderungen an die gemeindliche Aufgabenerfüllung auch aufgrund der zunehmenden Mobilität und Urbanisierung oftmals nicht auf das jeweilige Gemeindegebiet.[54]

II. Verfassungsrechtlicher Rahmen

2 Das Recht zur zwischengemeindlichen Zusammenarbeit wird durch Art. 28 Abs. 2 S. 1 GG und Art. 71 Abs. 1 S. 1 u. S. 2 LV *geschützt* und zugleich *begrenzt*.

1. Schutz und Grenzen der Kooperationshoheit

3 Die **Kooperationshoheit** als Ausprägung der Organisationshoheit gewährleistet den Gemeinden, ihre Aufgaben auch *zusammen mit anderen Kommunen* erledigen und dafür *gemeinschaftliche Handlungsinstrumente* schaffen zu können.[55]

4 Für die jeweilige kooperierende Gemeinde muss es sich jedoch um *Angelegenheiten der örtlichen Gemeinschaft* handeln.[56] Auch bei einer interkommunalen Zusammen-

---

51 Zur geschichtlichen Entwicklung der interkommunalen Zusammenarbeit Stober/Kluth, Verwaltungsrecht II, § 98 Rn. 4 ff.; zudem *Müller*, DÖV 2010, 931 ff.
52 *Kohout*, Zusammenarbeit, S. 156; *Erichsen*, Kommunalrecht, § 13 A 1, S. 315; ferner *Stober*, Kommunalrecht, S. 251; *Berg*, BayVBl. 2003, 289 (290).
53 *Erichsen*, Kommunalrecht NRW, § 13 A 1, S. 315 f.; *Berg*, BayVBl. 2003, 289 (290).
54 *Stober*, Kommunalrecht, S. 251.
55 BVerfG, Beschl. v. 27.11.1986 – 2 BvR 1241/82, juris Rn. 16; BVerfG, Urt. v. 20.12.2007 – 2 BvR 2433/04, juris Rn. 146; StGH BW, Urt. v. 08.05.1976 – Gesch.Reg. 2, 8/75, ESVGH 26, 1 (10); *Kohout*, Zusammenarbeit, S. 169; *Tettinger*, in: v. Mangoldt/Klein/Starck, GG, Art. 28 Abs. 2 Rn. 179.
56 Dazu § 5 Rn. 19 ff.

II. Verfassungsrechtlicher Rahmen

arbeit darf eine Gemeinde ohne gesetzliche Grundlage keine Verwaltungsaufgaben einer fremden Gemeinde wahrnehmen.[57] Dies gilt auch bei Zustimmung der betreffenden Kommune.[58] Eine die Gemeindegrenzen überschreitende Tätigkeit bedarf einer gesetzlichen Ermächtigung.[59]

2. Einschränkungen der Kooperationshoheit

Die Kooperationshoheit kann im Rahmen des Gesetzesvorbehaltes des Art. 28 Abs. 2 S. 1 GG **eingeschränkt** werden. Dies geschieht insbesondere durch *Kooperationszwänge* (z.B. Beitritt zu Gemeindeverbänden), die *Übertragung von Hoheitsrechten* auf zwischengemeindliche Institutionen und die nähere *gesetzliche Ausgestaltung* der zwischengemeindlichen Zusammenarbeit.[60]

Dabei würde es zu einer Verletzung des **Kernbereichs** der Selbstverwaltungsgarantie kommen, wenn der den Gemeinden nach einem Aufgabenentzug verbliebene Aufgabenbestand einer Betätigung ihrer Selbstverwaltung *keinen hinreichenden Raum* mehr beließe.[61] Dies ist bei der Verlagerung *einzelner Aufgaben* regelmäßig nicht der Fall.[62]

In der verfassungsrechtlichen Selbstverwaltungsgarantie kommt der Vorrang einer **dezentralen kommunalen Aufgabenwahrnehmung** zum Ausdruck. Die Zentralisierung örtlicher Angelegenheiten bedarf damit ebenso wie inhaltliche Vorgaben einer gemeinwohlorientierten Rechtfertigung, die etwa in der Gewährleistung einer ordnungsgemäßen Aufgabenerfüllung liegen kann. Bloße verwaltungspraktische Gründe oder Effizienzüberlegungen genügen grundsätzlich nicht. Zudem sind solche gesetzgeberischen Maßnahmen auf das zu beschränken, was der Gesetzgeber zur Wahrung des jeweiligen Gemeinwohlbelangs für erforderlich halten kann, wobei er angesichts der unterschiedlichen Ausdehnung, Einwohnerzahl und Struktur der Gemeinden typisieren darf und auch im Übrigen einen grundsätzlich weiten Einschätzungs- und Beurteilungsspielraum hat.[63]

Freiwillige Lösungen sind ein milderes Mittel als Zwangszusammenschlüsse und daher grundsätzlich vorrangig.[64] Dies gilt aufgrund der verbleibenden Einflussmöglichkeiten auch für einen zwangsweisen *Zusammenschluss* von Gemeinden gegenüber einer sonstigen „Aufgabenhochzonung" auf die staatliche Ebene.[65]

---

57 Zur zulässigen Verwaltungsleihe innerhalb einer Verwaltungsgemeinschaft vgl. VGH BW, Urt. v. 25.04.1994 – 1 S 2455/93, juris Rn. 33; zum Einsatz von Leiharbeitern BayObLG, Beschl. v. 17.02.1999 – 2 ObOWi 751/98.
58 A.A. offenbar *Berg*, BayVBl. 2003, 289 (290). Zur kommunalen Wirtschaftstätigkeit vgl. *Heilshorn*, Gebietsbezug, S. 98, 149.
59 *Erichsen*, Kommunalrecht NRW, § 13 A 2a, S. 318; *Brüning*, VBlBW 2011, 46 (48); *Kupfer*, VBlBW 2011, 128 (132 f.).
60 BVerfG, Urt. v. 20.12.2007 – 2 BvR 2433/04, 2 BvR 2434/04, juris Rn. 147.
61 BVerfG, Beschl. v. 23.11.1988 – 2 BvR 1619/83 u.a., juris Rn. 53 (Rastede); vgl. auch StGH BW, Urt. v. 08.05.1976 – Gesch.Reg. 2, 8/75, ESVGH 26, 1 (4) m.w.N.; *Erichsen*, Kommunalrecht NRW, § 13 A 2b, S. 318.
62 StGH BW, Urt. v. 08.05.1976 – Gesch.Reg. 2, 8/75, ESVGH 26, 1 (5, 11).
63 BVerfG, Beschl. v. 23.11.1988 – 2 BvR 1619/83 u.a., juris Rn. 62; BVerfG, Beschl. v. 07.02.1991 – 2 BvL 24/84, juris Rn. 68; BVerfG, Urt. v. 20.12.2007 – 2 BvR 2433/04 u.a., juris Rn. 148; vgl. auch bereits StGH BW, Urt. v. 08.05.1976 – Gesch.Reg. 2, 8/75, ESVGH 26, 1 (3): Voraussetzung für eine Aufgabenübertragung sei ein „öffentliches Interesse".
64 VerfGH NRW, Urt. v. 11.07.1980 – 8/79, juris LS 1; *Stober*, Kommunalrecht, § 17 II 3, S. 254 f.
65 SaarlVerfGH, Urt. v. 29.06.2004 – Lv 5/03, juris Rn. 68.

9 Bei zwangsweisen wie freiwilligen Zusammenschlüssen müssen den einzelnen beteiligten Gemeinden **ausreichende Mitwirkungsmöglichkeiten** bezüglich Art und Inhalt der Aufgabenerfüllung der „Gemeinschaft" erhalten bleiben.[66] Dies gilt auch bei privatrechtlichen Kooperationsformen.

III. Typen der Zusammenarbeit: Überblick

10 Die Rechtsordnung stellt für die Zusammenarbeit der Gemeinden verschiedene Gestaltungsmöglichkeiten zur Verfügung.

1. Innerhalb der Landesgrenzen

a) Freiwillige Zusammenarbeit

11 Auf Landesebene finden sich **vier allgemeine Typen** der freiwilligen gemeindlichen Zusammenarbeit. Dies sind

- der **Zweckverband** (dazu unten IV.),
- die **öffentlich-rechtliche Vereinbarung** (V.),
- der **Gemeindeverwaltungsverband** (VI.) und
- die **vereinbarte Verwaltungsgemeinschaft** (VII.).

12 Daneben kann einer interkommunalen Zusammenarbeit ein **öffentlich-rechtlicher Vertrag** im Sinne des § 54 VwVfG zugrunde liegen.

13 Beispiele: Arbeitsgemeinschaften ohne eigene Rechtspersönlichkeit mit öffentlich-rechtlichem Gegenstand; Städtepartnerschaftsabkommen;[67] Kooperation über Verwaltungshilfe, Verwaltungsleihe und Personalausleihe zwischen Kommunen.

14 Die Kommunen können sich zudem **zivilrechtlicher Formen** bedienen, etwa einen privatrechtlichen Vertrag schließen oder eine GmbH, eine AG oder einen Verein gründen.[68]

15 Zahlreiche **kommunale Spitzenverbände** sind in einer solchen Vereinsform organisiert. Zu ihnen zählen der Deutsche Städtetag, der Städtetag Baden-Württemberg und der Gemeindetag Baden-Württemberg. Da die Kommunen nicht an der Gesetzgebung beteiligt sind, vertreten diese Zusammenschlüsse die *kommunalen Interessen* gegenüber staatlichen und gesellschaftlichen Instanzen, indem sie Stellungnahmen im Gesetzgebungsverfahren und zu aktuellen politischen Problemen abgeben. Die Geschäftsordnungen des Bundestags (§§ 69 f.) und des Landtags BW (§ 50 a) sowie Art. 71 Abs. 4 der Landesverfassung BW haben spezielle *Anhörungsrechte* für diese Spitzenverbände geschaffen.

b) Zwangsweise Zusammenarbeit

16 Kommunen können landesrechtlich auch **zwangsweise** zu einer Zusammenarbeit verpflichtet werden. So sieht das GKZ die Möglichkeit vor, einen *Zweckverband*

---

[66] StGH BW, Urt. v. 04.06.1976 – Gesch. Reg. 3/75, ESVGH 26, 129 (132 ff.); *Erichsen*, Kommunalrecht NRW, § 13 A 2b, S. 318.
[67] Hierzu *Heberlein* DÖV 1990, 374 (380 f.).
[68] Zu den zulässigen Formen privatrechtlicher Wirtschaftstätigkeit § 19 Rn. 103 ff.

III. Typen der Zusammenarbeit: Überblick

zwangsweise zu bilden (§§ 2 Abs. 1, 11 GKZ) oder eine *öffentlich-rechtliche Vereinbarung* zwangsweise abzuschließen (§ 27 GKZ).

Darüber hinaus hat der **Gesetzgeber** eine Reihe von Zusammenschlüssen selbst vorgenommen oder veranlasst. Die meisten solcher Zusammenschlüsse erfolgten im Rahmen der *Gemeindegebietsreform von 1974.* Neben Zwangseingemeindungen ordnete der Gesetzgeber die Bildung von Verwaltungsgemeinschaften in Fällen an, in denen freiwillige Lösungen nicht gefunden werden konnten.[69] 17

Darüber hinaus hat der Gesetzgeber 18
- die *Nachbarschaftsverbände* (NachbVerbG),
- die *Regionalverbände* (§§ 31 ff. LPIG) und
- den *Verband Region Stuttgart* (Gesetz über die Errichtung des Verbands Region Stuttgart, GVRS)

als selbstständige Körperschaften des öffentlichen Rechts errichtet. Sie erstrecken sich jeweils auf das Gebiet mehrerer Stadt- und Landkreise und sollen spezifische regionale Probleme lösen.

Die **Nachbarschaftsverbände** sollen das Verhältnis zwischen Städten und Umland verbessern. Herbeigeführt werden soll ein Interessenausgleich zwischen der Stadt und den meist kleineren Umlandgemeinden.[70] Dazu ist den Nachbarschaftsverbänden gesetzlich u.a. die vorbereitende Bauleitplanung übertragen (§ 4 Abs. 2 NachbVerbG). 19

Regionalverbände planen und steuern die regionale Raumentwicklung. Insbesondere sind sie verpflichtet, für ihre Region Regionalpläne aufzustellen (§§ 32, 12 Abs. 1 LPIG), in denen die Ziele der Landesplanung und -entwicklung konkretisiert werden (§ 11 LPIG). Der **Verband „Region Stuttgart"** ist eine Sonderform des Regionalverbands für die Region Stuttgart. Er soll die regionale Zusammenarbeit in diesem Ballungsraum Stuttgart verbessern. Neben der Regionalplanung ist er zuständig für Pflichtaufgaben speziell in den Bereichen Regionalverkehr, Abfallentsorgung, Wirtschaftsförderung und Tourismus-Marketing. 20

2. Landesgrenzen überschreitende Zusammenarbeit

Landesübergreifende zwischengemeindliche Kooperationen sind (z.B. auf vertraglicher Grundlage) möglich, soweit sie Angelegenheiten der örtlichen Gemeinschaft der beteiligten Gemeinden betreffen und nicht in Landes- oder Bundeskompetenzen oder fremde Selbstverwaltungskompetenzen eingreifen. 21

Eine weiter gehende grenzüberschreitende Zusammenarbeit ist nur auf der Basis von **Staatsverträgen** der Länder oder, wenn keine gesetzlichen Regelungen für die Zusammenarbeit erforderlich sind, auf der Basis von **Verwaltungsabkommen** möglich. Solche Kooperationen können nicht auf die GemO, das GKZ oder andere landesrechtliche Spezialgesetze gestützt werden, da die Gebietshoheit der Länder an den Landesgrenzen endet. Diese Vorschriften betreffen nur die Zusammenarbeit von Gemeinden innerhalb Baden-Württembergs. 22

---

69 Vgl. das Allgemeine Gemeindereformgesetz und das Besondere Gemeindereformgesetz (jeweils vom 03./04.07.1974); zudem z.B. Gesetz zur Neubildung der Stadt Villingen-Schwenningen vom 26.7.1971 (GBl. S. 291), geändert durch Gesetz vom 3.3.1976 (GBl. S. 199).
70 LT-Drs. 8/2903, S. 3.

23 Das Land Baden-Württemberg hat bisher Staatsverträge über eine Zusammenarbeit mit Bayern, Hessen und Rheinland-Pfalz abgeschlossen. Nach diesen Verträgen gilt für den grenzüberschreitenden Zweckverband das Recht des Landes, in welchem der Zweckverband seinen Sitz hat.

3. Bundesgrenzen überschreitende Zusammenarbeit

24 Die Gemeinden leiten ihre Hoheitsgewalt als dezentrale Verwaltungsträger **von den jeweiligen Bundesländern** ab. Sie sind daher *keine Völkerrechtssubjekte*.[71] Aus diesem Grund weist das Grundgesetz ihnen auch keine Außenkompetenz zu (vgl. Art. 32, auch Art. 24 Abs. 1a GG).[72] Die Gemeinden haben daher keine Verbandskompetenz für die *auswärtigen Angelegenheiten* der Bundesrepublik Deutschland. Die Pflege von Auslandskontakten als solche ist ihnen im Rahmen ihrer Zuständigkeit jedoch nicht verwehrt.[73] Insbesondere dürfen sie *Städtepartnerschaftsverträge* schließen.[74] Ein zweites großes Betätigungsfeld ist die *grenzüberschreitende gemeinsame Erledigung kommunaler Aufgaben*.[75]

25 Hierzu bestehen zahlreiche *Sonderregelungen*, etwa das „Europäische Rahmenübereinkommen über die grenzüberschreitende Zusammenarbeit zwischen Gebietskörperschaften und Behörden" von 1980[76] und das Übereinkommen zwischen der Bundesrepublik, Frankreich, Luxemburg und der Schweiz über die grenzüberschreitende Zusammenarbeit zwischen Gebietskörperschaften und örtlichen öffentlichen Stellen vom 23.1.1996[77] (Karlsruher Übereinkommen). Die EU hat die Verordnung über den Europäischen Verbund für territoriale Zusammenarbeit (EVTZ) erlassen,[78] an dem auch Gemeinden mitwirken können.

26 Ein Beispiel für eine freiwillige, grenzüberschreitende Zusammenarbeit zwischen deutschen, französischen und schweizerischen Kommunen und anderen Interessenten ist der *Regiorat*. Er soll den Kommunen, Gebietskörperschaften, Verbänden, Wirtschafts- und Wissenschaftskreisen ein Forum zur Lösung grenzüberschreitender Probleme bieten.[79]

27 Das *Euro-Institut Kehl* ist ein Zweckverband nach dem Karlsruher Übereinkommen. Es widmet sich der zweisprachigen grenzüberschreitenden Fort- und Weiterbildung des öffentlichen Sektors.

---

71 Z.B. *Pechstein/Weber*, LKV 2001, 89 m.w.N.
72 *Kempen*, in: v. Mangoldt/Klein/Starck, GG, Art. 32 Abs. 1 Rn. 21.
73 *Kempen*, in: v. Mangoldt/Klein/Starck, GG, Art. 32 Abs. 1 Rn. 22.
74 Dazu § 5 Rn. 52.
75 Grundlegend *Beyerlin*, Rechtsprobleme der lokalen grenzüberschreitenden Zusammenarbeit, 1988.
76 BGBl II 1981, 965 f.
77 BGBl II 1997, 1158. Der Landtag BW hat dem Gesetz am 7.2.1996 zugestimmt (GBl. S. 174) und es damit in Landesrecht transformiert (vgl. LT-Drucks. 11/7085); s. hierzu *Gutt*, Grenzüberschreitende kommunale Zusammenarbeit nach dem Karlsruher Übereinkommen unter besonderer Berücksichtigung des baden-württembergischen Landesrechts, 1998; *Bräutigam*, Der „grenzüberschreitende örtliche Zweckverband" nach dem Karlsruher Übereinkommen, 2009; *Volz*, BWGZ 1998, 600 ff.
78 VO (EG) Nr. 1082/2006 des Europäischen Parlaments und des Rates vom 5.6.2006, ABl. L 210/19. Hierzu *Peine/Starke*, LKV 2008, 402 ff.; *Kment*, DV 2012, 155 ff.
79 Zusammenstellung der grenzüberschreitenden Zusammenarbeit Baden-Württembergs auf http://www.rp-freiburg.de/servlet/PB/show/1102021/rpf-sgz-grenz-zusammen.pdf (19.4.2014).

IV. Zweckverband

1. Grundsätzliches

Gemeinden und Landkreise können **Zweckverbände** bilden, um Aufgaben, zu deren 28
Erledigung sie berechtigt oder verpflichtet sind, für alle oder einzelne Verbandsmitglieder gemeinsam zu erfüllen (§ 1 GKZ).

Der Zweckverband ist eine *Körperschaft des öffentlichen Rechts*. Er verwaltet seine 29
Angelegenheiten im Rahmen der Gesetze unter eigener Verantwortung (§ 3 GKZ).
Das Selbstverwaltungsrecht im Rahmen des gesetzlichen Aufgabenbereichs ist in
Art. 71 Abs. 1 S. 1 LV BW verfassungsrechtlich garantiert. Den Schutz des Art. 28
Abs. 2 S. 1 GG genießt der Zweckverband hingegen nicht. Er ist auch kein „Gemeindeverband" i.S.d. Art. 28 Abs. 2 S. 2 GG.[80]

2. Bildung

Der Zweckverband kann *freiwillig* (Freiverband) oder *zwangsweise* (Pflichtverband) 30
gebildet werden.

a) Freiverband

Mitglieder eines Freiverbands können neben Gemeinden und Landkreisen (§ 2 31
Abs. 1 GKZ) unter bestimmten Voraussetzungen auch andere Körperschaften, Anstalten und Stiftungen des öffentlichen Rechts sowie natürliche Personen und juristische Personen des Privatrechts sein (vgl. § 2 Abs. 2 GKZ).

Zur Bildung eines Zweckverbandes als Freiverband muss nach § 6 Abs. 1 GKZ von 32
den Beteiligten durch öffentlich-rechtlichen Vertrag einstimmig eine **Verbandssatzung** mit bestimmtem Mindestinhalt schriftlich **vereinbart** und durch den gesetzlichen Vertreter unterzeichnet werden.[81]

Die Satzung bedarf nach § 7 Abs. 1 GKZ der **Genehmigung** der Rechtsaufsichtsbe- 33
hörde.[82] Mit Rücksicht auf die Einwirkung auf die Kooperationshoheit der Gemeinden führt die Aufsichtsbehörde grundsätzlich eine reine *Rechtsprüfung* „im Rahmen
der Gesetze" durch (vgl. § 7 Abs. 1 S. 2 GKG).[83] Nur wenn der Zweckverband Weisungsaufgaben erfüllen soll, erstreckt sich die Prüfung auch auf *Zweckmäßigkeitsgesichtspunkte* (vgl. § 7 Abs. 1 S. 3 GKZ). Die Gemeinden haben einen Anspruch auf
fehlerfreie Ermessensentscheidung. Die Genehmigung ist in beiden Fällen *Verwaltungsakt*.[84] Sie vermag allerdings Rechtsmängel der Verbandssatzung nicht zu heilen.[85]

---

80 Vgl. dazu § 5 Rn. 116, ferner BVerfGE 52, 95 f.; *Tettinger*, in: v. Mangoldt/Klein/Starck, GG, Art. 28 Abs. 2 Rn. 241.
81 Sächs OVG, Beschl. v. 17.05.2010 – 4 A 79/08, juris Rn. 6; vgl. *Kunze/Hekking*, GKZ, § 5 Rn. 1. Zu fehlerhaft gegründeten Zweckverbänden *Kollhosser*, NJW 1997, 3265.
82 Vgl. hierzu VGH BW, Urt. v. 20.03.1989 – 1 S 247/87, juris Rn. 17 ff.
83 Näher zu den Anforderungen *Kunze/Hekking*, GKZ, § 7 Rn. 2.
84 VGH BW, Urt. v. 01.03.1977 – I 881/76, ESVGH 27, 150.
85 VGH BW, Urt. v. 01.03.1977 – I 881/76, ESVGH 27, 150.

b) Pflichtverband

34 Gemeinden und Landkreise können von der Rechtsaufsichtsbehörde (vgl. § 28 GKZ) auch gegen ihren Willen zur Erfüllung von Pflichtaufgaben **zusammengeschlossen werden** (§§ 2 Abs. 1, 11 GKZ). Erforderlich ist ein *dringendes öffentliches Bedürfnis* zur Erfüllung bestimmter Pflichtaufgaben (§ 11 Abs. 1 GKZ).

35 **Pflichtaufgaben** sind Aufgaben, zu deren Erfüllung die Gemeinde durch Gesetz verpflichtet wurde (§ 2 Abs. 2 S. 1 GemO).[86] Es kann sich um weisungsfreie oder um Weisungsaufgaben i.S.d. § 2 Abs. 3 GemO handeln.[87] Sollen freiwillige Aufgaben, etwa die Wasserversorgung und Abwasserbeseitigung, durch einen Pflichtverband erfüllt werden, müssen diese zunächst nach § 10 GKZ zu bedingten Pflichtaufgaben erklärt werden.[88]

36 Mit dem „**öffentlichen Bedürfnis**" müssen Gemeinwohlbelange vorliegen, die eine Beschränkung der gemeindlichen Autonomie rechtfertigen.[89] Das Bedürfnis nach einer Verbandslösung muss konkret und unabweisbar sein, weil die Aufgabe entweder überhaupt nur gemeinsam erfüllt werden kann oder die Aufgabenerfüllung die Wirtschafts- und Verwaltungskraft jedenfalls eines der ursprünglichen Aufgabenträger übersteigt.[90] Zudem muss das Bedürfnis „**dringend**" sein. Dies bedeutet, es muss ein alsbaldiger oder ohne Unterbrechung fortdauernder Bedarf bestehen und die zu erwartenden Nachteile aus einem Unterlassen der Aufgabenerfüllung müssen schwerwiegend sein.[91]

3. Aufgaben

37 Der Zweckverband nimmt diejenigen Aufgaben wahr, die ihm die Verbandssatzung zuweist (vgl. §§ 4 Abs. 1, 6 Abs. 2 Nr. 2 GKZ).[92] Das Recht und die Pflicht der an einem Zweckverband beteiligten Gemeinden und Landkreise zur Erfüllung dieser Aufgaben gehen auf den Zweckverband über. Es findet eine **Kompetenzverlagerung** statt (vgl. § 4 Abs. 1 GKZ).[93]

4. Interne Organisation

38 Die Rechtsverhältnisse des Zweckverbands werden in erster Linie durch die *Verbandssatzung* geregelt (§ 5 Abs. 1 GKZ). Soweit die Verbandssatzung oder ein *Gesetz* (insbes. das GKZ selbst) keine besonderen Vorschriften trifft, sind die für *Gemeinden* geltenden Vorschriften (insbesondere die GemO) anwendbar (§ 5 Abs. 2 S. 1 GKZ).

---

86 Dazu näher § 8 Rn. 9 ff.
87 *Kunze/Hekking*, GKZ, § 11 Rn. 2.
88 *Kunze/Hekking*, GKZ, § 11 Rn. 2.
89 Vgl. oben § 5 Rn. 78 ff.
90 *Kunze/Hekking*, GKZ, § 11 Rn. 2; ähnlich *Stober/Kluth*, Verwaltungsrecht II, § 98 Rn. 50 (zum Begriff „dringend"). Vgl. auch BayVGH, Beschl. v. 04.08.2009 – 4 ZB 07.556, juris Rn. 8.
91 VerfGH NRW, Urt. v. 09.02.1979 – 13/77, DVBl. 1979, 668.
92 Zu einem unzulässigen Sponsoring durch einen Zweckverband Sächs OVG, Beschl. v. 13.12.2012 – 4 A 437.11.
93 Vgl. BayVGH, Urt. v. 29.06.2006 – 23 N 05.3090, juris Rn. 27; OVG Bln-Bbg, Beschl. v. 28.04.2010 – OVG 9 S 116.09, juris Rn. 6.

IV. Zweckverband

Der Zweckverband hat eine *beschränkte Satzungshoheit* „für sein Aufgabengebiet" nach Maßgabe der Gemeindeordnung (§ 5 Abs. 3 S. 1 GKZ). Soweit die Satzungshoheit auf einen Zweckverband übertragen ist, hat eine Zweckverbandssatzung Vorrang vor Regelungen in Satzungen der Mitgliedsgemeinden.[94] **39**

Organe des Zweckverbands sind die *Verbandsversammlung* und der *Verbandsvorsitzende* (§ 12 Abs. 1 GKZ). Als weiteres Organ kann die Verbandssatzung einen *Verwaltungsrat* vorsehen (§ 12 Abs. 2 GKZ). **40**

Die **Verbandsversammlung** ist das *Hauptorgan* des Zweckverbands. Sie ist für den Erlass von *Satzungen* zuständig (§ 13 Abs. 1 GKZ). Geschäftsgang und Verfahren entsprechen weitgehend denjenigen des Gemeinderats (vgl. § 15 GKZ). Die Verbandsversammlung besteht aus mindestens einem Vertreter eines jeden Verbandsmitglieds. Die Verbandsmitglieder können ihren Vertretern *Weisungen* erteilen (§ 13 Abs. 5 GKZ); eine Missachtung von Weisungen führt jedoch im Außenverhältnis nicht zur Ungültigkeit einer Stimmabgabe.[95] Die Stimmabgabe eines Mitglieds muss gem. § 13 Abs. 2 S. 3 GKZ einheitlich erfolgen, andernfalls sind die Stimmen des Verbandsmitglieds ungültig. **41**

Der **Verbandsvorsitzende** ist *Vorsitzender* der Verbandsversammlung und des Verwaltungsrats. Er ist *Leiter der Verbandsverwaltung* und vertritt den Zweckverband (§ 16 GKZ). Seine Vertretungsmacht ist im Interesse der Sicherheit des Rechtsverkehrs *im Außenverhältnis unbeschränkt*.[96] Verwaltungsakte, die der Vorsitzende unter Überschreitung seiner Zuständigkeit erlässt, sind aufhebbar und ggf. nach § 44 VwVfG nichtig. **42**

5. Auflösung, Ausscheiden und Kündigung

Die **Auflösung** eines Zweckverbandes wird von der *Verbandsversammlung* mit einer Mehrheit von mindestens zwei Dritteln der satzungsmäßigen Stimmenzahl der Verbandsmitglieder beschlossen, sofern die Verbandssatzung keine größere Mehrheit vorsieht (§ 21 Abs. 2 GKZ). Sie bedarf der *Genehmigung* der Rechtsaufsichtsbehörde (§ 21 Abs. 5 GKZ). **43**

Der Beschluss über das **Ausscheiden** eines Verbandsmitgliedes bedarf grundsätzlich dessen schriftlicher Zustimmung (§ 21 Abs. 4 GKZ). **44**

Eine ordentliche **Kündigung** der Mitgliedschaft sieht das GKZ nicht vor.[97] Zulässig ist indes nach der auch im öffentlichen Recht unmittelbar geltenden,[98] aus Treu und Glauben ableitbaren „clausula rebus sic stantibus" eine *außerordentliche Kündigung* **45**

---

94 VGH BW, Urt. v. 13.05.1982 – 2 S 851/81, VBlBW 1983, 210.
95 Sächs OVG, Beschl. v. 17.07.2012 – 4 A 174/11, juris Rn. 7; OVG LSA, Beschl. v. 30.06.2005 – 4 L 115/05, juris Rn. 8 f.; *Kunze/Hekking*, GKZ, § 13 Rn. 24.
96 *Kunze/Hekking*, GKZ, § 16 Rn. 6.
97 Ob ein Recht zur einseitigen Kündigung der Mitgliedschaft im Zweckverband durch die Verbandssatzung begründet werden kann, ist streitig. Bejahend: OVG NW, Urt. v. 06.12.2011 – 15 A 1544/11; VG Münster, Urt. v. 06.05.2011 – 1 K 2716/10. Verneinend: VG Stuttgart, Urt. v. 16.02.2005 – 10 K 5649/03; *Kunze/Hekking*, GKZ, § 21 Rn. 11.
98 Vgl. BVerfG, Entsch. v. 30.01.1973 – 2 BvH 1/72, BVerfGE 34, 216.

aus wichtigem Grund.[99] Beim Freiverband gilt darüber hinaus auch § 60 VwVfG bzw. § 314 BGB analog.[100]

46 Nach denselben Grundsätzen ist ein **Ausschluss** eines Mitgliedes aus wichtigem Grund zulässig. Die erforderliche Mehrheit richtet sich nach § 21 Abs. 2 GKZ analog.

V. Die öffentlich-rechtliche Vereinbarung (Zweckvereinbarung)

1. Grundsätzliches

47 Gemeinden und Landkreise können **vereinbaren**, dass eine der beteiligten Körperschaften bestimmte *Aufgaben für alle Beteiligten erfüllt*, insbesondere den übrigen Beteiligten die Mitwirkung an einer von ihr betriebenen (öffentlichen) Einrichtung gestattet (§ 25 Abs. 1 S. 1 GKZ).[101]

2. Abschluss

a) Freiwillige Vereinbarung

48 Die öffentlich-rechtliche Vereinbarung ist *schriftlich* abzuschließen und bedarf der *Genehmigung* der Rechtsaufsichtsbehörde (§ 25 Abs. 4 S. 1 GKZ).[102] Die Genehmigung ist ein Verwaltungsakt (§ 35 LVwVfG). Fehlt sie, ist die Vereinbarung gem. § 58 Abs. 2 LVwVfG unwirksam.[103]

b) Pflichtvereinbarung

49 Besteht für den Abschluss einer Vereinbarung zur Erfüllung bestimmter Pflichtaufgaben ein *dringendes öffentliches Bedürfnis*, so kann die Rechtsaufsichtsbehörde den Abschluss einer *Pflichtvereinbarung* veranlassen (§ 27 GKZ).[104]

3. Aufgaben und interne Organisation

50 Die Aufgaben der übernehmenden Körperschaft ergeben sich aus der Vereinbarung. Durch die Vereinbarung gehen das *Recht und die Pflicht zur Erfüllung* dieser Aufgaben auf sie über. Die *Aufgabe als solche* verbleibt bei der gesetzlich zuständigen Körperschaft (vgl. § 25 Abs. 1 GKZ).

---

99 So auch VGH BW, Urt. v. 20.03.1989 – 1 S 247/87, juris Rn. 22 ff., NVwZ-RR 1990, 215; VG Stuttgart, Urt. v. 16.12.2005 – 10 K 5649/03, juris Rn. 79; *Kunze/Hekking*, GKZ, § 21 Rn. 12; *Oppenländer/Dolde*, DVBl. 1995, 639 (643). Vgl. auch Thür OVG, Beschl. v. 16.11.2001 – 4 EO 221/96, zu der in § 38 Abs. 5 ThürKGG speziell geregelten Kündigung aus wichtigem Grund; *Berg*, BayVBl. 2003, 289 (291 ff.) zu der in Art. 44 Abs. 3 bayKommZG geregelten Kündigung aus wichtigem Grund.
100 Ebenso *Oppenländer/Dolde*, DVBl. 1995, 639 (641 f.); a.A. VGH BW, Urt. v. 20.03.1989 – 1 S 247/87, juris Rn. 24.
101 Vgl. hierzu allg. *Schink*, DVBl. 1982, 769 ff.
102 Zu den Genehmigungsvoraussetzungen vgl. oben Rn. 33.
103 Zur Anwendung dieser Vorschrift auf alle öffentlich-rechtlichen Verträge vgl. *Stelkens/Bonk/Sachs*, VwVfG, 8. Aufl. 2014, § 58 Rn. 8.
104 Zur Auslegung des Begriffs „öffentliches Bedürfnis" und zum Prüfungsumfang durch die Rechtsaufsichtsbehörde vgl. oben Rn. 36 und VGH BW, Urt. v. 08.03.1977 – IX 1523/74, ESVGH 28, 174.

Zur Stärkung der Rechtsstellung der übrigen Beteiligten kann ihnen in der Vereinbarung ein *Mitwirkungsrecht* bei der Erfüllung der Aufgaben eingeräumt werden (§ 25 Abs. 1, 2 GKZ). Es kann insbesondere vereinbart werden, dass 51

- die übernehmende Körperschaft und die übrigen Beteiligten einen *gemeinsamen Ausschuss* zur Vorbereitung der Verhandlungen des Gemeinderats oder des Kreistags der übernehmenden Körperschaft sowie von dessen beschließenden Ausschüssen bilden (§ 25 Abs. 2 S. 2 Nr. 1 GKZ) und
- die übrigen Beteiligten gegen bestimmte Beschlüsse des Gemeinderats oder des Kreistags der übernehmenden Körperschaft sowie von dessen beschließenden Ausschüssen *Einspruch* einlegen können (§ 25 Abs. 2 S. 2 Nr. 2 GKZ).

Die übernehmende Körperschaft besitzt im Rahmen der ihr übertragenen Aufgabengebiete im Zweifel die *Satzungshoheit* für das *gesamte Gebiet* der Beteiligten. Sie ist auch *zuständig zum Vollzug* der Satzung im Gebiet der beteiligten Gemeinden (§ 26 GKZ). 52

Beispiel: Grenzüberschreitende Gebühren- und Beitragssatzungen (die im Unterschied zur Erhebung von Steuern zulässig sind, vgl. § 26 Abs. 1 Hs. 2 GKZ e contrario). 53

4. Beendigung und Kündigung

Die **Geltung der Vereinbarung** kann befristet werden. Ist dies nicht der Fall, muss die Vereinbarung eine *Kündigungsregelung* enthalten (§ 25 Abs. 3 GKZ). Die Vereinbarung kann auch *aufgehoben* werden. Die Aufhebung bedarf der Genehmigung durch die Rechtsaufsichtsbehörde (§ 25 Abs. 4 GKZ). 54

VI. Gemeindeverwaltungsverband

1. Grundsätzliches

Der **Gemeindeverwaltungsverband** ist eine Körperschaft des öffentlichen Rechts und eine *Sonderform des Zweckverbands* (§§ 59 S. 1, 60 Abs. 1 GemO i.V.m. § 3 S. 1 GKZ). Er ist ebenso wie der Zweckverband[105] durch *Art. 71 Abs. 1 LV*, nicht aber durch Art. 28 Abs. 2 S. 2 GG geschützt. 55

2. Bildung

Die **Gründung** des Gemeindeverwaltungsverbands folgt grundsätzlich den Regeln über die Bildung eines Zweckverbands (§§ 59 S. 1, 60 Abs. 1 GemO).[106] 56

Beteiligt können jedoch nur *benachbarte Gemeinden desselben Landkreises* sein (§ 59 S. 1 GemO). Außerdem entscheidet die Rechtsaufsichtsbehörde nach § 60 Abs. 2 GemO über alle erforderlichen Genehmigungen nach pflichtgemäßem *Ermessen* (§ 60 Abs. 2 S. 2 GemO). Die Entscheidung über die Genehmigung der vereinbarten Verbandssatzung ist ein staatlicher kondominialer (d.h. gemeinsamer Herrschafts-)Organisationsverwaltungsakt, durch den im Rahmen einer (politischen) *Zweckmäßigkeitsprüfung* die staatlichen Belange der kommunalen Gebietsreform zur Geltung gebracht werden können. Geprüft wird auch, ob die Vereinbarung im 57

---

105 S.o. Rn. Rn. 28 ff.
106 S.o. Rn. 30 ff.

Einklang mit den vorhandenen landesplanerischen Vorstellungen über die räumliche Struktur in dem Gebiet steht, auf das sich die Verwaltungsgemeinschaft erstrecken soll (vgl. § 59 S. 3 GemO).[107] Die beteiligten Gemeinden haben einen klagbaren *Anspruch auf fehlerfreie Ermessensausübung* unter Beachtung ihrer Selbstverwaltungshoheit. Das Gericht darf die landesplanerischen Zielvorstellungen aber nur darauf überprüfen, ob sie offensichtlich fehlerhaft, eindeutig widerlegbar oder mit der verfassungsrechtlichen Wertordnung sonst vereinbar sind.[108]

3. Aufgaben

58 Neben der *Beratung der Mitgliedsgemeinden* (§ 61 Abs. 1 GemO) sind dem Gemeindeverwaltungsverband kraft Gesetzes *Erledigungsaufgaben* und *Erfüllungsaufgaben* übertragen (§ 61 Abs. 3, Abs. 4 GemO).

59 Beispiel: Eine Erledigungsaufgabe ist etwa die Unterhaltung der Gewässer zweiter Ordnung, eine Erfüllungsaufgabe die vorbereitende Bauleitplanung (§ 61 Abs. 3, Abs. 4 GemO).

60 Die **Erfüllungsaufgaben** führt der Gemeindeverwaltungsverband anstelle der Mitgliedsgemeinden *in eigener Zuständigkeit* aus (vgl. § 61 Abs. 4 GemO). Es findet also ein Zuständigkeitsübergang statt. Die Mitgliedsgemeinden können nicht mehr in diese Zuständigkeit eingreifen und haben als solche keine Mitwirkungsrechte. Soweit Selbstverwaltungsangelegenheiten übertragen wurden, kann sich der Gemeindeverwaltungsverband auf die Selbstverwaltungsgarantie gem. Art. 28 Abs. 2 S. 1 GG berufen und ist klagebefugt.[109]

61 Bei den **Erledigungsaufgaben** bleiben die einzelnen Mitgliedsgemeinden Aufgabenträger. Dem Gemeindeverwaltungsverband ist die tatsächliche Durchführung der ihm zugewiesenen Angelegenheiten und Verwaltungsgeschäfte bei der Erfüllung von Aufgaben der Mitgliedsgemeinden anstelle der jeweiligen Gemeindeverwaltungen übertragen. Er führt die Erledigungsaufgaben *im Namen der jeweiligen Mitgliedsgemeinde* nach den Beschlüssen und Anordnungen der Gemeindeorgane aus (vgl. § 61 Abs. 3 S. 1 GemO). Kompetenziell bleiben sie den Mitgliedsgemeinden zugeordnet. Allerdings dürfen diese die Erledigungsaufgaben nicht mehr selbst ausführen. Erlässt etwa anstelle des zuständigen Gemeindeverwaltungsverbands die Mitgliedsgemeinde einen Erschließungsbeitragsbescheid, so ist dieser Bescheid wegen fehlender sachlicher Zuständigkeit formell rechtswidrig. Gleiches gilt, wenn der Gemeindeverwaltungsverband den Erschließungsbeitragsbescheid erlässt, ohne die Vertretung der Mitgliedsgemeinde („in deren Namen") offen zu legen.[110]

62 Die Mitgliedsgemeinden können einzeln oder gemeinsam weitere Aufgaben als Erledigungs- und Erfüllungsaufgaben auf die Verwaltungsgemeinschaft übertragen. Erledigungs- und Erfüllungsaufgaben können auch alle Weisungsaufgaben sein (vgl. § 61 Abs. 5 GemO).

---

107 VGH BW, Urt. v. 30.12.1974 – I 1547/74, juris, OS 2, ESVGH 25, 47.
108 VGH BW, Urt. v. 30.12.1974 – I 1547/74, juris, OS 3, ESVGH 25, 47.
109 OVG LSA, Urt. v. 02.12.1999 – A 1 S 16/99, juris Rn. 43.
110 VGH BW, Urt. v. 25.03.2004 – 2 S 1422/03, juris Rn. 15 ff.

4. Interne Organisation

Die innere Organisation des Gemeindeverwaltungsverbands folgt grundsätzlich den Regeln des *Zweckverbands* (vgl. § 60 Abs. 1 GemO). Sonderregelungen enthält *§ 60 Abs. 3 GemO*. 63

5. Auflösung und Austritt

Ein Gemeindeverwaltungsverband kann *aus Gründen des öffentlichen Wohls* **aufgelöst** werden (§ 62 GemO). Diese Gründe sind nur dann gegeben, wenn die Umstände, die die Einrichtung der Verwaltungsgemeinschaft ursprünglich getragen haben, nachträglich weggefallen sind oder sonstige besondere Umstände einen Fortbestand mit Blick auf die Interessen der beteiligten Gemeinden und der Allgemeinheit ausschließen.[111] Die auflösungswilligen Gemeinden haben mit Blick auf die in die Abwägung einzustellenden lokalen Interessen einen Anspruch auf fehlerfreie Ermessensentscheidung.[112] 64

Das Gleiche gilt für das **Ausscheiden bzw. den Austritt** einer Gemeinde (§ 62 Abs. 1 S. 4 GemO). Statthafte Klageart ist für eine austrittswillige Gemeinde wahlweise die Leistungsklage oder die Feststellungsklage.[113] 65

VII. Vereinbarte Verwaltungsgemeinschaft

1. Grundsätzliches

Die vereinbarte Verwaltungsgemeinschaft ist eine **Vereinbarung** mehrerer Gemeinden desselben Landkreises, nach der *eine Gemeinde für alle Beteiligten bestimmte Aufgaben erfüllt* (vgl. § 59 GemO). 66

2. Bildung

Die vereinbarte Verwaltungsgemeinschaft unterliegt in ihrer Bildung grundsätzlich den Regeln über die *öffentlich-rechtliche Vereinbarung* (§§ 59 S. 1, 60 Abs. 1 GemO i.V.m. § 25 GKZ). 67

Beteiligt können jedoch nur *benachbarte Gemeinden desselben Landkreises* sein (§ 59 S. 1 GemO). Außerdem steht die Genehmigung der Vereinbarung durch die Rechtsaufsicht in deren *Ermessen* (§ 60 Abs. 2 S. 2 GemO).[114] 68

3. Aufgaben und interne Organisation

Aufgabenkreis und -typen der vereinbarten Verwaltungsgemeinschaft sind dieselben wie bei dem Gemeindeverwaltungsverband (§ 61 Abs. 7 GemO).[115] Die Aufgaben 69

---

111 VGH BW, Urt. v. 26.10.1999 – 1 S 1652/98, juris Rn. 58.
112 VGH BW, Urt. v. 26.10.1999 – 1 S 1652/98, juris Rn. 42.
113 VGH BW, Urt. v. 26.10.1999 – 1 S 1652/98, juris Rn. 36 f.; VG Stuttgart, Urt. v. 06.11.1997 – 9 K 2204/96.
114 Siehe näher oben Rn. 57.
115 S.o. Rn. 58 ff.

werden von einer der beteiligten Gemeinden, der sog. **erfüllenden Gemeinde**, wahrgenommen (vgl. § 59 S. 1 GemO).

70 Zur Sicherung der Mitbestimmung aller an der vereinbarten Verwaltungsgemeinschaft beteiligten Gemeinden ist zwingend ein *gemeinsamer Ausschuss* aus Vertretern der beteiligten Gemeinden zu bilden (§ 60 Abs. 4 S. 1 GemO).[116] Er hat die Aufgabe, anstelle des Gemeinderats der erfüllenden Gemeinde über die Erfüllungsaufgaben der vereinbarten Verwaltungsgemeinschaft zu entscheiden, soweit nicht der Bürgermeister der erfüllenden Gemeinde zuständig ist. Für den gemeinsamen Ausschuss gelten die Vorschriften über die Verbandsversammlung des Gemeindeverwaltungsverbands entsprechend. Den Vorsitz führt der Bürgermeister der erfüllenden Gemeinde. Aus Gründen des Minderheitenschutzes darf die erfüllende Gemeinde nicht mehr als 60 % der Stimmen im Ausschuss haben (§ 60 Abs. 4 GemO).

71 Gegen Ausschussbeschlüsse kann eine beteiligte Gemeinde innerhalb von zwei Wochen nach Beschlussfassung *Einspruch* einlegen. Der Einspruch hat aufschiebende Wirkung. Der Ausschuss muss auf den Einspruch erneut beschließen. Der Einspruch kann – zum Schutz der übrigen beteiligten Gemeinden – nur mit einer Mehrheit von zwei Dritteln der durch die anwesenden Vertreter repräsentierten Stimmen zurückgewiesen werden (§ 60 Abs. 5 GemO). Die Einspruchsmöglichkeit und das Erfordernis der qualifizierten Mehrheit dienen dem Schutz der übrigen beteiligten Gemeinden im Hinblick auf den Umstand, dass eine Gemeinde bis zu 60 % aller Stimmen haben kann und deshalb ein Beschluss zunächst nur mit den dieser Gemeinde zustehenden Stimmen zustande kommen kann.

4. Auflösung und Austritt

72 Hinsichtlich Auflösung und Austritt aus der vereinbarten Verwaltungsgemeinschaft gelten dieselben Regelungen wie beim Gemeindeverwaltungsverband (§§ 59, 62 GemO).

---

116 Zur verfassungsrechtlichen Zulässigkeit vgl. StGH BW, Urt. v. 04.06.1976 – Gesch. Reg. 3/75, ESVGH 26, 129; StGH BW, Urt. v. 24.02.1979 – GR 2/78 und 3/78, ESVGH 29, 151.

Literaturverzeichnis

Ade, Klaus/Faiß, Konrad/Waibel, Gerhard/Stehle, Manfred: Kommunalverfassungsrecht Baden-Württemberg, Loseblatt-Kommentar.
Aker, Bernd/Hafner, Wolfgang/Notheis, Klaus: Gemeindeordnung und Gemeindehaushaltsverordnung BW, 2013.
Ammermann, Thomas: Das Konnexitätsprinzip im kommunalen Finanzverfassungsrecht, 2007.
Bogumil, Jörg / Holtkamp, Lars: Kommunalpolitik und Kommunalverwaltung, 2013.
Braun, Klaus: Kommentar zur Verfassung des Landes Baden-Württemberg, 1984.
Brüning, Christoph: Die Haftung der kommunalen Entscheidungsträger, 2. Aufl. 2013.
Burgi, Martin: Kommunalrecht, 4. Aufl. 2012.
Calliess, Christian/Ruffert, Matthias: EUV/AEUV, Kommentar, 4. Aufl. 2011.
Dols, Heinz/Plate, Klaus/Schulze, Charlotte: Kommunalrecht Baden-Württemberg, 7. Aufl. 2011.
Dreier, Horst (Hrsg.): Grundgesetz, Kommentar, Bd. II (Artikel 20–82), 2. Aufl. 2006.
Ehlers, Dirk: Verwaltung in Privatrechtsform, 1984.
Ehlers, Dirk: Empfiehlt es sich, das Recht der öffentlichen Unternehmen im Spannungsverhältnis von öffentlichem Auftrag und Wettbewerb national und gemeinschaftsrechtlich neu zu regeln?, Gutachten E zum 64. DJT 2002.
Ehlers, Dirk: Die Verantwortung der kommunalen Mandatsträger, in: Henneke, Hans-Günter/Meyer, Hubert (Hrsg.), Kommunale Selbstverwaltung zwischen Bewahrung, Bewährung und Entwicklung, Festschrift für Gernot Schlebusch zum 65. Geburtstag, 2006, S. 185 ff.
Emmerich, Volker: Das Wirtschaftsrecht der öffentlichen Unternehmen, 1969.
Engelken, Klaas: Das Konnexitätsprinzip im Landesverfassungsrecht, 2. Aufl. 2012.
Ennuschat, Jörg: Kommunalrecht, in: Ennuschat, Jörg/Ibler, Martin/Remmert, Barbara, Öffentliches Recht in Baden-Württemberg, 2014, S. 1 ff.
Epping, Volker/Hillgruber, Christian (Hrsg.): Beck'scher Online-Kommentar Grundgesetz, Stand 2013 (zit.: Beck-OK GG).
Erichsen, Hans-Uwe: Kommunalrecht des Landes Nordrhein-Westfalen, 2. Aufl. 1997.
Ewer, Wolfgang: Der Ausschluss von Bürgerentscheiden auf dem Gebiet der Bauleitplanung, in: Schliesky, Utz/Ernst, Karl/Schultz, Sönke (Hrsg.), Die Freiheit des Menschen, FS für Edzard Schmidt-Jortzig zum 70. Geburtstag, 2011, S. 191 ff.
Fehling, Michael/Kastner, Berthold (Hrsg.): Verwaltungsrecht, VwVfG, VwGO, Nebengesetze – Kommentar, 3. Aufl. 2013 (zit.: Hk-VerwR).
Geis, Max-Emanuel: Kommunalrecht, 3. Aufl. 2013.
Gern, Alfons: Deutsches Kommunalrecht, 3. Aufl. 2003
Glinder, Peter/Friedl, Eric: Gemeindehaushaltsrecht BW, 2011.
Gönnenwein, Otto: Gemeinderecht, 1963.
Heilshorn, Torsten: Gebietsbezug der Kommunalwirtschaft, 2003.
Hellermann, Johannes: Örtliche Daseinsvorsorge und gemeindliche Selbstverwaltung: zum kommunalen Betätigungs- und Gestaltungsspielraum unter den Bedingungen europäischer und staatlicher Privatisierungs- und Deregulierungspolitik, 2000.
Henneke, Hans-Günter (Hrsg.): Kommunale Selbstverwaltung in der Bewährung, 2013.
Henneke, Hans-Günter/Strobl, Heinz/Diemert, Dörte: Recht der kommunalen Haushaltswirtschaft, 2008.
Henneke, Hans-Günter (Hrsg.): Bundesstaat und Kommunale Selbstverwaltung nach den Föderalismusreformen, 2009.
Hesse, Konrad: Grundzüge des Verfassungsrechts der Bundesrepublik Deutschland, 20. Aufl. 1995.
Hidien, Jürgen: Gemeindliche Betätigungen rein erwerbswirtschaftlicher Art und „öffentlicher Zweck" kommunaler wirtschaftlicher Unternehmen, 1981.
Hill, Hermann: Die politisch-demokratische Funktion der kommunalen Selbstverwaltung nach der Reform, 1987.
Hömig, Dieter (Hrsg.), Grundgesetz, Kommentar, 10. Aufl. 2013.
Hoffmann-Riem, Wolfgang/Schmidt-Aßmann, Eberhard/Voßkuhle, Andreas (Hrsg.): Grundlagen des Verwaltungsrechts, Handbuch in 3 Bänden (zit.: GVwR):
Band I: Methoden, Maßstäbe, Aufgaben, Organisation, 2. Aufl. 2012;

Band II: Informationsordnung, Verwaltungsverfahren, Handlungsformen, 2. Aufl. 2013; Band III: Personal, Finanzen, Kontrolle, Sanktionen, Staatliche Einstandspflichten, 2. Aufl. 2013.
Hoppe, Werner/Uechtritz, Michael/Reck, Hans-Joachim (Hrsg.): Handbuch Kommunale Unternehmen, 3. Aufl. 2012.
Isensee, Josef/Kirchof, Paul (Hrsg.): Handbuch des Staatsrechts, Bd. VI, 3. Aufl. 2008 (zit.: HStR).
Jarass, Hans D./Pieroth, Bodo: Grundgesetz für die Bundesrepublik Deutschland, Kommentar, 12. Aufl. 2012.
Kahl, Wolfgang: Die Staatsaufsicht. Entstehung, Wandel und Neubestimmung unter besonderer Berücksichtigung der Aufsicht über die Gemeinden, 2000.
Kluth, Winfried: Funktionale Selbstverwaltung. Verfassungsrechtlicher Status-verfassungsrechtlicher Schutz, 1997.
Knemeyer, Ludwig: Bayerisches Kommunalrecht, 12. Aufl. 2007
Koch, Hans-Joachim: Bürgerentscheide und Bebauungsplanverfahren, in: Mehde, Veith/Ramsauer, Ulrich/Seckelmann, Margrit (Hrsg.): Staat, Verwaltung, Information. FS für Hans Peter Bull zum 75. Geburtstag, 2011, S. 203 ff.
Kopp, Ferdinand/Ramsauer, Ulrich: VwVfG, 14. Aufl. 2013.
Kopp, Ferdinand/Schenke, Wolf-Rüdiger: VwGO, 19. Aufl. 2013.
Kunze, Richard/Bronner, Otto/Katz, Alfred u.a.: Gemeindeordnung für Baden-Württemberg – Kommentar, Stand: Okt. 2013 (zit.: GemO).
Lange, Klaus: Kommunalrecht, 2013.
Mangoldt, Hermann v./Klein, Friedrich/Starck, Christian: Grundgesetz, Bd. 2, 5. Aufl. 2005.
Mann, Thomas, Kommunalrecht, in: Tettinger, Peter/Erbguth, Wilfried/Mann, Thomas, Besonderes Verwaltungsrecht/1, Kommunalrecht, Polizei- und Ordnungsrecht, Baurecht, 11. Auflage 2012, S. 3 ff.
Mann, Thomas/Püttner, Günter (Hrsg.): Handbuch der kommunalen Wissenschaft und Praxis, Band I, 3. Aufl. 2007, Band II, 3. Aufl. 2011 (zit.: HKWP I/II).
Mann, Thomas/Sennekamp, Christoph/Uechtritz, Michael (Hrsg.), VwVfG, Kommentar 2014 (zit.: VwVfG).
Maunz, Theodor/Dürig, Günter u.a.: Grundgesetz. Kommentar, Loseblattsammlung.
Maurer, Hartmut: Allgemeines Verwaltungsrecht, 18. Aufl. 2011.
Maurer, Hartmut/Hendler, Reinhard (Hrsg.): Baden-Württembergisches Staats- und Verwaltungsrecht, 1990 (zit.: BWStVR).
Meyer, Hubert: Das Recht der Ratsfraktionen, 6. Aufl. 2011.
Möller, Maik: Subsidiaritätsprinzip und kommunale Selbstverwaltung, 2009.
Münch, Ingo von/Kunig, Philip (Hrsg.): Grundgesetz, Kommentar, 2 Bände, 6. Aufl. 2012.
Püttner, Günter: Die öffentlichen Unternehmen. Ein Handbuch zu Verfassungs- und Rechtsfragen der öffentlichen Wirtschaft, 2. Auflage 1985.
Quecke, Albrecht/Gackenholz, Friedrich/Bock, Irmtraud: Das Kommunalwahlrecht in Baden-Württemberg, Kommentar, 5. Aufl. 2009 (demnächst 6. Aufl. 2014).
Röhl, Hans-Christian: Kommunalrecht, in: Schoch, Friedrich (Hrsg.), Besonderes Verwaltungsrecht, 15. Aufl. 2013, S. 12 ff.
Schmidt, Thorsten: Kommunalrecht, 2011.
Schmidt-Jortzig, Edzart: Kommunalrecht, 1982.
Schoch, Friedrich: Das kommunale Vertretungsverbot, 1981.
Schoch, Friedrich/Schneider, Jens-Peter/Bier, Wolfgang (Hrsg.): VwGO, Loseblatt-Kommentar.
Schrader, Christian: Die kommunalen Spitzenverbände und der Schutz der kommunalen Selbstverwaltungsgarantie durch Verfahren und Verfahrensgestaltung, 2001.
Stelkens, Paul/Bonk, Heinz Joachim/Sachs, Michael: VwVfG, 8. Aufl. 2014.
Stern, Klaus: Das Staatsrecht der Bundesrepublik Deutschland, Bd. I, 2. Auflage 1984.
Stern, Klaus/Püttner, Günter: Die Gemeindewirtschaft – Recht und Realität. Zum staats- und kommunalverfassungsrechtlichen Standort der kommunalen Wirtschaft, 1965.
Stober, Rolf: Kommunalrecht in der Bundesrepublik Deutschland, 3. Auflage 1996.
Tettinger, Peter/Wank, Rolf/Ennuschat, Jörg: Gewerbeordnung, 8. Aufl. 2011.
Waechter, Kay: Kommunalrecht, 3. Auflage 1997.
Weirauch, Boris: Interessenkonflikte kommunaler Mandatsträger, 2011.
Wolff, Hans/Bachof, Otto/Stober, Rolf/Kluth, Winfried, Verwaltungsrecht II, 2010.
Würtenberger, Thomas, Verwaltungsprozessrecht, 3. Aufl. 2011.

Stichwortverzeichnis

Die Angaben verweisen auf die Paragrafen des Buches (**fette Zahlen**) sowie die Randnummern innerhalb der einzelnen Paragrafen (magere Zahlen).
Beispiel: § 9 Rn. 10 = **9** 10

Abgabenarten **20** 21 ff.
Abgaben eigener Art **20** 27
Abgabenhoheit **7** 11
Abgaben – kommunale **7** 13 ff., **20** 21 ff.
Absolutismus **2** 9
Abstimmungen **14** 174 ff.
Abwasserentsorgung **2** 24, **5** 129, **8** 7, 11, **18** 27, **19** 65, 172, 175, **21** 5, 31, 77 ff., **23** 1, 35
Abwassergebühren **20** 29
Achtung der nationalen Identität **4** 6
Akteneinsicht der Gemeinderäte **14** 10, 19
Aktiengesellschaften **19** 113, 137 ff.
Allgemeine Wahl **13** 32
Allzuständigkeit **4** 3, **5** 53, 118, **7** 4, 22, **10** 25, **22** 2
Ältestenrat **14** 111 f.
Amtsblatt **18** 20, 22, **21** 6
Amtshaftung der Gemeinde **11** 34, 37, **15** 61, **21** 66, 71
Amtszeit der Gemeinderäte **13** 41
Amtszeit des Bürgermeisters **15** 5
Anfrage eines Gemeinderats **14** 12
Angelegenheiten der örtlichen Gemeinschaft **5** 19 ff.
– Abgrenzungskriterien **5** 21 ff.
– Allzuständigkeit **10** 25
– Beihilfenrecht **19** 255
– Bürgerentscheid **16** 4
– Entwicklungsoffenheit **5** 25
– finanzielle Eigenverantwortung **20** 14
– Gebietshoheit **7** 4
– Gemeindegebiet **5** 45 ff.
– interkommunale Zusammenarbeit **19** 63, **23** 21
– Kooperationshoheit **23** 4
– Landesverfassung **5** 104, 110
– Landkreise **5** 124
– Organisationshoheit **7** 32, **19** 103
– Privatisierung **19** 183, **21** 73
– Rastede-Entscheidung **5** 71
– Satzungshoheit **7** 31
Anhörung **8** 17, **11** 33, **14** 93, **16** 24, **19** 53

Annexkompetenz des Bundes **3** 3
Anordnungsrecht der Rechtsaufsichtsbehörden **11** 19
Anschlag an der Verkündungstafel **14** 141, **18** 19 ff.
Anschluss- und Benutzungszwang **21** 77 ff.
– Ausnahmen **21** 105 ff.
– Gegenstände **21** 83 ff.
– Grundrechte **21** 114 ff.
– Satzungserfordernis **21** 100 ff.
– Unionsrecht **21** 120 f.
– Verpflichtete **21** 104
Anstalten des öffentlichen Rechts **19** 91 ff.
Anstaltsgewalt **18** 28, **21** 50
Anstaltsordnungen **21** 53
Anstoßfunktion **14** 136
Antragsrecht der Gemeinderäte **14** 20, 167 ff.
Anzeigenblätter als Bekanntmachungsorgan **18** 23
Anzeigepflicht von Satzungen **11** 25
Äquivalenzprinzip **20** 68
Arbeitsgemeinschaft als Form kommunaler Zusammenarbeit **23** 13
Atomwaffenfreie Zone **5** 34, **11** 18
Aufgaben der Gemeinde **8** 5 ff.
Aufgaben der Landkreise **5** 117 ff.
Aufgaben des Bürgermeisters **15** 1 ff. 10 ff.
Aufgaben des Gemeinderats **14** 2, 6 ff.
Aufgabendualismus **5** 58, **8** 1, 13, **22** 12
Aufgabenentzug **5** 79 ff.
Aufgabenentzug zugunsten der Landkreise **5** 124 ff.
Aufgabenerfindungsrecht **10** 25
Aufgabenübertragung **5** 85 f.
– EU-Recht **6** 7
– Föderalismusreform **6** 5 f.
– landesrechtliche Kostendeckungspflicht **6** 3 ff.
– Landesverfassung **5** 112
Auflösung einer Gemeinde **5** 14, 77
Aufsicht **11** 1 ff.

Aufsichtsarten **11** 4
Aufsichtsmittel **11** 11 ff.
Auftragsangelegenheiten **5** 58, **8** 1 f. 16
Auftragsvergabe **19** 188 ff.
– oberhalb der Schwellenwerte **19** 192 ff.
– Unionsrecht **19** 247 ff.
– unterhalb der Schwellenwerte **19** 221 ff.
– Verfassungsrecht **19** 251 ff.
Aufwands- und Verbrauchssteuern **20** 27 f.
Ausfertigung von Satzungen **18** 14 ff.
Ausgleichsaufgaben der Landkreise **22** 7 f.
Auskunftsrecht der Gemeinderäte **14** 11 ff.
Auslagenersatz für Gemeinderäte **14** 24
Ausländerbeiräte **14** 115
Ausländerwahlrecht **4** 8, **13** 17 ff.
Ausscheiden aus dem Gemeinderat **13** 16, **14** 28
Ausschluss der Öffentlichkeit **14** 23, 150 f.
Ausschuss der Regionen **4** 7
Ausschüsse des Gemeinderats **14** 98 ff.

Baden **2** 10 ff. 16, 20
Beanstandungsrecht der Rechtsaufsichtsbehörden **11** 16
Befangenheit **14** 42 ff.
– Bebauungsplan **14** 49
– Beschlussfähigkeit **14** 74, 177
– Betroffener Personenkreis **14** 55
– Flächennutzungsplan **14** 52
– Freiwilliges Verlassen des Sitzungsraums **14** 77
– Gruppeninteresse **14** 63 ff.
– Individuelles Sonderinteresse **14** 44, 51
– Unmittelbarer Vor-/Nachteil **14** 44, 46 ff.
Befangenheit des Bürgermeisters **15** 11
Befassungskompetenz **5** 32 f., **14** 13, 139
Behinderungsverbot **14** 24
Behörde **9** 5
Beigeordnete **14** 46, 81, 106, 109, 155, 172, **15** 36 f. 41 ff.
Beihilfenrecht **19** 255 ff.
Beiräte **14** 114 f.
Beiträge **20** 29
Bekanntgabe der Tagesordnung **14** 141
Bekanntmachung **18** 18 ff.
Bekanntmachungssatzung **18** 9, 24
Benennung von Straßen **10** 19, **14** 94, 183, **15** 18

Benutzungsordnungen **21** 21, 25, 48, 57, 71
Benutzungszwang *siehe Anschluss- und Benutzungszwang*
Beratende Ausschüsse **14** 109
Beratung durch die Rechtsaufsichtsbehörde **11** 12
Beratungsunterlagen **14** 134
Beschließende Ausschüsse **14** 106 ff.
Beschlüsse des Gemeinderats **14** 174, 178 ff.
Beschlüsse mit Außenwirkung **14** 182
Beschlüsse ohne Außenwirkung **14** 181
Beschlussfähigkeit des Gemeinderats **14** 175 f.
Bestellung eines Beauftragten durch Rechtsaufsicht **11** 23
Bestimmtheitsgrundsatz und Satzungen **18** 25
Bestimmtheit von Satzungsermächtigungen **18** 29
Beteiligungsfähigkeit
– der Gemeinde **10** 22
– von Organen und Organteilen **17** 7
Beteiligungsfinanzierung **20** 55
Beteiligungsgesellschaft **19** 118, 121, 124
Betriebsführungsmodell **19** 177
Betriebssatzung **18** 3
BGB – Gesellschaften **19** 110
Binnengliederung der Gemeinde **5** 14
Briefwahl **13** 40
Bundesauftragsangelegenheiten **8** 21 f.
Bundesgrenzen überschreitende Zusammenarbeit der Gemeinden **23** 24
Bundesrecht **3** 1 ff.
Bundesstaatliche Verwaltung und Gemeinden **8** 21
Bürgerbegehren **12** 17, **16** 2 f. 9 ff., **22** 14
– Sperrwirkung **16** 21 ff.
– Voraussetzungen **16** 9 ff.
Bürgerbeteiligung **12** 17 ff., **16** 23 ff.
Bürger der Gemeinde **13** 7
Bürgerentscheid **12** 17, **16** 2 ff., **22** 14
– Durchführung **16** 17 f.
– Rechtswirkung **16** 19 f.
Bürgerinitiative **16** 25

Bürgermeister **12** 2, **14** 2 f. 5 ff. 9 ff. 81, 86 ff. 129 ff., **15** 1 ff.
- Altersgrenze **15** 7
- Amtszeit **15** 5
- Befangenheit **15** 11
- Eilentscheidungen **15** 19 ff.
- Leitung der Verwaltung **15** 33 ff.
- Übertragene Aufgaben **15** 31 f.
- Vertretung der Gemeinde **15** 39 f.
- Vorsitz im Gemeinderat **14** 129 ff. 145, **15** 2, 12
- Widerspruchsbefugnis **15** 28 ff.
- Zuständigkeiten **15** 10 ff.

Bürgermeisterwahl **16** 4
Bürgerrecht **13** 7 ff. 13 ff.
Bürgerversammlung **16** 24

Chancengleichheit bei Wahl **13** 35
Contracting, Intracting **20** 51 ff.

D'Hondt'sches Verfahren **13** 25
Daseinsvorsorge **5** 20, **19** 29, 50 f.
Datensicherheit **12** 20, **14** 166, **20** 161
Dekonzentration **9** 2
Demokratie und Selbstverwaltung **5** 4 ff., **12** 1
Dezentralität **5** 9, 80, **9** 13, **23** 7
Dezernate **15** 42
Dienstherrenfähigkeit der Gemeinde **10** 27
Dienstleistungskonzession **19** 216 ff.
Dringlichkeitsangelegenheit **15** 19 ff.
Dualistisches Aufgabenmodell **8** 1

Ehrenamtliche Tätigkeit **14** 15, 26 ff.
Eigenbetriebe **19** 72 ff.
Eigenverantwortlichkeit **5** 54 ff.
Eilentscheidung **15** 19 ff.
Eilentscheidung und Satzungserlass **15** 19
Einberufung des Gemeinderats **14** 137 ff.
Eingemeindung **2** 21, **23** 17
Einheimischenmodell **20** 140, **21** 76
Einheit der Verwaltung **8** 4
Einkommensteuer **20** 24
Einnahmebeschaffungsgrundsätze **20** 13 ff.
Einrücken in das Amtsblatt **18** 20
Einvernehmen bei Personalentscheidungen **14** 7
Einwohner der Gemeinde **13** 5 f.
Electronic Government **12** 19 f.

Elektrizitätsversorgung **4** 11, **5** 24, **19** 2
Elektronische Signatur **12** 20
Enteignungsgleicher Eingriff **21** 66, 71
Entgelte **20** 67 f.
Entschädigung ehrenamtlicher Tätiger **14** 24
Ergänzungsaufgaben der Landkreise **22** 7
Ersatzvornahme durch Rechtsaufsicht **11** 21
Erster Beigeordneter **15** 42
Erster Landesbeamter beim Landkreis **22** 19
Erstreckungsgarantie **5** 39, **7** 27
Ertragshoheit für Abgaben **7** 20 ff.
Erwerbswirtschaftliche Betätigung **19** 39 ff.
EU-Bürger **4** 8, **13** 18 ff.
EU-Recht und Rechtsschutz der Kommunen **4** 1 ff.
EU-Recht und Selbstverwaltungsgarantie **4** 1 ff. 10 ff.
EU-Recht und Wirtschaftsförderung **4** 11
EU-Richtlinie **4** 10 ff.
Europäische Charta der kommunalen Selbstverwaltung **4** 3
Europäisierung der Rechtsordnung **2** 24, **4** 1 ff.
Europarat **4** 3
EU-Verfassung **4** 5 ff.

Fachaufsicht **11** 4, 6, 32 ff.
Fehlerhafte Beschlüsse **14** 189 ff., **15** 51 ff.
Fernwärmeversorgung **21** 77, 85, 89, 98, 112
Finanzausgleich – kommunaler **20** 30 ff.
Finanzausstattung **5** 62, 113, **6** 17 f., **7** 9, **20** 15 f.
Finanzhilfen des Bundes **20** 40
Finanzhoheit **7** 8 ff.
Finanzplanung **20** 127 f.
Finanzverfassungsrechtliche Garantien **5** 16
Fiskalische Hilfsgeschäfte **5** 38, **10** 31, 40, **19** 252
Fondsfinanzierung **20** 49
Forfaitierung **20** 50
Formenwahlrecht **10** 29 ff.

Formvorschriften für Rechtsgeschäfte **15** 52 ff., **18** 45 f.
Fragerecht der Gemeinderäte **14** 12, 14, 19
Fragestunde für Einwohner **14** 180
Fraktionen **14** 24, 89, 116 ff.
Fraktionsausschluss **14** 122 ff.
Fraktionsfinanzierung **14** 126 ff.
Fraktionsloses Gemeinderatsmitglied **14** 125
Fraktionsname **14** 119
Fraktionsuntergang **14** 121
Fraktionszwang **14** 120
Freie Reichsstädte **2** 5
Freies Mandat **14** 19
Freie Wahl **13** 37
Freiwillige Aufgaben **8** 6 ff.
Freizügigkeit der Arbeitnehmer in der EU **4** 9, 11
Fundraising **20** 59
Funktionale Selbstverwaltung **5** 3
Funktionelle Einheit gemeindlicher Aufgaben **8** 4

Gebietsänderungen **2** 22 f., **5** 107, 130, **7** 6
Gebietshoheit **7** 2 ff.
Gebietskörperschaft **7** 2, **10** 1 ff.
Gebietsreform **2** 21
Gebühren **20** 29
Geheime Stimmabgabe **14** 178 f.
Geheime Wahl **13** 40
Geltungsbereich von Satzungen **5** 46
Gemeinde als einheitlicher Rechtsträger **10** 45 f.
Gemeindebedienstete **14** 7
Gemeindefreundliches Verhalten **5** 39, **11** 3
Gemeindekasse **20** 125 f.
Gemeindename **10** 17
Gemeindeorganisation **5** 73
Gemeinderat **13** 1 ff, **14** 1 ff.
- Hauptorgan **13** 2, **14** 1
- Kontrollfunktion **14** 9 ff.
- Vorsitzender **14** 129 ff., **15** 12
Gemeinderat als Parlament **13** 4
Gemeinderatssitzung **14** 129 ff.
- Abstimmungen **14** 174 ff.
- Antragsrecht **14** 167 ff.
- Beratungsunterlagen **14** 132 ff.

- Ladung **14** 130 f. 137
- Nichtöffentlichkeit **14** 147 ff.
- Niederschrift **14** 186 ff.
- Öffentlichkeit **14** 141, 144 ff.
- Ordnungsmaßnahmen **14** 158 ff.
- Rederecht **14** 17, 20 f.
- Sitzungsleitung **14** 154 ff.
- Tagesordnung **14** 131
Gemeindetag Baden-Württemberg **1** 18
Gemeindeverbände **5** 115 ff.
Gemeindeverfassungssysteme **12** 4 ff.
Gemeindevermögen **20** 129 ff.
- freies Vermögen **20** 132
- Sondervermögen **20** 130
- Treuhandvermögen **20** 131
Gemeindeversammlung **2** 12
Gemeindeverwaltung **15** 45 ff.
Gemeindeverwaltungsverband **23** 55 ff.
Gemeindewirtschaft *siehe unter Wirtschaftstätigkeit*
Genehmigungspflichtige Rechtsgeschäfte **20** 169 ff.
Genehmigungspflicht von Satzungen **11** 26, **18** 13
Genossenschaft **2** 1, **19** 103
Gesamtwirtschaftliches Gleichgewicht **20** 3, 6
Geschäfte der laufenden Verwaltung **15** 14 ff.
Geschäftsfähigkeit der Gemeinde **15** 39
Geschäftskreis der Beigeordneten **15** 41 f.
Geschäftsordnung **14** 86 ff. 132, 170
Geschäftsverteilung **9** 15
Geschichte der kommunalen Selbstverwaltung **2** 1 ff.
Gesetzesvorbehalt des Art. 28 Ab **5** 66 ff., **23** 7
- Haushaltsgrundsätze **20** 5
- Kooperationshoheit **23** 5 f.
- landesverfassungsrechtliche Einschränkungen **5** 103
- Privatisierungsvoraussetzungen **19** 182
Gesetzesvorbehalt und Satzungen **18** 26 f.
Gesetzgebungskompetenz **3** 2 ff.
Gewährleistungsverantwortung **12** 14, **19** 173, 175
Gewährträgerhaftung **4** 11
Gewerbesteuer **20** 22 f.

Gleichheit der Wahl **13** 34
Gleichstellungsbeauftragte **5** 129
GmbH **19** 112, 135 f.
Große Kreisstädte **1** 1, **9** 12, **10** 7
Grundrechtsberechtigung **10** 42 f.
Grundrechtsbindung **10** 39 ff.
Grundrechtseingriff durch Satzung **18** 26 ff.
Grundsicherung **19** 184
Grundsteuer **20** 22
Grundstücksverkauf **19** 215, **21** 76

Haftung der Gemeinde **15** 59 ff.
– öffentliche Einrichtung **21** 48, 57, 65 ff. 122
– wirtschaftliche Betätigung **19** 110, 114
Haftung der Landkreise **22** 23
Hare-Niemeyer-System **13** 25
Hauptorgan der Gemeinde **13** 2, **14** 1
Hauptsatzung **12** 3, **14** 2, 81 ff. 106, **15** 16, 31
Hauptwohnung **13** 9 f.
Haushalt **20** 76 ff.
– Haushaltssatzung **20** 76 ff.
– Haushaltsziele **20** 3 ff.
– Nachtragshaushalt **20** 87
– vorläufige Haushaltsführung **20** 88
Haushaltsausgleich **20** 101 ff.
Haushaltsgrundsätze **20** 113 ff.
Haushaltsplan **20** 90 ff.
Hausnummerierung **10** 19
Hausrecht **14** 157, 163, **15** 38
Heilung von Satzungsmängeln **14** 79, **18** 37 f.
Hinderungsgründe für die Mandatsausübung **13** 15
Hoheitsrechte der Gemeinde **5** 72, **7** 1 ff.
Holding-Gesellschaft **19** 118, 143
Homogenitätsgebot **13** 17 f.
Hundesteuer **20** 28, 70

Immunität der Gemeinderäte **13** 4
Informationsrecht der Gemeinderäte **14** 11 ff. 19
Informationsrecht der Rechtsaufsichtsbehörden **11** 12 f.
In-House-Geschäfte **19** 213
Innenrecht **11** 8, **14** 86, 90, 99, 193, **17** 2 ff. 10, 19 ff. 38, 40

In-sich-Prozess **17** 2 ff.
Insolvenz **20** 191 f.
Institutionelle Rechtssubjektsgarantie **5** 13 f. 117
Institutionsleihe **22** 21
Interkommunales Abstimmungsgebot **7** 30
Interkommunale Zusammenarbeit **23** 1 ff.
– Gemeindeverwaltungsverband **23** 55 ff.
– grenzüberschreitend **23** 24 ff.
– landesübergreifend **23** 21 ff.
– Typen **23** 10 ff.
– vereinbarte Verwaltungsgemeinschaft **23** 66 ff.
– Vergaberecht **19** 214
– Zweckverband **23** 28 ff.
– Zweckvereinbarung **23** 47 ff.
Internet **14** 113, 165, **16** 24, **18** 19 f., **19** 55, **21** 5

Jagdsteuer **22** 27
Jahresrechnung **20** 149 ff.
Jugendgemeinderäte **14** 113
Jugendhilfeausschuss **14** 108
Juristische Person **10** 11 ff.

Kassengeschäfte **20** 125 f.
Kernbereich der Selbstverwaltungsgarantie **5** 70 ff., **7** 6, 10, 12, 24, 37, 40
Kernbereichstypische Hoheitsrechte **5** 72
Kindergartengebühren **21** 28
Kommanditgesellschaft **19** 110
Kommunalaufsicht **11** 1 ff
Kommunale Abgaben *siehe unter Abgaben*
Kommunale Auftragsvergabe *siehe unter Auftragsvergabe*
Kommunale Kredite **20** 43, 72
Kommunaler Finanzausgleich **20** 30 ff.
Kommunale Selbstverwaltung *siehe unter Selbstverwaltungsgarantie*
Kommunale Spitzenverbände **1** 18 f., **23** 15
Kommunales Prüfungswesen **20** 159 ff.
Kommunalrecht
– Ausbildung **1** 5 ff.
– Bedeutung **1** 3
Kommunalverfassungsbeschwerde **5** 87 ff.
Kommunalverfassungsstreitverfahren **14** 76, 90, 99, 123, **15** 27, 30, **17** 1 ff.
Kommunalwissenschaft **1** 17

Konnexitätsprinzip **6** 1 ff., **20** 17 f.
Kontrollfunktion der Gemeinderäte **14** 9 ff.
Konzernrecht **19** 116 ff. 143
Konzessionsabgabe **20** 45, 66
Konzessionsverträge **4** 11, **19** 186
Kooperationshoheit **23** 3 ff.
Koppelungsverbot **19** 149
Kostendeckungsprinzip **20** 68
Kostenerstattung bei Aufgabenübertragung **6** 3 ff.
Kostenerstattung bei Weisung **11** 40
Krankenhausversorgung **5** 41
Kreditaufnahme **20** 43, 72
Kreisaufgaben **22** 5 ff.
Kreisgebietsänderungen **22** 3
Kreisorgane **22** 15
Kreistag **22** 15 ff.
Kreisumlage **22** 24 ff.
Kumulieren **13** 24
Kündigungsschutz für den Gemeinderat **14** 24

Länderübergreifende Zusammenarbeit der Gemeinden **23** 21 ff.
Landesrecht **3** 9 ff.
Landesverfassungsrechtliche Selbstverwaltungsgarantie **5** 101 ff.
Landesverwaltung **9** 7 ff. 13 ff.
Landkreise **22** 1 ff.
– Aufgaben **22** 5 ff.
– Haftung **22** 23 ff.
– Neubildung **22** 3
– verfassungsrechtliche Garantie **22** 2
Landrat **22** 15, 18 f.
Landratsamt **9** 10, **22** 20 ff.
Leasing **20** 47 f.
Leistungsfähigkeit der Gemeinde **5** 81 f. 118, 125 ff., **8** 7, **19** 44 ff. 61, 110, 158, **21** 1
Leistungsverwaltung **10** 32
Lissabon-Vertrag **4** 6
Lokale Agenda **12** 18

Maastricht-Vertrag **4** 5
Magistratsverfassung **2** 18, **12** 7
Maklertätigkeit **19** 34
Mediation **16** 27 ff.

Mehrfache Behandlung von Tagesordnungspunkten **14** 140
Mehrheitswahl **13** 27
Minderheitenschutz **14** 137
Minderheitsbeteiligung **19** 121, 127, **20** 95
Mindestbestand an Aufgaben **5** 119, **23** 6
Mindestgarantie **5** 16, 103 f. 106, 123
Missstände in der Gemeindeverwaltung **11** 15 ff.
Mitbestimmungsrecht **19** 146 ff.
Mitgliedschaftsrechte **14** 16
Mittelalterliche Stadtverfassung **2** 5 ff.
Mittelbare Staatsverwaltung **9** 13
Modernisierung der Kommunalverwaltung **1** 17, **2** 24
Monistische Aufgabenstruktur **8** 2
Monopolstellung der Gemeinde **19** 149
Musikschule **8** 8, **19** 115, **21** 5, 29
Mustersatzung Wasserversorgung **21** 123

Nachbarschaftsverbände **23** 19
Namensrecht **10** 15 ff.
Nationalsozialismus **2** 17
Nebengeschäfte gemeindlicher Unternehmen **19** 41 ff.
Neues Steuerungsmodell **2** 24, **12** 15 f., **20** 11
Neutralitätspflicht zu Wahlzeiten **13** 39
New Public Management **12** 11
Nichtige Rechtsgeschäfte **20** 172 ff.
Nichtigkeit von Beschlüssen **14** 192
Nichtigkeit von Satzungen **14** 191, **18** 35 ff.
Nichtöffentliche Beratung **14** 147 ff.
Nichtwirtschaftliche Unternehmen **19** 65 ff.
Niederschrift über die Sitzung **14** 186 ff.
Norddeutsche Ratsverfassung **2** 18, **12** 8
Normprüfungsrecht bei Satzungen **18** 39
Normverwerfungsrecht bei Satzungen **18** 39 ff.
Notfalleinberufung **14** 142
Numerus clausus der Aufsichtsmittel **11** 14

Obdachlosenunterkunft **21** 5, 24, 58 f.
Oberbürgermeister *siehe Bürgermeister*
Objektive Rechtsinstitutionsgarantie **5** 15 f. 118 f.
Offene Handelsgesellschaft **19** 110

Offene Stimmabgaben **14** 178
Offene Wahlen **13** 40
Offenlegungsverfahren **17** 27
Öffentliche Einrichtungen **21** 1 ff.
– Begriff **21** 2 ff.
– Benutzungsverhältnis **21** 51 ff.
– Errichtung **21** 9 ff.
– Grundfreiheiten **21** 30
– Haftung **21** 62 ff.
– Organisationsformen **21** 13 ff.
– politische Veranstaltung **21** 42
– Rechtsschutz **21** 68 ff.
– Sachen im Gemeingebrauch **21** 7
– Schließung **21** 72 f.
– Schließung/Privatisierung **21** 72 f.
– Störungsabwehr **21** 48 ff.
– Widmung **21** 4, 19 ff.
– Zugangsverschaffungsanspruch **10** 33
– Zulassungsanspruch **21** 25 ff.
Öffentlichkeit der Sitzung **14** 23, 144 ff.
Öffentlichkeit der Sitzung – Presse – Fernsehen **14** 19, 164 ff.
Öffentlichkeitsarbeit **13** 39, **14** 127, **16** 18, **20** 61
Öffentlichkeitsgrundsatz **14** 23, 144 ff.
Öffentlich-rechtliche Rechtssubjektivität **10** 11 ff.
Öffentlich-rechtliche Vereinbarung **5** 50, **14** 119, **23** 47 ff. 66 f.
OHG **19** 110
Opportunitätsprinzip **11** 2, 38
Ordnungsgeld **14** 163
Ordnungsmaßnahmen in der Sitzung **14** 158 ff.
Ordnungsruf **14** 158
Ordnungsvorschriften **14** 193
Organ **9** 4, 15, **13** 1 ff., **15** 2, 39, **22** 15
Organe der Gemeinde **13** 1 ff., **15** 2, 39
Organe der Landkreise **22** 15
Organisationshoheit **5** 22, 73, **7** 32 ff., **8** 6, **19** 103
Organleihe **15** 23, **22** 21
Organschaftliches Recht **14** 16
Organzuständigkeit **14** 6, **18** 43
Örtliche Stiftungen **19** 87 ff. 103, **20** 130 f.
Örtliche Verbrauchs- und Aufwandssteuern **7** 13 f. 18, 20, **20** 27 f.

Örtliche Wählervereinigungen **5** 7, **13** 35, **15** 44, **21** 34
Ortschaftsrat **14** 93, 110
Ortschaftsrat – Aufgaben **14** 93 f.
Ortschaftsverfassung **14** 91 ff.
Ortsübliche Bekanntmachung der Sitzung **14** 136, 140, 143
Ortsvorsteher **14** 97
Panaschieren **13** 24
Parteifähigkeit der Gemeinde **10** 22
Partizipation **12** 17 f.
Passives Wahlrecht **13** 13
Paulskirchenverfassung **2** 15
Personalentscheidung **14** 7 f. 180
Personalhoheit **5** 74, **7** 39 ff., **8** 3
Personalrat **14** 149, **15** 35
Pflichtaufgaben **5** 56
Pflichtsatzung **14** 81
Planungshoheit **5** 75, **7** 23 ff.
Presserechtlicher Informationsanspruch **14** 164 ff.
Privatisierung **19** 170 ff.
Privatrechtliche Organisationsformen von Unternehmen **19** 103 ff.
Protokoll **14** 186 ff., **18** 17
Prozessfähigkeit der Gemeinde **10** 23
Prüfungsrecht des Bürgermeisters **14** 139
Public-Private-Partnership **19** 175
Rangfolge der Einnahmequellen **20** 64 ff.
Rastede-Entscheidung **5** 71
Rauchverbot **14** 88, **17** 22, 27
Rechnungsprüfungsamt **10** 10, **15** 35, **20** 159 ff.
Rechnungswesen **20** 149 ff.
Rechtsaufsicht **11** 4, 6, **7** ff.
Rechtsaufsichtsbehörden **11** 6
Rechtsberatung des Landkreises **22** 7
Rechtsfähigkeit der Gemeinde **9** 4, **10** 12 ff.
Rechtsfolgen fehlerhafter Aufsicht **11** 3, 37
Rechtsinstitutionsgarantie **5** 15 f. 118 f.
Rechtsschutz
– bei Gemeinderatswahlen **13** 22
– gegen Fachaufsicht **8** 3, **11** 38
– gegen Rechtsaufsicht **11** 36 f.

- Kommunalverfassungsbeschwerde **5** 87 ff.
- Kommunalverfassungsstreit **17** 1 ff.

Rechtsstellung der Gemeinden **10** 1 ff.

Rechtsverordnung der Gemeinde **18** 4 f. 42 ff.

Rederecht **14** 17, 20 f.

Redezeitbeschränkung **14** 21

Regelungskompetenzen der Kommunen **5** 61

Regiebetrieb **19** 70 f.

Regierungspräsidium **9** 9

Regionalverbände **23** 20

Regiorat **23** 26

Rekommunalisierung **12** 13, **19** 186 f.

Rheinische Bürgermeisterverfassung **12** 6

Römische Stadtverfassung **2** 4

Rücklagen **20** 145 ff.

Rückstellungen **20** 148

Rückwirkungen von Satzungen **18** 31 ff.

Rüge (Ordnungsmaßnahme) **14** 161

Rundfunkübertragung der Gemeinderatssitzung **14** 165

Saalöffentlichkeit **14** 144, 146

Sachkundige Einwohner in Ausschüssen **14** 27, 105

Sainte-Laguë/Schepers **13** 25

Satzungen im Weisungsbereich **15** 25 f.

Satzungsbegriff **18** 3, 6

Satzungshoheit **7** 31, **18** 2

Satzungsmängel **18** 34 ff.

Schenkungen **20** 59 f. 66, 142

Schulwesen **4** 9

Selbstbestimmung **5** 6, 48

Selbsteintrittsrecht **11** 35

Selbstverwaltungsbegriffe **5** 2 f.

Selbstverwaltungsgarantie **3** 1
- als Bestimmung der Verbandskompetenz **5** 10 f., **10** 36 f. 44 ff.
- der Gemeinden/Landkreise **8** 1 ff.
- Eingriff **5** 68 f.
- Einwirkungspflicht **19** 145
- Garantieebenen **5** 12 ff.
- Gebietsbeschränkung **5** 45 ff.
- Gemeindeverbände **5** 115 ff.
- Gesetzesvorbehalt **5** 66 ff. 78 ff.

- Kernbereich **5** 70 ff., **7** 6, 10, 12, 24, 37, 40, **23** 6
- Landesverfassung **5** 101 ff.
- Randbereich **5** 78 ff.
- und EU-Recht **4** 1 ff.
- und Rechte Dritter **5** 63
- Unternehmensformen **19** 70 ff.
- Verpflichtete **5** 64

Seniorenbeiräte **14** 115

Sicherheiten **20** 143 f.

Sitzungsausschluss gegen Gemeinderäte **14** 158, 161

Sonderabgaben **7** 15

Sonderbelastungen – Ausgleich **20** 41 f.

Sonderinteresse **14** 44

Sondernutzungserlaubnis **15** 17 f.

Sonderverwaltung **9** 3

Sparkassen **19** 94 ff.

Spenden **20** 59 ff.

Sperrklauseln bei Wahlen **13** 34

Spiegelbildlichkeitsgrundsatz **14** 100 f. 125

Sponsoring **20** 61

Stadt als Bezeichnung **1** 16, **10** 18

Städtepartnerschaft **5** 52, **23** 13, 24 ff.

Städtetag Baden-Württemberg **1** 18

Stadtkreise **9** 11, 14, **10** 8 f.

Stadtrechte **2** 5 ff.

Stein-Hardenberg'sche Reformen **2** 13

Stellenplan **15** 24, 35, 49, **20** 78, 81, 92 f. 96

Stellung der Gemeinde im Verwaltungsaufbau **9** 1 ff

Steuern – kommunale **20** 69 ff.

Stiftungen **10** 3, **19** 87 ff. 103

Subjektive Rechtsstellungsgarantie **5** 17 f.

Subsidiaritätsklausel **19** 48 ff.

Süddeutsche Gemeinderatsverfassung **2** 18, **12** 5

Tagesordnung des Gemeinderats **14** 131, 141

Teilnahme an Sitzungen **14** 19, 80

TV-Übertragung einer Gemeinderatssitzung **14** 166

Übergemeindliche Aufgaben der Landkreise **22** 7

Umsatzsteuer **20** 25

Umweltschutzhoheit **7** 42
Unechte Magistratsverfassung **12** 7
Unechte Teilortswahl **13** 28 ff.
Unmittelbare Wahl **13** 36
Untere Verwaltungsbehörde **9** 10
Unterrichtungspflicht der Einwohner **16** 24

Veranstaltung nach GewO **21** 26
Veräußerung
– von Unternehmen und Beteiligungen
    19 150
– von Vermögen **20** 138 ff.
Verbandskompetenz **5** 10 f., **10** 36 ff. 44 ff.
Verdienstausfall **14** 24
Vereinbarte Verwaltungsgemeinschaft
    23 66 ff.
Vereine **19** 114 f.
Vergaberichtlinie(n) der EU **4** 11, **19** 192,
    197, 213 ff.
Vergünstigungen **21** 74 ff.
Verhältniswahl **13** 24 ff.
Verhandlungsleitung **14** 153 ff.
Vermögenserwerb **20** 137
Vermögensveräußerung **20** 138 ff.
Verpflichtung der Gemeinderäte **13** 42
Verschwiegenheitspflicht **14** 11, 30 ff. 80,
    152
Vertreter des Bürgermeisters **15** 41
Vertretung der Gemeinde **15** 2, 39
Vertretungsbefugnis des Bürgermeisters
    15 39 ff. 51 ff.
Vertretungsverbot **14** 35 ff.
Verwaltungsaufbau **9** 3 ff.
Verwaltungsgemeinschaft **9** 12
Verwaltungsorganisation **9** 7 ff.
Verwaltungsprivatrecht **10** 40, **18** 1
Verwaltungsträger **9** 4
Volksvertretung **12** 1
Vollmachtserteilung durch Bürgermeister
    15 50, 52
Vollzug der Gemeinderatsbeschlüsse **14** 9,
    181 f., **15** 27 ff.
Vorlagepflicht von Beschlüssen **11** 27
Vorratsbeschlüsse **5** 34
Vorsitzender des Gemeinderats **14** 5,
    129 ff., **15** 2, 12

Wahlanfechtungsklage **13** 22
Wählbarkeit **13** 13 ff.
Wählbarkeit des Bürgermeisters **13** 33,
    15 6
Wahlbeeinflussung **13** 38 f.
Wahl der Beigeordneten **15** 44
Wahl des Bürgermeisters **13** 33
Wahl des Gemeinderats **13** 21 ff.
Wahlen **13** 21 ff.
Wahlfehler **13** 31 ff.
Wahlgrundsätze **13** 31 ff.
Wahlrecht **4** 8, **13** 7 ff. 13 ff.
Wahlrecht für EU-Bürger **4** 8, **13** 17 ff.
Wahlsysteme **13** 23
Wahlvorschlag **13** 25
Wahlwerbung **13** 39
Weimarer Reichsverfassung **2** 15
Weisungen des Bürgermeister **15** 43
Weisungsaufgaben **5** 57 ff., **8** 14 ff. 22,
    11 32, **15** 22 ff. 62, **22** 11 f.
Weisungsfreie Aufgaben **8** 5 ff.
Weisungsfreie Pflichtaufgaben **8** 9 ff.
Weiterführung der Amtsgeschäfte **13** 42
Widerspruchsrecht des Bürgermeisters
    15 28 ff.
Wirtschaftliche Betätigung des Landkreises
    22 24
Wirtschaftlichkeitsgrundsatz **20** 4, 8
Wirtschaftstätigkeit
– Annextätigkeiten **19** 41 ff.
– Begriff der wirtschaftlichen Betätigung
    19 19 f.
– Bestandsschutz **19** 23, 49
– Einfluss- und Beteiligungsrechte
    19 125 ff.
– Gebietsbezug **19** 54 ff.
– Gewinnerzielungsabsicht **19** 39 ff.
– Grundrechte **19** 159 f.
– kommunale **19** 1 ff.
– Kompetenz- und Grundrechtsbindung
    10 35 ff., **19** 12
– Leistungsfähigkeit und Bedarfsorientierung **19** 44 ff.
– Nichtwirtschaftliche Unternehmen
    19 65 ff.
– Öffentlicher Zweck **19** 24 ff.
– Rechtsschutz **19** 154 ff.
– Schrankentrias **19** 21 ff.

- Selbstverwaltungshoheit **19** 11
- Subsidiaritätsklausel **19** 48 ff.
- Unionsrecht **19** 4 ff.
- Unternehmensformen **19** 70 ff.
- Wettbewerbs-, Kartell- und Zivilrecht **19** 162 ff.

Wohnung, Begriff **13** 11

Zuständigkeit **9** 6

Zuständigkeit zum Satzungserlass **18** 11

Zuständigkeit zur Regelung des Kommunalrechts **3** 2

Zwangsvollstreckung gegen Gemeinde **11** 31, **20** 178 ff.

Zweckverband **19** 86, **23** 28 ff.

Zweckvereinbarung **23** 47 ff.